POLOGNE,

PAR

M. CHARLES FORSTER,

ANCIEN SECRÉTAIRE AU CABINET DU LIEUTENANT DU ROYAUME DE POLOGNE,
CHEVALIER DE PLUSIEURS ORDRES,
MEMBRE DE L'INSTITUT HISTORIQUE, DE LA SOCIÉTÉ PHILOTECHNIQUE,
ET DE L'ATHÉNÉE DES ARTS DE PARIS.

PARIS,

FIRMIN DIDOT FRÈRES, ÉDITEURS,
IMPRIMEURS-LIBRAIRES DE L'INSTITUT DE FRANCE,
RUE JACOB, N° 56.

M DCCC XL.

L'UNIVERS.

HISTOIRE ET DESCRIPTION

DE TOUS LES PEUPLES.

POLOGNE.

TYPOGRAPHIE DE FIRMIN DIDOT FRERES,
RUE JACOB, N° 56.

L'UNIVERS,

ou

HISTOIRE ET DESCRIPTION

DE TOUS LES PEUPLES,

DE LEURS RELIGIONS, MOEURS, INDUSTRIE, COSTUMES, ETC.

L'ANCIENNE POLOGNE.

(800 — 1796),

PAR M. CHARLES FORSTER,

ANCIEN SECRÉTAIRE AU CABINET DU LIEUTENANT DU ROYAUME DE POLOGNE, CHEVALIER DE PLUSIEURS ORDRES, MEMBRE DE L'INSTITUT HISTORIQUE, DE LA SOCIÉTÉ PHILOTECHNIQUE ET DE L'ATHÉNÉE DES ARTS DE PARIS.

Un concours de circonstances fatales qu'exploitèrent avidement la violence et l'hypocrisie des puissances voisines, quand elles ne les firent pas naître elles-mêmes, ainsi que les propres fautes des Polonais, amenèrent la ruine de ce royaume, jadis au nombre des plus vastes et des plus puissants. L'histoire de l'Europe moderne n'offre pas un second exemple d'un pareil attentat commis sur une nation grande et ancienne. Cette violation des maximes fondamentales du droit éternel demeure toujours présente à la mémoire des hommes. Nos temps sont féconds en catastrophes politiques : bien des peuples ont traversé de cruelles épreuves; des États ont disparu; d'autres ont été formés, rétablis, détruits encore; mais ni leur anéantissement, ni les vicissitudes nombreuses de leur existence, n'ont produit une impression aussi vive, ne se sont gravés aussi profondément dans le souvenir et dans le cœur des nations, que la lente agonie, la renaissance et la mort répétée de la Pologne. C'est que la Pologne possédait un long et vieux passé, une existence qui s'appuyait sur une base consacrée par dix siècles, des institutions défectueuses, mais grandes et fortes, et une vie nationale active, variée, féconde en nobles actions comme en fautes graves; car la Pologne n'était point régie par une seule volonté, mais par la partie la plus élevée de la nation, qui influait sur les événements, faisait mouvoir les rouages de l'État, et décida maintes fois des destinées du nord de l'Europe.

Depuis que la France marche à la tête des nations civilisées, chacune de ses grandes idées, puisées dans les enseignements de l'histoire, chacune de ses commotions graves, ont retenti dans la Pologne. La Providence semble avoir uni par de secrets liens ces deux nations, que sépare une si vaste distance, et toutes les fois que l'horizon de l'Europe s'assombrit, que l'orage éclate sur les rives du Rhin, la Wistule répond par un écho redoutable et puissant.

Pourquoi donc ne pourrait-on pas espérer, dans ce siècle où la France et l'Angleterre consolident leur réforme sociale, réforme qui doit nécessairement réagir sur toutes les autres nations européennes, de voir renaître du sein des ruines actuelles, dans les pays habités par les races slaves, les peuples opprimés, dont chacun reprendrait le rang indiqué par le cachet de cette nationalité qu'une main de fer étouffe momentanément en ces contrées ! « *Les races slaves,* « a dit un savant publiciste, *ne meu-* « *rent point : elles s'éclipsent, et per-* « *sonne ne peut dire si, dans cette* « *éclipse, leur astre s'est éteint à ja-* « *mais ou s'il a disparu seulement* « *pour quelques jours* (*). »

Si l'Allemagne revint à la vie après une effroyable anarchie de trente ans, si elle fut sauvée d'une perte presque certaine par Sobieski, pourquoi le pays qui donna le jour à ce noble libérateur devrait-il désespérer ? La vie de l'antique Pologne ne coule-t-elle pas, semblable au fleuve qui, forcé de se frayer un passage à travers les roches, disparaît pour un moment sous leurs voûtes obscures, mais ne tarde pas à reprendre avec majesté son cours à la face du soleil, et dégagé de tous les éléments malveillants qui avaient troublé ses eaux limpides ?

Au milieu du flux et reflux des races humaines, il surgit un peuple que le sort tint enchaîné aux lieux où la première migration, celle qui se perd dans la nuit des âges, conduisit ses chariots errants. Les races slaves qui couvraient les plaines immenses de la Sarmatie apparaissent, pour la première fois, dans les pages de l'histoire à l'époque où l'empire de Charlemagne tombait écrasé sous son propre poids. Les Polonais et les Russes sont des divisions de ce peuple nombreux, dont le langage se parle depuis les montagnes de la Macédoine et les bords du golfe Adriatique jusqu'aux îles de la mer Glaciale.

Néanmoins, on ne peut résoudre avec certitude l'origine du nom de la Pologne. Provient-il du champ (*polé*) ou de la plaine (*plaszczyzna*), comme on l'a prétendu ? ou bien encore des *Polanie,* peuple slave habitant les bords de la Warta et du Dniéper ? ou bien enfin de l'héritage de *Lech, Leszek,* d'où dériveraient *Polechia, Polska* ? A notre avis, cette dernière hypothèse est la plus probable. Le nom de Pologne se rencontre constamment dans l'histoire européenne dès le onzième siècle, quand Boleslas le Grand (*Chrobry*), après avoir chassé les Bohêmes de la Chrobatie, fut reconnu par l'empereur Othon III à Gnèzne, l'an 1000, roi des Slaves au delà de l'Oder et sur l'Elbe. Depuis cette époque, les deux provinces principales, la Lechie et la Chrobatie blanche, prirent la dénomination de grande et de petite Pologne. C'est le point de départ de la Pologne chrétienne.

La Pologne ne fut jamais comprise dans les limites de l'empire romain, et de nos jours encore les Polonais montrent avec orgueil les restes d'un fossé qui marquait jadis les limites des provinces appartenant à la maîtresse du monde, à cette Rome superbe, nommant dédaigneusement les pays qui n'étaient point encore à elle, de ces deux mots : *Pro vincendum,* à vaincre !

Bien que toute espèce de civilisation paraisse nouvelle dans ces contrées, on n'y trouve cependant aucun vestige de l'égalité primitive, de ce que l'on appelle la vie des premiers âges. Tout semble annoncer au contraire qu'on y reconnaissait deux classes bien distinctes, celles du maître et de l'esclave ; l'un toujours armé pour la défense du pays, et l'autre forcément attaché à la culture des terres.

Plus tard, loin de suivre les modifications sociales que subissaient les autres nations de l'Occident, la Pologne sembla longtemps prendre à tâche d'adopter une marche tout à fait différente. Partout ailleurs la loi, se conformant aux besoins nouveaux, s'attachait à protéger le cultivateur contre le seigneur suzerain. En Pologne, le paysan de Kasimir le Grand, devenu par lui homme libre en comparaison des *leibeigen* d'Allemagne et

---

(*) M. Saint-Marc Girardin, préface à la 3ᵉ édit. de *la vieille Pologne* de Ch. Forster.

des serfs ou *vilains* de France, retombait à l'état de serf (*glebæ adscriptus*), et, moyennant soixante-dix marcs d'argent, on pouvait racheter sa tête. Tandis que Richelieu, achevant l'œuvre commencée par Louis XI, portait le dernier coup aux grandes familles du royaume, la noblesse polonaise se montrait de plus en plus envahissante; elle accaparait tout : les priviléges de la couronne, et les franchises du peuple. L'introduction des jésuites et la naissance des persécutions exercées contre les sectaires du rit grec et les juifs eurent lieu en Pologne presqu'au moment de la publication de l'édit de Nantes, cet acte de justice et de tolérance. Protégés par Colbert, l'industrie et le commerce prennent en France un développement immense, mais en Pologne leur ruine, commencée par l'ennemi, s'achève complétement par les exactions des starostes (*). Enfin d'abus en abus, la noblesse, dans les rangs de laquelle régnait primitivement une parfaite égalité, fut sur le point de devenir victime de ses propres excès. Tandis qu'en Europe la féodalité croulait, et disparaissait sous les ruines et dans le sang, ce fut l'instant où quelques symptômes de ce système se manifestèrent en Pologne; mais bientôt la noblesse, peu soucieuse de se soumettre à son organisation graduée et aux principes d'ordre qu'elle renfermait, redevint anarchique en masse.

La royauté, parvenue à son apogée, étendait dans les autres contrées les rameaux de sa puissance, et les nobles, moitié par force, moitié par séduction, abandonnaient la vie retirée et farouche des manoirs pour l'existence plus riante des cours : le sombre guerrier se transformait peu à peu en politique habile ou en flatteur adroit; mais le noble Polonais, tout à l'inverse, se montrait fier de voir chez lui cette même puissance royale limitée. Jadis héréditaire, le trône était devenu électif, et chaque vacance du pouvoir amenait le débordement de toutes les passions. C'est ainsi qu'on détruisait la véritable liberté; en voulant donner trop de garanties à la nation on affaiblissait l'État, et, par un fatal enchaînement, les limites apportées aux prérogatives de la couronne eurent pour résultat inévitable de restreindre également les droits de la bourgeoisie et des paysans. Peu à peu ces droits furent presque complétement abolis, et la voix de la religion, de l'humanité et de l'intérêt demeura impuissante pour ressusciter les antiques franchises de la tombe où elles dormaient depuis long-temps.

« L'amour effréné des Polonais pour la liberté a introduit peu à peu les plus singuliers désordres dans leur gouvernement. L'opposition d'un seul suffisait autrefois pour balancer dans chaque délibération l'autorité de toute la république et rompre les assemblées générales de la nation. Un si étrange abus de l'égalité a produit parmi eux la plus funeste anarchie. Les Russes, au contraire, gouvernés par une seule volonté souveraine, ont formé un vaste empire. Une discipline formidable leur a donné une puissance au-dessus de leurs forces réelles, et ils ont connu une ambition encore plus vaste que leur empire et que leur puissance. Les désordres de la Pologne leur ont donné facilement entrée dans toutes ses affaires, et les efforts de ces deux peuples, l'un pour imposer le joug, l'autre pour s'y dérober, sont le plus singulier spectacle que le monde ait offert depuis longtemps. D'un côté, le despotisme employant tous ses avantages, l'intrigue, le secret, la discipline, la réunion de toutes les forces, le concert de toutes les opérations,

---

(*) Le *staroste* fut d'abord une espèce de fonctionnaire noble, institué par le roi pour veiller à l'ordre et à la défense de la ville, ayant une juridiction criminelle distincte et jouissant de certains revenus prélevés sur les villes mêmes. Les *starosties*, c'est-à-dire les villes et les biens nationaux que la noblesse se faisait distribuer comme *panis benè merentium*, devinrent pour elle de vastes champs à exploiter à son profit, et les malheureux habitants de ces domaines une vraie *gent taillable et corvéable* à gré et merci. (*Pologne pittoresque*, M. Chonski.)

mais se nuisant à lui-même par les vices qu'il traîne nécessairement après lui ; de l'autre côté, l'indiscipline des armées, ou plutôt l'impossibilité de former une armée, le désordre et le vide des finances, les haines de famille, les intérêts personnels dans tous leurs excès, une fatale désunion qui fait échouer les entreprises les mieux concertées, le manque absolu de tous les moyens, mais des ressources presque inépuisables dans les vertus naturelles aux hommes et que l'anarchie même exerce, l'horreur de la servitude, la force des armes, tel est le fond du tableau que présente dans ces contrées la fin du XVIIIᵉ siècle (*). »

« Les Polonais furent le seul des peuples belliqueux connus dans le monde, à qui la guerre ou même la victoire ne donna jamais ni des conquêtes ni la paix. La Pologne vit une à une passer ses provinces vassales sous d'autres lois, sans songer à fonder, dans un gouvernement à la fois bienfaisant et fort pour tous, un rempart qui protégeât contre la marche progressive de l'étranger les restes de sa grandeur. Elle devait subir jusqu'au bout tous *les malheurs d'une aristocratie impitoyable et d'une folle égalité* (**). »

Au jugement que l'histoire inflexible porte sur les fautes des Polonais, et dont, malgré quelques exagérations, on ne peut s'empêcher de reconnaître la vérité, nous opposerons une contrepartie honorable. L'anarchie a sans doute produit de grands désastres en Pologne ; les enfants du sol, en donnant pleine carrière à leur antipathie pour toute espèce de joug, contractèrent en même temps l'habitude du découragement et tombèrent trop souvent dans une mollesse funeste ; mais jamais ces défauts, ces vices, si l'on veut, n'éteignirent chez eux un dévouement complet à la chose publique, quand les circonstances l'exigeaient ; alors se manifestait la volonté inébranlable d'être une NATION. Les grands même qui, dans les temps ordinaires, se mettaient avec tant de légèreté au-dessus de la moindre obligation et repoussaient le devoir le plus modeste, armèrent des milliers de bras pour la défense du pays toutes les fois qu'il se trouva véritablement en danger. Loin d'être alors des fantômes sans vigueur, sans énergie, abandonnés à de honteuses jouissances, on les voyait s'élancer au combat, guidés par l'amour de la patrie, et produire des miracles. Les annales polonaises fourmillent d'exemples semblables, et souvent les nobles se résignèrent à des sacrifices bien plus sensibles pour eux. En 1562, lors de la diète de Piotrkow, Sigismond-Auguste ayant déclaré à la face de toute la nation qu'il se trouvait hors d'état, par suite des prodigalités de ses pères, d'opposer des forces suffisantes aux Tatars et aux Moskovites, le sénat et les députés s'approchèrent tour à tour du trône en déchirant leurs priviléges et en restituant au pouvoir royal ses anciens domaines.

A travers la ressemblance qui existe entre les Polonais et les Russes, on ne peut toutefois méconnaître les traces primitives d'un élément différent, et la force des événements a tellement influé sur la ligne qui les sépare, que l'on pourrait tout au plus retrouver aujourd'hui un souvenir de la communauté originelle dans le langage. La religion même du Christ, qui jadis unissait les peuples par des liens d'amour et de paix, n'exerce sur les deux principales branches de la grande famille slave qu'une action funeste. Elle développe chez les Polonais, restés fidèles à l'unité de l'Église romaine, les éléments de la liberté, et chez les Moskovites, voués au schisme d'Orient, ceux de la servitude publique. Chose étrange ! « il devait arriver encore que la liberté serait mortelle aux premiers, que le pouvoir absolu ferait des seconds un des peuples les plus formidables de la terre (*). »

(*) Rulhière, Histoire de l'anarchie en Pologne.

(**) M. de Salvandy, Histoire de Jean Sobieski.

(*) M. de Salvandy, Histoire de Jean Sobieski.

Mais si l'anarchie de la Pologne a entraîné sa chute, les puissances étrangères, qui garantissaient, par des traités imposés, l'absurde *liberum veto* comme loi fondamentale du pays, n'ont-elles aucun reproche à se faire? En fomentant sans cesse la discorde en Pologne, en prenant tantôt pour prétexte la tolérance, tantôt la défense des priviléges de la noblesse contre les prétendues agressions du pouvoir royal, sont-elles bien pures des désastres survenus?... Lorsque la nation eut recours aux moyens conformes à la nature organique du pays, moyens qui pouvaient seuls la tirer de sa crise et sauver l'antique république, n'est-ce pas encore Catherine qui employa la double influence de l'or et du fer pour annuler tous les efforts tentés, et partager le pays avant qu'il eût pu se relever de son marasme?... Et même, toute morcelée qu'elle était, la Pologne, conservant son existence morale, s'est appliquée à développer l'esprit national. La constitution du 3 mai 1791, œuvre immortelle d'une nation qui ne jouissait déjà plus de son entière franchise, en est une preuve éclatante. Dès lors le laboureur et le gentilhomme n'oublièrent jamais qu'ils ont une commune patrie, et ils sacrifièrent tout pour lui rendre sa vieille indépendance.

DESCRIPTION GÉOGRAPHIQUE.

L'ancien royaume de Pologne, uni jadis au grand-duché de Lithuanie, accru par l'incorporation de la Prusse, de la Russie rouge, de la Livonie et de la Kourlande, avait pour limites, au nord la Baltique, à l'orient le Dniéper et la Dzwina, au midi le Dniéper encore et les monts Karpathes, et à l'occident la Silésie.

Depuis la fusion de la Pologne et du grand-duché de Lithuanie en 1386, jusqu'au traité d'Oliwa en 1660, c'est-à-dire, pendant 274 années, le royaume compta trois provinces principales : la petite Pologne, située à l'est et au midi; la grande Pologne, partie occidentale, et le grand-duché de Lithuanie. Les pays vassaux ou feudataires étaient la Prusse royale (Dantzig, Elbing et Culm), qui formait un État régi par des lois particulières, et faisait partie de la grande Pologne; la Prusse ducale et la Kourlande, fiefs de la couronne de Pologne, enclavés dans son orbite et gouvernés par des ducs relevant de la république polonaise; la Livonie, qui ne lui appartint que temporairement; et enfin la Valachie et la Moldavie, qui juraient fidélité et obéissance au roi de Pologne quand elles avaient un ennemi sur les bras, ou bien lorsque les hospodars se disputaient le pouvoir, qu'ils briguaient tour à tour à Constantinople et à Krakovie.

Les trois provinces principales étaient subdivisées en wojewodies (palatinats) ou départements.

La petite Pologne contenait les wojewodies de : 1° Krakovie, avec les principautés d'Oswiecim, Zator, Siéwierz, et la starostie de Spiz (Zips); 2° Sandomir; 3° Lublin; 4° Podlachie; 5° Russie, avec la terre de Chelm; 6° Belz; 7° Wolhynie; 8° Podolie; 9° Kiiow; 10° Braclaw; 11° Czerniechow, avec le district de Siéwierz-Novogrod.

La grande Pologne se composait des wojewodies de : 1° Posen, avec la terre de Wschow; 2° Kalisz; 3° Gnèzne; 4° Siéradz, avec la terre de Wielun; 5° Lenczyca; 6° Brzesc-Kuiawski; 7° Inowroclaw; 8° terre de Dobrzyn; 9° Plock; 10° Rawa; 11° Mazovie; 12° Poméranie; 13° Malborg; 14° Culm. Ces trois dernières wojewodies formaient, comme nous l'avons dit, la province dite Prusse royale.

Le grand-duché de Lithuanie se partageait en onze wojewodies : 1° de Wilna; 2° de Troki; 3° duché de Samogitie; 4° de Novogrod; 5° de Brzesc-Litewski; 6° de Minsk; 7° de Polock; 8° de Witepsk; 9° de Mscislaw; 10° de Smolensk; 11° de Livonie.

Cette vaste étendue de territoire, qui pour un temps comprit jusqu'à près de 30,000 milles carrés, fut encore évaluée sous Jean Kasimir, quand le sol national eut déjà été entamé, à 21,000 milles carrés.

En 1772, elle était de 14,505 milles carrés.

Les limites si variables de la Pologne ont suivi la fortune de ses armes. Dans les temps prospères de la république, s'étendant des bords de l'Oder aux sources de la Dzwina, et de la mer Baltique à la mer Noire; puis, dans les jours moins heureux, resserré entre la Wistule et le Niémen, le sol polonais s'est trouvé morcelé pièce à pièce, et réduit, en 1815, à ce petit État que le congrès de Vienne reconnut pour royaume de Pologne, et dont la superficie, de 2,270 milles (15 au degré géographique), fut enfin, après la révolution de 1830, incorporée définitivement à la Russie et surnommée province russe.

SURFACE ET PRODUCTIONS NATURELLES.

Suivant les géographes allemands, la Pologne appartient au système nord-est de l'Europe, et se lie par ses ramifications avec l'Allemagne septentrionale (*). Le pays est généralement plat, et ce n'est qu'au sud qu'on rencontre des montagnes d'une hauteur assez remarquable; mais, à part la grande chaîne des Karpathes, il n'y a que des élévations clair-semées. Le point le plus élevé de la Pologne se trouve entre la Piliça et la Wistule, dans les contrées montagneuses qui font partie du système karpathique. Ce mont, nommé *Lysa-Gora*, a quatre lieues de longueur, et ses extrémités forment deux pointes. La pointe de l'ouest, *Lysiça* (chauverie), répond à l'élévation de 1813 pieds de Paris, en la prenant au-dessus du niveau de la mer Baltique, près de Dantzig; boisée dans presque toutes ses parties, elle présente la trace d'éruptions volcaniques, des parcelles ferrugineuses et une puissante végétation en pins,

(*) M. Slowaczynski, Statistique de la Pologne, ouvrage composé sur les données les plus récentes, et couronné en 1837 par la Société de statistique universelle.

mélèzes, érables, sapins, chênes, platanes, sorbiers, qui y poussent dans la plus belle proportion. Par une brillante journée, on découvre de la pointe du nord, Lysa-Gora (mont chauve), à l'élévation de 1908 pieds, un horizon de soixante-dix lieues. C'est sur ce mont que les Slaves primitifs élevèrent leurs autels et rendirent hommage à leurs faux dieux; ce fut encore là que le premier roi chrétien, Mieczyslas 1er, fit placer dans l'année 965 le signe sacré de la rédemption.

Les Karpathes, dont la périphérie forme les frontières de l'ancienne Pologne, appartiennent à cette grande famille de montagnes qui traverse l'Europe depuis Lisbonne jusqu'à Archangel, et renferment en grande abondance une sorte de grès caractérisé par ses terrains marno-quartzeux, ses argiles schisteuses à ficoïdes, et ses lits calcaires. Ce grès contient, mais à de rares intervalles, des couches chloritées, des amas de rochers porphyritiques et amphiboliques, et, en outre, beaucoup de sel, de soufre, de plomb, de zinc, de cuivre et de mercure. La chaîne entière occupe une étendue de 2,300 milles carrés. Le pic de *Lomniça*, la plus haute des Karpathes, a 9,000 pieds d'élévation au-dessus du niveau de la mer Baltique. Au pied de ce mont, autrement dit *Krapak*, se trouve le *Zabié-Jezioro* (lac de grenouilles), contrée sombre, aride, hérissée de rochers et couverte de neiges éternelles, le soleil n'y pénétrant presque jamais; quelques habitants persévèrent cependant à y demeurer, et supportent une misère affreuse, dans l'espoir de découvrir un jour sous la voûte des rochers des trésors enfouis, et qui, selon d'antiques traditions populaires, y sont gardés par des génies malfaisants.

Un savant (*) dénombre ainsi les Karpathes polonaises : 1° les Bieslaves, depuis Jablonka en Silésie jusqu'à la rivière de Raba; 2° le Tatry, point le plus élevé et le plus rocail-

(*) M. Pusch, Description géognostique de la Pologne.

lieux, entre le confluent de l'Arwa et du Wag et la pente de la Bela, dans la starostie de Zips; 3° les Beskides, d'où proviennent les sources de la Raba et du San; 4° les Bietschades, enclavées entre la Pokucie et le comitat de Marmos; 5° les Bukovines et les Liptowes, avoisinant la Bukowine, la Transylvanie et la Moldavie.

De la *Babia-Gora,* dans les Karpathes occidentales, on aperçoit en temps favorable les tours de Krakovie et de Sandomir. Le torrent de Koszarawa, qui s'échappe de ses flancs, se précipite en cataracte de 40 pieds de hauteur. Sur les Tatry, dont les cimes sont couvertes de neiges durcies par les années, on trouve, à la hauteur de 4,200 à 4,500 pieds, cinq lacs, parmi lesquels on cite surtout ceux de *Morskie Oko* (l'œil de mer) et *Czarny-Staw* (l'étang noir). Les plus grands fleuves de Pologne, tels que la Wistule et le Dniester, prennent également leur source dans les Karpathes. Toutes ces montagnes sont parsemées de riants villages et de bourgades populeuses, aux robustes habitants, fiers, joyeux, et nommés généralement *Gorale* (montagnards). Leur physionomie est empreinte d'un grand fonds d'originalité.

La nature du sol polonais est assez variée. Le fer, la galène, le zinc, le cuivre et l'argent composent en grande partie la richesse minérale du royaume. Du treizième au dix-septième siècle, c'est dans le district d'Olkusz que la Pologne possédait ses principales mines de plomb et d'argent, et Luc Opalinski dit qu'elles rapportaient annuellement six mille marcs d'argent épuré et cinquante mille quintaux de plomb. L'invasion des Suédois, en 1655, amena leur ruine complète; ils remplirent les excavations de sable, coupèrent les digues et emmenèrent les ouvriers au siège du fort de Czenstochowa, où ils périrent par la fatigue des travaux et le feu de la place. A cette époque, les rois retiraient encore de ces mines un revenu annuel de deux millions de florins de Pologne. La région entre Opoczno, Opatow et Kielcé, est la plus riche en minerais de fer et de zinc. Les mines de Kielcé, connues dès le quatorzième siècle, furent abandonnées dans les temps de désastres, puis exploitées de nouveau avec succès sous le règne de Stanislas-Auguste. On a extrait jusqu'à quarante mille quintaux de zinc des usines de Konstantynow.

C'est sur le territoire de Krakovie que l'on trouve les plus abondantes mines de houille, et la meilleure tourbe se rencontre près du lac de Goplo, en Kuiavie, et dans l'arrondissement de Kalisz.

Les mines de sel gemme à *Wiéliczka* et à *Bochnia* n'ont pas de rivales en Europe. Situées à deux lieues sud-est de Krakovie, celles de Wiéliczka fournissent le sel cristallisé, le sel gemme, le sel spisa et le sel vert. La tradition populaire attribue leur découverte au roi Boleslas le Chaste et à sa femme Cunégonde, qui en organisèrent complètement l'exploitation dans l'année 1260, et depuis on en retira jusqu'à un million de quintaux par an. Les travaux souterrains comportent une étendue de sept mille deux cents pieds de longueur et trois mille six cents de largeur; la profondeur est de neuf cent quarante cinq pieds. A mesure que l'on descend, le minerai devient meilleur. On y voit une chapelle taillée tout en sel, et ornée d'une colossale statue d'Auguste II de la même matière. L'autel et les figures de saint Pierre et de saint Paul sont vraiment dignes de remarque. En 1510, l'incendie éclata dans ces souterrains, mais on put s'en rendre maître promptement. Celui qui s'y manifesta en 1644 dura une année entière et exerça des ravages terribles. Les Suédois s'efforcèrent aussi, comme nous l'apprend Cellarius, de détruire par le feu les travaux (1655). Maître en 1772 de Wiéliczka, le gouvernement autrichien accorda des primes aux ouvriers, et obtint, à l'aide de cet encouragement, un million sept cent mille quintaux de sel par an. La mine de Bochnia, à neuf lieues est de Wieliczka, se compose d'un long boyau de dix mille pieds de long sur sept cent cinquante de largeur; sa profondeur va jusqu'à douze cents pieds. Elle donne un produit annuel de deux cent cinquante mille quintaux (*).

On cite spécialement, en fait de sources minérales, les eaux sulfureuses de Krzeszowicé, de Busk et de Swoszowicé, ainsi que les eaux ferrugineuses de Gozdzikow et de Nalenczow.

Une immense portion de la Pologne est boisée. Le pin sauvage ou pin d'Écosse domine partout; on rencontre également dans les forêts et en abondance le sapin noir, le bouleau, l'aune, le mélèze, le tremble, le chêne, le hêtre, le frêne, l'érable, le tilleul, l'orme, le peuplier blanc et noir, le sorbier, le saule, le noisetier, le genévrier, le cormier, l'aubépine, etc. etc. Les bois de la Pologne, célébrés jadis, brillent encore au premier rang parmi les forêts d'Europe. Le chêne de Pologne est préféré à celui d'Amérique pour la construction navale. Autrefois les rois aimaient beaucoup la chasse, les Jagellons entre autres, et l'histoire rapporte que Kasimir IV passa sept années de sa vie dans les bois de la Podlachie, de 1485 à 1492, entièrement livré à ce plaisir; les intérêts de l'État, les matières les plus importantes, tout se débattait et se traitait dans l'humble maison du garde forestier.

En traversant les hauteurs qui entourent la modeste ville d'Orla, dans les environs de Granne sur le Boug, du fond de l'horizon se détache, aux regards étonnés du voyageur, une ligne immense et noire. C'est la forêt de Bialowiez, un des plus beaux, des plus pittoresques endroits de Pologne : son admirable végétation rivalise avec celle des forêts vierges du continent américain, et l'on y rencontre à chaque pas, en quantité prodigieuse, des animaux dont on chercherait vainement partout ailleurs en Europe les espèces variées. C'est là que bondissent par troupeaux l'élan (*los*) et le bison (*zubr*); les longues racines des arbres abattus y servent de refuge aux ours, aux lynx, et, sur le bord des rivières voisines, le castor construit son ingénieuse habitation. Des insectes aux mille nuances y couvrent la terre, et au-dessus d'eux plane le vol majestueux de l'aigle, qui se plaît beaucoup en ce lieu. La forêt de Bialowiez, qui embrasse une étendue de trente milles carrés de Pologne (cinquante-deux lieues et demie de France), fut, après l'anéantissement du royaume, en 1795, distribuée en partie par Catherine II à ses favoris; mais le pays conserva encore les trois quarts de cet immense domaine, une des gloires du sol.

La méchanceté et l'insouciance coupable des paysans causent de grands désastres, et il n'est pas rare de voir, surtout en Lithuanie, l'incendie de forêts entières.

Dans plusieurs parties de la Russie rouge les abeilles fourmillent tellement, que non-seulement le tronc des vieux arbres en est rempli, mais le sol même est couvert de leurs ruches. Elles se rassemblent ordinairement sur le pin (*pinus silvestris*). Les environs de Kowno, entouré de bois de tilleuls, produisent un excellent miel connu dans le pays sous le nom de *lipiec*. Ce miel, dont on fait l'hydromel, est conservé dans des cuves immenses et laissé en héritage. Lorsqu'il est vieux, on le nomme *miod troyniak* (*).

La Pologne, dans ses grandes ramifications fluviales, communique avec trois mers d'Europe : 1° avec la Baltique, par Dantzig, sans aucun secours de l'art, puis par le canal de Bromberg, la Notetz, la Warta et l'Oder, enfin par la route du Niémen, c'est-à-dire par la Narew, la Biébrza, la Netta, le canal d'Augustow, le Niémen, la Dubissa, le canal de Windawa et la Windawa elle-même, qui débouche dans la mer près de la ville de ce

---

(*) Swiencki, Description de l'ancienne Pologne.

(*) Swiencki, Description de l'ancienne Pologne.

nom; 2° avec la mer du Nord, par la route de la Warta, de la Notetz et de l'Oder, la Sprée, le canal de Havel, le Havel, et enfin l'Elbe, qui verse ses eaux à Hambourg; 3° avec la mer Noire, par la Wistule, en remontant le Boug, qui lui apporte ses eaux par la Narew, près de la forteresse de Modlin, le Muchawiec, débouchant dans le Boug à Brzesc-Litewski, par le canal de Muchawiec, la Jasiolda, le Prypètz et le Dniéper.

Les principaux fleuves de l'ancienne Pologne sont :

La Wistule, navigable dès son entrée dans la petite Pologne, et qui reçoit plus de cent vingt rivières dans son cours. Sa source est en haute Silésie, dans le duché de Cieszyn (Teschen). A Krakovie elle s'élève à six cent onze pieds de Paris; à Warsovie, à trois cent cinquante-deux, et à Dantzig, près de son embouchure, à quarante-trois pieds au-dessus de la mer Baltique. Superbes et imposants, les flots de la Wistule traversent cinq degrés géographiques, et arrosent dans leurs courbes et déviations cent cinquante milles (trois cents lieues). Leur bassin s'étend, d'après Hoffmann (*), sur trois mille six cent soixante-quatre pieds carrés, et leur largeur moyenne, à compter de l'espace compris entre Sandomir et Thorn, est de mille cinq cents pieds. A Warsovie, et selon la saison, la Wistule a de neuf à vingt pieds de profondeur. Sur ses bords, riches en sites pittoresques, se trouvent Warsovie, Sandomir, Kazimierz, Pulawy, Plock, et autres villes remarquables.

Le Dniéper (Borysthène), le plus grand fleuve de l'ancienne Pologne, et qui comporte dans sa limite orientale du nord au sud une étendue de trois cent soixante-dix-huit milles, dont deux cent cinquante sont navigables. Des cataractes, appelées dans le langage vulgaire *porohi* ou *porogi* (seuils), au nombre de treize, rendent par moment sa navigation impraticable, principalement dans la saison des basses

(*) Hoffmann, la Terre et ses habitants.

eaux. Vers l'embouchure, au-dessous des *porohi*, on rencontre soixante-dix îles habitées autrefois par les Kosaks Zaporogues. C'est de là que ces aventuriers audacieux, se confiant à leurs frêles barques, *tschaïka*, entreprenaient des excursions jusqu'à Constantinople par la mer Noire; plus d'une fois ils ravagèrent les villes de l'Asie Mineure, pillèrent les faubourgs de Stamboul, et firent trembler le sultan dans son sérail. Entre le confluent du Dniéper et du Boh (Hypanis) florissait, dans l'antiquité, la ville d'Olbia, colonie grecque et entrepôt du commerce de l'Orient : elle fut ruinée par les Gètes. Le Dniéper débouche dans la mer Noire par le Liman de son nom; ce Liman est long de quinze lieues et large de deux et demie; ses eaux n'ont que huit pieds de profondeur.

Le Niémen (Chronus-Memel), fleuve national de la Lithuanie, et chanté par les weïdalotes (*), les Prussiens et les Lithuaniens (**). Il prend nais-

(*) Les *weïdalotes* étaient des espèces de lévites à l'époque prospère de la mythologie du Nord dans les terres prussiennes, en Lithuanie et en Samogitie, où cette religion avait été introduite par les Danois et les Scandinaves.

(**) Plusieurs poëtes polonais ont aussi composé des poëmes sur les fleuves, et nous citerons l'extrait suivant des œuvres de notre plus célèbre poëte contemporain, Adam Mickiewicz, traduit par M. Burgaud des Marets.

« La Wilia, mère de nos torrents, a un
« lit d'or et une surface d'azur. Une belle
« Lithuanienne y puise de l'eau; elle a un
« cœur plus pur, une figure plus ravissante.

« La Wilia coule dans les vallées riantes
« de Kowno, entre les tulipes et les narcis-
« ses; aux pieds de la Lithuanienne est la
« fleur de nos jeunes gens, plus ravissante
« que les roses et les tulipes.

« La Wilia dédaigne les fleurs de la vallée,
« car elle cherche le Niémen, son fiancé;
« la Lithuanienne est triste au milieu des
« Lithuaniens, car elle adore un jeune
« étranger.

« Le Niémen saisit impétueusement son
« amante dans ses bras, l'entraîne à travers
« les écueils et les sauvages déserts, la presse

sance dans le gouvernement de Minsk, et se trouve flottable presqu'à sa source; depuis Grodno, il est navigable pour les gros bateaux. D'une longueur de plus de cent vingt-deux lieues, le Niémen se jette dans la mer Baltique par le Kurisch-Haff, à dix lieues au sud de l'ancienne ville lithuanienne Klaypeda, que les Prussiens nomment Memel.

Le Dniester (*Tyras*), dont le bassin touche de sa tête Przemysl, de son flanc droit les Karpathes et les bassins du Pruth et du Sereth, tributaires tous deux du Danube, et de son flanc gauche les monticules du Miodobor en Podolie et le bassin du Boh. Le centre du bassin du Dniester est la ville de Mohylew, la plus commerçante sur ce fleuve, auquel nombre de petites rivières apportent le tribut de leurs eaux; elles accourent des Karpathes et des monticules dont Léopol est le principal. Le Dniester débouche dans la mer Noire, près d'Akerman.

On doit encore mentionner le Prypètz (*Trypiat*, en idiome russien), qui arrose quatre-vingt sept milles de pays. Cette rivière, jointe au Niémen par le canal d'Oginski, et au Boug par celui de Muchawiec, sert de point central à la navigation entre la Baltique et la mer Noire.

Parmi les lacs, ceux de Duswiaty, au nord de la Lithuanie, de Hryczyn, au midi de la même province, de Sukum, près de Dantzig, et de Smolno, dans la région de Posen, sont d'une profondeur que l'on n'a jamais pu mesurer. Mais le plus grand lac de la Pologne ancienne et moderne, nommé Goplo, se trouve sur la limite occidentale du royaume, dans la Kuiavie; il a huit lieues de longueur et une de largeur. Le terrain fort marécageux et fort boisé du palatinat d'Augustow renferme la plupart des lacs: plus de cent y servent de réservoirs à d'innombrables ramifications de ruisseaux, et tous payent une dette au Niémen, qui se confond lui-même avec la Baltique.

Les marais de la Biebrza, dans la Podlachie, offrent une étendue de dix-huit lieues. On découvre au delà de la rive gauche du Boug les immenses marécages de Pinsk, espèces de marais Pontins.

C'est au gouvernement de l'ancienne Pologne que sont dues toutes les voies de canalisation. La plus petite, mais la plus importante, est celle de Muchawiec, nommée autrefois canal de la République. Établissant une communication entre Dantzig et Odessa, la ligne de navigation obtenue grâce à son aide s'élevait à deux cent quatre-vingt-dix milles; mais le partage du pays en paralysa l'usage.

Le canal d'Oginski, fait aux frais de ce généreux citoyen, joint le Dniéper au Niémen, et ouvre à la navigation une communication de deux cent soixante-dix milles.

Les canaux d'Augustow, de Windawa et de Bromberg sont, sous le rapport de l'importance, au second rang.

Tous ces fleuves, rivières, lacs, étangs, approvisionnent le pays de poisson de bonne qualité. Beaucoup même vient de la mer, en remontant le cours des fleuves. L'huître, due à l'importation, est considérée comme mets de luxe et se vend au poids de l'argent, quelquefois un florin la pièce.

Le sol polonais conserve encore nombre de traces de l'action violente causée par le retrait des eaux maritimes. D'après une croyance populaire généralement répandue, il y aurait eu autrefois une petite Méditerranée dans les contrées marécageuses, entre Novogrodek, Minsk et Polock. Les savants Skrzetuski et Staszic sont aussi d'avis qu'il existait jadis une mer en Polésie.

« sur son sein glacé, et ils se perdent ensem-
« ble dans les abimes des mers.
 « Et toi aussi, un étranger t'aura ravie
« aux vallées de la patrie, ô infortunée
« Lithuanienne! et toi aussi, tu te seras
« plongée dans les flots de l'oubli, mais plus
« attristée, mais seule!
 « En vain on avertirait le cœur et le tor-
« rent: la jeune fille aime, la Wilia coule...
« La Wilia a disparu dans les bras du
« Niémen qu'elle adore... La jeune fille
« verse des larmes dans une tour soli-
« taire!... »

On rencontre fréquemment des débris de fossiles et de plantes appartenant à d'autres climats, et dont même les espèces sont inconnues aujourd'hui ; et lorsqu'on creusa le canal qui joint le lac de Hryczyn au Prypètz, on découvrit une ancre de vaisseau. Suspendus aux tours et aux portes des vieux manoirs, des restes énormes de baleine, tirés du sol dans la grande Pologne et en Lithuanie, alimentent ces traditions parmi le peuple. Près de Nieswiz on a trouvé des mâchoires de bison d'une grandeur effrayante et des dents d'éléphant ; aux environs de Warsovie et dans les salines de Wiéliczka, des débris de rhinocéros ; enfin, sur les bords de la Wistule, près de la capitale, à Gora, à Czersk, à Siéwierz et à Oswiecim, des os et d'immenses fossiles de mammouth (animal de l'Ohio, Cuvier).

On a constaté également au fond de la terre l'existence d'anciennes forêts de pins, et l'action des eaux a dû s'opérer dans la direction du sud-est, tous les troncs étant inclinés vers le nord-ouest. — « Ce qui prouve enfin un grand déplacement des eaux, c'est que l'on voit en Pologne les *madrepora arcanaria, verrucosa, labyrinthiformis, fungites, ananas, astroites, millepora, cellulosa, lichenoides*, Lin. ; qu'on ne rencontre dans aucune mer du Nord, mais qui fourmillent près d'Alger et dans les plaines du Mexique (*). »

CLIMAT.

Le climat de la Pologne est plus rude que celui d'autres pays européens situés sous le même degré de latitude, car, du côté du sud, elle est fermée par les Karpathes, et, du côté sud-est, par les montagnes de la Silésie et de la Bohême. La contrée se trouve donc ouverte aux vents septentrionaux, et les plus fortes gelées y proviennent du vent d'est, qui souffle des plateaux de la Moskovie et des monts Ourals. En prenant pour base l'expérience de toute

(*) Malte-Brun et Chodzko, Tableau de la Pologne.

une année, la température présente une moyenne à Warsovie, $+ 6°$ Réaumur, à Krakovie, $7^4/_5$, et à Wilna, $+ 4^4/_5$; ces chiffres subissent néanmoins des modifications sensibles, et, selon Sniadecki, le thermomètre parcourt 53° de Réaumur, depuis 24° de froid jusqu'à 29° de chaleur. La température moyenne de la saison d'été est de $11° \ ^1/_2$ au-dessus de zéro ; dans la saison d'hiver, elle est de 3° au-dessous. Les froids les plus rigoureux que l'on cite sont ceux de 1799, dans les mois de février et de décembre, $26° \ ^1/_4$, et de 1820, 25°. La plus grande chaleur est, à l'ombre, de 28°, au soleil, 40°, et dans la terre échauffée par lui, 48°.

Pendant une bonne moitié de l'année on jouit communément d'un temps favorable, les jours de ciel couvert n'étant que de quatre dixièmes et les jours pluvieux d'un dixième. Les neiges durent du 5 novembre au 5 avril, et la fonte de celles des Karpathes produit au printemps un accroissement notable dans les eaux de la Wistule, qui se renouvellent également par de fortes pluies lors des moissons. Les contrées situées au pied des Karpathes sont très-souvent ravagées par la grêle, et sur ces montagnes l'hiver est, pour ainsi dire, perpétuel, ou du moins excessivement long, par suite de l'élévation du sol.

Les globes de feu, les parélies, les étoiles tombantes, l'aurore boréale et d'autres phénomènes phosphoriques ou électriques, sont assez fréquents en Pologne.

Comme preuve des variations de son climat, nous citerons les exemples suivants. L'historien Dlugosz rapporte que dans l'année 974 toutes les rivières furent couvertes de glaces, depuis la fin d'octobre jusqu'à l'équinoxe du printemps. Selon Rzonczynski, la Baltique gela une fois de telle sorte, que l'on put aller de Dantzig à Lubeck sur la glace. Koialowiez, dans les détails curieux donnés sur les hivers de 1414 et de 1492, dit qu'au mois de janvier, sous le 55° de latitude, on vit les champs se couvrir de fleurs, les choux pousser en tête, les blés lever et former les épis, et des oiseaux reconstruire leurs nids; mais le mois de février ayant amené des froids intenses, anéantit, dans une seule nuit, toutes les richesses de cet été précoce. A Dantzig, vers la fin d'octobre 1568, les rosiers donnèrent une seconde floraison; ce phénomène s'y reproduisit en décembre 1588. L'hiver de 1659 fut également si doux que les abeilles sortirent par essaims nombreux.

VILLES.

Les villes de la Pologne sont, plus que partout ailleurs, l'expression vivante d'un principe, d'une destinée spéciale ou d'une époque historique; et les trois capitales qu'elle a possédées successivement sont, pour ainsi dire, chacune l'image des trois grandes phases de ce pays. La Pologne naissante eut son siége à Gnèzne, d'où l'aigle blanc prit son vol audacieux et superbe; l'antique métropole, Krakovie, la ville sainte, représente la plus belle époque du pays : les jours heureux de Kasimir le Grand, les temps chevaleresques des Jagellons, et le point véritablement culminant, sous les deux Sigismond, de l'astre de la Pologne florissante; enfin, Warsovie, dont les Polonais modernes, surnommés Français du Nord, ont cherché à faire un petit Paris, offre, dans son histoire, un tableau fidèle, tantôt brillant et grandiose, tantôt sombre et mélancolique, des tentatives de renaissance de la Pologne malheureuse.

C'est ainsi que Malborg (Marienbourg), situé dans l'ancien palatinat de Malborg, est le souvenir encore animé de l'antique chevalerie; que le catholicisme a fixé son séjour de prédilection à Czenstochowa, résidence de miracles de la sainte Vierge, à laquelle s'adressent tous les vœux des fidèles dans leurs nombreux pèlerinages à cette ville; que Wilna et Léopol sont devenus des succursales du foyer de la civilisation moderne établi à Warsovie ; c'est ainsi enfin que, dans les derniers temps (1815-1830), la ville de Kalisz représentait l'opposition la plus forte qui ait pu se manifester aux diètes sous le gouvernement russe, et que le château de Pulawy dut à la puissante maison des Czartoryski le titre de nouveau Panthéon historique polonais.

Le berceau de la Pologne, Gnèzne, situé à sept milles de Posen, et célèbre par le couronnement du premier roi, Boleslas le Grand, a, à mesure que les conquêtes des Polonais s'étendaient, disparu de la scène politique. De nos jours, c'est une petite ville insignifiante, contenant à peine quatre mille habitants.

Krakovie, jadis centre du royaume, située aux bords de la Wistule, dans une riante vallée, fut longtemps le siège des rois et l'endroit de leur couronnement, ainsi que de leurs funérailles. Les chroniqueurs rapportent qu'elle fut fondée sur les ruines de *Carrodunum* (dont fait mention Claude Ptolémée), vers l'an 700, par le duc de Chrobatie-Blanche, Krakus. En 1320 Wladislas Lokiétek y fut, par l'archevêque de Gnèzne, le premier monarque couronné, et depuis on transporta dans cette ville tous les joyaux de la royauté (*).

Le vieux château royal qui brava tant de siècles a été converti en caserne par les Autrichiens, et une main ennemie a fait disparaître toute trace historique dans cette vaste salle où brillaient les colonnes du trône des Jagellons, devant lequel prêtaient foi et hommage, à genoux, les ducs de Prusse, de Poméranie, de Kourlande, et les palatins de Valachie; là, les plus grands États de l'Europe venaient chercher des alliances et implorer des secours; là, siégait le sénat des patriciens; là, retentissait la voix sage d'Étienne Batory. Devant la porte de cette antique demeure royale avilie, dévastée (**), on voit encore les ruines du

(*) Swiencki, Description de l'ancienne Pologne.

(**) Le Laboureur, qui visita Krakovie en 1646, a laissé, dans son *Traité sur la Pologne*, ce témoignage de la splendeur du château royal : « Le chasteau est une pièce

palais qu'occupaient jadis les puissants starostes de Krakovie.

A peu de distance du château s'élève la cathédrale, dont les chapelles renferment presque toute une histoire de l'ancienne république polonaise. En 966, époque de l'introduction du catholicisme en Pologne, il existait déjà un modeste temple à cette place; il fut agrandi sous le règne de Wladislas Herman, et par Boleslas III en 1307; mais c'est surtout en 1359 que Kasimir le Grand l'embellit et l'enrichit avec une munificence toute royale. Cette cathédrale est le Panthéon polonais, et compte dix-huit chapelles et vingt-six autels. La plus ancienne des tombes royales qu'on y voit encore est celle de Wladislas Lokiétek, mort en 1333. On remarque avec un vif intérêt le monument funèbre élevé à la mémoire de Kasimir le Grand par la reconnaissance nationale, et celui de Wladislas Jagellon, qui atteste le progrès des arts en Pologne; ces deux derniers tombeaux sont en marbre rouge. La chapelle dite des Sigismond est la plus belle et la plus riche de toutes. Au milieu du chœur de l'église un magnifique mausolée recèle les restes mortels de l'évêque Stanislas, assassiné par Boleslas le Hardi. Depuis Wladislas Lokiétek jusqu'à Auguste II, presque tous les rois polonais ont été couronnés et ensevelis dans cette vieille basilique.

Le nombre des églises de Krakovie s'élevait jadis à cinquante. Parmi celles qui ont résisté aux âges et aux événements, on distingue l'église de Notre-Dame, bâtie en 1222, dans le genre gothique : elle contient trente autels de marbre et de nombreuses tombes ; l'église des Dominicains, où se trouve le superbe tombeau de Leszek le Noir; l'église de Saint-Pierre et Saint-Paul, construite sur le modèle de Saint-Pierre de Rome, pour les jésuites, par Sigismond III, et qui conserve encore la tribune d'où retentissait la voix éloquente du célèbre Skarga ; l'église de Sainte-Anne, remarquable par sa coupe et ses ornements.

Dans le nombre des autres édifices nous citerons : l'antique hôtel de ville; l'enceinte gothique *Sukiennicé*, longue de plus de cent toises, qui fut élevée par Kasimir le Grand, et qui reste comme un monument du commerce de cette époque; l'université, fondée en 1347 ; la bibliothèque, qui renferme trente mille livres, quatre mille manuscrits, et des cabinets d'histoire naturelle, de physique, de mécanique et d'anatomie.

L'école du tir se tenait autrefois à la porte Saint-Nicolas et y possédait un vaste emplacement. Chaque année cette école élisait un roi que l'on promenait en procession par toute la ville, un coq coulé en argent sur les bras, et qui, outre une prime de trois mille florins, avait le privilege d'introduire dans Krakovie, libres de tout impôt, quatre-vingt-dix-neuf tonneaux de vin.

Le pont qui joint le faubourg de Stradom à celui de Kazimierz est aussi une des curiosités locales.

Krakovie, qui se compose de la vieille

« d'architecture aussi accomplie que l'on
« puisse voir, et très-digne de la majesté
« d'un monarque puissant. Il a beaucoup
« de rapport au dessin du chasteau Saint-
« Ange de Rome; et me semble plus essayé,
« mais il a moins d'estendue. C'est un grand
« corps de logis, de pierre de taille, avec
« deux aisles, autour d'une cour quarrée, décorée de trois galeries où se desgagent
« tous les appartements. Ces galeries sont,
« comme les chambres, parquetées de carreaux de marbre blanc et noir en rapport;
« elles sont décorées de peintures et de bustes de Césars, et rien ne se peut esgaler à la
« beauté des lambris des chambres du second
« étage, qui est le logement des roys et des
« reynes. C'est véritablement la plus belle
« chose que j'ai veuë pour la délicatesse de
« la sculpture et pour les ornements d'or
« moulu et de couleurs très-fines. Dans la
« chambre principale sont les trophées du
« roy Sigismond avec mille patergnes et
« mille enjolivements au ciseau qui sont admirables, d'où pendent en l'air plusieurs
« aigles d'argent, qui sont les armes de la
« Pologne, que la moindre haleine de vent fait
« voltiger doucement, leur donnant une espèce de vie et de mouvement si naturel,
« que l'imagination en est aussitost persuadée
« que les yeux. »

cité, des trois petites villes adjacentes, Podgorze, Kazimierz, habitée presque entièrement par des juifs, et Kleparz, et de plusieurs faubourgs, était jadis entourée de remparts, de fossés et de quarante bastions, dont plusieurs servaient de portes d'entrée. Une seule, la porte de Saint-Florian, a survécu aux dégâts commis par les Autrichiens.

La population de cette ancienne métropole polonaise a suivi les phases de sa fortune politique. Vers l'année 1500, elle se montait à quatre-vingt mille âmes; en 1787, elle n'en comptait plus que dix mille; de nos jours le chiffre s'est amélioré : il est de trente-sept mille, dont un tiers de juifs.

Les environs de Krakovie offrent les plus beaux sites de la Pologne, parmi lesquels on remarque surtout la contrée si pittoresque de la chartreuse Bielany, assise sur un mont escarpé, au centre d'une antique forêt. De l'autre côté de la Wistule, on aperçoit le respectable monastère de Tyniec (*), dont la fondation par Boleslas le Grand remonte à l'an 1009; suivant Starowolski, ses abbés portaient le titre de maîtres de cent villages et de cinq villes : *quinque civitatum et centum villarum dominus*. Plus loin, sur des montagnes qui avoisinent les Karpathes, apparaît le château de Landskrona, aux souvenirs historiques, puis le miraculeux mont Calvaire; puis, sur la montagne Bronislawa, s'élevant à cinquante-neuf toises au-dessus du niveau de la Wistule, le tertre monumental érigé à la mémoire de Kosciuszko, dans le voisinage de ceux de Wanda et de Krakus; il a

dix-huit toises de hauteur. De cet imposant belvédère le regard plonge dans la ville sainte, qui porte sur son front calme et superbe l'empreinte des siècles écoulés, et indique, par son attitude muette et mélancolique, la grandeur qui animait jadis une population douée d'une vie puissante. De là, l'œil du spectateur découvre des paysages ravissants : les montagnes de la Silésie s'unissent à la grande chaîne des Karpathes; les eaux de la Wistule fendent majestueusement un sol fertile, cultivé; de vieux arbres, derniers gardiens de nombreuses ruines de bourgs et de manoirs, lèvent avec orgueil leurs verts panaches, et, par un jour pur, ce tableau imposant a pour limites les pics des glaciers que l'on aperçoit à trente lieues alentour. « Ce monu- « ment est un ouvrage de géants; c'est « l'élan patriotique d'une nation qui, « effacée dans le présent, se cherchait « dans l'avenir !.... Et voici une élo- « quence toute nouvelle : un peuple qui « ne peut s'exprimer par la parole ou « par les livres, et qui parle par des « montagnes (*). »

A un mille de Krakovie on rencontre encore les restes du château de Lobzow, qui fut bâti par Kasimir le Grand. Théâtre d'événements mémorables et d'aventures romanesques, le bon Kasimir en faisait son séjour favori, et s'y délassait, comme Henri IV auprès de la belle Gabrielle, des ennuis du trône; il cessait quelques instants d'être roi pour devenir l'amant de la séduisante Esther. La tradition assure que les cendres de cette juive célèbre reposent dans le jardin. Sigismond III aussi, suivant les chroniqueurs, se plaisait beaucoup à ce même château, et y savourait les délices de Capoue, au sein des bals et des mascarades qu'il donnait aux femmes galantes.

Il ne reste plus également que quelques débris et une tour octogone du château d'Oycow, qui se trouvait à quatre lieues de la ville. D'épaisses forêts l'entouraient, et, quand on par-

---

(*) Durant la guerre de l'indépendance nationale, soutenue pendant cinq ans par la confédération de Bar, cinq cents confédérés, sous le commandement du chef de brigade de Choisy et d'autres officiers français, s'y défendirent avec courage. C'est de ce poste qu'ils exécutèrent, en février 1772, à la suite des ordres du général de Vioménil, la difficile et hardie attaque du château de Krakovie, qui était alors au pouvoir des Moscovites. (Pologne pittoresque, M. Chodzko.)

(*) M. Villenave père, Discours prononcé à l'hôtel de ville de Paris, en 1828.

court leurs sinuosités, on arrive à la grotte Noire, longue de deux cent quatre-vingts pieds, large de quatre-vingts et haute de soixante; elle a dû, nous disent les historiens, servir de retraite aux femmes, aux enfants et aux vieillards, à l'époque sanglante des guerres avec les Turcs et les Tatars. A peu de distance se trouve une autre grotte surnommée Royale, depuis qu'en 1300 Wladislas Lokiétek s'y mit à l'abri des atteintes de l'usurpateur Wenceslas de Bohême; on ne peut la parcourir qu'aux lumières. De nombreuses légendes et traditions sont racontées par le peuple sur les singularités naturelles dont Oycow abonde.

Il est difficile de se représenter un site plus ravissant et plus pittoresque que celui du château de Pieskowa Skala, à deux lieues plus loin; il domine une vallée qui rivalise de charme avec les Alpes; les eaux pures du Prondnik s'échappent par torrents d'un rocher gigantesque, et arrosent cette magique contrée. Le rocher, qui fait face au château, a la forme de la massue d'Hercule; frêle à sa base et énormément développé à son sommet, il offre dans son ensemble une des plus curieuses et des plus inexplicables fantaisies de la nature. En suivant le cours du Prondnik on rencontre un autre rocher qui, entouré de chênes, de sombres sapins et de précipices, n'est accessible que d'un seul côté, par lequel on arrive au romantique ermitage de Sainte-Salomée, nommé Grodzisko; il semble planer dans les airs.

Comme on le voit, les environs de Krakovie sont de toutes parts doués d'une nature riche, féconde et variée à l'infini.

Warsovie, située sur une élévation agréable aux rives de la Wistule, était autrefois la capitale du duché de Mazovie et la résidence des ducs. Vers la fin du douzième siècle, si nous en croyons les chroniqueurs, Kasimir le Juste, étant à la chasse, entra dans une chaumière où une pauvre femme venait de donner le jour à deux jumeaux; ce roi leur servit de parrain, et nomma l'un War, l'autre Sawa, ce qui formerait l'origine du nom de cette ville. Au treizième siècle, les successeurs du duc Conrad Ier, abandonnant leur fort de Czersk, y transportèrent leur demeure, et Warsovie prit dès lors un accroissement considérable. Après que la ligne des ducs de Mazovie fut éteinte, en 1526, la reine Bona, épouse de Sigismond Ier, affectionna également cet endroit; et, à la diète de Lublin, en 1569, Sigismond Auguste décréta que, vu sa position centrale, Warsovie servirait désormais de lieu de réunion aux grandes diètes. Depuis cette époque, son importance augmenta de jour en jour; l'élection des souverains se consomma dans les champs de Wola, à l'entrée de la ville, et enfin, Sigismond III la choisit pour nouvelle capitale du royaume. Les rois suivants l'habitèrent donc, et même le dernier, Stanislas-Auguste, y célébra en 1764 son couronnement, cérémonie qui avait eu lieu jusque-là à Krakovie.

Warsovie se développe sur trois mille six cents toises de longueur et dix-huit cents de largeur; sa circonférence, y compris le faubourg de Praga, situé sur la rive droite du fleuve, est de six lieues. La ville est divisée en sept arrondissements; Praga forme le huitième. Les rues, au nombre de deux cent quatorze, sont toutes pavées et entretenues avec soin. Plus de soixante-dix édifices publics les embellissent. On compte en outre vingt-six églises du culte catholique, qui possède également quatorze couvents d'hommes et quatre de femmes, une église luthérienne, une évangélique, une grecque-unie et une gréco-russe.

Parmi les principaux monuments on remarque le château royal, avec un superbe jardin qui domine la Wistule: une voûte de deux cents toises de longueur y soutient le terrain supérieur, où l'on parvient par un large et solide escalier; le palais des lieutenants du roi; le palais non moins majestueux de Krasinski, que la grandeur et la richesse de ses ornements placent au premier rang des chefs-d'œuvre d'architecture; l'université; la belle maison des Amis des sciences et des lettres, remplaçant l'ancienne église des Dominicains, construite, par Sigismond III, en souvenir de la prise de Moskou, et où reposaient les restes des tzars Szuyski faits prisonniers; la banque et l'hôtel des finances; l'hospice des enfants trouvés; les palais de Zamoyski et de Mniszek; l'hôtel de ville, auquel fait face, sur une vaste place, le nouveau théâtre, qui peut contenir deux mille cinq cents spectateurs et huit mille personnes lors des bals : son fronton est orné de dix colonnes d'un style élégant, etc.

Nous citerons parmi les églises celle des Bernardins, dans la rue principale, dite faubourg de Krakovie; l'antique cathédrale de Saint-Jean, située dans la cité : les chroniqueurs en font déjà mention en 1339, et elle renferme l'étendard sacré pris aux Turcs, à la bataille de Vienne, par Jean Sobieski; l'église des Missionnaires, dite de Sainte-Croix; l'église des Piaristes, congrégation la plus savante et la plus patriotique de tout le clergé polonais, que l'on persécute et auquel on a retiré ce temple en 1835, pour le transformer en cathédrale gréco-russe. Un des plus beaux édifices de la capitale est aussi sans contredit la grande église luthérienne, bâtie en rotonde sous le règne de Stanislas-Auguste.

Nous passons sous silence la citadelle, construite après la dernière rentrée des Russes à Warsovie, en 1831. Nous ne l'avons pas vue; mais une voix auguste a donné l'assurance qu'elle pouvait en quelques heures réduire toute la ville en un monceau de cendres!

En avant du château royal s'élève une colonne de marbre blanc d'un seul bloc, tiré des carrières de Chenciny; elle est haute de vingt-neuf pieds; le piédestal en a quinze, et au sommet apparaît la statue de Sigismond III, coulée en bronze et dorée; elle a elle-même onze pieds d'élévation. La statue de Kopernik, production de Thorwaldsen, se trouve à côté de l'église des Bernardins. Une troisième et colossale statue, celle du prince Joseph Poniatowski, mort maréchal de l'empire français, à la bataille de Leipzig, devait embellir la vaste cour ouverte du palais des lieutenants du roi, et une souscription nationale, ouverte à cet effet, avait déjà réuni tous les fonds nécessaires, quand le gouvernement russe, guidé par un patriotisme mal entendu (*), fit briser en morceaux ce chef-d'œuvre de Thorwaldsen, et l'envoya à la forteresse de Modlin pour y être converti en canons.

Douze places publiques et un champ de Mars, où cent mille hommes peuvent bivouaquer aisément, donnent à Warsovie de l'air et de la lumière.

Le soir, la ville et ses faubourgs sont éclairés au moyen de lampes astrales.

Comme la population de Krakovie, celle de Warsovie a subi l'influence des événements. En 1780, le nombre des habitants montait à soixante-dix mille; en 1792 à cent vingt mille; en 1805 il descendit à soixante-huit mille quatre cent onze; puis, en 1820 il remonta à cent mille trois cent trente-huit; en 1830 on comptait cent vingt-six mille quatre cent vingt-cinq âmes, dont trente-trois mille appartenaient au peuple juif. En y ajoutant la garnison militaire, la population de Warsovie présentait un chiffre d'environ cent cinquante mille individus.

Jusqu'en 1832 Warsovie posséda de nombreux instituts scientifiques et littéraires, mais depuis lors tout est bien déchu. On a aboli la société des sciences et des lettres, fondée en 1801, et sa bibliothèque, si riche en manuscrits, bien qu'elle fût propriété particulière, a été transportée à Pétersbourg, où se trouvait déjà l'ancienne et vaste collection de l'évêque Joseph Zaluski. Cette collection, don d'un généreux citoyen envers l'État, fut enlevée par Catherine II, à l'époque du partage de la Pologne. La nouvelle bibliothèque publique, fondée de 1815 à 1830, et spoliée également, renfermait cent cinquante mille volumes,

(*) Comme cela est bien dit dans la partie de cet ouvrage consacrée à la Russie, vol. I, page 66.

et des cabinets de minéralogie, de numismatique, d'histoire naturelle, avec deux mille plantes exotiques, recueillies dans le jardin botanique. L'université, l'école des arts et métiers, l'école polytechnique, l'école normale, le lycée, le conservatoire de déclamation et de musique, l'école des Piaristes, huit écoles militaires, trois écoles palatinales, tout a été détruit, aboli par la nouvelle administration.

La ville possède dix-huit imprimeries, dix librairies et cinq journaux (le nombre de ces derniers était doublé avant 1832). Six mille ateliers d'industries différentes emploient environ soixante-cinq mille bras. Six cents *doroszka*, espèce de calèche à quatre roues et pour quatre personnes, et mille traîneaux conduisent, les unes durant toute l'année, les autres l'hiver seulement, les habitants par toute la ville.

On compte de nombreux bains publics. Il y a aussi dans le jardin Krasinski un établissement d'eaux minérales très-fréquenté.

Sur les sept salles de spectacle qui sont à Warsovie, il n'y en a plus maintenant que deux en activité. Deux théâtres d'été existent dans le bois de Lazienki, dont un à ciel découvert et entouré d'eau, ce qui produit un effet ravissant. Deux clubs, nommés Ressources des négociants, font également partie des établissements consacrés au plaisir.

Warsovie renferme beaucoup de promenades, de lieux de réunion publics. Le jardin de Saxe, entouré d'une grille en fer, est plus vaste et plus beau que celui des Tuileries à Paris. On cite aussi l'avenue du Belvédère, dans le genre de l'avenue de tilleuls (*Unter den Linden*) de Berlin; trois rangs de marronniers la bordent dans toute sa longueur de huit cent soixante-dix toises, et forment d'épaisses arcades de verdure au-dessus de la tête des promeneurs. Elle conduit à Lazienki, charmante résidence digne de l'Italie; tout s'y trouve réuni, riantes constructions s'élevant du sein des eaux, lacs transparents, parcs aux détours enchanteurs, puis des chefs-d'œuvre de l'art, la représentation équestre de Jean Sobieski, des divinités païennes, les douze statues des sages de la Grèce, des ruines, en guise d'amphithéâtre, etc., etc. On y voit aussi les casernes qui enfantèrent la révolution de 1830.

Le jardin botanique, situé sur une élévation accidentée, est à peu de distance de là; il renferme des serres chaudes et un observatoire pour les études astronomiques. En poursuivant, on parvient au palais plus moderne du Belvédère; des kiosques, des minarets et des pièces d'eau embellissent son jardin anglais. Nous citerons encore en fait de châteaux de plaisance aux environs de Warsovie, Mokotow, Krolikarnia, qui domine les plaines de Lazienki et de Willanow, et enfin, la retraite chérie de Sobieski, Willanow (*villa nuova*). Cette dernière résidence, distante de deux lieues, fut construite par les soldats turcs qu'il avait faits prisonniers au siége de Vienne.

Dans une autre direction se trouve la villa Mariemont, qui mène au bois touffu de Biélany. Cet endroit retiré offre une seule fois par an, le second jour de la Pentecôte, un tableau vivant, animé, et l'excursion qu'on y fait ressemble beaucoup à la promenade de Longchamp à Paris, avec toutefois une forte teinte populaire de plus. Les deux origines présentent également une grande analogie entre elles: les belles voix des cordelières de l'abbaye attirèrent jadis les Parisiens; l'absolution que l'on obtenait naguère encore au couvent des Camaldules de la forêt produisit le même effet sur les habitants de Warsovie. La foule est compacte à Biélany: ardente, tumultueuse dans l'intérieur du bois et faisant honneur aux apprêts culinaires, elle est plus choisie et moins bruyante dans l'allée principale, qui longe les bords de la Wistule. C'est en ce dernier endroit que la mode rend sans appel ses décrets pour toute la saison.

Un grand citoyen repose non loin de là. Sur un tertre placé à l'entrée de l'église et recouvert d'une simple pierre, on lit ce nom: *Stanislas Staszic!*

Il sera toujours cher aux cœurs polonais, car celui qu'il rappelle fut un des bienfaiteurs de l'humanité; Stanislas Staszic partagea toutes ses terres et sa fortune entre les paysans et les gens lettrés.

En traversant la Wistule on parvient, par le moyen d'un pont volant long de deux cent soixante-trois toises, au faubourg de Praga, lieu condamné au malheur et mémorable à jamais dans les fastes de la Pologne. C'est dans ses plaines qu'on délibéra en 1573 sur le choix du premier roi électif, Henri de Valois; et qu'en 1656 et 1702 les Polonais combattirent, pour la défense de la capitale, contre Charles Gustave et Charles XII. C'est là encore qu'en 1794 Souvaroff livra au carnage de ses soldats douze mille habitants, femmes, enfants, vieillards, et les braves qui défendaient pied à pied ce seuil de Warsovie. Les tristes événements de 1809 et de 1831 ont mis le comble à l'horrible fatalité qui pèse sur ce bourg de misère et de sang!

Malborg (Marienbourg), dont la fondation remonte à l'an 1302, fut autrefois le chef-lieu du palatinat de ce nom. Elle est à huit lieues sud-est de Dantzig, sur la rive droite du Nogat. Intimement liée à toutes les phases historiques de la Pologne, elle a compté, jusqu'en 1772, au nombre de ses possessions, et fait depuis lors partie de la régence de Marienwerder (Kwidzyn), formée elle-même de la Prusse ducale, ancien fief polonais.

Les chevaliers teutoniques, en s'emparant du territoire, construisirent (1288) le célèbre château fort qui commande Malborg. Conçu dans le style gothique, il se composait de quatre étages; le grand maître de l'ordre habitait le plus élevé. La seule partie qui ait résisté aux ravages de la guerre et du temps est celle du milieu, et, ce qui frappe le plus dans ce vieil édifice, c'est le système en voûtes des appartements : toutes les pièces présentent une longue suite d'arcades qui s'étayent sur des piliers de granit. Carrés aux étages inférieurs, ces piliers sont octogones dans le haut du château, plus sveltes et travaillés avec soin à l'endroit des chapiteaux. La grande salle où les chevaliers s'assemblaient pour le chapitre n'a qu'un seul pilier, auquel viennent aboutir toutes les arcades. On y voit une pierre énorme entrée dans la muraille; les Polonais la lancèrent en 1410 lorsque Jagellon fit le siége du château; ils cherchaient à abattre le pilier, unique soutien de toute l'architecture, et la pierre pourfendit bien la fenêtre, mais, manquant son but, elle alla se nicher dans le coin où elle se trouve encore. Ce fut en 1460 seulement que Kasimir IV obtint la reddition de la place et put y mettre garnison.

Ce château, modèle de construction des temps passés, était un des plus solides qui fût en Europe; on disait communément : *Ex luto Marienburg, Offen ex saxo, ex marmore Mediolanum.* Les trésors de l'Ordre reposaient dans les caves, séparées par une double voûte du rez-de-chaussée. Un puits en pierre qui existe au milieu du château fournissait de l'eau à tous les étages, et, dans chaque salle de réunion, les services étaient préparés de telle sorte que les mets et les boissons y parvenaient sans qu'aucun valet parût. Il est certain, et cette dernière recherche en est une preuve convaincante, que la bonne chère, le vin et les femmes occupèrent beaucoup plus les moines guerriers, anciens hôtes de ce lieu, que les bulles du saint-siége et le salut de la chrétienté.

A côté du château, que l'on s'occupe de restaurer avec les largesses du roi de Prusse régnant, on voit l'église de Sainte-Marie, fondée en 1260.

La population actuelle de Malborg s'élève tout au plus à cinq mille habitants.

La capitale de la Lithuanie, Wilna, située aux bords des fleuves Wilia et Wileyka et entourée de montagnes, est à trois cent cinq pieds au-dessus du niveau de la Baltique. Elle fut fondée en 1322, par Giédymin, prince lithuanien païen, à l'occasion de la construction d'un château et d'un temple qui devait servir à conserver le feu sacré; les ruines de ces édifices se voient encore de nos jours. La ceinture de murailles remonte à l'année 1506, et, deux fois incendiée et deux fois rebâtie tout nouvellement, Wilna, de capitale princière, est devenue la résidence d'un gouverneur russe. Les juifs aussi l'affectionnent beaucoup; maîtres du commerce entre ce pays et Riga et Kœnigsberg, ils forment à eux seuls près de la moitié de la population actuelle.

La ville renferme trente églises catholiques, et, parmi les monuments, on distingue l'hôtel de ville, l'église de Saint-Jean, jadis collége des jésuites, l'église cathédrale, l'arsenal, divers palais, l'hôpital de Saint-Jacques, celui des sœurs de la charité, et l'hôpital juif. La civilisation possédait il y a peu d'années à Wilna un foyer remarquable qui datait de 1578, époque où le roi Étienne Batory fonda une académie dont il confia la direction aux jésuites. Cet institut exista jusqu'en 1833, et, durant sa plus brillante période, de 1815 à 1830, il compta dans les rangs de ses professeurs des hommes à la réputation européenne, tels que Sniadecki, Lelewel, Goluchowski, etc. Mille élèves suivaient annuellement les cours de cette école supérieure, qui contenait un observatoire, un jardin botanique, des cabinets de minéralogie, de physique, et une bibliothèque riche de cinquante et un mille huit cent trente-sept volumes. Par les ordres de l'empereur actuel, une arène aussi noble dut cesser d'exister : une simple faculté de médecine la remplace; les collections scientifiques rassemblées à grands frais, les livres rares, les manuscrits précieux, tout a été confisqué au profit des instituts russes de Kiiow et de Charkow.

Dans le seizième siècle la population de Wilna s'élevait à cent mille âmes; au milieu du dix-septième elle se montait encore à soixante mille, mais de nos jours elle en compte à peine trente-six mille. La décadence de cette ville sous les rapports scientifique, commercial et statistique, est une conséquence naturelle du système suivi par le gouvernement présent.

Les environs de Wilna sont très-beaux; mais à la place de l'ancien et riant palais des rois de Pologne, se dresse aujourd'hui le front menaçant d'une forteresse russe (*).

Tout en suivant les rives de la Wilia, fleuve célèbre avec amour par les poëtes nationaux, on parvient à une brillante fondation des jésuites, au couvent de Zakret. C'est un véritable édifice, aux proportions nobles et étendues. Plus loin s'étend une chaîne de montagnes, donnant naissance à la vallée de Wilna et qu'animent le superbe palais des évêques, Werki, et les asiles religieux de Trynopol et de Kalwarya. Le Calvaire renferme dans son enceinte plus de trente chapelles qu'un labyrinthe de sentiers unit entre elles. Ces divers paysages et les hauteurs qui existent au centre même de la cité, toutes couronnées de ruines, composent un panorama des plus imposants et des plus variés.

Léopol (Lwow, Lemberg) est la capitale de la Pologne autrichienne, et on rapporte sa fondation à l'année 1270. Cette ville, toute entourée de hauteurs, a passé par les chances les plus variées de la fortune : incendiée à diverses reprises, dévastée et ravagée nombre de fois par l'ennemi, sa position si avantageuse amena toujours sa résurrection. C'est à Léopol que résident les autorités du royaume de Galicie et l'archevêque. Tous les deux

---

(*) La tradition rapporte que trois seigneurs, Sapiéha, Sluszka et Massalski, prirent l'engagement de fonder trois palais, et chacun s'efforça de surpasser les deux autres en luxe et en magnificence. Cette lutte valut à la Lithuanie trois beaux monuments : malheureusement le palais de Massalski disparut dans une des dernières crises du pays. Bâti par un architecte d'Italie, le palais de Sluszka (qui remporta le prix) se trouve sur les bords de la Wilia, et celui de Sapiéha, situé près du faubourg d'Antokol et des antiques sépultures des ducs de Lithuanie, a l'air de cacher au sein d'une épaisse forêt; il offre aussi dans son ensemble le type italien.

ans les états y sont aussi convoqués, au nom de l'empereur d'Autriche, pour connaître ses volontés; il ne leur reste plus que le modeste droit de pétition. Léopol possède une université, fondée en 1784, et réorganisée en 1816, dont la bibliothèque se compose d'environ cinquante mille volumes, deux gymnases, deux séminaires, une école d'arts et métiers, et de nombreuses institutions secondaires. L'importance de l'université s'est puissamment accrue depuis que tous les établissements littéraires et scientifiques de Warsovie ont été abolis. On trouve encore à Léopol la célèbre bibliothèque d'Ossolinski, fondée primitivement à Vienne, par ce magnat polonais, sous le nom de Bibliothèque slave; elle renferme vingt-cinq mille trois cents ouvrages divers, treize mille médailles, huit mille quatre cents moules en plâtre, et une immense collection de manuscrits. Le gouvernement autrichien l'a fait fermer en 1834.

Point intermédiaire entre l'orient et l'ouest de l'Europe, Léopol jouit d'une haute valeur sous le rapport commercial; de tout temps il a servi d'entrepôt aux productions de la Podolie, de la Wolhynie, de la Moldavie, de la Bohême, de la Silésie et de l'Allemagne. Chaque année, en juin, époque des grandes opérations commerciales, la population s'accroît d'un quart. Dans les autres moments le chiffre des habitants s'élève à soixante mille, dont un tiers de juifs. Nous ne comptons pas les étudiants et la garnison, deux classes essentiellement variables.

On doit accorder, parmi les monuments, une attention spéciale aux cathédrales des trois cultes qui se célèbrent à Léopol, à l'église Saint-George, point le plus élevé de la ville, à l'église des Dominicains, d'une fort belle architecture, et au palais de l'évêque arménien.

Déjà, du temps des Romains, le poisson des environs de Léopol était cité pour sa chair exquise; les brochets surtout rivalisaient ceux du Tibre, pêchés entre deux ponts, et que les maîtres du monde, gastronomes non moins célèbres qu'illustres guerriers, payaient au poids de l'or.

Chef-lieu du palatinat de ce nom, la ville de Kalisz se trouve divisée en trois parties par la Prosna, qui, la pressant dans ses bras, lui donne l'aspect d'un groupe d'îles. Sa date remonte au seizième siècle. Plus tard, Kasimir le Grand l'entoura d'une épaisse ceinture de murailles et d'un château fortifié; mais dans les derniers temps ces défenses ont été négligées et ont fait place à des promenades publiques. L'église, sous l'invocation de saint Nicolas, est le plus ancien édifice religieux. On conserve avec soin dans la belle cathédrale de Saint-Joseph un tableau représentant ce saint, auquel le pape octroya la couronne royale, comme récompense des miracles opérés. L'ex-collége des jésuites, bâti dans les premières années du dix-septième siècle, passait alors pour un des plus remarquables monuments en Europe. Sa grande salle a deux cents pieds de long sur soixante-douze de largeur, et deux cents élèves y manœuvraient très-facilement à l'époque où cet édifice servait d'école militaire. Cette école, fondée en 1810, et qui a fourni tant d'officiers distingués à l'armée polonaise, fut transférée à Saint-Pétersbourg après les événements de 1831. Le local qui servit d'abord de bureaux à un fonctionnaire public, a été en dernier lieu métamorphosé en une chapelle du culte gréco-russe.

La population de ce chef-lieu s'élève à onze mille habitants, et les efforts patriotiques des citoyens du palatinat entier méritent d'occuper une place importante dans les annales de la Pologne renaissante.

Non loin des frontières de Silésie, dans les environs rocailleux d'Olsztyn, se trouve sur les bords de la Warta la petite ville de Czenstochowa, qui joue un si grand rôle dans les fastes religieux de la Pologne; car, à ses portes, s'élèvent les célèbres monastère et église de *Jasna-Gora* (Clair-Mont), desservis par les moines de Saint-Paul. On y conserve une image miraculeuse de la Vierge, vers laquelle de toutes parts accourent sans relâche les fidèles, pour implorer l'appui de la Mère des douleurs : à chaque jubilé se renouvelle la cérémonie de son couronnement; et à celui de 1817, deux cent mille pèlerins seulement, hommes et femmes, suivirent les diverses processions. La légende du lieu raconte qu'en 1382, lorsque par ordre du duc d'Opeln Wladislas, on transportait cette image de la Galicie en Silésie, les chevaux s'arrêtèrent tout à coup devant Jasna-Gora, sans qu'il fût possible de les faire aller plus loin. Frappé de cet événement, le duc, qui croyait aux miracles, fit élever une église à l'endroit même où il arriva. Wladislas Jagellon construisit la chapelle qui renferme aujourd'hui l'objet révéré. Le couvent de Jasna-Gora fut aussi fortifié par ordre de Wladislas IV, et sa petite garnison, sous les ordres du prieur augustin Kordecki, repoussa glorieusement, en 1655, les attaques de nombreuses troupes suédoises. Ses trésors étaient considérables autrefois, mais les malheurs des guerres étrangères leur ont porté une atteinte sensible; il ne faut pas oublier non plus le dévouement des religieux, qui, toutes les fois que la Pologne se trouva en danger, s'empressèrent de lui faire le sacrifice de leurs richesses.

Endroit à jamais célèbre, le château de Pulawy a mérité, comme nous l'avons dit au début de cette division de notre travail, le surnom de nouveau Panthéon historique polonais; après Krakovie, c'est le lieu qui renferme le plus de souvenirs chers au pays. Primitivement propriété du grand général de la couronne, Adam Sieniawski, et brûlé par les troupes de Charles XII de Suède, Pulawy devint, en 1730, un des nombreux domaines des princes Czartoryski, qui se plurent à le relever de ses ruines. Il doit surtout beaucoup à la princesse Isabelle Fleming; par une heureuse alliance, elle s'attacha à y rassembler les objets les plus précieux appartenant à l'histoire et les productions non moins nobles enfantées par les arts. Les jardins, d'un dessin admirable, contiennent une multitude de statues, de grottes mystérieuses, de labyrinthes; à chaque pas, de gracieuses inscriptions viennent charmer les regards, et, sous les ombrages les plus touffus, les plus élevés, le doux murmure des eaux de la Wistule parvient jusqu'à vous. De merveille en merveille on arrive, par une superbe allée, au temple de la Sibylle, imitation de celui de Tivoli, et construit sur une hauteur ; là vous attendent de nouveaux enchantements, de nouvelles richesses. Véritable musée ouvert à toutes les gloires, à toutes les illustrations de la patrie, la Pologne y retrouve avec orgueil et respect une représentation animée des diverses pages de ses annales. C'est là seulement qu'on voit les dépouilles mortelles de Boleslas le Grand, le sabre de Wladislas Lokietek, la table sur laquelle Kasimir le Grand rendit tant de décisions importantes, un drapeau brodé par les blanches mains de la reine Hedwige, deux épées d'une forme remarquable, hommage des chevaliers teutons à Wladislas Jagellon, les cendres de l'immortel Kopernik, créateur du nouveau système du monde, l'armure des Sigismond, les flèches de Tarnowski, le crâne de Jean Kochanowski, le prince des poëtes polonais, le glaive donné par Grégoire III à Étienne Batory, pour combattre les infidèles, les trophées et les restes de Jean Zamoyski, la tête de l'illustre Zolkiewski, rachetée par sa femme moyennant deux millions quatre cent mille francs aux Turcs, qui, ivres de joie, portèrent cette sanglante dépouille en triomphe à Constantinople (1620), le bras droit du vaillant Czarniecki, la bague et l'écusson de Chodkiewicz, etc., etc. On ne finirait pas de décrire toutes les reliques précieuses qui se trouvent réunies en cet endroit. Au sortir du temple de la Sibylle, la vue éblouie se repose avec plaisir sur la charmante maison gothique, dont les murs extérieurs offrent une brillante incrustation de pierres rares provenant de toutes les parties du globe; le coup d'œil en est très-curieux. Un célèbre poëte français, qui visita Pulawy, a célébré dans ses écrits ce lieu vraiment enchanteur : « J'ai cru que je trouverais dans ce « pays, des Sarmates habillés en peau « d'ours, le bâton à la main, et menant « la vie errante des nomades ; j'ai « trouvé Athènes sur les bords de la « Wistule (*) ! »

POPULATION.

Sous Jean Kasimir et avant la guerre désastreuse avec la Suède en 1655, la population du royaume s'élevait à quinze millions d'âmes. Selon Bandtkie (**), les luttes funestes soutenues à cette époque contre les Suédois, les Moskovites, les Brandebourgeois, les Kosaks, les Transylvaniens, les Tatars et les Valachiens, enlevèrent à la nation trois millions d'habitants. Zeiler affirme que les Tatars et les Kosaks emmenèrent dans le cours de leurs fréquentes invasions plus de douze cent mille prisonniers.

La population de la Pologne, dans l'étendue de ses limites de 1772 (***), se monte à 20,220,000 habitants, composés comme il suit :
6,770,000 Polonais ;
7,520,000 Russiens (ne pas confondre avec Moskovites) ;
2,110,000 Juifs ;
1,900,000 Lithuaniens ;
1,640,000 Allemands ;
   180,000 Moskovites (Russes) ;
   100,000 Valachiens.

La division en cultes religieux est de :
8,560,000 catholiques romains ;
3,740,000 catholiques grecs ou grecs-unis ;
3,430,000 grecs russes ;
2,150,000 protestants ;
2,110,000 juifs ;
   180,000 vieux croyants moskovites ;
   50,000 mahométans.

(*) Delille.
(**) Bandtkie, Histoire de la Pologne.
(***) Stanislas Plater, Géographie de la partie orientale de l'Europe.

« Ces deux tableaux font voir que la race slave est la plus nombreuse dans la famille russienne, qui se divise en trois branches : 1° celle de la Russie blanche et de la Russie noire; 2° celle d'Ukraine, de Podolie et de Wolhynie; 3° celle de Russie rouge ou galicienne. La première et la dernière se rapprochent le plus des Polonais, tant sous le rapport de l'idiome que sous celui de la religion, car elles appartiennent à l'Église unie, et les sermons sont dits en langue polonaise. La famille slave qui habite la Wolhynie, la Podolie et l'Ukraine, se distingue par l'idiome et l'église : son chef religieux habite Moskou; mais, malgré cela, son idiome et ses sentiments sont encore plus rapprochés de la Pologne que de la Moskovie. — Ici est le point central où la nationalité et la civilisation polonaises luttent depuis l'introduction du christianisme contre les attaques dirigées envers la Slavonie et contre les principes et les nationalités normande et tatare, sources primitives de la nationalité moskovite. — En considérant la population polonaise, on voit le meilleur partage en cultes religieux. Les catholiques et les grecs-unis appartiennent à une même église et à une même patrie. Les Grecs podoliens ont une église différente de la nôtre, mais ils ont aussi une patrie différente de la nôtre et de celle moskovite; c'est une nation intermédiaire. En admettant cette base, nous aurons 12,340,000 Slaves catholiques et 3,610,000 Slaves du rit grec, ou quatre Polonais en proportion d'un Russien (distinguez toujours Russien de Russe). — A la nationalité polonaise il faut encore ajouter 50,000 Mahométans - Tatars, qui sont de cœur et d'âme Polonais. La population juive, et surtout celle allemande, si différentes de caractère entre elles, entrent encore dans notre nationalité et jamais dans celle russe. Les Lithuaniens, comme catholiques, sont Polonais. — C'est ainsi que la nationalité polonaise est l'élément supérieur sur notre sol, et, même en la comparant sous le rapport de l'influence morale, elle est entièrement polonaise et dominante par la religion, les sciences, l'industrie et l'agriculture (*). »

Par le premier partage, effectué en 1773, on enleva à la Pologne 4,916,000 habitants. La Prusse s'appropria pour sa portion 630 milles carrés de terrain et 416,000 habitants, l'Autriche 1,280 milles carrés et 2,700,000 habitants, et la Russie 1,973 milles carrés et 1,800,000 habitants.

Le second partage, en 1793, ravit encore à la Pologne plus de 4,100,000 habitants. La Prusse s'empara de 1,000 milles carrés avec 1,100,000 habitants, et la Russie de 4,000 milles carrés passés, avec plus de 3,000,000 d'habitants.

Réduite par ces deux spoliations à 4,400 milles carrés et 3,400,000 habitants, la Pologne fut rayée par le troisième partage (1795) du rang des États indépendants.

Le traité de Tilsitt (7 juillet 1807) la reconstitua en partie, sous le nom de grand-duché de Warsovie; il se composait de 1,800 milles carrés renfermant 2,000,000 d'habitants. Selon les rapports officiels, ce dernier chiffre était monté jusqu'à 4,059,617 dans le royaume de Pologne, devenu province russe en 1835.

Le savant Czacki, comparant dans ses études l'étendue du territoire polonais avec son produit, dit : que la Pologne (telle qu'elle était en 1772), et y compris la Lithuanie, avait seulement la moitié de son territoire cultivée, elle pourrait nourrir 58,353,500 habitants.

Sous le règne de Boleslas le Grand, vers l'année 1020, la population polonaise se divisait en plusieurs catégories.

1° Les esclaves (*servi*) et les serfs (*liberati*), qui dépendaient des seigneurs. Cette classe s'augmentait considérablement des prisonniers de guerre, et diminuait bien peu par l'affranchissement.

2° Les agriculteurs (*rustici*), classe la plus nombreuse, riche, et résidant dans les domaines de la noblesse, du clergé et de la couronne. Ils gardaient les villes et les châteaux. Ceux d'entre eux qui faisaient un service militaire (*milites gregarii*), armés du bouclier (*clypeati*) ou de la cuirasse (*loricati*), étaient presque assimilés à la noblesse, et jouissaient d'une portion de ses privilèges.

3° Les nobles (*nobiles*), faisaient seulement à cheval la guerre. C'était la classe la plus active pour le service public; et dans le nombre figuraient des seigneurs plus distingués (*familiares, magnati, canei*) qui avaient un droit plus spécial aux faveurs du souverain.

L'historien Kromer dit dans son ouvrage publié en 1574 (*) : « Les nobles (*szlachta*) ou habitants terriens étaient nommés ainsi, parce que, originairement, ils acquéraient en propriété les terres des domaines des princes qui leur revenaient par suite de leur service militaire. De temps immémorial, leurs habitations sont dispersées tant dans les bois que dans les champs. Dans leurs châteaux, ils s'occupent principalement de la chasse. Les plus puissants sont entourés d'une petite noblesse (*drobna szlachta*), habillée de drap de même couleur. Cette assistance n'est pas une nécessité, mais elle sert à acquérir protection devant les tribunaux, dont les places sont occupées par les grands; ainsi que pour s'attirer la bienveillance des sénateurs séculiers et ecclésiastiques, ou des grands citoyens qui ont bien mérité de la patrie. La noblesse la plus puissante passait et terminait ainsi sa vie à la cour des magnats. »

Malgré toutes les inégalités extérieures ou personnelles, les nobles jouissaient d'une égalité absolue devant la loi de l'État, et de là provint, en même temps que l'indépendance monstrueuse d'une classe de privilégiés, l'oppression tyrannique du restant de la nation. En admettant tous les repro-

(*) A. Slowaczynski, Dictionnaire géographique.

(*) Kromer, de Situ Poloniæ et gente polona.

ches adressés aux magnats polonais, qui, occupés d'eux seuls et de leurs jouissances, trouvaient dans les excès de lâches consolations aux malheurs du pays, et pardonnaient à ses oppresseurs afin d'en obtenir en échange une facile tolérance, il n'en est pas moins vrai que la noblesse polonaise représentait à elle seule la vie politique de la république; et, tant que la bravoure et le désintéressement, vertus de leurs aïeux, résistèrent à l'enivrement du pouvoir, on vit sortir du sein de cette même noblesse, qui pouvait dire comme Louis XIV: « l'*État, c'est moi!* » de grands citoyens, d'illustres guerriers et des rois qui sauvèrent plus d'une fois la chrétienté.

La classe ouvrière dans les villes se composait principalement d'Allemands. Il n'y avait pas de bourgeois proprement dits en Pologne; le véritable bourgeois, l'industriel, c'était le juif.

Le paysan commença à jouir d'une position tolérable sous le règne de Kasimir le Grand, à qui la postérité a conservé le surnom de *roi des paysans*, et qui s'occupa avec une sollicitude vraiment paternelle du sort de cette nombreuse classe, à la fois la plus intéressante et la plus malheureuse. De 1370 à 1572, les seigneurs fonciers, dans les transactions qu'ils imposaient aux rois, firent dégrever le peuple de la campagne des charges et impôts publics, pour s'en approprier petit à petit les avantages. Aux quatorzième et quinzième siècles, l'état du paysan en Pologne était, sinon préférable, du moins égal à celui dont il jouissait dans l'Europe occidentale. A la fin du seizième siècle, le paysan polonais était encore libre, et si la faculté de se déplacer était soumise pour lui à de certaines restrictions, ces restrictions ne devaient être attribuées qu'à une mesure d'ordre. La loi le protégeait efficacement contre les vexations des seigneurs; mais, à mesure que la condition de ses semblables s'améliorait dans l'Occident, la noblesse polonaise, de plus en plus oppressive et envahissante, le réduisit par degrés à l'état de bête de somme. La misère remplaça alors chez lui une honnête aisance, et l'ivrognerie succéda aux joies innocentes d'un être moral cultivé.

Ce n'est que depuis une cinquantaine d'années seulement que le *servage* a été aboli en Pologne, et encore en certaines localités; car, dans les provinces incorporées à la Russie, à la fin du dix-huitième siècle, ainsi qu'en Lithuanie, en Wolhynie, en Podolie et en Ukraine, les paysans sont toujours esclaves.

« Le peuple polonais, dit Kromer, a le teint clair, les cheveux blonds; il est d'une belle stature et d'une taille moyenne; la bonté et la loyauté se peignent sur la figure des deux sexes. »

« Une chose bien remarquable, et qu'on ne trouve que dans l'histoire de la Pologne (observe très-judicieusement M. Spazier, dans son introduction à l'Histoire de la révolution polonaise de 1830), c'est que le paysan polonais, soit à l'époque où il était encore attaché à la glèbe, soit depuis son affranchissement, a constamment donné à son maître des preuves d'une affection partout ailleurs sans exemple; tandis que, chez d'autres peuples voisins, et dont l'organisation sociale était la même, comme, par exemple, chez les Kourlandais, encore à présent le serf a voué à son maître une haine implacable. Lors même que d'autres contrées, dont les habitants ne jetaient qu'un regard de mépris sur l'existence du serf polonais, étaient en proie à des insurrections aussi violentes que cruelles des paysans contre leurs seigneurs, l'histoire de la Pologne ne fait mention d'aucun sujet de différend entre le serf et son seigneur; au contraire elle nous apprend que, dans tous les temps et au moindre signal, le paysan accourait auprès de son maître, pour le servir dans les entreprises les plus hasardeuses. »

Le paysan polonais aime avec passion le sol natal; aussi porte-t-il une haine innée aux oppresseurs de sa patrie. Le curé du village, voilà son prophète; la religion catholique et la Pologne, les deux mots qui résument toutes ses affections. Il est honnête, prévenant, docile, et enclin à boire outre mesure : l'eau-de-vie est pour lui le souverain remède aux misères d'ici-bas.

Sur vingt-deux millions d'habitants de la Pologne entière, on comptait trois millions cinq cent mille juifs; et si l'on observe qu'ils habitaient fort rarement les campagnes, mais bien les villes, on verra qu'ils formaient la moitié environ de la population urbaine. Leur arrivée dans le pays remonte au temps des grandes persécutions exercées contre eux en France et en Allemagne, où on leur arrachait les dents pour les forcer à donner leur or. Wenceslas Grabowski rapporte, dans son ouvrage sur les juifs polonais, que de l'année 1096 date leur apparition. La première charte qui leur fut accordée (1264) provient de Boleslas, duc de grande Pologne ; elle obtint la sanction royale et reçut plus d'extension sous Kasimir le Grand, auquel l'histoire reproche trop de faiblesse pour la jeune juive Esther. Bientôt il fallut changer de conduite. Le roi Jean Albert, voyant avec effroi s'accroître d'une manière rapide une population qui, par l'usure et d'illicites spéculations, avait amassé déjà des richesses énormes, ordonna que les juifs habiteraient désormais un faubourg particulier dans chaque ville, et y seraient assujettis à la surveillance active des bourgmestres. Malgré ces entraves ils ourdirent, sous Sigismond Ier, des trames tendant à faciliter aux Turcs l'entrée de la Pologne, et à leur procurer les moyens de subjuguer le pays. De nouvelles menées semblables furent découvertes, sous le règne de Michel Wisniowiecki, et il fallut redoubler de rigueur. La loi qui leur défendait de tenir des auberges dans les villages dût également être remise en vigueur sous Auguste II.

Tous les juifs de l'ancienne Pologne étaient soumis à un chef, qui dépendait de celui résidant en Asie, lequel porte le titre de *Prince de l'Esclavage*, et doit errer sans cesse de lieu en lieu. Leur costume ordinaire se compose aujourd'hui d'une robe noire, agrafée depuis le cou jusqu'à la ceinture, et d'un large manteau semblable à un froc ; par-dessus la calotte, qui ne les quitte jamais, ils portent un chapeau à grands bords, ou un bonnet de poil, même en été ; des pantoufles leur servent de chaussure : ils laissent croître leur barbe, ainsi que leurs cheveux, en longues touffes de côté.

Les juifs polonais passent pour être les plus adroits filous d'Europe, et il est bien rare que l'un d'eux ne figure pas, soit comme acteur principal, soit comme complice, dans les procès pour vol ou escroquerie : tout moyen de gagner de l'argent sans travailler leur paraissant bon. La presque totalité des misérables qui se livrent à l'espionnage provient aussi d'eux.

Tous les efforts tentés jusqu'ici pour les réformer et rendre utiles au pays ont été vains; les juifs resteront longtemps encore pour la Pologne une plaie difficile, sinon impossible à guérir. De tout temps, des mœurs crapuleuses, des habitudes de saleté, l'avidité du gain, un penchant prononcé à la friponnerie, firent détester du peuple et mépriser des classes supérieures ces sectaires, qui forment un État dans l'État.

Les juifs et les Allemands alternent entre les nobles et les paysans; mais autant les juifs sont fourbes, dépravés, autant les Allemands sont intègres et travailleurs.

REPRÉSENTATION NATIONALE.

Le premier acte qui ressemble à une intervention nationale dans les affaires du pays en Pologne, où jusque-là la volonté du monarque faisait seule loi, ce fut l'assemblée des états à Lenczyça en 1180; mais tout s'y borna à la promulgation d'une loi qui protégeait les classes inférieures contre les abus et les vexations des nobles. L'assemblée générale de Chenciny en 1331, et la diète de Wisliça en 1347 furent plus caractéristiques : elles exigeaient le concours des principaux citoyens laïques ou séculiers dans la discussion de certaines lois. Mais les libertés nationales doivent être véritablement datées de l'avénement de Louis de Hongrie. A compter de cette époque, des réunions du sénat eurent lieu à chaque élection de roi, et la Pologne, alors le plus vaste État du Nord, ressemblait à un grand *forum*, tant les assemblées nationales étaient nombreuses et fréquentes.

Il y avait des diétines ou assemblées de districts; des diètes provinciales, composées des députés d'une ou de plusieurs provinces, et des diètes générales, composées des députés de tout le royaume, pour faire les lois et régler les affaires du pays. Le quinzième siècle ajouta encore à ces diverses assemblées des diètes de convocation, d'élection, de couronnement et de confédération.

La diète de Radom, en 1505, rendit une loi qui exigeait l'*unanimité*, sous peine de nullité des votes législatifs; un seul *veto* suffisait pour rejeter un décret. Les diètes commencèrent à devenir sous Sigismond III des espèces de champs clos, ouverts à de violentes récriminations qui dégénéraient souvent en disputes. Le nonce d'Upita, Pierre Sicinski, dont le nom est voué à l'exécration des Polonais, osa le premier user du privilége : il rompit par son vote la diète de 1655. Ce funeste exemple se répéta plusieurs fois dans le cours du règne d'Auguste III, jusqu'à ce que la diète de 1768 eût limité l'usage du *liberum veto* au seul vote des lois cardinales. Celle de 1788, poursuivant l'œuvre, annula pour jamais ce droit insensé.

Les diètes convoquées par les premiers rois de Pologne se tenaient presque toujours en plein air, comme cela se pratiquait chez les peuplades du Nord, en Islande, en Norwège, en Suède, en Danemark et en Germanie. Plus tard, la ville de Piotrkow fut l'endroit assigné à la représentation nationale. La diète de l'union de la Lithuanie à la couronne, en 1569, fut tenue à Lublin, où siégèrent les délégués des deux nations. Sous Jean Sobieski, trois diètes eurent lieu, une à Grodno et deux à Warsovie, qui fut désignée comme siége des diètes à l'avenir.

Nous trouvons dans les annales polonaises un fait assez curieux. Sous le règne de Wladislas IV, le dernier jour du terme fixé pour la tenue de la diète s'étant écoulé sans qu'on eût encore arrêté aucune décision, le roi ne voulut pourtant pas clore l'assemblée : mais, comme une ancienne loi limitait la durée de chaque séance et défendait de rien traiter aux lumières, on resta dans les ténèbres, chacun prenant son repas assis à son rang ; puis il arriva ce que l'on n'avait jamais vu, un sénat et une diète demeurant assemblés, endormis sur leurs siéges, et présidés par un roi endormi lui-même sur son trône.

CONFÉDÉRATIONS.

En suivant attentivement la marche des sociétés humaines, on pourrait dire que dans l'ancienne Pologne le désordre même avait ses règles, et la guerre civile son code. Loin d'adopter comme juste la maxime des monarchies : « La guerre civile est le plus grand des maux, » les Polonais donnèrent au contraire à leurs soulèvements, nommés ligues ou confédérations, une forme légale. « D'âge en âge, rapporte Rulhière, tout Polonais répétait à ses enfants : Brûlez vos maisons et errez dans votre pays, les armes à la main, plutôt que de vous soumettre au pouvoir arbitraire. »

Le droit exorbitant, possédé par chaque membre de la noblesse, d'entretenir à ses frais des troupes appelées *troupes de famille*, et d'élever des forteresses, servait souvent, comme on le verra plus tard, à satisfaire les vues personnelles des seigneurs, en leur donnant les moyens de fomenter les discordes intestines et d'attirer sur le pays tous les malheurs d'une vaine et sanglante lutte.

Grâce au fatal *liberum veto*, le premier factieux pouvait organiser l'anarchie, et il ne restait plus d'autres ressources que de convoquer une nouvelle diète ou de former une *confédération*, qui ne devenait légitime que par la réunion de toutes les autres confédérations formées dans les partis opposés; mais la plupart du temps cela n'amenait que la guerre civile. Le plus grand avantage de ces ligues, en petit l'image de la république, consistait en ce qu'elles ne reconnaissaient pas le *liberum veto ;* tout s'y traitait à la pluralité des suffrages.

Le conseil général de confédération partageait l'autorité avec le grand maréchal, qui possédait la dictature et avait droit de vie et de mort pendant toute la durée de la crise dans laquelle se trouvait l'État (*).

INSURRECTION DITE ROKOSZ.

Le rokosz polonais (**) était une insurrection formelle contre le roi. Les plus affreux désordres en étaient la suite inévitable; mais le rokosz faisait horreur à tous, même aux têtes les plus ardentes, hors le cas toutefois où le monarque violait ouvertement les *pacta conventa* de son couronnement.

LÉGISLATION.

Les dispositions devant régir les sujets polonais furent, à de fréquentes reprises, l'objet d'une attention sérieuse ; et, se conformant à la marche graduelle des lumières, la Pologne parvint à posséder un corps de législation nationale, que les changements introduits, depuis les partages, par les diverses lois prussiennes et autrichiennes et par les ukases russes, ont bien défloré. Sous plus d'un rapport, la Pologne devança même dans ses lois les nations citées comme étant aujourd'hui à la tête de la civilisation, ainsi qu'on le verra par le résumé que nous empruntons à un savant jurisconsulte, na-

(*) Pologne pittoresque, M. X. Godebski.

(**) Nom emprunté aux Hongrois, qui appelaient ainsi leurs propres confédérations. Quand le royaume se trouvait en danger, ils étaient tenus de se réunir, sous peine de mort, dans la plaine de *Rokosz*, près de Pesth. (Pologne pittoresque, le même.)

guère encore l'un des mandataires les plus éclairés du pays (*). Nous ne pourrions nous appuyer sur une meilleure autorité.

«.... Dès les temps les plus reculés, le pouvoir législatif en Pologne était une attribution de l'assemblée des états, appelée diète, qui plus tard, et nommément en 1504, prit une forme régulière, et se composa du roi et des deux chambres, c'est-à-dire, du sénat et de la chambre des nonces, ou représentants élus de l'ordre équestre. Les villes avaient aussi une certaine représentation ; car bien qu'elles n'eussent pas été admises aux délibérations de la diète, les rois s'abstenaient néanmoins de statuer rien de décisif à leur égard sans l'assentiment de leurs délégués ou plénipotentiaires.

« Ce qui avant tout mérite d'être signalé, c'est qu'à part la grande et principale division du pays en *royaume de Pologne* et *grand-duché de Lithuanie* (ce dernier ne fut définitivement réuni à la Pologne qu'en 1569, en conservant toutefois intacte sa législation distincte), et, à quelques rares exceptions près, la Pologne fut de bonne heure dotée d'une législation uniforme. Le roi Wladislas Lokiétek fit déclarer en 1331, par la diète de Chenciny, que « là où il n'y avait qu'un royaume, la « loi devait aussi être une, et com« mune à tous. » Mais c'est à son fils Kasimir le Grand que revient la gloire d'avoir été le premier législateur de son pays. Il a laissé un monument impérissable dans son statut de 1347, connu sous le nom de statut de Wisliça (**). Il présidait lui-même aux délibérations et les dirigeait avec une rare sagesse, *adjiciens et resecans* (comme disent les historiens), *corrigens et temperans, leges condidit polonicas.* On est frappé d'étonnement lorsqu'on songe que ce premier code polonais, remarquable par la sagesse et la man-

(*) M. François Wolowski, député polonais : Coup d'œil sur la législation polonaise.

(**) C'est à Wisliça qu'avait été tenue la diète qui adopta ce statut.

suétude de ses dispositions, précède de neuf ans la célèbre bulle d'or de Charles IV, empereur d'Allemagne, qui, sous le rapport de la législation pénale, respire encore à un haut degré la barbarie du moyen âge. Nous nous hâtons d'ajouter que l'on chercherait en vain dans le statut de Wisliça l'ordre et la classification des matières que nous rencontrerons deux siècles plus tard dans le recueil des lois lithuaniennes ; mais la manière dont les principaux rapports de la vie civile y sont réglés témoigne du haut degré de civilisation que la Pologne avait atteint à cette époque reculée.

« Le statut de Wisliça consacre d'abord le principe tutélaire de la non rétroactivité des lois, qu'il formule de la manière suivante : « *Cum omnes « constitutiones, et statuta legem im- « ponant rebus et negotiis præsentibus « et futuris, et non præteritis, volu- « mus ut omnes nostræ constitutiones « æditæ in Wislicia non respiciant « præterita, sed tantummodo præ- « sentia et futura.*

« ... Nous ne pouvons également passer sous silence les dispositions protectrices de la classe la plus utile de la société, des paysans attachés à la glèbe, dispositions qui ont valu à Kasimir le surnom de *Roi des paysans*, titre sans contredit bien plus glorieux que celui de Grand que la postérité lui a si justement décerné (*). Selon un ancien usage (qui était encore longtemps après cette époque suivi en France et dans d'autres pays), le seigneur héritait des biens du paysan mort sans enfants. Le statut de Wisliça abolit cette coutume en la qualifiant d'*absurde*, et accorde aux colla-

(*) Williams, écrivain anglais, dit dans son *Histoire de Pologne*, publiée en 1777 : « A la vue de tant de lois sages en faveur « de la partie opprimée de la nation, l'in- « solente et stupide aristocratie donna à Ka- « simir le titre de *Roi des paysans*, surnom « préférable à tous ceux que la flatterie ac- « corde aux princes. Si tous les successeurs « de Kasimir avaient imité son exemple, la « Pologne serait encore une nation puis- « sante. »

téraux le droit de recueillir la succession. Il affranchit aussi le paysan de toute poursuite, à raison des procès intentés aux propriétaires du village. Enfin, il autorise tous les habitants d'un village à l'abandonner, si le seigneur attente à l'honneur de la femme ou de la fille de l'un d'entre eux.

« Kasimir le Grand mit le sceau à son œuvre en convoquant neuf ans plus tard, c'est-à-dire en 1356, une assemblée nationale encore plus nombreuse que celle de Wisliça, et où furent aussi admis les plénipotentiaires des villes, bourgs et villages. Dans cette assemblée, l'indépendance des tribunaux fut consolidée par la défense de porter dorénavant appel aux juridictions étrangères, et nommément à celle de la ville de Magdebourg (cet appel se pratiquait aussi dans d'autres pays, principalement en Silésie, où il ne fut aboli qu'en 1547) ; et un tribunal jugeant en dernier ressort fut établi à Krakovie pour connaitre des appels qui seraient interjetés dans les affaires des provinces, villes, bourgs et villages polonais régis par le droit teutonique. (*).

« Le statut de 1347, cette première loi écrite nationale, subit dans la suite des changements notables ; un grand nombre de ses dispositions furent modifiées ou abrogées par les décisions des diètes subséquentes. Rédigées d'abord en langue latine, ces lois avaient porté le nom de *Statuts*. Plus tard, et à commencer du règne de Sigismond Auguste, vers le milieu du seizième siècle, elles furent rendues en langue polonaise et prirent le nom de *Constitutions*.

« ... Les débats judiciaires ont toujours été publics en Pologne. Le statut de 1523, qui contient un règlement complet sur l'organisation judiciaire, prescrit aussi la forme des citations et la procédure des tribunaux, enfin,

(*) Le droit teutonique, nommément le droit provincial saxon, et celui de Magdebourg, furent introduits en Pologne par les nombreuses colonies allemandes qui s'y étaient établies.

les formes précises dans lesquelles doivent être rédigés tous les actes de la juridiction volontaire. Il y avait dans chaque district un tribunal civil et un tribunal criminel. Les juges étaient nommés par le roi, sur une liste quadruple de candidats élus dans les diétines ou assemblées électorales du district (constitution de 1550). Ces diétines présentaient aussi des candidats pour les fonctions importantes de greffier du tribunal civil, appelé *notarius terrestris*. Il était non-seulement chargé de la rédaction des jugements, mais il recevait aussi les actes authentiques, dits *actus voluntariæ jurisdictionis*, et la loi l'obligeait d'enregistrer ces derniers sur des livres séparés, et d'observer la forme prescrite par le statut de 1523 (constitutions de 1550 et de 1576). L'extrême importance attachée à la possession de la propriété territoriale fit établir des tribunaux de délimitation, dont les jugements définitifs ne pouvaient être réformés que sur appel par un arrêt du tribunal suprême. Jadis le roi lui-même, aidé par le grand conseil des notables (*in colloquio generali*), décidait seul en dernier ressort les causes qui lui étaient dévolues par voie d'appel. Un des plus grands rois que la Pologne ait eus, Étienne Batory, fut le premier qui, sur la proposition du célèbre Jean Zamoyski et à la satisfaction générale, se dessaisit de ce droit en 1578, et en fit investir un tribunal suprême dit *tribunal de la couronne*, composé de vingt et un membres, élus directement tous les ans par les diétines provinciales ou de palatinat, et de neuf membres ecclésiastiques choisis par neuf chapitres. Ces derniers ne jugeaient que les affaires dites *fori mixti*, dans une section composée de six membres ecclésiastiques et de six membres séculiers (constitution de 1578). Les arrêts du tribunal suprême ne pouvaient être attaqués; mais il était défendu d'empiéter en rien sur le pouvoir législatif (constitutions de 1607 et de 1627). Des lois subséquentes, et particulièrement la constitution de 1726, contiennent des dispositions nombreuses sur l'organisation intérieure de ce tribunal. Il siégeait alternativement six mois à Pétrikau et six mois à Lublin. Pendant la durée de leurs fonctions, les juges ne pouvaient faire aucune acquisition, et il était interdit de porter devant cette juridiction aucune cause dans laquelle eux, leurs femmes, leurs enfants ou leurs pupilles se trouvassent intéressés.

«... Sigismond Ier voulut doter simultanément la Pologne et la Lithuanie de codes complets et classés par ordre de matières, mais il n'a réussi que pour la Lithuanie. Quant à la Pologne, un code élaboré par une commission nommée spécialement pour cet objet fut rejeté par la diète de 1532, à cause surtout des différends graves que suscita la réforme religieuse de Luther. De semblables essais, tentés sous les règnes de Sigismond-Auguste et de Sigismond III, furent également infructueux. La diète de 1768 nomma une commission législative, dont l'œuvre, entravée par le premier partage de 1772, fut reprise en 1776, sur les instances du roi Stanislas-Auguste lui-même, et André Zamoyski fut chargé de la rédaction d'un code de lois; mais la diète de 1780 refusa sa sanction au travail important que lui apporta cet illustre citoyen.

« Il semblait être réservé à la *grande diète constituante* commencée en 1788, et connue sous le nom de *diète de quatre ans*, de donner à la Pologne le premier code de lois, comme elle l'a dotée de la constitution politique de 1791. Elle entreprit cette œuvre, et protégea entre autres réformes salutaires celle, par exemple, de substituer la vente des immeubles à la collocation des créanciers en nature; mais les malheurs de la Pologne, et les partages consécutifs de 1793 et de 1795, qui mirent fin à son existence politique, durent nécessairement arrêter toute idée d'amélioration.

« La Lithuanie fut plus heureuse sous ce rapport; car elle obtint de bonne heure un code général de lois civiles et pénales, classées par ordre de matières. Ce code, appelé *Statut du grand duché de Lithuanie*, fut adopté en 1529 (*), sous le règne de Sigismond Ier, roi de Pologne et grand-duc de Lithuanie, par les états de ce dernier pays, encore politiquement séparé du royaume de Pologne. Le second statut, considérablement amélioré, reçut la sanction des états en 1564, sous le règne de Sigismond-Auguste ; mais c'est Léon Sapieha, grand chancelier de Lithuanie, qui y mit la dernière main, et c'est grâce à son dévouement éclairé que les lois contenues dans les deux premiers statuts, plus systématiquement coordonnées, amendées et augmentées de dispositions portant le cachet d'une civilisation plus avancée, formèrent le troisième et dernier statut de Lithuanie. Ce statut, rédigé en langue polonaise, fut définitivement sanctionné en 1588, par la diète réunie de Pologne et de Lithuanie, et sauf quelques légères modifications apportées par des lois postérieures, demeura obligatoire jusqu'aux derniers temps. Divisé en quatorze chapitres, les chapitres en articles, et ceux-ci en paragraphes, il forme un code complet civil et pénal, aussi bien que de procédure civile et d'instruction criminelle, et offre une œuvre remarquable, même pour la fin du seizième siècle, et qui peut sans désavantage soutenir la comparaison avec les lois contemporaines des autres nations.

« Ce statut pose dans son premier article le principe fondamental, que la *loi est générale, et qu'elle oblige toutes les parties du pays et tous les habitants, même les étrangers* (**) ; donc point de lois provinciales ou coutumières, et la Lithuanie se trouve avoir joui depuis près de trois siècles des bienfaits d'une législation uniforme, dont la France ne doit la conquête qu'à sa grande révolution de 1789.

«... Une chose non moins remarquable, c'est que la coutume barbare de punir de mort certains délits de chasse fut abolie par le statut de 1588, et remplacée par six mois d'emprisonnement. La Lithuanie a donc encore, sous ce rapport, devancé en sagesse et en humanité beaucoup d'autres nations.

«... L'appel devait être interjeté aussitôt après la publication du jugement ; le statut en prescrit la forme. « *Juges*, disait l'appelant, *votre décision ne me paraît pas conforme à la loi, j'en appelle.* » Les appels, en fait d'obligations non contestées, étaient déclarés non recevables. Il était défendu de produire en appel d'autres preuves que celles alléguées en première instance.

« Un tribunal suprême, dit tribunal du grand-duché de Lithuanie, fut installé en 1581, à l'instar de celui de Pologne, pour juger en seconde instance et en dernier ressort toutes les causes civiles et criminelles, excepté les crimes de lèse-majesté et de trahison, qui ressortissaient à la cour de la diète.

« L'esprit conciliateur de la nation faisait que les compromis étaient fort en usage. Le statut de 1588 admet les compromis qui stipulent une décision en dernier ressort, comme ceux qui ne défèrent aux arbitres que le pouvoir de prononcer en première instance ; mais la constitution de 1726, rendue pour la Lithuanie, comme celle de 1776, rendue pour la Pologne, ordonne que les compromis soient passés authentiquement et avec renonciation à tout appel.

« Plusieurs constitutions postérieures, rendues pour la Pologne et pour la Lithuanie, conjointement ou pour chacun de ces pays séparément, introduisirent aussi des changements dans le statut de Lithuanie. Nous venons de le faire observer pour les compromis. Ainsi encore la prohibition de disposer des biens immeubles, par tes-

---

(*) Cette date de 1529 prouve que le code lithuanien a précédé de trois ans le code pénal d'Allemagne, connu sous le nom de *Règlement pénal de l'empire*, et qui est de 1532.

(**) Il faut seulement faire une réserve à l'égard du *droit de Magdebourg*, accordé à plusieurs villes et communes par voie de priviléges.

tament, portée par la constitution de 1676, fut, l'année d'après, c'est-à-dire en 1677, étendue à la Lithuanie. A la différence de ces dispositions distinctes, la constitution de 1669, qui confirme une loi antérieure de 1538, et déclare nuls les majorats établis sans l'autorisation de la diète, fut rendue pour les deux pays. Il en fut de même des deux constitutions de 1775, dont l'une établit un registre séparé pour l'inscription des prêts d'argent, et l'autre abolit la torture en Pologne et en Lithuanie, treize ans avant que cette réforme n'eût lieu en France, où la torture ne fut définitivement supprimée qu'en vertu de la déclaration royale de 1788.

« Une dernière observation reste encore à faire : c'est qu'en Pologne comme en Lithuanie, les non nobles étaient soumis à une juridiction distincte. Les villes possédaient des tribunaux de première instance séparés, et une cour spéciale ; celle du grand chancelier fut en dernier lieu instituée pour juger en dernier ressort les appels qui étaient interjetés. Ceci, quant à la forme ; quant au fond, les villes étaient aussi régies par des lois spéciales : les unes, comme celles de Mazovie et de Podlachie, et de la province dite Prusse royale, par le droit de *Culm* (une des villes situées dans cette dernière province), et toutes les autres, tant en Pologne qu'en Lithuanie, par le droit de *Magdebourg*. Un esprit tout différent avait présidé à la confection de ces deux droits spéciaux : nous nous contenterons d'en citer certaines particularités. En matière de succession, il n'était fait aucune distinction entre les parents de la ligne paternelle et ceux de la ligne maternelle, ni entre les enfants des deux sexes. La majorité était fixée à vingt et un ans. Les droits de Magdebourg et de Culm reconnaissaient tous deux la communauté des biens entre époux ; mais le second attribuait à chacun d'eux une portion égale, et le premier deux tiers au mari, et un tiers seulement à la femme. Le droit de Magdebourg, en particulier, adoptant un principe diamétralement opposé à la législation polonaise, donnait la préférence dans les successions aux ascendants sur les frères et sœurs. Les crimes étaient punis sévèrement ; la loi sévissait principalement contre les voleurs ; tout vol commis de nuit, ou avec effraction, était puni de mort.

« En ce qui concerne les paysans, ils ne connaissaient d'autre justice que la justice seigneuriale, jusqu'en 1768, où il fut déclaré par une loi, qu'en matière criminelle ils seraient désormais soumis à la justice des tribunaux ordinaires ; la justice civile resta aux seigneurs. Ceci pourtant se pratiquait seulement dans les terres des particuliers, mais non dans celles qui faisaient partie du domaine public, ou de celui de la couronne, et qui formaient une portion considérable de la propriété territoriale. Les terrains possédés dans ces dernières par les paysans étaient jusqu'à un certain point considérés comme leur propriété ; l'arbitraire ne s'étendait pas sur eux, et même en matière civile, ils relevaient d'une cour, dite de *référendaire*, qui jugeait en dernier ressort les différends qui avaient lieu entre eux et les possesseurs, à titre d'emphytéose ou d'usufruit.

« La constitution politique du 3 mai 1794 assura aussi aux paysans des terres particulières la protection spéciale de la loi ; et un arrêté, en date du 7 mai 1794, de l'illustre Kosciuszko, généralissime investi du pouvoir dictatorial, proclama la liberté des paysans, l'inviolabilité des terrains possédés par eux, et substitua à la justice seigneuriale celle des juridictions locales, chargées de juger leurs différends avec les propriétaires ; ces heureuses réformes s'évanouirent au moment du démembrement de la Pologne.

« Tel est le précis de la législation polonaise jusqu'en 1795, époque du dernier partage de ce pays. »

ÉLECTION DES ROIS.

Jusqu'à l'année 1572, la couronne avait toujours été élective de fait ; elle le fut de droit après la mort de Sigismond-Auguste, qui, n'ayant pas d'enfants, facilita de tout son pouvoir cette importante modification. En même temps prit naissance la charte nommée *Pacta conventa*, que depuis, à leur avénement au trône, tous les rois polonais jurèrent de maintenir.

Le premier roi électif de droit, après l'octroi de cette charte par Sigismond-Auguste, fut Henri de Valois, qui, jouissant d'une réputation de bravoure, d'esprit et de courtoisie, et puissamment aidé en outre par les intrigues de sa mère Catherine de Médicis et de son frère Charles IX, sut faire tomber sur lui le choix de la diète. Ce fut à Paris, dans l'église Notre-Dame, qu'il prêta pour la première fois serment comme roi de Pologne ; il le renouvela à son arrivée dans le pays. En voici la teneur :

« Henri, par la grâce de Dieu, élu
« roi de Pologne, grand-duc de Lithua-
« nie, de Russie, de Prusse, de Mazo-
« vie, de Samogitie, de Kiiow, de
« Wolhynie, de Podlachie, de Livo-
« nie, etc., librement et unanimement
« choisi par tous les ordres de Polo-
« gne, de Lithuanie et de toutes les
« provinces, je promets, je jure au
« Dieu tout-puissant, sur les saints
« Évangiles :

« Que tous les droits, libertés, im-
« munités, priviléges publics et parti-
« culiers, ecclésiastiques et séculiers,
« qui ont été donnés aux églises, ba-
« rons, nobles, habitants des villes et
« des campagnes, et à toute personne
« de quelque état que ce soit, par les
« rois mes prédécesseurs, par tous les
« princes de Pologne et du grand-
« duché de Lithuanie, et surtout
« par Kasimir Ier, Wladislas Ier,
« Jagellon, etc, ou qui ont été établis
« ou sanctionnés dans les temps des
« interrègnes, par les diètes, et qui
« m'ont été présentés ; je les main-
« tiendrai, les observerai et les défen-
« drai dans toutes leurs conditions,
« dans tous leurs articles, et sur tous
« les chefs ; que j'entretiendrai la con-
« corde entre ceux qui sont de religion
« différente, et ne souffrirai en aucune
« manière que, ni par ma juridiction,
« ni par celle de mes officiers, ni par

« certaines classes de citoyens, qui que
« ce soit se trouve opprimé ou pour-
« suivi pour cause de religion.

« Que je recouvrerai, dans toutes les
« parties du royaume, du grand-duché
« de Lithuanie, ou des autres provin-
« ces, les pays illégitimement aliénés
« ou perdus dans les guerres, ou de
« toute autre manière ; que je ne dimi-
« nuerai en rien les limites du royau-
« me et du grand-duché, mais que je
« les défendrai et les étendrai ; que
« j'administrerai une bonne justice à
« tous les habitants du royaume, sans
« distinction.

« Et s'il arrive (ce qu'à Dieu ne
« plaise) que je viole en quelque
« sorte mon serment, les habitants
« du royaume et de toutes les pro-
« vinces ne me devront plus rien ;
« mais, par ce seul fait, je les recon-
« nais déliés de toute foi, de toute
« obéissance. Je ne demanderai jamais
« à personne d'être relevé du serment
« que je prête ; et si on me l'offrait,
« je le refuserais ; et qu'ainsi Dieu me
« soit en aide. »

Durant l'interrègne, l'archevêque de Gnèzne, primat du royaume, en avait l'administration. Il envoyait ses *universaux* dans les provinces, pour convoquer l'assemblée générale, en déterminant l'époque de l'élection, la durée des délibérations et l'endroit de réunion. Il est facile de se représenter l'effet électrique que produisaient sur un peuple enthousiaste de la liberté, doué d'un esprit ardent, ouvert aux nobles pensées, aux resplendissantes images, les cérémonies imposantes des diètes, où l'on élevait sur le pavois le nouveau chef de l'État, et qui rappelaient les comices des premiers Romains, les champs de mai.

Le lieu d'élection était situé dans les environs de Warsovie, près du village de Wola, en pleine campagne. Des fossés et un rempart lui servaient de limites, et, aux approches d'une élection, on construisait un édifice en bois, nommé *szopa*, où siégeait le sénat. Les nonces en corps se tenaient en dehors de cet édifice, et la place occupée par leur assemblée s'appelait *kolo* (cercle). La nation noble était rangée dans les autres parties du camp, suivant ses palatinats respectifs. Aussitôt que l'élection avait été signifiée au prince choisi, il arrivait à Warsovie, et là, prêtait serment à genoux, dans l'église de Saint-Jean, de respecter les conditions stipulées avec ses ambassadeurs. Le couronnement avait lieu ensuite à Krakovie.

« L'appareil tout guerrier de la solennité de l'élection; ces foules de gentilshommes, couverts d'armures brillantes ou d'habits chamarrés, montés sur les plus beaux coursiers; les étendards des palatinats levés dans les airs; des ambassadeurs des plus puissantes nations européennes se présentant au milieu de cette grande foule pour recommander leurs candidats; les nonces, les sénateurs, tous à cheval, allant solliciter les suffrages, les éclairer, les rallier; tandis que l'archevêque, assisté du clergé, dans toute la pompe catholique, implorait Dieu pour que la sagesse et la justice présidassent à l'élection, pour que la république affermît ses antiques libertés et barrières; tout ce tableau devait émouvoir, séduire cette nation si accessible aux grandes émotions publiques, et relever partout la dignité personnelle. Par intervalle on eût pu dire que le génie des anciennes républiques et celui de la chevalerie reparaissaient sur le vieux sol de la Pologne (*). »

GOUVERNEMENT.

La Pologne, dit le savant Lelewel, était une véritable et pure république, revêtue seulement des formes de la monarchie constitutionnelle. Le caractère dominant dans la constitution du gouvernement polonais était une séparation bien tranchée entre le pouvoir exécutif, confié à la royauté, et le pouvoir législatif, supérieur au premier et exercé par la nation. Le pouvoir exécutif, c'est-à-dire le roi, convoquait les diètes, mais il ne pouvait ni les proroger, ni les dissoudre; à la nation seule appartenait ce droit. Il possédait encore la faculté d'entamer des relations diplomatiques avec les puissances étrangères et de prendre les mesures provisoires indispensables au salut de l'État; mais la nation prononçait définitivement sur la paix et la guerre. La personne royale était sacrée et inviolable; la responsabilité de ses actes retombait entièrement à la charge des ministres, qui, dans le principe, ne devaient rester eux-mêmes que deux années en exercice. L'administration de la justice faisait également jadis partie des prérogatives royales; aussi Henri de Valois s'écria-t-il un jour : « *Par ma foi, ces Polonais n'ont fait « de moi qu'un juge !* » Le roi avait le droit de grâce, mais ce droit ne s'étendait pas aux crimes de lèse-nation (*crimina status*). Il nommait les officiers de l'armée, ainsi que tous les fonctionnaires et magistrats qui n'étaient point éligibles. A cette dernière prérogative était joint le beau pouvoir de conférer à volonté ce grand nombre de riches domaines, qui devaient être, suivant l'expression polonaise, *le pain des bien méritants*.

Malgré toutes ces restrictions, le génie du souverain dominait dans l'État; et, sans autorité directe dans les affaires, ses vertus ou ses vices influèrent toujours puissamment sur les destinées de la république. A l'époque où parmi les autres nations de l'Europe, le despotisme royal s'affermit sur les débris du système féodal, la Pologne offrit seule un spectacle tout à fait contraire, et ce qui était tombé ailleurs dans le domaine de la royauté devint chez elle l'apanage de la noblesse, qui s'empara du *veto* absolu usurpé en France par le monarque : mais l'un perdit le pouvoir royal en voulant trop le fortifier, tandis que l'autre le conserva en le maintenant dans une salutaire impuissance. Les deux crises de la fin du dix-huitième siècle, la misère du peuple et la banqueroute de l'État en France, la dissolution des forces du gouvernement et l'usurpation étrangère en Pologne, ouvrirent les yeux aux deux nations :

(*) Fayot, Histoire de Pologne.

la France se souleva contre le despotisme, et la Pologne contre l'anarchie. Elles marchèrent de concert vers la régénération de leur forme gouvernementale, la première par *l'assemblée constituante*, la seconde par la *grande diète*.

A l'exception de la constitution de l'Amérique du Nord, celle adoptée par la grande diète, le 3 mai 1791, est la plus ancienne des lois fondamentales analogues établies depuis un demi-siècle. En voici les principales dispositions :

La religion catholique est celle de l'État, et il est défendu de l'abandonner pour en embrasser une autre. Protection et libre exercice du culte sont accordés à tous les chrétiens, qui deviennent admissibles à tous les emplois, même à remplir les fonctions de députés. Les droits, priviléges et prérogatives des nobles sont confirmés. Le pouvoir des starostes sur les villes est aboli. Les bourgeois sont investis du droit de régler les affaires commerciales et d'élire leurs autorités ; ils peuvent acquérir des propriétés territoriales, parvenir à tous les grades dans les carrières civile et militaire, et envoyer des représentants à la diète. Après avoir acquis le droit de bourgeois, les nobles peuvent aussi se livrer à des professions industrielles. D'un autre côté, peuvent s'élever à la noblesse : 1° tous les representants des villes aux diètes; après deux années de mandat ; 2° tout bourgeois qui acquiert une ville ou un village payant pour dîmes un impôt de deux cents florins polonais; 3° quiconque parvient au grade de capitaine ou de régent civique ; 4° trente bourgeois présentés par les villes à chaque diète. Tous les contrats passés jusqu'à ce jour avec les paysans lient les deux parties, et aucune ne peut rien ajouter désormais à la charge de l'autre. On garantit aux colons étrangers une entière liberté. Le gouvernement se divise en pouvoir législatif, exercé par les chambres réunies, pouvoir exécutif, exercé par le roi et le conseil d'État, et pouvoir judiciaire. La diète consiste en une chambre des députés et une chambre des sénateurs, sous la présidence du roi. La première se compose de députés qui seront élus aux diétines, comme représentants de la nation. Chaque propriétaire a le droit, sans égard à l'étendue de ses propriétés, de voter dans les diétines. Les trois grandes divisions de l'État (la grande Pologne, la petite Pologne et la Lithuanie) enverront chacune soixante-huit représentants. La chambre des sénateurs se compose des évêques, des wojewodes (palatins), des castellans et des ministres, sous la présidence du roi, qui a voix prépondérante en cas de partage. Les lois doivent d'abord passer par les délibérations de la chambre des députés ; de là, elles arrivent au sénat, qui prononce l'admission ou le rejet. Si cependant les députés s'accordent à adopter dans la prochaine diète le même projet de loi, le sénat ne peut plus, après cette seconde adoption, réitérer son refus. Les projets qui ne concernent pas la législation générale sont admis ou rejetés à la majorité des votes dans les deux chambres. La diète se réunit tous les deux ans ; des diètes extraordinaires sont convoquées pour les objets qui sortent de la ligne ordinaire. Une diète pour la révision de la constitution ne peut être convoquée que tous les vingt-cinq ans. Toutes les décisions sont prises à la majorité des voix. Le *liberum veto* et les confédérations sont abolis. Sans le concours de la diète, le roi ne peut promulguer de lois, établir des impôts, contracter des emprunts, déclarer *définitivement* la guerre ou conclure la paix ; il est toutefois chargé des négociations ou mesures préparatoires. Il exerce le pouvoir exécutif par le moyen du conseil d'État ; tous les employés sont soumis à ses ordres. Il est inviolable, placé au-dessus de toute responsabilité. Un revenu fixe lui est alloué pour son entretien et celui de sa cour. Il peut gracier tous les condamnés, excepté les criminels d'État. Il a le commandement suprême de l'armée, et il nomme les officiers, les employés et les sénateurs ; ces derniers sont choisis parmi deux candidats. Après la mort de Stanislas, le trône revient à l'électeur de Saxe et demeurera *héréditaire* dans sa ligne masculine. Le conseil d'État se compose du primat et de cinq ministres, savoir : ceux de la police, de la justice, des finances, de la guerre et des affaires étrangères. Les ministres sont responsables et sont nommés par le roi. Le roi doit révoquer un ministre, si les chambres, après une délibération secrète, le demandent à la majorité des deux tiers des voix. Le roi décide seul sur toutes les affaires qui lui sont présentées ; mais si aucun ministre ne consent à apposer son contre-seing sur l'ordonnance, le roi est obligé de retirer sa décision ou de porter l'affaire à la diète. Tous les Polonais sont soumis au service militaire. Il y a des tribunaux de première et de seconde instance dans les cercles et dans les départements, et une cour suprême pour tout le royaume. Le jour de l'adoption de la constitution sera célébré tous les ans, et une église sera élevée pour perpétuer le souvenir de ce grand événement.

« Cette constitution, les Polonais se la donnèrent sans répandre une goutte de sang, sans dévastation, en un mot, sans la moindre atteinte à la propriété. En ménageant avec le respect le plus scrupuleux tous les droits personnels qu'on pouvait conserver, ils arrivèrent à l'extirpation complète des anciens abus; et ils atteignirent ce but par les seules voies de la sagesse, de la modération et de la persévérance. Une œuvre aussi belle et aussi rare méritait une longue durée, et présentait à la Pologne les chances les plus favorables de prospérité. Une double responsabilité pèse donc sur les infâmes qui souillèrent un acte aussi pur, sur les calomniateurs qui le décrièrent, et sur les impies qui le détruisirent (*). »

FORCE ARMÉE.

Dans les premiers siècles de son existence, la Pologne n'eut pas d'autres défenseurs que les membres de l'ordre équestre. Chaque noble, tenant ses domaines du souverain, devait se présenter au premier signal. Le roi envoyait les *vici* (ordres) à la noblesse de monter à cheval et de se rendre à telle destination. Boleslas le Grand fut le premier qui organisa d'une manière plus solide la force nationale, et il composa une armée de cavaliers, qui, au dire des historiens, se montait de cent cinquante à deux cent mille hommes. Sous Kasimir le Grand, il fut publié une loi qui obligeait chaque noble à marcher contre l'ennemi, avec un certain nombre d'hommes d'armes proportionné à l'étendue de ses domaines. Wladislas Jagellon, qui ne possédait pas encore la Prusse, la Poméranie, la Kourlande et la Livonie, mit en mouvement cent cinquante mille nobles contre les chevaliers teutoniques ; Kasimir IV anéantit la puissance de cet Ordre avec soixante mille nobles ; et Jean Albert fut suivi de quatre-vingt mille dans sa malheureuse expédition en Bukowine, où l'avait attiré l'hospodar de la Valachie.

Faute d'être soumis à un règlement militaire, chacun dans ces temps s'armait et s'équipait comme il pouvait. Les Jagellons cependant sentirent la nécessité d'une armée permanente, et les deux Sigismond obtinrent même de la diète que la quatrième partie du revenu des domaines royaux ou des starosties serait consacrée à l'entretien d'une force régulière, qui prendrait le nom d'armée du quart (*woysko kwarciane*). Un simple paysan, Ostafi Daszkiéwicz, homme d'esprit vif et pénétrant, organisa sous Sigismond Ier les Kosaks zaporogues, qui, plus tard, furent divisés en corps de troupes réglées par le roi Batory. Les violences des magnats polonais firent tourner contre la Pologne les armes de ce peuple belliqueux, accoutumé pendant longtemps à la défendre.

Deux parties composaient la force armée polono-lithuanienne. Dans la première, dite *nationale*, et recrutée seulement parmi l'ordre équestre, fi-

---

(*) M. F. de Raumer, Chute de la Pologne.

guraient des brigades de hussards, de cuirassiers et de cavaliers lithuaniens, nommés *petyhorcé*. La seconde partie, composée de fantassins, de dragons et de cavalerie légère, comprenait toutes les troupes étrangères et soldées. Le nombre de soldats étrangers que les rois eurent à leur solde ne dépassa jamais quatre mille hommes, et se composait principalement d'Allemands et de Bohêmes. Dans les temps les plus prospères de la république, la garde royale elle-même ne montait qu'à seize cents cavaliers.

Les hussards (*hussarz*) formaient l'élite de l'armée. « C'était, dit Da-« lerac (*), la plus belle cavalerie de « l'Europe, tant par le luxe de son « costume et de ses armes, que par la « beauté de ses chevaux. » Ces cavaliers nobles s'appelaient entre eux camarades (*towarzysz*), et, sur le bruit de leur renommée, Louis XIV voulut les connaître ; le marquis de Béthune présenta à ce monarque un hussard polonais complétement équipé. Chaque hussard se faisait suivre de plusieurs écuyers et de trois varlets: ces derniers portaient la lance et le casque, mais pas d'armure; puis, sur l'épaule, des peaux d'ours blancs et une tête d'aigle; ce qui leur donnait un aspect terrible. On voit, dans les anciens tableaux, beaucoup de guerriers avec deux ailes, qui n'étaient pas, comme on pourrait le supposer, un vain ornement; car leur frémissement servait à animer les chevaux. Parmi le cortége qui vint chercher en grande pompe à Paris Henri de Valois, se trouvaient plusieurs cavaliers équipés ainsi. Ces nobles hussards étaient honorés par le roi, les grands généraux et les chefs de l'armée, du nom de camarades d'armes, et ils avaient le droit de prendre place à la table royale.

Les cuirassiers avaient également des écuyers ; mais leur solde était moins forte que celle des hussards. Néanmoins le roi, les princes, les sénateurs, les dignitaires et même les évêques, avaient leurs drapeaux dans tous les corps de la cavalerie nationale.

La cavalerie légère se composait de Kosaks, de Valachiens, de dragons, de raytars (cavaliers), et de Tatars. Les raytars étaient recrutés parmi les Allemands, et armés de mousquets et de sabres. Les fantassins furent régis par le règlement étranger jusqu'au règne de Stanislas-Auguste.

Étienne Batory voulut le premier introduire l'uniformité du costume dans l'armée ; mais cette mesure ne fut bien en vigueur qu'en 1735, lorsque Joseph Potocki commanda l'armée.

A la fameuse bataille sous les murs de Vienne, le duc Charles de Lorraine faisait remarquer à Sobieski un régiment polonais, remarquable par la pauvreté de son équipement. — *Ce régiment*, répondit le roi en souriant, *a l'habitude de s'habiller aux frais de l'ennemi.* » Effectivement, il se distingua dans le combat, et reparut brillant de dépouilles musulmanes.

Les Polonais déployaient autant de luxe que les Turcs dans la construction de leurs tentes ; on aurait pu prendre chacune d'elles pour une petite ville.

Le premier de tous les rois, Wladislas Jagellon, eut trois canons à la bataille de Grunwald, où il battit les chevaliers teutoniques. L'usage des boulets rouges remonte au siége de Polock, sous Étienne Batory; et les pontons, au moyen desquels ses troupes passèrent la Dzwina, furent construits d'après les dessins de ce monarque.

Les anciens Polonais fortifiaient parfois leurs camps, en liant des voitures avec des chaînes de fer; ils formaient ainsi une espèce de carré retranché, aux angles duquel ils plaçaient des canons. Zolkiewski fit, en huit jours de marche, sa belle retraite de Valachie, sous la protection d'une semblable batterie mouvante. Les Polonais et les Kosaks zaporogues employèrent aussi à Chocim cette manière de fortifier les camps.

C'est sous le règne de Michel Wis-

(*) Dalerac, Mémoires secrets sur le règne de Jean III.

niowiecki que la convocation du ban tomba en désuétude. L'art militaire, élevé à la dignité de science, ne pouvait s'accommoder de ces levées irrégulières, incapables d'aucune opération stratégique, et qui, par leurs désordres, nuisaient bien plus au pays qu'elles ne le soutenaient de leur stérile impétuosité.

Quand on reconnut en Pologne la nécessité d'adopter les modifications administratives et militaires depuis nombre d'années en usage chez les autres nations, il était déjà trop tard. Pourtant le pays offrit longtemps encore de précieuses ressources ; et Pierre I*er*, ce réformateur de son peuple, le sentait bien lui-même, lorsqu'il envoyait trente mille Moskovites au roi Auguste, pour les discipliner. Déjà, à cette époque, la politique étrangère cherchait à paralyser les efforts de la noblesse polonaise, pour créer une armée nationale; et lorsque par la suite les constitutions pourvurent enfin à l'entretien d'une force régulière, les machinations de la Russie tendaient à ce qu'il n'y eût jamais six mille soldats sous les drapeaux.

L'histoire des légions polonaises en Italie et de leurs glorieuses journées à Marengo, dans les Apennins, à Saint-Domingue, sur les Pyrénées et sur les Alpes, aux bords du Danube, de la Wistule, de la Moskova et de la Bérésina, en Espagne, en Allemagne, en Russie, à Dresde, à Leipzig, à Champ-Aubert et sur les buttes Saint-Chaumont, ainsi que celle des luttes gigantesques de 1831, n'appartiennent pas à notre cadre : elles feront partie de la *Pologne renaissante* (1795-1831).

DOMINATION DES POLONAIS SUR LA MER BALTIQUE.

Lorsqu'après les longues guerres de 1310 à 1466, contre les chevaliers teutoniques, la Pologne rentra enfin en possession de la Poméranie, le pays redevint florissant par le négoce, et les villes situées au bord des fleuves navigables semblèrent renaître à la vie commerciale. L'extension des limites du royaume jusqu'au littoral de la Baltique lui acquit une influence telle, que Sigismond I*er* fut choisi comme médiateur entre les rois de Danemark et de Suède, et qu'on lui offrit même plus tard le trône danois. Les villes hanséatiques réclamèrent, en 1557, la protection de Sigismond-Auguste, car jusque-là les rapports maritimes des Polonais s'étaient bornés au commerce ; mais Sigismond-Auguste, tant pour repousser les invasions en Livonie et en Estonie du roi de Suède que pour s'opposer aux tentatives du tzar Ivan Vasiliévitsch, qui s'était déjà emparé du port de Narwa, ordonna aux ducs de Prusse et de Poméranie, ses vassaux, de lancer des corsaires pour capturer tout bâtiment suédois naviguant sur la Baltique, et il arma lui-même par la suite une flottille corsaire à Puçk et à Dantzig. Elle avait non-seulement pour but de s'emparer des navires suédois et moskovites, mais aussi de tous ceux qui approvisionnaient ces pays de recrues, de poudre, d'armes et de productions agricoles (*).

Dans les *pacta conventa* qui furent présentés au serment de Henri de Valois, la nation inséra la condition expresse de la formation et du maintien d'une flotte sur la Baltique. On voulait tout à la fois par là assurer la sécurité des ports polonais, maintenir la domination sur cette mer, et interdire la navigation de Narwa aux Moskovites.

Quand le roi de Suède Gustave-Adolphe, ligué avec l'électeur de Brandebourg, s'empara du port de Pilawa et transporta le théâtre de la guerre en Prusse, Sigismond III, satisfaisant aux *pacta conventa*, arma neuf vaisseaux de guerre sur la Baltique, et livra bataille aux Suédois, qui y avaient envoyé onze vaisseaux, sous le commandement de l'amiral Hernschild. Les Polonais furent complètement vainqueurs : Hernschild sauta en l'air avec le vaisseau amiral; deux autres bâtiments suédois furent capturés, et le

(*) Swiencki, Description de l'ancienne Pologne.

le restant se dispersa tout en désordre.

Wladislas IV renforça le port de Puck, et, pour rendre plus sûre la défense de la côte, fit élever sur l'île de Héla les forts de Wladyslawow et de Kazimiérzow. Par la suite on débaptisa ces forts pour leur donner des noms allemands, afin de faire périmer les droits originaires. Ce roi rétablit aussi l'amirauté instituée à Dantzig, par son père Sigismond III, et lui donna, en 1635, pour chef George Denhoff. C'est par de semblables mesures que Wladislas força les Suédois à conclure une paix honorable de vingt-six ans, en vertu de laquelle ils évacuèrent entièrement la Prusse. Deux ans plus tard seulement le roi de Danemark, jaloux de la domination polonaise sur la Baltique, arriva avec des forces considérables, et s'empara, par une nuit obscure, des bâtiments qui stationnaient près de Dantzig. Wladislas IV vengea cet échec; mais c'était une dernière lueur, et avec sa mort se termina, pour ainsi dire, la puissance des Polonais sur terre et sur mer. On suivra dans l'histoire les progrès de cette décadence, qui date de Jean Kasimir. C'est depuis ce règne que disparut petit à petit de la Baltique le pavillon polonais; son souvenir seulement est resté dans les ports étrangers : ils en conservent de nombreuses empreintes sur la pierre.

COMMERCE ET INDUSTRIE.

Jusqu'au dix-septième siècle, la Pologne fut considérée comme le *grenier de l'Europe*. Située entre la Baltique et la mer Noire, et possédant des fleuves navigables qui unissent ces deux grandes voies de communication, elle offrait d'immenses débouchés commerciaux. Déjà dans les temps les plus reculés la Pologne approvisionnait le Nord et le Midi; en échange de ses céréales, Byzance, Chypre, Venise, l'Angleterre, la France, les Pays-Bas, la Suède, lui apportaient leur or ou leurs produits manufacturés. Sur ses fertiles plateaux ondoyaient de riches moissons de blé, d'orge, de seigle; ses forêts regorgeaient de gibier et d'oiseaux de toute espèce, et abondaient en animaux aux fourrures précieuses, tels que martres, panthères, ours, renards : elles donnaient encore des cuirs de castor, d'élan, etc.; ses fleuves, ses lacs, ses étangs étaient aussi très-poissonneux; et les montagnes, comme on l'a vu précédemment, recélaient dans leurs flancs de grandes richesses en argent, plomb, zinc, cuivre, fer, azur, marbre et houille. D'autres objets d'échange commercial, le chanvre, le lin, la cire, le suif, l'hydromel, se chargeaient dans les ports de la Baltique pour les destinations les plus diverses. Il existe des documents qui prouvent que rien que le droit d'exportation de l'insecte kermès (*czerwiec*), connu seulement en Pologne, et qui produit une couleur semblable à celle de la cochenille, se montait annuellement à six mille ducats de Hollande. Les salines de Wiéliczka et de Bochnia fournissaient également leurs produits à toute l'Europe centrale.

Dans un ouvrage publié en 1786, Busching assure que « le terroir po« lonais abonde tellement en blé, que « l'on en exporte annuellement près de « quatre mille vaisseaux et radeaux, « qui vont à Dantzig par la Wistule. » L'ancienne Pologne jouissant de la libre navigation sur le Dniester, envoyait par ce fleuve, ainsi que par le Dniéper, ses céréales à la mer Noire, où elles étaient embarquées à Bialygrod (Akerman) et Katschibey. Le froment de Pologne était transporté par cette même mer à l'île de Chypre; et, sous Sigismond Iᵉʳ, les Vénitiens envoyèrent une ambassade au roi pour demander le rétablissement des ports de la mer Noire tels qu'ils existaient du temps de Kasimir Jagellon, afin que Chypre pût, comme par le passé, tirer ses approvisionnements en blé de l'Ukraine et de la Podolie. Les exportations de blé, en 1619, montèrent à cent mille lasts (plus de 3,840,000 hectolitres). Cellarius, retraçant la Pologne en 1660, dit que dans une seule année l'exportation du blé atteignit le chiffre de 10,950,000 korzec ou 14,016,000 hectolitres (*) ; et Luc Opalinski, écrivain du dix-septième siècle, assure que cinq mille bateaux et barques arrivaient annuellement du fond du pays à Dantzig, apportant six millions de korzec de différents blés, ce qui faisait gagner à la Pologne un capital de trois millions de rixthalers par an, c'est-à-dire plus de quinze millions de francs (**).

Les Tatars payaient un tribut aux monarques polonais, pour le pâturage des vastes champs qui s'étendent depuis la mer Noire près d'Oczakow, et le sultan Soliman II signa même, avec Sigismond Ier, une convention à cet égard.

Selon Opalinski, la Pologne exportait encore vers le milieu du dix-septième siècle, après des guerres désastreuses, soixante mille bœufs par an de la Podolie et de l'Ukraine.

Pour donner une idée de l'importance des mines, il suffira de rappeler qu'en 1511 les commerçants hollandais chargèrent soixante-dix navires de cuivre provenant de l'exploitation de Kielcé.

Le grand commerce de laines n'atteignit son entier développement qu'au dix-neuvième siècle.

Une sage législation venait en aide aux richesses du sol. Les greniers immenses que Kasimir le Grand fit bâtir à Kazimierz, sur les bords de la Wistule, et les vastes magasins de Kowno, où les Anglais établissaient leurs comptoirs, attestent encore de nos jours l'état prospère du commerce des grains en Pologne. L'importance commerciale de Kiiow devait être déjà grande dans les huitième et neuvième siècles, puisqu'on attribue à Charlemagne le projet d'opérer une jonction du Rhin au Danube, et d'ouvrir la navigation sur ce dernier fleuve, le tout afin de détourner de Kiiow le commerce du Levant. L'historien Kromer, qui vivait sous le règne de Sigismond Ier, maintient que si les manufactures polonaises cédaient le pas aux manufactures des Pays-Bas,

(*) Andr. Cellarii, Descriptio Poloniæ.
(**) Lucæ Opalinski, Polonia defensa.

reconnues à cette époque comme les premières de toutes, elles n'étaient inférieures à aucune autre en Europe. Du temps de Sigismond-Auguste, les fabriques de drap de Wiélun et de Kosciany jouissaient particulièrement d'une grande réputation.

Ce n'est qu'au dix-septième siècle que l'industrie et le commerce commencèrent à décroître en Pologne. Cette décadence, dont le bien-être national reçut un coup sensible, fut amenée tant par suite de l'oppression des classes moyennes et du peuple, par la noblesse, que par l'intolérance religieuse qui marqua le règne de Sigismond III : cette dernière exerça une influence funeste sur tous les règlements de l'administration publique. Il faut encore ajouter à ces diverses causes de ruine, les guerres continuelles que la Pologne eut à soutenir contre ses voisins, lesquels, après le partage d'une grande partie de son territoire, lui fermèrent hermétiquement toutes les frontières, et lui appliquèrent le système prohibitif dans toute sa rigueur.

RELIGION

On trouve dans les annales du moyen âge de nombreux détails sur la religion primitive des Slaves, et Dlugosz, un des premiers chroniqueurs nationaux, rapporte que les Polonais adoraient plusieurs dieux, comme faisaient jadis les Romains. Jessa était révéré chez eux à l'égal de Jupiter ; Mars s'appelait Liada ; Dziedzilia remplaçait Vénus ; Nia, leur Pluton, avait un temple à Gnêzne, où les divers habitants du pays accomplissaient de fréquents pèlerinages. Les déesses Dziewanna (Diane), Zywié (déesse de la vie), Marzanna (Cérès), possédaient chacune leur temple, entouré de bois sacrés où se réunissait le peuple pour offrir ses dons. L'historien Bielski dit que de son temps (1550) existait encore dans les campagnes l'usage de noyer, le premier dimanche de carême, un mannequin de paille vêtu de longs habits et appelé Marzanna ; on accompagnait cette cérémonie de chants mélancoliques. Lelum et Polelum étaient honorés comme Castor et Pollux chez les anciens; leur temple se trouvait situé sur le mont Chauve (*Lysa-Gora*), et fit place plus tard à l'église de Sainte-Croix. Lada, leur mère, recevait aussi des hommages en Pologne ainsi qu'en Russie; et bien longtemps après que son culte avait cessé, la veille de la Saint-Jean, à la cérémonie appelée *sobotka*, le peuple s'amusait encore à sauter par-dessus des bûchers allumés, en criant : *Lado! Lado!*

Les Lithuaniens, les Samogitiens et les Prussiens possédaient également leur mythologie, introduite dans ces contrées par deux chefs scandinaves, Bruteno et Waydewutys (*). Bruteno s'institua lui-même le premier *krywekryweyto*, c'est-à-dire, grand prêtre et maître de la hache et de la hachette qui servaient aux sacrifices. C'est à Romnowe (**), auprès d'un chêne qui avait six toises de circonférence, qu'eut lieu la première assemblée religieuse de ces peuples. Trois divinités furent introduites solennellement dans les cavités du chêne : Warpintas, dieu des moissons; Perkunas, dieu du feu et de la foudre; et Piktalis, dieu de la colère et de la mort. Devant Warpintas on plaça un vase rempli de lait, recouvert d'une gerbe, et on y déposa un serpent qui devait être précieusement conservé; Perkunas eut une bûche pour offrande perpétuelle, et le soin d'entretenir le feu sacré regardait les prêtres; quant à Piktalis, on lui offrit trois têtes renfermées dans un vase, une d'homme, une de cheval et une de vache : elles représentaient toutes les trois le sacrifice de la vie. Ces divinités étaient cachées avec le plus grand soin aux regards du vulgaire, par le moyen de voiles étendus autour de l'arbre sacré ; le krywe-kryweyto et ses lévites, nommés *weïdalotes*, avaient seuls le droit de franchir cette enceinte.

Le krywe-kryweyto enseignait en outre au peuple la croyance à l'existence d'un dieu supérieur à tous, qui régnait sur la terre et dans les cieux, et auquel aucune prière ni aucune offrande ne pouvaient être adressées. Ce dieu, nommé Allfader, et inflexible dans sa volonté, régissait le monde entier, tandis que les autres dieux ne veillaient qu'au bonheur du pays qui les adorait.

Les autres divinités honorées des Prussiens et des Samogitiens étaient : 1° Szwayksztis, dieu de la lumière; 2° Puszkaytis, dieu des arbres sacrés ; 3° Atrimpas, dieu des mers ; 4° Gardaylis, dieu des pilotes; 5° Pilwitis, dieu des granges et des richesses ; 6° Pergrudis, dieu des prairies, des feuilles et des grains, auquel on rendait hommage à l'approche du printemps ; 7° Anuszantis, dieu de la santé; et une foule de demi-dieux, gnomes et sylphes, dont on célébrait ordinairement les fêtes par de copieuses libations.

La mythologie lithuanienne, qui avait consacré des chants, *daïnos*, à ses divinités, comprenait entre autres : Lado ou Latone; Wellonna ou Welli-Deewe, déesse de l'éternité, que l'on célébrait lors des fêtes des morts ; Liethua, déesse de la liberté, et qui avait un chat pour symbole ; Milda, déesse de l'amour : son temple était situé à Kowno, la Cythère lithuanienne ; Pilwité, déesse de la fortune, nommée Dola chez les Prussiens ; Pergrubie ou Melitelé, déesse des fleurs, et dont le culte a duré chez les Lithuaniens jusqu'en 1530 ; Wakariné ou Hesper, l'étoile du soir, fille du soleil ; Laïma, déesse du bonheur. On comptait encore Kaunis, fils de Milda et dieu de l'amour; Goniglis, dieu des pasteurs ; Elnis, fétiche qui éloignait les maladies, etc.

Tous ces peuples brûlaient leurs morts, et cette coutume se pratiqua

---

(*) Parmi les écrivains anciens ou modernes qui ont décrit ces pays et ces usages, Théodore Narbutt, auteur lithuanien, tient le premier rang.

(**) Ce temple était situé au confluent de Beislen, dans le Frisching, et près de son emplacement s'est conservé jusqu'à nos jours le village de Romitten. (Pologne pittoresque, M. Slowaczynski.)

longtemps encore après l'apparition du catholicisme.

Depuis le dixième siècle, époque où le christianisme fut introduit en Pologne, la religion catholique fut celle de l'État; néanmoins tous les autres cultes étaient non-seulement tolérés, mais même protégés, comme le prouve l'édit de la diète de convocation de 1573. La Pologne, devenue chrétienne, chercha dès le principe à mettre de sages bornes au pouvoir hiérarchique de l'Église romaine; et le saint-siége ne put jamais vaincre ou surmonter l'esprit d'indépendance des peuples slaves, ni subjuguer l'Église en Pologne, comme il parvint à le faire en France, en Angleterre et en Allemagne. L'indépendance toute nationale du clergé polonais se manifesta en 1100, lorsqu'il refusa au pape la prestation du serment d'obéissance, ne le regardant pas comme une nécessité indispensable; et l'influence de Rome, pernicieuse à l'unité et aux droits du pays, disparut ainsi de la Pologne sans aucune de ces violentes secousses qui ébranlèrent l'occident de l'Europe.

Ce n'est qu'en 1176 que se manifestèrent les premiers germes de schisme. Les disciples de Pierre Valdo, chassés de l'Occident, vinrent propager en Bohême et en Pologne leur doctrine, qui tendait au rétablissement de l'Évangile primitif et dégagé de toute fausse interprétation, ainsi qu'à la destruction des abus de l'Église romaine.

La première apparition des *flagellants* en Pologne eut lieu dans l'année 1260, et celle des *frères mendiants* en 1318.

La cour de Rome, jalouse de l'esprit d'indépendance qui guidait la Pologne, lança une bulle en 1327 et y institua la sainte inquisition; mais aucun auto-da-fé n'eut lieu. L'Église du pays, plus évangélique que romaine, demeura pure de sang, et le pouvoir de l'inquisition, bien que relevant du saint-siége, fut presque nul; ce tribunal n'osa pas même poursuivre ouvertement les doctrines de Wicklef et de Huss, doctrines très-répandues alors dans le royaume. Introduite en 1318, tentée de nouveau en 1424 et 1438, et abolie par la diète de 1552, l'inquisition disparut à jamais de la Pologne au seizième siècle, à l'époque même où l'Allemagne, la France, l'Angleterre et l'Espagne acceptaient cette terrible et révoltante domination.

Sous le règne de Sigismond Ier, la réforme s'introduisit en Pologne et y fit des progrès sensibles, surtout dans la Prusse polonaise. Ils furent tels, que la diète de Thorn rendit en 1520, à la demande de Sigismond, un décret défendant, sous peine d'exil et de confiscation, la propagation, et même la simple lecture des doctrines de Luther.

Le premier de tous, Jacques Knade, religieux transfuge, enseigna publiquement ces doctrines dans le royaume; et bravant la sévérité des décrets, Dantzig, à sa voix, adopta avec transport la croyance nouvelle. Depuis l'année 1525, la Pologne compta dans chacune de ses parties des prédicateurs protestants. La Lithuanie suivit cet exemple en 1539, et le duc Nicolas Radziwill facilita de toute son influence le succès de l'œuvre tentée. La puissance de la réforme s'accrut encore sous Sigismond-Auguste par l'introduction successive des calvinistes, des frères bohémiens et des unitaires.

Mais dans le grand ébranlement religieux qui s'accomplissait en Europe, en laissant partout sur son passage une longue trace de sang et de ruine, la Pologne fut la seule dont l'humanité n'eut pas à gémir du contact avec les doctrines nouvelles. Les maximes de Luther et de Calvin gagnèrent si rapidement les hautes classes, que bientôt on ne compta plus parmi les membres laïques du sénat que cinq qui fussent demeurés catholiques. Cela alla même au point de songer à éloigner les évêques du conseil; mais grâce à la sage politique de Sigismond-Auguste, la Pologne sut se maintenir dans un état de paix et de tolérance, qui dura jusqu'à l'introduction des jésuites.

L'accueil fait par les plus grandes familles du royaume à la réforme (*) et la protection accordée par Sigismond-Auguste, qui accepta la dédicace d'une traduction de la Bible de Luther, inquiétèrent vivement la cour de Rome, et Pie IV s'empressa d'envoyer à Warsovie l'évêque de Vérone Louis Lippomani, en qualité de légat; mais ce prélat, violent, emporté, manqua complétement sa mission. Plus tard, quand le concile général de Trente, tenu de 1545 à 1563, sous les papes Paul III, Jules III et Pie IV, fut terminé, il arriva en Pologne un nouveau légat, Jean-François Commendoni, qui, avec l'appui de l'évêque Hosius, parvint à obtenir du roi et de la diète l'adoption sans examen des statuts du concile (1564).

Ces statuts n'étaient toutefois pas faciles alors à mettre à exécution, et il fallut toute la prudence de Sigismond-Auguste pour prévenir tout conflit fâcheux. Déjà, à la diète de Wilna (1563), il avait fait déclarer que tout Polonais *chrétien* était apte à remplir les places de sénateur, nonce, ou tout autre emploi dans l'État. Les évêques de Wilna, de Kiiow, de Brzesc-Litewski et de Luck comptèrent parmi ceux qui apposèrent leurs signatures au bas de ce décret.

Un premier rapprochement eut lieu entre les différentes sectes de la réforme, lors du synode de Kozminek (1555); et à celui de Sandomir (1570), toutes les divisions cessèrent par l'adoption d'un acte conciliateur, que l'on nomma *Consensus Sandomiriensis*.

Enfin, la mémorable diète de Lublin, en 1569, déclara de nouveau les protestants et les grecs aptes à parvenir à toutes les dignités du royaume; et Sigismond-Auguste, fidèle aux principes qui l'avaient toujours guidé, donna, peu de temps avant sa mort, l'autorisation de bâtir une église du culte réformé à Krakovie même.

Ainsi, tandis qu'ailleurs la Saint-Barthélemy ouvrait au fanatisme une voie sanglante et furieuse, la Pologne, digne et calme, offrait à l'Europe l'exemple d'une habile tolérance.

L'élément naturel, inséparable de la Pologne, c'était la liberté, et Rome lançait en vain des lois qui punissaient d'exil ou de mort toute croyance nouvelle : les mosquées purent s'y élever en toute sécurité à côté des églises et des synagogues. Si dans le dix-huitième siècle quelques rigueurs frappèrent les réformés, la politique entra pour beaucoup dans de pareilles mesures; c'était la Russie qui, voulant alimenter les divisions, encourageait les dissidents, et savait donner à de simples discussions théologiques le caractère de guerre civile. Mais s'ils étaient exempts de tout fanatisme, les Polonais ne montrèrent jamais non plus une indifférence blâmable, et conservèrent toujours au contraire un esprit profondément religieux. — « La terre classique du malheur a eu de longues, de douloureuses années d'épreuve; elle a vu souvent son soleil s'obscurcir, son horizon se charger d'orages, et la foudre éclater en ravageant ses entrailles. Du milieu de ces tourmentes, de ces mugissements de la tempête qui annonçaient l'ange destructeur, un chant doux et mélancolique, un hymne d'amour, de foi et de regret, s'est élevé sans cesse vers le ciel. Triste et sainte, cette voix était la voix des pères et des guerriers qui bénissaient leurs enfants et leur adressaient l'a-

---

(*) Le clergé suivit lui-même l'entrainement général, et au nombre des prélats polonais qui changèrent à cette époque de religion, on cite principalement : 1° Jean Korab Laski, prévôt du chapitre de Gnèzne; il refusa le chapeau d'évêque en Pologne, et fut nommé, par le roi d'Angleterre Edouard, surintendant de l'église fondée à Londres par les réformés étrangers. Laski revint en Pologne après vingt ans d'absence, et conserva des relations suivies avec Erasme de Rotterdam; 2° Stanislas Oksza Orzechowski, chanoine de Przemysl, surnommé le *Démosthène de la Pologne*, et dont les nombreux ouvrages peuvent être placés sans hésitation à côté des Catilinaires, des Verrines et des Philippiques. Son panégyrique de Sigismond 1er l'a surtout élevé au premier rang des orateurs anciens et modernes.

dieu solennel au moment de remonter vers Dieu, d'aller se reposer dans son sein, après les fatigues d'une lutte longue et pénible, mais glorieuse, après avoir nourri le sol de leur sang, après l'avoir blanchi de leurs os sacrés. Vaste champ de mort, immense sépulcre, la Pologne a consacré son infortune par un sentiment religieux et profond : plus le danger devenait imminent, plus le désastre était affreux, et plus ce sentiment acquérait d'intensité et de force : sa piété et sa foi croissaient avec ses infortunes ; la foi et la piété étaient le refuge du peuple et des grands opprimés, persécutés ; ils recouraient à Dieu, ils retrempaient leurs âmes aux sources éternelles, au foyer de la souffrance et de la prière; prière sublime que celle qui s'élève du milieu des pleurs, souffrance céleste que celle qui est offerte à Dieu comme un holocauste (*) ! »

Ce caractère distinctif de la nation a de tout temps réagi sur le clergé polonais. Jadis un des plus riches de l'Europe, il a suivi la fortune du pays ; mais son influence n'a pas cessé un seul instant d'être utile à la cause nationale, aux sciences et aux arts. Toujours porté à l'indulgence, le prêtre polonais prêche dans les jours de calme la morale et la résignation, puis, à l'heure du péril, il donne le premier l'exemple du dévouement. En un mot, le culte des autels et celui de la patrie n'ont jamais été séparés en Pologne. Rien n'est plus explicite à cet égard que les paroles du pape Paul V, Quand, en 1621, les Polonais lui remirent les drapeaux qu'ils avaient pris sur les païens et lui demandèrent le don de quelques reliques, Paul V leur répondit : « *Pourquoi me demandez-vous « des reliques? Ramassez un peu de « votre terre; il n'y en a pas une « parcelle qui ne soit la relique d'un « martyr!* »

(*) Le Polonais, Revue des intérêts de la Pologne.

HISTOIRE.

L'histoire de l'ancienne Pologne peut se diviser en quatre périodes ou époques.

1° *La Pologne conquérante*. Cette époque embrasse une étendue de plus de deux siècles et demi, c'est-à-dire, l'espace compris entre 860 et 1139. Les rois sont conquérants pour la plupart, et l'État, devenu puissant, grâce à leurs victoires, fait sentir son influence aux pays qui doivent être, par des voies diverses, réunis plus tard à la Pologne. Les siècles suivants n'offrent plus de semblables conquêtes. Dans la politique intérieure du royaume, les monarques acquièrent un pouvoir absolu que les coutumes tempèrent à peine ; mais avec le temps ce pouvoir s'affaiblit et celui des grands s'accroît.

2° *La Pologne en partage*. Elle renferme près de deux siècles, depuis 1139 jusqu'à 1333, et vit le partage de la Pologne entre les membres de la famille des Piast. Le démembrement du pays en petites principautés indépendantes, la dissémination des grands dans leurs châteaux forts, le désordre et les calamités qui l'accompagnent, tout semble menacer le pays d'une ruine complète. Il se relève cependant et commence à former de nouveau un ensemble puissant. Mettant à profit les circonstances, le pouvoir des grands se fortifie toujours aux dépens de celui des souverains.

3° *La Pologne florissante*, comprenant deux siècles et demi, de 1333 à 1588. Les nations voisines, rendant hommage à la splendeur de la Pologne, briguent l'honneur de son alliance, et la Lithuanie s'unit à elle par des liens indissolubles. L'influence de la nationalité polonaise agit si vivement sur les pays tributaires, qu'ils deviennent volontairement des enclaves de la Pologne. Pendant ce temps, à l'intérieur, se forme et s'élève rapidement l'ordre équestre; il balance bientôt le pouvoir des grands. Un système de démocratie nobiliaire prend naissance, limite encore davantage la puissance souveraine, opprime les classes bourgeoises, et impose la servitude et l'esclavage aux agriculteurs et aux paysans.

4° *La Pologne en décadence*, période d'une durée de deux siècles (1588-1795). Comme par le passé, on y voit croître et dominer la licence nobiliaire. Si, durant les soixante premières années, l'éclat guerrier justifie et voile en partie ces empiétements, déjà dans les soixante-dix suivantes commence une longue série de calamités jusqu'à ce que se développe, dans les quatre-vingts dernières années, cette ère de faiblesse et de malheurs que des efforts aussi héroïques que désespérés ne peuvent parvenir à comprimer.

Le dix-neuvième siècle ajouta une cinquième époque aux quatre que nous venons de poser, celle de la *Pologne renaissante* ou *moderne*. Elle fera partie d'un cadre spécial.

PREMIÈRE PÉRIODE.
LA POLOGNE CONQUÉRANTE.
860-1139.

INTRODUCTION A L'HISTOIRE.

Dans la seconde moitié du neuvième siècle on voit se former graduellement dans la Slavonie différents États qui n'avaient pas existé jusque-là.

Le royaume de Moravie se fait d'abord jour par sa puissance progressive, et sa phase la plus brillante a lieu sous Swientopelk, de 870 à 894. Ce chef redoutable régnait sur les nations qui habitaient depuis l'embouchure de la Sâla jusqu'à la Bulgarie, et il combattit surtout les Allemands, qui appelèrent à leur aide les Magiars ou Hongrois. Sa mort fut le signal de la décadence de la Moravie (*); l'union slave une fois dissoute, de ses éléments divers se formèrent les royaumes slavo-turc de Hongrie, slave de Bohême, de Chrobatie ou de la petite Pologne krakovienne, et la marche d'Autriche.

Les Hongrois nommés Magiars, peuple entièrement sauvage, se colonisèrent dans les contrées du Danube, subjuguant les peuplades slaves voisines, et formèrent par ce moyen une nouvelle nation au sein de la Slavonie.

Les Russiens, descendants des Varègues, nommés à l'occident Normands, habitaient la Scandinavie et guerroyaient contre les Slaves de Novogrod la Grande. Les Novogrodiens, connaissant leur bravoure, choisirent parmi eux des kniaz (princes), et c'est ainsi que Ruryk et ses frères commencèrent à étendre leur domination en Slavonie. Leurs descendants, longeant le cours du Dniéper vers le sud, occupèrent Smolensk, Kiiow, et imposèrent des tributs aux peuples soumis; voisins de l'empire grec, ils allaient également y exercer des rapines et s'aventuraient par la mer Noire jusqu'à sa capitale, Byzance; quelquefois aussi ils se mettaient à la recherche de contrées plus sûres et encore plus riches aux environs du Danube, afin de s'y fixer.

Dans leurs excursions, les kniaz russiens se transportèrent successivement de Novogrod à Kiiow et de Kiiow à Péréaslawiec, sur le Danube, mais Kiiow demeura la capitale de leurs possessions. Le kniaz Vladimir le Grand y ajouta de nouvelles provinces conquises, et chercha à prolonger les limites russiennes jusqu'à la Chrobatie rouge, où il se rencontra avec les États des rois de Hongrie, de Bohême et de

---

(*) L'Autriche actuelle avec tous ses États et Krakovie, n'est autre chose que l'ancienne grande Moravie, dont le fondateur fut Swientopelk. La première origine de l'Autriche ne date que de Henri l'Oiseleur

Pologne. Maîtres de pays slaves aussi vastes, les Varègues russiens les appelèrent du nom de Russie et adoptèrent eux-mêmes l'idiome slave.

Le royaume de Bohême chercha aussi à s'étendre du côté de la Silésie et de la Chrobatie; mais, malgré leurs tentatives, ses princes ne furent pas assez forts pour secouer la suprématie de l'Allemagne, très-puissante alors, et dont les souverains exigeaient un tribut des différentes nations slaves. Les Obotrites, ainsi que les Chrobates krakoviens, régis par des palatins, payaient tribut à l'empereur Othon.

Henri l'Oiseleur et Othon le Grand instituèrent, à dater de 931, sur les frontières slaves, des comtés et des margraviats; ils fondèrent aussi des colonies militaires au cœur même du pays; et s'assurèrent par là de la dépendance des populations locales (*). Ainsi se formèrent en Slavonie les margraviats ou marches, savoir : la marche du Midi (*marchia Australis*), par la suite duché, archiduché, et enfin empire d'Autriche; et la marche du Nord (*marchia Borealis*); puis la marche de Brandebourg, électorat, et finalement royaume de Prusse. La Bohême seule évita ces colonies militaires, et même, en reconnaissant la suzeraineté des souverains allemands, ses propres princes eurent la facilité d'étendre les limites du pays jusqu'aux contrées de Breslau et de Krakovie, sur les terres de la Silésie et de la Chrobatie, où ils atteignirent (993) les frontières hongroises, russiennes et polonaises.

La nation des Léchites, qui donna plus tard à son pays le nom de Pologne ou plutôt de grande Pologne, pour le distinguer de la Chrobatie krakovienne ou petite Pologne, tenait à cette époque un rang distingué parmi les peuplades slaves. Ses possessions se prolongeaient aux deux rives de l'Oder et avaient pour ville capitale Gnézne. On croit que chaque province se trouvait gouvernée par un chef spécial, et que Piast, le dernier roitelet dont parle

(*) Voyez *Allemagne*, vol. I, p. 236.

la chronique fabuleuse, était un de ces chefs.

La nation polonaise eut également des rois conquérants qui continuèrent non-seulement les frontières du royaume jusqu'en Léchie, mais qui encore étendirent leurs conquêtes sur toutes les autres parties des terres slaves (*).

FONDATION DE LA MONARCHIE POLONAISE.

ZIÉMOWIT, 860. — MIECZYSLAS 1er, 960.

Ziémowit, fils de Piast (**), devenu

(*) Le cadre qui nous a été tracé étant très-restreint, il serait impossible de décrire d'après la méthode chronologique la marche des événements, si heurtés entre eux et si dissemblables; nous serons donc obligé d'avoir recours le plus souvent au procédé synchronique et de passer outre sur les choses moins importantes.

(**) Les temps primitifs de la Pologne n'offrent qu'une série de traditions vagues et fabuleuses. Lech, dit la chronique, fut le premier prince ou chef de la nation polonaise, et on lui attribue la fondation de Gnézne. Après lui, le pouvoir fut confié à un des douze palatins, Krakus; il régna glorieusement, et choisit pour résidence Krakovie qu'il fit bâtir. Vint ensuite Wanda, fille de Krakus, qui repoussa tous les prétendants à sa main. L'un d'eux, un prince allemand, nommé Rytigier, résolut d'obtenir par les armes ce qu'on refusait aux prières : il lui déclara donc la guerre; mais Wanda, se mettant à la tête des siens, battit complétement Rytigier, qui périt dans la lutte : alors Wanda, soit pour qu'un pareil débat ne se reproduisit pas, soit par un regret tardif bien naturel au cœur humain, se précipita dans la Wistule. Enfin après le règne de Leszek II, que des courses de chevaux avaient élevé au pouvoir souverain, et celui de Popiel, dont la tradition populaire rapporte qu'il fut dévoré par les rats dans son palais, bâti au milieu du lac de Goplo, et en expiation du meurtre de ses oncles, après ces deux règnes le choix du peuple se fixa sur un simple cultivateur nommé Piast, auquel les anges avaient prédit son avénement au trône. Selon Lengnick, Piast dut vivre vers l'an 840. Sa dynastie régna en Pologne jusqu'en 1370, dans le duché de Moravie jusqu'en 1526, et en Silésie jusqu'en 1675. Ce choix d'un cultivateur pour souverain, fut le bienfaiteur du peuple et le fondateur du royaume de Pologne. Ses États étaient situés dans les contrées de Gnèzne et de Kruswiça, et il les augmenta en soumettant par ses armes les peuplades slavones qui avoisinaient la Léchie. Ce prince, renouvelant l'ordre politique, institua en Pologne, à l'instar de ce qui existait chez les nations germaniques, une monarchie absolue et guerrière, et favorisa par ses réformes l'unité de l'État.

Après les règnes insignifiants de Leszek et de Ziémomysl, Miéczyslas Ier, fils de ce dernier, monta sur le trône. Ses États étaient déjà bien plus vastes que ceux occupés par Ziémowit ; il comptait au nombre de ses possessions la grande et la petite Pologne, la Silésie et la Mazovie avec la Kuiavie : les frontières s'étendaient au delà de l'Oder et embrassaient Krosna (Crossen) et Glogowa (Glogau). Mais s'étant approché trop près de l'Allemagne, qui tenait à conserver sa suprématie sur la Slavonie, et ne pouvant faire face à des forces supérieures, Miéczyslas fut obligé de se déclarer tributaire des empereurs Othon, quant aux pays conquis par delà de la Warta. Ce point fixé, Miéczyslas fut reconnu par les Allemands comme margrave ou duc, et put sous leur protection affermir la position de son royaume contre les Bohêmes.

INTRODUCTION DU CHRISTIANISME.

965. Le christianisme était déjà connu et professé en partie, au neuvième siècle, dans les États slaves dont la source commune remontait à celui de la grande Moravie. Il est cependant certain que la religion chrétienne ne fut bien répandue en Pologne que sous le règne de Miéczyslas Ier, et qu'avant lui les habitants, mi-païens, mi-chrétiens, mêlaient à leur idolâtrie primitive les rites des Grecs, des Romains et des Saxons. Mais l'influence de l'Allemagne, si importante à cette époque sous le rapport politique, fut tout à fait nulle sous le rapport religieux; car la Bohême, qui embrassa avant la Pologne le christianisme, et qui le lui donna en 965, était au dixième siècle entièrement slave. Miéczyslas Ier, en épousant la princesse de Bohême Dombrowka, renversa les idoles, et remplaça les fêtes des dieux du paganisme par celles de la religion du Christ; le baptême fut prescrit, et toute résistance punie de mort : le roi donna lui-même l'exemple en recevant le baptême de la main de Bohowid, qui avait déjà béni son mariage à Gnèzne en 965. Afin de propager plus rapidement la foi de l'Évangile, Miéczyslas fit bâtir neuf églises et les dota de domaines considérables; des théologiens habiles furent aussi appelés de l'Italie et de la France, et la dîme établie pour les dotations des évêchés. Cependant, malgré tout cela, les progrès de la nouvelle religion étaient lents, et ce ne fut même qu'à la fin du dixième siècle que Boleslas le Grand put terminer l'œuvre de la conversion des Polonais. A la suite de la révolution qui eut lieu à l'époque de 1034-1040, une grande partie du peuple retourna encore momentanément à l'idolâtrie ; mais à compter de Kasimir Ier, qui rétablit partout l'ordre et les saintes croyances, le christianisme prévalut à jamais en Pologne.

CONGRÈS DE QUEDLINBOURG.

973. L'ambition des seigneurs saxons entraîna Miéczyslas dans de longues guerres; et forcé de combattre, en 972, contre le margrave de Misnie et le comte de Walbeck, ses adversaires acharnés, il les défit complétement près de Stetin. Il s'apprêtait à profiter de cette victoire, quand l'empereur Othon Ier, ce puissant monarque qui dirigeait, pour ainsi dire, les destinées du nord-est de l'Europe, vint jeter son arrêt dans la balance de la for-

---

chef indique que déjà, à cette époque, la véritable puissance du pays reposait dans l'agriculture.

Il est facile d'apercevoir dans toutes ces fables la main des prêtres, auteurs des premières chroniques polonaises.

tune. De l'Italie, où il se trouvait alors, il envoya des messagers aux parties diverses, leur promettant de juger le différend lorsqu'il serait de retour en Allemagne. Quoique vainqueur, Miéczyslas se rendit à l'appel, une sage politique lui commandant de respecter les désirs du chef de l'Empire.

Ce fut en 973 que la Pologne entra pour la première fois en rapports directs avec l'Europe. Le congrès convoqué par Othon eut lieu à Quedlinbourg, dans le cercle de Saxe. On y vit le duc Miéczyslas, les membres du corps germanique et les envoyés du Danemark, de la Grèce, de la Hongrie et de plusieurs autres nations slaves. Les délibérations eurent pour objet principal les intérêts de la Pologne. Pendant toute leur durée, Othon combla Miéczyslas de présents et de témoignages d'une vive estime; et ce dernier, pénétré de reconnaissance, rendit tributaires de l'empereur toutes les conquêtes qu'il avait faites sur la rive gauche de la Warta.

Les troubles qui arrivèrent en Allemagne après la mort de l'empereur, et occasionnés par le duc de Bavière Henri, qui s'était fait couronner roi de Germanie au détriment des droits du fils d'Othon, furent cause que Miéczyslas intervint aussi dans le débat. Circonvenu par les ennemis de l'unité de l'Empire, il soutint d'abord les prétentions de Henri, mais, plus tard, offrit son appui à Othon II, dont il fut en même temps l'allié et l'ami.

Miéczyslas mourut après un règne de trente années.

BOLESLAS LE GRAND (CHROBRY).

992-1025.

Le règne de Boleslas forme une des époques principales de l'histoire; c'est depuis lui qu'elle se déroule largement, basée sur le génie de ce monarque qui fut pour la Pologne ce que Charlemagne avait été pour la France, c'est-à-dire, tout à la fois guerrier, législateur et administrateur habile; aussi peut-il être considéré comme le véritable fondateur de la puissance nationale.

Il parvint au pouvoir à l'époque où Grégoire V occupait le saint-siége; où, en France, Hugues Capet asseyait solidement sa race sur le trône, et où l'Occident et l'Orient reconnaissaient les lois d'Othon III et de Basile III. Boleslas commença par un coup de tête : suivant la volonté paternelle, il eût dû partager les provinces avec ses frères; mais, faisant taire dans son cœur la voix de la nature pour n'envisager que le bien réel du pays, il saisit d'une main ferme les rênes du gouvernement, et expulsa de Pologne des concurrents dont les prétentions, quoique justes, pouvaient affaiblir la puissance de l'État. Les princes exilés se rendirent en Bohême, chez les Teutons et chez les Russiens, afin d'y conspirer : leur ambition l'emportait sur leur amour de la patrie; mais Boleslas ne se laissa pas abattre par la tempête qui grondait; et, homme supérieur à son siècle, il sut, grâce à ses conquêtes en Silésie, en Chrobatie, en Moravie, terrifier ses ennemis et annuler tous leurs mauvais desseins.

GUERRES ET CONQUÊTES.

Henri de Bavière, moins généreux envers Boleslas que l'avait été son prédécesseur Othon III, et jaloux de l'intimité du souverain polonais avec le margrave d'Autriche Henri, invita les deux princes à venir le visiter à Mersebourg, et voulut les y faire assassiner. Boleslas, échappé comme par miracle à ce guet-apens, jura d'en tirer vengeance; et, dans la guerre qui s'ensuivit, conquit tour à tour la Bohême, la Moravie, la Luzace, la Misnie, et dévasta les terres entre Lubusz et Magdebourg; mais, ne pouvant occuper tous ces pays, il ne garda que la Moravie et la Luzace avec la contrée de Lubusz.

A peine cette guerre était-elle terminée que l'ingratitude du duc de Bohême éclata. Ce prince, chassé à cause de crimes graves par le peuple, et replacé sur le trône par Boleslas, récompensa celui-ci en lui suscitant de nouvelles difficultés. Après avoir épuisé toutes les ressources de la modération, Boleslas, poussé à bout, appela le duc à Krakovie, et ordonna qu'on lui brûlât les yeux avec un fer rouge. Il fit ensuite son entrée à Prague, et conserva la Bohême.

L'empereur Henri ne put voir d'un œil indifférent les conquêtes de Boleslas, et chercha de nouveau à mettre la désunion entre ce prince et ses alliés; prêchant même d'exemple, il obtint d'abord quelques avantages par les armes, mais Boleslas prit bientôt sa revanche. En 1005, il remporta une victoire éclatante sur les Allemands, puis les battit à de nombreuses reprises durant une guerre de sept années, et il ne conclut une trêve à Mersebourg (1013) que pour aller attaquer les Poméraniens, les Prussiens et les Kassubiens. Tous les pays situés entre la Wistule, et le Niémen tombèrent en sa possession (1014), et Boleslas se rendit maître de leurs trois plus fortes villes d'alors, Radzyn, Balga et Romnowe. Il imposa aux Prussiens sa suzeraineté et leur fit embrasser la foi catholique. Comme signe de domination dans ces contrées, il fit aussi ériger dans le fleuve Ossa, aux environs des villes actuelles de Radzyn et de Leszno, des colonnes en fer avec cette inscription : *Hic est Polonia!* Ici est la Pologne! Elles furent renversées plus tard par les chevaliers teutoniques; mais leur souvenir survécut jusqu'au temps où la Prusse, fatiguée de l'oppression monacale, invoqua la protection de la Pologne.

De nouvelles guerres étant survenues avec l'Allemagne, Boleslas victorieux marqua encore ses frontières par des colonnes triomphales, confiées cette fois aux eaux de l'Elbe et de la Sâla, qui baignent les murs d'Iéna. A dix siècles de là, les aigles françaises devaient venir planer d'un vol glorieux sur ces lieux jadis témoins de l'immense puissance polonaise.

Un congrès, demandé par l'empereur Henri lui-même, eut lieu à Bautzen en 1018; Boleslas y imposa ses conditions à l'Allemagne, et y conclut son mariage avec Oda, fille du margrave de Misnie. Ce congrès mit fin aux luttes avec l'empereur.

Tranquille de ce côté, Boleslas tourna ses armes contre le duc de Novogrod, Iaroslaf, qui venait de chasser de Kiiow le gendre du monarque polonais, Swientopelk. Avant l'ouverture de la campagne, Boleslas nomma le palatin de Krakovie Siéciech au grade de hetman ou grand général, puis, comme toujours, marcha à la tête de ses guerriers. La première rencontre fut sanglante, mais la victoire demeura fidèle à son favori, qui, maître de tout le pays, se prépara à faire sans retard le siége de Kiiow. Cette ville fortifiée renfermait dans son enceinte quatre cents temples, huit cents marchés, une population immense, et rivalisait de richesse et de prééminence avec Constantinople. Des attaques réitérées et la famine la forcèrent de se rendre. Boleslas y fit son entrée triomphale en 1018, et, en passant sous la voûte nommée *Porte d'Or*, il la frappa de son sabre qui en fut ébréché. Cette arme, présent de l'empereur Othon III, se conservait précieusement à Krakovie parmi les joyaux de la couronne, et les rois élus la portaient au côté le jour de leur couronnement : elle disparut lors du partage de 1795. Les assassinats commis sur des soldats polonais à Kiiow, et une sourde conspiration, fomentée par l'ingrat Swientopelk, amenèrent une funeste catastrophe : Kiiow fut incendiée, pillée, et jamais depuis cette cité superbe ne put recouvrer son ancienne prospérité.

ORGANISATION INTÉRIEURE.

Tant de gloire et de succès devait produire un résultat bien flatteur pour l'orgueil de Boleslas, l'union de tous les peuples léchites. Ralliés à son sceptre par la double influence de la bravoure et de la droiture connues du monarque, les Polonais, les Krakoviens, les Mazoviens et les Silésiens ne formèrent plus désormais qu'une seule nation. Boleslas, chef militaire absolu et juge suprême d'États immenses, songea à les rendre encore plus formidables par la civilisation et de sages institutions appropriées à la nature du pays. Il divisa donc le royaume en districts, et chacun d'eux renfermait un château fort, qui, aux jours de péril, servait d'asile et de résistance contre les attaques de l'ennemi. Dans chaque juridiction, les habitants étaient tenus de suivre à la guerre le castellan ou chef de district; en temps de paix, les fonctions du castellan se bornaient à administrer. Tout sujet possédant un cheval et un équipement de bataille complet devenait noble. Comme on rançonnait sans pitié les pays conquis, le trésor royal se trouvait toujours abondamment pourvu; et l'armée coûtait d'autant moins, que le souverain pouvait distribuer, suivant sa guise, des terres en fiefs à la noblesse, à la seule condition de guerroyer quand besoin en était. Le système de l'impôt foncier s'appliquait alors à toutes les parties de la Pologne; plus tard, on le changea, mais ce fut seulement quand les rois durent solliciter le vote électif des nobles : afin de se rendre ceux-ci favorables, ils les tinrent quittes de certaines taxes et transformèrent des dotations personnelles en dotations perpétuelles. Les richesses passèrent ainsi des mains du trône dans celles de la noblesse, et le pouvoir suivit bientôt les richesses. Les prisonniers étaient seuls esclaves sous Boleslas, et encore durant la guerre; la paix faite, on leur confiait ordinairement la culture des terres, et, une fois paysans, ils recouvraient leur liberté.

Boleslas ne borna pas là sa tâche. Par ses soins, les étrangers reçurent un bon accueil en Pologne; des écoles furent fondées, et il appela d'Italie et de France des savants profondément versés dans la connaissance des matières théologiques. Dans ses instants de tranquillité, il aimait à parcourir le royaume, écoutant chacun et rendant justice à tous. Un conseil, composé de douze personnes citées pour leurs vertus et leurs lumières, l'accompagnait d'habitude dans ces excursions si louables.

4e *Livraison.* (POLOGNE.).

COURONNEMENT DU PREMIER ROI.

1024. Dans un temps où les empereurs envoyaient des couronnes aux rois nouvellement convertis à la foi chrétienne, l'empereur Othon III accorda cette faveur à Boleslas, lors de son pèlerinage à Gnèzne en 1000; pèlerinage entrepris sous prétexte de visiter le corps de l'évêque Adalbert, tué par les Prussiens idolâtres et canonisé par le pape, mais dans le but réel de voir de près la puissance presque fabuleuse du héros polonais. Émerveillé d'une splendide réception, Othon lui conféra, au milieu d'un festin, la dignité royale, ainsi que les titres de membre et d'allié de l'empire d'Allemagne, ce qui le dégageait de toute obéissance servile envers les empereurs. Othon céda en outre à Boleslas son droit de suzeraineté sur les Slaves transodériens, et lui octroya le droit d'investiture et de nomination des évêques; dans un moment d'enthousiasme, il alla même jusqu'à ôter son diadème pour le poser sur le front de Boleslas.

Mais, à cette époque de ferveur, tout monarque chrétien tenait à être sacré par le pape, et Boleslas lui-même ne se considérait pas comme réunissant tous les caractères de la dignité monarchique, tant que cette faveur lui manquait; aussi la sollicita-t-il avec ardeur auprès du saint-siége par de nombreux envoyés. La gloire acquise ne lui suffisait pas, et Boleslas pensait sans doute que, pour affermir tout à fait son trône, l'assentiment de Rome était indispensable. Il lui fallut pourtant y renoncer; et, fatigué des refus de Silvestre II, il réunit les évêques polonais, et posa de sa propre autorité, en 1024, la couronne royale sur sa tête, bravant par là toutes les foudres spirituelles et temporelles. Si l'on se reporte au siècle où cet acte eut lieu, on comprendra facilement son importance.

Boleslas mourut en 1025, après un règne des plus glorieux, et qui dura vingt-cinq ans. A sa mort, la nation entière prit le deuil et le porta pendant toute une année.

MIÉCZYSLAS II.
1025-1034.

Boleslas le Grand, dont la profonde pensée politique tendait à faire de la Pologne le centre de la nationalité slave, légua bien ses États à son fils Miéczyslas, mais non sa force et son génie. Indolent à l'excès, et mené par sa femme Rixa, fille du comte palatin du Rhin et nièce de l'empereur Othon III, ce prince livra bientôt le pays à toutes les calamités de la guerre étrangère et des troubles intérieurs, que sa mort, arrivée en 1034, vint encore aggraver.

RÉVOLUTION ET ANARCHIE.
1034-1040.

Enhardis par l'indolence de Miéczyslas, les gouverneurs des châteaux forts s'étaient déjà, de son vivant, déclarés indépendants, et avaient formé de leurs juridictions autant de petites principautés. Les vexations et les querelles de ces nouveaux maîtres jetaient le désordre en Pologne; ce fut pis encore après la mort du roi. La régente Rixa, qui haïssait les Polonais, et qui en était en échange détestée, fut contrainte de s'enfuir secrètement à l'étranger; mais elle emporta d'immenses richesses et emmena avec elle le jeune prince Kasimir, prétendant au trône. N'ayant plus de drapeau auquel elle pût se rallier, la Pologne se vit livrée à la plus affreuse anarchie; le pillage et l'incendie la ravagèrent de toutes parts. Les peuples voisins relevèrent la tête. Les Bohêmes envahirent la Silésie et dévastèrent Krakovie, Posen et Gnèzne; le duc de Novogrod Iaroslaf occupa la Russie, et Bretyslaw, duc de Bohême, la Moravie et la Luzace. Les idolâtres se ruèrent sur la foi chrétienne, et le paganisme reparut avec son prestigieux cortége de divinités et de liberté primitive. Poussés à bout par l'introduction d'usages féodaux tyranniques, les paysans se révoltèrent et prirent une terrible revanche. On ne respecta aucun lien, on ne garda aucune mesure; et pouvait-il en être autrement quand le clergé était le premier à donner l'exemple de la démoralisation? Enfin, en ces temps de deuil et de désolation, tout ce que la Pologne renfermait de plus riche, de plus précieux, fut détruit ou avili.

Une seule province cependant se préserva des calamités qui conduisaient le royaume à sa perte certaine, la Mazovie, dont Maslaw s'était déclaré duc indépendant.

KASIMIR 1er.
1040-1058.

Les évêques et les magnats échappés à la frénésie des anarchistes, qui aidèrent puissamment, durant ces six années de troubles, les ennemis de la Pologne à renverser le glorieux édifice élevé par le génie de Boleslas le Grand, rappelèrent le prince royal Kasimir de Liége, où, s'occupant d'études, il menait une vie très-retirée. Kasimir répondit aux vœux de son peuple et revint en Pologne, favorisé par l'empereur Henri III, dit le Noir; il se fit couronner à Gnèzne, en 1041.

Kasimir 1er, surnommé le Restaurateur, rétablit partout l'ordre; le régime des lois et de la justice succéda à l'anarchie; une prudente sévérité envers les mutins et une sage amnistie pour les repentants achevèrent d'assurer la tranquillité intérieure. C'est alors que Kasimir, fort de l'appui de l'empereur Henri III, reprit la Silésie et fit rentrer dans l'obéissance les Prussiens et les Poméraniens; mais les pays conquis par Boleslas le Grand, tels que la Moravie et la Chrobatie transkarpatienne, furent à jamais perdus pour la Pologne. L'usurpateur Maslaw, battu près de Plock, en 1047, et fait prisonnier, fut pendu à une immense potence où on lisait ces mots : « Tu as voulu t'élever trop haut, et bien haut tu es pendu. »

Le christianisme, prêché par les ecclésiastiques français et italiens que le roi avait amenés avec lui, brilla de nouveau pour régner ensuite sans interruption en Pologne. Mais là ne s'arrêtèrent pas les bienfaits dus à Kasimir Ier; ses réformes eurent aussi pour résultat d'étouffer à sa naissance dans le pays le féodalisme, implanté d'Allemagne, et qui, à cette époque même, pesait de tout son poids sur la France.

BOLESLAS II LE HARDI.
1058-1080.

Les chroniques de ces temps reculés, écrites par les prêtres, dont Montesquieu a si bien dit : *Les moines n'écrivent pas pour le sujet de l'histoire qu'ils traitent, mais pour la gloire de leur ordre*, se sont efforcées de flétrir la mémoire de ce monarque, qui fut le plus ardent défenseur de l'antique nationalité polonaise. Mais telle est l'influence du pouvoir terrible et occulte que le fanatisme exerce sur l'ignorance des peuples, qu'il parvint à atteindre Boleslas II sur son trône et à l'en précipiter, malgré toute l'énergie de son caractère. Il s'attira ce déchaînement de mauvaises passions, en statuant le premier que désormais aucun étranger ne pourrait devenir évêque en Pologne : dès ce moment la haine de Rome lui était pour toujours acquise.

Quoi qu'il en soit, Boleslas II eut plus d'une occasion de montrer au grand jour ses nobles sentiments. Quand trois princes, chassés par leurs sujets, Iaromir de Bohême, Bela de Hongrie et Isiaslaf de Russie, vinrent demander protection à la Pologne, Boleslas, cédant à une pensée généreuse, épousa leur cause et entra immédiatement en campagne. Les Hongrois attirèrent d'abord son attention; il les battit complétement (1060), ainsi que leurs auxiliaires les Allemands, dont les chefs, l'évêque Eppon et le margrave Guillaume de Thuringue, perdirent la liberté. Bela, conduit à Belgrade par son protecteur, y fut couronné en 1061, aux acclamations d'une population immense, qui admirait et bénissait le souverain polonais. Boleslas n'avait alors que dix-neuf ans.

Il songea ensuite à châtier le duc de Bohême Wratislaw, qui s'était ligué avec les Allemands en Hongrie et usurpait le trône de son frère Iaromir. L'occasion sembla se présenter belle en 1062 sur les bords de l'Oder, où l'armée polonaise cerna l'ennemi dans un bois; mais Wratislaw parvint, à la faveur de la nuit, à s'échapper par des sentiers presque impraticables. Ce ne fut que plus tard, s'étant trouvé de nouveau face à face avec Boleslas, que Wratislaw demanda la paix, offrant à son frère l'évêché de Prague, et s'engageant à supporter tous les frais de la guerre. Boleslas consentit à ces conditions, et, en signe d'alliance, donna sa sœur Swientochna en mariage à Wratislaw.

Occupant des pays boisés et marécageux, que traversaient la Passarge et l'Ossa, les Prussiens, forts de ces défenses naturelles, s'étaient révoltés et commettaient au loin de nombreux brigandages. Boleslas résolut de les punir, et, comme chez lui l'action suivait immédiatement la pensée, il arriva sur les bords de la Passarge avant que l'ennemi pût seulement s'en douter (1063). Mais les neiges de l'hiver et les grandes pluies du printemps avaient rendu cette rivière très-dangereuse à franchir; tout autre eût patienté; Boleslas, informé par ses émissaires que les Prussiens devaient tenter le lendemain le passage, résolut de ne pas attendre leur attaque et s'élança à la nage : chacun se fit alors un devoir de le suivre. Cette témérité pensa coûter cher, et l'armée entière aurait péri, si l'exemple des premiers soldats que les flots engloutirent n'eût décidé les autres guerriers à se débarrasser de leurs pesantes armures. Les Prussiens, battus sur toute la ligne, se soumirent de nouveau à la Pologne, et recommencèrent à lui payer un tribut. De cette guerre date aussi la création des troupes légères et des lanciers polonais.

CONQUÊTE DE LA RUSSIE.

1067-1077. Une fois les frontières de l'ouest, du nord et du midi assurées,

Boleslas s'apprêta à reconquérir les provinces polonaises dans les terres russiennes et à protéger les droits du fugitif prince Isiaslaf, qui se trouvait à sa cour. Dans ce but il se dirigea, à la tête de son armée, sur Kiiow; mais le duc de Polock Wscheslaw, qui commandait les Kiiowiens, les Polowtzes et les Petschénègues, ne se sentit pas la force de lui tenir tête et se replia sur tous les points; Boleslas réinstalla donc sans aucune résistance Isiaslaf sur le trône de ses ancêtres.

Tout agréable que fût le séjour des contrées majestueuses fertilisées par le Dniéper, et que la reconnaissance d'Isiaslaf s'attachait à rendre encore plus attrayant, Boleslas, toujours mû par l'amour de la gloire, entreprit en 1069 de reprendre la terre de Przemysl, ravie à l'insouciant Miéczyslas II; ce qu'il exécuta avec un plein succès, après avoir emporté la forteresse de Przemysl. En 1071, il se déclara le défenseur de Geyza, fils et successeur du roi de Hongrie Bela, auquel l'empereur Henri IV voulait enlever le trône, pour le donner à son propre gendre Salomon. L'intervention toute puissante de Boleslas mit fin au différend. Mais, pendant ce temps, Isiaslaf fut pour la seconde fois chassé par les kniaz russes, et il implora de nouveau l'appui de la Pologne. Boleslas, oublieux de précédentes démarches faites en vain auprès du pape et de l'empereur par le dépossédé, se mit en marche contre l'usurpateur Vschevolod (1076). La défense des Russiens fut opiniâtre cette fois, et Vschevolod ne céda le terrain qu'après l'avoir vaillamment disputé. Vint bientôt le siege de Kiiow, et, malgré la résistance désespérée des habitants, Boleslas s'empara de cette ville (1077). Il y devint l'arbitre des destinées de tous les pays qu'arrosent le Dniéper et la Dzwina, et donna, en s'en réservant bien entendu la suzeraineté, le duché de Kiiow à Isiaslaf, à Swiatopelk le duché de Novogrod et de Polock, à Wladimir le duché de Smolensk, et à Iaropolk celui de Wyszogrod.

C'est à Kiiow qu'Isiaslaf s'écria devant le peuple assemblé, en embrassant le conquérant polonais : « Voilà une tête terrible, vous devez la craindre et la respecter ! » Malheureusement ce second séjour de Kiiow la Superbe, une des villes les plus voluptueuses d'Europe, fut fatal à la gloire et à l'avenir de Boleslas. Vif, passionné, ce prince ne sut pas, en cédant aux délices de la Capoue du Nord, se préserver des excès : des banquets, des spectacles, des danses, la joie folle, le désordre, l'orgie remplissaient tous ses instants, et l'exemple donné par le souverain agit sur les troupes, qui s'abandonnèrent également aux débauches de toute espèce.

L'absence de Boleslas et le séjour funeste de Kiiow, où il demeura sept années, produisirent les plus fâcheuses conséquences dans ses États. On verra plus loin, au chapitre MOEURS, quelle crise s'ensuivit. De retour, Boleslas punit cruellement tous ceux qui avaient déserté son camp à Kiiow pour revenir auprès de leurs familles, et ne montra plus qu'une âme dure et irascible.

GRÉGOIRE VII, L'EMPEREUR HENRI IV ET BOLESLAS LE HARDI.

1076. Ailleurs aussi il se passait pendant ce temps de graves événements. La lutte au sujet des investitures entre le pape et l'empereur d'Allemagne prenait chaque jour un caractère plus animé, et Henri IV en vint au point de faire déposer le souverain pontife lors du concile de Worms. Un autre concile, celui de Rome en 1076, se chargea des représailles. La conduite de Grégoire VII fut en cette circonstance pleine de mesure et de réflexion; chez lui d'abord nul sentiment violent, nulle expression de colère : l'Église vivait depuis trop longtemps en paix, et il fallait s'apprêter à courber de nouveau le front sous le vent de la persécution. A ces discours dictés par la ruse plus que par la résignation, les esprits s'animèrent; et quand Grégoire les vit arrivés où il voulait, il montra un œuf trouvé près de l'église de Saint-Pierre, et sur lequel on remarquait en relief, armé d'une épée et d'un écu, un serpent qui, voulant s'élever, était forcé de se replier en bas. « *Il faut maintenant*, s'écria le pape, *employer le glaive de la parole pour frapper le serpent !* » L'effet de l'exhortation fut infaillible, et le concile arrêta que Henri IV serait dépouillé de la dignité impériale et excommunié, ainsi que ses complices.

A cet anathème, l'empereur, si fier naguère, fléchit et s'humilia devant le pape, qui, ivre d'orgueil, le traita comme un véritable esclave. Le souverain avait complétement disparu à ses yeux, quand Henri se rendit à Canossa, nu-pieds et vêtu de laine sur la chair, pour y implorer l'absolution de l'Église.

Ce fut à la même époque que Boleslas, indigné de l'abaissement de l'Allemagne, et désireux de prouver qu'il était au-dessus de la suprématie du saint-siége, se fit de sa pleine autorité solennellement couronner et sacrer roi de Pologne. La colère du pontife fut grande à cette nouvelle ; déjà depuis longtemps la cour de Rome songeait à ressaisir son ancienne influence sur le royaume, et elle avait en cela un auxiliaire zélé dans tout le clergé étranger, privé par Boleslas des prélatures polonaises, jusqu'alors si fructueuses pour lui. Ils mirent donc leurs ressentiments en commun, et l'on n'attendit plus qu'une occasion favorable pour punir le téméraire.

BOLESLAS II EXCOMMUNIÉ PAR LE PAPE.

1079. L'évêque de Krakovie, Stanislas, devoué au S^t siége, sut la faire naître. Oubliant sa mission toute de paix, il souleva l'esprit du peuple en admonestant publiquement devant l'autel le roi, qu'il menaça d'excommunication s'il ne cessait de fréquenter les saints offices. L'audacieux prélat, qui comptait à bon droit sur l'appui du Vatican, exécuta cette menace, et lança l'interdit sur toutes les églises de Krakovie. Boleslas envoya des soldats à l'église de Skalka (près de la ville), où l'évêque célébrait la messe, avec ordre de l'expédier ; mais, à son aspect, ces émissaires n'eurent pas la force de remplir leurs instructions. Alors, de plus en plus irrité, le roi se rendit lui-même au temple, et tua de sa propre main l'ambitieux qui, sous un habit saint, cachait une âme dévouée à l'intrigue et à la rébellion (*).

Aussitôt Grégoire VII, ce conquérant sacré, devant lequel s'étaient humiliés Robert Guiscard, Salomon de Hongrie et le malheureux empereur Henri IV, s'élance avec ses foudres au secours de la liberté religieuse en péril. Il fulmine l'anathème contre Boleslas, frappe le royaume entier d'interdit, ordonne la fermeture de toutes les églises, délie les peuples de leur serment d'obéissance et de fidélité, et, déposant le roi, le réduit à errer sans pain et sans asile dans l'Europe, remplie alors du ferment des croisades.

Grégoire VII, aussi haineux que violent, ne s'arrêta pas là. Il défendit aux évêques polonais de sacrer désormais aucun prince sans la permission de Rome, et poursuivit de son châtiment les partisans de Boleslas, en leur interdisant, jusqu'à la quatrième géné-

(*) Les historiens, induits en erreur par les moines chroniqueurs, se sont déchaînés contre Boleslas, en représentant le meurtre de Stanislas comme un acte de vengeance privée. Seul, Gallus, le plus ancien chroniqueur, et qui écrivait de 1110 à 1135, donne la preuve que l'évêque Stanislas, canonisé par le pape et patron de la Pologne, non-seulement ne fut pas martyr de son patriotisme, mais que sa mort fut une suite de la trahison qu'il méditait, de rendre le pays tributaire de la Bohême.

Les copistes des treizième, quatorzième et quinzième siècles, ont rejeté tout ce que Gallus rapportait sur la forfaiture de Stanislas et falsifié toutes ses éditions, en substituant à son témoignage les paroles de la bulle papale. Mais Czacki découvrit un manuscrit original de cet historien, et le savant Bandkie le publia à Warsovie en 1824. Le crime de haute trahison d'État, dit positivement Gallus, fut puni de mort par Boleslas. (Podczaszynski, Fragments sur la littérature polonaise.)

ration, la moindre charge dans l'État.

Force fut à Boleslas de se réfugier en Hongrie (1080) avec son fils Miéczyslas, et il y termina misérablement ses jours dans l'exil.

C'est ainsi qu'un roi qui a fait la gloire de la Pologne se vit réduit à reculer devant les vengeances sacerdotales. « *Dans cette lutte*, dit un savant historien, *où le sujet perdit la vie et le roi la couronne, le bon droit était du côté de l'autorité royale* (*). »

LA MOSKOVIE ET LA RUSSIE.

L'empire russien s'écroula pour toujours à la mort du puissant duc Iaroslaf, qui eut lieu en 1054, environ un siècle et demi après l'apparition de Ruryk dans le Nord ; et c'est bien à tort que les historiens russes modernes soutiennent que la monarchie des Wladimir et des Iaroslaf devait être l'héritage légitime des tzars de la maison des Romanoff et de la ligne de Gotorp.

Tout ce qui porte aujourd'hui le nom de Russe, nom qui fut adopté bien plus tard à la place de Russien, présentait-il alors une unité quelconque? Et peut-on attacher l'idée d'État à une étendue de territoire, résultat de l'envahissement et de l'oppression? S'il en était ainsi, la Pologne aurait les mêmes droits à ces provinces, car les Boleslas ont été également suzerains et autocrates a Kiiow.

La monarchie russienne, sans cesse en proie à des guerres intestines, disparut vers le milieu du douzième siècle. Kiiow perdit sa suprématie, et Wladimir, sur la Klazma, devint la capitale du grand-duché. Le peuple slave commençait aussi à secouer le joug. Novogrod, Pskow et les autres villes du Nord entrèrent dans l'alliance des villes hanséatiques. Toutes les provinces méridionales situées sur la rive droite du Dniéper se détachèrent aussi, et, subissant l'influence de la civilisation occidentale de l'Europe, se rap-

(*) M. de Salvandy, Histoire de Jean Sobieski.

prochèrent de la Pologne. Il ne resta donc sous la domination despotique des ducs sur la Klazma qu'une très-faible portion de la Russie slavonienne, agrandie par les colonies établies successivement dans le Nord, au milieu des races étrangères.

C'est là le berceau du tzarat de Moskou ; c'est là aussi que les descendants de Ruryk et leurs malheureux sujets commencèrent à subir la longue et redoutable domination des Tatars, qui dura deux siècles et demi. Moskou devint alors la capitale du grand-duché, dont ces derniers étaient maîtres. La Lithuanie accrut subitement sa puissance au quatorzième siècle ; elle contint les Tatars, arrêta le pillage des villes, et étendit ses frontières de Smolensk jusqu'aux portes de Moskou, et non loin des bords de la mer Noire. C'est dans la Russie méridionale que se rencontrèrent les armes polonaises et celles de la Lithuanie.

Les droits de la Pologne à la possession de cette contrée, non moins fondés que les droits de la Lithuanie, s'appuyaient sur les liens de famille qui unissaient les princes régnants, et sur ceux des peuples mêmes ; aussi, quand Jagellon devint roi de Pologne, personne n'osa désormais revendiquer ces provinces. La partie des États slaves qui resta pendant trois siècles sous la domination des Variègues et subit le joug des Tatars, s'affranchit alors. On pourrait donc demander à juste titre quelles traces y a laissées la domination étrangère, et quelle analogie il peut exister entre le grand-duché tataro-moskovite et cette prétendue monarchie russe d'Iaroslaf?

L'empire qui porte aujourd'hui le nom de Russie a véritablement été fondé au seizième siècle par Ivan III, créateur de l'institution militaire des strélitz, par son fils Wasil et son petit-fils Ivan le Cruel. Asservissant tous trois les provinces qui obéissaient aux princes leurs parents, ils détruisirent les priviléges des villes du Nord, s'emparèrent de Pskow et de Novogrod, combattirent les Tatars, et, par la conquête, augmentèrent leurs possessions de la Livonie et de quelques parties de la Finlande. Ils adoptèrent pour armes de l'empire l'aigle à deux têtes, qui était également celles des monarques byzantins, et commencèrent dès lors à prendre le titre de *Tzar*. Cependant on ne les connut encore longtemps après que sous le nom de grands-ducs de Moskovie (*).

Mais reprenons notre récit.

INTERRÈGNE.

WLADISLAS HERMAN.

1081-1102.

L'anathème lancé par Grégoire VII sur la Pologne y ébranla tous les liens de la société; le régicide fut ouvertement prêché par un clergé fanatique, et l'anarchie releva sa tête menaçante. Mettant la circonstance à profit, les ducs russiens se révoltèrent, et celles de leurs terres qui relevaient plus directement de la mère patrie s'en détachèrent.

Après les règnes glorieux des deux Boleslas, vint au trône, appelé par la nation, le frère du roi excommunié, Wladislas Herman, prince faible et in-

---

(*) Ce fut Pierre le Grand qui le premier se proclama empereur et chef de l'Église, et donna à l'œuvre de sa création le nom d'empire de toutes les Russies.

Une des plus importantes concessions arrachées à la Pologne a été la reconnaissance par elle de ce même nom usurpé. Source d'erreur et de confusion, il a égaré l'opinion étrangère, qui, sur la foi du gouvernement de Saint-Pétersbourg, a cru que ce dernier, en s'emparant des provinces polonaises, ne faisait que rentrer dans la possession de ce qui lui avait appartenu autrefois en toute propriété. On s'imagine encore, toujours d'après ce nom, que la Pologne ne forme qu'un très-petit pays; et par conséquent, les efforts désespérés qu'elle a tentés maintes fois pour renaître à l'existence politique, semblent plutôt dignes de pitié que d'intérêt. Mais, bien loin de là, c'est une grande nation que la nation polonaise, n'importe sous quel aspect on envisage cette qualification, car le principe organique de sa nationalité est gravé dans le souvenir et le cœur de vingt millions d'hommes.

dolent qui gaspilla toute la prépondérance acquise au pays par ses devanciers. Le clergé étranger reprit ses allures envahissantes et dirigea à son gré la cour et le monarque. Wladislas, tremblant devant le saint-siége, se contenta du titre de duc, négligea son couronnement, et consentit à payer un tribut au roi de Bohême, que l'empereur d'Allemagne, Henri IV, avait gratifié, en 1086, du titre de roi de Pologne.

La vaillance du palatin de Krakovie, Siéciech, sut toutefois conserver à Herman ses provinces héréditaires; mais, par les services rendus, ce magnat prit une telle influence dans l'État, qu'elle donna lieu à des divisions. Les nobles, qui voyaient avec dépit le pouvoir souverain placé dans une simple position sociale, ce qui ne l'empêchait pas de se montrer capricieux et despotique, entreprirent de le renverser. Zbigniew, bâtard du roi, servit de drapeau aux mécontents, que Siéciech battit près de Kruswiça en 1096; leur chef y fut fait prisonnier, mais Herman, en bon père, le comprit dans une amnistie.

Après s'être défait par le poison de son neveu Miéczyslas, rentré lors de la mort de Boleslas II en Pologne où il était très-aimé, et avoir exilé le favori Siéciech, Wladislas Herman partagea de son vivant les États entre son fils Boleslas, qui eut les terres de Krakovie, de Sandomir et de Silésie, et Zbigniew, auquel échut la Mazovie, avec une partie de la terre de Siéradz. Il jeta ainsi le germe des calamités qui vinrent fondre sur la Pologne durant les deux siècles suivants.

BOLESLAS III.

1102-1139.

La première moitié du règne de ce prince, surnommé Bouche de Travers à cause de la difformité de ses lèvres, fut consacrée à des guerres presque continuelles que lui suscita le bâtard Zbigniew, homme vil et perfide, auquel Wladislas Herman avait eu bien tort de donner une part dans l'héritage royal. L'affection de bon parent que lui portait Boleslas encourageait encore son insolence et sa trahison. C'est ainsi qu'il attira sur le pays des guerres avec les Bohêmes et les Poméraniens ; il ne se rapprocha momentanément en apparence de Boleslas (1106) qu'avec l'infâme projet du régicide.

En 1107, la Poméranie rentra sous la puissance de Boleslas, son souverain légitime, et Zbigniew pris allait être jugé, quand son frère, non content de lui pardonner, lui accorda, par une faiblesse blâmable, le duché de Mazovie. A peine libre, l'ingrat excita de nouveau les Poméraniens à la révolte ; il fallut assiéger Wollin ; et, dans le nombre des prisonniers qu'on y fit, il s'en trouva un qui ne voulut pas lever la visière de son casque. On l'y contraignit, c'était Zbigniew ! Condamné à mort par un conseil de guerre, il implora bassement sa grâce; Boleslas, toujours bon et généreux, changea encore cette fois l'arrêt de mort : il fut commué en arrêt d'exil. Partout la victoire suivait les pas de Boleslas ; mais elle était souvent sanglante, et rien qu'à la prise de Naklo, plus de trente mille habitants périrent.

CHAMP DES CHIENS (HUNDSFELD).

1109. Une invasion terrible eut lieu à cette époque ; l'Allemagne inonda toutes les provinces polonaises entre l'Elbe et l'Oder. Zbigniew, que l'on était certain de rencontrer sans cesse à la tête des ennemis de la patrie, s'avançait avec les Saxons, les Bavarois, les Suèves, les Thuringues, les Franconiens, les Bohêmes et l'empereur, suivi lui-même des Misniens. Fier de sa puissance, Henri V somma Boleslas de s'avouer tributaire de l'Empire, et de rendre à Zbigniew la possession de ses États. *Jamais*, lui répondit Boleslas, *je ne m'abaisserai à devenir ton vassal ; j'aime mieux perdre, s'il le faut, mon pays par la guerre, que de le gouverner avec ignominie en temps de paix.*

L'empereur ne fut pas heureux dans son entreprise ; après avoir perdu beaucoup de monde au siège de Glogow (Gross-Glogau), il dut y renoncer et se replier sur Breslau. Boleslas le suivit de près ; et, dans une vaste plaine aux environs d'OEls, les deux adversaires se livrèrent un combat acharné (1109). Henri V y perdit quarante mille hommes et chercha son salut dans la fuite. Le champ de bataille, disent les chroniqueurs, fut tellement couvert de chiens affamés et attirés par l'odeur du carnage, que le peuple lui donna le nom de *Hundsfeld* (Champ des Chiens); il l'a conservé jusqu'à nos jours.

Henri V, réduit à demander la paix, reçut avec la plus grande distinction Boleslas à Bamberg, où un traité d'alliance fut conclu entre les deux monarques (1110). L'union de Boleslas avec la fille de Henri l'aîné, comte de Bergen, cimenta leur amitié ; et on fiança en outre la nièce de l'empereur, Agnès, à Wladislas, prince royal polonais.

PARTAGE IMPOLITIQUE DU PAYS EN DUCHÉS.

Le traître Zbigniew, n'ayant plus espoir de soulever les nations étrangères, sut encore, par ses viles supplications, réveiller un écho dans le cœur magnanime de Boleslas. Il rentra donc en Pologne (1116) ; mais son caractère incorrigible le conduisit à sa perte, et, à force d'orgueil et de menées turbulentes, il devint tellement insupportable, que le roi s'écria un jour, dans un accès de colère : Quand donc serai-je délivré de ce traître ! Ces mots furent le signal de la mort de Zbigniew ; les gardes du palais le massacrèrent.

Cette catastrophe, que Boleslas se reprocha aussitôt avec amertume, jointe à d'autres chagrins, suite du changement de fortune, altéra profondément la santé du roi. Il oublia à son heure dernière qu'il avait seulement trouvé dans la réunion des provinces disjointes de la Pologne les forces nécessaires pour soutenir la lutte et triompher ; et, repoussant les avis d'une sage politique pour écouter la voix du cœur, qui trop souvent guide mal les souverains, il régla ainsi le démembrement du royaume :

Wladislas II, l'aîné des fils, eut en partage les terres de Krakovie, de Silésie, de Siéradz, de Lenczyca et de Poméranie, avec un droit d'autorité sur ses frères, et qui tenait à la possession des terres de Krakovie;

Boleslas III, surnommé *le Frisé*, obtint la Mazovie, la Kuiavie et les terres de Dobrzyn et de Culm;

Miéczyslas III, surnommé *le Vieux*, eut pour sa part la grande Pologne, contenant les terres de Gnèzne, de Posen et de Kalisz;

Et Henri vit la sienne se composer des terres de Lublin et de Sandomir.

Quant à Kasimir, le cinquième fils du roi, il fut le seul qui n'obtint rien; son père, à son heure suprême, le recommanda simplement à la tendresse des aînés.

Boleslas III mourut à l'âge de cinquante-quatre ans, après avoir été vainqueur dans quarante-sept batailles, ce qui eût dû lui valoir un tout autre surnom que le sien.

DEUXIÈME PÉRIODE.

LA POLOGNE PARTAGÉE EN DUCHÉS.

1139-1333.

Nous venons de parcourir l'époque la plus importante de l'histoire polonaise, celle de la fondation de la monarchie. Basée sur les principes du christianisme, introduit sous Miéczyslas Ier, et organisée par Boleslas le Grand en État fort et régulier, la Pologne prit dès lors un rang éminent et décisif dans la politique du nord de l'Europe.

En considérant bien cette époque et le développement qu'elle donna par la suite aux destinées de la Pologne, on reconnaîtra que son histoire se lie intimement au caractère religieux du pays, et qu'elle a puisé constamment ses principes organiques dans le christianisme. Aussi, une fois assise sur cette base solide et protégée par l'esprit patriotique et chevaleresque de ses souverains, la Pologne pouvait s'élever de plus en plus et prendre dans la Slavonie cette position centrale que lui avait destinée le génie de Boleslas le Grand; mais le malencontreux partage opéré par Boleslas III entre ses fils fit disparaître toute l'ancienne grandeur nationale. Les monarques qui siégeaient à Krakovie ne portant plus le nom de roi, il y eut donc un royaume sans souverain et un État sans nom; car la Pologne, divisée en duchés régis par des princes de la famille des Piast et devenue principauté partielle dans cette ligne de petits États, ne représentait plus la monarchie forte et compacte des Boleslas, mais bien une partie spéciale de la Léchie.

WLADISLAS II, BOLESLAS IV LE FRISÉ, MIÉCZYSLAS LE VIEUX, KASIMIR II LE JUSTE.

1139-1148. Wladislas, fils aîné de Boleslas III, poussé par son épouse Agnès, petite-fille de l'empereur d'Allemagne Henri IV, et aidé des princes russiens, voulut dépouiller ses frères de la part qui leur était échue dans l'héritage paternel, et les assiégea en conséquence au château de Posen, où ils s'étaient réfugiés. Mais le succès se déclara contre lui; Wladislas II, battu et expulsé du pays, se vit réduit à chercher un asile près de l'empereur Conrad III, son beau-frère.

1149-1173. — Boleslas IV, surnommé le Frisé, s'empara alors par droit d'âge du duché de Krakovie et de la suzeraineté, et bien en vain le pape Eugène III lança, à la suite des démarches de Conrad, l'anathème sur la Pologne : le clergé local refusa pour cette fois soumission aux décrets de Rome. L'intervention de Frédéric Barberousse réussit malheureusement mieux ; elle priva la Pologne de la Silésie, qui, cédée aux trois fils de Wladislas II, renonçant à toute prétention à la couronne, fut à jamais perdue pour elle.

Après avoir terminé de cette manière les différends avec l'Allemagne, Boleslas tourna ses armes contre les Prussiens qui s'étaient révoltés, et les rendit ses tributaires. Dans une de ces expéditions périt son frère le duc Henri, auquel succéda dans le duché de Sandomir le cinquième fils de Boleslas III, Kasimir, oublié lors de la répartition du patrimoine royal.

La perte des pays slaves situés sur l'Oder et occupés par les Allemands figure encore au nombre des calamités qui pesèrent alors sur la Pologne démembrée et chancelante. C'était l'époque où la frénésie des croisades soulevait de toutes parts les haines religieuses, et où, à la voix de l'éloquent abbé de Clairvaux, la chrétienté entière s'abandonnait pour la seconde fois à l'idée fixe d'arracher aux infidèles la terre sainte. La croix, mise en avant, fut suivie de milliers de combattants de toutes nations, que décimèrent un climat insalubre et le glaive musulman. Pendant ce temps, les Allemands entreprirent une conquête plus facile, celle des contrées habitées par les païens le long du littoral de la Baltique. Ils y parvinrent, et ces pays, privés de leur indépendance, se virent peuplés de colons allemands, qui, avec le temps, envahirent toute la partie occidentale de la Léchie et occupèrent presqu'en totalité les ports de mer : perte irréparable pour la Pologne.

L'Allemagne devint donc ainsi, du côté de l'occident, voisine sur tous les points de la Léchie; mais, pendant longtemps, ce rapprochement ne présenta aucun danger; car l'Empire et Rome étaient alors absorbés par les luttes sanglantes entre les Guelfes et les Gibelins, luttes dans lesquelles le pouvoir impérial, affaibli déjà par les guerres pour les investitures, fut, en dernière analyse, ruiné par la politique italienne et l'intérêt des seigneurs allemands.

Les pertes que la Pologne fit à cette époque rendirent Boleslas odieux à la nation; et un parti puissant, formé à Krakovie, offrit la couronne suzeraine au dernier des cinq fils du feu roi, devenu, comme on l'a vu précédemment, duc de Sandomir; mais Kasimir la refusa.

Boleslas IV mourut en 1173.

1173-1177. Le duc de la grande Pologne, Miéczyslas III, dit le Vieux, et troisième fils de Boleslas III, prit les rênes de l'État après la mort de son frère. Jaloux de réunir en un seul faisceau les parties éparses de la monarchie, il poursuivit ce projet avec trop de dureté, et accabla le peuple de tant d'impôts, que les magnats, ayant à leur tête l'évêque de Krakovie Gédéon, le déposèrent du trône, qu'ils confièrent à son frère puîné le duc de Sandomir.

Miéczyslas se montra tout à fait indigne de gouverner la nation, car, peu de temps après, le jugeant corrigé, elle le rappela au pouvoir; mais elle dut encore sévir contre lui. Le même cas se présenta à diverses reprises durant les règnes éphémères de Miéczyslas; et, dans un espace de vingt-neuf ans, il fut quatre fois exilé par les Polonais, et quatre fois il parvint à ressaisir, à force d'intrigues, un sceptre qui lui échappait bientôt, grâce à ses débordements et à ses crimes.

1177-1189. Il était temps que Kasimir II vînt cicatriser les plaies de la patrie. Digne de sa mission de réparation, il entreprit avec un zèle et une persévérance infatigables la guérison des désastres nés des abus et de l'anarchie; la classe des paysans attira surtout son attention, et il sut mettre un terme aux exactions des grands, qui avaient réduit à la misère cette classe si intéressante du pays. Les réformes salutaires que ce souverain introduisit dans toutes les parties du royaume lui valurent, comme une digne récompense, le surnom de Juste.

FORMATION DU SÉNAT POLONAIS.

1180. C'est de cette époque que l'on peut dater la première origine du sénat polonais. Par les soins de Kasimir II, une espèce de synode fut convoqué à Lenczyça, et le clergé le présida en sa qualité de seul corps lettré. Entre autres points, on y discuta les moyens d'assurer l'état des cmetons (paysans) contre l'oppression des nobles, et de mettre à l'abri de toute atteinte les biens posthumes du clergé. Les mesures adoptées devinrent lois du royaume, et reçurent la sanction du pape Alexandre III.

Cette première assemblée ayant porté fruit, d'autres lui succédèrent par la suite; et les décisions qui émanaient de ces synodes obligeaient toute la Léchie. Mais la classe nobiliaire y étant trop faiblement représentée, comparativement aux votes des prélats, il se forma bientôt à leur place un conseil ou sénat, composé des évêques, des magnats et des grands fonctionnaires du pays, et dont l'avis tint lieu de contre-poids à la puissance souveraine.

Si ce sénat rendit d'abord des services, il ne tarda pas à miner le pouvoir qu'il était chargé d'éclairer et de soutenir. Son consentement devint indispensable pour déclarer la guerre, et toute loi n'était réputée telle qu'après avoir reçu sa sanction. D'empiétement en empiétement, il en vint à se mêler de la suprême judicature, jusqu'alors attribution exclusive de la couronne; et, par la suite, les grands se partagèrent de vastes domaines dont les propriétaires primitifs, les cmetons (paysans), passèrent ainsi sous une autre autorité que celle du souverain. Le droit de juridiction dans ces mêmes terres fut concédé aux grands par les princes intéressés à obtenir leurs suffrages; et ces derniers leur permirent d'y élever des châteaux forts, les tenant quittes de toutes redevances publiques, qui retombèrent nécessairement à la charge des classes inférieures. De semblables mesures devaient amener des résultats bien funestes et faciles à prévoir.

Kasimir II, que la Providence aurait dû conserver plus longtemps pour le bonheur de la Pologne, mourut subitement en 1194, après avoir vaincu les Prussiens et les Iadzvingues, et conclu (1193) un traité avec la Hongrie, qui fixait aux Karpathes la limite des deux royaumes. Il fut regretté de ses sujets, qu'il avait gouvernés avec justice et bonté.

LESZEK LE BLANC.
1194-1227.

Les grands du royaume, considérant le trône comme héréditaire, élurent le fils de Kasimir, Leszek le Blanc, prince en bas âge, et auquel ils donnèrent pour conseil de régence la reine mère, les évêques et les palatins. Le sénat se trouvait donc dès lors au pouvoir, mais les droits du jeune prince furent contestés par un compétiteur remuant; Miéczyslas le Vieux, son oncle, appela aux armes les nobles de la grande Pologne, et se fit soutenir dans ses prétentions par le staroste de Poméranie, Mestwin, et les ducs de Silésie. Le palatin de Krakovie, Nicolas, et celui de Sandomir, Goworek, commandaient les armées de Leszek, qui avait pour auxiliaire le duc de Russie Roman. Une rencontre sanglante eut lieu à sept lieues de Krakovie (1196); la victoire y couronna les drapeaux du palatin Nicolas, et Miéczyslas, grièvement blessé, vit périr sous ses yeux son propre fils; mais les Silésiens ayant battu Goworek, les chances se trouvèrent balancées et amenèrent des négociations.

Le rusé Miéczyslas offrit d'accepter une simple couronne viagère, qui reviendrait après sa mort à Leszek, et réussit, par ce moyen, à se rallier les esprits et à s'emparer du pouvoir souverain (1200); mais, n'ayant pas rempli les conditions stipulées, il fut expulsé pour la troisième fois de Krakovie. Leszek lui succéda, et, après un court règne, dut encore céder la place à Miéczyslas, qui était parvenu à détacher du parti de la régente le palatin Nicolas, dont il se fit un appui pour remonter la quatrième fois sur le trône. Il l'occupa quelques mois seulement et jusqu'à sa mort, survenue en 1201.

Le palatin Nicolas, plus puissant que jamais, et jaloux de l'influence qu'exerçait sur Leszek le vieux palatin Goworek, mit pour condition expresse du nouvel avénement du prince au trône, l'exil de celui qui lui portait ombrage; mais Leszek aima mieux renoncer à la couronne, et la voir poser sur le front de Wladislas, second fils de Miéczyslas le Vieux, que de se séparer de l'ami et du guide de sa jeunesse.

Wladislas, dit Jambes Déliées (*Laskonogi*), voulut, durant un règne de trois années, procéder à la réforme des abus du clergé ; mais cette intention lui coûta cher. Le pouvoir clérical lui déclara une guerre ouverte, et le grand faiseur de rois, le palatin Nicolas, offrit encore une fois le sceptre à Leszek, qui, venant de remporter la glorieuse victoire de Zawichost (1205) sur le duc de Halicz, Roman, s'était attiré l'affection des Polonais. Wladislas, doué d'un désintéressement peu commun, abdiqua sans difficulté (1206), et se retira à Posen, où il finit ses jours.

Leszek le Blanc, trop doux et trop conciliant de caractère, marcha de faute en faute. Il céda, en 1207, à son frère Conrad le duché de Mazovie, avec la Kuiavie ; confia la Poméranie à Swientopelk, et imprima une fausse direction aux affaires de Halicz (Russie rouge), principauté qui relevait de la double influence de la Pologne et de la Hongrie. A la suite d'arrangements, la principauté de Wladimir fut donnée à Daniel, fils du duc Roman, tué à la bataille de Zawichost, et celle de Halicz cédée au fils du roi de Hongrie, Coloman, qui épousa la fille de Leszek, Salomée. Il est vrai que les persécutions qu'exerça Coloman dans le pays décidèrent bientôt Leszek à s'unir avec Mstislaf, duc russien sur la Klazma, pour le chasser de Halicz, et rendre cette couronne au prince Daniel, devenu majeur ; mais le règne transitoire de Coloman, fait historique peu significatif par lui-même, a eu depuis une grande portée (*).

INTRODUCTION DES CHEVALIERS TEUTONIQUES.

1225. Le duc de Mazovie, Conrad, frère de Leszek le Blanc, ne pouvant se défendre efficacement contre les Prussiens idolâtres, qui le pressaient vivement et le rançonnaient, résolut d'organiser une milice religieuse. Il appela d'abord à lui un certain nombre d'Allemands parmi ceux qui avaient accompagné, en Livonie, l'abbé Berthold, fondateur de Riga (1200), pour y propager le christianisme ; mais cette milice, à laquelle le duc donna la terre de Dobrzyn, succomba bientôt sous les coups des païens. Alors Conrad, loin d'être rebuté par un si triste résultat, eut recours aux chevaliers teutoniques.

La fondation des divers ordres religieux qui se rendirent célèbres en ces temps reculés, eut lieu à la suite de la croisade entreprise par Baudouin, roi de Jérusalem. On comptait au premier rang *les Templiers*, créés par Hugo de Pagance et Godefroy de Saint-Adhémar, en 1128, et *les Chevaliers de Saint-Jean de Jérusalem*, plus tard *Chevaliers de Malte*, dont le chef fut Gerard Tung.

A leur exemple, les Allemands, qui avaient suivi la croisade sous le commandement de l'empereur Barberousse, se réunirent en communauté, mi-religieuse, mi-guerrière, en 1190, et eurent pour premier grand maître Henri Walpot de Passenheim, lequel fonda, à Saint-Jean d'Acre, un temple et un hôpital. Les membres de cet ordre suivaient la règle de saint Augustin et portaient l'habillement blanc, orné d'une croix noire. Le pape Célestin III et l'empereur Henri VI leur donnèrent à desservir l'hospice de Jérusalem, d'où ils prirent le nom de *Frères de l'hospice de la Sainte Vierge Marie de Sion*. Quand la terre sainte eut été enlevée aux croisés, le quatrième grand maître teutonique, Hermann Saltza, se réfugia à Venise, puis à Marbourg, où la munificence des princes allemands lui procura une vie douce et opulente (*).

(*) Lorsqu'en 1772 l'Autriche voulut donner un simulacre de droit à son usurpation du territoire polonais, elle s'appuya sur ce règne éphémère de Coloman qui semblait prêter à la Hongrie et à ses souverains un titre sur la Halicie (Galicie).

(*) Sigfried Feuchtwangen, douzième grand maître teutonique, transféra sa résidence de Marbourg à Malborg ou Marienbourg. Les hostilités entre la Pologne et cet

Ce fut vers cette époque que le duc de Mazovie invoqua l'appui de cet ordre, qui, trouvant un intérêt réel dans les propositions faites, répondit vivement à l'appel (1225). Conrad lui offrit d'abord le château de Dobrzyn, et, peu de temps après, les terres de Culm et de Michalow. En échange, les chevaliers teutoniques s'engagèrent à combattre les païens et à restituer les dites concessions, une fois la guerre terminée : en cas de succès, la moitié des pays conquis devait leur appartenir, et l'autre au duc de Mazovie ; ils renonçaient à toute prétention ou demande en cas de non réussite. Ce traité reçut l'approbation du pape Honorius III, charmé de ratifier un tel triomphe du pouvoir religieux, et fut confirmé également par l'empereur d'Allemagne Frédéric II, qui croyait y apercevoir un moyen sûr d'étendre son influence en Pologne.

Bientôt les Allemands accoururent en foule et se propagèrent dans la Prusse entière, où ils fondèrent cette puissance teutonique, qui, tout en soumettant les païens, sut s'étendre aux dépens des voisins, et devint, plus tard, l'ennemie acharnée de ses bienfaiteurs.

MORT DE LESZEK LE BLANC.

1227. Tandis que l'imprévoyant Conrad introduisait dans ses États une communauté dangereuse, un autre ennemi nourrissait aussi contre la Pologne d'ambitieux et sinistres projets. Swientopelk, que Leszek avait nommé gouverneur de la Poméranie, résolut d'exploiter la faiblesse et la douceur de ce prince ; il demanda donc pour lui et ses descendants le titre de duc, et cessa d'envoyer les impôts lorsque sa requête fut repoussée. Leszek convoqua alors une assemblée à Gonsawa, et il voulait y terminer en même temps les différends survenus entre les ducs de la grande Pologne. Swientopelk ne s'y trouva pas, mais, pénétrant secrètement dans la ville, il profita d'un moment où Leszek était au bain et l'assassina de sa propre main.

Ainsi périt misérablement ce prince, dont l'historien Naruszewicz a si bien dit qu'il eût été l'homme le plus digne du trône s'il n'eût jamais régné (*).

L'assassin se revêtit de la mitre et devint duc de Poméranie dans la marche de Dantzig, fondant ainsi dans la Léchie une principauté nouvelle.

BOLESLAS V LE CHASTE.
1227-1279.

La minorité du fils de Leszek, Boleslas V, fournit de nouveau une occasion aux passions d'éclater. L'oncle du jeune prince, le duc de Mazovie, et son cousin germain, Henri le Barbu, duc de Silésie, convoitaient chacun de leur côté la tutelle, à laquelle se rattachait la régence. Ils en vinrent à une lutte ouverte, et, quoique vainqueur dans deux combats, Henri se laissa surprendre et fut fait prisonnier par le rusé Conrad, qui s'empara ensuite de la régence. Mais son esprit tout d'intrigue ne pouvait guère parvenir à éteindre les discordes une fois allumées, et les grands, à qui son caractère vindicatif était insupportable, et qui voulaient gouverner eux-mêmes sous le nom du jeune prince, proposèrent d'émanciper Boleslas, à peine âgé de douze ans. Voyant cela, Conrad voulut le faire périr (1233), et Boleslas dut s'enfuir en Silésie auprès du duc Henri ; ce dernier le ramena à la tête de ses armées dans le royaume. Le traité conclu à Plock en 1237 rendit le sceptre à Boleslas et donna la régence au duc de Silésie.

Deux ans après (1239), Boleslas, à sa majorité, épousa la fille du roi de Hongrie, Cunégonde, princesse pudique et pieuse jusqu'à l'excès. Soit comme épreuve ou bien comme œuvre agréable au ciel, elle exigea de son époux l'engagement assez singulier qu'aucun rapprochement n'aurait lieu entre eux avant une année de mariage

---

ordre ambitieux durèrent pendant plus d'un siècle et demi, et ne finirent qu'à la paix de Thorn en 1466.

(*) Naruszewicz, Histoire de Pologne.

accomplie; Boleslas, assez froid lui-même, y consentit, et ce pacte, renouvelé d'année en année, dura autant que leur union à tous deux. Le surnom de Chaste en resta à Boleslas, qui, sous d'autres rapports, n'était nullement le souverain qui convenait à la Pologne. L'époque critique où il parvint au pouvoir rendait nécessaire à la nation un monarque énergique et capable, dont l'esprit sût entreprendre et la main vaincre; mais loin de là, l'apathie et la nullité de Boleslas rendirent encore plus précaire la situation du royaume.

Pendant que les terres russiennes se trouvaient inondées par les hordes tatares et en proie à leurs ravages, la Pologne se voyait également menacée dans sa puissance. Les chevaliers teutoniques et les chevaliers du glaive réunis (*) s'arrogèrent des droits sur les pays voisins, et instituèrent dans leurs possessions une suprématie fanatique et sanguinaire. Les Prussiens qui résistaient à la loi de l'Ordre étaient brûlés vifs, et ce despotisme révoltant ne fut tenu en échec que par le duc de Poméranie Swientopelk et son fils Mestwin; seuls ils luttèrent pendant douze années contre ces moines envahisseurs.

INFLUENCE DU GERMANISME EN POLOGNE.
— LOIS DE MAGDEBOURG.

Avec l'admission des chevaliers teutoniques, déjà si dangereuse pour le pays, l'influence de l'Allemagne devint de plus en plus grande, et prit son appui dans les fréquentes relations entre les deux peuples. Les guerres ayant ruiné les princes léchites, ils se virent forcés d'emprunter de fortes sommes aux Allemands, et de leur abandonner en échange, comme garanties, certaines terres et villes. Par suite, le nombre des Allemands s'accrut rapidement en Silésie et dans la Léchie; il dépassa même dans plus d'une cité celui des nationaux; et la Luzace presque entière, Krosno, Lubusz, Santok, firent bientôt partie des domaines engagés.

Ces colons étrangers contribuèrent, par leur industrie et leurs mœurs honnêtes, à la prospérité des villes confiées à leurs soins; aussi, forts d'un tel résultat et de leur accroissement prodigieux, ils sollicitèrent la faveur d'être régis par les lois allemandes et teutoniques en vigueur en Saxe ou à Magdebourg, ce qu'ils obtinrent (1250). Les villes pour lesquelles cette faveur fut accordée et qui se formèrent en espèces de républiques, élisaient leurs administrateurs et disposaient elles-mêmes de leurs revenus. Magdebourg donna son nom aux lois qui gouvernaient la grande Pologne et la petite Pologne, tandis que celles de Lubeck

---

(*) Dans le douzième siècle, Meinhardus se rendit avec des marchands de Brême en Livonie, afin d'y prêcher la foi chrétienne. En récompense de ses efforts, le pape Alexandre III le nomma (1170) évêque des pays nouvellement convertis par lui. Son successeur, Albert de Buxhoff, obtint (1204) du pape Innocent III la permission d'instituer en Livonie, sous le nom de *Chevaliers du glaive*, une milice religieuse dont la mission serait de combattre les païens opposés à la parole de l'Évangile. Elle portait une longue robe blanche, avec deux glaives rouges brodés sur la poitrine; et les empereurs d'Allemagne la dotèrent de tous les privilèges et prérogatives accordés à l'ordre teutonique. Son premier grand maître fut Winno de Rhorbach.

Dans l'origine, l'ordre des chevaliers du glaive relevait du pouvoir épiscopal de Riga, auquel il devait sa création; mais trop faible pour repousser ses ennemis, le grand maître Wolkin Schenken de Winterstadt le réunit en 1234, avec l'approbation de Grégoire XI, à l'ordre teutonique de Prusse, dont il se reconnut tributaire. Cette union dura jusqu'en 1513, où l'indépendance des chevaliers du glaive fut rachetée par le quarante-unième maître livonien Walter de Plestenberg. Le dernier grand maître de cet ordre fut Gothard Kettler, qui soumit entièrement et céda la Livonie à la Pologne par les Pacta subjectionis dressés (1561) entre les mains de Sigismond Auguste; il devint en 1562 duc de Kourlande et gouverneur polonais de la Livonie. (J. Lelewel, Histoire des rois polonais.)

et de Stredz régirent la Poméranie; les décisions en dernier appel partaient de Magdebourg ou de Halle.

Les chevaliers de l'ordre teutonique, qui possédaient aussi des domaines en gage, s'empressèrent d'adopter ces mêmes lois; et toute acquisition faite par eux devait recevoir la sanction de l'empereur d'Allemagne, dont l'influence politique s'étendait ainsi d'une manière inquiétante pour la Pologne.

INVASIONS DES TATARS MOGOLS.

1240. Les Tatars mogols, sortis du fond de l'Asie vers le commencement du treizième siècle, après avoir dévasté tous les pays qui se trouvaient sur leur passage, pénétrèrent en Europe, conduits par le terrible Genghis-Khan, et se ruèrent sur les terres russiennes. Le vaillant duc Mstislaf, qui jusque-là n'avait jamais été vaincu, leur opposa une résistance vigoureuse à Kalka (1224), non loin d'Azof; mais la désunion existant entre les princes russiens amena la défaite de Mstislaf: abandonné de ses alliés, il regagna avec peine Halicz. Cette déroute ouvrit aux Tatars l'accès de la Russie; et, dans leurs expéditions suivies, ils asservirent le grand-duché de Wladimir et presque toute la Russie jusqu'au Dniéper, y compris le grand-duché de Kiiow. Elle dut plier sous le joug mogol; mais les ducs, qui, se fiant aux pactes conclus avec les barbares, avaient lâchement trahi la cause nationale, défendue par le seul Mstislaf, reçurent une juste récompense de leur vile conduite : trois d'entre eux furent étouffés entre des planches, qui, tout en leur broyant les membres, servaient de tables durant les banquets et orgies par lesquels les Tatars célébraient leur triomphe de cannibales.

« Si l'état de dépendance d'une nation vis-à-vis d'une autre attaque jusqu'aux fondements de son existence, que ne devaient pas souffrir les Russiens, courbés pendant trois siècles sous le joug des hordes mogoles ! Et même après qu'Ivan Vasiliévitch eut brisé ce joug par un effort glorieux (1462), on voit le sentiment de la liberté civile et politique éteint encore chez eux durant des siècles entiers. Il n'était resté que celui de l'obéissance passive, et c'est sur cette base puissante que les tzars les plus habiles se sont appuyés constamment (*). »

Ayant ainsi établi leur domination dans la Russie, les Tatars fondirent, en 1240, sur la Pologne et la Hongrie. Leurs masses formidables comptaient jusqu'à cinq cent mille hommes; à la vérité, il n'y avait dans ce nombre que cent cinquante mille Tatars : le reste se composait de gens sans aveu, d'aventuriers, de bandits, enfin du rebut de toutes les nations, alléché par le pillage promis par le chef des hordes. La portion qui envahit la Hongrie était soumise aux ordres du khan Baty, et le khan Baydar inonda, à la tête des siens, la Pologne. Il s'avança sans obstacle jusqu'à Lublin et Zawichost, semant partout le carnage et l'incendie, et ravissant les habitants à leurs foyers. En vain les braves palatins de Krakovie et de Sandomir voulurent lui résister à Tursk et à Polaniec, les barbares étaient en trop grande supériorité numérique pour ne pas l'emporter. Les Polonais essuyèrent donc des défaites, et celle de Szydlow décida Bolesłas V, demeuré pendant tout ce temps inactif et tremblant à Krakovie, à s'enfuir en Bohême, près de son beau-père; mais ce fantôme de roi, qui abandonnait ainsi ses États et son peuple à la merci de Dieu, trouva son égal dans celui chez qui il venait chercher asile : il le rencontra dans les Karpathes, et tous deux, saisis d'une lâche terreur, prirent en toute hâte le chemin de l'Allemagne. Les Tatars réduisirent Krakovie en cendres, et ne s'arrêtèrent qu'en Silésie.

Le salut commun rassembla les Moraviens, les Silésiens et les chevaliers teutoniques; et le duc de Silésie, Henri le Pieux, issu de la race des Piast, prit le commandement de cette armée, composée de trente mille combattants. Mais les Tatars en avaient

(*) F. de Raumer, Chute de la Pologne.

cent mille, et cette fois encore le nombre l'emporta ; le duc périt à la bataille sanglante de Liegnitz, en chargeant lui-même à la tête de ses phalanges ; et cette défaite fut des plus fatales pour les destinées de la Pologne.

Las de rapines et de meurtres, le khan Baydar quitta la Silésie et opéra sa jonction avec Baty, qui s'était montré son digne émule en Hongrie. Boleslas revint alors en Pologne, et ressaisit (1242) le sceptre, dont son oncle Conrad avait pris possession en son absence (*).

INTERVENTION DU PAPE INNOCENT III. — DANIEL, UNIQUE ROI RUSSIEN.

1246. Le pape, dont le pouvoir égalait, à l'occident, celui de Genghis-Khan à l'orient, entreprit, d'après le triste état où se trouvaient les peuples russiens soumis au rit grec, de mettre les circonstances à profit pour étendre encore son influence. Engagée avec ardeur dans la lutte entre les Guelfes et les Gibelins, la cour de Rome prouvait alors combien elle était puissante, et de quels moyens divers elle disposait pour obtenir la docilité et commander au besoin l'obéissance. Du Vatican, Innocent III paraissait vraiment régner à lui seul sur toute l'Europe catholique ; et, tandis qu'elle s'effrayait des invasions tatares, lui ne cessait de prêcher les croisades, disposant, suivant son gré, des pays et des nations qui ne courbaient pas leur front sous la suprématie du successeur de saint Pierre. Deux pouvoirs aussi redoutables l'un que l'autre dominaient le monde entier, les anathèmes du saint-siège et le glaive mogol.

Les peuples que les Tatars opprimaient tournèrent leurs regards vers Rome, espérant trouver dans son intervention un moyen de salut ; et l'occasion tant désirée par le souverain pontife d'opérer une conversion dans les terres russiennes se présenta enfin.

Le duc Daniel Romanowicz, après tous les orages qui avaient assiégé sa jeunesse, était parvenu à posséder Halicz et à contenir, à force de modération, la turbulence des boyards. Par suite d'alliances avec plusieurs kniaz russiens, Kiiow fit partie de ses possessions, et il gagna également Lublin sur la Pologne. Mais tant de succès ne servaient qu'à lui rendre plus amère l'obligation de s'incliner devant le joug mogol ; et pour échapper à une telle avanie, il proposa l'union avec l'Église romaine, favorisant ainsi de lui-même les désirs du saint-siége, qui voyait d'un œil chagrin l'élévation d'un prince du rit grec. Innocent IV, poursuivant les projets de son prédécesseur, n'eut garde de refuser, et s'empressa d'envoyer un légat, qui couronna Daniel en qualité de roi russien (1246). Le but de celui-ci ne fut pas atteint, car il espérait des secours réels contre l'ennemi, et non un vain titre ; comme ces secours ne paraissaient pas, il ne tarda point à rompre toutes relations avec le Vatican, pour en former de plus efficaces avec la Pologne, la Hongrie et les membres de l'ordre Teutonique.

A Daniel succéda, non sans quelques difficultés, son fils Lew Danielowicz ; il gouverna les vastes pays qui s'étendent de l'embouchure du Dniéper au San : malheureusement il n'eut point les talents de son père,

---

(*) Un long espace de temps après, en 1260, les Mogols qui s'étaient fixés en Russie, inondèrent de nouveau la Pologne ; Krakovie se vit pour la seconde fois livrée par eux aux flammes, et le pusillanime Boleslas prit encore la fuite. Depuis cette époque, ce fléau ne cessa de ravager le pays dans les contrées de Kiiow, de la Wolhynie, de la Podolie et de la Russie rouge ; mais les invasions qui suivirent les premières ne furent pas aussi terribles, les hordes s'étant divisées. La horde de Kaptschak, qui s'établit entre le Don et le Volga, près de la mer Caspienne, causa de toutes le plus de ravages en Slavonie.

Du règne de Boleslas V à celui de Stanislas Poniatowski, on compte jusqu'à quatre-vingt-onze invasions de Tatars. La base de l'existence du pays devait être bien forte, puisqu'elle survivait à des catastrophes capables de renverser l'État le mieux organisé.

auquel est due la fondation de la ville de Léopol (Lwow). Dans la suite, les ducs de Mazovie s'étant alliés par le mariage aux ducs russiens, la Russie rouge passa sous la domination de la Mazovie, et demeura toujours depuis, par droit d'hérédité, une des possessions de la Pologne.

Ce fut l'anéantissement de ce royaume russien, qui ne pouvait guère exercer une forte action sur les destinées des peuples; et à sa place apparut un autre royaume, à l'existence également éphémère, celui de Lithuanie.

MINDOWE, UNIQUE ROI CATHOLIQUE DE LITHUANIE.

1252. La nation lithuanienne descend, comme le soutiennent Koialowicz et Naruszewicz, des Hérules, qui, ayant envahi l'Italie au cinquième siècle, durent rétrograder ensuite jusque sur les bords de la mer Baltique, dans le territoire occupé aujourd'hui par la Prusse, la Lithuanie, la Samogitie et la Kourlande. La ressemblance de l'idiome ancien des Prussiens avec celui des Lithuaniens, et des Lettons avec les Samogitiens, sert d'appui à cette assertion.

Ces nations vécurent longtemps ignorées dans leurs déserts, et la chronique de Quedlinbourg est la première qui fasse mention, vers le onzième siècle, de la Lithuanie, à propos du meurtre du pieux Bruno. Au commencement du treizième siècle, après la défaite des princes russiens par les Tatars, les Lithuaniens voyant péricliter la monarchie des princes de Kiiow, entreprirent une expédition pour subjuguer une partie de la Russie, et occupèrent Novogrodek, Grodno, Brzesc et Drohiczyn. Ils poussèrent leurs conquêtes jusque de l'autre côté de la Dzwina et prirent possession de Połock, dont le duc venait d'être tué par les Tatars.

Ryngold, un de leurs princes, et qui résidait à Kiernow, étendit aussi son empire dans les états Russiens. Son successeur Mendog ou Mindowe, doué d'une âme forte et courageuse, résolut de devenir seul souverain de la Lithuanie et de la Samogitie; mais une telle élévation lui valut bientôt l'inimitié des autres princes, et Daniel de Halicz, d'accord avec l'ordre Teutonique, souleva contre lui les princes russo-lithuaniens, ses neveux, ainsi que les Iadzvingues, les Samogitiens et les Kurons. Pressé de toutes parts, Mindowe recourut à la cour de Rome, dont l'appui ne manqua pas au païen qui promettait la conversion. Innocent IV lui accorda donc la couronne et le fit sacrer roi catholique à Novogrodek, une de ses conquêtes. Mais les rapports de Mindowe avec l'Église romaine amenèrent aussi l'intervention dans ses affaires, pour les exploiter à leur profit, des rusés chevaliers teutoniques; ils firent tant par leurs intrigues et leur mauvaise foi, que, peu de temps après, Mindowe revint au paganisme. Cette décision releva sa puissance, que les traités avec le catholicisme avaient affaiblie; la Lithuanie et la Samogitie se levèrent pour lui, et furent imitées par les Prussiens, les Kurons, les Lettons et les Iadzvingues. Mindowe pilla alors la Livonie, la Mazovie, Smolensk, Czerniéchow, Novogrod la Grande, et fonda pour lui et ses successeurs la monarchie lithuanienne.

Quand arriva sa mort, la Lithuanie retomba dans une espèce de chaos; mais ce même caractère païen qui avait fait la force de Mindowe soutint encore pendant longtemps sa création. Les Tchoukhons, les Finlandais et les Lapons furent les premiers à succomber et à subir le joug des Teutoniques; les Prussiens et les Iadzvingues partagèrent plus tard le même sort. La Lithuanie seule demeura le refuge de l'indépendance païenne, et, à la hauteur de sa position difficile, sut trouver en elle des forces redoutables pour défendre le culte et la liberté des temps anciens. Néanmoins, ses relations continuelles avec les princes et les États russiens auraient amorti bien plus promptement l'action du paganisme, si, dans ces contrées, les fidèles latins n'eussent pas ressenti la même haine pour les grecs que pour les païens.

EXTERMINATION DES IADZVINGUES.

1264. Le malheureux peuple iadzvingue, ballotté longtemps entre les menées des Teutoniques, l'indifférence des Polonais, les invasions des Russiens et la jalousie des Lithuaniens, excitait l'inimitié ou le dédain de tous ses voisins.

Du temps d'Hérodote, ce peuple, qui s'étendit par la suite jusqu'en Valachie, se tenait avec d'autres tribus aux approches du Dniéper. Ovide, exilé par l'empereur Auguste et vivant au milieu d'eux, sur les bords du Dniester, mentionne leur adresse à tirer de l'arc. Dans le quatrième siècle, les Huns ayant envahi la Valachie et la Pannonie (Hongrie), les Iadzvingues abandonnèrent leurs colonies sur la Fischa et le Danube, et, traversant les Karpathes, vinrent s'établir dans la Podlachie.

L'historien Dlugosz dit qu'ils ressemblaient beaucoup, par la religion et les mœurs, aux Lithuaniens, Samogitiens et Prussiens, dont ils différaient par l'idiome. Habitant les forêts ou des pays marécageux, ce peuple avait l'habitude de guerroyer avec ses voisins, et fut, après des chances diverses, conquis et incorporé à la Pologne, au dixième siècle, par Boleslas le Grand. Durant l'anarchie qui mina le royaume dans l'année 1038, le duc de Novogrod Iaroslaf, longeant le cours du Boug, envahit le pays iadzvingue jusqu'en Mazovie, et, à la place des habitants qu'il emmena en grand nombre, mit des colons russiens. Selon Naruszewicz, les Iadzvingues payaient alors tribut à la Pologne, et les princes russiens qui les gouvernèrent ensuite devinrent également ses tributaires.

En 1241, quand la nation lithuanienne, profitant de l'oppression des princes russiens par les Tatars mogols, s'empara des châteaux forts de Brzesc, Mielnik, Suraz, Drohiczyn, Bransk et Bielsk en Podlachie, les Iadzvingues passèrent sous sa domination. La Pologne, affaiblie par les divisions qui régnaient entre ses princes, ne put défendre ses droits; mais plus tard Boleslas V résolut de mettre un terme aux attaques que les Iadzvingues dirigeaient contre la Mazovie, à l'instigation des Lithuaniens. Après avoir convoqué l'arrière-ban, il passa la Wistule près de Zawichost, et leur livra bataille, le 23 juin 1264. La lutte fut acharnée, car les Iadzvingues, qui, à l'exemple de leurs ancêtres les Goths, croyaient à la migration des âmes, combattirent jusqu'à la mort : ils furent tous passés au fil de l'épée; à peine quelques paysans s'enfuirent dans les bois, où ils ne tardèrent pas à périr aussi de misère. Les Polonais colonisèrent la terre de Lukow, dédaignant de disputer alors aux Lithuaniens les déserts de la Podlachie.

Ainsi disparut cette nation des Iadzvingues, dont la trace même se perdit dans l'histoire et dans les traditions populaires. Les tombes seules et les défenses élevées sous l'ombrage des forêts, aux bords des fleuves, rappellent ses luttes sanglantes (*).

MORT DE BOLESLAS V.

1279. A part cette expédition, Boleslas V fut un souverain complétement nul et qui ne sut ni faire du bien au pays, ni relever sa gloire, ni défendre ses droits. Il mourut après cinquante-deux ans d'un règne que l'histoire a enregistré aux époques de calamités et de désastres pour la Pologne.

LESZEK LE NOIR.
1279-1289.

Le pacte de chasteté de la reine Cunégonde, si fidèlement observé par son époux, laissa le trône sans héritier direct, et le neveu de Boleslas, Leszek

(*) Après l'extermination des Iadzvingues, la Podlachie subit successivement la domination des Lithuaniens, des Mazoviens, des Polonais et des Teutoniques. Mais les Lithuaniens la gardèrent en dernier lieu, jusqu'à l'union de la Lithuanie avec la Pologne, effectuée sous Wladislas Jagellon. (Swiencki, Description de l'ancienne Pologne.)

dit le Noir, duc de Siéradz, lui succéda; mais son règne de dix années ne fut guère plus heureux que le précédent. Paul de Przemankow, évêque de Krakovie, et qui déjà, par ses intrigues, avait troublé la fin du règne de Boleslas V, attira sur le pays l'invasion des Lithuaniens. Le traître évita le châtiment qui l'attendait, grâce à la protection de l'autorité cléricale, qui, des plus sévères pour tout écart temporel, prêchait l'indulgence quand il s'agissait de tolérer le crime commis par un des siens. La condescendance blâmable de Leszek en cette circonstance lui valut les bonnes grâces du saint-siége, qui l'autorisa à former une croisade contre les Lithuaniens païens; mais au lieu d'utiliser cet avantage, Leszek préféra céder à l'impulsion de petites passions et guerroyer contre le duc de Mazovie, Conrad, dont il ravagea les États.

Une grande calamité éclata vers la fin de son règne : les Tatars fondirent de nouveau sur la Pologne, et, pour la troisième fois en quarante-sept ans (1287), semèrent partout la ruine et le meurtre. Devant ce fléau, Leszek ne trouva d'autre inspiration qu'une fuite honteuse en Hongrie; et la vigoureuse défense de Krakovie arrêta seule les hordes barbares, qui, dans leur retraite vers les Karpathes, emmenèrent avec elles, en outre d'un butin immense, vingt et un mille jeunes filles polonaises.

Leszek put revenir alors et poursuivre sa querelle avec Conrad; mais battu par ce dernier, il mourut de chagrin en 1289.

TROUBLES ET LUTTES ENTRE DIVERS CANDIDATS.

1289-1295. Le sceptre vacant revenait de droit à Wladislas Lokiétek (le Bref), duc de Siéradz et frère de Leszek: mais le turbulent évêque Paul fit proclamer à l'assemblée de Sandomir le duc de Plock, Boleslas, au moment même où les habitants de Krakovie, et notamment les bouchers, appelaient au trône le duc de Breslau,

Henri IV, dit le Probe. L'évêque ne se tint pas pour battu, et, changeant de système, se rallia à la cause de l'héritier légitime, Wladislas, qui, avec son aide, parvint à s'emparer de Krakovie. Mais les Silésiens ne l'y laissèrent pas longtemps, il fut forcé de prendre la fuite. Pour surcroît de complications, Henri vint à mourir et laissa le duché de Krakovie à Przemyslas, duc de Posen; celui-ci se mit en possession du château royal.

Un incident assez bizarre surgit tout à coup, quand la lutte pour le pouvoir souverain allait se continuer avec un nouveau degré d'acharnement, et ce fut la veuve de Leszek, Griffine, qui le fit naître. Aucun des compétiteurs en présence ne lui souriait, et, afin de conserver plus sûrement les avantages de son douaire, elle entreprit de faire passer la couronne sur la tête de son neveu, le roi de Bohême, Wenceslas. Elle produisit donc un testament simulé de Leszek le Noir qui l'instituait, elle Griffine, légataire universelle des biens personnels du feu roi, ainsi que des duchés, puis disposa du tout en faveur de Wenceslas et s'en fut mourir en Bohême.

Bientôt parut dans le pays une armée formidable, sous le commandement de l'évêque de Prague, Tobie; les places fortes s'ouvrirent presque sans difficultés devant lui; car, pendant ce temps, Wladislas Lokiétek s'emparait du duché de Sandomir, et Przemyslas, plus inquiet des droits de l'héritier légitime que des droits très-douteux de Wenceslas, n'opposait qu'une bien faible résistance.

Le règne de Wenceslas, si toutefois on peut appeler règne les excursions continuelles de ce prince, de Bohême en Pologne et de Pologne en Bohême, ne fut, durant quatre années (1291-1295), d'aucune importance réelle pour le pays. Wladislas le chassa même deux fois de Krakovie, malgré l'appui que prêtait à Wenceslas un ennemi juré de la Pologne, le margrave de Brandebourg, Othon le Long; mais la fatalité qui pesait sur la destinée du brave Wladislas l'éloignait sans cesse d'un trône qu'il voulait rendre grand et glorieux, et de nouvelles invasions des Tatars et des Lithuaniens vinrent arrêter ses succès.

La Pologne changea à cette époque de face : au duc de Lenczyca Kasimir, tué à une bataille contre les Lithuaniens, succéda son frère Wladislas Lokiétek; le duc de Poméranie et de Dantzig Mestwin laissa en mourant son duché à Przemyslas ; et Boleslas VI, duc de Plock, devint l'héritier du duché de Mazovie, vacant par le décès de son frère Conrad Par suite de ces diverses mutations, la Pologne se trouva, à l'exception de la Silésie et de quatre petites principautés kuiaves, entre les mains de trois princes influents, Boleslas VI, Wladislas Lokiétek et Przemyslas.

MEURTRE DE PRZEMYSLAS.

1296. Przemyslas, le plus puissant des princes auxquels les événements avaient confié les destinées de la Pologne, et qui réunissait sous son sceptre les principaux duchés, résolut de faire valoir enfin d'une manière décisive ses droits à la couronne. Saisissant un moment où les vœux de la nation étaient propices à ses projets, il se fit sacrer avec son épouse Rixa, fille du roi de Suède Waldemar, par l'archevêque de Gnèzne, le 26 juin 1295, en présence des évêques de Krakovie, de Kuiavie, de Posen, de Breslau, et des hauts dignitaires ou barons de la grande Pologne. Au moyen de cette solennité, les souverains polonais furent revêtus de nouveau par le pape Boniface VIII du titre de roi, qu'ils avaient perdu deux cent vingt-cinq années auparavant, lors de l'excommunication de Boleslas II. Du sacre de Przemyslas à la chute de la Pologne (1795), il s'écoula une longue période de cinq cents ans !

Mais ce règne, qui semblait devoir terminer les malheurs du pays et lui ouvrir une ère nouvelle, réveilla l'inimitié des chevaliers teutoniques, qui s'emparèrent de la Poméranie, et surtout celle des antagonistes nés de la Pologne, c'est-à-dire des margraves de Brandébourg. De tout temps ils n'entrevirent d'élévation possible que sur ses ruines, et leur façon de penser à cet égard ne se transmit que trop fidèlement chez eux de souverain en souverain, jusqu'à ce qu'elle amenât l'affreuse spoliation dont se rendirent complices deux autres États voisins, *le partage de la Pologne*. S'apercevant que le royaume renaissait sous Przemyslas, ils résolurent de frapper le monarque afin d'atteindre ensuite la nation, et, flattant avec un art infernal les vanités blessées de quelques seigneurs polonais, ils parvinrent à nouer une conjuration régicide. Les fêtes du couronnement duraient encore, et aux tournois célébrés à Rogozno, où Przemyslas se trouvait alors, flottait dans les airs le drapeau national, avec cette devise consacrée au roi : *Reddidit ipse solus victricia signa Polonis*. Après une journée toute de plaisirs, Przemyslas reposait d'un profond sommeil, quand les assassins pénétrèrent dans sa chambre et le frappèrent; éveillé en sursaut, le roi se défendit d'abord vaillamment, mais, perdant tout son sang, il tomba bientôt percé de coups et sans vie. Les meurtriers étaient le margrave d'Anhalt Jean de Brandebourg, l'électeur Othon le Long, et Jean, fils du duc de Conrad, tous les trois neveux de la victime.

Cette catastrophe arriva le mercredi des Cendres, 6 février 1296 (*).

(*) Le peuple, toujours disposé à croire au merveilleux, attribua cette mort violente à la vengeance du ciel. Przemyslas, encore duc de la grande Pologne, avait épousé en premières noces (1273) Luidgarde, nièce du duc de Stettin Barnim; mais désirant ardemment un héritier, que Luidgarde ne pouvait lui donner, et séduit par les charmes de la princesse de Suède Rixa, il prit tellement son épouse en horreur, qu'il la fit étouffer par ses femmes au château de Posen, en 1283. L'histoire de la pauvre Luidgarde, victime des principes barbares du siècle, demeura dans la mémoire du peuple, et ni le repentir, ni toutes les fondations pieuses du roi ne parvinrent à effacer son crime.

WENCESLAS DE BOHÊME.
1300-1305.

Après l'assassinat de Przemyslas, qui n'avait laissé qu'une fille âgée de huit ans, la grande Pologne proclama Wladislas Lokiétek souverain de toute la Pologne, depuis l'embouchure de la Wistule jusqu'aux Karpathes. Mais ce prince, après un succès brillant en Silésie et un revers non moins grand à la bataille de Regenswalde contre les Poméraniens, se vit bientôt dépouillé de la couronne par les magnats, sous prétexte de torts qu'on lui reprochait. Il est vrai que les Allemands accaparaient la Luzace, que les invasions des margraves brandebourgeois inquiétaient les contrées situées aux bords de la Drawa et de l'Ina, et qu'un vassal de la Pologne, le duc de Stettin, s'était emparé d'une partie de la Poméranie; mais tous ces désastres étaient la suite des fautes commises sous les règnes précédents, et ne pouvaient se réparer que par le bon accord entre le roi et la nation, non par l'anarchie.

Lorsqu'on considère l'esprit qui dominait alors en Pologne, on voit facilement que les griefs reprochés à Wladislas n'étaient qu'un vain prétexte, et que l'énergie de son âme froissait plutôt la noblesse, car elle trouvait seulement aux époques de troubles et de changements occasion de donner pleine carrière à sa morgue et à ses projets ambitieux. Un prince fort et décidé lui faisait peur, et cette fois encore les factions antinationales se placèrent sous la protection des foudres de l'Église. Les Silésiens et les Bohêmes poussèrent l'évêque de Posen, André, à excommunier le roi; le prêtre céda d'abord à leurs instances, puis se réconcilia avec son souverain. Mais l'orgueil des nobles tint bon, et Wladislas fut décidément dépossédé en 1300, et dut partir pour l'exil, après un règne de quatre ans.

Le roi de Bohême Wenceslas, que l'on a déjà vu figurer dans l'histoire, de 1291 à 1295, fut de nouveau proclamé roi de Pologne. Il n'était pourtant pas destiné à y vivre; car après avoir contemplé d'un œil indifférent les invasions du duc de Rugen, ainsi que celles du duc russien Léon et des Lithuaniens, la peste qui éclata le força à quitter le pays et à confier les rênes du gouvernement à un lieutenant du royaume, nommé Irycz, et Silésien d'origine. Wenceslas se rendit à Prague avec son épouse Rixa, la fille du feu roi. Au milieu des calamités qui assiégèrent la Pologne en ces temps, on parvint cependant à recouvrer Lublin sur les Russiens et à améliorer l'état financier.

L'EXILÉ WLADISLAS AU JUBILÉ DE ROME.

1300. Le malheur avait mûri Wladislas Lokiétek, et il comprit parfaitement que le meilleur appui était le pouvoir qui élevait ou renversait à son gré les rois et les empereurs. L'occasion se présentait favorable pour sonder ses dispositions; et le pape Boniface VIII ayant décidé de célébrer le début du siècle par un jubilé, Wladislas se rendit secrètement à Rome. Il y remplit avec la plus grande ferveur les pénitences imposées par l'Église; mais le prince fier et digne ne tarda pas à remplacer l'humble pèlerin, et le pontife ne parut pas voir avec répugnance les négociations essayées près de lui par Wladislas. D'anciennes dissidences existaient déjà entre le saint-siége et Wenceslas, au sujet de la Hongrie; en outre, le pape était froissé de la réunion de trois couronnes sur la tête de ce prince, roi à la fois de Hongrie, de Bohême, en vertu des droits provenant de sa mère Cunégonde, et de Pologne. Boniface parla donc à Wenceslas de générosité, de modestie, et voulut lui faire abandonner quelques-unes de ses possessions; mais les instances, à cet égard, du légat cardinal d'Ostie furent fort mal reçues du triple souverain. De part et d'autre les esprits s'aigrirent, et bientôt Boniface rompit ouvertement; après avoir excité

Cet événement a fourni au célèbre écrivain Kropinski une des plus belles tragédies dont se glorifie la littérature polonaise.

contre Wenceslas le courroux de l'empereur d'Allemagne, il se déclara formellement en faveur de Wladislas, faisant défense à son compétiteur de prendre le titre de roi de Pologne, titre dont il s'était frauduleusement emparé jusque-là. Et au cas où il posséderait quelques droits à la couronne polonaise, disait le pape dans sa lettre, il devait, avant tout, les faire valoir à la cour de Rome.

Wladislas avait complétement atteint le but de son pèlerinage.

WLADISLAS LOKIÉTEK, ROI DE POLOGNE.

1305-1333.

Joyeux d'une telle réussite, il quitta Rome, et, appuyé de son ami le palatin hongrois Amédée, s'avança vers la Pologne, où l'appelaient des vœux nombreux. La prise de Wisliça et de Lelow eut pour effet de grossir encore les rangs de ses défenseurs; et cette fois, le sort, las apparemment de le persécuter, sembla venir à son aide. Wenceslas mourut empoisonné (1305), du moins on le suppose, par les partisans de la maison impériale, qui voulait s'emparer de la Bohême (*). Wladislas Lokiétek rentra donc enfin en possession de son patrimoine royal, et put utiliser l'expérience et la maturité qu'il avait puisées à l'école de l'infortune. La Pologne célébra avec effusion son retour, véritable fête de famille.

Les affaires étaient malheureusement encore bien embrouillées, tous les ennemis du pays paraissant s'être concertés pour hâter l'heure de sa ruine.

(*) Cette supposition était d'autant plus vraisemblable que la suite la justifia. Le fils du roi, Wenceslas V, fut également assassiné à Olmütz un an plus tard, en 1306, et l'opinion accusa encore de ce meurtre l'empereur d'Allemagne Albert, en voyant quel empressement il mit à donner pour roi à la Bohême Rodolphe, fils d'Albert d'Autriche. Wenceslas était le dernier des princes d'origine slave qui gouvernèrent pendant six années, comme ducs ou comme rois, les provinces bohèmes.

La puissante famille des Szwença leva l'étendard de la révolte en Poméranie, déjà livrée par elle aux désordres des Allemands, et s'assura du concours des margraves de Brandebourg, qui convoitaient Dantzig; mais les chevaliers teutoniques, appelés par Wladislas comme auxiliaires, s'en emparèrent à leur propre profit, et toute la race, conjurée contre la Pologne, tomba sur la Poméranie, que le duc de Stettin partagea avec eux. Ils surent encore extorquer aux petits princes kuiaves la terre de Michalow. Le rusé ordre teutonique fit approuver ensuite l'acquisition de la Poméranie par le roi de Bohême, qui se plaisait toujours à prendre le titre fictif de roi de Pologne, et obtint aussi, à force d'argent, la sanction des margraves de Brandebourg, et même celle de l'empereur. En vain le pape Jean XXII leur ordonna de restituer cette province; résistant aux anathèmes de la foi, ils persévérèrent dans leur empiétement, car « ces moines « guerriers, ainsi que l'écrivait Lokié- « tek, dépourvus de honte et de vertu, « ne s'inquiétaient ni de l'estime des « hommes ni de la crainte de Dieu. »

Il ne restait donc plus à la Pologne que la voie des armes; mais pouvait-elle, amoindrie comme elle l'était, recourir à cette suprême ressource et lutter contre les forces allemandes, devenues si puissantes? Les Teutoniques tenaient tous les pays à partir de la Drawa jusqu'à Slupiec, la Poméranie jusqu'à la Wistule et la Prusse, et les chevaliers du Glaive se montraient non moins redoutables. Ils commandaient à la Kourlande et à la majeure partie de la Livonie; sur mer, leur domination s'étendait aux îles, et leur donnait, par le commerce, la richesse et les moyens de faire des levées de recrues, tandis que leurs expéditions en Samogitie, contre les païens, les mettaient à même d'appeler sous leurs bannières de nombreux Allemands; enfin ils avaient pour alliés les margraves de Brandebourg et le roi de Bohême.

A tous ces ennemis du dehors se joignait encore l'état peu rassurant de l'intérieur, où la lutte des partis n'avait pas cessé. Les magnats de la grande Pologne, peu portés pour Lokiétek, suscitaient sans relâche de nouveaux troubles; et l'évêque de Krakovie, Muskata, était à la tête des mécontents de cette ville.

Lokiétek devait donc faire face à tant de difficultés réunies; mais son caractère grand, loyal, ne se découragea pas, et fut digne des circonstances. Réhabilitant l'ancienne puissance nationale, il se fit couronner roi à Krakovie; en 1319, par l'archevêque de Gnèzne, sous le nom de Wladislas Ier (*); mais cette solennité, qui aurait dû prêter une nouvelle force au gouvernement, lui devint fatale par l'ambition de certains intérêts privés. Au moment même où elle réveillait dans la nation les sentiments d'unité, de fidélité et de vigueur, les petits princes que le désastreux testament de Boleslas III avait créés, et qui s'étaient propagés et disséminés à l'infini, virent avec jalousie l'élévation du monarque polonais, leur suzerain et parent. Afin de satisfaire de viles passions, les ducs de Silésie se reconnurent vassaux de la Bohême, détachant ainsi pour toujours cette province de la Pologne; et les ducs de Mazovie, devenus les alliés des Teutoniques, combattirent leurs frères polonais.

ALLIANCE DE LA POLOGNE AVEC LA LITHUANIE.

1325. Le quatorzième siècle fut le siècle de gloire et de puissance des Lithuaniens. Leur prince Giédymin, guerrier habile, étendit, à l'aide de soldats déjà exercés dans les luttes contre les Teutoniques, ses conquêtes à l'orient et au sud, tailla en pièces les princes russiens (1320), et s'empara de la Wolhynie; de Kiiow, Kaniow, Siéwierz et Czerniéchow. Ce

(*) Depuis ce couronnement, l'aigle blanc sur un bouclier rouge devint l'écusson royal, et les insignes royaux furent transportés de Gnèzne à Krakovie, résidence royale, où se fit désormais la cérémonie du sacre. (J. Lelewel, Histoire des rois de Pologne.)

prince suivit une marche tout à fait différente de celle de ses prédécesseurs; et, quoique païen, permit au clergé de prêcher dans ses possessions la foi chrétienne, lui faisant même bâtir des églises à Wilna et à Novogrod. Il adapta aux lois et aux statuts russiens le système féodal, que les Allemands avaient introduit en Kourlande et en Livonie; mais il le basa sur l'obligation personnelle des kniaz (princes) et de l'ordre équestre lithuanien, en partie russien. C'est ainsi que Giédymin fonda l'État lithuanien par la double influence des armes et des institutions, et devint maître des terres russiennes.

Les ennemis communs; le but réciproque et les sympathies personnelles rapprochèrent Lokiétek de Giédymin. Lors de la conclusion d'un traité d'alliance défensive et offensive, les deux monarques nouèrent des relations encore plus intimes par le mariage de leurs enfants. Le prince royal Kasimir épousa, en 1325, la princesse lithuanienne Anne Aldona, qui fit une entrée splendide en Pologne; où elle fut suivie de vingt-quatre mille captifs, enlevés à la patrie par les Lithuaniens dans les différentes guerres précédentes, et rendus à la liberté. C'était la plus belle partie de sa riche dot (*).

Grâce à cette alliance, Wladislas put tenir tête à ses ennemis et soutenir plus avantageusement la lutte, dans laquelle on vit dès lors, d'un côté, les chevaliers teutoniques, les Mazoviens, les Brandebourgeois et les Bohêmes, et, de l'autre, la Pologne et la Lithuanie.

DIÈTE DE CHENCINY.

1331. Rien ne pouvant contenir les trahisons de l'ordre Teutonique, une guerre sérieuse devenait inévitable. Mais avant de confier le sort du pays à la pointe de son épée, le prudent Wladislas résolut d'assurer sa force à

(*) A l'occasion de ce mariage, le roi Lokiétek institua l'ordre de l'Aigle blanc, qui, négligé pendant plusieurs siècles, fut remis en vigueur (1705) à Tykocin par Auguste II.

l'intérieur par une union entre le pouvoir royal et la nation; et, dans ce but, convoqua une diète à Chenciny, afin de s'entendre avec les évêques et les barons sur les divers besoins du royaume, et y pourvoir avec leur assistance.

Premier congrès vraiment national et modèle des diètes futures, si la diète de Chenciny rappelait sous quelques rapports l'assemblée de Lenczyça, en 1180, elle dut à Wladislas de renfermer beaucoup plus d'éléments patriotiques. Par la sagesse de ses dispositions, il sut créer chez la noblesse un intérêt plus vif pour la cause générale; et, président de la diète, il donna aux mesures qui y furent prises une direction digne de tous éloges. Son grand art, ce fut, en étendant à tous les membres de la noblesse les priviléges réservés jusque-là aux hauts dignitaires, de les rendre moins dangereux. On arrêta pour toujours à Chenciny les bases fondamentales de la république polonaise et de la démocratie nobiliaire; Wladislas eut ainsi la gloire de rétablir l'unité de la Léchie, et, à partir de cette époque, la noblesse entière forma le corps de la nation. Il eût été imprudent, impossible même, d'appeler les autres classes à l'exercice des droits politiques; car la classe des bourgeois, quoique recommandable par ses richesses, comptait dans son sein trop d'étrangers que les lois teutoniques régissaient, et la classe des paysans (cmetons) ne jouissait que d'une liberté soumise jusqu'à un certain degré à la volonté des nobles, propriétaires des terres cultivées par elle. D'un autre côté, le peu de défenses naturelles du pays et l'absence d'armées régulières rendaient indispensable la création de priviléges, qu'on ne pouvait obtenir que par des actions d'éclat et des services réels.

VICTOIRE DE PLOWCE.

1331. Le roi ayant jugé nécessaire de retirer au staroste Vincent Szamotulski le gouvernement de la grande Pologne, pour le confier au prince royal Kasimir, ce staroste appela les chevaliers teutoniques dans le cœur du pays, promettant de leur livrer le souverain. Wladislas, après avoir statué, comme nous l'avons vu, sur les affaires de l'État avec ses représentants, monta à cheval et courut au devant de l'ennemi. La présence du monarque, vieillard septuagénaire et dont les malheurs avaient encore plus que les années blanchi la tête vénérable, mais qui commandait avec tout le feu, toute l'énergie de la jeunesse, semblait inspirer les troupes polonaises de ce courage qui double le nombre. Les deux armées se rencontrèrent à Plowce, près de Brzesc-Kuiawski, le 27 septembre 1331; la victoire y couronna pleinement les drapeaux polonais, et les chevaliers teutoniques, défaits sur tous les points, laissèrent vingt mille des leurs sur le champ de carnage. Szamotulski, repentant de sa coupable conduite, avait contribué au gain de la bataille; mais le pardon même du roi ne put le sauver : la noblesse de la grande Pologne, indignée, hacha en morceaux ce premier instigateur de la guerre.

FIN DE WLADISLAS LOKIÉTEK.

1333. Le brillant succès remporté à Plowce ne termina cependant point la lutte; et les chevaliers teutoniques ayant repris l'offensive par l'occupation de toute la Kuiavie, le roi se disposait à aller les combattre de nouveau, quand la mort vint terminer une existence si précieuse pour la Pologne. Le dernier mot prononcé par Wladislas Lokiétek fut l'ordre à son fils Kasimir de poursuivre à outrance les chevaliers teutoniques.

« Si tu mets, lui dit-il avant d'ex-
« pirer, quelque intérêt à ton honneur
« et à ta réputation, prends garde de
« rien céder aux chevaliers teutoniques
« et aux margraves de Brandebourg.
« Forme la résolution de t'ensevelir
« sous les ruines de ton trône, plutôt
« que de leur abandonner la por-
« tion de ton héritage qu'ils possèdent
« et dont tu es responsable envers ton
« peuple et envers tes enfants. Ne laisse
« pas à tes successeurs un tel exemple

« de lâcheté, qui suffirait pour ternir « toutes les vertus et la splendeur du « plus beau règne. Punis les perfides, « et, plus heureux que ton père, « chasse-les d'un royaume où la pitié « leur ouvrit un asile, car ils se sont « souillés de l'ingratitude la plus noi- « re. » Ces paroles prophétiques peuvent servir de réponse aux manifestes publiés par la Prusse lors des partages !

Wladislas Lokiétek rencontra, pendant son long règne, d'innombrables difficultés, et semblait vraiment né pour l'adversité, à laquelle il opposa toute la vigoureuse trempe de son caractère. Trahi sans relâche par les princes ses parents et par les seigneurs qui l'entouraient, il ne put parvenir à rallier autour de lui la masse de la nation, surtout les habitants des villes, ou, pour mieux dire, les colons allemands; mais son génie, se retrempant dans les revers, s'attacha avec persévérance à sauver ce qui restait de la vieille Pologne, afin d'y ajouter de nouvelles forces, de nouveaux développements. Il voyait bien que la guerre seule permettrait de restaurer le royaume de Boleslas le Grand ; aussi la désirait-il ardemment. La perte que le pays fit sous son règne de plusieurs belles provinces était une conséquence inévitable des fautes commises par ses prédécesseurs ; mais, si la Pologne se trouvait réduite quand il la laissa à Kasimir, elle était bien mieux assise que lorsqu'il l'avait reçue, et si bien administrée, qu'à son avénement au trône Kasimir se vit un des souverains les plus puissants et les plus riches en Europe. L'histoire n'a pas encore rendu à Wladislas Lokiétek toute la justice qu'il mérite. Il ne fut pas non plus compris de son temps, car son esprit éclairé avait devancé l'ignorance du siècle, et préparé les voies à l'ère de splendeur et de civilisation qui devait la suivre.

TROISIÈME PÉRIODE.
LA POLOGNE FLORISSANTE.
1333-1587.

L'espace de deux siècles écoulé depuis le partage de la monarchie en duchés par Boleslas III jusqu'au régénérateur de la Pologne, Wladislas Lokiétek, ne présente qu'un bien triste tableau. Au lieu d'affermir ses bases et son pouvoir par le progrès de la civilisation, de l'industrie, du commerce, de l'agriculture ; enfin de tout ce qui compose la prospérité des nations, la Pologne retomba, par ce funeste morcellement, dans son impuissance primitive. Les dissensions, nées de l'amour-propre et des intérêts personnels, amenaient sans cesse des collisions, au sein desquelles s'affaiblissaient peu à peu les forces du pays et s'augmentait l'influence étrangère. Le manque de caractère des princes encourageait l'audace des grands, qui, fiers de l'appui que la couronne cherchait près d'eux, empiétaient continuellement sur ses droits, et jouaient avec le sceptre au gré de leur caprice. Lokiétek arrêta, il est vrai, momentanément ce torrent dans sa course ; mais le germe du mal une fois inoculé devait, après de certains temps d'arrêt, produire des résultats bien déplorables : il donna naissance plus tard aux confédérations, qui, converties en loi, contribuèrent à saper les fondements de l'antique édifice national.

La pernicieuse œuvre de Boleslas III fit relever la tête à tous les ennemis de la Pologne. Le Brandebourg forma un nouvel État, et les Danois et les Allemands s'emparèrent des pays slaves en Poméranie. La Pologne unie aurait pu faire face aux Tatars, repousser les attaques de la Lithuanie, et maintenir la Russie sous le joug de l'obéissance, sans recourir à l'appui des chevaliers teutoniques, appui devenu si fatal pour elle ; mais les ducs, jaloux les uns des autres, ne savaient pas même s'entendre à l'approche du danger commun, et ils finirent par être victimes de leurs préventions aveugles. Comme partout ailleurs en Europe, c'était un tribut que l'imprévoyance et le manque de lumières payaient à l'expérience.

Quand Kasimir parvint à la puissance royale, les principes sur lesquels reposait le système gouvernemental, dans diverses contrées de l'orient et du nord de l'Europe, se liaient intimement à l'action des États représentatifs, et surtout de l'ordre équestre en Pologne ou noblesse ailleurs. Les trônes étaient, pour la plupart, devenus électifs par l'extinction des vieilles races régnantes; et cet état de choses enfantait de nouvelles combinaisons et de nouvelles branches princières. Déjà la maison d'Anjou, alliée par des liens de parenté à la famille de Wladislas Lokiétek, commençait à jeter un regard de convoitise sur le sceptre de Pologne; et elle ajoutait à ses droits en France et à ses couronnes des Deux-Siciles, celle de Hongrie. Peu satisfaite de ses comtés des bords du Rhin, la maison de Luxembourg attendait de son côté, avec impatience, que la couronne impériale lui échût de nouveau; et, héritière du trône de Bohême, s'emparait hardiment du titre de roi de Pologne, dont une des plus belles provinces lui appartenait, la Silésie. A son avènement, Kasimir (*) se trouvait donc placé entre la bienveillance peu sincère de Jean de Luxembourg et l'intérêt non moins suspect de la cour d'Anjou.

KASIMIR LE GRAND.

1333-1370.

Les débuts de ce monarque ne furent pas heureux; car, dédaignant le vœu de la nation, ainsi que les derniers conseils de son père, Kasimir, afin d'arriver à la conclusion d'une paix repoussée par la politique du moment, fit de grandes concessions; et, pour obtenir que le roi de Bohême, Jean, renonçât au vain titre de roi de Pologne, il lui céda la Silésie et toutes les terres polonaises que Jean retenait illégalement. Il usa de la même condescendance envers les Teutoniques; et, en échange de la restitution des terres de Kuiavie et de Dobrzyn, leur abandonna la Poméranie. Le traité de Wyszogrod

(*) Bien qu'il fût le troisième de ce nom, Kasimir voulut s'appeler Kasimir Ier.

ou Wissegrad sur le Danube (1335) lui assura la cession du roi Jean, et celui de Kalisz (1343) relata les conventions faites avec les Teutoniques. Le clergé, l'ordre équestre et les bourgeois, tous pénétrés des vues politiques du feu roi, protestèrent vivement contre de telles décisions; mais, malgré ces remontrances et le refus formel du clergé, les traités tinrent bon.

Mais, avec la réflexion, Kasimir sentit la nécessité de faire oublier au pays sa faiblesse, soit par de nouvelles conquêtes, soit par l'amélioration des lois existantes ou la création de monuments utiles, et il s'appliqua fermement à atteindre ce but. Dès la même année, la Pologne rentra en possession de la Mazovie et de la terre de Wschow, auxquelles la Bohême renonça; il étendit, en outre, les frontières du côté de la Russie, occupa Halicz, et tenta d'organiser la Russie rouge à l'instar des provinces polonaises.

Le royaume que Kasimir avait à gouverner désormais se composait de pays divers; la grande Pologne, la petite Pologne, les duchés de Siéradz, de Lenczyça, de Kuiavie, de Mazovie, la Halicie, possédaient chacun leurs lois et leurs réglements spéciaux. Les maintenir et opérer leur fusion dans l'action générale du royaume, telle fut la pensée constante de Lokiétek; et Kasimir, s'il ne suivit pas la politique de son père quant aux affaires extérieures, continua du moins, à l'intérieur, le système déjà en usage. Versé dans les matières de finance, il sut donner la richesse au pays et en jouir lui-même. Il fit bâtir nombre de forts, et les villes les mieux construites, les églises les plus remarquables, les châteaux les plus curieux, ont presque tous été édifiés sous son règne bienfaisant. Il créa également l'université de Krakovie (1364), et obtint pour elle la protection spéciale du pape Urbain V. Soixante et dix villes et bourgs se virent entourés par ses soins de remparts et de murailles; aussi l'historien Dlugosz a-t-il dit avec beaucoup de justesse que : « *Kasimir trouva la Pologne en bois, et la laissa en pierre.* »

ORIGINE DU TRÔNE ÉLECTIF ET DES PACTA CONVENTA.

1339. Se dévouant tout entier au bien de la Pologne, et n'osant, par suite d'une existence assez irrégulière, concevoir l'espérance d'avoir de successeur direct, Kasimir résolut de neutraliser les événements et la funeste influence des rois de Bohême et de Hongrie, en assurant les destinées futures de la Pologne. A cet effet, il convoqua une réunion à Krakovie, où il exposa l'impérieuse nécessité de fixer l'avenir du trône, et proposa, en conséquence, le prince royal de Hongrie, Louis, lequel fut agréé, à défaut d'enfant mâle lors du décès de Kasimir, comme héritier du sceptre de Pologne, après qu'il eût promis toutefois d'observer les conditions suivantes : 1° faire rendre à ses frais tous les pays ravis à la Pologne, notamment la Poméranie ; 2° ne conférer les dignités et les starosties à nul étranger, mais seulement aux réghicoles d'origine polonaise ; 3° ne point établir de nouveaux impôts sur l'ordre équestre, auquel il devait conserver en entier ses droits, ses priviléges et ses franchises, et rendre ceux de ces mêmes droits injustement enlevés. Par cet accord, les femmes étaient exclues de la couronne, et, en retour de sa stricte exécution par Louis, les nobles s'engagèrent à lui jurer fidélité et obéissance.

Telle est l'origine des *pacta conventa*, qui formèrent, dans la suite, le contrat d'union entre le souverain élu et la nation. A partir de cette époque, le trône ne fut plus qu'électif ; Wladislas le Blanc et les autres ducs de Mazovie possédaient des droits légitimes à exercer le pouvoir suprême, mais on les méconnut.

GUERRE ET TRAITÉ AVEC LA LITHUANIE.

1349-1366. La Lithuanie, cette fidèle alliée de Lokiétek, ainsi qu'on l'a vu à la fin de la deuxième période, était parvenue à son apogée. Le vaillant prince Olgierd, successeur de son père Giédymin, avait encore reculé les frontières du royaume, qui comprenait maintenant tous les pays situés depuis la Baltique jusqu'à la mer Noire. Le partage opéré entre les nombreux fils de Giédymin prouve toute l'étendue et toute la puissance de cet État : Mondwid eut Kiernow et Honim ; Narymond reçut Pinsk, Mozyr et une partie de la Wolhynie ; Olgierd obtint Krew, jadis capitale de la Lithuanie, avec les pays jusqu'à la Bérézina ; Kieystut fut investi de la Samogitie, de Troki et de la Podlachie ; Koryat obtint Novogrodek et Wilkowysk ; Lubart eut Wladimir avec le restant de la Wolhynie, et enfin Jawnut Wilna, avec Oszmiana, Wilkomierz, Braclaw. Jawnut fut un moment grand duc suzerain, lors de la mort de Giédymin, mais cette dignité ne tarda pas à revenir à Olgierd.

Celui-ci et Kieystut eurent à faire face, en 1343, aux forces coalisées d'une partie de l'Europe, car les chevaliers teutoniques, avides de conquérir la Lithuanie, proclamèrent alors une croisade contre le paganisme lithuanien, et réclamèrent l'assistance de Louis de Hongrie et du roi de Bohême Jean. Le margrave de Brandebourg et la plupart des princes allemands envoyèrent aussi leurs contingents. Olgierd et Kieystut se retirèrent d'abord dans l'épaisseur des forêts, brûlant tout à l'approche de l'ennemi, puis fondirent rapidement, l'un sur la Livonie et l'autre sur la Prusse, qui se trouvait privée de défenseurs. Cette prodigieuse armée des puissances réunies, décimée par la faim et le froid, dut bientôt opérer sa retraite, après avoir essuyé des pertes sensibles.

La Russie formait à cette époque un vaste domaine, dont les Tatars, les Lithuaniens et les Polonais se disputaient la possession. Mais les premiers étaient bien affaiblis par suite des divisions arrivées entre eux en 1341, et par la défection d'une portion de la horde colonisée dans la Crimée, aux environs de Pérekop, et dans les steppes aux bords de la mer Noire. Ils furent donc battus et chassés de la Russie rouge, devenue récemment l'héritage de Kasimir, en sa qualité de Piast, après la mort de Boleslas, duc de Halicz. La Wolhynie et la Podolie se virent aussi arrachées de leurs mains et incorporées à la Pologne. Il fallut toutefois batailler avec Olgierd, le plus puissant des potentats du Nord, pour conserver la Wolhynie; et si Kasimir enleva, au début de la lutte (1349), les villes de Chelm, Wladimir et Luck, Olgierd les reprit l'année suivante. Les hostilités durèrent jusqu'en 1366, où le courage et la sagacité de Kasimir surent amener la conclusion d'un traité convenable pour les deux parties adverses. Kasimir céda la Podlachie à la Lithuanie, et, moyennant cette concession, devint possesseur paisible de la Russie et de la Wolhynie jusqu'à la rivière Turza; Luck et Wladimir furent, comme possessions polonaises, confiées en fiefs à Lubart, frère d'Olgierd. Le traité signé, ce dernier alla à la rencontre du grand-duc de Moskovie, Dymitry Donsky, qui guerroyait contre son parent le duc de Twer, et Olgierd se rendit trois fois maître de Moskou (1368-1370-1373), la capitale du grand-duché; il l'abandonna au pillage de ses troupes. Le traité de Borowsk mit fin à la lutte; mais plus tard la Lithuanie contribua encore pour beaucoup aux victoires remportées sur le Tatar Mamaï, et qui donnèrent à la Moskovie l'espoir de pouvoir enfin secouer un jour le joug mogol.

MARIAGE DE L'EMPEREUR CHARLES IV AVEC LA PRINCESSE ÉLISABETH.

1363. Kasimir déploya la plus splendide magnificence lors du mariage de sa petite-fille Élisabeth, fille de Boguslas, duc de Stettin, avec l'empereur d'Allemagne Charles IV. *Ce fut un spectacle unique jusqu'alors*, comme l'observe un historien français (*); et, à cette occasion, Krakovie réunit dans son enceinte quantité de hauts personnages. On y vit rassemblés à la fois les rois de Danemark Waldemar, de Hongrie Louis, et de Chypre Pierre, les ducs de Bavière, de Mazovie, de Schweidnitz et d'Oppeln, sans compter un nombre prodigieux de princes, d'évêques et de magnats. Riche de ses beaux édifices, de ses palais superbes, Krakovie était digne, à tous égards, de leur offrir une somptueuse hospitalité; et la Pologne soutint honorablement, en cette circonstance, sa vieille renommée de grandeur et de courtoisie, par tous les soins, toutes les merveilles dont elle entoura ses illustres hôtes.

Ce fut l'archevêque de Gnèzne, Iaroslas, qui donna dans la cathédrale la bénédiction nuptiale aux deux époux, en présence du légat du pape Urbain V. L'impératrice nouvelle reçut de son aïeul la dot, immense pour l'époque, de 100,000 florins en or monnayé (*); et les vingt jours qui suivirent celui du mariage furent consacrés à des divertissements de toute espèce, dirigés par l'intendant de la couronne, Wierzynek. On n'oublia pas le peuple dans les fêtes : garnies de longues rangées de tonnes de vin, de miel, de bière, d'eau-de-vie, avec des gradins succombant sous le poids des comestibles divers, les places publiques retentirent des transports de l'allégresse générale; et Kasimir, toujours soucieux d'assurer le bonheur des classes laborieuses, ajouta à ces largesses éphémères le don plus solide d'innombrables sacs de farine.

Grand et capable comme souverain, Kasimir ne sut pas comme homme se mettre à l'abri de certaines influences secrètes et fâcheuses; son tempérament fougueux lui fit oublier maintes fois les convenances, qu'il eût dû respecter plus que tout autre dans la haute position où il se trouvait placé, pour suivre la seule impulsion de ses

(*) Solignac, Histoire de Pologne.

(*) Cette monnaie, marquée d'une fleur de lis, *los*, s'appelait *florenus*. Une somme de cent mille florins en numéraire semble chose incroyable, quand on se reporte à un temps où l'or était si rare et l'argent si peu répandu.

passions. Volage dans ses tendres affections, l'amour violent qu'il ressentit pour la belle juive Esther entraîna avec lui de funestes conséquences pour le pays, où, depuis, l'ancien peuple de Dieu accourut en foule et se multiplia.

Si, d'une part, l'histoire, dans sa rigoureuse justice, relate les défauts et les faiblesses de Kasimir, elle aime à rappeler, d'un autre côté, les actes de bienfaisance qui ont fait bénir sa mémoire. Sa tendance constante à s'unir au peuple et à réprimer l'ambition et les empiétements des nobles lui valut la haine des grands, qui lui donnèrent le surnom de *roi des paysans*; mais leur but fut manqué, car l'histoire d'un peuple avant tout agricole a considéré cette épithète ironique comme le plus beau titre de Kasimir à la gloire. Les torts privés du souverain disparaissent presque entièrement devant la noblesse et la libéralité déployées dans toutes les grandes occasions.

LOUIS DE HONGRIE.

1370-1382.

Après un règne de cinq siècles, la ligne des Piast s'éteignit en Pologne avec la mort de Kasimir le Grand, qui, comme on l'a vu précédemment, avait eu soin de faire assurer, lorsqu'il vivait encore, la couronne sur la tête de son neveu Louis, roi de Hongrie (*). Il existait néanmoins des héritiers plus directs de la race des Piast, notamment le petit-fils de Kasimir Ier, Kasimir duc de Stettin, le duc de Mazovie, Ziémowit, et celui de Kuiavie, Wladislas le Blanc; mais le sénat, pour éviter tout conflit entre ces divers compétiteurs, se décida en faveur de Louis. Wladislas le Blanc, qui avait revêtu le froc, quitta l'habit monacal et tenta bien à deux reprises de ravir le

(*) Charles Robert, roi de Naples, acquit, au moyen de son union avec Marie, fille d'Étienne V, roi de Hongrie, le droit de succéder à ce dernier. Louis était fils de Charles et d'Élisabeth, princesse polonaise, fille de Wladislas Lokiétek et sœur par conséquent de Kasimir Ier.

sceptre à Louis; mais, battu les deux fois, il se retira définitivement en France, à Dijon, où il mourut. On y voit encore de nos jours son tombeau.

Louis, surnommé le Grand par les Hongrois, en souvenir de ses campagnes d'Italie, fut un souverain remarquable pour eux; mais la Pologne ne lui doit nulle œuvre utile ou de prospérité. Loin de là; et ayant, par suite de dispositions soupçonneuses, placé dans chaque ville des terres russiennes une garnison hongroise, il amena l'incorporation illégale de la Russie rouge à la Hongrie : fait passager, sur lequel le gouvernement autrichien fonda, en 1772, ses prétentions à posséder la Galicie.

Durant ce règne, l'état nobiliaire grandit encore en puissance et acquit d'immenses concessions et priviléges, que Louis lui accorda, afin d'obtenir en échange des grands la descendance à la couronne polonaise pour les femmes de sa famille. A cet effet, les biens royaux furent prodigués, et les starostes purent exercer en toute sécurité les vexations les plus exorbitantes dans la perception des impôts, à tel point que les nobles eux-mêmes durent se révolter contre ces oppresseurs privilégiés.

Louis mourut (1382) après un règne de quarante années en Hongrie et de douze en Pologne.

LA REINE HÉDVIGE.

1384-1386.

La mort de Louis donna l'éveil à tous les prétendants au trône, et on vit se mettre alors sur les rangs Sigismond de Brandebourg; le fils de l'empereur d'Allemagne Charles IV, époux de Marie, la fille aînée de Louis; le duc de Mazovie Ziémowit, et une foule d'autres. Cet état de choses devenant dangereux pour le pays, les Polonais formèrent une confédération ou réunion des États, laquelle prit le nom de *kaptur* (capuchon), en signe de tristesse et de deuil; et ce fut là l'origine des tribunaux de *kaptur*, qui siégèrent depuis cette époque dans les interrègnes. Tout bien considéré, la confédération acquiesça aux désirs de la reine Élisabeth, veuve de Louis de Hongrie, et finit par donner la couronne polonaise à la princesse Hédvige, sa fille cadette. Mais deux années s'écoulèrent auparavant l'arrivée de la reine en Pologne, car Élisabeth, tant par des calculs personnels que pour ne pas se séparer aussitôt d'Hédvige, retardait sans cesse son départ. Enfin les vœux de la nation furent exaucés, et la nouvelle souveraine parut à Krakovie, où elle fut couronnée par l'archevêque de Gnèzne, Bodzanta.

L'éclat du trône la toucha peu d'abord, car il la ravissait à l'objet de ses affections, Guillaume, duc d'Autriche, auquel son père Louis l'avait fiancée de son vivant. De nombreux concurrents ne tardèrent pas à briguer la main de la jeune et belle reine; Guillaume accourut alors secrètement à Krakovie, et compliqua encore les embarras de la situation, en influant sur les décisions de la princesse. De son côté, le parti national secondait les prétentions de Ziémowit, prince de la race des Piast, et épris d'Hédvige. Mais bientôt apparut un rival redoutable, qui enleva tous les suffrages, moins celui d'Hédvige. Jagellon, grand-duc de Lithuanie, de Kiiow et des pays situés sur le Dnièper, offrit avec sa main la réunion de ses domaines à la Pologne, et s'engageait à embrasser, lui et tous ses sujets, la foi chrétienne. Cette conversion promise, désirée si ardemment par la cour de Rome et pour laquelle elle avait déjà répandu tant de sang, fit que le clergé polonais appuya de son influence entière une telle alliance. Tout fut mis en avant, les vœux de la noblesse et les acclamations du peuple; mais Hédvige était femme et reine, et elle refusa longtemps d'approuver un hymen qui l'enchaînait à un prince étranger, aux mœurs rudes et sauvages. On employa alors pour la contraindre les moyens les plus violents : une garde entoura le château et eut ordre d'empêcher les entrevues de la princesse avec son amant Guillaume, qui savait dépister toutes les tentatives des autorités à l'effet de découvrir sa retraite. Exaspérée par de semblables mesures et voulant revoir une dernière fois au moins celui qu'elle aimait, la reine arracha la hache d'un des gardes et s'ouvrit un passage; mais si l'arme du guerrier n'avait pu tenir lieu de barrière salutaire, la croix du Seigneur produisit ce résultat : cédant aux instances des prêtres et des nobles accourus près d'elle, Hédvige se résigna enfin au sacrifice qu'on lui demandait.

En ajoutant par son mariage une nouvelle possession à la Pologne, celle de la Lithuanie, la reine Hédvige mérita la reconnaissance durable de ses sujets. Le lien qui unit alors les deux États se resserra de plus en plus pendant les règnes suivants, et aujourd'hui encore leur espoir le plus vif de renaissance repose sur cette imposante confraternité.

UNION DE LA LITHUANIE A LA POLOGNE.

WLADISLAS JAGELLON.

1386-1434.

Accompagné de ses frères Witold et Borys, Jagellon se rendit à Krakovie, et là il reçut le baptême sous le nom de Wladislas. Il fut sacré en outre, comme roi de Pologne, par l'archevêque Bodzanta, et signa les *pacta conventa*, qui prononcèrent l'*union indissoluble* des deux nations polonaise et lithuanienne; ils garantissaient aussi tous les priviléges de la noblesse.

Cette union forme une époque bien distincte dans l'histoire de la Pologne. Basée sur la religion et conseillée par la politique ainsi que par les sympathies réciproques, elle résista aux intrigues des factions étrangères durant plusieurs siècles; le partage même de la Pologne, en détachant d'elle par la force des armes le grand-duché de Lithuanie, n'a pu étouffer dans l'esprit des provinces spoliées le besoin d'une jonction qui assurait à la Pologne ce vaste cercle dont les extrémités touchaient, d'une part, aux sources de la Dzwina, du Dniéper, de la Wistule et de l'Oder, et, de l'autre, au littoral de la Baltique et de la mer Noire.

Certainement un tel accord eût assuré la puissance du nouvel Etat et son influence sur le reste de l'Europe, si Jagellon avait eu le génie nécessaire pour diriger ses destinées, en sachant opposer aux influences ennemies la trempe d'un esprit vigoureux. Mais dès le début il prouva qu'il n'était point à la hauteur de sa position importante, car il confia impolitiquement les rênes de la Lithuanie à son frère Skirgiello, détesté des Lithuaniens pour ses cruautés et son esprit pervers; puis il les lui retira bientôt et les remit à son cousin Witold, qui était allé chercher du secours près des chevaliers teutoniques. De pareilles concessions de pouvoir, faites pour contenter les vues ambitieuses de sa famille, produisirent durant tout le règne de Jagellon des troubles et des guerres, qui empêchèrent le développement complet de la puissance nationale.

LE CHRISTIANISME EN LITHUANIE.

1387. Conformément aux *pacta conventa* jurés à son avènement au trône, Wladislas Jagellon convoqua une assemblée à Wilna, où il se rendit avec son épouse Hédvige, afin d'y prononcer l'abolition de l'idolâtrie. Mais bien loin de recourir aux mesures si barbares de l'Ordre Teutonique lors de la conversion des Prussiens idolâtres, que ces moines guerriers avaient vraiment baptisés l'épée à la main, Wladislas n'employa que les moyens de la persuasion. Des prêtres polonais enseignèrent l'Évangile dans toute sa pureté, tandis que Jagellon et Hédvige prêchaient eux-mêmes les croyances saintes, remettant à tous ceux qui demandaient le baptême des habillements d'étoffe blanche. On vit la belle souveraine parcourir le pays entier, et distribuer à un peuple sauvage, couvert de peaux d'animaux, du linge et des vêtements. Elle lui offrait ainsi l'exemple de la douceur et de la bienfaisance, emblèmes touchants de la foi qu'on lui apportait pour son salut.

On éteignit le feu sacré, *znicz*, entretenu jusque-là avec soin dans les temples païens, et les autels des faux dieux furent remplacés par de nombreuses églises chrétiennes, qui relevèrent des évêchés de Wilna et de Samogitie.

MORT D'HÉDVIGE.

1399. Pendant que Jagellon dirigeait l'expédition de Lithuanie contre Witold, qui harcelait cette province avec l'aide des secours teutoniques fournis par le grand maître Conrad Wallenrod, les Hongrois envahirent les terres russiennes. Sans perdre un instant, Hédvige, qui comptait alors à peine dix-huit ans, réunit des troupes et prend leur commandement, puis livre bataille près de Przenysl (1390), bat les Hongrois, enlève plusieurs places d'assaut, négocie avec les autres, et fait rentrer sous la domination polonaise les villes de Léopol, Halicz, Trembowla, etc.; bref, grâce à son courage, la Russie rouge entière est reconquise.

Dans les temps bien rares de paix et de sécurité, Hédvige s'occupait de favoriser le développement des sciences et des lettres. Entre autres fondations, elles lui durent la création à Prague, en Bohême, d'un collège pour les Polonais et les Lithuaniens; l'université de Krakovie reçut aussi de la reine des dons considérables.

Le moment si vivement désiré par toute épouse fidèle approchait enfin pour Hédvige; et quand Jagellon lui proposa de faire faire pour le nouveau-né espéré un berceau en or, tout orné de riches pierreries, elle répondit modestement : « J'ai renoncé depuis long-« temps aux vanités de ce monde; Dieu « a bien voulu m'accorder le bonheur « d'être mère, je lui en rends grâce; « mais mon humilité lui sera plus « agréable que tous ces signes de luxe « et d'orgueil humain (*). »

(*) Dlugosz, *Historiæ polonicæ*.

Ses espérances ne furent malheureusement pas exaucées : elle accoucha d'une fille qui ne vécut que trois jours, et, une semaine plus tard, Hédvige expirait elle-même à l'âge de vingt-huit ans.

La noble et belle figure de cette princesse apparaît comme un divin rayon de soleil à travers la sévère teinte de cette époque, si féconde en faits politiques et en retentissements guerriers. A toutes les vertus qui peuvent faire l'ornement d'une femme bonne, aimante, Hédvige joignait le courage et la résolution d'une héroïne. Jagellon eut après elle d'autres épouses, mais il la regretta sans cesse ; son souvenir ne le quittait jamais, et, au lit de mort, il prononçait encore le nom d'Hédvige.

VICTOIRES SUR LES CHEVALIERS TEUTONIQUES.

Dès le premier moment de son admission sur le sol polonais, cet ordre monacal saisit toutes les circonstances, afin d'accroître son influence et son pouvoir. L'union avec la Lithuanie le mit en émoi, et il profita bientôt du caractère turbulent de Witold, cousin germain de Jagellon, pour abriter sous cette égide ses calculs perfides. Par suite de l'envie qu'il portait à Skirgiello, auquel le roi avait confié le grand-duché de Lithuanie, on voit successivement Witold s'unir aux Teutoniques et ravager avec eux la Lithuanie et la Samogitie, se rapprocher de Jagellon dont il obtient un généreux pardon, feindre de revenir à l'Ordre, et, en le quittant pour la deuxième fois, faire main basse sur plusieurs de ses places fortes ; puis, ne trouvant pas Jagellon disposé à lui donner la vice-royauté de Lithuanie, comme récompense de cette dernière déloyauté, tenter d'enlever Wilna par surprise, projet que le monarque, assisté des ducs de Kiiow et de Siéwierz, empêche de réussir. A peine Wladislas est-il de retour à Krakovie, que Witold amène une nouvelle croisade ennemie en Lithuanie, où il prend Kowno, réduit en cendres Troki et assiége Wilna. Jagellon le chasse encore cette fois du pays, après avoir fait éprouver aux ennemis des pertes considérables ; mais l'année suivante, ayant réparé ses forces, Witold attaque de nouveau, avec les Teutoniques, Wilna. Toujours repoussé, il lève le siège et brûle dans sa rage Novogrodek, Wilkomierz et Kowno. Tant d'audace méritait une punition sévère ; mais Jagellon, aussi faible pour Witold que l'avait jadis été Boleslas III pour Zbigniew, entre en négociations avec lui, le ramène à Wilna où il le fait couronner duc, et le nomme lieutenant du grand-duché, qu'il retire à Skirgiello.

Celui-ci, trouvant que le duché de Kiiow et quelques places fortes sont une compensation trop insuffisante, suit l'exemple donné par Witold, et, aidé des Teutoniques, guerroie dans les pays soustraits à sa régence. Harcelé à son tour, Witold réclame l'intervention du roi de Bohême, Sigismond, intervention qu'assure le traité de Sandecz ; mais Sigismond qui convoite l'empire d'Allemagne, et qui redoute avec raison l'union de la Lithuanie et de la Pologne, ne se presse pas de répondre à l'appel. Au contraire, par d'habiles insinuations, il cherche à indisposer Witold contre son souverain, lui promettant d'intervenir s'il veut se séparer de Jagellon et se proclamer roi indépendant de Lithuanie. Cette pensée germait bien depuis longtemps chez l'orgueilleux Witold ; cependant, soit qu'il ne juge pas le moment opportun, ou qu'il s'aperçoive de la politique perfide de Sigismond, il le quitte brusquement, et revient dire le triste résultat de sa démarche à Jagellon.

Reconnaissant alors tous deux qu'il ne fallait compter que sur les propres forces du pays, ils procédèrent un peu tard à leur urgente organisation, et parvinrent encore à réunir sous leurs bannières quatre-vingt mille combattants. De son côté, le grand maître Ulrich de Jungingen commandait à cent quarante mille hommes. Les deux armées se rencontrèrent près de Grunwald, le 10 juillet 1410 ; et là les Polonais, après une lutte acharnée, remportèrent un des plus beaux triomphes guerriers qui ornent leurs annales. On compta, du côté des Teutoniques, quarante mille hommes tués ou mis hors de combat; un nombre à peu près égal fut fait prisonnier ; et, en outre, cinquante et un drapeaux et deux canons, les premiers que l'on vit en Pologne, tombèrent au pouvoir des vainqueurs. Le grand maître Ulrich succomba dans l'action; Jagellon lui-même eût péri sans le dévouement de Zbigniew Olesnicki : ce guerrier se jeta au-devant du coup qu'un chevalier allait porter au roi, et parvint à le détourner avec un tronçon de lance, seule et glorieuse arme qui lui restât.

Dans le premier moment de cette victoire, rien n'était plus aisé que la prise de Malborg ; mais les lenteurs de Wladislas sauvèrent ce boulevard de l'Ordre, et donnèrent le temps au comtor Henri de Plauen d'y jeter un renfort de cinq mille hommes. Autrement, toute l'étendue de pays appartenant à la Pologne depuis Boleslas le Grand rentrait sous sa domination.

Ne pouvant plus pour l'instant lutter par les armes, les rusés chevaliers eurent recours à l'intrigue, et réussirent à convaincre Witold qu'il avait agi jusque-là contre ses intérêts : jamais il ne deviendrait prince indépendant tant qu'il conserverait de bons rapports avec Jagellon, au lieu que, s'il le quittait, la Samogitie lui était promise. La trame produisit ses fruits. L'ambition se réveillant impétueusement dans l'âme de Witold, il trahit encore une fois son souverain. Sous prétexte de maladie, il quitta le camp et emmena les troupes lithuano-russiennes qu'il commandait. Les ducs de Mazovie l'imitèrent ; et, par suite de ces diverses défections, le roi dut lever le siège de Malborg. Alors, Henri de Plauen, devenu grand maître et appuyé de l'argent de Bohême, reprit l'offensive ; Jagellon fut poursuivi par lui dans sa retraite jusqu'aux environs de Bromberg. Là, à Koronowo, une bataille s'engagea, où Wladislas, malgré la disproportion du nombre de ses soldats, vainquit de nouveau l'ennemi ; dix mille Teutoniques demeurèrent parmi les morts. Réduit ainsi à la dernière extrémité, l'Ordre se rendit enfin à discrétion ; et la paix de Thorn, conclue en 1411, mit un terme à la lutte. D'après les clauses de ce traité, les chevaliers s'engagèrent à payer une contribution de six cent mille florins, à restituer la terre de Dobrzyn, et à rendre la Samogitie à Witold.

Ces faits d'armes si brillants auraient dû produire des résultats beaucoup plus importants; mais la cauteleuse intervention de l'empereur Sigismond, qui s'offrit comme médiateur entre les chevaliers teutoniques et Jagellon, et les intrigues incessantes de Witold, vinrent, en tout gâtant, annuler les bons effets que l'on eût pu retirer des avantages obtenus.

DEUXIÈME UNION.

1413. Le règne de Wladislas Jagellon, nonobstant les fautes commises par ce souverain, fut brillant et utile au pays. La puissance nationale, affaiblie durant la deuxième période, reprit pendant celle-ci une nouvelle vigueur : le duc de Stettin et les hospodars de la Valachie et de la Moldavie devinrent tributaires de la Pologne ; la Lithuanie conserva ses conquêtes et nomma les tzars de Pérekop ; les kniaz russiens, sur le Dniéper, obéissaient aussi à ses ordres ; enfin Novogrod la Grande et Pskow s'abritaient sous sa protection. Venise, la Turquie, la Grèce, Chypre et la Scandinavie recherchaient également l'appui et la protection de la Pologne.

Le féodalisme, qui couvrait alors de ses rameaux la France, l'Autriche, l'Espagne, l'Italie et l'Ecosse, était resté étranger à l'organisation intérieure de la Pologne. Chez elle, comme en Danemark, en Suède, en Norwége, en Bohême et en Hongrie, les terres étaient allodiales. L'Allemagne participait des deux systèmes : ici libre, là vassale, circonstance qui amena plus tard le morcellement de cette vaste contrée en petites principautés. En Italie, la fondation des grandes villes et la renaissance du commerce luttaient avec avantage contre les germes des vieilles coutumes féodales romaines ou les usurpations papales, de plus fraîche date. La Moskovie seule n'avait point encore d'état politique : elle ne comptait pas en Europe.

Mais malgré tous les éléments de prospérité que renfermait la fusion des deux nations unies en 1386, elle n'avait point encore eu bien lieu jusque-là, par suite des menées de Witold, des excès de Skirgiello, et de la condescendance de Wladislas envers ses frères, auxquels il donnait en dotation des provinces entières. Sentant ce côté faible de la position des choses, Jagellon voulut consacrer d'une façon plus solennelle l'union avec la Lithuanie, et rapprocher la noblesse des deux États, en liant à jamais leurs intérêts communs. Une diète eut donc lieu à Horodlo (1413), et elle régla définitivement les clauses de l'acte d'union entre la Pologne et la Lithuanie (*).

(*) Voici le premier article de cet acte si important, qui fut signé par le roi et contre-signé par le grand-duc Witold, ainsi que par les principales familles des deux nations :
« Depuis que, par la grâce du Saint-Esprit,
« nous avons reconnu des vérités éternelles,
« nous avons accepté la couronne de Polo-
« gne, et, afin de propager la foi chrétienne
« et pour le plus grand bien de nos terres
« lithuaniennes, nous les avons incorpo-
« rées, unies, réunies, ajoutées, alliées aux
« États de la Pologne, du consentement de
« nos frères et cousins, de tous les seigneurs,
« nobles et boyards, habitants de la Lithua-
« nie; mais comme nous voulons garantir
« les susdites terres lithuaniennes de toute
« invasion étrangère, contre la trahison des
« chevaliers teutoniques, et contre tout
« ennemi quelconque qui voudrait ravager
« les terres lithuaniennes et le royaume de
« Pologne, nous voulons que lesdites terres,
« en vertu des droits que nous avons reçus
« de nos ancêtres, selon la primogéniture,
« comme véritable maître et héritier, et
« avec le consentement des seigneurs, no-
« bles et boyards, soient réunies de nou-
« veau à la Pologne, et que les deux nations

CONGRÈS DE LUCK.

1429. Jagellon venait à peine de rentrer en Pologne, après la deuxième union des deux nations sanctionnée à Horodlo, que les tergiversations de Witold recommencèrent. Sa position secondaire lui pesait toujours; et, du caractère le plus orgueilleux, il prêtait une oreille avide aux perfides suggestions des ennemis du pays. Dans le but d'assurer la réussite de ses desseins secrets, et afin de conserver son influence sur Jagellon, il réussit à lui faire épouser sa nièce Sophie, princesse de Kiiow, espérant qu'à l'âge de soixante et dix-neuf ans où le roi était arrivé, il n'aurait pas d'héritier, et qu'après sa mort la couronne lui reviendrait. Mais Wladislas trompa cette attente, car il eut de ce mariage deux rejetons; et Witold, vivement irrité d'une telle déception, osa accuser la reine d'adultère. L'innocence de la princesse fut pleinement reconnue; mais aucun châtiment n'atteignit le vil calomniateur : le manteau ducal était là pour lui servir d'égide.

La diplomatie étrangère accourut aussi à son aide, et l'empereur Sigismond, qui voulait absolument détacher la Lithuanie de la Pologne, convoqua un congrès à Luck en Wolhynie, sous le prétexte apparent d'organiser une alliance chrétienne contre les invasions tatares, mais dans le but réel d'exploiter l'ambition de Witold, en lui promettant pour la seconde fois de l'aider à accomplir le rêve de sa vie entière, c'est-à-dire, à devenir roi de Lithuanie, à la condition expresse qu'il romprait ouvertement avec Jagellon.

Le congrès eut lieu en 1429, et forma l'une des plus nombreuses réunions de potentats que cite l'histoire. On y vit l'empereur Sigismond avec

« n'en forment plus qu'une; nous voulons
« que les duchés, terres, lieutenances, dis-
« tricts et propriétés soient indissolublement
« unis à la couronne de Pologne, pour que
« les deux nations soient à jamais un même
« tout et ne puissent combattre l'une contre
« l'autre. »

l'impératrice, le roi Wladislas Jagellon, le roi de Danemark Éric XIII, les princes de Suède, les ducs de Mazovie, les grands-ducs Bazile de Moskovie, Borys de Twer, Olga de Rezan, les grands maîtres des chevaliers teutoniques et des porte-glaives, les khans des Tatars, les ambassadeurs de l'empereur de Byzance Paléologue, les magnats de Pologne et de Lithuanie avec leurs pompeux cortéges. Durant l'espace de sept semaines, Witold déploya envers ces hôtes un faste et une libéralité inouïs; mais son espérance fut encore déçue : les remontrances patriotiques de Zbigniew Olesnicki et de Jean Tarnowski, appuyées par un grand nombre de sénateurs, triomphèrent de toutes les intrigues occultes, et le congrès se sépara sans que Witold eût obtenu rien d'autre que de nouvelles promesses de l'empereur.

Ne se décourageant cependant pas, il invita, quelque temps après, Jagellon à venir visiter Wilna; et là il renouvela avec tant d'ardeur ses sollicitations, que le trop débile Wladislas, las de toutes ces menées odieuses, y répondit par un acte de faiblesse : il offrit de céder à la fois les deux couronnes de Pologne et de Lithuanie; mais, chose assez bizarre, Witold batailla pour ne prendre que la dernière. Ce débat donna le temps aux deux conseillers déjà cités d'intervenir, et ils sauvèrent de nouveau l'unité polonaise.

Le vieillard ambitieux qui, sur le bord de la tombe, rêvait encore des vanités terrestres, mourut de chagrin l'année qui suivit cette issue défavorable pour lui, à l'âge de quatre-vingts ans (*).

(*) La plupart des historiens ont regardé Witold comme un héros, pour lequel ils n'ont eu que des éloges. Nous différons complétement d'avis à cet égard. Portant sans cesse le fer et la flamme au sein de sa patrie, désertant après la glorieuse bataille de Grunwald le drapeau national, calomniateur de la reine sa nièce, n'acceptant à Horodlo la sanction de l'acte d'union que pour mieux trahir son bienfaiteur Jagellon, vil et constant instrument de l'empereur, cet ennemi de la puissance polonaise, Witold n'offre à nos yeux qu'un homme violent, l'esclave de ses passions, et toujours prêt à tout sacrifier à son orgueil et à son intérêt particulier. Si sa conduite mérita quelquefois des éloges comme soldat, elle fut complétement indigne d'un prince qui aspirait à jouer un grand rôle politique, indigne même du chef de l'ambitieux et égoïste parti aristocratique lithuanien, dont il était l'organe, et qui, par des calculs personnels et mesquins, voulait à tout prix le rappel de l'Union.

MORT DE WLADISLAS JAGELLON.

1434. Quatre ans plus tard, ce fut le tour de Wladislas, dont les dernières années avaient encore été empoisonnées par la révolte de son frère Swidrygiello, qui combattit en Lithuanie contre les forces royales. Doué de nombreuses qualités comme homme privé, Jagellon posséda peu celles qui doivent distinguer un souverain. Son caractère trop bon et trop crédule le rendit constamment le jouet de l'empereur Sigismond, qui, tout à l'inverse, ne suivait dans sa politique que l'inspiration de la ruse et du mensonge. Jagellon commit surtout une grande faute lorsqu'il repoussa la couronne de Bohême, que les boyards, peu portés en faveur de l'empereur, vinrent lui offrir après la mort de Wenceslas, et qu'à son refus ils présentèrent à Witold. Certes, l'occasion était belle, et tout autre l'eût vivement saisie à la place de Wladislas, soit pour se débarrasser d'un conspirateur dangereux en lui donnant un trône qui deviendrait l'allié du pays, soit en l'acceptant personnellement, ce qui eût rendu la Pologne le plus bel empire de tout le continent; mais Wladislas n'était point à la hauteur du rôle que les circonstances lui traçaient, et, loin de profiter d'une chance aussi heureuse, il s'offrit comme médiateur entre la Bohême et Sigismond, et contribua puissamment à mettre l'empereur sur ce trône.

Durant le règne de Jagellon, la puissance souveraine se vit de plus en plus entamée par l'accroissement des abus nobiliaires. C'est en 1404 que se tinrent les premières diétines des terres et des districts, afin de s'y entendre sur les matières qu'on devait traiter plus tard devant la diète. Jusqu'alors le haut clergé et les principaux seigneurs avaient seuls paru aux réunions; mais à l'assemblée de Korczyn, la noblesse en masse commença à exercer sa part d'action dans le gouvernement; et bien qu'on ne la consultât d'abord que sur les impôts à prélever, une fois admise aux discussions elle marcha rapidement vers les empiétements les plus désastreux.

A la diète de Jedloo (1430), Jagellon gratifia encore la noblesse de priviléges nouveaux, et ce fut alors qu'on rendit cette loi célèbre spécifiant que nul ne serait emprisonné sans avoir été au préalable déclaré coupable par une cour de justice : « *Neminem captivabimus nisi jure victum aut in crimine deprehensum.* »

COURONNE DE HONGRIE JOINTE A CELLE DE POLOGNE.

WLADISLAS III.

1434-1444.

Wladislas III, connu dans l'histoire sous le nom de Varnénien, succéda à son père à l'âge de dix ans. On lui donna un conseil de régence, et ce conseil dut le défendre contre les attaques de Swidrygiello, qui convoitait le trône, et les entreprises des chevaliers teutoniques, forcés de conclure un nouveau traité de paix à Brzesc-Kuiawski, en 1435.

A cette époque, les trônes de Bohême et de Hongrie devinrent vacants par la mort de l'empereur Albert d'Autriche; et les boyards de ces deux pays tournèrent leurs vœux vers la Pologne, malgré le couronnement de l'enfant mis au monde par Élisabeth, la veuve d'Albert. Tandis qu'au milieu de ces complications les esprits flottaient indécis, un homme, qui passait pour le fils naturel de l'empereur Sigismond, fit son début sur la grande scène politique : c'était Jean Korwin, plus connu sous le nom de Huniade. Possédant de nombreuses qualités et doué d'un esprit supérieur, tout l'appelait à diriger les destinées de sa patrie; aussi, du premier moment, comprenant le véritable état des choses, il n'entrevit de salut pour la Hongrie que dans la protection du monarque polonais. C'est dans cette pensée qu'il tenta de nouer un mariage entre la veuve d'Albert et Wladislas III; mais ce projet échoua par suite de l'entêtement d'Elisabeth, qui s'enfuit avec son fils en Autriche. Secondé par Huniade, Wladislas arriva alors en Hongrie et y fut couronné.

Le cardinal Césarini, diplomate habile et dépêché sur ces entrefaites auprès du roi, sut se ménager ses bonnes grâces en amenant un arrangement, par lequel Wladislas s'engageait à épouser la fille aînée d'Elisabeth et à faire rendre au jeune prince couronné l'archiduché d'Autriche, dont s'était emparé l'empereur Frédéric lors de la mort d'Albert.

INTRIGUES DE ROME. — DÉFAITE DE WARNA.

L'omnipotence ecclésiastique commençait déjà, vers ce temps, à s'effacer devant l'influence des nobles et des autres séculiers. Le monopole des lumières, si longtemps l'un des apanages du clergé, cessait; et la cour de Rome, tant par ses fautes renouvelées que par ses exigences, voyait décroître peu à peu sa suprématie sur les provinces lointaines. Nombre d'incidents semblèrent agir presque simultanément pour produire un tel résultat. Ce furent d'abord la translation du siége apostolique à Avignon, les schismes des années suivantes, puis la lutte des deux papes Eugène IV et Félix V avec l'empereur Louis de Bavière, les dissensions des franciscains, les querelles théologiques agitées au sein des conciles, et enfin l'issue violente de quelques-unes de ces assemblées religieuses, entre autres celle du concile de Constance, en 1415, où Jean Huss et Jérôme de Prague furent brûlés vifs.

Le légat Césarini ayant réussi, comme nous l'avons vu, à gagner la confiance de Wladislas III, aborda la partie secrète de sa mission, qui regardait les affaires de la Turquie. Par suite des conquêtes musulmanes, l'empire grec se trouvait réduit à ne plus posséder que sa capitale Byzance et les contrées environnantes; aussi dans leur détresse les Paléologues implorèrent-ils l'appui du saint-siège, qui exigea leur adhésion à l'Église latine (*). Ce point convenu, le pape songea lui-même à remplir ses promesses; mais les monarques européens demeurèrent, pour la plupart, sourds aux appels descendus de la chaire romaine. Le seul Wladislas, poussé par le cardinal Césarini, résolut d'attaquer les musulmans, et il eut pour auxiliaire dans cette périlleuse entreprise le brave palatin de Transylvanie Huniade. Après quelques combats aux chances variées, une paix de dix années fut arrêtée, le 15 juillet 1444, à Szgedin. Mais cela ne remplissait pas le but du pape; et, peu soucieux des avantages que cette paix offrait aux Hongrois et aux Polonais, pressés de retourner dans leur pays menacé par les Tatars, le souverain pontife réussit, toujours grâce à l'entremise de Césarini, à faire promettre quelques jours plus tard à Wladislas que le traité serait déchiré. Des auxiliaires bourguignons et vénitiens furent promis, et Huniade se laissa également séduire par l'espoir de posséder la Bulgarie avec le titre de roi. On rompit donc la paix jurée solennellement sur l'Évangile.

Cette fois les armées se rencontrèrent près de Warna (1444), et, au dire de tous les historiens, une lutte des plus acharnées eut lieu en cet endroit. Malgré la supériorité numérique des troupes musulmanes, qui comptaient quarante mille hommes, tandis qu'on en voyait dix mille seulement de l'autre côté, la vaillance de Wladislas et les sages dispositions de Huniade l'eussent emporté, si le roi, entraîné par son courage et combattant comme un simple soldat, n'eût eu son cheval tué sous lui. Il fut haché aussitôt en morceaux par les janissaires, et sa mort devint le signal d'une déroute générale. L'armée polonaise fut taillée en pièces; le cardinal Césarini, les évêques d'Erlau et de Groswaradin périrent sous les yatagans turcs, et Huniade parvint à peine à se sauver de cet affreux carnage. La tête de Wladislas fut portée en triomphe par les musulmans, enivrés de leur victoire.

Telle fut l'issue d'une guerre entreprise contre le gré du pays, et dans laquelle le saint-siège ne tint aucune de ses promesses. En outre des guerriers tués, la Pologne perdit à Warna les archives de la couronne, qui se trouvaient dans les bagages du roi.

Cette défaite amena la chute de l'empire grec et l'établissement des Turcs sur le Bosphore. Des vassaux de la Lithuanie, les Tatars de Pérekop, passèrent sous leur domination, dont devint également tributaire le commerce de la mer Noire. De leur côté, la Moldavie et la Valachie se virent menacées d'une invasion imminente.

Durant sa puissance de dix années, Wladislas le Varnénien avait régné sur quatre États slaves : la Pologne, la Lithuanie, les terres russiennes et la Hongrie.

KASIMIR IV.

1447-1492.

Pendant longtemps les Polonais ne voulurent pas ajouter foi à la mort de Wladislas III, dont ils chérissaient le caractère chevaleresque. Attendant toujours son retour, ce ne fut que lorsqu'ils eurent vu la Hongrie procéder à une nouvelle élection et choisir Wladislas, fils posthume de l'empereur Albert, qu'ils se décidèrent à offrir la couronne au second fils de Jagellon, Kasimir. Celui-ci, attaché à la Lithuanie où il avait été élevé, hésita longtemps, et n'accepta le sceptre (1447)

(*) Cette union des deux rits grec et romain fut proclamée, en 1439, au concile de Florence, malgré l'opposition d'une foule de prélats grecs. Le métropolite de Kiiow, Izidor, adhéra à cette décision et entraîna par son exemple toutes les Russies polonaises; mais la Moskovie protesta et conserva le rit grec. (J. Lelewel, Histoire des rois et princes polonais.)

qu'après un interrègne de trois années. Sans doute il eût moins balancé, s'il s'était mis sur les rangs quelque candidat redoutable, et la Pologne n'eût pas été à la merci de chances politiques qui devaient enfanter plus tard des résultats déplorables; mais il était dans la destinée de ce royaume de ne jamais rencontrer, aux époques difficiles et importantes, des princes dignes de lui. Tout contribuait à grandir son influence et à consolider son pouvoir, excepté le génie de ses souverains.

De toutes parts les frontières du pays s'étendaient. L'évêque de Krakovie avait acheté, en 1443, le duché de Siéwierz; Zator et Oswiecim, acquis aussi, mais un peu plus tard, reconnurent Kasimir pour souverain, tandis que l'extinction des ducs de Plock lui valut l'héritage de cette principauté; une partie de la Silésie rentra sous l'ancienne domination polonaise; enfin la Prusse, comme nous allons le dire, devint une des provinces de la Pologne. Mais de ce rare concours de circonstances propices, le roi ne sut tirer, dans son incapacité, que des résultats peu satisfaisants, sinon désastreux par la suite. Ses querelles mesquines avec le clergé et la noblesse, ainsi que sa partialité envers la Lithuanie, dont il toléra les dissensions avec la Pologne, semèrent le règne de ce prince d'embarras, et encouragèrent les prétentions de l'oligarchie, devenue de plus en plus oppressive pour le peuple, qui se vit enlever, pièce à pièce, toutes les franchises et garanties que lui avait accordées Kasimir le Grand.

LA PRUSSE SOUMISE ET INCORPORÉE A LA POLOGNE.

TRAITÉ DE THORN.

1454-1466. Dans le même temps que les Ottomans établissaient leur puissance au midi, et que l'infortuné empereur Constantin Paléologue, digne d'un meilleur sort, succombait glorieusement à la prise de Byzance, la Prusse se préparait à subir une commotion, qui devait amener avec elle l'anéantissement de la puissance teutonique, déjà bien ébranlée par la bataille de Grunwald. Cette défaite avait détruit une partie du prestige attaché jusque-là aux armes de l'Ordre, que l'introduction du christianisme en Lithuanie et en Samogitie rendait désormais tout à fait inutile. Poussée à bout par les mauvais procédés de l'empereur Frédéric, et indignée de tous les crimes honteux dont les chevaliers se rendaient coupables journellement, la noblesse prussienne invoqua la protection de la Pologne. Kasimir exauça ses vœux, et décréta que les terres prussiennes feraient, à l'avenir, partie intégrante de la république polonaise, les droits de celle-ci lui devenant communs. La Prusse se vit divisée en quatre palatinats, savoir ceux de Dantzig, d'Elbing, de Kœnigsberg et de Thorn. Ce fut dans cette dernière ville que Kasimir reçut en grande pompe, le 27 mai 1454, les serments de fidélité de ses sujets les Prussiens, et il recouvra ainsi la jouissance d'une province qui appartenait légitimement à la Pologne depuis le règne de Boleslas le Grand.

Les chevaliers teutoniques, encore possesseurs de plusieurs places fortes, luttèrent d'abord avec succès; et ce ne fut qu'à la chute de Malborg (1457) que Kasimir parvint à prendre complétement le dessus. Ce succès important entraîna la soumission de toutes les autres villes; et si on avait apporté autant d'habileté que de courage dans cette guerre, c'en était fait de la puissance teutonique; mais le manque de persévérance et d'énergie devint cause du prolongement de la lutte. Elle dura treize années, et partout le pillage et l'incendie marquèrent le passage des combattants. À la demande des chevaliers, des fondés de pouvoir se réunirent à Thorn, en 1464; mais cette première assemblée diplomatique n'amena aucun résultat, car les chevaliers voyant que les discussions prenaient un caractère tout à fait à leur désavantage, comme n'ayant nul droit légitime sur les terres contestées, rompirent brusquement la conférence, et pendant deux années encore s'en rapportèrent à la chance des armes. Il fallut que le pape, qui se mêlait un peu de tout, intervînt en leur faveur; et, grâce à ses soins, Kasimir consentit à accorder une paix moins onéreuse pour l'Ordre.

En vertu du traité de Thorn (1466), la Prusse occidentale (polonaise), composée des palatinats de Malborg, de Poméranie, de Culm, et de l'évêché de Warmie, fut *à jamais* réunie à la Pologne. Le reste demeura au pouvoir des chevaliers teutoniques, désormais les vassaux de la Pologne ; chaque grand maître devait recevoir, à l'avenir, l'investiture du roi, et s'engager à le servir contre tout ennemi : sa place dans le sénat était à la gauche du souverain.

Cette transaction neutralisa la puissance d'un ordre que la faiblesse de Conrad avait introduit dans le sein du pays ; mais tout avantageuse qu'elle paraisse au premier abord, elle devint encore pour la Pologne, comme la suite le démontrera, une source de maux et de désastres.

INSTITUTION DE LA CHAMBRE DES NONCES.

1468. Jusqu'ici on a vu des assemblées des terres, des districts, des palatinats, des provinces et du royaume entier, mais sans forme régulière. Il était réservé à l'année 1468 d'offrir le spectacle d'une diète complète, ainsi que celui de mandataires nationaux en conférence avec le monarque et le sénat. Depuis lors le roi présida la diète, composée de deux chambres : celle du sénat, où siégeaient les évêques, les palatins, les castellans et les fonctionnaires de l'État ayant rang de sénateurs ; et celle des nonces, composée des députés des districts, terres et villes.

Cette institution, en donnant une voix à la chambre des nonces dans les décisions les plus importantes, détruisit sans retour le pouvoir absolu du monarque et diminua celui du sénat. Ainsi organisée, la représentation nationale était sans doute un progrès immense. Malheureusement elle favorisa encore les empiétements nobiliaires, et tout subit leur influence : les paysans, privés de leurs vieilles franchises, durent courber le front sous la servitude des seigneurs; la bourgeoisie se vit restreinte dans ses droits politiques ; enfin le clergé et le roi lui-même ressentirent les atteintes d'un pouvoir envahisseur.

L'admission de toute la noblesse, sans exception, aux droits civiques, rendit tous les nobles égaux devant la loi. Il résultait de là le droit commun d'interpeller les nonces territoriaux dans les diètes *post-comitiales* ou celles de relation, sur le mandat impératif ; et comme ce mandat même appartenait à la masse noble, elle avait évidemment l'omnipotence. Mais si la nouvelle position des choses flattait l'orgueil des petits nobles russiens et lithuaniens, elle froissa non moins vivement celui de la haute noblesse des deux provinces. A elle seule appartenaient les titres de kniaz ou princes, et, pendant longtemps, le droit de siéger au sénat et dans les diètes fut sa prérogative exclusive. L'union avec la Pologne, détruisant une partie de ces priviléges, enfanta des luttes et des déchirements.

Aucun des deux pays n'eut à se louer de pareilles dissensions. La Lithuanie surtout eut à supporter une invasion turque, qui lui enleva les Tatars de Pérekop (1475), et des empiétements renouvelés du grand-duc de Moskovie, Ivan Vassiliévitch (1477-1479). Les princes de Siéwierz finirent même par reconnaître ce dernier pour leur suzerain, tandis que les Turcs, enhardis par les divisions du pays, envahirent la Moldavie et la Valachie, et coupèrent à la Pologne toute communication avec la mer Noire, par la prise des ports de Kilia et de Bialygrod (Akerman).

FONDATION DE LA PUISSANCE MOSKOVITE.

Le caractère indolent de Kasimir avait laissé échapper l'occasion d'anéantir, en Prusse, un ennemi des plus redoutables, et qui devait dans la suite contribuer d'une façon active au renversement de la Pologne ; mais un danger non moins grave prenait naissance aux portes du pays et menaçait déjà son avenir, par l'accroissement d'un État obscur jusque-là, et que l'ambition de ses chefs promettait de rendre formidable.

Délivré du joug des Tatars Mogols, le grand-duc de Moskovie, Ivan III Vassiliévitch, jetait les bases de la puissance moskovite, et, grâce aux moyens de corruption employés auprès de la noblesse novogrodienne, s'emparait, malgré la résistance courageuse du peuple, de Novogrod la Grande, avant que les armées polonaises eussent pu accourir au secours de cette ville. Le nonchalant Kasimir ne chercha pas même à venger cet affront; et Ivan, que le succès encourageait, tourna alors ses regards vers l'empire grec.

La petite-fille de Constantin Paléologue, Sophie, vivait à Rome des secours du pape Paul II ; et afin d'obtenir, avec la main de la princesse, des droits à la succession de l'empire envahi, Ivan entama des négociations auprès du saint-siége, où chacune des parties fit assaut de ruse et de mauvaise foi. Adoptant les armes de l'Empire, l'aigle noir à deux têtes, Ivan leurra le pape d'une promesse d'adhésion au décret d'union des rits grec et latin rendu au concile de Florence. De son côté, Paul II espérait amener, par l'intervention de la princesse Sophie, une croisade des Moskovites et des Tatars convertis contre les musulmans. Quant à la petite-fille de Constantin, tout aussi dissimulée et voulant conserver l'appui spirituel et les subsides du Vatican, elle affectait une grande ferveur romaine, pendant que, pour devenir tzarine, elle se donnait comme Grecque de cœur au Grec Ivan, qui lui-même se donnait comme zélé catholique. Sixte IV acheva l'œuvre commencée sous les auspices de Paul II, et un légat conduisit pompeusement la princesse Sophie en Moskovie; mais à peine la tint-il dans ses possessions qu'Ivan jeta le masque, et se moquant du légat qui lui rappelait sa promesse d'union, déclara qu'il n'en serait jamais question désormais. La duplicité moskovite l'emportait sur toute la diplomatie italienne, pourtant bien habile.

A sa conquête de Novogrod la Grande, Ivan ne tarda pas à ajouter celle de la république de Pskow, et enleva à la Lithuanie une partie de la Sévérie et de la Russie blanche. Ces envahissements menaçaient en vain les destinées du pays, Kasimir ne devait s'émouvoir de rien.

JEAN ALBERT.
1492-1501.
DIÈTE DE PIOTRKOW.

1496. Kasimir mourut en 1492; et le règne de son fils Jean Albert fut signalé au commencement par divers désastres, que l'ambition de ce prince, jaloux de débuter avec éclat, avait attirés sur le pays. Tandis qu'en combattant contre l'hospodar de Valachie il tombait dans une embuscade, où il fut complétement défait, son frère Alexandre, grand-duc de Lithuanie, se laissait battre par le tzar Ivan Vassiliévitch, dont les triomphes ne s'arrêtèrent que devant la vigoureuse résistance de Smolensk. Des traités mirent fin à ces divers conflits ; mais les Turcs avaient eu le temps d'envahir deux fois la Pologne, et d'emmener en esclavage près de cent mille jeunes garçons et filles. Les Tatars pillèrent aussi, à deux reprises, plusieurs parties du pays ; et le grand maître teutonique, Frédéric de Saxe, profitant des circonstances pour relever la tête, déclina la suzeraineté polonaise imposée par le dernier traité avec l'Ordre. La mort de Jean Albert empêcha l'exécution des projets de guerre qu'il méditait contre les chevaliers.

Si, d'un côté, le roi avait si mal fait face aux événements politiques extérieurs, sa faiblesse encouragea à l'intérieur la noblesse dans ses tentatives pour sortir de la limite de ses priviléges au préjudice d'autres classes, comme le prouvent les édits de la diète de Piotrkow (Petricau), empreints d'une extrême exigence. L'abaissement de la bourgeoisie et du peuple date de cette époque. Les habitants non nobles se virent exclus de la propriété territoriale, et on alla jusqu'à obliger ceux qui possédaient déjà des immeubles à les vendre. La noblesse s'empara également des immeubles ecclésiastiques.

Le duché de Zator et la terre de Plock furent, sous ce règne, réunis à la couronne; le premier moyennant la somme de vingt mille ducats en or, donnée par Jean Albert (1494), et le second par droit de succession, après la mort de Jean, duc de Mazovie.

Jean Albert suivait en tout l'impulsion de son ancien instituteur Buonacorsi, Italien de naissance, et plus connu sous le nom de Callimaque. Doué d'un esprit vif, intrépide, ce roi aurait pu fournir une carrière glorieuse, si le goût des plaisirs et de la débauche n'eût prévalu sur ses qualités naturelles, et ne lui eût fait négliger les affaires de l'État.

ALEXANDRE.
1501-1506.

Le premier soin de ce souverain, frère de Jean Albert et sacré à Krakovie par son autre frère, le cardinal Frédéric, archevêque de Gnèzne, fut d'assurer la paix à la Lithuanie, que le tzar de Moskovie menaçait. Libre de ce souci, il s'occupa activement d'une révision des lois pour toutes ses possessions, et mérita par là d'occuper une place honorable dans l'histoire. Complément du statut de Kasimir IV autorisant les États à déclarer la guerre et à faire des lois, la loi fondamentale qui porte le nom d'Alexandre constatait que le monarque ne pouvait rien conclure de valide, sans l'assentiment et la participation des sénateurs et des nonces. Par cette déclaration, les chambres se trouvèrent investies du droit de vote et d'assiette des impôts, du droit de guerre, du droit d'intervenir dans la surveillance des domaines royaux, du droit de battre monnaie, ainsi que de la promulgation des lois et de la haute main sur les pouvoirs judiciaires.

VICTOIRE DE KLECK.

1506. Le paisible règne d'Alexandre fut troublé à l'intérieur par les haines qui divisaient les grandes familles lithuaniennes, dont le kniaz Michel Glinski, homme d'une illustre naissance et doué d'une âme puissante, excitait la jalousie. Alexandre, qui reconnaissait en lui de hautes qualités, se plaisait à le combler de ses faveurs, au point que la Lithuanie entière tremblait devant le kniaz. Glinski eut le tort d'abuser de sa position éminente et de céder à ses passions, en obtenant du roi que le palatinat fût retiré au magnat lithuanien Jean Zabrzezinski, palatin de Troki et un de ses ennemis acharnés. Cette vengeance lui coûta cher par la suite.

Mais les troubles intérieurs durent cesser un moment à l'approche des Tatars, qui envahirent la Lithuanie avec des forces immenses; les esprits médiocres et envieux se turent à la vue d'un danger imminent, et le roi, retenu par une grave maladie, confia à l'épée de son favori le sort du pays. Glinski atteignit les hordes sauvages près de Kleck, petite ville située dans le palatinat de Novogrodek. La victoire fut décisive pour les Polonais; vingt mille Tatars mordirent la poussière, et tout le butin fait par eux, prisonniers ou trésors, leur fut repris (*).

La nouvelle de cet éclatant triomphe fut apportée à Wilna, à l'instant même où Alexandre était en proie à l'agonie. Il ne pouvait plus articuler un mot; mais il leva les mains au ciel, et quelques larmes de bonheur vinrent mouiller les yeux du mourant, comme dernière marque de joie de la glorieuse journée accordée à son favori. On enterra le roi à Wilna; car on craignit, si on le transportait à Krakovie, que

(*) M. J. U. Niemcewicz, Chants historiques.

Glinski ne profitât de l'éloignement des magnats lithuaniens pour consommer l'usurpation du grand-duché, usurpation dont on lui supposait la pensée.

SIGISMOND Ier.
1506-1548.

La dernière époque du règne de Kasimir IV, et les règnes éphémères de Jean Albert et d'Alexandre avaient amené des changements notables dans la politique intérieure. Les Turcs, non contents de s'être emparés de divers ports et forteresses sur le Danube et la mer Noire, étendirent leur influence en Moldavie et en Valachie; la guerre impolitique de Jean Albert contre les hospodars de ces deux provinces avait altéré leur fidélité de vassaux, et fut cause qu'ils s'armèrent souvent depuis contre la Pologne. D'un autre côté, les Tatars de Pérekop, encouragés par la faiblesse des rois de la race jagellonne, réitéraient plus fréquemment leurs invasions et ravageaient chaque fois le pays.

Sur ces entrefaites, Sigismond Ier, frère des deux rois précédents, et le dernier fils de Kasimir IV, parvint au trône. Il avait fort à faire, car si, comme nous venons de le constater, les rapports extérieurs étaient dans un état peu satisfaisant, les choses à l'intérieur ne se présentaient guère sous un jour plus favorable. La Lithuanie avait beaucoup perdu de ses anciennes conquêtes; les grands maîtres teutoniques refusaient de nouveau l'hommage, et élevaient certaines prétentions; enfin l'empereur d'Allemagne, Maximilien, froissé de voir les sceptres de Bohême et de Hongrie sous l'influence des souverains polonais, favorisait en arrière les desseins des Teutoniques et de la Moskovie.

C'est au milieu de ces complications diverses que les Moskovites, conduits par Michel Glinski, envahirent la Lithuanie.

LE PRINCE MICHEL GLINSKI.

Quelque rapide que soit la marche qui doit présider à notre travail, il nous est impossible de ne pas nous arrêter, pour un moment, au nom d'un homme qui a si puissamment influé sur les événements de son époque. Cet homme, malgré tout le génie que la nature s'était plu à lui accorder et les services éminents qu'il avait déjà rendus au pays, fut, par une fatalité trop commune, entraîné vers une fausse direction, et condamné à porter à jamais dans les annales de l'histoire le surnom de traître.

Nous l'avons déjà vu à la cour d'Alexandre en butte à des attaques qu'il eût dû mépriser. Le triomphe de Kleck, loin d'exciter l'admiration de ses ennemis, ne fit que redoubler leur haine; et Jean Zabrzezinski, dépossédé précédemment par lui, profita de l'avènement au trône de Sigismond Ier pour dénoncer Michel Glinski comme conspirateur. Le prince demanda à se justifier et tenta, dans ce but, plusieurs démarches auprès du roi, mais elles furent toutes inutiles. On ferma les portes du château à l'ami fidèle du monarque défunt, à celui auquel on devait la dernière victoire qu'eût remportée la Pologne. Le caractère hautain de Glinski fut vivement blessé de cette marque d'indifférence et de mépris; toutefois il se contint encore, et chercha à amener un arrangement, par l'entremise du roi de Hongrie et de Bohême, Wladislas. Mais Sigismond, influencé par les grands, qui ne craignaient rien tant que de voir Glinski de nouveau dans les bonnes grâces du souverain, demeura inflexible; alors la colère du prince se tourna tout à fait contre ses ennemis acharnés, et il résolut d'en tirer une vengeance éclatante. A la tête d'hommes dévoués, il pénétra la nuit dans la maison de Zabrzezinski et le tua. Puis, ayant perdu par ce crime tout espoir d'obtenir la faveur du roi, il souleva une partie du peuple et voulut ressusciter l'ancien grand-duché de Russie, que les Russiens eux-mêmes considéraient depuis longtemps comme éteint. A cette nouvelle, Sigismond envoya Nicolas Firley apaiser la révolte, et il marcha bientôt en personne au secours de Minsk, assiégée par Glinski, qui se retira vers le Dniéper. Là, il fut rejoint par un corps de soixante mille Moskovites; mais toute cette armée, dispersée par les Polonais, dut chercher son salut dans la fuite, et les troupes polonaises, arrivées jusqu'aux murs de Moskou, ravagèrent le pays environnant. Le tzar, tremblant pour sa capitale, demanda alors la paix et l'obtint, en remettant à Sigismond tous les châteaux forts pris en Lithuanie. Glinski fut déclaré traître à la patrie, dépouillé de ses biens et proscrit.

Cet accord dura peu. La Moskovie, poussée par Glinski, se porta de nouveau contre la Lithuanie, et parvint à s'emparer de Smolensk (1514), qui resta toujours depuis en son pouvoir. Ce fut de cette ville que Glinski, tourmenté par ses remords, ou bien mécontent de ses nouveaux amis, chercha à obtenir le pardon de Sigismond. Le roi était sur le point de l'amnistier, quand les seigneurs lithuaniens, que ces négociations compromettaient, dénoncèrent tout au tzar, qui fit jeter Glinski dans un cachot. On ajoute même qu'il lui fit crever les yeux avec un fer brûlant (*).

« Il n'y a point, dit le Nestor de nos historiens vivants, d'injustice assez grave qui puisse justifier le plus grand des crimes, celui de combattre contre son pays. Mais si quelque chose peut diminuer ce crime et éveiller la pitié sur le sort de Glinski, c'est l'acharnement vil de ses ennemis, qui, lui ôtant tout moyen de justification, le poussa vers l'abîme par le désespoir. Lorsque repentant, il tenta de réparer sa faute, ils le persécutèrent encore,

(*) M. Lelewel ne parle toutefois pas de cette dernière circonstance : « Glinski, « soupçonné par le tzar d'entretenir des « relations avec le roi de Pologne, Sigismond, « fut arrêté et demeura quelque temps en « prison. Il eut plus tard beaucoup de crédit « à Moskou. Après la mort de Wassil, en « 1534, il fut un des tuteurs d'Ivan le Terri- « ble. » Histoire des rois et princes polonais de Waga.

et, au moyen de dénonciations, le perdirent, plutôt que de rendre au pays un guerrier redoutable. Tels sont les terribles effets de la jalousie et des dissensions entre les grands : en se persécutant entre eux, ils perdent la patrie (*) ! »

Quant à nous, sans vouloir disculper Glinski d'une faute que nous avons déjà flétrie dans Witold, guerroyant contre son pays, lors du règne de Wladislas Jagellon, nous accusons fortement l'aveuglement de Sigismond ; et nous voyons, en tout ceci, un nouvel exemple de ce fatalisme qui, trop souvent, brise l'âme la plus vigoureuse dans les étreintes de l'envie et des passions méprisables de la médiocrité.

VICTOIRE D'ORSZA.

1514. Après que le tzar se fut vengé de Michel Glinski, il envoya Ivan Tscheladine, à la tête de quatre-vingt mille hommes, combattre la Pologne. Sigismond était alors à Boryssow avec quatre mille hommes ; et le corps qui alla au-devant de l'ennemi n'en comptait que vingt-neuf mille, sous les ordres du prince Constantin Ostrogski. La rencontre des deux armées eut lieu près d'Orsza, sur les bords du Dniéper, et toute la gloire de cette journée (8 septembre 1514), mémorable dans les fastes polonais, revint à Ostrogski. Les commandants moskovites en chef Tscheladine et Boulghakoff, six wojewodes, trente-sept kniaz et quinze cents officiers supérieurs furent faits prisonniers ; artillerie et drapeaux, tout tomba au pouvoir des Polonais, et trente mille cadavres moskovites couvraient les vastes plaines où, peu d'instants auparavant, l'orgueilleux Tscheladine s'était écrié : « J'apprendrai aux Polonais à respec- « ter le nom et la puissance de mon « maître ! »

Mais, comme le remarque judicieusement le savant Niemcewicz, si on sut vaincre, on ne sut pas utiliser la

(*) M. J. U. Niemcewicz, Chants historiques.

victoire. Au lieu de profiter de l'élan qui animait l'armée, pour tomber sans retard sur Smolensk et reprendre au tzar les possessions polonaises dont il s'était emparé, Sigismond se contenta de laisser des garnisons dans les places fortes de la frontière, et revint tranquillement à Krakovie.

CONGRÈS DE VIENNE.

1515. L'empereur Maximilien, dont la défaite du tzar avait dérangé les combinaisons astucieuses, chercha à leurrer le roi de son amitié perfide. Il convoqua un congrès à Vienne, auquel il invita à prendre part Sigismond et le roi de Hongrie, Wladislas; et là, par d'habiles détours, il sut acquérir à sa maison des droits sur les royaumes de Hongrie et de Bohême, comme il l'avait déjà fait pour l'Espagne et pour la Bourgogne. Le fils de Wladislas fut destiné en mariage à la petite-fille de l'empereur, Marie, et le petit-fils de Maximilien, Ferdinand, fut également fiancé à la fille du roi de Hongrie. En échange de ce pacte avantageux, l'empereur promit sa médiation auprès du tzar Vassili, et s'engagea à faire rentrer les chevaliers teutoniques sous la suzeraineté de la Pologne. Aucune de ces promesses ne fut remplie, et tant que Maximilien vécut, les rapports que Sigismond eut avec lui furent constamment préjudiciables pour ce dernier.

A son retour en Pologne, Sigismond ne trouva que des sujets de deuil, qui compliquèrent encore sa position. La reine Barbe, sa femme, était morte. Le tzar ravageait la Lithuanie, pendant que, d'un autre côté, les Tatars envahissaient la Russie et la Podolie. Le frère de Sigismond, Wladislas, roi de Bohême et de Hongrie, venant aussi à mourir (1516), lui laissa l'embarrassante tutelle de son fils mineur Louis. Enfin le grand maître teutonique Albert refusa ouvertement l'hommage dû, et parlait de s'emparer de la Prusse royale. Il fallut humilier son orgueil, mais on n'y parvint qu'après une lutte sanglante.

Alors Maximilien, qui avait aidé l'Ordre dans sa révolte en envoyant à son secours un corps de troupes commandé par le célèbre Schomberg, brisant ainsi tous les engagements pris lors du congrès de Vienne, changea encore une fois de marche. Il proposa au roi, avec des consolations hypocrites sur les lèvres, la main de Bone Sforza, la fille de Jean Galeazzi, duc de Modène, et d'Isabelle d'Aragon. Sigismond accepta ce fatal présent, et ne tarda pas à s'en repentir, car à peine arrivée en Pologne, cette princesse, adroite et belle, y exerça le pouvoir le plus absolu et le plus désastreux. Connaissant son empire sur le monarque et sacrifiant tout à ses passions, elle éloigna de la cour les gens les plus purs et les plus vertueux. Loin d'exercer l'influence salutaire qui convient si bien à une reine, à une femme, elle se plut, au contraire, à exciter des dissensions parmi la noblesse, et mit complétement en pratique la fameuse maxime : *Diviser pour régner*. Aussi les contemporains ont-ils laissé un souvenir de leur opinion à son égard dans le distique suivant :

Ut parcæ par sunt, ut luci lumine lucent,
Ut bellum bellum, sic bona Bona fuit.

Ce fut heureusement le dernier don du machiavélique Maximilien, qui mourut peu de temps après (1520).

L'Allemagne se trouva alors sans chef, et François Ier, roi de France, fit demander par son ambassadeur, Jean de Langeac, à Sigismond de vouloir bien s'employer en sa faveur; mais Sigismond, doué d'un cœur vraiment noble, oublia tous les torts de l'empereur défunt, pour ne favoriser que les droits de son petit-fils, Charles d'Autriche, déjà roi d'Espagne. Celui-ci apparut dès lors sur la grande scène politique, et, reconnaissant de ce que le souverain polonais avait fait pour lui, lui témoigna toujours une vive amitié.

LES KOSAKS.

C'est aussi vers cette époque que les historiens font, pour la première fois, mention des Kosaks. Bien qu'exposés aux invasions des Tatars, les pays situés sur les bords du Dniéper attiraient par leur fertilité de nombreux colons, qui trouvaient dans les vastes plaines de l'Ukraine, et principalement dans les îles inabordables du fleuve, un asile fécond et sûr. Ces colons, habiles et intrépides, se recrutaient parmi les déserteurs des garnisons de la frontière; et leurs excursions audacieuses s'étendaient jusqu'à Constantinople, qu'ils mirent plus d'une fois à contribution, grâce à leurs *tschaïkas*, barques au vol rapide comme celui d'un oiseau. Auxiliaires dévoués de la Pologne, les Kosaks ne se révoltèrent que lorsque les magnats voulurent leur ravir leurs biens, et, ce qui leur était encore plus cher, leur indépendance.

Le duc Ostrogski ayant distingué parmi ses serfs un paysan (cméton) nommé Ostafi Daszkiéwicz, le présenta à Sigismond; et cet homme, doué d'un esprit vif et hardi, entreprit le premier d'organiser les Kosaks en régiments. Il les connaissait déjà pour avoir guerroyé avec eux heureusement contre les Moskovites, les Turcs et les Tatars, et il put, à l'aide de ces glorieux souvenirs, les soumettre à une discipline uniforme. En récompense de sa conduite, le roi, qui savait apprécier partout le mérite, accorda à Ostafi, malgré les prétentions élevées par nombre de magnats, la starostie de Czerkassy, ainsi que plusieurs châteaux situés sur les bords du Dniéper. Ces faveurs ne firent qu'exciter le zèle d'Ostafi, et il donna à Sigismond les conseils les plus précieux, assurant, d'après sa parfaite connaissance des localités, qu'un corps de deux mille hommes, réparti dans les bourgs qui avoisinent le fleuve, suffirait pour en interdire le passage aux Tatars (*). Mais les avis si prudents d'Ostafi ne furent pas exécutés, car l'influence pernicieuse de la reine Bona dominait déjà dans l'État, et la souveraine repoussait tout ce qui pouvait former obstacle à ses projets personnels.

(*) M. J. U. Niemcewicz, Chants historiques.

CRÉATION DU DUCHÉ DE LA PRUSSE ORIENTALE.

1525. De tous les schismes qui se déclarèrent alors au sein de l'Église romaine, le plus formidable sans contredit fut celui de Luther, qui envahit également la Pologne, ainsi que nous l'avons constaté dans l'Introduction. Toutes les mesures prises par Sigismond ne purent arrêter le torrent de la réforme, et bientôt Dantzig et presque toute la Prusse se détachèrent de la foi catholique. Le grand maître teutonique lui-même, Albert de Brandebourg, se déclara ouvertement avec l'Ordre un des prosélytes de la doctrine luthérienne et contracta des liens de mariage. Ce changement de religion aurait dû rendre à la Pologne, conformément aux traités, les terres possédées par l'ordre Teutonique; mais Sigismond, afin d'éviter toute effusion de sang, conclut, en 1525, un nouveau traité d'après lequel Albert de Brandebourg, neveu du roi, se désistait des titre et rang de grand maître, pour devenir duc de la Prusse orientale, dont le siége serait Kœnigsberg. Albert prêta hommage à Krakovie, se réservant le fief pour lui et ses descendants en ligne masculine. La Poméranie de Dantzig prit dès lors le surnom de Prusse royale, par opposition à la Prusse ducale (duché de la Prusse orientale), qui composait le fief des ducs de Kœnigsberg.

Grâce à cet acte, l'existence de l'ordre Teutonique, de tout temps si fatale pour le pays, se trouva terminée; mais malheureusement les germes funestes déposés par cet ordre ennemi devaient porter leurs fruits dans l'avenir, deux cent cinquante ans plus tard.

Sigismond commit une grande faute politique en signant le traité de 1525, car il aurait dû prévoir que l'influence de la maison de Brandebourg, s'augmentant continuellement par le cumul de diverses successions en Allemagne, deviendrait un jour dangereuse pour la Pologne. Il faut rappeler toutefois qu'il vivait dans un siècle où l'on ne discernait pas encore les intérêts des familles souveraines de ceux de l'État. Ajoutons que Sigismond, en accordant ce fief à Albert, comptait sur sa réunion à la Pologne, lorsque la ligne des descendants mâles de sa sœur Sophie, mère du duc, serait éteinte; il ne pouvait guère deviner que les rois venant après lui oseraient accaparer l'héritage du duché de Prusse par la ligne électorale de Brandebourg, et que ce précédent serait invoqué plus tard contre la Pologne, par l'inexécution de ses clauses et l'abus de son texte.

GUERRE AUX POULES.

1537. L'hospodar de Valachie et de Moldavie, après avoir réparé les pertes que lui avait fait éprouver à Obertyn, en 1531, le grand général de la couronne Jean Tarnowski, envahit la Podolie, au moment même où les intrigues de la reine Bona aliénaient tous les esprits, et occasionnaient un désaccord complet entre le roi et la noblesse. Ces dissensions furent cause que Sigismond ne put obtenir de la diète les impôts nécessaires pour solder l'armée. Il dut donc convoquer l'arrière-ban (*pospolité ruszenié*), et cent cinquante mille hommes se réunirent aux environs de Léopol. L'historien Orzechowski, témoin oculaire, dit qu'on n'avait pas encore vu en Pologne une armée aussi nombreuse et aussi bien montée en chevaux et en armes.

Sigismond projetait d'attaquer avec ces forces la Valachie et la Moldavie, et d'incorporer à jamais ces deux provinces à la Pologne. Mais les griefs de la noblesse contre le roi, ou plutôt à l'égard de sa faiblesse pour l'artificieuse Bona, les dissensions des nobles entre eux, l'envie que les nécessiteux portaient aux riches, tout vint mettre obstacle à l'accomplissement de ce dessein grandiose. L'armée, convoquée pour combattre, se changea en un club délibérant. En vain le vénérable Tarnowski prit la défense de l'autorité royale méconnue, la licence leva hardiment la tête, et qualifia cette réunion du nom de rokosz (*), insurrection.

Ce fut le premier exemple, la première origine de ces associations fatales qui, composées de masses armées, se métamorphosaient en autorité législative, à l'insu des diètes et des représentants élus par la nation : associations qui ne reconnaissaient d'autres guides que l'insolence et le désordre !

On présenta donc au roi une série de trente-cinq articles, par lesquels, après s'être plaint des impôts, on demandait que les bourgeois et les étrangers fussent exclus de la possession territoriale ; que la noblesse fût exempte de subir le même châtiment que les bourgeois pour les délits commis dans les villes, etc. Malgré que Sigismond, toujours trop bon, eût déjà accédé à maintes demandes et remis les autres à l'examen de la diète prochaine, les esprits exaspérés allaient recourir ouvertement aux armes, quand un orage terrible et de durée vint dissiper tous ces mutins. Ils avaient clabaudé et vociféré pendant quarante jours.

La grande pensée de Sigismond se trouva ainsi paralysée, dans l'exécution, par une multitude aveugle ; et l'unique vengeance que l'opinion publique tira de ce rokosz, ce fut de l'appeler la *Guerre aux Poules* (Woyna kokosza); car le massacre complet de la volaille, aux environs de Léopol, fut le seul fait d'armes qui honora ce malencontreux arrière-ban.

Le mal ne s'arrêta néanmoins pas là. Non-seulement les nobles opulents cherchèrent à se distinguer par des titres de princes, de comtes, de barons, encore inconnus en Pologne et qu'ils obtenaient de l'empereur d'Allemagne, mais cette insurrection ouvrit le champ aux majorats, dont la sagesse du roi était parvenue à empêcher jusque-là l'institution. Les exigences de la noblesse furent aussi cause que Sigismond dut réinstaller, aux diètes de 1539 et de 1549, les nonces de la bourgeoisie, expulsés par elle des délibérations. La classe des paysans

(*) Voyez Introduction, page 27.

eut encore bien davantage à souffrir, car ils devinrent serfs, assimilés à ceux de Lithuanie ; les nobles s'arrogèrent sur eux le droit seigneurial et le droit de vie et de mort. Quoique aucune loi ne contînt de pareilles monstruosités, l'usage consacra l'abus.

MORT DE SIGISMOND Ier.

1548. Contemporain des empereurs Maximilien et Charles-Quint, de François Ier, et des papes Léon X et Clément VII, Sigismond mérita d'être placé à juste titre au premier rang des grands hommes de ce siècle, si fécond pourtant en célébrités de toute espèce. Paul Jovius a dit avec une profonde conviction : « *Si Charles-Quint, François Ier et Sigismond Ier n'eussent pas régné dans le même temps, chacun d'eux eût été digne de régner sur les États des deux autres et d'avoir à lui seul l'empire du monde entier.* »

Sigismond correspondait avec François Ier ; mais ce prince, de la race des Valois, lui paraissait d'un esprit inférieur, tandis que l'empereur d'Allemagne, par l'étendue et la profondeur de ses vues, l'avait frappé bien davantage : de là vint la condescendance que Sigismond montra pour Maximilien en toute occasion.

Dans sa prévision, et afin d'éviter les troubles qui accompagnaient d'habitude les interrègnes, Sigismond était parvenu à faire proclamer, à la diète de Piotrkow (1529), son fils Sigismond-Auguste roi de Pologne, mais sous condition qu'il ne se mêlerait pas du gouvernement tant que Sigismond existerait, et que cette nomination anticipée ne porterait aucune atteinte à la libre élection des rois dans l'avenir.

Ce soin rempli, Sigismond croyait pouvoir jouir de quelque repos ; mais les dissensions excitées par le caractère perfide de la reine Bona vinrent empoisonner ses dernières années. Il mourut à Krakovie, âgé de quatre-vingt-deux ans, après en avoir régné quarante-deux. Monarque juste et éclairé, il eut sans cesse en vue le bonheur du peuple, et, s'il posséda la plupart des qualités qui font l'homme d'État, il réunit également les vertus qui devraient toujours être l'apanage d'un souverain puissant. Son physique était imposant et gracieux à la fois, et sa force corporelle était telle, qu'entre ses doigts il brisait un fer à cheval.

D'un caractère peu ambitieux, il refusa à diverses reprises des couronnes étrangères, afin de pouvoir donner entièrement ses soins à la prospérité de la Pologne. Dès l'année 1519, la couronne impériale d'Allemagne lui avait été promise par des bulles du pape Léon X, et les Hongrois lui offrirent le trône après la mort de Louis II. Il repoussa toutes ces avances, ainsi que celles qui lui furent faites pour la couronne de Suède en 1522 et 1526. Mais, en échange, il consolida la puissance du pays par la réunion définitive à la Pologne du duché de Mazovie, dont le dernier duc, Janus, issu des Piast, mourut en 1525. Cette province revint ainsi à la couronne polonaise, après avoir formé, depuis le duc Conrad Ier, un de ses fiefs pendant trois cent dix-huit ans. La Lithuanie dut également à Sigismond le don d'un code civil, connu sous le nom de *Statut russien*.

Durant cette époque, l'agriculture et l'industrie prospérèrent, car le libre commerce de la mer Noire appartenait à la Pologne. Ce fut aussi le siècle de Kopernik ; et la cour, foyer des lumières, comptait parmi ses élus les chanceliers Maciéjowski et Tomicki, célèbres par leur éloquence, et Constantin d'Ostrog, Jean Tarnowski, Kamiéniecki, Nicolas, Georges et Jean Radziwill, Firley, Ostafi Daszkiewicz, guerriers qui avaient tous rempli le monde du bruit de leurs victoires. Comme une faible compensation de tout le mal fait, la reine Bona appela auprès d'elle de nombreux artistes italiens, qui amenèrent avec eux dans le pays les notions et le goût du beau. Des édifices s'élevèrent de toutes parts, et des galeries précieuses vinrent les orner. En un mot, on peut dire que, malgré l'influence pernicieuse des empereurs d'Allemagne et de la reine Bona, jamais le royaume ne fut plus respecté à l'étranger et plus heureux à l'intérieur. Les règnes de Sigismond Ier et de son fils Sigismond-Auguste sont dans l'histoire le point culminant, l'apogée de la Pologne.

SIGISMOND AUGUSTE.
1548-1572.

Lorsque la nouvelle de la mort de Sigismond Ier parvint à Wilna, son fils Sigismond-Auguste fit proclamer, avant d'en donner connaissance aux états, le mariage qu'il avait contracté secrètement et en secondes noces avec Barbe Radziwill, veuve du palatin de Troki Gastold. Il connut bientôt, à la diète de Piotrkow (1549), grâce à l'esprit turbulent de la noblesse, quels étaient les difficultés et les soucis attachés à la couronne. Ces nobles, qui se croyaient les égaux du souverain, ne voulaient pas d'une princesse qui n'était pas issue d'un sang royal; et la reine mère Bona, jalouse des charmes et des qualités de Barbe, mit tout en œuvre pour agiter les esprits. L'archevêque primat, Dzierzgowski, et le puissant palatin de Krakovie Kmita étaient à la tête de la partie du sénat et des nonces qui demandait le divorce du roi. Une députation fut envoyée à Sigismond-Auguste; mais, loin de se laisser imposer par ces clameurs, le monarque répondit avec dignité à Pierre Boratynski, qui le suppliait, à genoux et au nom du sénat, d'annuler son mariage : « Ce qui est fait ne peut « être défait. Croyez-vous donc que « je tiendrais ensuite ma foi envers « vous, quand vous voulez me la faire « rompre envers ma femme!... » Voyant la fermeté du roi, le turbulent primat se récria alors contre un prétendu despotisme, et il voulut persuader à la diète de l'étouffer dès sa naissance, avant qu'il eût pris racine. L'évêque de Przemysl, non moins fanatique, abonda dans ce sens, et insistant sur le divorce, posa pour principe le passage d'Euripide : *S'il faut violer la justice, c'est particulièrement quand il s'agit de régner.* Toutefois la diète fut dissoute, sans avoir produit d'autre résultat qu'une discordance complète entre le roi et la noblesse (*).

D'après l'avis des soutiens de Sigismond, Jean Tarnowski, grand général de la couronne, et l'évêque de Krakovie, Maciéiowski, une seconde diète s'ouvrit à Piotrkow en 1550, afin d'arriver à neutraliser toutes les oppositions au couronnement de Barbe. Cet fois Sigismond y mit plus de savoir-faire et d'habileté : il annonça qu'on allait procéder avant toute chose à la vérification des titres des seigneurs et de leurs droits à la propriété des domaines qu'ils possédaient. Cette menace obtint un plein succès, car les récalcitrants redoutaient trop l'exécution d'une pareille mesure, pour ne pas s'empresser de donner leur assentiment au couronnement repoussé jusqu'alors. Il eut donc lieu à Krakovie, et Sigismond entoura cette cérémonie de tout l'éclat et de toute la magnificence imaginables. Barbe eut le triomphe de voir ramper devant elle les mêmes et vils esprits qui, peu de jours auparavant, se montraient les plus acharnés contre elle. Bona ne fut pas la dernière à la féliciter, et sut, en ex-

(*) Durant une séance des plus orageuses, Sigismond, attaqué avec amertume pour des sentiments qui lui étaient chers, se laissa aller à l'emportement et s'écria : « C'en est assez, j'exige soumission et obéissance! » A ces paroles, que la noblesse polonaise n'était pas habituée d'entendre, un jeune nonce, Raphaël Leszczynski, se leva vivement et, de son banc, répliqua : « Avez-vous « donc oublié, Sire, à quels hommes vous « commandez? Nous sommes Polonais, et « nous nous faisons autant de gloire d'abais- « ser la morgue des souverains qui méprisent « les lois, que d'honorer ceux qui les res- « pectent. Prenez garde qu'en trahissant vos « serments, vous ne nous rendiez les nôtres! « Le roi votre père écoutait nos avis, et c'est « à nous à faire en sorte que désormais vous « vous prêtiez à ceux d'une république dont « (ce que vous paraissez ignorer) vous n'êtes « que le premier citoyen! »

primant ses regrets d'avoir autant tardé à reconnaître le bonheur de son fils, cacher sous un sourire de bienveillance un dessein infernal. Six mois après le couronnement, Barbe expirait par le poison qu'avait apprêté la vindicative Italienne. Désespéré d'une telle catastrophe, Sigismond-Auguste accompagna jusqu'à Wilna le convoi funèbre, et garda, tant qu'il vécut, le souvenir d'un bonheur si brusquement terminé. Jamais aussi, au dire de tous les historiens, femme ne fut plus digne que Barbe Radziwill d'occuper un trône. D'une beauté éblouissante, et réunissant aux dons de la nature tous ceux de l'esprit et du cœur, elle formait, sans y penser, un contraste complet avec toutes les autres personnes de la cour, Bona particulièrement: aussi celle-ci ne lui pardonna-t-elle jamais !

Cédant toutefois aux devoirs que lui imposait sa position de souverain et aux vœux du sénat, Sigismond-Auguste contracta de nouveaux liens. Il épousa la sœur de sa première femme, l'archiduchesse d'Autriche Catherine, veuve du duc de Mantoue. Mais bientôt le peu de santé de la reine enlevant tout espoir à Sigismond d'avoir d'héritier, il sollicita son divorce auprès de la cour de Rome; et le nonce du pape, le cardinal Commendoni, dévoué à la maison d'Autriche, s'opposant opiniâtrement à la dissolution des nœuds contractés, le roi s'abandonna à une vie dépravée, afin de s'étourdir sur les chagrins qu'il éprouvait dans son intérieur.

La reine mère Bona, cet objet de la haine et du mépris de la nation entière, quitta enfin la Pologne, mais en emportant avec elle des trésors immenses. Vingt-quatre chariots à six chevaux chacun, chargés d'or, d'argent et de choses précieuses, le tout arraché au pays par les moyens les plus révoltants, précédaient la marche de ce génie du mal (*).

(*) Bona, douée d'un visage remarquable, avait vu sa jeunesse s'écouler dans les intrigues galantes; plus tard, parvenue à l'âge

7ᵉ *Livraison.* (POLOGNE.)

LA KOURLANDE ET LA LIVONIE UNIES A LA POLOGNE.

1557-1561. Le règne de Sigismond-Auguste, jusque-là paisible, fut troublé par les différends qui s'élevèrent au sujet de la Livonie, province attenante à la Lithuanie et à la Prusse; ces différends entraînèrent la Pologne dans des guerres contre la Moskovie, ainsi qu'on va le voir.

Le grand-maître des chevaliers du Glaive ayant été relevé de l'hommage de vassalité par le grand-maître teutonique Albert, et reconnu prince de l'Empire par Charles-Quint, devint possesseur absolu de toute la Livonie. Mais l'archevêque de Riga, Guillaume de Brandebourg, frère du duc Albert de Prusse et cousin germain de Sigismond-Auguste, voulut, après avoir embrassé la doctrine de Luther, braver le pouvoir des chevaliers du Glaive, et nomma, en conséquence, de son chef coadjuteur de l'archevêché de Riga le

mûr et profitant de sa position dans l'État, elle fit un vil trafic des dignités publiques. Cela lui attira un jour une rude apostrophe de l'évêque de Krakovie Zebrzydowski, qui, interpellé par elle en ces termes : *Prêtre, toi qui as acheté l'évêché...* lui répliqua sur-le-champ : *Je l'ai acheté parce qu'il était à vendre !....* Ce ne furent pas les murmures du peuple qui éloignèrent Bona de la Pologne, mais les instances de son favori, le Napolitain Jean Papagoda, qui voulait faire main basse sur les trésors qu'elle avait amassés, et qui sut amener ce départ, malgré l'opposition de Sigismond-Auguste et de la diète. Bona alla s'établir dans la Pouille, à Barri, d'où elle prêta à Philippe II, roi d'Espagne, quatre cent trente-trois mille ducats de Hollande, somme énorme pour le temps. Ce capital devait retourner à Sigismond-Auguste, à la mort de Bona.

L'Italien Papagoda se délivra, en 1557, de sa maîtresse, après lui avoir fait signer un testament fabriqué par lui. Les conventions arrêtées précédemment furent violées, et non-seulement on ne tint aucun compte à la Pologne du prêt fait au roi d'Espagne, mais le restant de l'héritage fut aussi perdu pour Sigismond. De là les *sommes napolitaines*, si souvent et toujours vainement réclamées par la Pologne.

prince de Mecklembourg Christophe. Blessé dans ses prérogatives, le grand maître Furstenberg ne tarda pas à assiéger l'archevêque à Kokenhauzen et le fit prisonnier. Alors Sigismond, prenant la défense de son cousin, envoya Gaspard Loncki demander la délivrance de l'archevêque; mais l'ambassadeur polonais ayant été tué dans une émeute, le roi dut se mettre lui-même à la tête de ses troupes soldées. L'arrière-ban, *pospolité ruszenié*, convoqué, n'avait pas répondu à l'appel. Le grand-maître Furstenberg fut effrayé d'une telle démonstration, et s'empressa de recourir à l'entremise de l'empereur Ferdinand Ier et des autres princes allemands, afin d'obtenir la paix. Puis il se rendit au camp de Sigismond, accompagné de l'archevêque de Riga, qu'il avait mis en liberté, et là, se jetant aux pieds du roi, implora l'oubli du passé. En vertu de l'arrangement qui survint, l'archevêque rentra dans la possession de tous ses biens, et le grand-maître s'engagea à payer 60,000 thalers pour les frais de la guerre. Un traité d'alliance offensive et défensive contre la Moskovie fut signé à cette occasion entre la Lithuanie et la Livonie.

Ivan IV le Terrible n'attendait, de son côté, qu'un prétexte pour commencer les hostilités; car il voyait avec dépit l'agrandissement de l'influence de la Pologne, par la soumission d'une province aussi belle et aussi fertile que la Livonie. Déjà fier de la conquête de Kazan et d'Astrakan, ce prince, bien qu'il ne possédât qu'une partie des terres russiennes, se faisait appeler souverain de toutes les Russies. Sa haine contre la Pologne puisa, dans un affront fait à son amour-propre, un nouveau degré de force. Voici à quelle occasion. En combinant par quels moyens il pourrait parvenir au trône de Pologne après la mort de Sigismond-Auguste, qui n'avait pas d'enfants (*),

(*) « L'ambitieux Ivan tendait déjà, dans « la pensée, sa main sanglante vers la glo- « rieuse couronne des Jagellons. » (Karamzine Histoire de Russie).

Ivan résolut de demander la main de la sœur du roi, Catherine; mais cette princesse s'empressa d'épouser Jean de Suède, duc de Finlande, pour ne pas devenir la proie d'une bête féroce dont chaque jour était marqué par un crime.

Ulcéré par ces divers motifs, le tzar ne tarda pas à envahir la Livonie, où il s'empara de plusieurs villes, et fit prisonnier le vaillant Furstenberg, qui défendait avec courage le terrain pied à pied. Ce grand-maître périt misérablement dans les cachots de Moskou. Son successeur Gothard Kettler, après avoir conclu des *pacta* avec la Lithuanie, qui lui prêta six cent mille florins pour pouvoir continuer la guerre, opposa la même résistance opiniâtre au tzar; mais bientôt attaqué avec succès d'un autre côté par le roi de Suède Éric, il ne vit d'autre moyen de salut que de se mettre, d'accord avec l'Ordre, sous la domination de Sigismond-Auguste.

Par suite du traité conclu à cet effet à Wilna, le 28 novembre 1561, la Livonie se soumit complétement au roi. Le grand-maître obtint le rang de duc, vassal de la Pologne, et reçut à titre de fief, pour lui et ses descendants, la Kourlande, située sur la rive gauche de la Dzwina. Le reste de la Livonie, situé sur la rive droite, fut incorporé à la Lithuanie. Les terres de l'Ordre, tels que l'évêché de Dorpat et l'Estonie, retenues encore par l'ennemi, devaient après leur reprise appartenir à Sigismond-Auguste (*).

Cet arrangement amena une rup-

(*) Plus tard, et partagée entre la Pologne, la Suède, le Danemark et la Moskovie, la Livonie fut encore le sujet de longues et sanglantes guerres. Les paix d'Oliva en 1660 et de Kardis en 1661 vinrent y mettre fin : la première termina les contestations entre la Pologne et la Suède, et la seconde celles existant entre la Suède et la Moskovie; toutes deux firent la part belle à la Suède, et, d'après les clauses des traités, toutes les provinces situées sur le golfe de Finlande, depuis l'embouchure de la Dzwina dans la Baltique, la plus grande partie de la Livonie, l'Estonie, l'Ingrie et la Karelie demeurèrent acquises à cette puissance.

ture ouverte avec la Moskovie. Le tzar envahit la Lithuanie et s'empara de la ville de Polock. Les Polonais remportèrent bien plusieurs avantages et battirent les Moskovites à Czasniki, à Orsza et à Ozieryszcze, mais ne purent reprendre Polock. La trêve de 1565 termina cette guerre.

RÉUNION DÉFINITIVE DE LA LITHUANIE A LA POLOGNE.

1569. Tandis que des traités garantissaient l'acquisition de la Kourlande et de la Livonie, les états représentatifs insistaient vivement sur la consolidation des affaires intérieures du pays. On exigeait une fusion plus complète de la Pologne et de la Lithuanie, car si l'union existait entre les deux provinces depuis cent quatre-vingts ans, des difficultés élevées par l'intérêt personnel empêchaient une homogénéité parfaite. La Lithuanie avait bien adopté l'idiome polonais à la place du russien, et de nombreux colons y avaient transporté les mœurs et les coutumes polonaises, mais les magnats lithuaniens faisaient une vive opposition à de tels progrès ; ils sentaient qu'une fois l'union entièrement achevée, leur place au sénat, qu'ils devaient jusque-là à la naissance, leur serait enlevée, attendu que la Pologne ne reconnaissait pas l'hérédité dans cette assemblée. La Pologne voulait, en outre, avoir des droits égaux sur la Livonie, que la Lithuanie prétendait conserver pour elle seule, malgré que ses forces personnelles ne fussent pas suffisantes pour défendre, sans la Pologne, cette province. Aussi les conditions d'une union complète furent-elles longtemps débattues, et les choses n'aboutirent à une solution qu'après la mort des deux plus violents opposants, le prince Nicolas Radziwill et le palatin de Malborg Achace Czema (de Zehmen).

Enfin la diète de Lublin, en 1569, termina cette œuvre remarquable. Le roi, le sénat, les princes lithuaniens, les nonces des terres et des villes, les hauts fonctionnaires et les envoyés de plusieurs cours étrangères assistèrent à cette assemblée solennelle. Là encore une opposition intéressée voulut élever la voix, mais les soins des palatins de Kiiow, Ostrorog, et de Wolhynie, Alexandre Czartoryski, amenèrent les Lithuaniens à la conclusion d'un accord.

Voici les principales clauses de cet acte important : 1° La Pologne et la Lithuanie sont définitivement unies et gouvernées par un même souverain, élu en commun par les deux nations et couronné à Krakovie, sans aucun signe distinctif pour le grand-duché ; 2° les diètes, composées de représentants des deux provinces dans les deux chambres des sénateurs et des nonces, se réuniront à Warsovie ; 3° la Wolhynie et le duché de Kiiow sont réunis à la couronne, à laquelle revient également la Podlachie ; 4° la Livonie appartiendra autant à la Pologne qu'à la Lithuanie ; 5° les deux pays n'auront plus que les mêmes intérêts, les mêmes prérogatives et les mêmes monnaies ; 6° tout sera commun entre eux, sans porter toutefois atteinte aux formes judiciaires et aux formes de droit local ; 7° les palatinats de Prusse auront aussi leurs représentants à la diète.

Cette diète, si mémorable dans les annales de la Pologne, fut encore témoin d'un acte qui rappelait la puissance nationale. Le prince Frédéric-Albert, duc de Prusse, y reçut des mains du roi Sigismond-Auguste (comme nous en parlerons plus loin) l'investiture, et les ambassadeurs de l'électeur de Brandebourg et du margrave d'Anspach y obtinrent aussi des drapeaux, comme un gage d'hérédité primitive.

LE DERNIER DES JAGELLONS.

1572. Tout semblait donc présager au pays un avenir brillant et assuré, quand son souverain mourut à peine âgé de cinquante-deux ans. Les plaisirs et les excès de volupté auxquels il se livrait, afin d'oublier ses soucis intérieurs, avaient usé et tué Sigismond-Auguste avant le temps.

Sa mort, arrivée en 1572 à Knyszyn, forme une époque des plus remarquables dans la politique de la Pologne. Dernier prince de la race des Jagellons, race qui avait jeté tant d'éclat sur la troisième période de l'histoire polonaise, Sigismond laissa le trône sans héritier, et dès lors la forme du gouvernement fut de plein droit élective. Cette heure solennelle, qui ouvrait de nouveau une arène à toutes les ambitions et aux intérêts personnels, était impatiemment attendue de la noblesse, dont les membres aveuglés ne s'apercevaient pas qu'en minant sans cesse le pouvoir royal, en asservissant les paysans et en limitant l'industrie et les franchises des bourgeois, ils renversaient les bases fondamentales sur lesquelles reposaient leur propre existence et le salut du pays.

Malgré la reconnaissance que la Pologne a toujours conservée pour la race des Jagellons, si brillante par son esprit chevaleresque, son amour de la justice, sa loyauté, sa tolérance et sa générosité, l'histoire impartiale ne peut s'empêcher de remarquer en elle un manque absolu d'énergie et un excès de funeste confiance. Il est à déplorer que du sein de ces princes il ne se soit pas élevé un chef qui, saisissant d'une main vigoureuse les rênes de l'État, ait abaissé l'orgueil des mutins, consolidé l'hérédité, et fondé un royaume dans lequel un monarque puissant et une nation libre eussent pu marcher de concert vers la gloire et le bonheur.

Le droit d'élection préluda donc, en ces temps d'absolutisme compacte, à une décadence que devait précipiter le droit encore plus fatal du *liberum veto*. C'est depuis cette époque que les puissances étrangères, auxquelles la Pologne s'en allait demander des souverains, s'immiscèrent dans les affaires du pays, et semèrent les germes de destruction qui devaient faire crouler par la suite le plus vieil édifice du Nord.

LA PREMIÈRE ÉLECTION.

1573. Une diète préliminaire eut lieu avant l'élection, sous le nom de *diète de convocation*, à Warsovie, le 6 janvier 1573. Le jeune Jean Zamoyski, si célèbre plus tard et alors simple nonce de Belz, y proposa d'admettre sans exception toute la noblesse à l'exercice du droit électif, basant sa motion sur ce que tout citoyen qui servait la patrie devait concourir au choix de son souverain.

La diète d'élection eut lieu le 5 avril de la même année, et fut assistée du tribunal du froc (*kaptur*), établi pour maintenir l'ordre et la sécurité durant le temps de l'élection.

Les candidats qui se présentèrent furent :

Jacques Uchanski, archevêque de Gnèzne.

Jean Firley, grand maréchal de la couronne.

Nicolas Jazlowiecki, palatin de la Russie rouge.

Jean Tomicki, castellan de Gnèzne.
Jean Szafraniec, castellan de Biécz.
Albert-Frédéric, duc de Prusse.
Ernest, margrave d'Anspach.
Maurice, électeur de Saxe.
Jean III, roi de Suède et époux de la sœur de Sigismond-Auguste.
Sigismond Wasa, fils de Jean III.
Ivan IV le Terrible, tzar de Moskovie.
Maximilien II, empereur d'Allemagne.
Ernest, archiduc d'Autriche, duc de Racuse (Roetz) et fils de Maximilien II.
Enfin Henri de Valois, duc d'Anjou et frère de Charles IX de France.

Mais, de toutes ces candidatures, les unes furent écartées, d'autres tombèrent d'elles-mêmes, vu leur peu d'importance, et il ne resta de compétiteurs sérieux que l'archiduc Ernest d'Autriche, Henri de Valois, le tzar Ivan IV et le roi de Suède Jean III.

A l'ouverture des débats, le légat du pape Grégoire XIII, le cardinal Commendoni, prit la parole, et, dans un long discours, développa le vœu du saint-siége de voir un catholique sur le trône polonais. Les ambassadeurs de l'archiduc, Guillaume de Rosenberg et Wladislas Perstein, parlèrent ensuite : ils promirent, de la part de leur maître, la sanction des anciennes lois et priviléges nationaux, la reprise des pays détachés du royaume, l'aplanissement des vieilles difficultés entre la Pologne et l'Empire relativement à la Livonie et à la Prusse, la fondation gratuite d'une école en Allemagne pour cent jeunes Polonais, et finalement la libre exportation des vins de Hongrie en Pologne; Rosenberg conclut en demandant la priorité de la parole en faveur de l'ambassadeur d'Espagne, don Pedro Fassardo, qui venait appuyer la candidature de l'archiduc, ce qui eût été au préjudice de l'évêque de Valence, Jean de Montluc, chargé de représenter la France; mais celui-ci parvint à faire prévaloir ses droits. Fassardo, mortifié, quitta aussitôt le champ d'élection sans avoir dit un mot.

Les chances du prince de Valois commençaient donc déjà à devenir les plus fortes. Un seigneur polonais, nommé Jean Krassowski, avait, par d'adroites manœuvres, répandu dans le pays le nom du duc d'Anjou, à son retour de Paris, où il avait sû inspirer au roi de France et à la reine mère le projet de mettre la couronne polonaise sur le front de leur frère et fils Henri. Krassowski voyait là une occasion de faire une brillante fortune, et tout sembla favoriser ses vœux. Charles IX n'était pas fâché de se séparer d'un parent qui lui portait ombrage par ses victoires précédentes; Catherine de Médicis partageait complétement ces vues, car elle espérait conserver plus d'empire sur Charles que sur Henri; Coligny, consulté, conseilla vivement d'utiliser les offres des nobles polonais, le départ du duc d'Anjou délivrant les réformés d'un ennemi redoutable; enfin les Guises n'eurent garde de s'opposer à l'éloignement d'un supérieur, dont la bravoure et la vigilance contrariaient leurs plans ambitieux. Krassowski redoubla d'activité, d'instances, et des ambassadeurs français, ayant pour mission de soutenir la cause de Henri de Valois, arrivèrent en Pologne.

L'un d'eux, l'évêque Montluc, s'insinua si bien dans les esprits, qu'il eût emporté tous les suffrages de la diète, si, par malheur, la nouvelle du massacre de la Saint-Barthélemy ne fût venue, au moment décisif, fournir contre ses efforts une arme puissante. Cet événement était une preuve irrécusable que le duc d'Anjou n'avait aucun des beaux sentiments qu'on lui prêtait, et les autres candidatures, déjà aux trois quarts vaincues, reprirent de nouvelles forces; l'Autriche surtout souleva le parti protestant, composé de la noblesse, en majorité luthérienne. Dans cette circonstance difficile, Montluc mit en œuvre toute sa diplomatie; il nia les faits, en atténua le caractère odieux, et fit si bien qu'il rallia à Henri les voix qui s'étaient reportées sur Jean III de Suède ou sur son fils Sigismond Wasa.

Quant au tzar Ivan IV, qui n'envoya pas même d'ambassadeur, loin de rien promettre, il demandait au contraire la Livonie et Kiiow en retour de l'honneur qu'il ferait aux Polonais par l'acceptation de leur couronne, et il exigeait également qu'on lui donnât l'assurance que le sceptre ne sortirait jamais des mains de ses descendants.

En présence de pareilles prétentions, les choix se limitèrent bientôt à Ernest d'Autriche et Henri de Valois; mais, avant d'en venir à un vote définitif, on s'occupa du règlement des *pacta conventa*, ces lois qui obligeaient réciproquement le roi et la république. Voici leurs principales dispositions : — Le roi ne doit de son vivant ni nommer ni choisir le successeur à la couronne, afin que les états soient toujours libres d'élire un nouveau roi lors de la mort du dernier. — Le titre de maître et d'héritier employé par les souverains jusqu'à Sigismond-Auguste, est aboli. — Le roi ne peut se marier sans le consentement du sénat. — Il doit maintenir la tolérance religieuse et politique. — Il ne peut déclarer la guerre ou faire la paix sans le vote des états. —Un conseil, composé de sénateurs et de nonces, doit résider constamment auprès du roi, qui est tenu de convoquer tous les deux ans une diète. — En cas d'inobservance de ces articles,

les sujets sont déliés du serment d'obéissance et de fidélité.

Le parti autrichien, formé de protestants, et qui avait pour chef le maréchal de la couronne Firley, s'était retiré à Grochow, près de Warsovie; mais les droits des dissidents (*dissidentes in religione*) ayant été stipulés dans les *pacta conventa*, il revint à la diète, et vota enfin en faveur du prince de Valois.

Les *pacta conventa* que les ambassadeurs français signèrent au nom de ce dernier furent accompagnés d'une convention, en vertu de laquelle *une alliance éternelle était conclue entre la France et la Pologne*. La France s'engageait à mettre à la disposition du pays, contre la Moskovie ou tout autre ennemi, quatre mille hommes armés, et à équiper une flotte pour étendre la domination polonaise sur la mer Baltique et reprendre le port de Narwa. Henri devait verser en outre tous les ans quatre cent cinquante mille florins de ses revenus dans le trésor national, acquitter les dettes contractées du vivant et après la mort de Sigismond-Auguste, et faire admettre gratuitement cent jeunes Polonais aux écoles de Paris.

Toutes les formalités se trouvant ainsi remplies, Henri de Valois fut proclamé roi de Pologne.

HENRI DE VALOIS.
1574-1575.

L'ambassade, choisie dans le sein du sénat et de l'ordre équestre, et présidée par l'évêque de Posen, Konarski, vint apporter en France la couronne au nouveau souverain. Henri était alors en train d'assiéger les huguenots dans la Rochelle; mais il arriva promptement à Paris, où il prêta le serment voulu en l'église Notre-Dame, le 10 septembre 1573. Néanmoins, nourrissant toujours certains projets sur la couronne de France, qu'encourageait la santé chancelante de son frère, il retardait sans cesse son départ, et fut forcé pour ainsi dire par les convenances de se mettre en route. Charles IX l'accompagna jusqu'à Vitri, et Catherine de Médicis ne se sépara de lui qu'à Blamont.

L'entrée solennelle de Henri à Krakovie eut lieu le 18 février 1574, et son couronnement fut suivi de fêtes brillantes. Un événement sanglant vint malheureusement troubler les moments consacrés aux réjouissances nationales : Samuel Zborowski, homme ambitieux et influent, allié aux plus grandes familles de Pologne, provoqua en duel le castellan Jean Tenczynski, et le castellan Wapowski, ami de ce dernier, fut blessé à mort en voulant amener un arrangement. Ce meurtre, commis presque sous les yeux du roi, exigeait une punition exemplaire; mais Henri, qui devait en grande partie son élection au crédit de Zborowski, se borna à le bannir du pays, sans prononcer contre lui, ainsi que le voulaient les lois, la confiscation de ses biens et honneurs. Une telle indulgence déplut aux sénateurs; et leur mécontentement s'accrut encore, lorsqu'on vit donner la castellanie vacante à un des parents du meurtrier, et la dignité de palatin de Krakovie à son propre frère Pierre.

Ces mesures amenèrent une mésintelligence complète entre le roi et le sénat, qui dura jusqu'au moment où un message de Catherine de Médicis vint annoncer à Henri la mort de Charles IX, en l'engageant à accourir sans retard à Paris s'il prétendait encore au trône de France. Usant de ruse, Henri fit semblant d'obtempérer à la demande du sénat, qui voulait qu'une diète fût convoquée pour statuer sur le cas présent; mais, dans la crainte qu'un plus long délai ne nuisît à ses prétentions en France, il prit secrètement la fuite le 18 juin 1574, et gagna bientôt la frontière autrichienne. L'alarme fut vive à la nouvelle de la disparition du souverain; on s'élança à sa poursuite, mais il avait déjà atteint Vienne, et il demeura sourd à toutes les instances du sénat (*).

(*) Les dépêches du sénat à Henri lui furent portées par le kosak Jawoyszowski,

Henri de Valois n'étant point revenu au terme fixé par la diète, c'est-à-dire, le 12 mai 1575, on annula le serment prêté par la nation; et la diète du 3 octobre suivant ayant déclaré la vacance du trône, le primat convoqua une diète d'élection pour le 4 novembre.

ÉTIENNE BATORY.

1575-1586.

Parmi les nombreux candidats qui, lors de la réunion de cette diète, briguèrent ses suffrages, on distinguait l'archiduc Ernest et le prince Ferdinand, le premier fils et le second frère de l'empereur d'Allemagne Maximilien II, puis le roi de Suède Jean et son fils Sigismond Wasa, Alphonse, duc de Ferrare et de Modène, et enfin le duc de Transylvanie Étienne Batory.

Ce dernier avait été porté à désirer la couronne polonaise par Samuel Zborowski, qui, après son exil, était venu chercher un refuge en Transylvanie. Mais le primat Uchanski, fort de l'appui du sénat, se déclara en faveur de l'empereur Maximilien, bien que celui-ci ne se fût pas porté candidat; le parti autrichien alla même jusqu'à quitter le lieu de l'élection, et, se rendant à un autre mieux pourvu en armes, fit proclamer par le primat Maximilien roi de Pologne. Deux jours après, le parti national, à la tête duquel était Jean Zamoyski, décerna la couronne à la princesse Anne, sœur du roi Sigismond-Auguste, et lui choisit pour époux le prince de Transylvanie.

Ainsi donc, tandis que le palatin de Lublin, Tarlo, portait à Étienne Batory le diplôme d'élection, le parti opposé envoyait de son côté les *pacta conventa* à la ratification de l'Empereur. L'indécision seule de Maximilien empêcha l'effusion du sang prêt à couler, et donna le temps à Batory d'arriver à Krakovie. Il y fut couronné le 1er mai 1576, et uni à la princesse Anne, âgée alors de cinquante-deux ans.

qui fit le trajet de Krakovie à Vienne (110 lieues), toujours sur le même cheval, en 24 heures.

Toutefois le parti autrichien ne se tint pas pour battu et eut encore deux réunions, l'une à Lowicz et l'autre à Warsovie. Le remuant primat ne se soumit au roi que lorsque le staroste de Samogitie, Jean Chodkiewicz, apporta à Batory l'hommage de la Lithuanie. La Prusse suivit cet exemple. Il n'y eut que Dantzig, qui, soulevée par un homme populaire, Constantin Gerber, résista plus longtemps, et ne céda qu'à la force des armes.

GUERRE AVEC LA MOSKOVIE.

1579-1582. Profitant de la circonstance que le roi était occupé à pacifier Dantzig, le tzar Ivan IV le Terrible rompit les traités existants et envahit la Livonie; mais une portion de son armée fut défaite par André Sapieha, et bientôt Étienne Batory accourut rejoindre ses défenseurs. Le palatin de Podolie, Miélecki, commandait les Polonais, le palatin de Wilna, Radziwill, les Lithuaniens, et Bekiesz un corps de cinq mille fantassins hongrois. Le roi dirigeait lui-même toutes les opérations et mit le siége devant Polock, qui fut forcée de se rendre après une vigoureuse résistance. Les châteaux forts de Sokol, Turowla, Susza, furent enlevés également par les troupes polonaises, dont les progrès ne s'arrêtèrent qu'à cause des rigueurs de la saison. Étienne ayant accordé l'investiture du duché de Kourlande à Gothard Kettler et reçu l'hommage de celui-ci, fit prendre aux soldats leurs quartiers d'hiver et revint à Warsovie. Ce fut la fin de la première campagne.

Après avoir conféré avec la diète sur les moyens de continuer la lutte, et obtenu d'elle une prolongation pour deux ans de l'impôt dit du *quart* (voyez INTRODUCTION, FORCE ARMÉE), le roi nomma grand-général Jean Zamovski, auquel il avait confié peu de temps auparavant le grand sceau de la couronne, puis il recommença les hostilités. En vain le tzar demanda la paix ou au moins une trêve de quelques semaines, Étienne Batory ne lui laissa pas de repos. Il assiégea et prit coup sur coup Wielkie-Luki, Newel, Zawislocze, Jézierzyszcze, Porchow, Opoka, Starodubow. Ces conquêtes royales furent accompagnées des prises de Wiéliz par Zamoyski et d'Uswiata par Radziwill. Cette seconde campagne terminée, le roi vint assister à la diète de Warsovie en 1581.

Le siége de Pskow signala le début de la troisième campagne. Malgré la bravoure des assaillants, il traîna en longueur; et quand la ville allait enfin succomber, la diplomatie étrangère, de tout temps si fatale à la Pologne, arriva au secours de la puissance moskovite. Le farouche tzar, de plus en plus effrayé, implora l'intervention du Vatican afin d'obtenir la paix; et Grégoire XIII, ce vicaire du Christ qui, à la nouvelle des massacres de la Saint-Barthélemy, n'avait pas rougi de faire illuminer Rome, s'empressa de saisir l'occasion, dans l'espérance de pouvoir enfin réunir la Moskovie à son vaste troupeau. Par les soins de son envoyé, le jésuite Antoine Possevin, un traité de paix fut signé le 15 janvier 1582 à Khiverova-Gorka. Le tzar renonça à toute prétention sur la Livonie, et la Lithuanie conserva Polock, Witepsk, Wiéliz; mais Batory dut restituer toutes les villes conquises dans la province de Pskow.

Si le roi eût poursuivi la guerre, c'en était fait à jamais de la puissance moskovite; mais les menées astucieuses du jésuite surent fasciner l'esprit loyal du guerrier.

INTRODUCTION DES JÉSUITES.

1579. Étienne Batory, qui contribua tant à la gloire et à la prospérité du pays, commit cependant une grande faute, et cette faute, que la bonne intention excuse, eut des suites bien fâcheuses. Guidé par cet amour des sciences qui le préoccupait même au sein des combats, le roi fonda l'université de Wilna et en confia la direction aux jésuites. Déjà, sous le règne de Sigismond-Auguste, les membres de cet ordre avaient pénétré individuellement en Pologne, dans le temps que la guerre de trente ans embrasait une grande partie de l'Europe. Humbles comme toujours à leur début, les jésuites ne tardèrent pas, grâce aux largesses du roi, à posséder d'immenses richesses, qui leur servirent à étendre leur influence. Le contre-coup en fut funeste pour l'État, où éclatèrent bientôt des querelles religieuses; des catégories eurent lieu parmi les nationaux, et il se commit des actes d'intolérance, toutes choses dont la sagesse des souverains avait préservé jusque-là le royaume. C'était une préparation aux événements du règne par trop orthodoxe de Sigismond III Wasa.

Les sciences et les arts eurent seuls à s'applaudir de la venue de l'ordre fondé par Ignace de Loyola. Une des premières corporations religieuses par la délicatesse de son jugement et ses lumières, il amena avec lui le goût des styles divers qui florissaient vers ces temps au midi de l'Europe. Tout ce que Wilna renferme de monuments remarquables provient du sentiment religieux; petit à petit, le type ancien s'effaça presque complétement de la Lithuanie.

TROUBLES INTÉRIEURS.

La Pologne, tranquille dans ses rapports au dehors, devint à l'intérieur le théâtre de violentes dissensions suscitées par les quatre frères Zborowski, si puissants. L'ambition de ces magnats, qui avaient fortement contribué, tant à l'élection de Henri de Valois qu'à celle d'Étienne Batory, leur faisait espérer les premières places à la cour; mais cette attente n'ayant pas été remplie, ils conspirèrent contre l'État et même contre la vie du roi. Samuel Zborowski, revenu de l'exil, méconnaissant la bienveillance royale qui lui servait d'égide contre le décret de proscription toujours existant, s'unit à ses frères. Après avoir excité les Kosaks à attaquer les Turcs, en paix alors avec le pays, il brava le pouvoir de Zamoyski, et apparut en armes dans le palatinat de Krakovie. Alors

Zamoyski, autorisé par un décret du roi, le fit saisir et décapiter. En mourant, Samuel, qui ne pouvait échapper à son sort, nomma comme complices ses deux frères André et Christophe.

Cette catastrophe mit en émoi tous les partisans de la maison des Zborowski, et fût cause qu'une diète, convoquée par le roi dans un but d'utilité générale, ne porta aucun fruit. Ivan IV le Terrible venait de mourir, et une lutte acharnée déchirait ses États; Fiédor, le fils du tzar, comptait pour compétiteur à la couronne son propre tuteur. Le génie d'Étienne Batory lui fit entrevoir tout le parti que la Pologne pouvait tirer de ces divisions; de nouveau une occasion s'offrait de conquérir la Moskovie et de l'incorporer au royaume, ce qui eût assuré pour toujours la prépondérance de celui-ci dans le Nord. Une diète eut donc lieu à Warsovie, en 1585, pour faciliter l'exécution d'une aussi grande pensée politique; mais l'intérêt tout-puissant de l'État dut s'effacer devant les passions soulevées par l'intérêt privé. Il fallut s'occuper de la cause des Zborowski; et Christophe, convaincu de haute trahison, d'intelligences coupables avec le tzar et du crime de lèse-majesté, par discours et par écrit, fut condamné par le sénat, que présidait le roi, à la perte de l'honneur et de la vie. La cause d'André fut renvoyée à la prochaine diète.

Mais les parents des deux coupables, appuyés du palatin de Posen, Gorka, le magnat le plus riche et le plus puissant du royaume, parvinrent à soulever les nonces, qui, outrés de n'avoir pas été admis à juger, protestèrent contre la sentence rendue, comme contraire aux priviléges de la noblesse. Par leur fait, la diète se trouva rompue, et Christophe put gagner l'étranger avant l'exécution du décret.

Ainsi fut écarté un projet politique de la plus haute importance, et à l'exécution duquel Étienne Batory était encouragé par le pape Sixte-Quint, successeur de Grégoire XIII. Furieux de ce que la cour de Rome avait été la dupe du tzar, lors du traité de Khiverowa-Gorka, le souverain pontife offrit même des secours en argent pour entreprendre la conquête de la Moskovie.

MORT D'ÉTIENNE BATORY.

1586. Toujours préoccupé de sa vaste pensée, le roi, pour mieux en assurer l'exécution, projetait de limiter les priviléges nobiliaires et de rétablir l'hérédité du trône, quand une mort subite vint le frapper à Grodno, dans sa cinquante-quatrième année. On attribua vulgairement cette mort au vif chagrin que causa à Étienne Batory la révolte du peuple de Riga contre les jésuites, ses protégés; mais plusieurs médecins de l'époque exprimèrent l'opinion qu'il avait été empoisonné.

Le royaume ne fut jamais plus redoutable aux puissances voisines que sous le règne de ce monarque. D'un extérieur noble et imposant, Batory s'exprimait avec grâce et éloquence. Captif pendant quelque temps de l'empereur Maximilien Ier, il consacra les loisirs de sa prison à l'étude. Redevenu libre, il chercha à perfectionner ses connaissances en voyageant; et faisant un long séjour à la cour des Médicis, il apprit là à aimer les arts et à encourager ceux qui les cultivent. Aussi habile politique que vaillant capitaine, ce roi, qui composait sa lecture habituelle des ouvrages de Jules César, sut faire briller de nouveau aux yeux du pays ébloui les splendides journées des Jagellons. Avec Étienne Batory s'éteignit l'astre éclatant de la Pologne, en laissant après lui une longue et glorieuse trace.

QUATRIÈME PÉRIODE.

LA POLOGNE EN DÉCADENCE.

1587-1795.

COUP D'ŒIL SUR LA POSITION DE L'EUROPE.

Quiconque veut écrire, dit Robertson, l'histoire d'un grand État pendant les trois derniers siècles, est forcé d'écrire l'histoire de l'Europe entière ; car c'est depuis cette époque que les divers royaumes ont formé un vaste système, si compacte et si réactif, que les événements de l'un se faisaient sentir aux autres et exigeaient une surveillance réciproque. La Pologne seule demeura à cet égard dans son indifférence précédente : ses rois ne prirent aucune part aux luttes sanglantes qui désolaient les autres parties de l'Europe, et nées de l'orgueil ou de l'avidité. Cette apathie provenait tant du caractère modeste des souverains polonais que de l'amour de la noblesse pour ses priviléges et de la jalousie qu'elle portait au pouvoir : elle l'aurait vu avec peine en relations intimes et secrètes avec d'autres monarques. La Pologne n'eut donc d'ambassadeurs à l'étranger que dans des cas extraordinaires ; et son insouciance diplomatique fut telle, que Wladislas IV, invité à concourir aux délibérations du congrès qui eut lieu à la paix de Westphalie (1648) et où se réglèrent les affaires de presque toute l'Europe, non-seulement ne s'y rendit pas, mais n'envoya même pas de représentants à cette importante réunion. L'avenir se chargea de prouver combien une pareille indifférence devait être fatale au pays.

De l'avis de Robertson, nous le suivrons en partie, et nous jetterons ici un coup d'œil rapide sur la situation de l'Europe lors de l'avénement de Sigismond III Wasa.

Appauvrie par la lutte interminable entre Charles-Quint et François I*er*, et affaiblie par la politique astucieuse de Catherine de Médicis et la mollesse des trois fils de cette dernière, la France se vit en proie, pendant de longues années, aux plus affreuses calamités. L'ambition politique des Guise, qu'ils avaient l'art de masquer sous une couleur religieuse, amena huit guerres meurtrières ; et c'est au milieu de ces conflits que Charles IX entacha son règne d'une page horrible, la Saint-Barthélemy, et que Henri III tomba sous le poignard d'un moine fanatique. Sa mort même ne mit point fin aux discordes fomentées par le farouche Philippe II d'Espagne ; elles ne cessèrent que lorsque la vaillance et l'esprit fertile de Henri IV, après avoir humilié l'orgueil du monarque espagnol, surent donner à la France une paix glorieuse et lui rendre son ancienne prospérité.

Philippe II, le plus formidable potentat de son siècle, souverain des Espagnes, du Portugal, de Naples, de la Sicile, de l'Italie presque entière, devenu roi d'Angleterre par son mariage avec Marie Tudor, possesseur en outre du Mexique et du Pérou, les plus riches contrées du nouveau monde, et tenant dans ses mains l'héritage commercial des ducs de Bourgogne, pouvait jouer un noble rôle. Mais loin de faire servir tant de possessions et de trésors au maintien de la paix entre les souverains et au bonheur des millions d'hommes qui vivaient sous son sceptre, Philippe se plaisait à tout rougir de sang et à semer de toutes parts l'incendie ; le crime et une fausse rage de conversion, tels étaient les deux grands mobiles dont il faisait usage pour arriver à l'accomplissement de ses desseins. Il ne connaissait d'autre art de régner que par la crainte et l'abaissement de tous ceux à qui la naissance, les richesses ou bien la force d'âme, assignaient un rang élevé et indépendant. Aussi terrible pour ses enfants que pour ses sujets, Philippe II ne respirait que la défiance et le soupçon ; et, mû par ces principes, il donna à l'Espagne le pouvoir de l'inquisition, voulant qu'il n'y eût plus qu'un maître et qu'une foi. Tout fut sacrifié à cette chimère, et l'Espagne, décimée par le sanguinaire tribunal, perdit rapidement les nombreux avantages que lui assuraient un sol abondant, l'exemple civilisé des Maures, le bienfait des sciences et le noble esprit de la chevalerie.

Tant qu'il régna, Charles-Quint avait su apprécier les bonnes qualités et l'activité industrieuse des Flamands ; mais la Flandre, un des plus beaux joyaux de la couronne d'Espagne, devint odieuse à Philippe II. Il la fit gouverner par des lieutenants trop fidèles à son système, et la força ainsi à lever l'étendard de l'indépendance. Bientôt apparut sur la scène politique des Pays-Bas le cruel duc d'Albe; et il est vraiment remarquable que dans le même temps où les Polonais, livrés à la liberté sans bornes d'un interrègne, terminaient au milieu de l'enthousiasme, et sans répandre une seule goutte de sang, leurs turbulentes dissensions, plus de dix-huit mille Flamands périssaient, à la suite des ordres de Philippe II, sous la hache du bourreau. Mais, en dépit de ces persécutions, la liberté triompha; et Philippe II eut la douleur de voir, en mourant, l'anéantissement de ses efforts sanglants, la Hollande libérée, la France et l'Angleterre grandies en puissance par ses propres fautes, et sa vaste monarchie vaciller sur ses fondements.

L'Angleterre obéissait à Élisabeth, sous le sceptre de qui elle devint sur mer, envers l'Espagne, ce que Henri IV et Maurice d'Orange étaient, à l'égard de celle-ci, sur le continent. Douée d'un esprit politique et prévoyant, Élisabeth sut donner l'essor aux forces et au commerce de son pays. La destruction de la formidable *Armada* fut le terme de la puissance maritime espagnole; et les galions du Mexique et du Pérou, tout chargés d'or, se virent capturés par les Anglais. Mais, au milieu de tout cet éclat, une tête royale recevait l'infâme souillure du bourreau, et formait une tache de sang sur un règne si brillant : la séduisante Marie Stuart, que la nature s'était plu à former, fut immolée à l'envie, au moment même où Sigismond III recevait la couronne des mains d'un peuple libre.

Les souverains ottomans, renfermés, après la défaite de Lépante, dans les murs du sérail, s'adonnaient au luxe et à la volupté. Leurs armes n'étaient plus redoutables qu'aux États de l'Allemagne méridionale, et leurs traités avec la Pologne ne furent rompus qu'à la fin du règne de Sigismond III.

Naples, Milan, la Sicile, appartenaient à l'Espagne. Sixte-Quint, relevant la puissance et la dignité du saint-siége, rendait à Rome son ancienne grandeur; et, après lui, Clément VIII ravissait à la maison d'Este le duché de Ferrare. La Toscane florissait toujours, mais ce n'était déjà plus le temps des Côme et des Laurent. Pareil à César-Auguste, le grand-duc Côme, après avoir vu périr par le poison ou le poignard ses filles, ses frères et son fils François, tomba lui-même sous un fer assassin, et bientôt Florence ne rappela plus la gloire d'Athènes et les beaux jours de Périclès : les sciences et les arts n'avaient plus les Médicis pour protecteurs. Entre les républiques, Gênes était presque espagnole; Venise suspecte à tous.

Les cantons suisses catholiques tenaient pour l'Espagne contre les cantons protestants.

Le Danemark, surveillant la Suède, était en paix avec les autres États et favorisait les vues de la Pologne.

L'Allemagne, régie par l'empereur Rodolphe II, goûtait les douceurs d'une paix suivie. Le refus de la couronne polonaise fait à l'archiduc Maximilien, la défaite de ce dernier et sa captivité à Byczyna, ne rompirent même point, du moins en apparence, l'harmonie entre l'Empire et la Pologne. Ce ne fut qu'à la fin du règne de Sigismond III que la guerre de trente ans embrasa l'Allemagne entière. Les deux alliances conclues par Sigismond avec la maison d'Autriche furent avantageuses pour celle-ci, mais funestes à la Pologne. Toutefois, la politique de la cour de Vienne était bien fausse en cette circonstance : l'Autriche ne voyait pas qu'en minant une barrière puissante elle se mettait à découvert, et serait réduite un jour à suivre la direction émanée du cabinet des tzars.

C'est au moment où, comme nous venons de le rappeler succinctement, les diverses positions politiques tendaient à donner une nouvelle tournure aux affaires de l'Europe, que Sigismond III Wasa monta sur le trône. En procédant à son élection, les Polonais ne se doutaient guère que ce monarque, qui devait servir de lien intime entre deux nations, les nations polonaise et suédoise, amènerait de longues guerres entre elles et serait cause de la perte des plus belles provinces(*).

SIGISMOND III WASA.
1587-1632.

L'heure de la décadence avait sonné; les temps lumineux de Batory n'étaient plus. Toute absorbée au dedans par des luttes intestines, la Pologne ne faisait plus rayonner que rarement au dehors les éclairs de sa puissance. *Bellum civile instar coloris febrilis est, et bellum externum instar coloris ex motu, qui valetudini imprimis conducit,* a dit Bâcon, comme s'il eût justement en vue la Pologne.

Issu des Jagellons et petit-fils par sa mère de Sigismond Ier le Vieux, Sigismond, prince royal de Suède, fut élu roi de Pologne, et durant son règne, de près d'un demi-siècle, fit passer le pays par les phases les plus diverses de gloire et de revers. Ce règne, tout guerrier, se passa en luttes continuelles, soit partielles, soit collectives, contre la Suède, la Moskovie et la Turquie.

GUERRE AVEC LA SUÈDE.

1600. Dès le début, Sigismond III dut tenir tête à son compétiteur l'archiduc d'Autriche Maximilien, qui fut fait prisonnier par le grand-général Zamoyski (1588); puis, après quelques années assez paisibles, Sigismond se vit tout à coup roi à double titre : la couronne héréditaire de Suède venait de lui échoir. En son absence, le soin de la régence fut confié à son oncle, le duc Charles de Sudermanie, homme ambitieux et rusé, qui eut bientôt organisé un parti et fait décider, dans une assemblée factieuse, que ses droits à la régence seraient imprescriptibles et au-dessus de toute atteinte. Sigismond ne pouvait tolérer un tel empiétement; à la tête d'une poignée de braves, il débarque donc à Calmar, entre ensuite à Stockholm, poursuit l'usurpateur, le presse, le harcèle; mais, au moment où il tient la victoire, il croit devoir se montrer accommodant, et le duc de Sudermanie, profitant du délai pour réparer un premier échec, remporte à Linköping un avantage signalé sur les troupes royales. Rien n'était pourtant encore désespéré, et les négociations entamées promettaient le triomphe de l'autorité légitime, quand, cédant à des conseils perfides, Sigismond quitta brusquement le royaume. Alarmés de cette retraite, les états de Suède demandèrent le retour du roi, ou tout au moins la présence d'un de ses fils, afin de le faire élever dans la religion du pays. Sigismond ne répondit pas à ces ouvertures, et le résultat de son silence fut sa déchéance et l'avénement au trône du duc de Sudermanie. Cette querelle, réduite à une simple question dynastique, ne fut embrassée par les états polonais que lorsque les Suédois eurent violé les frontières de la Livonie. La guerre devint alors une interminable collision nationale, et se poursuivit pendant dix années avec des alternatives glorieuses ou fatales, un jour livrant des provinces entières à la Pologne, le lendemain les lui enlevant. Les connétables de Pologne et de Lithuanie, Zamoyski, Radziwill, Chodkiéwicz, s'illustrèrent dans la lutte.

VICTOIRE DE KIRCHHOLM.

1605. Parmi les faits d'armes qui méritent d'être signalés, la bataille de Kirchholm tient le premier rang. Elle eut lieu le 27 septembre 1605. Aux dix-sept mille hommes d'excellentes troupes commandées par Charles IX de Suède, le grand-général Chodkiéwicz n'avait à opposer que trois mille quatre cents hommes; mais avant la bataille un fidèle vassal, le duc de Kourlande Kettler, bravant les flots grossis et menaçants de la Dzwina, vint rejoindre, avec trois cents nobles chevaliers, le corps polonais. L'arrivée de ce modeste renfort

---
(*) M. J. U. Niemcewicz, *Histoire de Sigismond III.*

produisit un effet électrique dans tous les rangs, et l'action ne tarda pas à s'engager. Les Suédois combattirent à outrance, et leurs lignes ne furent entamées qu'à la mort d'un de leurs chefs, Linderson, qui, quoique grièvement blessé, se défendait encore à genoux et frappa plusieurs guerriers avant d'expirer. On trouva également sur le champ de bataille le duc de Lunebourg-Brunswick, beau-fils de Charles, qui lui avait promis, en cas de succès, le duché de Kourlande. Dans cette lutte acharnée, où Chodkiéwicz manqua lui-même d'être tué, Charles IX dut son salut au cheval que lui prêta Henri Wrède, haché ensuite en pièces par les soldats polonais. Un autre chef suédois, Brandt, fut fait prisonnier, après une résistance désespérée, et conduit à Krakovie, où on le décapita comme partisan rebelle de l'usurpateur. Neuf mille ennemis perdirent la vie, et onze canons ainsi que soixante drapeaux demeurèrent au pouvoir des Polonais. Cette brillante victoire eut du retentissement par toute l'Europe; et, à son occasion, le pape Paul V, l'empereur Rodolphe, le roi d'Angleterre Jacques Ier, le sultan et le shah de Perse Abbas, envoyèrent des félicitations à Sigismond III (*).

TRÊVE AVEC LA SUÈDE.

1629. Malheureusement l'indolence de ce dernier, le désordre des finances, et l'absence d'une armée permanente, neutralisèrent les avantages obtenus; et bientôt, au mépris d'une première trêve, Gustave-Adolphe recommença les hostilités. Par un mouvement hardi, il envahit la Livonie, s'empare de la Kourlande, pénètre en Lithuanie, bat le grand général Sapieha, se fait jour jusqu'au cœur de la Prusse, et vient camper jusque sous les murs de Thorn. Accouru au secours de cette place, Sigismond répare en partie ses fautes précédentes, et il est dignement secondé par l'illustre général Koniecpolski, qui, pendant cinq années, dispute le terrain pied à pied. Cependant la Pologne, que la Moskovie menace, a besoin de la paix; trois fois on discute ses conditions, et trois fois elle échoue devant les menées de l'Autriche. Enfin une flotte polonaise, sous les ordres de l'amiral Oppelmann, attaque les Suédois, les bat et prend ou coule leurs vaisseaux. Ce succès naval, aidé de quelques avantages sur terre, détermine la conclusion d'une trêve de six ans, qui laisse la Suède maîtresse de la Livonie jusqu'à la Dzwina, et lui abandonne en outre plusieurs places en Prusse.

GUERRE AVEC LA MOSKOVIE.

1609. Le trône des tzars venait d'être ensanglanté par une de ces révolutions de palais si fréquentes dans les États absolus : Borys Godunoff avait fait assassiner le jeune Dimitri, dernier rejeton de la famille des Ruryk. Exploitant cette circonstance, un moine obscur apparut un jour à la cour du magnat polonais Mniskek, et là, se donnant pour Dimitri, sauvé comme par miracle, parvint à gagner la confiance du palatin et à se faire aimer de sa fille, la jeune et belle Maryna. Puis, déployant un courage et une hardiesse vraiment admirables, cet homme marcha sur Moskou, à la tête de quelques centaines de partisans, y pénétra, se fit couronner, et appela la fille du magnat à venir partager son pouvoir (1605). Mais une révolte détruisit bientôt ce rêve si beau; le souverain improvisé tomba percé de coups, et sa femme fut jetée dans un cachot. Le nouveau tzar, Vassili Szuysky, voulant empêcher l'apparition d'autres concurrents, exposa à tous les yeux, sur la place publique, le cadavre de sa victime. Mais dès le lendemain, et malgré cet avertissement assez significatif, un second Dimitri était en campagne, si ressemblant au premier, que la veuve de celui-ci s'y trompa elle-même.

(*) M. J. U. Niemcewicz, Histoire de Sigismond III.

Ce fut au plus fort de cette guerre civile que Sigismond résolut d'intervenir ; il se dirigea vers la Moskovie avec trente mille hommes, mais ses débuts ne furent pas heureux. Smolensk tint bon, et un ordre impolitique qui rappelait les Polonais combattant sous le faux Dimitri, augmenta encore les chances en faveur du tzar Vassili Szuysky.

VICTOIRE DE KLUZYN.

1610. Il était temps que de nouveaux arrivants vinssent rétablir la balance. Cette tâche était réservée au grand-général Zolkiewski ; il accourut bientôt à la tête de sept mille vieux soldats, et engagea, le 4 juillet 1610, près de Kluzyn, une action des plus mémorables. L'armée moskovite comptait quarante-huit mille combattants, dont huit mille Suédois, Allemands, Anglais et Français ; mais, au plus fort de la mêlée, ces deux dernières nations passèrent du côté des Polonais. Dès lors le gain de la bataille, que la sagesse des ordres de Zolkiewski et la vaillance de ses troupes avaient déjà bien préparé, ne fut plus douteux. La déroute des Moskovites fut complète ; treize mille des leurs succombèrent, et le restant dut chercher son salut dans la fuite. Un des chefs, Ivan Boratynsky, périt durant l'action, et deux autres, Vassil Baturlin et Jacques Demidoff, demeurèrent au pouvoir des vainqueurs, qui s'emparèrent en outre de tout le camp ennemi armes et bagages (*).

PRISE DE MOSKOU.

1610. Cet avantage signalé, dû tout entier au génie de Zolkiewski, devait amener un second triomphe bien glorieux. Sans perte de temps, le connétable se mit en marche sur Moskou, assiégée par le faux Dimitri, et, après divers faits d'armes, s'empara de la capitale des tzars. Ceux-ci terrassés,

(*) M. J. U. Niemcewicz, Histoire de Sigismond III.

Zolkiewski s'occupa du soin d'annuler les prétentions de leur compétiteur ; il ne tarda pas à y parvenir, et, grâce à ses efforts heureux, le trône moskovite devint disponible pour le fils du roi de Pologne, le prince Wladislas.

La nouvelle de tant de succès arriva à Sigismond devant Smolensk, qu'il assiégeait toujours et qu'il ne réduisit qu'au bout de dix-huit mois. D'un instinct ombrageux et mal conseillé, Sigismond jalousa la gloire de son connétable. Il refusa donc de ratifier les traités passés par lui, et, au lieu d'assurer à la Pologne la possession des belles provinces conquises, s'en retourna tranquillement à Warsovie. Zolkiewski, voyant ses services ainsi récompensés, quitta lui-même Moskou, après s'être démis du commandement entre les mains de Chodkiéwicz. Mais la reconnaissance publique devait consoler le connétable de l'ingratitude royale ; il obtint à Warsovie les honneurs d'une entrée triomphale, et les tzars captifs suivaient, tête baissée, le char du vainqueur de Kluzyn (1611).

PAIX AVEC LA MOSKOVIE.

1619. Les chefs ennemis étaient bien prisonniers, mais le pays conquis n'était pas soumis ; et, séparée de son général favori, l'armée polonaise se dégoûta bientôt d'une occupation aussi lointaine. Mal soldée en outre, elle revint en grande partie et envahit les domaines royaux, afin de se payer par ses mains de l'arriéré. Une faible garnison resta seule à Moskou, dans le Kremlin, et, quoique privée de vivres, résista vigoureusement ; mais elle fut, à la longue, obligée de capituler. Un nouveau tzar, Michel Fiédorovitsch, fut proclamé, et la femme du faux Dimitri, Maryna, assassinée avec son enfant.

La Moskovie prit alors à son tour l'initiative ; et, s'emparant du rôle que Sigismond avait joué l'année précédente, le tzar se dirigea sur Smolensk. Il ne tarda pas à rencontrer Chodkiéwicz, dont les débuts furent éclatants : Drohobuz, Wiazma, Borysow, Mozaysk', tombèrent successivement en son pouvoir. Moskou entendit de nouveau résonner sous ses murs le clairon polonais; mais cette fois encore on ne sut pas achever le triomphe. Le généralissime, paralysé dans l'exécution de ses plans, se vit arrêté devant cette capitale. Des échecs partiels, un hiver des plus rigoureux, le manque de subsistances, tout contribuait à décourager les troupes, quand l'arrivée de l'hetman des Kosaks, Konaséwicz, vint remonter leur moral. Un assaut général eut lieu, et, sans la trahison de deux transfuges allemands, la Moskovie tout entière devenait polonaise, une fois Moskou prise de nouveau. Il fallut remettre la partie au printemps suivant; mais dans l'intervalle l'ennemi proposa une paix avantageuse, par laquelle toutes les conquêtes des Polonais furent maintenues. Les terres de Siéwierz, Czerniéchow et de Smolensk leur demeurèrent acquises. Une trêve de quatorze années et l'échange de tous les prisonniers, telles furent les autres clauses de ce traité, fort glorieux sans doute pour le pays ;, mais les avantages qu'il sanctionnait n'étaient rien auprès de ceux que l'on avait gaspillés ou perdus.

GUERRE AVEC LA TURQUIE.

1620. Quoique tenant la Pologne sur un qui vive perpétuel, les invasions tatares n'étaient pas la seule occasion de guerre qui menaçât la frontière occidentale du royaume. Là, se trouvait encore la Moldavie avec sa question de suzeraineté toujours pendante ; et si, au commencement du siècle, la médiation d'Élisabeth avait empêché une rupture ouverte, les excursions des Kosaks jusque sous les murs de Constantinople devaient amener des représailles sanglantes.

Leur début remonte à l'époque où, disgracié et mécontent, Zolkiewski revint de Moskou. De sa propre autorité, et presque sans coup férir, il céda la Moldavie ; puis, quand il voulut réparer cette faute et tenter, à la tête de quelques milliers d'hommes seulement, de reconquérir ce boulevard avancé du pays, l'intrépidité du connétable, mal servie par le sort, ne fit qu'amener la catastrophe de Cecora, où il demeura sur le champ de bataille avec la plupart des siens. Alors l'imminence du danger vainquit l'apathie de la diète. Des subsides furent votés, et une armée de trente mille hommes, appuyée d'une levée de Kosaks, s'avança vers Chocim, où quatre cent mille Turcs et Tatars, sous les ordres de l'orgueilleux Osman, vinrent les attaquer. La peste décimait le camp polonais, mais chacun fut digne de la circonstance. Atteint du cruel fléau et quoique agonisant, Chodkiéwicz dirigea de son lit de mort toutes les opérations, et, en expirant, il eut la satisfaction d'entendre retentir à son oreille des cris de victoire.

Une paix, sinon avantageuse, du moins tolérable, mit fin à des combats qui duraient depuis quarante années (1621).

LUTTES INTESTINES.

Au milieu des guerres continuelles dont le début remontait à celui du nouveau règne, la monarchie marchait emportée de plus en plus par la réaction oligarchique qui devait la perdre. La main puissante d'un souverain tel qu'Étienne Batory n'était plus là pour contenir les empiétements de l'ordre équestre. Sigismond, d'un caractère violent mais irrésolu, avec des semblants d'énergie et des retours de faiblesse, ne sut ni empêcher, ni limiter ce mouvement. La création d'une diète inquisitoriale, tentative morte en naissant, fut combattue par des comices illégaux contre les arrêtés de la diète. Ainsi, roi et noblesse, chacun de son côté sapait l'esprit et la lettre de la constitution. Après la mort de Zamoyski, dont la voix austère dominait les prétentions médiocres et les mesquins débats, une espèce de confédération se forma, à la tête de laquelle était Zebrzydowski, palatin de Krakovie ; et elle formula son acte constitutif, qui fut couvert en peu de temps de soixante mille signatures. Cet acte articulait contre le roi une quarantaine de griefs, outrés ou imaginaires. Aussi, fort de son innocence, Sigismond somma les mécontents de préciser leurs accusations, qu'il était prêt à combattre à la barre des comices; à quoi les factieux répondirent en déclarant le trône vacant. Il ne restait donc plus à employer que la voie des armes, et une rencontre décisive eut lieu près de Radom, où, taillés en pièces, les rebelles se soumirent. Il s'ensuivit une amnistie générale (1608), dont nul ne fut excepté, pas même le promoteur de la guerre civile; et, au moyen d'un oubli aussi généreux, les esprits se trouvèrent calmés.

QUERELLES RELIGIEUSES.

Jusqu'au règne de Sigismond III la Pologne s'était préservée de tout excès religieux, de toute persécution orthodoxe; elle fut tolérante à une époque où, aux yeux des zélés, c'était un crime et un danger de l'être. La diète de convocation qui eut lieu en 1573, après la mort de Sigismond-Auguste, donna un bel exemple au restant de l'Europe, que décimaient le glaive et les bûchers, en assurant une protection égale à tous les cultes.

La route ainsi tracée, Sigismond Wasa n'avait plus qu'à la suivre; mais, élevé par les jésuites, ce prince avait contracté chez eux la manie du prosélytisme, et, convertisseur ardent, il eût voulu que, dès le lendemain de son avénement, toute la population fût catholique. De là des querelles religieuses, des catégories parmi les nationaux, et des persécutions populaires dirigées contre les protestants par les jésuites, devenus tout-puissants.

Tandis qu'au nord de ses États Sigismond souffrait qu'on tourmentât ainsi la foi protestante, il poursuivait à l'orient d'autres hérésiarques et créait à la Pologne de nouveaux ennemis. Les provinces russiennes, unies depuis deux siècles au pays, avaient stipulé pour première condition, en se plaçant sous la loi des souverains polonais, que leurs croyances seraient respectées. Ces provinces étaient peuplées de chrétiens professant le rit grec uni, dont beaucoup de sectaires habitaient également l'intérieur du royaume; mais Rome les tenait tous pour schismatiques, et Sigismond, dans son aveuglement, servit d'instrument aux projets ambitieux de cette dernière. Après nombre de persécutions infructueuses, l'archevêque métropolitain de Kiiow, secondé par plusieurs hauts dignitaires de l'Église romaine, entreprit l'œuvre plus calme d'une fusion des deux rits; mais cette tentative, qui eut un commencement d'exécution, n'eut, en définitive, d'autres résultats que de semer de nouveaux ferments de discorde. Il s'établit une rupture ouverte entre les grecs convertis et ceux qui demeurèrent fidèles à leur foi, et, plus tard, cette scission religieuse devint une scission politique.

MORT DE SIGISMOND III.

1632. Sigismond mourut en 1632, et son règne compte au rang des plus désastreux. Suzerain de nombreux fiefs et ayant pu ceindre trois couronnes, celles de Pologne, de Suède et de Moskovie, il se laissa enlever une portion de la Livonie, ainsi que la Valachie et la Moldavie tout entières : tel fut le triste produit des longues guerres qu'il eut à soutenir contre toutes les puissances voisines.

Aucune époque de l'histoire polonaise ne fut pourtant plus féconde que la sienne en illustres guerriers, en orateurs remarquables et en hommes versés dans les sciences et dans les lettres. On vit fleurir sous son règne, entre une foule de personnages célèbres, Opalinski, Gornicki, Bielski, hommes d'État ou historiens; Skarga, prédicateur renommé; Sarbiewski, poëte lyrique latin couronné au Capitole; Simonides, Klonowicz, poëtes nationaux; Dresner, Fox, Szowski, jurisconsultes. Ce qui perdit Sigismond ce fut non-seulement son éducation première, mais encore sa fatale préférence pour la maison d'Autriche, préférence insultante pour l'orgueil national, et que caractérisèrent deux alliances de famille antipathiques à l'immense majorité des Polonais.

PARALLÈLE ENTRE SIGISMOND III ET PHILIPPE II.

De nombreuses analogies se font remarquer entre les règnes de ces deux monarques, et la domination du premier fut pour la Pologne ce que celle du second fut pour l'Espagne. D'une durée égale, mêlée, pendant tout un demi-siècle, de succès éclatants et de revers non moins sensibles, ces règnes eurent, l'un, ses victoires de Kluzyn et de Kirchholm, l'autre, ses triomphes de Saint-Quentin et de Lépante; l'un, le désastre de Ceçora, l'autre, l'anéantissement de l'*armada invincible*. Tous les deux furent, pour leurs royaumes respectifs, une première ère de décadence et de ruines. Sigismond et Philippe laissèrent échapper chacun leurs États héréditaires, la Suède et les Pays-Bas; et ils perdirent également les provinces que la conquête leur avait values comme une espèce de dédommagement, la Moskovie et Tunis. Enfin, tous deux ils allumèrent le feu de la persécution religieuse, l'un contre les sectaires du rit grec, l'autre contre les Maures. Mais, plus heureuse, l'Espagne gagna du moins le Portugal sous le sombre Philippe II, tandis que, sous l'irrésolu Sigismond III, la Pologne ne gagna rien que les germes du mal dont elle devait périr à un siècle et demi de là.

WLADISLAS IV, WASA.

1632-1648.

Bien différent de son père Sigismond par les nobles qualités du cœur et de l'esprit, Wladislas réunit l'immense majorité des suffrages des électeurs; et si, à la fin du règne précédent, le parti des dissidents, guidé par Christophe Radziwill, sembla offrir quelques espérances sur la couronne polonaise à Charles-Gustave de Suède, la conduite sage et tolérante de l'héritier légitime éloigna bientôt toute crainte et toute pensée hostile. Wladislas IV fut donc couronné sans obstacle à Krakovie en 1633. L'électeur de Brandebourg et le duc de Poméranie, tous deux vassaux de la Pologne, prêtèrent hommage au nouveau souverain; et Thomas Zamoyski, fils de l'illustre grand-général, vint lui offrir, à la tête d'un nombreux cortége de guerriers, le drapeau pris par son père à Byczyna et sur lequel on voyait le chiffre de l'archiduc Maximilien, ainsi que les armes de la maison d'Autriche.

Wladislas épousa, en 1637, la fille de l'empereur d'Allemagne Ferdinand II, Cécile, qui sut, par ses bonnes qualités, mériter l'amour de ses sujets; mais sa mort prématurée ayant, à peu d'années de là, laissé le roi veuf, il dut songer à un second mariage. Deux partis s'offrirent alors à lui : Christine de Suède, et Marie-Louise, fille de Charles de Gonzague, duc de Mantoue et de Nevers. La France, qui cherchait à étendre son influence en Pologne, appuyait vivement cette dernière alliance; d'un autre côté, l'union avec Christine présentait plus d'avantages sous le rapport politique; mais soit que l'âge de la princesse suédoise effrayât le roi ou que les diplomates français fussent plus adroits que leurs rivaux, la fille du duc de Nevers l'emporta. La maréchale de Guébriant l'accompagna à la cour, et portait le titre assez singulier d'ambassadrice extraordinaire. Marie de Gonzague fut couronnée en 1646; mais, reine malgré elle, cette princesse, qui avait un autre amour dans le cœur, ne montra qu'un caractère hautain, peu bienveillant, et donna mainte preuve du déplaisir qu'elle éprouvait en Pologne, surtout pendant le règne suivant. Ce mariage demeura stérile.

TRAITÉ DE POLANOW.

1634. Le tzar ayant rompu les traités et mis le siège devant Smolensk, la guerre contre la Moskovie fut décidée à la diète de couronnement. L'avant-garde, sous les ordres du brave Chris-

8ᵉ *Livraison.* (POLOGNE.)

tophe Radziwill, ne tarda pas à battre l'ennemi à Pokrowa, et rouvrit ainsi au souverain les portes de Smolensk, où Wladislas donna au chef vainqueur le bâton de connétable. Le chef Sehin, bien qu'il commandât à seize mille Moskovites et seize mille hommes de troupes allemandes et autres salariées, tandis que Wladislas ne comptait que vingt mille soldats, espérait plus en la disette et les rigueurs de la saison qu'en ses propres forces : aussi, dans ce but, évitait-il toute rencontre avec l'armée polonaise, et, à l'abri de retranchements formidables, il attendait que les neiges et les glaces vinssent le délivrer de ses rudes adversaires. Mais le courage de Wladislas se montra digne de la circonstance; durant cinq mois consécutifs il habita une misérable cabane, de laquelle, par les temps les plus rigoureux, les nuits les plus âpres, il allait visiter lui-même les avant-postes et relever les sentinelles perdues. Tant de persévérance méritait d'avoir le succès pour récompense, et Sehin, pris le premier par la famine, se vit réduit à implorer grâce. Sans perte de temps, Wladislas se dirigea alors sur Moskou; Drohobuz, Wiazma tombèrent bientôt en son pouvoir; et le tzar, tout tremblant dans sa capitale, s'empressa, à la nouvelle de triomphes aussi rapides, de venir demander la paix au monarque victorieux.

Elle fut conclue à Polanow. D'après les clauses du traité, Wladislas renonça aux droits et au titre de tzar, que les boyards moskovites lui avaient offert en 1610, lors de la prise de Moskou par Zolkiewski, et il reconnut pour tzar Michel Fiédorovitch. De son côté, ce dernier renonça à jamais à tous droits et prétentions sur la Livonie, l'Esthonie, la Kourlande, Smolensk, Siéwierz et Czerniéchow. Il s'obligea, en outre, à supporter tous les frais de la guerre.

Ce traité de paix était sans doute fort beau; mais le génie actif de Wladislas ne se serait toutefois pas contenté des avantages qu'il renfermait, si, avant sa conclusion, les Moskovites n'eussent pas réussi à soulever la Porte contre la Pologne, et si les Tatars n'eussent pas envahi de nouveau le pays. Bientôt la victoire de Konieçpolski, remportée sur les Tatars près de Sasowyrog, en Moldavie, et la défaite des Turcs, par le même général, près de Kamiéniec, décidèrent le sultan à faire étrangler Ali-Pacha, l'instigateur des hostilités, et à renouveler la paix avec la Pologne.

TRAITÉ AVEC LA SUÈDE.

1635. Cette année avait vu expirer la trêve de six ans conclue sous le règne précédent avec la Suède, et la médiation de la France et de l'Angleterre réunies n'amenant aucun résultat, Wladislas résolut d'en finir par la voie des armes. Cette détermination ferme produisit quelque effet sur l'esprit de la reine Christine et de son chancelier Oxenstierna ; des négociations moins hostiles s'ouvrirent, et il en sortit bientôt la conclusion d'une nouvelle trêve de vingt-six années. Elle fut signée à Sztumdorf, dans le palatinat de Malborg. Entre autres avantages pour la Pologne, la Suède s'engagea à restituer la portion de la Prusse qu'elle avait conquise, et il fut arrêté que Wladislas porterait jusqu'à convention contraire le titre de roi de Suède.

ABAISSEMENT DES KOSAKS.

1638. Ainsi relevée par l'habileté de son monarque et la vaillance de ses capitaines, la Pologne aurait pu goûter les fruits d'une longue ère de paix et de prospérité, si, à mesure que des obstacles étaient détruits, d'autres ne fussent venus s'établir à leur place. Cette fois encore, les nouveaux germes de destruction partirent du sein même du pays.

Les Polonais, si jaloux de leur propre liberté, ne savaient pas toujours respecter celle des autres; et les grands à qui les souverains avaient donné des domaines en Ukraine voulurent réduire les Kosaks à l'état de vasselage. Dans ce but, ils leur firent éprouver toute espèce de persécutions, tandis que, d'un autre côté, les jésuites employaient envers eux d'odieuses menées pour les convertir au rit romain. Attaqués à la fois dans leurs droits d'hommes libres et dans leurs croyances religieuses, les Kosaks se révoltèrent et détruisirent le fort Kudak; mais, battus ensuite par Nicolas Potocki, leur chef Paluk et quatre d'entre eux furent envoyés à Warsovie, afin de s'y expliquer. Toute garantie de grâce leur avait été préalablement donnée; mais l'acharnement des magnats d'Ukraine était tel, qu'il l'emporta : au mépris de la foi jurée et à la honte du gouvernement, les pauvres ambassadeurs kosaks furent décapités en 1638.

Cet acte de faiblesse et de déloyauté fut suivi, la même année, du funeste décret de la diète. Les priviléges, juridictions, revenus, titres et décorations accordés précédemment aux Kosaks leur furent enlevés. Un grand nombre d'entre eux se vit incorporé de force dans les autres corps de l'armée, et le restant réduit en esclavage. En vain ils élevèrent la voix, le pouvoir des grands et les intrigues des jésuites surent étouffer leurs réclamations et braver à leur égard toute justice. C'était tristement récompenser les services de ces fidèles auxiliaires de la couronne; aussi, guidé par un trop juste sentiment de vengeance, le peuple kosak, qui naguère encore versait à Chocim son sang pour la défense de la Pologne, ne devait pas tarder à devenir un de ses plus cruels ennemis.

Wladislas IV mourut en 1648, âgé seulement de cinquante-deux ans. D'un caractère généreux et magnifique, il obtint l'estime de tous les monarques contemporains; et on peut attribuer à son influence personnelle tout ce qui fut fait sous son règne de grand et de sage. C'est à une aristocratie turbulente qu'il faut reporter les manques de foi et les décrets tyranniques; dans son aveuglement, elle ne s'apercevait pas que, d'empiétement en empiétement, elle conduisait l'État vers une perte certaine et rapide.

JEAN-KASIMIR.

1648-1668.

La guerre de trente ans venait enfin d'être terminée en Allemagne, grâce au traité de Westphalie; mais l'Autriche, encore tout échauffée du feu de la lutte, songeait à rallumer son flambeau en Pologne. Tantôt, par ses intrigues diplomatiques, elle excitait les Kosaks à rompre les traités existant avec les Turcs, tantôt elle menaçait de faire revivre d'anciennes prétentions sur la Livonie. Ce fut à ce moment que la mort du chevaleresque Wladislas IV, en laissant inachevés ses plans politiques, vint encore compliquer la position du pays.

Trois candidats briguaient les suffrages des électeurs, les deux frères du roi défunt d'abord, Charles-Ferdinand, évêque de Breslau et de Plock, et Jean-Kasimir, puis le duc de Transylvanie, Rakocy. Jean-Kasimir finit par l'emporter et fut couronné en 1649 (*).

INSURRECTION DES KOSAKS.

1648. En outre de la conduite tortueuse de l'Autriche, d'autres embarras vinrent assaillir à la même époque le royaume. La manière odieuse avec laquelle on traitait les Kosaks devait produire des fruits amers; et l'un de leurs principaux chefs, Bogdan Chmielnicki, ayant été insulté dans ses af-

(*) Pendant la durée de ses voyages, Jean-Kasimir fut arrêté dans la rade de Marseille (1638), par l'ordre de Richelieu et sous prétexte qu'il était venu d'Espagne sans passe-ports; mais le motif réel de cette violente mesure était une complicité prétendue avec le cabinet espagnol, alors en guerre avec la France. Jean-Kasimir resta deux ans enfermé au fort de Sisteron; transféré ensuite à Vincennes, on ne lui rendit la liberté qu'à condition qu'il ne combattrait jamais contre la France. Il se retira à Rome, où il embrassa la règle des jésuites et fut nommé cardinal. Peu de temps avant la mort de Wladislas IV, il retourna en Pologne, dans l'espoir de parvenir à la royauté; ce en quoi il réussit.

fections de famille, sans pouvoir obtenir justice auprès de l'autorité, leva l'étendard de la révolte. Il n'eut qu'à parler des franchises ravies et de la foi menacée, pour voir les mécontents accourir en foule autour de lui. Bientôt les Tatars se joignirent à lui; deux peuples, ennemis jurés jusque-là, fraternisèrent; et une fois cette barrière rompue, la Pologne fut inondée par une masse de cent cinquante mille combattants, qui obéissaient aux ordres de l'audacieux Chmielnicki. Trois victoires, dans lesquelles périt le vaillant Étienne Potocki et où deux hetmans polonais furent faits prisonniers, couronnèrent la marche rapide de Bogdan, qui rançonna Léopol, assiégea Zamosç, et porta l'épouvante jusque sous les murs de Warsovie.

Le nouveau roi, qui venait à peine d'être élu, convoqua aussitôt l'arrière-ban; mais des transactions eurent lieu. Chmielnicki obtint, par le traité de Zborow, le titre d'attaman des Kosaks et le droit d'entretenir un corps régulier de quarante mille hommes; des siéges au sénat furent concédés aux dignitaires de l'Église grecque, et il fut stipulé qu'à l'avenir nulle fonction publique ne serait exercée dans le pays kosak que par des coreligionnaires. Mais ces accommodements, où personne n'était de bonne foi, durèrent peu. Les jésuites surent, par leurs intrigues, amener le clergé polonais à ne pas vouloir siéger avec l'archevêque grec de Kiiow; et, de son côté, Chmielnicki, qui convoitait pour son fils Timophée la Valachie, négocia secrètement auprès de la Porte.

Jean-Kasimir ordonna alors une levée générale et livra bataille, près de Beresteczko, le 28 juin 1651. Le combat dura dix jours, et, à la fin, le roi l'emporta. Trente mille Kosaks et Tatars perdirent la vie en cette circonstance; de plus, treize canons et tout le camp rebelle tombèrent au pouvoir des vainqueurs. Mais, comme cela s'était déjà vu maintes fois, on ne mit point à profit le succès. L'armée triomphante se débanda, et Chmielnicki, non poursuivi dans sa retraite, obtint la paix presque aux mêmes conditions qu'avant la lutte, excepté toutefois que l'on réduisit de moitié son corps d'armée. Échappé à un aussi grand danger, le chef kosak se révolta bientôt de nouveau, et surprit, près de Batow, un camp polonais de neuf mille hommes, qui furent tous passés au fil de l'épée. Le roi dut donc se remettre en campagne; mais cette fois, cerné lui-même par Chmielnicki, il lui fallut traiter à des conditions humiliantes.

Cela ne suffit pas à l'habile chef, et sentant, dans sa prévision, que le pays touchait à l'heure de sa ruine, il lui fit tout à fait défection, et passa avec les siens, en 1654, à la Moskovie. Dès lors, le bouclier dévoué qui défendait la Pologne, du côté de l'occident, fut à jamais perdu pour elle.

PREMIER LIBERUM VETO.

1652. Les progrès de Chmielnicki et les dangers qui menaçaient le royaume vers la Moskovie et la Suède, amenèrent Jean-Kasimir à convoquer une diète. C'était le cas d'agir avec ensemble et énergie, mais la fatalité qui semblait peser sur les destinées nationales en décida autrement. Pierre Sicinski, nonce d'Upita, dont tout Polonais a le nom en horreur, osa y prononcer, pour la première fois, le *liberum veto*, et fut cause de la dissolution de la diète. L'ennemi avait beau être là, menaçant, toute discussion dut cesser sur l'heure, et on se sépara sans prendre les mesures que réclamaient les circonstances. Ce droit absurde, révoltant, du *liberum veto*, devant lequel tous avaient reculé jusque-là, fut admis, à compter de cette époque, comme loi de l'État, et vint ajouter un nouveau germe de mort à tous ceux que renfermait déjà la constitution du pays.

GUERRE AVEC LA SUÈDE. — TRAITÉ D'OLIWA.

1655-1660. Tandis que le tzar Alexis menaçait la Lithuanie, le feld-maréchal suédois Wittemberg envahissait la Grande-Pologne, à la tête de dix-sept mille hommes, et le roi de Suède lui-même, Charles-Gustave, y pénétrait, du côté de la Prusse, avec un second corps d'armée. Ils opérèrent tous deux leur jonction dans la région de Kalisz.

L'origine de cette agression n'a jamais été bien expliquée; les historiens se contentent de la rejeter sur le ressentiment du vice-chancelier Radziéjowski, qui, banni de Pologne pour intrigues secrètes avec les Kosaks, aurait poussé la cour de Stockholm à faire une pareille démarche.

Quoi qu'il en soit, Jean-Kasimir, pris à l'improviste, chercha à gagner du temps en entamant des négociations ; mais l'orgueilleux monarque suédois répondit à ses envoyés d'aller l'attendre à Warsovie. Redoutant l'issue d'une action générale, Kasimir se retira sur Opoczno; et Charles-Gustave fit une entrée triomphale dans la capitale, ainsi qu'il l'avait annoncé. Puis il se mit en mesure d'atteindre Kasimir ; une rencontre devenait inévitable, quand un effroyable orage, qui éclata tout à coup, vint l'empêcher. Ce hasard permit à Kasimir de quitter le royaume et de se réfugier en Silésie. Il abandonnait par là la partie; et de toutes les villes, Krakovie seule se défendait encore. Bientôt la défection des troupes salariées força ce dernier boulevard à capituler, au moment même où le félon Frédéric-Guillaume, électeur de Brandebourg, se déclarait le vassal du conquérant, et où le duc de Transylvanie, Rakocy, attiré par l'espoir du pillage, inondait avec cinquante mille aventuriers la Pologne méridionale et y commettait des horreurs sans nombre.

Tout conspirait donc à la fois contre le pays; et ni l'empereur d'Autriche, ni aucun des souverains qui avaient brigué la couronne polonaise lorsqu'elle était vacante, n'en voulaient maintenant que, dans son impuissance et son désespoir, Kasimir la leur offrait. Déjà Charles-Gustave méditait le démembrement du territoire, répondant aux seigneurs qui lui conseillaient de faire consacrer ses droits par l'élection, et en frappant la garde de son épée : « *Votre élection, la voilà!* » Un miracle pouvait seul sauver le royaume, Dieu le fit. Usant d'une pieuse ruse, le prieur du couvent de Czenstochowa, Augustin Kordecki, parvint à faire croire aux ennemis que la sainte Vierge combattait pour les Polonais, et les força à lever le siége de cette riche abbaye, quoique dix-sept mille hommes de troupes l'entourassent. Ce succès inespéré ranima l'ardeur des défenseurs de la cause nationale; et, dans le nouvel élan imprimé, Czarniecki, Stanislas Lanckoronski et les membres de la famille Potocki proclamèrent, en 1655, la célèbre confédération de Tyszowcé. Jean-Kasimir rentra bientôt en Pologne, et, après avoir signé l'acte de la confédération, mit le royaume sous la protection de la Vierge. Dès lors les choses changèrent complétement de face : les palatinats se levèrent, la résistance s'organisa de toutes parts, et les Suédois furent chassés des places fortes qu'ils occupaient. Bogdan Chmielnicki lui-même, outragé par le tzar, embrassa de nouveau momentanément la cause de la Pologne.

Charles-Gustave, voyant sa proie lui échapper, se réveilla, marcha contre les troupes nationales, et remporta d'abord un avantage sur Czarniecki ; mais, battu à son tour par ce vaillant général, il perdit Warsovie, où le feld-maréchal Wittemberg fut fait prisonnier. Tous les projets du monarque suédois étaient renversés, si l'électeur de Brandebourg ne fût accouru à son aide. Fort de cet appui, il reparut devant la capitale et s'en rendit une seconde fois maître, après une lutte acharnée de trois jours. Comme compensation, Stanislas Potocki battait pendant ce temps le duc Rakocy et le contraignait à signer une paix humiliante pour lui.

Grâce aux secours de l'Autriche, Jean-Kasimir put soutenir désormais la guerre ; mais ces secours furent vendus bien cher au pays, car il lui en coûta l'abandon des riches salines de Wiéliczka. D'un autre côté, Dantzig, soutenue par la Hollande, tenait ferme, et Christiern de Danemark, allié de la Pologne, opérait une heureuse diversion en Suède. Les plus mauvais jours étaient passés; et ce dernier événement forçant Charles-Gustave à retourner dans ses États, Czarniecki purgea rapidement le royaume des ennemis, privés de leur chef. Les places fortes furent reprises une à une, et Czarniecki poussa ses triomphes jusque dans la Poméranie suédoise.

Les hostilités cessèrent à la mort de Charles-Gustave, arrivée peu de temps après; et la France s'étant portée comme garante des clauses du traité, la paix ne tarda pas à être signée à Oliwa (1660). Cette paix, qui forma depuis une des bases du droit international, fut onéreuse, car non-seulement elle ravit à la branche des Wasa qui régnait en Pologne toute prétention à la couronne de Suède, mais il fallut encore céder à celle-ci la Livonie, l'Esthonie et l'île d'OEsel.

SOUVERAINETÉ DE LA PRUSSE DUCALE RECONNUE.

TRAITÉS DE WEHLAU ET DE BROMBERG.

1657. Une fois en paix avec la Suède, Kasimir aurait dû sans doute châtier d'une manière exemplaire le feudataire déloyal qui, en des temps critiques, avait fait cause commune avec l'ennemi. Mais le rusé électeur de Brandebourg n'avait pas attendu ce moment pour se ménager une voie de salut, et, à peine les chances commencèrent-elles à tourner, que déjà il était revenu prendre sa place dans les rangs polonais. Cette circonstance et plus encore l'état précaire du pays, après une pareille crise, commandèrent la modération à Jean-Kasimir. Mais les nouveaux rapports devant être constatés, les traités de Wehlau et de Bromberg réglèrent la position de la Prusse ducale vis-à-vis de la Pologne. L'électeur, affranchi de l'ancien vasselage, devint souverain, promettant, en échange de son investiture, une foi bien douteuse et certains secours d'hommes et d'argent. Ce fut la première origine du royaume de Prusse actuel.

GUERRE AVEC LA MOSKOVIE. — TRAITÉS DE HADZIACZ ET D'ANDRUSZOW.

1654-1658-1667. Deux armées avaient été lancées à la fois sur le pays par le tzar Alexis, dans le même temps où la Suède commençait ses attaques et où Bogdan Chmielnicki passait à la Moskovie. L'une envahit l'Ukraine et l'autre la Lithuanie ; Chmielnicki se joignit à la première. Le début fut heureux pour les troupes polonaises appelées à repousser l'ennemi, car elles remportèrent la victoire lors de la bataille rangée qui eut lieu près d'Human, et Chmielnicki dut se replier. Mais la suite ne répondit pas au commencement ; le roi revint inopinément à Warsovie, et, pendant ce temps, les forces moskovites firent de grands progrès en Lithuanie. Après avoir battu le prince Radziwill, elles prirent successivement Mohilow, Polock, Newel, Witepsk, et s'emparèrent par trahison de Smolensk. Le peu d'accord qui régnait entre les deux chefs chargés de défendre le grand-duché, devint la cause que Minsk et Wilna tombèrent également au pouvoir du tzar. Enfin, une trêve fut conclue sous la médiation de l'Autriche.

Bogdan Chmielnicki étant venu à mourir (1657), les Kosaks se divisèrent en deux fractions, l'une polonaise, l'autre moskovite; et leur nouvel ataman, Wyhowski, mécontent du tzar, songea avec son parti au retour à la Pologne. Une alliance eut lieu à Hadziacz (1658); mais, vivement irrité de cet abandon, Alexis reprit avec vigueur la guerre. Heureusement cette fois la Pologne, débarrassée par la paix d'Oliwa des agressions de la Suède, n'avait plus qu'un ennemi à combattre : aussi l'attaque fut dignement soutenue. Deux armées, commandées par l'immortel Czarniecki et l'hetman Georges Lubomirski, eurent chacune leur journée triomphale : la première à Polonka, où quinze mille hommes des troupes du tzar restèrent sur le champ de bataille; la seconde à Czudnow, qui vit mordre la poussière à trente-sept mille Moskovites et Kosaks.

La guerre dura encore six années, mais sans autres péripéties remarquables. La paix d'Andruszow (1667) vint la clore. Au moyen de ce traité, l'ancienne trêve se trouva prorogée de treize ans. Smolensk, Siéwierz, Czerniéchow et toute l'Ukraine en deçà du Borysthène échurent à la Moskovie. Kiiow ne lui fut cédée que pour deux ans. En échange de ces concessions, la Moskovie restitua à la Pologne les palatinats de Polock, de Witepsk et la Livonie polonaise. On convint en outre de s'aider mutuellement contre les Turcs et les Tatars.

GUERRE CIVILE.

1664-1666. Quelque désavantageux que fussent pour le pays les traités d'Oliwa et d'Andruszow, il s'en serait relevé, si des troubles intérieurs n'étaient venus encore une fois mettre obstacle au bien et énerver de plus en plus les forces vitales du royaume.

Jean-Kasimir, ayant été relevé de ses vœux et ayant obtenu des dispenses du pape, avait épousé la veuve de son frère, Marie de Gonzague. Cette princesse, toute dévouée aux intérêts de la France, tenta d'assurer la survivance de la couronne polonaise au duc d'Enghien, fils du grand Condé; et Kasimir en fit lui-même la proposition dans une assemblée du sénat. Le *liberum veto* fut de nouveau invoqué en cette circonstance; et, quoique seul d'opposant, Maximilien Fedro, castellan de Léopol, fit avorter le projet par son refus.

Marie de Gonzague ne se tint pas pour battue, et supposa, dans sa colère, que Fedro n'avait été que l'agent du grand maréchal George Lubomirski, illustré par les services rendus lors de la dernière guerre. La reine obtint que des poursuites fussent dirigées contre le maréchal; on l'accusa d'intrigues secrètes, de conspiration, et il se trouva de faux témoins pour attester qu'il visait à jouer dans l'État le rôle du Protecteur en Angleterre, de Cromwell. Le sénat, que Marie avait préparé, le condamna donc à la mort et à la confiscation de tous ses biens; mais Lubomirski, averti à temps, réussit à gagner la Silésie.

On s'attaquait à un trop grand citoyen pour que sa cause demeurât sans défenseurs. Les services éminents du général méconnus, les droits et les priviléges du noble foulés aux pieds, tout concourut à amener un soulèvement. Les palatinats de la grande Pologne formèrent une confédération, et la guerre civile ne tarda pas à éclater. Dans une première rencontre les troupes royales furent défaites, et Jean-Kasimir dut songer à venger en personne un tel échec. Du côté de la confédération on comptait douze mille hommes, commandés par le grand maréchal et bien déterminés; sous l'étendard du roi, vingt-six mille soldats étaient rangés. Mais, au moment d'en venir aux prises, les évêques de Krakovie et de Chelm se jetèrent entre les combattants et s'efforcèrent d'opérer une réconciliation; leurs efforts furent vains : les choses ayant été poussées trop loin, la voie des armes pouvait seule les dénouer. Kasimir, quoique fort supérieur en nombre, fut battu; et alors Lubomirski traita de puissance à puissance. Pour la forme cependant, il demanda pardon au roi et se soumit, mais à la condition expresse que, tant que Jean-Kasimir vivrait, il ne serait pas question de pourvoir à la succession au trône. Ce traité, conclu à Lengoniça, reçut l'approbation des états.

PRÉDICTION REMARQUABLE DE JEAN-KASIMIR.

1661. Ce souverain ne se trompait pas sur l'avenir qui était réservé à la Pologne; il sentait bien que les exigences de la noblesse et l'abus du *veto* rendaient la royauté impossible; et c'est devant les représentants de la nation, assemblés en 1661, qu'il prononça ce discours si mémorable : « Dieu veuille que je me trompe, s'é-« cria-t-il, mais si vous ne vous hâtez « pas de remédier aux malheurs que « vos prétendues élections libres atti-« rent sur le pays, si vous ne renoncez « pas à vos priviléges personnels, ce « noble royaume deviendra la proie « des autres nations. Le Moskovite « nous arrachera la Russie et la Li-« thuanie; le Brandebourgeois s'empa-« rera de la Prusse et de Posen; et « l'Autriche, *plus loyale que ces deux* « *puissances*, sera obligée de faire « comme elles : elle prendra Krakovie « et la petite Pologne. » Paroles vraiment prophétiques, que les événements postérieurs ont justifiées !

ABDICATION DE JEAN-KASIMIR.

1668. Les dernières années du règne de Kasimir virent encore de nouvelles incursions des Kosaks, devenus les alliés des Tatars et de la Porte; les victoires même de Sobieski ne purent mettre un terme à de pareilles attaques, qui se renouvelaient sans relâche. Déjà brisée par tous les événements qui l'avaient assaillie, l'âme du roi reçut un dernier coup lors de la mort de Marie de Gonzague; et la France, jalouse de l'influence que l'Autriche exerçait en Pologne, redoubla d'instances pour amener Kasimir à abdiquer, dans l'espoir de voir par suite un prince de la maison de Condé sur le trône polonais. Jean-Kasimir se démit donc du pouvoir souverain et dit adieu à la nation, dont la douleur fut extrême, dans un discours, entrecoupé de larmes, qu'il prononça devant la diète, en 1668, et que l'histoire a religieusement conservé (*).

(*) Après son abdication, Jean-Kasimir se retira en France, où Louis XIV ajouta à ses revenus ceux des abbayes de Saint-Germain des Prés, à Paris, et de Saint-Martin, en Nivernais. Il mourut à Nevers, en 1672; et son cœur fut déposé à l'église de Saint-Germain des Prés, où il se trouve encore.

TRISTES RÉSULTATS DU RÈGNE DES WASA.

L'avénement de la dynastie des Wasa au trône polonais marque l'époque de la décadence du pays. L'Europe n'a jamais su reconnaître le dévouement de la Pologne, qui devint, au dix-septième siècle, l'avant-garde de la chrétienté contre les invasions ottomanes, et ce fut une grande erreur de la part des puissances. Placée entre deux États qui grandissaient chaque jour et menaçaient ses frontières, la Moskovie et l'empire d'Autriche, la Pologne rencontrait un allié tout naturel dans la Turquie; car le but que la Porte se proposait d'atteindre par ses attaques incessantes, ce n'était pas la conquête au nord de forêts sauvages et de steppes désertes, mais bien de se frayer en Allemagne un chemin vers le midi, dont les richesses excitaient sa convoitise. L'Autriche avait donc seule à craindre, et elle fit un véritable coup de maître en associant à sa cause la Pologne catholique.

Les dissensions religieuses allumées sous Sigismond III, et attisées avec zèle par les jésuites, vinrent à l'appui des plans politiques du cabinet autrichien. Sigismond prépara également la route de la puissance au tzar et au margrave de Brandebourg en forçant, par ses persécutions, ses sujets du rit grec ou réformés à se jeter dans les bras de ces deux princes. Mais il ne vit pas les calamités que de pareilles fautes devaient enfanter; il était réservé à Jean-Kasimir de porter le dernier coup à la Pologne et d'être témoin de sa décadence. Encore plus intolérant que son père Sigismond, qui s'était contenté d'abattre les temples des protestants, Jean-Kasimir chassa ces derniers du pays.

Le royaume sembla toucher alors à l'heure de sa dissolution : les Kosaks passaient à la Russie, et les entreprises de Bogdan Chmielnicki apprenaient par des ruines ce que coûte un stupide fanatisme; les protestants invoquaient l'appui du Brandebourg et de la Suède; l'élite de la nation succombait dans les rencontres meurtrières de la guerre civile ou sous le sabre des Turcs; enfin l'Empire, pour mieux assurer les résultats de son œuvre, semait parmi la noblesse polonaise, déjà bien trop vaine et possédée de la soif des honneurs, des titres et des diplômes de comtes et de princes. Aussi, dès cette époque, la vieille Pologne, que tant de causes réunies tendaient à miner, marcha à grands pas vers sa chute; et si quelques beaux jours brillèrent encore pour elle par moments, ce ne furent plus que des lueurs impuissantes.

MICHEL WISNIOWIECKI.

1669-1673.

Les candidats ne manquèrent pas lorsque l'abdication de Jean-Kasimir nécessita une nouvelle élection royale, et on comptait même parmi eux le grand Condé et la fameuse Christine de Suède, qui, regrettant sa retraite précipitée du pouvoir, cherchait à ceindre une autre couronne. Mais il n'y avait de compétiteurs sérieux que le palatin du Rhin, appuyé par le sénat, et le duc Charles de Lorraine, soutenu par la noblesse. Au milieu de cette lutte et pour y mettre fin, un arrière-neveu de l'illustre Zamoyski, Michel Wisniowiecki, fut élu. Pauvre et humble dans ses vœux, quoique descendant d'une famille princière, il se vit forcé d'accepter presque malgré lui cet honneur. Il sentait bien que son caractère indolent le rendait peu propre à remplir d'aussi hautes fonctions; et il ne se trompait pas, car bientôt les esprits turbulents de l'intérieur et les ennemis au dehors vinrent entraver la marche de son règne.

Mahomet IV fut le premier qui sut exploiter l'apathie du nouveau roi; il envahit l'Ukraine et prit Kamiéniec, la plus forte place de Pologne. Michel se hâta de conclure avec lui un traité à Budzacz (1672), par lequel toute l'Ukraine fut abandonnée à la Porte et les Kosaks placés sous sa suzeraineté; Kamiéniec resta également entre les mains des Turcs, à qui la Pologne s'engageait à payer un tribut honteux de vingt-deux mille ducats.

Une paix aussi humiliante devait réveiller l'énergie nationale, et bientôt la noblesse, réunie à Golembiow, se forma en confédération, à la double fin de fortifier le pouvoir royal et de briser la suzeraineté oligarchique de quelques magnats. La noblesse polonaise ne faisait que suivre en cela le mouvement analogue du Danemark, arrivé une douzaine d'années auparavant, et qui y avait produit la célèbre révolution de 1660. La confédération prononça la destitution du primat Prazmowski, qui avait voulu humilier précédemment la couronne, confisqua ses biens, et déclara traîtres à la patrie les nonces dont le *veto* avait paralysé l'action des diètes. Le primat, réfugié à Lowicz, s'y livra, d'accord avec le grand hetman Sobieski, à de coupables menées; mais ce dernier ne tarda pas à effacer ses torts par de nouveaux triomphes sur les Turcs.

Toujours faible et insouciant, Michel Wisniowiecki négligea d'utiliser les ressources qu'offrait le parti national et fit grâce au primat, qui, rentré dans la possession de ses biens et honneurs, intrigua de nouveau contre le souverain. La guerre civile allait encore une fois éclater, quand le décès, à peu de distance l'un de l'autre, de Prazmowski, espèce de cardinal de Retz, et du roi, vinrent terminer la querelle. Michel mourut à Léopol, en 1673, au moment où il rejoignait l'armée, qui, le lendemain même de sa mort, remportait près de Chocim, grâce aux savantes dispositions de Sobieski, un succès éclatant sur soixante mille Turcs.

On a comparé Michel Wisniowiecki à Galba. En effet, on peut dire de tous les deux: *Medium ingenium magis extra vitia quam cum virtutibus*; mais il est assez difficile d'appliquer au souverain polonais ce que Tacite ajoute de l'empereur romain: *Major privato visus dum privatus fuit et omnium consensu capax imperii nisi imperasset.*

INTERRÈGNE.

1674. Cette même couronne que Jean-Kasimir avait vainement offerte, dans un moment de désespoir, à tous les monarques, se vit, après la mort de Michel, l'objet de leurs vives sollicitudes. Treize princes, dont sept souverains, se mirent sur les rangs. On distinguait parmi les compétiteurs :

Jacques Stuart, depuis Jacques II, roi d'Angleterre.

Guillaume de Nassau, plus tard Guillaume III, roi de la Grande-Bretagne.

Émile, fils de Frédéric-Guillaume, électeur de Brandebourg.

Georges, prince royal de Danemark.

Maximilien, duc de Bavière.

François II, duc de Modène.

Thomas, duc de Savoie.

Louis, duc de Vendôme.

Le grand Condé.

Louis de Soissons.

Charles V, duc de Lorraine.

Jean-Guillaume, duc de Neubourg.

Don Juan d'Autriche.

Michel, duc de Transylvanie.

Alexis Michaëlovitch, tzar de Moskovie.

Fiédor Alexiévitch, tzarévitch.

Et Jean Sobieski, grand maréchal et grand hetman des armées polonaises.

Dans cette lutte acharnée entre tant de rivaux, le parti national triompha. Sobieski, illustré déjà par plusieurs victoires, fut proclamé roi de Pologne.

JEAN III SOBIESKI.

1674-1696.

Avant de se faire couronner à Krakovie (1676) avec son épouse Marie-Kasimire d'Arquien, Sobieski voulut célébrer son avènement par une action glorieuse. Les embarras inséparables d'un interrègne avaient permis aux Turcs de reprendre Chocim, témoin naguère de leur défaite, et d'envahir l'Ukraine. L'apparition de Sobieski, qui excitait une profonde terreur dans leurs rangs, purgea bientôt ces contrées de la présence des hordes musulmanes; et l'hetman des Kosaks, Doroszenko, fut puni de sa félonie par la confiscation de tous ses biens. Malheureusement les menées de Michel Pac, jaloux de la célébrité de Sobieski, paralysèrent les opérations, jusqu'à ce que l'hiver vint tout à fait en suspendre le cours.

TRAITÉ DE ZURAWNO.

1676. La campagne qui suivit manqua d'être fatale au pays. Emporté par sa bouillante ardeur, le roi se vit coupé du gros de l'armée par l'habile Ibrahim, surnommé *le Démon*; puis, enfermé dans Zurawno, il se trouva sans vivres et sans espoir de recevoir de secours contre les attaques impétueuses de l'ennemi. Le hasard sauva Sobieski, et, grâce à un mortier découvert dans une des caves du château fort, il put lancer quelques bombes qui firent croire aux assiégeants que les Polonais avaient reçu de l'aide. Alors le chef musulman, déjà fort occupé à vaincre la désunion des pachas et l'esprit mutin des janissaires, proposa de lui-même des conditions tolérables à Sobieski, qui, il faut le dire à sa gloire, s'était toujours refusé, malgré sa position désespérée, à ratifier le honteux traité de Budzacz.

La paix de Zurawno restitua à la Pologne les deux tiers de l'Ukraine; l'autre tiers fut donné aux Kosaks. En outre, quinze mille prisonniers recouvrèrent leur liberté.

INTRIGUES DE MARIE-KASIMIRE.

On a déjà vu, lors du règne de Jean-Kasimir, quel mal avait fait au pays le caractère remuant de Marie de Gonzague, femme du roi. Sobieski ne fut pas plus heureux, dans le choix d'une épouse, que son prédécesseur. D'origine française et aussi ambitieuse qu'avare, Marie-Kasimire se trouva froissée du refus fait par Louis XIV, à l'instigation du ministre Louvois, d'accorder la pairie à son père, le marquis d'Arquien. Ce monarque la blessa encore bien plus vivement, lorsqu'il refusa de la recevoir en France avec la même magnificence qu'il avait déployée lors de la visite de la reine d'Angleterre, « *sachant*, dit-il, *établir une différence entre une reine héréditaire et une reine élective.* »

Marie-Kasimire jura de se venger de ces deux affronts, et y parvint en amenant, malgré la résistance du roi, la conclusion d'une alliance avec l'Autriche contre la Turquie. Le légat du pape Innocent XI, Pallavicini, aida fortement la reine en cette circonstance, faisant briller aux yeux de Sobieski l'espoir d'opérer par là l'union du prince royal Jacques avec l'archiduchesse d'Autriche, Marie-Antoinette. Louis XIV voulut réparer sa faute, mais il était trop tard : l'altière Marie-Kasimire repoussa toutes les propositions que lui transmit, de la part de son souverain, le marquis de Vitry, ambassadeur français à Warsovie. L'influence française dut céder devant l'influence autrichienne, de tout temps funeste à la Pologne.

ALLIANCE AVEC L'AUTRICHE.

1683. L'Empire, déjà en lutte contre les Hongrois, que la France poussait à la révolte et qui s'étaient liés avec les Turcs, voyait sa capitale, Vienne, menacée d'un danger imminent par l'islamisme. Dans cette pénible conjoncture, l'empereur Léopold eut recours à la Pologne; mais, quoique travaillé de longue main par la reine et la cour de Rome, Sobieski hésitait encore, quand un coup de théâtre vint précipiter le dénoûment. L'ambassadeur d'Autriche et le légat du pape se jetèrent aux pieds du roi : « *Sire, sauvez l'Empire!* » s'écria le comte Wilczek. « *Sire, sauvez la chrétienté!* » ajouta le prélat romain. La voix de l'humanité l'emporta sur les avis d'une sage politique dans le cœur généreux de Sobieski, et le traité d'alliance offensive et défensive avec l'Autriche fut enfin signé.

D'après les clauses de cet acte, l'Empereur s'obligeait à fournir un contingent de soixante mille hommes et la Pologne un autre de quarante mille. Suivant les articles secrets, l'Autriche renonça à tous subsides dus lors des guerres avec la Suède, et restitua l'acte par lequel les états s'étaient engagés, à la même et désastreuse époque, à élire un prince de la maison autrichienne. Elle abandonna également toutes prétentions sur les salines de Wiéliczka et de Bochnia.

DÉLIVRANCE DE VIENNE.

1683. Il fallait que le danger fût bien pressant pour que les diplomates autrichiens accédassent à de pareilles concessions. Fidèle à son plan de campagne, le grand visir, Kara-Mustapha, s'avançait, rapide comme la foudre, sur Vienne, méprisant les forteresses qu'il rencontrait le long de sa route. Le rendez-vous général des troupes qu'il commandait avait eu lieu au pont d'Eszek, entre Bude et Belgrade. Là s'étaient trouvés, avec leurs contingents divers, le khan des Tatars, Sélim Giéray, le prince Ducay de Moldavie, l'hospodar de Valachie, Sirvan Cantacuzène, le duc de Transylvanie, Michel Apaffi, et Tékély, le chef des insurgés hongrois. Cette masse de combattants réunis s'élevait à trois cent mille hommes, soutenus par trois cents bouches à feu ; et, ce qui contribuait encore à exalter l'ardeur des musulmans, l'étendard du Prophète flottait au milieu de leurs rangs.

Une première rencontre eut lieu, le 7 juillet 1683, près de Paternell, et fut suivie d'un échec notable. Dix mille Hongrois, à la solde du gouvernement autrichien, rejoignirent également Tékély, sur les drapeaux duquel on lisait ces mots magiques : *Dieu, la Patrie et la Liberté!* A ces nouvelles sinistres, le pusillanime empereur Léopold, saisi de terreur, s'enfuit avec la cour jusqu'à Passau ; l'épouvante était telle, que l'exemple du souverain fut imité par soixante mille habitants. Le 14 juillet, l'armée ottomane parut sous les murs de Vienne; dès le lendemain ses batteries ouvrirent un feu foudroyant, et la ville se trouva investie de toutes parts. Bientôt la famine vint joindre ses ravages à ceux de l'artillerie : tout semblait donc conspirer contre le salut de la capitale, et déjà le grand visir supputait les trésors qui devaient lui échoir.

C'est alors que Sobieski, après avoir tout préparé, songea à remplir ses engagements. Il partit de Krakovie le 15 août, jour de l'Assomption, à la tête de vingt-cinq mille Polonais et de trente bouches à feu. Mais il ne tarda pas à prendre les devants, accompagné seulement de quelques milliers de cavaliers, « *ayant hâte*, écrivait-il à la reine sa femme, *d'entendre le canon de Vienne et de boire de l'eau du Danube.* »

De toutes les parties de l'Empire, des secours, bien faibles vu le nombre des assaillants, se dirigeaient sur le point menacé. Ils firent leur jonction, et, dans la matinée du 9 septembre, Sobieski prit le commandement suprême des forces coalisées. Parmi les chefs qui se plaçaient ainsi sous les ordres du monarque polonais, on distinguait le duc de Lorraine, Charles, un de ses compétiteurs à la couronne, et les électeurs de Bavière et de Saxe. En un mot, dans cette circonstance décisive, tout l'Empire était là; « *il n'y manquait*, dit judicieusement Voltaire, *que l'Empereur !* »

Les jours suivants furent donnés aux dernières dispositions, et le 12 septembre 1683, à l'aurore naissante, l'action s'engagea (*). Mais la délivrance

---

(*) ORDRE DE BATAILLE DE L'ARMÉE CHRÉTIENNE.

JEAN SOBIESKI,
ROI DE POLOGNE, COMMANDANT EN CHEF.

Aile gauche.
LE DUC DE LORRAINE.

1ᵉʳ corps d'infanterie, Impériaux et Saxons, le comte Caprara; ses lieutenants, le prince Louis de Bade et le prince de Salm. 4,500
2ᵉ corps d'infanterie, Impériaux et Saxons, le prince Herman de Bade; ses lieutenants, le duc de Croy et Louis de Neubourg...... 4,500
Infanterie saxonne, Georges III, électeur de Saxe; ses lieutenants,
Fleming, Trautmansdorf, Reuss... 6,400
Cavalerie polonaise, Lubomirski. 3,500
Cavalerie saxonne, id. 2,600

Total.... 21,500
Bouches à feu............... 8

Centre.
LE PRINCE DE WALDECK.

Infanterie de Frankonie et des cercles de l'Empire, le prince de Waldeck; ses lieutenants, le feld-maréchal Golz et le major-général Reuss.................. 6,000
Infanterie de Bavière (*), le général Degenfeld; ses lieutenants, Sternau, Pressing, Mercy, Rompre. 9,000
Cavalerie des Impériaux et des Bavarois, comte Caraffa, baron de Bayreuth, baron Munster, comte Gondola...................... 5,000
Marquis de Beauveau, sergent de bataille.

Total..... 20,000
Bouches à feu............... 8

Aile droite.
LE GRAND-GÉNÉRAL IABLONOWSKI.

Infanterie polonaise, Kontski; ses lieutenants, Doenhof, Wiélopolski, Morsztyn, Sessevin, Lazinski, de Maligny... 7,700
1ᵉʳ corps de cavalerie, Siéniawski; ses lieutenants, Tarlo, Félix Potocki, Galecki, Lydzinski, Felkierzamb.......................... 6,000
2ᵉ corps de cavalerie, Jablonowski; ses lieutenants, Wisniowski, Mionczynski, Zbrozek, Zamoyski, Szczuka, Dobczyc, Malachowski.. 8,000
Rayters ou gardes du corps du roi, aux ordres du capitaine lieutenant Polanowski............... 300
Cavalerie et infanterie impériales, prince de Saxe-Lauenbourg....... 4,600
Maréchal des logis des armées, Charczewski.

Total.... 26,600
Bouches à feu.............. 12

L'armée chrétienne s'élevait à 68,800 hommes,
Savoir :
Infanterie.............. 41,000
Cavalerie.............. 27,100

(*) L'électeur de Bavière, faisant ses premières armes, combattait en simple volontaire.

écartions pas un peu du langage laconique que nous prescrit notre rapide narration. A l'occasion d'un événement qui eut une si haute influence sur les destinées de l'Europe, nous déposerons même la plume et laisserons parler l'éloquent historien du héros polonais.

« Le camp ennemi, qui, par sa magnificence, enflammait l'ardeur guerrière des soldats, était couvert par un ravin profond, en avant duquel se présentait en bon ordre l'armée musulmane; elle était rangée autour de l'étendard du grand visir, qui commandait en personne le corps de bataille. Celle de ses ailes qui faisait face aux Impériaux et s'appuyait au Danube avait à sa tête le vaillant et habile Kara-Méhémet-Pacha; l'autre était conduite par le vieil Ibrahim : elle couvrait l'armée du côté des montagnes de Styrie. Les Transylvains, les Valachiens, les Arabes, les Tatars, une portion des janissaires étaient en ligne sur les mamelons fortifiés. Une artillerie formidable hérissait leur front, et comme les Polonais menaçaient vers le centre les abords les plus ouverts de cette vaste citadelle, c'était de leur côté que se laissaient voir les masses les plus épaisses. C'est aussi là que le roi se porta de sa personne. Iablonowski couvrit, avec quelques milliers

Artillerie, 28 pièces de canon, appartenant au corps polonais..   700

Total..... 68,800

Explication de la gravure : Plan de la bataille de Vienne.

1. Position de l'armée chrétienne dans la nuit du 11 au 12.
2. Couvent des Camadules. *Armée chrétienne*: 3. Lauenbourg. — 4. Iablonowski. — 5. Kontski. — 6. Siéniawski. — 7. Waldeck. — 8. Degenfeld. — 9. Lorraine. — 10. Georges III. — 11. Lubomirski.
12. Ligne retranchée de l'armée turque.
13. Pacha de Bude. — 14. Pacha de Diarbakir.
15. Batteries. — 16. Tranchées. — 17. Faubourgs à demi brûlés. — 18. Bastion de Lebl. — 19. Bastion de la couronne.

de chevaux, l'aile droite, un moment menacée par Sélim-Giéray, et poussait dans la plaine des nuées de Tatars qu'il refoulait jusqu'aux montagnes de Styrie.

« Il était près de cinq heures du soir. Jean III se proposait de coucher sur le champ de bataille, et de remettre au lendemain à consommer la victoire. Mais les troupes étaient exaltées par les avantages qu'elles avaient obtenus : elles marchèrent aux Ottomans; elles les poussèrent avec plus d'ardeur : bientôt on n'aperçut que chameaux qui se pressaient sur les routes de Hongrie; on ne discerna que nuages de poussière qui indiquaient la direction des fuyards. Le grand visir, opposant à l'effroi commun son indomptable assurance, augmentait le désordre de ses troupes par cette confiance même qui exaspérait les esprits. Il était venu donner le combat comme on court assister à un triomphe. Il s'attendait à voir l'armée chrétienne se briser en quelque sorte, sans coup férir, au pied de ses retranchements. Son cheval de bataille tout caparaçonné d'or à côté de lui, il aspirait tranquillement le frais du soir, et, abrité par une tente cramoisie contre les feux du soleil couchant, il prenait paisiblement le café avec ses deux fils.... Déjà l'œil ardent du roi de Pologne mesurait la profondeur de ces lignes; il cherchait à en démêler le côté faible. Tout à coup il aperçoit cette tente où médite le visir. Il s'enflamme à la vue de son ennemi; il fait approcher les deux seules pièces qu'on eût portées à cette hauteur; il les pointe, il les dirige sur le somptueux état-major, et promet cinquante écus par volée. Malheureusement les caissons n'avaient pu suivre; quelques munitions portées à bras furent bientôt épuisées. Un peu de poudre restait encore, mais on était sans papier, sans moyen de la bourrer. Un officier français y suppléa : il jeta dans la pièce ses gants, sa perruque et un paquet de gazettes de France, et le coup partit. Enfin les gens de pied parurent; le roi leur commanda de se saisir d'une hauteur qui dominait les quartiers de Kara-Mustapha. Le comte de Maligny, leur chef, exécuta l'ordre avec sa valeur française, et, culbutant les avant-postes, arriva le premier sur la redoute. A cette attaque inopinée, de l'incertitude se manifeste dans les rangs ennemis. Kara-Mustapha porte tout ce qu'il avait d'infanterie à son aile droite, découvre ses flancs : à la vue de ce mouvement, le trouble, le désordre courent d'une extrémité de la ligne à l'autre. Sobieski ne doute plus du succès. « *Ils sont perdus,* » dit-il, et il ordonne au duc de Lorraine d'attaquer brusquement au centre, tandis que lui-même va renverser ces masses ébranlées. Aussitôt il pousse en avant et marche droit à cette tente rouge que chacun convoite, que chacun veut enlever. Son aigrette blanche, son arc et son carquois d'or, sa lance royale, son bouclier homérique que le fidèle Matczynski porte devant lui, plus que tout, l'enthousiasme qu'excite au loin sa personne, ne permettent pas aux Turcs de s'y méprendre. Ils reconnaissent, ils voient ce redoutable Sobieski et reculent d'effroi. Le nom du roi de Pologne vole de bouche en bouche, et glace tous les courages : « Par Allah! s'écrie avec douleur Sélim-Giéray, il est avec eux! »

« En ce moment, les hussards du prince Alexandre Sobieski, conduits par Sigismond Zwierzchowski qui tenait la tête des colonnes, s'élancèrent au cri national de : « Dieu bénisse la Pologne! » Le régiment de Mionczynski survint ensuite, puis le reste des escadrons que guident Charles Tarlo, Czarnecki, André Potocki, Stadnicki, Zamoyski, Leszczynski, Dobczyç et autres sénateurs et officiers de la république. Ils franchissent, bride abattue, un ravin où l'infanterie aurait hésité; ils le remontent au galop, donnent tête baissée dans les rangs ennemis, coupent en deux le corps de bataille, en justifiant le mot fameux de cette fière noblesse à un de ses rois, qu'avec elle il n'y avait point de revers possible; que si le ciel venait à choir, les hussards le soutiendraient sur la pointe de leurs lances !

« Le choc fut rude et sanglant. Le pacha d'Alep, celui de Silistrie, périrent dans la mêlée. A l'extrême droite, quatre autres pachas tombèrent sous les coups d'Iablonowski. Le grand interprète, Mauro-Cordato, prit la fuite dans la tente même de Kara-Mustapha. Abattu, consterné de tant d'échecs, le grand visir ne put retenir ses larmes. « Peux-tu, dit-il au khan de Crimée qui arrivait entraîné par les fuyards, peux-tu me secourir ? — Je connais le roi de Pologne, répondit Sélim-Giéray, je vous le disais, il n'y a rien à faire avec lui; il ne nous reste qu'à nous en aller. Regardez le firmament, ajouta-t-il, voyez si Dieu n'est pas contre nous? » Kara-Mustapha cependant essaya de ranimer, de rallier ses troupes dans le camp. Mais tout fuyait, tout était en proie à une terreur profonde. Il fut obligé de s'éloigner, de fuir lui-même.

« A six heures du soir, Jean Sobieski franchit le ravin sous le feu de quelques janissaires qui combattaient encore, et prit possession du camp turc. Il arriva le premier au quartier du visir. A l'entrée de cette vaste enceinte, un esclave accourut, lui présentant le cheval et l'étrier d'or de Kara-Mustapha. Il prit l'étrier et donna à un des siens l'ordre de partir sur-le-champ, d'aller vers la reine, de lui dire que celui à qui appartenait cet étrier était vaincu; puis, plantant ses enseignes dans ce caravansérail armé de toutes les nations de l'Orient, il défendit, sous peine de mort, le désordre et le pillage, de peur de quelque surprise, et, pour ainsi dire, d'un remords des Turcs qui auraient pu revenir à la charge durant une nuit orageuse et sombre. Le roi, après être demeuré quatorze heures à cheval, s'endormit au pied d'un arbre (*). »

Vienne était délivrée, après soixante jours de tranchée ouverte. Dans cette bataille, où l'existence de l'Empire était mise en question, les Ottomans perdirent vingt mille hommes. Les trou-

(*) M. de Salvandy, Histoire de Jean III Sobieski.

pes alliées eurent quatre mille morts, dont quinze cents Polonais ; il se trouvait parmi ces derniers cent vingt-deux officiers (*).

(*) Voici la lettre que Sobieski écrivit le lendemain, dès le point du jour, à la reine Marie-Kasimire. Elle renferme des détails curieux :

« Seule joie de mon âme, charmante et bien-aimée Mariette, Dieu soit béni à jamais ! il a donné la victoire à notre nation ; il lui a donné un triomphe tel, que les siècles passés n'en virent jamais de semblable. Toute l'artillerie, tout le camp des musulmans, des richesses infinies nous sont tombés dans les mains. Ils ont laissé en poudre et munitions pour la valeur d'un million de florins. Les approches de la ville, les champs qui l'entourent, sont couverts de morts de l'armée infidèle, et le reste fuit dans la consternation. Avançant avec la première ligne et poussant le visir devant moi, j'ai rencontré un de ses domestiques qui m'a conduit dans les tentes de sa cour privée ; ces tentes occupent à elles seules un espace grand comme la ville de Warsovie ou de Léopol. Je me suis emparé de toutes les décorations et drapeaux qu'on a coutume de porter devant le grand visir. Quant au grand étendard de Mahomet, que son souverain lui a confié pour cette guerre, je l'ai envoyé au saint-père par Talenti. De plus, nous avons de riches tentes, de superbes équipages et mille autres hochets fort beaux et fort riches. Quatre ou cinq carquois, montés de rubis et de saphirs, valent seuls quelques milliers de ducats. Vous ne me direz donc pas, mon cœur, comme les femmes tatares à leurs maris, lorsqu'ils reviennent sans butin : *Tu n'es pas un guerrier, puisque tu ne m'as rien apporté ; car il n'y a que l'homme qui se met en avant qui peut attraper quelque chose.* J'ai aussi un cheval du visir avec tout son harnais. Lui-même a été poursuivi de fort près ; mais il a échappé. Son kihog ou premier lieutenant a été tué, ainsi qu'une foule de ses principaux officiers. Nos soldats se sont emparés de beaucoup de sabres montés en or. La nuit a mis fin à la poursuite, et d'ailleurs, tout en fuyant, les Turcs se défendent avec acharnement. A cet égard ils ont fait la plus belle *retirade* du monde. Tels étaient l'orgueil et la présomption des Turcs, que, tandis qu'une partie de l'armée nous présentait la bataille, une autre don-

Il eût été facile au grand visir de triompher presque sans combattre : il n'aurait eu qu'à barrer les défilés étroits de Calemberg, où les Polonais durent s'engager avant d'arriver devant la capitale impériale, ou bien à précipiter l'assaut ; Vienne, réduite à la dernière extrémité, serait tombée en son pouvoir. Mais la valeur des Soliman et l'habileté des Couprougli ne présidaient plus aux destinées de la Turquie. Le triomphe de Sobieski fut donc complet, et la bataille de Vienne figure dignement à côté de celles de Tours et de Lépante. Le christianisme lui dut son salut ; le croissant, jusque-là victorieux, sa décadence.

ENTREVUE DE SOBIESKI AVEC L'EMPEREUR LÉOPOLD.

1683. L'entrée de Sobieski dans Vienne fut solennelle ; partout la foule accourait sur son passage, baisant ses habits et le bénissant comme un dieu libérateur. Le commandant, Stahremberg, fit seul les honneurs de la cité au héros polonais ; car l'empereur, d'un caractère aussi envieux que pusillanime, ne voulut pas être témoin de son ovation. Il chercha même à éviter sa présence, sous prétexte d'étiquette ; et la manière dont devait être reçu par un empereur devint l'objet de longs débats. Enfin, on arrêta que l'entrevue des deux souverains aurait lieu en pleine campagne. Elle fut froide et hautaine. L'attitude glaciale de Léopold donnait un démenti au peu de paroles de gratitude soufflées par le noble duc de Lorraine et que l'empereur eut peine à articuler. « *Mon frère*, répondit Sobieski, *je suis bien aise de vous avoir rendu ce petit service ;* puis, présentant le prince royal Jacques, il ajouta : *Voilà mon fils, je l'élève pour le service de la chrétienté.* » Mais Léopold demeu-

nait l'assaut à la ville. Il est vrai qu'ils avaient de quoi fournir à tout cela. Je les estime, sans les Tatars, à trois cent mille combattants. Notre fanfan (le prince Jacques) est brave au dernier point. »

rant toujours immobile et muet, Sobieski, indigné, tourna bride, en s'écriant : *Je pars pour l'armée; mes généraux ont ordre de vous montrer mes régiments, si cela vous plaît.* » Et il se mit à la poursuite des Turcs. Mais cette fois la fortune se déclara momentanément contre lui ; Sobieski fut battu près de Parkany, en Hongrie, et sa vie se trouvait même en danger, quand Charles de Lorraine, toujours généreux envers son ancien rival, accourut à son aide. Bientôt après, Sobieski répara cet échec partiel par la brillante victoire de Gran, remportée sur les musulmans.

L'empereur d'Autriche continua de se montrer ingrat envers celui qui avait sauvé son trône, en laissant manquer de tout l'armée polonaise, qui fut plus décimée par les mauvais cantonnements et la disette que par le fer des ennemis. Aussi, abreuvé de dégoûts, Sobieski rentra dans ses États; mais la pensée qui le préoccupait constamment de rendre la couronne héréditaire dans sa famille, lui fit fermer les yeux sur la conduite odieuse de l'Autriche et continuer de suivre une ligne politique opposée aux véritables intérêts de la nation.

TRAITÉ AVEC LA MOSKOVIE.

1686. Ces mêmes calculs de famille entraînèrent Sobieski à conclure un acte des plus onéreux pour l'État. Si l'infortuné Jean-Kasimir, qui avait à lutter contre une coalition puissante, fut forcé, après avoir éprouvé toutes les chances des armes, de signer l'humiliant mais transitoire pacte d'Andruszow, Sobieski n'eût point dû, dans le plus beau moment de sa gloire et de sa puissance, se courber devant la Moskovie, en convertissant cette trêve en traité perpétuel.

Par ce traité, signé à Moskou le 6 mai 1686, Sobieski céda à perpétuité à la Moskovie Smolensk, Czerniechow, Siéwierz, Kiiow, et renonça à s'intituler souverain de ces provinces. Il fit également passer sous la domination des tzars les Kosaks zaporogues de la rive gauche de Dniéper, et obtint, en échange de cette concession, un honteux salaire de 200,000 roubles, qui ne fut jamais acquitté, et la reconnaissance de l'alliance austro-polonaise contre la Turquie.

Les états refusèrent de sanctionner un acte aussi ignominieux, et le négociateur, Grzymultowski, manqua même d'être massacré par les Polonais exaspérés. Ce traité n'obtint l'assentiment des états que plus tard, à la diète de 1764, mais, comme on le verra. celle-ci n'agissait déjà plus que sous l'influence étrangère.

SUITES DE L'INFLUENCE AUTRICHIENNE.

1686-1695. L'Autriche, qui ne cessait d'engager Sobieski dans de nouvelles guerres avec les Turcs, en lui promettant d'assurer aux siens la possession de la Moldavie, n'envoyant ni subsides ni renforts, le roi, parvenu au cœur de la Bukowine, se vit cerné de tous côtés par de nombreux ennemis. Il ne put opérer qu'avec beaucoup de peine cette retraite si remarquable qui fut, à juste titre, comparée à l'immortelle retraite des dix mille et célébrée dans un poëme épique national. La campagne qui suivit fut encore plus malheureuse; et Sobieski, après avoir perdu tout son matériel, ne ramena en Pologne qu'une armée affaiblie et découragée.

Ces fautes répétées aliénèrent au roi l'affection de la nation; et le mécontentement général éclata aux diètes, qui devenaient de plus en plus orageuses. La reine, toujours soumise à la dévotion de l'Autriche, aigrissait encore les esprits par ses menées ambitieuses. La diète de 1689 surtout prouva combien le pays désapprouvait une telle ligne de conduite. Par suite des intrigues du cabinet de Vienne, l'héritière des Radziwill, qui, selon les projets de Sobieski, devait, après la mort de son premier mari, le margrave de Brandebourg, devenir la femme du prince royal, épousa secrètement le duc de Neubourg, et, par cette union, donna lieu à des prétentions sur les immenses propriétés de la famille Radziwill. La diète fut appelée à prononcer; et, dans son sein, les plus graves reproches furent adressés au roi. On accusa le cabinet de la reine d'être la tombe des lois et le marché où se vendaient les faveurs; Sapiéha osa dire que *le vainqueur des Turcs était l'esclave de sa femme;* et l'évêque de Culm s'écria en plein sénat, Sobieski étant présent: *Ou cesse de régner, ou règne selon les lois!* Cette diète fut rompue.

Sobieski devait encore recueillir de nouveaux déboires de ses rapports intimes avec une puissance déloyale. Une archiduchesse promise au prince Jacques, à défaut de la margrave de Brandebourg, épousa le duc de Bavière. Il semblerait que tant de manques de foi successifs eussent dû dessiller les yeux au monarque polonais; il n'en fut cependant rien, et l'Autriche, grâce au soutien fidèle qu'elle rencontrait dans la vanité blessée de Marie-Kasimire, parvint à amener une troisième expédition du roi en Moldavie, cette terre promise des Sobieski. Vainement l'ambassadeur français, le marquis de Béthune, s'efforça de faire repousser ce projet, en rappelant l'expérience du passé; la lutte diplomatique dégénéra en personnalités, et alla même jusqu'à une provocation en duel entre les deux ambassadeurs. Louis XIV rappela alors son ministre, et le champ demeura libre à l'Autriche.

Cette nouvelle campagne (1691), où l'empereur s'abstint, comme toujours, d'envoyer les secours convenus, fut des plus désastreuses. L'armée périt presque sans combattre; et cette calamité permit aux Tatars d'inonder les terres russiennes, et de marquer à trois reprises, par le fer et le feu, leur présence jusqu'au centre du pays, dégarni de défenseurs. La Pologne n'en fut délivrée qu'en 1695, et quatre années de suite les malheureux habitants eurent à gémir des erreurs de leur roi. *Quidquid delirant reges plectuntur Achivi.*

MORT DE SOBIESKI.

1696. Il fallut bien que Sobieski re-

nonçât enfin à de chimériques espérances, mais quand le royaume était couvert de ruines et quand son âge, joint à une obésité prononcée, le rendait désormais incapable de poursuivre une guerre si impolitiquement entamée. Le chagrin commença à s'emparer alors de l'âme du roi, et une erreur de son médecin, le juif Jonas, précipita encore le terme de son existence. Il mourut, à l'âge de soixante-douze ans, au séjour de prédilection qu'il s'était fait construire à Willanow, près de Warsovie. On remarqua que, par une coïncidence assez bizarre, le jour de sa mort, celui de la Fête-Dieu, avait été également le jour de sa naissance et de son élection.

L'extérieur de Sobieski était majestueux, et inspirait tout à la fois, du premier abord, la crainte et l'attachement. Comme Vespasien, son mérite militaire lui fraya le chemin du trône, et, comme Vespasien encore, il eut peut-être plus d'avidité qu'il ne convenait à un homme placé si haut d'en montrer. Quoi qu'il en soit, intrépide dans les combats, digne au conseil, simple dans son intérieur, Sobieski, s'il eût suivi ses propres inspirations, eût parcouru avec honneur et succès toute la durée de sa puissance; malheureusement sa condescendance pour une épouse orgueilleuse et vindicative entacha de fautes graves certaines parties de ce règne. Aimant les lettres et les sciences, capable de comprendre toutes les grandes choses, Sobieski fit beaucoup pour la gloire du nom polonais, mais, par suite de sa déplorable faiblesse, rien pour l'avantage réel du pays. Il fournit ainsi une nouvelle preuve, après tant d'autres, qu'il était plus facile en Pologne d'être grand capitaine que grand monarque. Le nom de Sobieski, inscrit aux plus belles pages des fastes de l'histoire, rappellera à jamais l'héroïsme de la Pologne et l'ingratitude de l'Autriche.

AUGUSTE II.

1697-1733.

Le jugement que la nation porta

sur Sobieski, après sa mort, prouva à quel point la fausse politique suivie avait détruit l'ancienne affection des sujets. Au mécontentement de ceux-ci vinrent se joindre les dissensions de la famille royale; et, dans sa rage, Marie-Kasimire, outrée contre sa bru aînée, fut la première à conjurer publiquement les Polonais de ne choisir aucun des fils du souverain défunt, surtout le prince Jacques. L'arrêt que les États rendirent, et qui excluait toute candidature nationale, fit voir combien on jugeait les indigènes peu propres à la couronne.

Il ne resta plus alors en première ligne que deux compétiteurs, le prince de Conti, appuyé par le primat, cardinal Radziejowski, et le plus fort, et l'électeur de Saxe, Frédéric-Auguste. Mais ce dernier, profitant de l'avantage des distances, parut à Krakovie avant seulement que l'escadre française, sous les ordres du célèbre Jean Bart, et qui amenait son rival, eût jeté l'ancre dans la rade de Dantzig. Accompagné, en outre, de huit mille hommes de troupes saxonnes, Frédéric-Auguste ayant juré les chartes et abjuré le protestantisme, obtint d'être sacré. Le prince de Conti n'avait donc plus qu'à remettre à la voile, et c'est ce qu'il fit.

TRAITÉ DE CARLOWITZ.

1699. L'avénement du nouveau souverain fut signalé par un fait heureux, car ayant résolu de reconquérir Kamiéniec, Frédéric-Auguste obtint d'une simple expédition contre les Turcs des avantages tels, que la victoire la plus brillante ne les eût peut-être pas donnés. La Turquie s'obligea, par le traité de Carlowitz, à restituer à la Pologne non-seulement Kamiéniec, mais encore toutes ses conquêtes précédentes en Podolie et en Ukraine. Elle abandonna également toute domination sur les Kosaks, promit d'apporter un terme aux invasions tatares, et renonça au tribut que la Pologne acquittait envers le Sultan.

GUERRE AVEC LA SUÈDE.

1701. Ce début si remarquable fut malheureusement suivi d'une mesure inhabile et dont le pays se ressentit cruellement. C'était l'époque de la grande coalition du Nord contre le héros suédois, Charles XII; et dans un voyage qu'Auguste fit à Léopol, lors du traité de Carlowitz, il rencontra le tzar Pierre le Grand, qui revenait précipitamment apaiser l'esprit mutin des strélitz, et se lia avec lui d'une amitié qui devait être funeste. Sans consulter les États et sous prétexte de regagner les provinces que la Pologne avait perdues à l'époque des Wasa, Frédéric-Auguste accéda complétement à la ligue formée.

Il battit d'abord en Livonie le général suédois Welling et remporta divers autres avantages; mais la présence de Charles XII changea bientôt la face des choses. Le jeune monarque, après avoir défait les Moskovites à Narwa, passa la Dzwina, vainquit Auguste et envahit la Kourlande et la Livonie. Il répondit aux États polonais qui, lui présentant cette guerre comme étant tout à fait personnelle à Auguste en sa qualité d'électeur et non de roi, le suppliaient d'évacuer la Pologne, qu'il ne déposerait le glaive qu'après avoir renversé ce dernier. Il ne restait donc plus au roi qu'à opposer une résistance désespérée aux prétentions du triomphateur, et c'est ce qu'il fit en rassemblant à la hâte une nouvelle armée aux environs de Krakovie. Une fois maître de Warsovie, Charles XII atteignit son adversaire à Klissow; et là, la fortune le favorisa encore. Auguste, quoique supérieur en forces, fut battu à la suite d'un combat sanglant. Krakovie ouvrit ses portes au vainqueur, qui, poursuivant vigoureusement le vaincu, défit à Pultusk un corps saxon, prit Thorn, rançonna Dantzig, et poussa vivement à la déchéance de Frédéric-Auguste.

ÉLECTION DE STANISLAS LESZCZYNSKI

1704. Jugeant les circonstances favorables, le parti qui avait été contraire à l'élection d'Auguste releva la tête; et le remuant primat Radziéjowski, qui espérait placer son protégé Lubomirski sur le trône, saisit l'occasion de la défaite des Saxons pour déclarer la couronne vacante. Mais ses calculs furent déjoués, car, à la place de Frédéric-Auguste, le monarque suédois fit élire Stanislas Leszczynski (*). Et comme le primat cherchait à lui inspirer une autre résolution, Charles XII répondit à ce dignitaire : *Qu'avez-vous donc à alléguer contre Leszczynski? — Sire, il est trop jeune,* se hasarda à dire le primat. — *Mais il est à peu près de mon âge!* et Charles XII tourna le dos à l'opposant (**).

Mais à peine le conquérant s'était-il rendu dans les terres russiennes, qu'Auguste rentrait en Pologne et contraignait Stanislas à chercher un refuge auprès de son protecteur. Prompt comme l'éclair, Charles XII accourut à Posen et força à la retraite le fameux général saxon Schulembourg, qui, déployant en cette circonstance tous ses talents militaires, sauva son armée et fit dire publiquement au jeune héros suédois : « *Schulembourg nous a vaincus aujourd'hui!* »

Rentré à Warsovie, Stanislas Leszczynski y fut couronné.

ULTIMATUM D'ALT-RANSTADT.

1706. La tournure des affaires amena Charles XII au cœur de la Saxe; et Auguste, voyant ses États héréditaires en danger, recourut de nouveau aux armes, mais toujours en vain. Le général suédois Reinshild battit Schulembourg, qui dut principalement sa déconfiture à ses troupes auxiliaires : sept mille Moskovites lâchèrent pied dans l'action et entraînèrent les Saxons; en outre, un régiment français, composant l'artillerie, passa du côté des vainqueurs.

Trahi sans cesse par le sort, force fut à Auguste de demander la paix; et malgré la dureté des conditions imposées, comme il ne restait pas d'autre moyen de salut, il fallut les accepter. Par suite du traité qui intervint, Frédéric-Auguste, renonçant au trône de Pologne, remit à Charles XII le diplôme de son élection, rompit l'alliance avec la Moskovie, écrivit à son successeur Leszczynski une lettre de félicitations officielles, et, à sa honte, livra l'infortuné Patkul (*).

BATAILLE DE POLTAVA.

1709. Jusque-là l'étoile victorieuse du héros suédois avait constamment brillé de l'éclat le plus vif, mais le moment approchait où elle devait pâlir. Enivré par ses succès, Charles XII résolut de détrôner Pierre le Grand; et, dans ce but, il pénétra en Moskovie à la tête de trente-cinq mille hommes seulement. Ses premiers pas furent encore marqués par un triomphe : il battit le tzar à Hollozyn; mais au lieu de se diriger vivement sur Moskou consternée, il se laissa prendre aux promesses séduisantes de l'ataman kosak Mazeppa, et entra en Ukraine afin d'y attendre les renforts que lui amenait le général Lövenhaupt.

Dès lors la chance tourna complétement : Lövenhaupt fut défait par le tzar; Menzykoff s'empara de villes qu'avait occupées Mazeppa, et les rigueurs de l'hiver décimèrent l'armée suédoise. Mais rien ne pouvait abattre l'âme de fer de Charles XII, qui puisait, dans l'excès même des revers, une énergie nouvelle. Charles se jeta donc sur Poltava, qu'il assiégea; et le tzar s'empressa de voler au secours de cette place avec soixante-dix mille hommes de troupes. Malgré l'inégalité du nombre, Charles, qui n'avait en-

(*) Plus tard beau-père de Louis XV et duc de Lorraine. Cette province garde encore de nos jours le souvenir de *Stanislas le Bienfaisant*.

(**) Voltaire, Histoire de Charles XII.

(*) Patkul, noble livonien, avait déjà, avant l'avénement de Charles XII, indisposé contre lui la cour de Suède par la violence de son opposition. Condamné plus tard à mort, il se réfugia chez le tzar, gagna sa confiance et devint son ambassadeur auprès d'Auguste. Tombé, à la suite du traité d'Alt-Ranstadt, en la puissance de Charles XII, il fut écartelé vif à Kazimierz, en Pologne.

viron que le tiers des forces ennemies, accepta le combat, au début duquel il fut grièvement blessé. Il fallut le porter sur un brancard. L'issue et les conséquences de cette journée sont connues : elles renversèrent à jamais la puissance suédoise et consolidèrent celle de la Moskovie. Charles XII manqua lui-même de tomber entre les mains de l'ennemi, et ne dut son salut qu'à la présence d'esprit de Poniatowski. « Cet officier, colonel de la garde de Stanislas Leszczynski, quoiqu'il n'eût point de commandement dans l'armée suédoise, devenu en cette occasion général, rallia cinq cents cavaliers auprès de la personne du roi, qu'il fit de force mettre à cheval. Cette troupe, rassemblée et ranimée par le malheur de son prince, se fit jour à travers dix régiments moskovites et conduisit Charles, au milieu des ennemis, l'espace d'une lieue, jusqu'aux bagages de l'armée suédoise (*). »

Cette journée néfaste arriva le 8 juillet 1709, et les Russes la célèbrent encore comme une fête nationale.

RETOUR D'AUGUSTE II.

1709. La bataille de Poltava changea également la position des choses en Pologne. Auguste protesta contre le traité d'Alt-Ranstadt, et se mit en mesure de ressaisir un sceptre que la chance des combats lui avait arraché. Leszczynski n'étant pas assez fort pour lui tenir tête, se retira en Poméranie, puis rejoignit Charles XII, dont il partagea la captivité chez les Turcs.

Une entrevue eut lieu entre Auguste II et le tzar, où l'on renouvela la coalition contre la Suède; coalition dans laquelle ces deux souverains firent entrer, outre le Danemark, l'électeur de Brandebourg, qui était déjà devenu roi de Prusse. Mais Charles XII ayant recouvré plus tard sa liberté, résolut, une fois de retour dans ses États, d'entreprendre une nouvelle expédition afin de renverser Auguste, quand la mort mystérieuse du monarque sué-

(*) Voltaire, Histoire de Charles XII.

dois vint annuler tous les projets formés par lui.

La sœur de Charles XII, Ulrique Éléonore, reconnut, en 1720, Auguste comme roi légitime, et renonça à toutes les prétentions antérieures. Ce traité, converti par la suite (1732) en paix générale, mit fin aux discussions avec la Suède.

SUITES DE L'INFLUENCE PERNICIEUSE DE LA MOSKOVIE.

Si, d'une part, les événements qui précèdent affranchirent la Pologne de l'influence suédoise, de l'autre, une domination plus fatale encore, celle de la Russie, vint peser sur le pays. Usant de ruse à son origine, elle se borna d'abord au rôle de médiatrice, et s'interposa adroitement dans les querelles sanglantes survenues entre les troupes polonaises et les troupes saxonnes, dont le roi épousait la cause contre ses sujets polonais. Le tzar réussit, en effet, à apaiser ces dissensions; mais il sut faire naître en même temps une loi stipulant que l'effectif de l'armée régulière ne dépasserait jamais vingt-quatre mille hommes.

La diète qui vota une mesure aussi impolitique mérita le surnom de *diète muette*, attendu qu'elle ne dura que sept heures, et sans que, dans son sein, aucune opposition s'élevât. Les nonces, imbus de ces principes aristocratiques qui tendaient uniquement à l'affaiblissement de la puissance suprême, afin de pouvoir empiéter sur les droits de la couronne, ne songeaient pas, dans leur aveuglement, aux dangers bien plus funestes qui proviendraient un jour de l'extérieur. Les insensés, qui, n'ayant jamais visé à l'agrandissement par la conquête, se croyaient pour toujours eux-mêmes à l'abri de cette dernière !

L'alliance moskovite commençant à porter ses fruits, bientôt le tzar convoita la succession de la Kourlande, et le cabinet de Saint-Pétersbourg s'immisça ostensiblement dans toutes les affaires de la Pologne.

MORT D'AUGUSTE II.

1733. La mort vint frapper ce monarque au moment même où il se rendait à la diète de Warsovie. Auguste II a sa place marquée parmi les souverains les plus distingués, et il avait déjà fait ses preuves de grand capitaine avant son élévation à la couronne de Pologne. Si ses lumières et sa courtoisie lui méritèrent l'adoration de ses sujets saxons, elles lui valurent également l'estime des Polonais, qui se plaisaient encore à reconnaître en lui un courage au-dessus des revers et une grandeur d'âme admirée même des ennemis. Charles XII partageait surtout cette opinion, et le prouva bien, quand, après l'humiliant ultimatum d'Alt-Ranstadt, il renouvela près d'Auguste la fameuse visite de Louis XI à Péronne. Il ne manqua pas de courtisans pour exciter à la vengeance le souverain détrôné, et qui lui conseillèrent de profiter d'une démarche aussi imprudente; mais Auguste, non moins généreux que François Ier envers Charles-Quint, repoussa toute insinuation perfide.

STANISLAS LESZCZYNSKI.

1733.

La diète d'élection qui fut convoquée revint sur la loi décrétée lors de la mort de Sobieski, et qui excluait tous les indigènes de la candidature au trône. Mais l'élection n'en fut que plus orageuse, et la Russie saisit avec empressement l'occasion d'étendre le réseau de son influence. Le général Lascy s'approcha des frontières, à la tête d'un corps moskovite, et en proclamant qu'il venait assurer le maintien des franchises polonaises. Ce fut désormais le prétexte qu'adoptèrent les spoliateurs, toutes les fois que leurs troupes envahirent le territoire national.

Stanislas Leszczynski, parvenu sous un déguisement à Warsovie, y fut élu roi. Mais la nomination du beau-père de Louis XV ne pouvait convenir aux cabinets de Saint-Pétersbourg et de Vienne. Dans la quinzaine qui suivit cette élection, l'armée russe, répondant à l'appel des opposants, occupa Praga, faubourg de la capitale. En vain l'armée polonaise, composée à peine de huit mille combattants, défendit vaillamment ce point : elle fut obligée de se retirer devant le nombre. Appuyée de vingt mille baïonnettes étrangères, la faction russe, qui comptait une quinzaine de sénateurs, fit prévaloir alors sa volonté sur celle de la nation presque entière.

Auguste III, fils du feu roi, fut proclamé souverain.

SECOURS ENVOYÉS PAR LA FRANCE.

De son côté, la France fit promettre des secours à Leszczynski, réfugié à Dantzig; et c'est ainsi que les puissances étrangères réglaient, chacune à leur guise, les destinées d'une nation qui s'était plu jusque-là à se dire la plus libre en Europe.

Mais à peine une chétive escadre, portant environ deux mille hommes de troupes, fut elle envoyée par le cabinet de Versailles à Dantzig. Lascy, renforcé par le célèbre feld-maréchal Munich, assiégea cette ville et y jeta sans relâche des bombes. Les Français qui, pour la première fois, se trouvaient aux prises avec les Moskovites, combattirent courageusement et y perdirent leur chef, le comte de Plélo. Une flotte russe, forte de vingt et une voiles, vint précipiter le dénoûment et contraindre Dantzig à se rendre, après un siège de plusieurs mois. La ville fut d'autant plus impitoyablement rançonnée, que l'orgueilleux Munich, qui se flattait de l'espoir de capturer Stanislas, se vit déçu dans son attente. Ce dernier était parvenu, à travers mille périls, à se mettre en lieu de sûreté; mais le comte de Monti, ministre français auprès de la cour de Pologne, et tous ses compatriotes, furent traînés dans les prisons de Cronstadt.

La France, nous regrettons de le dire, dévora cet outrage en silence.

AUGUSTE III.

733-1763.

Aux discordes intestines, aux calamités de la guerre, succéda enfin un long repos. Dantzig, conquise, prêta hommage au nouveau souverain; et la lutte armée venant à cesser entre la France et l'Autriche, une paix générale s'ensuivit, d'après laquelle Stanislas, nommé duc de Bar et de Lorraine, renonça au trône polonais.

Mais un calme si nécessaire était celui de l'inertie, qui, en énervant l'esprit public, devait finir par déconsidérer le pays aux yeux de l'étranger. Épuisée par tant de déchirements et ne pouvant plus, quand besoin en était, imposer silence à l'animosité des partis, pour résister à l'ennemi commun, la Pologne paraissait désormais une proie presque assurée. Cette idée fatale prit lentement racine, mais d'une manière irrévocable, dans la pensée des nations limitrophes, et devint l'aiguille aimantée des calculs politiques de leurs cabinets. Le long et déplorable règne d'Auguste III donna encore naissance à cet axiome que *la Pologne subsistait par l'anarchie*, axiome mis trop fidèlement à l'avenir en pratique, car, à l'exception d'une seule, aucune des diètes suivantes n'arriva à terme.

ACCAPAREMENT DE LA KOURLANDE PAR LA RUSSIE.

La succession de la principauté de Kourlande tira momentanément les esprits de leur engourdissement. Selon le pacte confirmé par Sigismond-Auguste (1561), la Kourlande devait rentrer sous la domination polonaise au cas où le duc Kettler mourrait sans laisser de descendant mâle. Ce cas s'étant présenté, la tzarine Anne recommanda aux électeurs son favori, le grand-chambellan Biron, et fit marcher des troupes à l'appui de cette candidature. La noblesse kourlandaise eut la faiblesse de souscrire à de pareilles injonctions; et tout ce que put faire la Pologne, après avoir vainement protesté, ce fut de sauver les apparences en acceptant l'hommage fictif de Biron. Déjà ce beau fief échappait à la puissance polonaise, vacillante sur ses bases.

Biron, réclamé bientôt par de plus hautes destinées encore, gouverna despotiquement la Moskovie, en qualité de régent du tzar Ivan III. Mais soit que sa protectrice, Anne de Mecklembourg, eût d'anciens griefs à lui reprocher, soit qu'elle fût jalouse de cette autorité nouvelle, elle réussit, comme mère du tzar et grâce à l'une de ces commotions si fréquentes en Russie, à ravir la régence à Biron, qui se vit envoyé en Sibérie. Une seconde élection devenant nécessaire, il fut intimé aux États de Kourlande de choisir, ainsi que la première fois, le candidat russe, c'est-à-dire, Louis de Brunswick, frère de la régente.

Une nouvelle révolution de palais éclata à Saint-Pétersbourg, et, par suite, Élisabeth monta sur le trône. La régente Anne, son mari, et le feld-maréchal Munich, rival de l'ancien favori, le remplacèrent en Sibérie. Mais les États kourlandais, soutenus fortement par Auguste III, obtinrent cette fois que le siége ducal devînt l'apanage du fils d'Auguste, le prince Charles. Malheureusement, la puissance de ce dernier prit fin à la mort d'Élisabeth; car Pierre III, rappelant les droits presque oubliés de Biron, prononça le séquestre des domaines. Charles opposa bien quelque résistance; son père négocia, gagna du temps; mais l'avénement de Catherine n'ayant produit aucun changement à cet égard dans la politique moskovite, il fallut céder. La Russie occupa bientôt militairement toute la Kourlande.

EMPIÉTEMENTS DES PUISSANCES ÉTRANGÈRES.

Quoique la Pologne ne prît aucune part directe aux trois guerres qui s'allumèrent successivement autour d'elle, elle eut à en subir les conséquences. Dans la première, celle entre la Russie et la Porte, le territoire fut violé par le feld-maréchal Munich, qui traversa l'Ukraine. Malgré un simulacre de réparation qu'offrit le cabinet russe, à la suite de longues plaintes, ce scandale se renouvela lors de la guerre de succession, durant laquelle un corps russe de trente-cinq mille hommes traversa encore le royaume, pour aller au secours de Marie-Thérèse, et reprit, après la paix d'Aix-la-Chapelle, la même route. Le prestige attaché aux barrières du pays était détruit, et, dès ce moment, le sol polonais fut comme un vaste champ exposé de toutes parts aux attaques et aux outrages.

La guerre de sept ans embrasant, à peu d'exceptions près, l'Europe entière, la sépara en deux camps : dans l'un se trouvaient l'Autriche, la France, la Saxe, la Suède, puis la Russie et l'Espagne; dans l'autre, Frédéric II, roi de Prusse, soutenu seulement par l'Angleterre. De nouvelles humiliations vinrent se joindre pour la Pologne aux violations incessantes du territoire. Frédéric, vainqueur d'Auguste, qui prit part à la lutte comme électeur de Saxe, et maître de Dresde, recruta son armée en Pologne et presque dans Warsovie même. Il pilla aussi les provinces frontières, les inonda de fausse monnaie et en exporta le numéraire national, afin d'en tirer, par la refonte, le centuple de sa valeur intrinsèque : les malheureux habitants se virent ruinés par cette honteuse opération.

Si l'avénement du tzar Pierre III mit fin momentanément aux passages de troupes, le concert occulte qui prit naissance alors entre les cabinets russe et prussien, et que cimenta plus tard Catherine II, fut encore plus fatal au pays que des empiétements matériels. Ils étaient du moins temporaires, tandis que les menées secrètes devaient durer jusqu'à ce qu'elles eussent produit leurs funestes fruits.

Humilié et souffrant, Auguste alla passer quelque temps en Saxe, après la paix de Hubertsbourg. En Pologne, la décadence marchait à grands pas : la dissolution fréquente des diètes entravait de plus en plus le jeu des rouages de l'État, et on vit même une chose inouïe jusque-là, la rupture des grandes assises de Piotrkow. L'acharnement des partis était porté au comble; et alors, sous le prétexte hypocrite d'assurer le cours de la justice, Catherine introduisit une armée dans le pays, et, tout en se donnant comme la protectrice des libertés nationales, eut l'impudence de sommer le roi de rendre compte de ses actes. La Lithuanie fut occupée militairement par les troupes de l'impératrice; et la Prusse, suivant cet exemple arbitraire et soi-disant afin de réclamer les déserteurs de la guerre de sept ans, envahit la Grande-Pologne, dont les habitants subirent toute espèce d'exactions.

Puisant dans ces calamités un nouveau degré d'animosité, les factions allaient en venir aux prises, lorsque le décès subit du souverain donna une autre direction aux esprits agités.

PORTRAIT D'AUGUSTE III.

1763. Auguste III mourut d'une attaque d'apoplexie foudroyante, à Dresde, le 5 octobre 1763. Il était doux par indolence, prodigue par vanité, magnifique par habitude; soumis à son confesseur, quoique sans religion, et à sa femme, sans amour pour elle; actif seulement à la chasse; très-beau de corps, mais dépourvu de toute expression dans les traits (*).

OPINIONS MONARCHIQUES INTRODUITES EN POLOGNE.

Beaucoup de Polonais avaient accompagné Stanislas Leszczynski en France; d'autres allèrent le visiter en Lorraine, où, par ses soins, plusieurs compatriotes recevaient une éducation distinguée. Tous, en revenant de leur excursion, rapportaient dans le pays des idées et des opinions différentes de celles y existant. En France comme en Pologne, ils avaient vu un roi; mais en Pologne la souveraineté était viagère et agissant dans un cercle fort limité, tandis qu'en France elle était

(*) M. de Raumer, Chute de la Pologne.

héréditaire et absolue. Il n'y avait pas là de diètes malveillantes, et toutes les dignités partaient de la cour. Le monarque français était entouré de ministres, de pairs, de maréchaux, tous disposés à se dévouer pour son service, dans l'espoir d'être récompensés de leur zèle par des titres, des décorations et autres dignités. Il s'en fallait bien qu'il en fût ainsi en Pologne, quoique Auguste II, inquiété par Charles XII, eût réinstitué l'ordre de l'Aigle-Blanc, qui se maintint depuis sans opposition. Les opinions françaises se propagèrent donc peu à peu et librement parmi les nationaux, car la noblesse, paralysée en partie par l'influence de la civilisation, n'y apporta aucun obstacle : elle semblait ne plus connaître la république ni ses véritables besoins (*).

PARTAGES DE LA POLOGNE.

1773-1793-1795.

Nous arrivons à l'époque la plus importante de l'histoire polonaise, au règne de Stanislas-Auguste Poniatowski, sous lequel s'accomplit le triple désastre du pays. Plus libre dans ses allures que nous, un de nos corédacteurs, dont le travail a précédé le nôtre dans cette publication, a déjà présenté fort au long, à l'article Russie, le tableau d'une catastrophe à laquelle cette puissance prit la plus grande part. Ainsi donc, et afin d'éviter toute répétition, tout en n'omettant aucun des faits précieux, puisés par nous à des sources qu'un étranger ne saurait aussi bien choisir et apprécier qu'un Polonais, nous suivrons dans notre cadre restreint les indications d'un ouvrage que l'on peut considérer comme un véritable chef-d'œuvre, sous le rapport de l'impartialité et de la concision (**).

(*) M.J. Lelewel, Annales de la Pologne.
(**) La Chute de la Pologne (*Polens Untergang*), par M. de Raumer, professeur d'histoire à la faculté de Berlin. Leipzig, 1832.

CHEFS DES PARTIS.

Au moment où le sort de la Pologne allait encore une fois se décider, par l'élection d'un nouveau roi, la fatalité qui pesait sur les destinées du pays voulut que les Polonais se divisassent dans cette crise en deux grands partis.

Le premier, qui s'intitulait de prédilection *parti républicain*, comptait parmi ses notabilités plusieurs Potocki, le vieil hetman Branicki, et le prince Charles Stanislas Radziwill, palatin de Wilna. Ce dernier chef, possesseur d'une fortune immense et doué de courage et d'ardeur, était totalement dépourvu d'éducation élevée, et rappelait sans cesse, par les bizarreries sauvages de sa vie, le temps où la force corporelle l'emportait sur tout. Le parti républicain exigeait le *statu quo* dans les institutions de l'État et repoussait toute intervention étrangère.

Le deuxième était dirigé par les Czartoryski et Poniatowski. Le maréchal Auguste Czartoryski, devenu immensément riche par son mariage, conservait en tout de la dignité et de la modération ; peu avare de conseils, il ne tenait pas à ce qu'ils fussent exécutés, et semblait avoir oublié, en apparence du moins, tout projet ambitieux. Toutefois le véritable chef de ce deuxième parti était le frère d'Auguste, Michel Czartoryski, grand-chancelier de Lithuanie. Aussi adroit qu'actif, il connaissait les noms et les relations de la plupart des membres de la noblesse et possédait ce coup d'œil précieux qui sait employer chacun dans sa sphère ; mais, comme l'observe judicieusement Rulhière, cette même expérience des hommes avait rendu le prince Michel blessant pour les personnes, par ses sarcasmes, et il faisait ainsi du tort aux plans les mieux combinés (*). Ce parti, tout à l'inverse du parti républicain, entendait se servir de l'influence étrangère

(*) Rulhière, Histoire de l'anarchie en Pologne.

pour introduire les changements et améliorations jugés nécessaires.

Telles étaient les deux grandes factions prêtes à s'entre-choquer en présence des ennemis, qui attendaient avec impatience le signal de la lutte afin d'en profiter. Toutes les deux avaient tort : la première, en présentant comme base indispensable de la constitution le maintien de choses erronées ; la seconde, en espérant des résultats salutaires de l'intervention de l'étranger. Le but de l'une était aussi blâmable que les moyens d'exécution de l'autre.

« Plus que jamais se fit sentir à cette époque (pendant le règne d'Auguste III, et lors de l'avénement de Poniatowski) la défectuosité de l'édifice social polonais et la fausseté de sa base. Si, au lieu de quelques milliers d'individus influant exclusivement sur les destinées du pays, plusieurs millions d'hommes, toute la nation, en un mot, eussent joui de droits égaux, si le peuple eût été libre et eût su conséquemment sentir et penser, n'aurait-il pas, en cas d'indolence ou de perversité d'une partie des citoyens, donné signe de vie et sauvé la cause nationale au bord du précipice? Mais, plongé dans les ténèbres de l'ignorance, il n'avait ni liberté, ni faculté de réfléchir. Jamais, jamais la réforme sociale n'avait été plus nécessaire qu'en ce moment ; mais il n'y a point de sauts subits dans l'existence des sociétés. Tout dans les commotions des nations a, comme dans la nature entière, ses lointains et puissants motifs. Ainsi que les autres, la société polonaise se formait par degrés, en adoptant la physionomie des siècles. Notre république nobiliaire comptait de brillants jours de puissance, et pendant longtemps son existence fut forte, solennelle et retentissante. Il n'est donc pas étonnant qu'arrivée même au dernier période de décadence, un seul instant n'ait pu suffire à raser d'une manière complète des bases enracinées profondément ; surtout lorsqu'un des éléments du corps de la nation (les non-nobles), limité et paralysé, n'était pas encore en état d'agir par lui-même et de contribuer à l'enfantement d'un nouvel édifice social (*).

INVASION DES RUSSES.

1764. Tandis qu'à l'aide d'un langage mielleux et perfide, la diplomatie étrangère cherchait à leurrer le pays, en lui promettant d'assurer la liberté de l'élection, un traité secret conclu entre la Russie et la Prusse (mars 1764) stipulait que Poniatowski serait roi (**). Et quand le baron de Breteuil proposa à Catherine II de s'entendre avec la France à l'égard de la prochaine élection polonaise, la tzarine répondit nettement : « *L'avenir vous appren-*
« *dra s'il appartient à quelque autre*
« *que moi de donner un roi aux Po-*
« *lonais* (***). »

Catherine ne s'en tint point aux paroles, et quarante mille Russes ne tardèrent pas à entrer en Pologne. Ce fut bien en vain qu'on cria et qu'on gémit sur l'atteinte portée à l'indépendance et aux libertés nationales. L'ambassadeur de Russie, le comte de Repnin, se contenta de faire valoir dans sa réponse que les soldats étrangers, vivant avec leur argent, ne tomberaient pas à la charge des habitants ; puis, quelques jours après, il joignit l'ironie à l'injustice et dit : « *Comment une na-*
« *tion aussi grande et libre peut-elle*
« *croire qu'une poignée de Russes*
« *puisse léser en quelque point ses*
« *droits* (****)? »

DIÈTE ÉLECTIVE.

1764. C'est sous de pareils auspices et au milieu de la lutte des partis, lutte que signalaient des actes de violence et de férocité, que les diétines élurent les représentants à la grande diète. Bientôt Warsovie vit abonder

(*) François Grzymala, *Sybilla*, journal polonais. Paris, 1834.

(**) Frédéric II, OEuvres posthumes.

(***) Rulhière, Histoire de l'anarchie en Pologne.

(****) Notes officielles de Repnin, des 16 avril et 4 mai 1764.

dans son sein, en groupes armés, les Polonais, les Russes, les Prussiens, les Hongrois, les Turcs et les Tatars. Cette réunion de membres de nations si diverses, tous calmes en apparence, indiquait bien le danger auquel la république se trouvait exposée.

La Russie prenait de plus en plus position ; et une fois que Repnin eut été adjoint au comte Kayserling, on ne garda plus aucune retenue. D'un caractère ambitieux et sans frein, Repnin, élevé dans les idées de son oncle Panin, ministre de Catherine, avait été perverti par les tergiversations diplomatiques. Il ne voyait en tout que le pouvoir de la Russie ; et quand on lui demanda pourquoi la tzarine s'intéressait tant aux affaires polonaises, il répondit avec hauteur : « *Vous au-« riez dû le demander plutôt, main-« tenant il est trop tard* (*). »

La diète s'ouvrit le 7 mai. Des troupes russes étaient postées, mèches allumées, chez Kayserling, Repnin et Poniatowski, et de nombreuses patrouilles de Kosaks parcouraient les rues et gardaient les places. L'insolence de Repnin alla jusqu'à introduire des soldats de sa nation dans le sein de la salle des délibérations et de les y faire asseoir à côté des députés. Le maréchal de la diète, Malachowski, refusa d'ouvrir la séance, tant que ces étrangers n'auraient pas été éloignés. Les sabres furent alors tirés, et la minorité généreuse qui tenait à sauver l'honneur du pays, allait être accablée, quand le nonce Mokronowski s'écria au milieu du tumulte : « *Comment, « vous êtes les représentants de la « patrie et vous portez la livrée d'une « famille* (**) *!* Puis il remit son sabre dans le fourreau, et, se plaçant les bras croisés devant ses adversaires, il ajouta avec calme : *S'il vous faut une victime, me voici ; moi, du moins, je veux mourir libre, comme j'ai vécu.*

Ces paroles imposèrent aux plus acharnés, et les partisans de la Russie, redoutant les suites d'une telle scène, laissèrent les membres de l'opposition sortir tranquillement de la salle. Les Czartoryski craignirent aussi d'avoir été trop loin et s'empressèrent de déclarer qu'ils n'étaient pour rien dans cet acte de violence.

Mokronowski se rendit à Berlin, et là, proposa à Frédéric II de porter au trône polonais le prince Henri ; mais les traités qui existaient entre la Prusse et la Russie s'opposèrent à l'exécution de ce projet. « Comme la France était alliée à l'Autriche, ennemie naturelle de la Prusse, et que l'Angleterre avait manqué précédemment de foi, Frédéric II pensa qu'il était de son intérêt de maintenir la convention avec la Russie et qu'il valait mieux que Catherine donnât un roi à la Pologne que de la lui voir conquérir (*). »

Les Czartoryski, demeurés à la tête de la portion victorieuse, qui se composait de quatre-vingts députés sur trois cents réunis d'abord, n'eurent rien de plus pressé que de réformer la constitution ; et on les laissa y introduire quelques changements de peu d'importance, quitte à les arrêter quand ils en viendraient aux bases fondamentales.

« L'absence du vieux Branicki, qui comptait en vain sur l'appui de la France, la mort du nouvel électeur de Saxe, Frédéric Chrétien, survenue le 17 décembre 1763, et l'inaction de toutes les autres puissances de l'Europe, laissèrent le champ libre à la Russie. Ce fut pourtant au milieu d'un concours de circonstances si favorables que Catherine faillit détruire son propre ouvrage : elle hésita un moment entre Poniatowski, le prince Adam Czartoryski, et le comte Oginski, gendre de ce dernier (**). » Mais elle revint bientôt à son premier projet, et Stanislas Auguste fut élu roi de Pologne, par les députés présents, le 7 septembre 1764.

(*) Rulhière, Histoire de l'anarchie en Pologne.

(**) Rulhière, Histoire de l'anarchie en Pologne ; Joubert, Histoire des révolutions en Pologne.

(*) M. de Raumer, Chute de la Pologne.

(**) Même auteur.

STANISLAS-AUGUSTE PONIATOWSKI.

1764-1795.

Envoyé d'abord à la cour de Saint-Pétersbourg en qualité d'ambassadeur de la république, Stanislas Poniatowski avait été chargé en outre de suivre auprès du cabinet russe les affaires de la maison Czartoryski. Le jeune émissaire, doué d'une belle figure et de nombreuses qualités physiques et morales, ne tarda pas à attirer sur lui les regards de la luxurieuse tzarine. La chronique secrète rapporte qu'il fut pendant assez longtemps maître du cœur et de la personne de Catherine : ce qui favorisa l'accomplissement de l'horoscope tiré par le médecin Fornica, qui, se mêlant aussi d'astrologie, avait prédit, raconte-t-on, à Poniatowski dans son enfance qu'il serait un jour roi.

Les faveurs de l'impératrice, venant après un grand nombre d'autres conquêtes, augmentèrent encore l'amour-propre de Poniatowski, qui oublia promptement les intérêts de ses oncles pour ne songer qu'aux siens. Il ne seconda que trop bien par là les plans de Catherine ; et lorsque celle-ci fut fatiguée de cette nouvelle liaison, elle résolut de faire de l'amant congédié un roi de Pologne, mais roi faible et entièrement soumis à ses volontés.

UNION DES DISSIDENTS.

1766. Peu de temps après l'élection de Poniatowski, Catherine envoya à Warsovie l'Allemand Saldern, homme perdu de réputation et aussi rampant devant ses supérieurs qu'impertinent et hautain envers ses inférieurs. Il était chargé d'opérer la réconciliation des deux partis dissidents, d'examiner la conduite de Repnin, et d'arriver à la conclusion d'un traité du Nord ; mais son rapport, rempli de ménagements pour Repnin et rédigé dans un esprit hostile aux Polonais, ne calma rien : les discordes prirent seulement une nouvelle direction.

Les notes des ambassadeurs de Russie et de Prusse en faveur des libertés religieuses, en fournirent la source. Les demandes précédentes à cet égard, non écoutées, furent renouvelées par les deux puissances en novembre 1766, collectivement avec la Suède, le Danemark et l'Angleterre. Ce fut vainement, car les catholiques zélés, qui avaient à leur tête l'évêque de Krakovie, Cajetan Soltyk, appuyé du légat Visconti, rejetèrent de nouveau toute mesure conciliatrice, en dépit non-seulement des principes de la tolérance chrétienne, mais encore contre toutes les règles de la prévoyance politique.

La Russie profita habilement d'une faute aussi énorme et sut, sous prétexte d'un généreux appui accordé par elle à la liberté de conscience, détacher beaucoup de Polonais de la cause nationale. La tzarine promit donc sa protection aux dissidents, et Repnin fit dévaster ou confisquer les biens de Soltyk et des évêques qui persistèrent dans leur refus.

Grâce à ces mesures, l'union des dissidents prit chaque jour une force nouvelle. Les villes de Dantzig et d'Elbing, ainsi que toute la Kourlande, y donnèrent leur adhésion. Beaucoup de catholiques se joignirent également à elle, poussés soit par l'influence moskovite, soit par la conviction du besoin d'une juste tolérance.

TERGIVERSATIONS DE CATHERINE II.

Malgré la gravité des circonstances, et de concert avec le roi et les évêques, les Czartoryski demandèrent l'abolition du *liberum veto*, l'éloignement des troupes étrangères, et la dissolution de la confédération qui s'était formée contre les dissidents. Catherine opéra alors un changement brusque et complet dans sa politique ; faisant occuper les domaines de la couronne par ses soldats, elle ordonna une révision des nouvelles lois, défendit toute augmentation des impôts et de l'armée, et protégea ouvertement le parti républicain, qu'elle avait persécuté jusque-là. Les Czartoryski virent, mais trop tard, le tort qu'ils avaient eu de compter sur l'appui de l'étranger pour régénérer leur patrie : les baïonnettes russes les forcèrent de détruire à la diète, et de leurs propres mains, les faibles réformes introduites déjà, au prix d'efforts soutenus et de ruses ingénieuses. En outre, le *liberum veto* reçut plus d'extension que jamais (*).

Les républicains, que l'on endormait par une assistance perfide, devaient également s'apercevoir bientôt de leur erreur. Se servant d'eux comme d'instruments, Repnin avait l'art de les faire concourir à la réalisation de projets conçus depuis longtemps par lui; il dictait même leurs votes, et, montrant une liste signée de soixante mille confédérés, il osa dire à Poniatowski : « *Vous voyez que je suis le maître, et que votre couronne ne dépend que d'une docilité sans bornes!* » L'automate élu supporta avec humilité cet insolent langage et courba son front devant l'autocratie russe, qui enjoignit alors aux confédérés d'obéir au souverain, résultat sur lequel ils ne devaient guère compter d'après tout ce qui s'était passé jusque-là.

DÉPORTATIONS EN SIBÉRIE.

1767. Repnin embrouillait de plus en plus les affaires du pays, et la Pologne fut témoin cette année d'un spectacle encore inouï chez elle. L'envoyé russe avait placé à la tête de la diète un ennemi particulier du roi, Radziwill, dont le premier soin fut de proposer la nomination d'une commission de législateurs, qui serait chargée de confectionner une nouvelle constitution, avec plein pouvoir de décider sur toute chose et sans être tenue de rendre aucun compte de sa conduite, ni être soumise à aucune responsabilité.

L'opposition, qui voyait parfaitement où tendait cette proposition, éleva avec force la voix pour repousser une mesure qui menait tout droit à la tyrannie décemvirale et plaçait le royaume sous la complète dépendance

(*) Lind, Letters.

de la Russie. Plusieurs opposants, notamment l'évêque de Kamiéniec, Krasinski, conseillèrent de temporiser et d'attendre un mouvement favorable de la Turquie; mais Soltyk, persistant fermement dans sa volonté, s'écria : *Si je succombe, votre devoir sera de marcher sur les traces que vous m'indiquez.*

Alors Repnin fit arrêter, sans doute à la suite d'ordres supérieurs, dans la nuit du 13 au 14 octobre, les évêques de Krakovie et de Kiiow, ainsi que les comtes Rzewuski, père et fils. D'autres prélats, sénateurs et députés, tous ceux, en un mot, qui refusèrent de déclarer leur soumission par écrit, se virent également saisis dans leurs personnes et transportés en Sibérie (*).

L'épouvante que ces actes de violence jetèrent parmi les Polonais fut grande, mais l'Europe demeura spectatrice muette d'une pareille atteinte portée au droit des nations. Nul ne prit en main la défense des malheureux opprimés; et le faible roi, dans un discours empreint d'un style fleuri assez peu de saison, invita la nation à l'union et à la patience. De son côté, et pour toute explication, Repnin se borna à répondre qu'il n'avait de compte à rendre qu'à son impératrice.

CONFÉDÉRATION DE BAR.

1768. Une nouvelle constitution, connue sous le nom de *Lois cardinales et Matières d'État*, fut enfantée à l'aide des baïonnettes russes. Elle donnait force de loi à tous les abus et perpétuait l'anarchie; aussi poussa-t-elle à bout la patience des patriotes. Déjà et afin d'intéresser les autres États en faveur de la cause polonaise, l'évêque de Kamiéniec, Adam Krasinski, parcourait depuis quelque temps diverses cours d'Europe; mais fatiguées des longues guerres qu'elles avaient soutenues, les puissances étrangères ne prêtèrent qu'une oreille dis-

(*) Jekel, *Staatsveränderungen in Polen* (Réformes politiques en Pologne).

traite aux accents du prélat. La France même, en alliance intime avec l'Autriche par suite des derniers traités, se renferma dans un rôle presque passif; c'est à peine si elle accorda quelques secours insignifiants apportés par Dumouriez, et encore n'eurent-ils aucun cachet officiel..

Quant à la Turquie, guerroyant contre la Russie avec des résultats malheureux, elle ne pouvait guère offrir d'espoir aux Polonais. D'ailleurs l'évêque Krasinski avait écrit à Potocki : « *Attirer les Turcs pour chasser les Russes, c'est mettre le feu à la maison pour se débarrasser des vers* (*). » Et, en effet, le grand-vizir Méhémet avait eu le projet de dévaster et appauvrir la Pologne, pour la plus grande sûreté de l'empire ottoman.

Les Polonais durent donc ne compter que sur eux-mêmes, et, le 29 février 1768, fut proclamée la célèbre confédération de Bar (petite ville de Podolie), à la tête de laquelle apparurent Joseph Pulawski et ses fils, François Krasinski, Pac, et autres notabilités. Le but de cette association était de secouer le joug de l'étranger; mais, à côté de ce but si noble et sacré, la funeste influence qui présidait aux destins du pays fit que les confédérés prirent, en outre, la persécution des protestants pour bannière religieuse et le *liberum veto* pour étendard politique, deux fautes capitales.

A cette levée de boucliers, Repnin répondit en s'emparant de toutes les munitions de guerre, considérant les confédérés comme rebelles, et força le sénat de supplier Catherine de ne pas retirer ses troupes du royaume.

Un choc sanglant devenait dès lors inévitable, mais aucune guerre moderne n'offrit le tableau d'atrocités pareilles à celles qui signalèrent la lutte que nous constatons. Nous nous contenterons d'en rapporter quelques exemples.

Les hordes sauvages des Haïdamaques et des Kosaks zaporogues, arrachées par la Russie à leurs steppes stériles ou à leurs marais fangeux, portèrent dans toutes les parties de la Pologne le meurtre et l'incendie. Un noble, un moine, un juif et un chien étaient pendus ensemble avec cette sentence ironique : *Tout est égal* (*). Nombre de gens furent enterrés vifs jusqu'au cou, puis on leur fracassait la tête. On ouvrait le ventre aux femmes enceintes, et on substituait au fruit ravi à leurs entrailles des chats furieux. Les propres généraux russes se plaisaient à donner le knout aux officiers polonais captifs, à les fusiller eux-mêmes (**). Le colonel Drewitz ne renvoyait ses prisonniers qu'après leur avoir fait écorcher la peau des épaules, en guise d'habillement polonais dit *kontusz*. Des mutilations plus horribles encore s'exercèrent.

Les chances de la lutte furent longtemps balancées. Malgré la perte de son père et de ses frères, Kasimir Pulawski continuait de faire la plus vigoureuse résistance, mais il se vit forcé, à la longue, de s'enfermer dans le couvent fortifié de Czenstochowa. Ce qui affaiblit surtout le parti des confédérés, ce fut la non-réussite du projet d'enlèvement du roi.

ENLÈVEMENT DU ROI.

1771. Cette tentative eut lieu le 3 novembre 1771, à Warsovie. Pulawski donna son assentiment au projet des confédérés de Bar, mais sous la clause expresse *qu'il ne serait porté aucune atteinte à l'existence du prisonnier;* et Strawinski, homme d'une imagination ardente et d'un caractère impétueux, se chargea de l'exécution, après avoir prêté serment d'amener le roi vivant à Czenstochowa. Il saisit, en conséquence, le moment où Poniatowski se rendait le soir chez son oncle, le grand-chancelier Michel Czartoryski, pour attaquer le faible cortège

(*) Rulhière, Histoire de l'anarchie en Pologne.

(**) Meisner, *Leben Breukenhofs* (Vie de Breukenhof).

qui l'accompagnait. Deux hayduks sont tués, mais dans la bagarre les conjurés prennent l'aide de camp du roi pour ce dernier, qui parvient à gagner la porte du palais de son oncle ; malheureusement ses coups précipités le trahissent : on accourt, il est saisi et entraîné. Au sortir de Warsovie les conjurés, que les ténèbres servent mal, s'égarent et se dispersent. Des patrouilles de Kosaks parcouraient la forêt de Biélany, lieu du rendez-vous général ; Strawinski et Lukaski sont obligés de leur tenir tête, et, pendant ce temps, Kuzma Kosinski, demeuré seul auprès du roi, tombe à ses genoux en implorant son pardon. Ils atteignent tous deux le moulin de Mariemont, où, après quelques heures de cruelle incertitude, les gardes de Poniatowski, avertis par son ordre, viennent le délivrer d'un danger toujours imminent.

Quand l'alarme se répandit dans la ville, le grand-chancelier, loin de voler au secours de son neveu, se mit tranquillement à souper, et Saldern, au récit de l'événement, répondit sèchement qu'une autre affaire l'occupait. Une fois le roi délivré, on déclara que cette tentative d'enlèvement cachait des projets de régicide ; et Poniatowski lui-même entretint les esprits dans cette idée, quoiqu'il eût la parfaite conviction du contraire.

POLITIQUE ÉTRANGÈRE.

Chaque jour voyait s'accroître l'influence des Russes en Pologne et s'étendre leurs progrès en Turquie ; et un tel état de choses eût nécessairement dû éveiller les alarmes des autres puissances, si chacune d'elles n'eût eu à s'occuper de sa propre situation. L'Angleterre, toujours dévouée avant tout à ses intérêts particuliers, tentait de faire rentrer dans le devoir le nord de l'Amérique ; la France n'avait plus pour présider à ses conseils la main habile du duc de Choiseul, et une faiblesse de plus en plus prononcée dictait ses décisions ; l'Autriche et la Prusse pouvaient donc seules apporter un terme aux envahissements de la Russie, mais les passions rivales qui les animaient depuis longtemps l'une contre l'autre, les trompèrent encore cette fois sur leurs véritables intérêts. Aussi, bien loin d'amener la résurrection de la malheureuse Pologne, cette politique indécise ou envieuse ne devait pas tarder à enfanter un tissu d'injustices et de crimes.

Catherine, qui croyait être bien modérée en demandant seulement, comme indemnité des frais de la guerre avec la Turquie, la cession des deux Kabarda et d'Azow, l'occupation d'une île de la Grèce, la libre navigation de la mer Noire, l'indépendance des Tatars, et, enfin, la création d'un duché indépendant de la Moldavie et de la Valachie, rencontrant toutefois quelque opposition de la part de Frédéric II et de l'empereur d'Autriche, reporta, pour couper court à toute résistance sérieuse, les vues des cabinets sur la Pologne.

La première idée de partage prit naissance à Saint-Petersbourg, lors du séjour que fit dans cette capitale le prince Henri de Prusse. Afin de sonder les intentions de la tzarine, ce prince lui toucha quelques mots relativement au projet de détacher de la Pologne, et au profit de la Prusse, les provinces dites Prusse-Royale ; il trouva Catherine tout à fait disposée en faveur d'une pareille violation du droit et de l'honneur, *en tant que cela ne troublerait pas la balance de l'Europe*. Mais par un traité avec la Porte, signé le 6 juillet 1771, la cour de Vienne s'était portée garante de l'indépendance et de l'intégrité du territoire polonais. D'un autre côté, Frédéric II, effrayé des conséquences que pouvait entraîner la mesure projetée, hésitait à donner son adhésion, et pour ranimer son ardeur chancelante, il fallut que Catherine déclarât *prendre sur elle tous les reproches qu'on pourrait faire* (*).

En attendant une occasion favora-

(*) Ferrand, Histoire des démembrements de la Pologne.

ble, tout se trama donc dans le plus grand mystère. Il transpira cependant quelque chose des desseins spoliateurs, et alors on mentit d'une façon impudente à la France, à l'Angleterre et à la Pologne, en disant positivement *que personne ne pensait à cela!*

Le premier ministre Kaunitz, qui louvoyait à Vienne entre Marie-Thérèse, désireuse de maintenir la paix et le respect de la foi jurée, et Joseph II, animé par le désir des conquêtes et de la gloire, jugea prudent, malgré le traité de 1771, de mettre en avant des prétentions exagérées, soit afin de faire échouer, par cette conduite, le plan de partage ou bien d'obtenir un large lot dans la proie commune. Ainsi, tout en gardant le secret envers l'ambassadeur de la France, alors l'alliée de sa cour, Kaunitz s'entendait parfaitement à cet égard avec l'ambassadeur de Russie.

Comme moyen préparatoire, il parut dans le courant de l'année 1771 un manifeste de Catherine II, lequel énonçait : qu'en Pologne le gouvernement était sans action et la loi sans force; que tout y était sacrifié à l'ambition et à la cupidité; que l'anarchie y levait la tête de l'abîme des calamités publiques et y marquait son règne par le meurtre et le pillage. Toutes choses malheureusement trop vraies, mais qui étaient l'œuvre de la tzarine. Puis, on vit paraître, le 18 septembre 1772, une déclaration des cabinets de Saint-Pétersbourg, de Vienne et de Berlin réunis. Elle annonçait que ces trois puissances étaient décidées à prendre les mesures les plus justes et les plus efficaces, pour rétablir en Pologne l'ordre et la tranquillité, et asseoir sur des bases plus solides la constitution et les libertés de la nation. On y engageait les Polonais à renoncer à de vaines illusions et à coopérer à cette œuvre de prospérité, c'est-à-dire, en dernière analyse, à céder trois mille milles carrés de terrain aux États conjurés pour le partage de leur patrie! Et sans attendre ni réponse ni acte de cession, les souverains alliés prirent possession des provinces polonaises.

GRAVES ABUS DE LA RUSSIE.

1773. Cédant à l'ordre des résidents étrangers, Poniatowski convoqua une nouvelle diète, qui s'ouvrit à Warsovie le 19 avril. Il s'agissait d'y arracher à la nation, grâce à la trahison des membres achetés par l'or des trois puissances, la sanction désirée pour consommer la ruine du pays. Mais comme on ne put réunir l'unanimité des suffrages, on résolut de former la diète en confédération; et tous les efforts des membres restés fidèles à leurs devoirs, furent employés à l'empêchement d'une pareille mesure. Adam Poninski, vendu à la Russie et porté seulement par quelques voix isolées à la présidence de la diète, rencontra donc une forte opposition, dirigée par les nonces Reyten, Korsak et plusieurs autres. En vain les ambassadeurs étrangers répandirent de nouvelles largesses, en vain un décret déclara Reyten *infâme*, on ne put rien conclure; alors, et au mépris de toutes les règles, Poninski fit dresser dans son hôtel l'acte de confédération.

Le 21 avril, au moment où les nonces s'assemblaient comme de coutume, Reyten, ne se décourageant pas, proposa pour la seconde fois d'élire un nouveau président; et, quoique absent du lieu de réunion, Poninski tenta, par ses affidés, de faire lever la séance. Mais les spectateurs crièrent aux nonces : *Ne sortez pas, au nom du ciel, ne sortez pas! Ne perdez pas la gloire nationale! ne nous livrez pas aux tyrans!* Et Reyten, se jetant au-devant des membres qui s'en allaient, fit de son corps une barrière et s'écria d'une voix altérée par le désespoir : *Allez, confirmez votre ruine à jamais; mais vous ne passerez qu'en foulant de vos pieds ce cœur qui ne bat que pour l'honneur et la liberté!* Malgré ces représentations, six nonces, sur les quinze qui restaient encore, persistant dans leur résolution de se retirer, Korsak, debout derrière Reyten, cria au public, que les factionnaires russes et prussiens retenaient à la porte d'entrée : *Écoutez : je proteste devant Dieu et* en *face du monde entier qu'une violence sans exemple a été commise sur une nation libre. Je proteste contre les actes d'une chambre entourée de soldats étrangers ; je proteste contre la levée illégale des séances. Poninski ne pouvait de son chef se nommer président, et nous sommes venus pour former une diète libre et non une confédération. Nous ne quitterons pas la Chambre, et, dussions-nous mourir de faim, nous périrons en gardant notre conscience pure envers Dieu et envers notre patrie. Restez donc avec nous, citoyens, et soyez témoins qu'il est encore des Polonais que la menace ne saurait faire plier.*

Les neuf autres nonces demeurèrent donc à leurs places, et, ayant été invités par l'ambassadeur Stackelberg à se rendre chez lui, ce fut le soir seulement que quatre d'entre eux s'y rendirent. Mais promesses, offres, menaces de confiscation et de prison, rien ne put ébranler le courage de ces derniers défenseurs de l'honneur national; et quand le Moskovite, irrité de tant de persévérance, redoubla de fureur dans ses paroles, Korsak se leva et, lui remettant un état exact de tous ses biens, terres, capitaux et mobilier, répondit avec calme : *Je n'ai que cela à sacrifier à l'avidité des ennemis de la Pologne ; ils peuvent m'ôter la vie, mais il n'y a point au monde de despote assez riche pour me corrompre ou assez puissant pour m'intimider.* Ces quatre patriotes retournèrent ensuite au lieu de la diète, mais les portes en étaient fermées : Reyten défendait le sanctuaire au dedans, eux passèrent la nuit en dehors.

Le lendemain, les trois ambassadeurs étrangers se rendirent chez le roi, qui balançait encore pour donner son assentiment à la confédération, et Stackelberg lui déclara, au nom des puissances coalisées, que s'il hésitait plus longtemps, 50,000 hommes avaient ordre de marcher sur Warsovie, de réduire la capitale en cendres, et de passer toute âme vivante au fil de l'épée. Sous le coup de pareilles menaces et afin d'éviter de plus grands malheurs, Poniatowski dut céder : il signa son adhésion en pleurant. Les Chambres se réunirent alors, à côté de la salle où Reyten se trouvait encore ; épuisé de fatigue et de besoin, il y était étendu sans connaissance depuis trente-six heures, et il ne retourna chez lui que lorsque la confédération fut complétement installée, après avoir ainsi défendu jusqu'au bout les libertés et l'honneur de la nation (*).

PREMIER PARTAGE.

1773. Le traité de partage s'accomplit sous la protection des baïonnettes étrangères. Un *Conseil Permanent*, recevant ses instructions de l'ambassadeur russe, fut institué comme contre-poids du pouvoir royal ; et le traître Poninski reçut le titre de prince, en échange de ses honteux services.

Par ce premier partage, Frédéric II s'appropria la Prusse-Royale, moins Dantzig et Thorn, et une portion de la Grande-Pologne jusqu'au Notetz, en tout six cent trente milles carrés et 416,000 habitants ; l'empereur d'Autriche prit le comté de Spiz (Zips) et une partie des palatinats de Krakovie, Sandomir, Belz, ainsi que de la Russie-Rouge et de la Podolie, douze cent quatre-vingts milles carrés et 2,700,000 habitants ; enfin la tzarine s'empara de Polock, Witepsk et Mscislaw, jusqu'à la Dzwina et le Dniéper, environ dix-neuf cent soixante-quinze milles carrés avec 1,800,000 habitants (**). Par ce même acte, les puis-

(*) Plus tard, lorsque le partage fut consommé, ce grand citoyen perdit la raison de désespoir, et ayant, dans un accès d'égarement, brisé un verre entre ses lèvres, il expira le 8 août 1780.

(**) Peu de temps après l'ambassadeur prussien à Warsovie disait : « Les eaux appartiennent à mon roi lorsque le Notetz « déborde, et, par conséquent, les terres « inondées lorsqu'il rentre dans son lit. » Et, au moyen de ce raisonnement captieux, on établit que le fleuve pouvait déborder à une distance de douze milles, par-dessus même les montagnes. (*Jekel*, Réformes

sances copartageantes renonçaient formellement, pour l'avenir, à toutes prétentions passées ou présentes sur la Pologne (*).

En examinant ce partage, aussi infâme que monstrueux, on cherche vainement cet équilibre dont parlaient les spoliateurs dans leur déclaration, et l'on s'aperçoit, au contraire, que ce vol, consommé à main armée, donnait plus au plus puissant et moins au plus faible.

« L'Europe, dit éloquemment M. de Raumer, était plongée dans une apathie si grande, dans un égoïsme si prononcé, qu'elle assista à la ruine de la Pologne sans nullement s'en émouvoir. Personne n'eut même cet esprit de prévoyance qui nous apprend que, lorsque les souverains foulent ainsi aux pieds les bases fondamentales du droit éternel, ils précipitent le corps social dans un abîme de dépravation, et que, bientôt après, les masses se ruent avec une rage révolutionnaire sur l'autorité avilie (**). »

TRAITÉ D'ALLIANCE AVEC LA PRUSSE.

1791. La crise à laquelle donna lieu ce premier partage fut donc violente, et le royaume, ainsi mutilé brutalement, fut longtemps à se remettre de la secousse terrible qui l'avait ébranlé jusque dans ses bases nationales. Mais à peine le pays, qui croyait pouvoir compter à bon droit sur son indépendance future, d'après la garantie des trois puissances, commençait-il à reprendre un peu de calme et de sécurité, que la même influence qui avait juré naguère sa perte s'agita de nouveau.

Infatigable dans ses efforts, Catherine II se chargea du soin d'entretenir à jamais en Pologne le trouble et l'asservissement. Dans ce but, elle fit adopter, sans demander l'assentiment de la diète ni celui de la Prusse et de l'Autriche, un simulacre de constitution maintenant la royauté élective, le *liberum veto*, l'impuissance militaire, le désordre des finances, le servage des paysans, et le peu d'importance politique des villes. Tout le pouvoir se trouvait concentré dans les mains du conseil dit *Permanent*, et composé de trente-six membres (*). Quand l'intérêt de la Russie était mis en jeu, ce conseil savait parfaitement trancher la question; mais lorsqu'il s'agissait de quelque réforme salutaire pour le pays, on exigeait l'unanimité des votes du sénat et de la noblesse, unanimité que le *liberum veto* rendait impossible.

Les dissidences qui s'élevaient alors au sein des assemblées étaient tellement graves, que le favori de Catherine, Potemkin, aurait procédé sans désemparer à un partage complet du royaume, si l'opposition peu prévue de Frédéric-Guillaume ne fût venue mettre obstacle à l'exécution d'un projet aussi violent. Toutefois, ce tendre intérêt du nouveau souverain prussien pour la Pologne n'était que la suite de calculs politiques. En 1788, la tzarine s'étant alliée à Joseph II contre la Turquie, Frédéric conclut, de son côté, un traité avec l'Angleterre, puis fit aux Polonais quelques ouvertures d'un pacte d'alliance. Ce fut au tour de Catherine à montrer une chaleureuse sollicitude pour les intérêts de la Pologne; mais, à toutes ses protestations, Frédéric se borna à faire répondre, par l'entremise de son ambassadeur à Warsovie, Luchessini, « qu'il avait en vue de « rendre à la république son ancienne « splendeur, sa puissance et ses liber- « tés, afin de défendre l'Europe contre « les barbares du Nord ; que, par suite « de l'alliance avec la Prusse, que lui, « Frédéric, proposait, il s'engageait à « garantir l'inviolabilité du territoire « polonais (**). »

politiques). En outre de ce nouvel avantage, le roi de Prussse réunit insensiblement à son royaume encore 46,000 âmes, puis, l'année suivante, 18,000 habitants avec plusieurs villes et villages. (Meisner, Vie de Brenkenhof.)

(*) Herzberg, Recueil; Frédéric II, Œuvres posthumes.
(**) Chute de la Pologne.

(*) Mémoires trouvés à Berlin.
(**) Oginski, Mémoires; Herzberg, Recueil.

Pour leur part, les vrais amis du pays, éclairés par les sages conseils de Kollontay et Ignace Potocki, répondirent aux avances de celle des trois puissances qui leur semblait la moins dangereuse, et bientôt la diète prit un engagement analogue. Alors Catherine II, outrée de l'éclat donné à des négociations secrètes jusque-là, déclara qu'elle regarderait tout changement apporté aux dispositions de 1775 comme une violation des traités. Mais la Prusse tint bon, et, par sa note du 19 novembre 1788, elle engagea les Polonais à ne pas se laisser effrayer par des menaces, le roi Frédéric étant toujours décidé à remplir ses propres engagements et à assurer à la république son indépendance, sans s'immiscer en quoi que ce soit dans les affaires intérieures du pays. Enfin, la proposition formelle de Frédéric-Guillaume, du 8 décembre 1789, se terminait par ces mots que l'histoire doit enregistrer : « Si la Pologne porte son armée jus- « qu'à soixante mille hommes, et si « elle se donne une nouvelle constitu- « tion, je signerai une alliance dura- « ble avec elle. Mais quand même une « alliance ne serait pas contractée, « la république peut compter que je « ne l'abandonnerai pas. Elle peut « se fier à mon caractère, à ma ma- « nière de penser, et enfin à la cons- « cience que j'ai de mes véritables in- « térêts (*). »

Encouragés par de telles paroles, les Polonais sentirent leur espoir et leur courage se ranimer. Le moment était en outre favorable, car la Russie, engagée dans des hostilités avec la Turquie et la Suède, laissait le champ libre aux mesures de la diète, qui profita de ces collisions pour abolir un grand nombre d'institutions introduites dans l'État par les Russes et à leur profit. Poniatowski se déclara lui-même en faveur du parti réformateur ; mais ce ne fut toutefois que lorsque Luchessini eut dit confidentiellement que Catherine avait offert à son maître la Grande Pologne, s'il voulait de-

meurer neutre durant la guerre avec la Turquie, que les délibérations se poursuivirent avec énergie, et que les défenseurs de l'alliance prussienne prirent tout à fait le dessus.

Par ce traité d'alliance, conclu le 29 mars 1791, les deux parties contractantes se garantissaient l'intégrité de leur territoire (la Prusse ayant pris possession de Dantzig et de Thorn, en échange des avantages offerts), et se promettaient un appui réciproque en termes exprès, par les négociations ou par les armes, dans le cas où une puissance quelconque, dans un temps quelconque, et d'une manière quelconque, voudrait se mêler des affaires de l'une d'elles (*).

CONSTITUTION DU 3 MAI.

1791. La conclusion de cette alliance sembla annoncer la venue d'une nouvelle ère de gloire et de bonheur ; tous les bons citoyens se mirent avec zèle à l'œuvre de la résurrection, et l'union de la nation, vraiment admirable en ce moment, concourut à faciliter l'accomplissement d'un but aussi sacré. Les articles de la nouvelle constitution projetée furent longuement et scrupuleusement discutés, et, après que l'ensemble en eut été lu, le soir du 2 mai 1791, au palais de Radziwill, aux cris d'approbation d'un grand nombre de députés et de citoyens, la constitution fut soumise, le lendemain 3 mai, à l'assentiment de la diète, le roi étant présent. Des acclamations accueillirent l'entrée de Poniatowski ; mais quand on en arriva à la grave question politique de la réforme, un traître vendu à la Russie, le nonce de Kalisz Suchorzewski, se déchaîna avec fureur contre ce changement salutaire, menaçant, dans le cas où l'on rejetterait son avis, de massacrer aux yeux de l'assemblée son propre fils, âgé de six ans, que le forcené avait amené avec lui et dont les gémissements étaient bien faits pour attendrir.

(*) Schöll, Histoire des traités.

(*) Zajonczek, Histoire de la révolution de Pologne de 1794.

Néanmoins, on passa outre, et le projet, lu à la demande du roi, reçut la sanction des mandataires du pays, dont le nombre était double de celui de l'année 1790. L'opposition ne compta en tout qu'une douzaine de voix. Le souverain et la diète prêtèrent donc serment à la charte nouvelle, et l'on se rendit ensuite à la cathédrale, afin de remercier la Providence de l'heureux résultat obtenu, qui promettait au royaume le retour d'une prospérité si ardemment désirée.

De toutes les constitutions établies depuis un demi-siècle, celle-ci est la plus ancienne, à l'exception toutefois de celle de l'Amérique du Nord (*). Chacune de ses clauses est un bienfait réel et un progrès incontestable : la tolérance religieuse, l'affranchissement des villes, le règlement des charges qui pesaient sur la classe des laboureurs, une meilleure organisation de la diète, l'accroissement de l'autorité du sénat, la réforme électorale, l'abolition si nécessaire des confédérations et du *liberum veto*, la fondation d'une royauté héréditaire, après la mort de Poniatowski, dans la personne de Frédéric-Auguste, électeur de Saxe et fils du précédent roi de Pologne, etc., etc., que de germes d'améliorations qui auraient porté leurs fruits dans l'avenir, si une haine implacable ne fût pas venue bientôt tout entraver, tout détruire !

Votée le 3 mai par acclamations, cette constitution fut soumise de nouveau le 5 aux suffrages de la diète ; et, neuf mois après, chaque diétine ou collége électoral l'accepta séparément et jura de la défendre. En agissant ainsi, on voulut couper court à toute récrimination de la part de l'opposition, et éviter tout reproche de surprise ou de précipitation. Aussi l'Europe entière, frappée de la sagesse contenue dans chacun des articles de la charte nouvelle et de l'impartialité qui avait présidé aux débats, donna-t-elle sa pleine approbation à l'œuvre de la diète (**).

(*) Voyez Introduction, p. 34.
(**) Pitt et Burke, les antagonistes les plus

Ce fut à Pilnitz que la Prusse et l'Autriche reconnurent formellement pour leur part l'existence de la constitution du 3 mai, ainsi que l'indépendance et l'indivisibilité de la Pologne. Catherine elle-même, forcée par les circonstances, fit déclarer au congrès de Yassy qu'elle n'appuierait en rien les adversaires du nouvel ordre de choses, pour le maintien duquel le roi Poniatowski jura de répandre tout son sang. Brillantes promesses, dont les événements ne devaient pas tarder à montrer l'hypocrisie ou le néant !

COMPLOT DE TARGOWIÇA.

1792. Déjà le pays commençait à respirer et à recueillir d'heureux résultats des mesures adoptées, quand la paix conclue à Yassy, en janvier 1792, entre la Russie et la Porte, vint permettre à la tzarine de reprendre en toute liberté, vis-à-vis de la Pologne, son ancienne attitude de malveillance sourde et de corruption. Catherine II connaissait bien le côté faible du caractère polonais, l'ambition et la vanité, et l'exploita cette fois avec encore plus d'adresse que par le passé, afin d'amener ses plans vers leur réalisation complète.

Comme toujours, le mot d'ordre partit de Saint-Pétersbourg, et ceux qui se chargèrent d'aller l'y recevoir furent Branicki, allié à la famille Potemkin et qui avait servi précédemment l'intrigue de la tzarine avec Poniatowski, Séverin Rzewuski, gagné, après une captivité de cinq années en Sibérie, à la cause de ses persécuteurs, et Félix Potocki, se flattant, dans son fol espoir, de parvenir un jour à la couronne. A leur retour de Russie, ces agents de discorde s'engagèrent, à Targowiça en Ukraine, par un acte de confédération, à renverser la constitu-

déclarés de tout mouvement révolutionnaire, approuvèrent hautement les réformes opérées en Pologne. Burke dit même à ce sujet : *C'est une transition de l'anarchie à l'ordre et non de l'ordre à l'anarchie.* (Burke, Œuvres.)

tion du 3 mai; mais, malgré les secours promis, cet acte ne fut d'abord revêtu que de neuf signatures, tant l'infamie du but auquel il tendait effrayait même les traîtres et les ambitieux.

Bientôt Catherine appuya le manifeste de la confédération par une déclaration de guerre, dans laquelle elle disait que les Polonais avaient calomnié ses desseins; que la protection accordée par elle aux anciennes institutions de la république garantissait les vieilles libertés, menacées de destruction par les novateurs du 3 mai; que, malgré tous ses griefs, sa magnanimité et sa prudence la décidaient à protéger les droits et les priviléges de la nation : en conséquence, ses soldats s'avançaient à titre d'amis; qu'elle espérait que tout Polonais joindrait ses efforts aux siens, pour renverser une œuvre de destruction ravissant à la république, sa sécurité et son indépendance; qu'enfin, si la charité chrétienne lui commandait d'oublier l'offense qui lui avait été faite personnellement par cette même réforme, l'amour du prochain lui ordonnait impérieusement de protéger ceux d'entre les Polonais qui lui avaient confié le soin de leurs destinées (*).

MANIFESTE DE LA DIÈTE.

1792. A ce monument écrit de l'hypocrisie la plus raffinée et la plus révoltante, la diète publia en réponse, le 29 mai, un manifeste aux Polonais où l'on remarque les passages suivants :

« La Russie nous annonce une diète illégale et nouvelle que ses troupes doivent appuyer; elle appelle les peuples à la rébellion contre l'autorité légitime; elle les appelle à la guerre civile; elle sème des mensonges audacieux pour grossir des griefs sans fondement; se faisant un jeu de l'honneur et de la bonne foi, elle menace tout homme libre de la mort et de la persécution, et déjà elle procède à l'exécution de ses menaces.

« Vous savez ce que vous coûte déjà la protection de Catherine : vos sénateurs, vos ministres enlevés et conduits en Sibérie, votre noblesse indignement traitée, vos concitoyens traînés sur le sol étranger, la Pologne morcelée! Et maintenant encore nos ennemis soufflent le feu de nouvelles dissensions, afin d'arriver à un second partage et à l'anéantissement du nom polonais, dernier terme de leurs barbares complots. Comme tous les nobles défenseurs d'une cause sainte, votre roi brûle du désir de verser son sang pour la patrie, et ne craint pas d'exposer son front blanchi par les années aux dangers de la guerre. Suivez ses drapeaux, ils sont ceux de l'honneur! »

GUERRE CONTRE LA RUSSIE.

1792. Au moment où une lutte sanglante et décisive allait encore une fois s'engager entre la Pologne et sa vieille ennemie, la Moskovie, on songea à invoquer l'appui des puissances alliées, sur lequel on croyait devoir compter à bon droit, car Joseph II avait déclaré qu'il ne souffrirait pas que l'on ôtât un seul arbre de ce qui restait de la Pologne, et Frédéric-Guillaume, lié par le traité de 1791, ne pouvait pas reculer à cette heure solennelle. Dans cette confiance, Ignace Potocki fut donc envoyé à Berlin, afin de réclamer du souverain prussien l'exécution du *casus fœderis*, et l'envoi des troupes promises par les traités. Mais honteux et embarrassé, Frédéric ne sut que répondre; et il fallut que le ministre Schulemberg vînt en aide à la déloyauté de son maître, en disant : « Sa Majesté a pris d'autres engagements vis-à-vis de l'impératrice de Russie, *posteriora ligant!* En vain l'ambassadeur polonais rappela la fidélité due au traité signé et motivé de la main du roi de Prusse : à toutes ses instances chaleureuses Schulemberg se contenta d'opposer le même argument (*).

(*) Zajoncek, Histoire de la révolution de Pologne de 1794; Oginski, Histoire de la constitution.

(*) Frédéric-Guillaume, qui avait poussé les

Le prince Czartoryski, dépêché à Vienne, y fut accueilli avec plus de faveur; mais Joseph II, tout en plaignant les Polonais, objecta qu'étant engagé dans une guerre avec la France et contraint de lutter contre l'envahissement des doctrines subversives dont ses États, comme l'Europe entière, étaient menacés, il ne pouvait, à son grand regret, voler au secours de la Pologne (*).

Abandonnés ainsi à eux-mêmes, les Polonais ne perdirent pas courage. Au contraire, l'enthousiasme redoubla au moment de la crise, et de toutes parts arrivaient des citoyens qui offraient le sacrifice de leurs fortunes et de leurs personnes pour la défense de la patrie. Le roi Stanislas-Auguste, emporté par le mouvement général, promit de se mettre à la tête des troupes, et fit serment, sur la constitution, de tout employer pour assurer le salut du pays. Alors la diète constituante, sentant l'importance du moment, se sépara, après avoir remis entre les mains du souverain des pouvoirs illimités; mais on commit la faute impardonnable de laisser résider à Warsovie l'ambassadeur russe, qui fut libre dès lors de donner pleine carrière à ses intrigues.

Deux grandes batailles furent livrées aux Moskovites: l'une à Ziélincé, sous les ordres du prince Joseph Poniatowski, neveu du roi; et l'autre à Dubienka, sous ceux du général Kosciuszko. Dans les deux, les Russes eurent beaucoup à souffrir.

LACHETÉ DE STANISLAS-AUGUSTE.

1792. Pendant ce temps, l'ambassadeur russe ne demeurait pas oisif à Warsovie. Connaissant la flexibilité du roi et sa faiblesse envers ses anciennes maîtresses, il sut rappeler adroitement les précédentes relations de la tzarine avec Poniatowski; et ce dernier, indigne de la noble mission de libérateur de son pays, que la Providence l'avait appelé à remplir, osa solliciter par écrit la clémence de Catherine. Elle la lui promit, mais sous la condition qu'il accéderait entièrement à la confédération de Targowiça; et voici le projet de déclaration qui fut soumis au roi, le 25 août : « Des « novateurs insensés, attachés aux « principes destructeurs de la sécurité « des États, ont osé renverser les lois « fondamentales de la république, con« sacrées par tant de siècles, et lui « donner une constitution monarchi« co-démocratique. J'accède à la confé« dération de Targowiça; je m'attache « sincèrement à elle, et je promets, « d'accord avec elle, d'agir d'autant « plus volontiers pour le bien de l'É« tat, que je reconnais pour bonnes et « utiles les choses qu'on veut obtenir, « et que l'appui magnanime et désinté« ressé de S. M. l'impératrice de toutes « les Russies nous promet une glorieuse « issue et garantit une complète sécu« rité à la république. »

La trahison triomphait. Foulant aux pieds les serments prêtés et la gloire nouvellement acquise, méprisant le jugement de ses contemporains et celui de la postérité, Stanislas-Auguste signa l'écrit dicté par la tzarine. Il voulait à tout prix sauver son trône; mais ce trône, acquis précédemment par lui d'une façon honteuse, devait bientôt, malgré tous ses sacrifices, lui être enlevé non moins honteusement.

Le brave prince Joseph Poniatowski reçut l'ordre de cesser les hostilités et de se replier sur Warsovie, ce qui réduisit l'armée au désespoir. Puis, en exécution des mesures arrêtées, les munitions de guerre furent livrées aux Russes, et les soldats renvoyés sans aucune espèce de solde, comme des mendiants. Tout ce qui marquait dans l'armée, dans la diète ou dans le gouvernement, se vit forcé de fuir à l'é-

---

Polonais aux réformes et qui s'était lié à eux par un traité précis, répondit un peu plus tard, par l'entremise de son ambassadeur à Warsovie, Luchessini, que n'ayant pris aucune part à la constitution du 3 mai, il ne se croyait pas obligé de venir à son aide. En présence du *casus fœderis* prévu par le traité, rien ne peut excuser cet acte de déloyauté.

(*) M. J. U. Niemcewicz, Notice sur le général Kosciuszko.

tranger devant la vengeance moskovite. La Russie dominait de nouveau et pleinement en Pologne.

INVASION DES PRUSSIENS.

1793. Ce spectacle était bien fait pour tenter la cupidité de la Prusse ; aussi, joignant une déloyauté à toutes les précédentes, cette puissance lança, le 16 janvier 1793, une nouvelle déclaration, dont voici la substance : « L'espoir que
« le roi conservait de voir les choses
« prendre en Pologne une tournure favorable n'a pas été réalisé. Au lieu de
« comprendre les vues salutaires de la
« Russie, le parti qui se nomme patriote a eu la *témérité* d'agir hostilement envers le pouvoir de la tzarine ;
« et, bien que sa faiblesse l'ait bientôt
« forcé de renoncer à son fol projet de
« guerroyer ouvertement, il ne cesse
« de continuer clandestinement ses intrigues, qui ont pour but de miner
« l'ordre et la tranquillité publique.
« Une sage politique ne saurait per« mettre à cette faction, qui professe
« les principes pernicieux du jacobinisme français, de s'étendre et de
« devenir dangereuse. Ainsi donc, pour
« soumettre les turbulents, consolider
« l'ordre et la sécurité publique, et
« faire jouir les bons citoyens d'une
« protection efficace, le roi de Prusse
« se voit obligé de faire occuper par
« ses troupes les provinces polonaises
« limitrophes de la Prusse (*). »

RÉVOLUTION FRANÇAISE.

Les progrès de plus en plus prononcés de la civilisation, et qui avaient, pendant de longues années, travaillé sourdement la société, se firent spontanément jour par la révolution française, saluée de tous les peuples de l'Europe comme l'aurore d'une réforme universelle, indispensable et glorieuse. Mais cette commotion, qui renversait violemment toutes les bases vermoulues de l'antique édifice social, s'attaquant aux fausses idées consacrées et annulant les privilèges des classes déjà les plus favorisées par leurs richesses, devait nécessairement avoir un enfantement difficile. Dans ce débordement de tous les ressentiments, de toutes les passions, il n'est pas surprenant qu'une partie assez notable des novateurs, guidée par l'intérêt personnel ou un orgueil mal placé, ait considéré la destruction comme un moyen d'amélioration. La violence de la lutte fut attisée par la résistance, non moins extrême, des opposants à toute mesure nouvelle ; et le résultat fut d'effrayer le restant de la société européenne, et de lui faire rejeter en masse tous mouvements progressifs.

Quand la Russie et la Prusse résolurent d'opérer un second partage de la Pologne, la démagogie française était loin d'avoir atteint ce degré de frénésie auquel elle arriva par la suite ; mais, dans tous les cas, les principes sur lesquels elle s'appuyait différaient d'une manière sensible de ceux qui servirent de guides aux fondateurs de la constitution du 3 mai 1791. En effet, si, en France, les changements se produisaient à la voix du peuple, en Pologne ils provenaient de la noblesse ; le mouvement régénérateur français suivait une pente des plus démocratiques, tandis qu'une teinte aristocratique dominait l'élan polonais ; enfin, d'un côté on abolit les privilèges des classes élevées et la royauté, de l'autre, on consacra de nouveau les démarcations sociales, et on entoura le pouvoir souverain de plus de latitude et de vigueur qu'il n'en avait jamais eu.

« On se battait contre la France, parce que la puissance royale y avait été ravalée, et contre la Pologne, parce qu'elle y avait été relevée, fortifiée. Mais comment oser soutenir de bonne foi que les jacobins, ennemis jurés des rois, étaient auteurs de cette dernière réforme ? Tandis qu'à l'Occident la licence, sous le manteau de l'humanité et d'une fausse philosophie, poussait d'ambitieux novateurs au renversement de tous les gouvernements, ici

---

(*) Zajonczek, Histoire de la révolution de Pologne de 1794.

des rois, aveuglés sur leurs intérêts les plus chers, semblaient se liguer avec leurs adversaires et s'efforcer de les surpasser encore dans la pratique, afin de détruire chez les peuples tout respect pour les droits, l'État, le serment et les devoirs des sujets (*). »

Nous devons toutefois avouer, malgré ce qu'il nous en coûte, que les Polonais, par leur apathie et leurs discordes, furent *en partie* la cause du premier partage; mais, depuis cette funeste époque de 1772, tout avait marché progressivement chez eux vers une réforme bienfaisante, et l'organisation politique de la république était de beaucoup supérieure à celle des puissances voisines, qui prétendaient néanmoins savoir mieux qu'elle ce qui importait à son bonheur. En 1772, et le mot de liberté sur les lèvres, Catherine alimenta en Pologne le feu de l'anarchie; en 1791 elle se fit gloire d'y avoir arrêté, grâce au complot de Targowica, des innovations *ultra-monarchiques;* puis, quelques mois plus tard, le croirait-on? ces mêmes innovations étaient devenues pour elle du jacobinisme.

« Le sort des Polonais, dit M. de Raumer, a été cent fois plus malheureux que celui des peuples vaincus sur le champ de bataille. On recherchait leur alliance pour les calomnier; on se faisait un plaisir de rompre des traités solennellement conclus; on les poussait à des actes que l'on condamnait plus tard; on leur prêtait des sentiments qu'ils n'avaient jamais eus. Il n'y a qu'une prévention aveugle, une ignorance affectée ou une infernale calomnie qui puisse encore accuser les fondateurs de la constitution du 3 mai 1791 d'avoir été des révolutionnaires forcenés. »

NOUVELLES DÉCLARATIONS DE LA PRUSSE ET DE LA RUSSIE.

1793. Le 9 avril, les ambassadeurs de ces deux puissances publièrent des notes diplomatiques, conçues à peu près dans les mêmes termes. L'une d'elles déclarait : qu'une nation, naguère encore si florissante, avait été déshonorée par un parti criminel et conduite au bord de l'abîme; que les projets de la Russie avaient été calomniés à l'intérieur et à l'étranger, et que la générosité de cette puissance devait être payée par un massacre de ses soldats, à l'instar des Vêpres Siciliennes. Puis toutes deux tiraient pour conclusion du tableau de la situation : que, pour prévenir les horreurs du jacobinisme qui se propageait en Pologne, ainsi que pour donner une nouvelle et salutaire direction aux esprits, on ne pouvait rien faire de mieux que de renfermer la république dans un cercle plus étroit, et de lui assigner le rang et la position d'un État de second ordre. De cette manière, il serait possible de lui donner, sans porter atteinte aux anciennes libertés, une constitution sage et complète, pouvant seule prévenir efficacement les désordres qui troublaient si souvent la tranquillité de la Pologne et de ses voisins (*).

VIOLENCES EXERCÉES SUR LA DIÈTE ET LE ROI.

1793. Toutes disposées qu'elles fussent à employer la violence pour exécuter leurs projets, la Russie et la Prusse, afin de conserver aussi longtemps que possible la couleur hypocrite imprimée au rôle odieux qu'elles jouaient, voulurent que la Pologne elle-même mît le sceau à son nouveau désastre par l'organe de ses représentants et de son roi. En conséquence, elles firent ordonner qu'une diète serait convoquée sans retard, pour s'entendre *à l'amiable* sur les cessions qui devaient former l'objet du second partage. Il fut également spécifié que le droit de faire partie de cette diète serait interdit : 1° aux députés des contrées déjà occupées par les troupes étrangères; 2° à tous ceux qui avaient pris part à la constitution du 3 mai, ou qui s'étaient

(*) M. de Raumer, Chute de la Pologne.

(*) Zajonczek, Histoire de la révolution de Pologne de 1794.

déclarés en sa faveur, ou qui n'avaient pas approuvé les ordonnances des Targowiciens. En revanche, l'accès de la diète fut ouvert à tous ceux même contre lesquels les tribunaux avaient rendu des arrêts flétrissants, et cela dans le but *de faciliter le choix d'hommes vertueux et capables.*

En dépit de toutes ces mesures honteuses prises à l'instigation de l'ambassadeur russe Sièvers, malgré les menaces et tout l'or prodigué, il se trouvait encore chez les représentants de la nation assez d'énergie pour faire craindre une opposition forte et éclatante, quand Sièvers mit, le 16 juillet, le séquestre sur les biens des bons citoyens, ainsi que sur ceux du roi; il s'empara, en outre, des caisses publiques et arrêta tous payements.

Couvert du mépris de la nation et tourmenté par ses remords, Stanislas-Auguste voulut un moment abdiquer la couronne et s'adressa dans ce but à la tzarine; mais Catherine, qui avait besoin de cet automate pour achever son œuvre, lui fit répondre par Sièvers qu'il n'était pas encore temps pour cela et qu'il devait attendre ses ordres, sans quoi elle ne lui accorderait pas de *retraite sûre!*

La diète ordonnée fut donc convoquée à Grodno et devint le théâtre de scènes encore inouïes dans l'histoire parlementaire. Les ministres de Russie et de Prusse y présentèrent des notes annonçant que la première de ces puissances occuperait, comme lui appartenant, toutes les provinces méridionales de la Pologne, et que la Prusse se mettrait en possession de la Grande Pologne et des villes de Dantzig et de Thorn. De pareilles déclarations excitèrent au plus haut point l'indignation de la diète, et d'énergiques protestations se firent entendre de toutes parts. Mais était-elle bien libre l'assemblée que l'on appelait à délibérer sur la question la plus importante qui eût jamais été soumise à l'examen des mandataires d'un pays? Le lieu où se tenait la diète était entouré de troupes russes, et les canons de ces dernières étaient braqués sur la salle des séances!

Après que la note de l'ambassadeur russe eut été lue, tous les membres gardèrent le plus profond silence. Vint ensuite le projet du nouveau démembrement, et, par trois fois différentes, le président demanda à la diète si elle y donnait son assentiment. Nulle réponse; un calme de mort semblait régner dans les rangs de l'assemblée. Hors de lui, le général russe Rautenfeld, se levant du siége qu'il occupait près du trône, somma le roi de mettre fin à cet incident sans exemple; mais Stanislas-Auguste ayant répondu qu'il ne pouvait forcer les députés à parler, Rautenfeld courut chez l'ambassadeur russe, d'où il revint bientôt en annonçant que les membres de la diète resteraient à leur poste jusqu'à ce qu'ils eussent donné leur consentement explicite, ajoutant que, si cela ne suffisait pas, *il était autorisé à prendre toutes les mesures de violence qu'il jugerait convenables* (*). Plusieurs députés se levèrent alors et protestèrent vivement contre le projet de loi, mais ils furent aussitôt enlevés de la salle par des soldats russes et déportés en Sibérie.

Deux jours s'écoulèrent ainsi, les Russes ayant résolu de triompher par la famine de la résistance qu'on leur opposait; dans ce but, nul ne put sortir de la salle des séances, et on défendit d'y apporter aucune nourriture. Le troisième jour, Stanislas-Auguste et plusieurs sénateurs et députés tombèrent en défaillance (**). *Alors Rautenfeld, assis toujours à côté du trône, prit la main du vieux monarque, y mit un crayon, et signa l'acte de partage.* On ouvrit ensuite les portes de la salle et on fit sortir tous les membres de la diète. Le noble silence

---

(*) Au même instant Sièvers écrivait au grand-maréchal de Lithuanie : « Le roi lui-
« même doit demeurer fixé sur son trône
« jusqu'à ce qu'il ait cédé. Je ferai coucher
« les sénateurs sur la paille, dans la salle
« des conférences, tant que ma volonté ne
« sera pas exécutée. » (Oginski, Mémoires).

(**) M. J. U. Niemcewicz, Notice sur le général Kosciuszko.

des mandataires du pays fut interprété comme un assentiment (*).

DEUXIÈME PARTAGE.

1793. — Par ce second morcellement, la Prusse s'empara d'environ mille milles avec onze cent mille habitants, et la Russie de plus de quatre mille milles avec trois millions d'habitants. Le restant du pays, quatre mille quatre cents milles avec trois millions quatre cent mille habitants, fut encore appelé la république de Pologne; mais, en lui garantissant, comme précédemment, son existence et son indépendance, Catherine sembla lui annoncer un troisième partage.

« Ce traité, dit M. de Raumer, qui plaçait la Pologne sous un joug avilissant et l'excluait du rang des États indépendants, fut conclu dans un jour que la justice divine marqua d'un doigt sanglant sur le livre des crimes des grands de la terre, jour qui plus tard aura son châtiment, le 14 octobre 1793. »

INSURRECTION NATIONALE.

1794. La Pologne ainsi morcelée une seconde fois, il s'agissait de contenir les parties du pays non encore ravies, et la Russie et la Prusse convinrent des mesures à employer à cet effet. En conséquence, Igelstrom, ministre de Catherine, fut nommé commandant général des troupes moskovites réparties en Pologne, lesquelles se composaient de vingt bataillons d'infanterie

(*) Dans les explications rédigées par la diète, il est, au contraire, dit expressément : « Nous sommes entourés par des soldats « russes et menacés par ceux de la Prusse, « dépourvus de tout secours extérieur, sans « troupes ni argent, et sans moyens quel- « conques de faire face aux maux qui nous « accablent. On jette en prison nos familles; « on nous enferme jour et nuit, jusqu'à ce « que nous et notre vieux roi ayons épuisé « nos forces. Dans une position aussi cruel- « le, nous prenons Dieu à témoin de la pu- « reté de nos intentions et nous formons le « vœu *que nos descendants, plus heureux* « *que nous,* puissent trouver les moyens dont « nous manquons pour sauver la patrie. »

et de treize régiments de cavalerie, avec cinquante canons. On entoura Warsovie de trois lignes de surveillance armées; une grande partie de l'ancienne armée nationale se vit incorporée dans les rangs russes, et on décida que le restant de trente mille hommes serait réduit à dix-huit mille.

Tant d'outrages nouveaux joints au souvenir amer du passé excitaient de plus en plus la fermentation dans les esprits, et tout faisait présager une explosion pour le 15 mars 1794, jour indiqué pour le désarmement complet des Polonais, déjà effectué en partie. Ce fut le commandant d'une brigade de cavalerie, Madalinski, qui donna le premier le signal de l'insurrection, le 12 mars, à Ostrolenka, devançant même l'époque fixée. On lui avait transmis l'ordre de désarmer son corps, ordre accompagné de promesses flatteuses; mais Madalinski, rejetant tout avec mépris, se mit à la tête de ses sept cents cavaliers, et, longeant la nouvelle frontière prussienne, culbuta plusieurs petits corps ennemis à Szrensk, à Wyszogrod, à Inowlodz, et arriva bientôt aux portes de Krakovie.

L'impulsion était donnée, il ne s'agissait plus que de la suivre; mais, dans des circonstances aussi solennelles, il fallait à l'insurrection armée un chef qui, du premier abord, réunît à lui tous les suffrages. Heureusement que depuis longtemps l'attention du pays s'était portée sur l'un de ses plus nobles enfants, sur Kosciuszko. Retiré à Dresde, il fut appelé d'une commune voix au commandement suprême, et, partant aussitôt, dès le 23 mars il était à Krakovie. Le lendemain, 24, la confédération le nommait généralissime de l'insurrection nationale.

Un tel nom portait avec lui la garantie du succès; aussi chaque jour voyait s'accroître les forces insurgées, mais en même temps le moment du danger approchait. Les généraux russes Denisoff, Rathmanoff et Tormansoff s'avançaient avec des troupes nombreuses sur Krakovie, et ils tentaient en chemin de séduire, par des offres brillantes, les chefs des corps polonais disséminés. Leur but en agissant ainsi était, tout en neutralisant des forces qu'ils redoutaient, de donner à cette guerre, aux yeux de l'Europe, le caractère d'une simple émeute(*). Leurs calculs odieux furent déjoués. Déjà Madalinski et le brigadier Manget s'étaient réunis à Kosciuszko, qui ne tarda pas à se porter à la rencontre de Tormansoff. Le premier combat eut lieu à Raclawicé, le 4 avril, et tourna à la confusion des Russes, qui perdirent six cents hommes tués et douze canons. Zajonczek, Manget et Madalinski firent des prodiges de valeur dans cette journée dont l'effet moral fut immense, car ce premier triomphe sanctionna en quelque sorte la légitimité de l'insurrection et assura son développement. Le général Denisoff, réuni à Tormansoff, ne songea plus pour le moment à combattre le vainqueur de Raclawicé, mais bien à conserver Warsovie jusqu'à l'arrivée des renforts russes et prussiens.

Malgré des précautions inouïes, la nouvelle du succès obtenu parvint dans la capitale le 12 avril, et y fut suivie aussitôt de symptômes d'agitation. Alors Igelstrom, redoublant de violence, força Stanislas-Auguste de se déclarer contre les insurgés et somma le conseil permanent de lui livrer vingt-six personnes suspectes; il eut, en outre, la pensée de désarmer la garnison, de s'emparer de toutes les munitions de guerre, d'enlever le roi, et même, si l'on en doit croire divers documents, d'incendier plusieurs quartiers de la ville, afin de diviser l'attention des habitants et rendre ainsi leur énergie impuissante (**).

Warsovie ne pouvait ployer plus longtemps sous le joug des oppresseurs étrangers, et le 17 avril, à la pointe du jour, le régiment des dragons de Mir commença le mouvement insurrectionnel par l'attaque d'une patrouille russe. Trois heures après, la ville entière était soulevée. Le peuple, conduit par le cordonnier Kilinski et le boucher Siérakowski, attaquait avec fureur le palais d'Igelstrom; et le vaillant régiment Dzialynski, commandé par le colonel Haumann, luttait, près de l'église de Sainte-Croix, contre les brigades russes réunies de Milaszewitch et de Gagaryn. La lutte la plus acharnée dura dans les rues pendant trente-six heures et puisa dans les ténèbres même un nouveau degré de furie.

« Cette nuit, dit Seume, dans ses Lettres, laissera longtemps, toujours peut-être, une trace dans mon âme. Elle était grande et terrible. Le bruit tour à tour proche et lointain des coups de fusil, qui sillonnaient d'un écho pénétrant les rues, le cliquetis aigu de l'arme blanche, la sourde et monotone voix des tambours, le son lugubre des cloches, le sifflement des balles, les hurlements des animaux, les cris des insurgés, les gémissements des blessés et le râle des mourants, tout formait un spectacle à fendre le cœur.

« Les troupes d'Igelstrom luttaient avec une ténacité et un désespoir égalés seulement par le danger qui les entourait. Habituées aux combats et étrangères à la fuite, elles s'opposaient pas à pas aux Polonais qui les attaquaient et qui étaient décidés à vaincre ou à mourir. Ne pouvant toutefois leur tenir tête plus longtemps dans les rues, les Russes envahissent les maisons, et, dans leur rage, mettent à mort toutes les personnes qui s'y trouvent. Bientôt battus sur tous les points et vivement refoulés, ils se dirigent vers le palais d'Igelstrom et là se barricadent comme dans un fort. C'était le vendredi saint. En ce jour, les Polonais visitent d'habitude pieusement dans les églises le sépulcre du Seigneur, et un morne silence règne dans la ville entière. Mais cette fois c'est la voix du pays qui appelle les habitants au dehors, et de même que la foi catholique remplissait jusque-là tous les instants d'une journée aussi solennelle,

---

(*) M. Théodore Morawski, Insurrection de Kosciuszko.

(**) Zajonczek, Histoire de la révolution de Pologne de 1794.

plus sacré peut-être est encore pour eux le devoir de défendre contre l'ennemi les femmes, les enfants, le foyer domestique et la patrie. En ce jour, leur religion est la LIBERTÉ (*) ! »

Il fallut enfin que les Russes songeassent à la retraite, mais ce ne fut qu'avec peine qu'ils parvinrent à quitter la ville et à gagner la frontière prussienne. Les généraux Apraxin, Zouboff et Pistor accompagnaient Igelstrom. Gagaryn avait été tué et Milaszewitch pris. Dans cette lutte terrible, les Russes perdirent deux mille deux cents hommes tués, quatre mille cinq cents prisonniers et quarante-deux pièces de canon. Ce triomphe fut obtenu par douze cents soldats polonais et à peu près autant de gens du peuple (**).

Warsovie, délivrée de ses oppresseurs, nomma immédiatement président de la ville et commandant deux citoyens connus par leur patriotisme, Ignace Zakrzewski et Mokronowski; puis, le 19 avril, elle accéda à la confédération de Krakovie, à laquelle arrivèrent bientôt en foule de pareilles adhésions de la Lithuanie. Le roi Stanislas-Auguste changea lui-même de langage; il assura qu'il ne désirait que le bien de la patrie et jura de vivre ou de mourir avec le peuple. La nouvelle de la prise de Wilna, où le général Jasinski désarma les Russes et fit prisonnier leur général Arsenieff, contribua encore à exciter l'allégresse publique. Malheureusement ce dernier triomphe national fut accompagné de quelques excès; les habitants de Wilna ayant fait justice d'un traître, l'hetman Kossakowski, que l'on pendit en uni-

(*) M. Charles Falkenstein, Kosciuszko dans sa vie politique et intime.

(**) « Malgré l'emportement d'une haine si légitime, *peu de cruautés furent commises dans cette lutte du droit contre l'oppression*, et le désintéressement fut tellement soutenu par l'enthousiasme, que l'argent trouvé dans le palais d'Igelstrom, livré aux flammes, fut rapporté aux autorités polonaises. » (M. de Raumer, Chute de la Pologne.)

forme russe, cet exemple réagit d'une manière fâcheuse sur le peuple de Warsovie. Il fallut, à sa demande, ordonner le supplice de plusieurs personnes accusées de trahison; parmi elles périrent l'hetman Ozarowski, septuagénaire, le vice-hetman Zabiello, l'évêque de Livonie Joseph Kossakowski et l'évêque prince Massalski. Mais Kosciuszko fut loin d'approuver de telles mesures de vengeance populaire, et lorsqu'il rentra à Warsovie, après la bataille de Szczekociny, il fit punir de mort cinq des principaux moteurs de cette exécution, en disant *qu'une pareille journée de sang faisait plus de tort à la cause de la patrie que deux batailles perdues*.

L'orage grondait au loin et ne devait pas tarder à fondre de nouveau sur le pays, qui déjà rêvait le retour de son indépendance. Surprises un moment par la rapidité de l'insurrection, la Russie et la Prusse commençaient à se remettre et se disposaient à agir à leur tour avec vigueur. Frédéric-Guillaume résolut de diriger lui-même les opérations de la guerre, et le corps prussien, commandé par le général Fawrat, ayant joint le corps russe de Denisoff, une bataille eut lieu à Szczekociny. Les forces respectives étaient à peu près égales; mais l'armée de Kosciuszko fraîchement recrutée et composée en grande partie de gens armés de faux, offrait par là une disproportion fâcheuse. Aussi, après une mêlée sanglante, où les généraux Wodzicki et Grodzicki périrent aux côtés du généralissime, Kosciuszko fut obligé de céder et de se retirer sur Warsovie.

D'autres échecs suivirent celui-ci. Le général Zajonczek, défait au combat de Chelm par les généraux ennemis Derfelden et Zagrayski, dut battre en retraite; et bientôt Krakovie se vit livrée aux Prussiens, sans coup férir, par Winiawski. Ce dernier événement arriva le 15 juin.

Déjà on pouvait présumer un troisième partage; et l'Autriche, inactive jusque-là, commença à se mouvoir, afin de profiter des éventualités de la lutte. Quinze mille Autrichiens se présentèrent sur la frontière comme corps d'observation, mais ils ne prirent toutefois aucune part directe aux hostilités.

Enhardis par leurs succès précédents, les ennemis s'approchaient de plus en plus de la capitale. Le roi de Prusse campa le 9 juillet à Nadarzyn, à quatre milles seulement de Warsovie, dont le siége commença le 14. Les forces aux ordres de Kosciuszko se montaient à dix-sept mille fantassins et cinq mille cavaliers, mais il n'y avait dans ce nombre que neuf mille hommes de troupes régulières, avec environ deux cents pièces d'artillerie. De plus, le général Cichowski observait avec trois mille hommes les Prussiens, le long de la Narew, et le général Siérakowski les Russes, sur le Boug, avec quatre mille hommes.

L'ennemi comptait, selon Treskow, cinquante bataillons d'infanterie et quatre-vingt-cinq escadrons de cavalerie, tous composés de vieux soldats, et trois régiments de Kosaks. Le roi de Prusse avait son quartier général au village de Wlochy, et le général russe Fersen à Sluzewiec.

Quatre camps retranchés qui communiquaient défendaient les approches de la ville ; celui de Mokotow était commandé par Kosciuszko, ceux de Wola par Zajonczek et Dombrowski, et celui de Mariemont par Mokronowski. Néanmoins, malgré l'habileté des mesures prises, Warsovie, attaquée par des forces aussi supérieures, devait succomber promptement, si le manque d'accord entre les Russes et les Prussiens, ainsi que les hésitations de Frédéric-Guillaume, qui désirait s'emparer de Warsovie par capitulation et garder sauve pour lui cette belle capitale, ne fussent venus, en bornant pendant longtemps les opérations à de simples escarmouches sans importance réelle, retarder le moment de la crise et donner le temps au génie de la liberté de tenter encore un effort en faveur de la malheureuse nation que l'on s'apprêtait à décimer.

Pressé par son allié, le roi de Prusse avait enfin fixé pour le 1er septembre le jour de l'assaut. Mais, le 25 août, les habitants de la Grande-Pologne proclamèrent à leur tour l'acte de confédération à Kosciany, et opérèrent par là une puissante diversion. Bientôt Niémojowski parut à Gnèzne à la tête de treize cents cavaliers, et le castellan Mniewski, avec trente nobles seulement, désarma la garnison prussienne de Wroclawek, et porta rapidement son corps à neuf cents faucheurs et quatre cents cavaliers (*).

Cette nouvelle insurrection du côté de la Prusse et les mouvements des confédérés lithuaniens forcèrent Frédéric de lever le siége de Warsovie le 6 septembre. Il retourna à Berlin, et Fersen se retira le long de la Wistule, afin de joindre les armées russes en Lithuanie. Poninski suivit la retraite de ce dernier chef avec un corps d'observation de quatre mille hommes.

Deux autres mille hommes furent envoyés par Kosciuszko pour soutenir le mouvement de la Grande-Pologne, et ils avaient à leur tête Dombrowski, qui, de concert avec Madalinski, prit le 30 septembre Bromberg, où périt le cruel Sekuli, commandant des troupes prussiennes. Mais la nouvelle du danger que courait Warsovie, menacée de nouveau par les Russes, rappela chacun au secours de la capitale.

Cette fois, c'était le farouche Souvaroff, qui, après avoir battu en Lithuanie le général Siérakowski, s'avan-

(*) Dans ses manifestes, Frédéric-Guillaume traita cette insurrection de *guerre civile* et les confédérés de *rebelles ;* mais les habitants de cette province, ravie à la Pologne lors du premier partage, étaient-ils donc Prussiens ? « La Prusse méridionale (Grande-Pologne) réduite subitement à l'état de petite province, abandonnée au caprice de fonctionnaires sans mérite et poursuivis du mépris public, placée sans transition au milieu d'un peuple qui avait d'autres mœurs, d'autres coutumes, d'autres lois, obligée de renoncer à son idiome national, assujettie au service militaire pour des intérêts étrangers, devait nécessairement détester les Prussiens et un roi dont le parjure avait produit tant de malheurs. » (M. de Raumer, Chute de la Pologne.)

çait à marches forcées. Kosciuszko se porta à sa rencontre; malheureusement on ne comptait, de ce côté, sous les drapeaux polonais que sept mille hommes et vingt-deux pièces d'artillerie. Un mouvement de Fersen, le passage de la Wistule, afin d'opérer une jonction avec le corps de Souvaroff, qui était aux environs de Brzesc-Litewski, vint encore diviser les forces dont Kosciuszko pouvait disposer. Laissant donc trois mille hommes et dix canons à Poninski avec mission d'observer Souvaroff, il vola lui-même au-devant de Fersen, qui commandait à dix-sept mille hommes et quatre-vingt-dix pièces d'artillerie. Kosciuszko reconnut le péril de sa position et expédia à Poninski l'ordre de venir le rejoindre, mais il était trop tard.

Le 10 octobre, à Maciéiowicé, Fersen commença l'attaque au jour naissant. Les Polonais occupaient une hauteur et de là dominaient le camp russe. Siérakowski commandait le centre, Kaminski l'aile droite et Kniaziéwicz l'aile gauche; quant à Kosciuszko, il était partout, répandant parmi les siens le désir de vaincre et le mépris de la mort. Deux fois les Russes s'élancèrent à la prise de la redoute, au cri terrible des hourras, et, deux fois repoussés, ils laissèrent dans leur retraite des monceaux de cadavres sur leurs pas. Il fallut que Fersen les ramenât lui-même à l'attaque en colonnes serrées. Le combat s'engage alors à la baïonnette; on lutte corps à corps, chaque pouce de terrain est pris et repris; mais, malgré les masses qui les écrasent, les Polonais ne désespèrent pas de la victoire tant que le regard de Kosciuszko planera au-dessus d'eux. Un coup de lance fait jaillir son sang; déjà un cri de détresse s'élève dans les rangs des siens, lorsque le chef des braves s'élance avec impétuosité vers la cavalerie qui fléchissait et rallie les escadrons déroutés. La fureur des combattants redouble de chaque côté; les Russes massacrent tout ce qui est soldat et parviennent enfin à l'emporter. Mais ce triomphe sanglant ne fut obtenu toutefois qu'à la prise du généralissime, dont le cheval se cabra et le jeta à terre : atteint d'un coup de sabre à la tête et entouré de Kosaks, Kosciuszko, privé de connaissance, tomba entre les mains de l'ennemi.

THADÉE KOSCIUSZKO.

Par l'influence qu'il exerça sur les destinées de la Pologne, dont il résuma, pour ainsi dire, dans sa personne la gloire et les malheurs, Kosciuszko a droit de notre part à une mention particulière.

Issu d'une ancienne famille de Lithuanie, mais peu fortunée, Kosciuszko naquit à Mereczowszczyzna, le 16 février 1746, dans le palatinat de Nowogrodek, où l'on conserve avec respect la demeure qui lui donna le jour. Après des études commencées à Warsovie, au corps noble des cadets, et terminées à Paris, il entra au service comme officier du génie; mais bientôt des peines de cœur le forcèrent de quitter une seconde fois sa patrie et de retourner en France, vers l'époque où éclatait la guerre de l'indépendance. Plein d'enthousiasme, Kosciuszko s'embarqua pour Philadelphie, et, à peine arrivé, il prit part à la lutte en qualité de volontaire : il se fit remarquer notamment aux batailles de Saratoga et de Jellowspring. Washington le nomma brigadier, puis gouverneur de la forteresse de Westpoint, sur la rivière Hudson.

En 1783, la paix entre les États-Unis et la Grande-Bretagne étant conclue, Kosciuszko revit la Pologne, qui n'avait pas cessé un seul instant d'occuper sa pensée. Il y mena d'abord une vie assez retirée, jusqu'au moment où la conclusion d'une alliance avec la Prusse fit croire au pays qu'il allait enfin recouvrer son ancienne indépendance. Kosciuszko fut nommé alors général de brigade, et, quand les traîtres de Targowiça eurent facilité de nouveau aux Russes l'envahissement du royaume, il se couvrit de gloire à Ziélencé et à Dubienka. La pusillanimité de Stanislas-Auguste vint arrêter un élan national qui promettait le plus brillant avenir, et tout ce qui avait marqué dans la lutte dut s'exiler afin d'échapper à la vengeance moskovite. Kosciuszko quitta donc la Pologne au mois d'août 1792, et plus de cinq cents officiers, l'élite de l'armée, suivirent son exemple.

Le respect et l'estime publique entourèrent partout à l'étranger le héros polonais ; et, lorsqu'il parut sur le sol hospitalier de la France, l'*Assemblée nationale* lui accorda, dans sa séance du 26 août 1792, la qualité de *citoyen français*.

Leipzig et Dresde furent choisis tour à tour par lui comme lieu de résidence, puis il parcourut en 1793 l'Allemagne ainsi que l'Italie. Le premier appel de la patrie le trouva fidèle à ses convictions en mars 1794.

Tombé au pouvoir des Russes à la suite du désastre de Maciéiowicé, Kosciuszko languit captif pendant deux années dans les cachots de Saint-Pétersbourg, et ne dut sa liberté qu'à l'avénement de Paul Ier. Le nouveau souverain vint lui annoncer lui-même sa délivrance et le renvoi de dix-neuf mille prisonniers en Pologne. Il offrit, en outre, au héros une forte pension et une des premières dignités militaires de l'empire ; mais Kosciuszko, quoique ému jusqu'au fond de l'âme de tant d'égards, refusa tout.

Après environ dix-huit mois de séjour aux État-Unis, Kosciuszko visita encore une fois la France, guidé par l'espérance de voir le Directoire contribuer à la restauration de la malheureuse Pologne. Mais si les chefs du gouvernement d'alors demeurèrent sourds à toutes ses tentatives patriotiques, la nation se plut, en revanche, à le combler de prévenances et d'hommages. Les hommes les plus éminents par leur savoir et leurs vertus recherchèrent son amitié ; le conseil des Cinq-Cents salua publiquement, dans une de ses séances, le défenseur de l'indépendance sarmate ; et enfin, dans un banquet auquel assistaient cinq cents personnes, Bonneville, le président de l'assemblée, s'écria, en lui portant un toast : *La liberté est sauvée, — Kosciuszko est en Europe!*

Napoléon vint, et Kosciuszko renouvela avec tout aussi peu de succès ses efforts précédents. Alors, dégoûté des hommes et des choses, il se retira près de Fontainebleau, chez un de ses amis, M. Zeltner, ancien ministre plénipotentiaire de Suisse, et là, au sein d'une solitude profonde, passa plusieurs années de sa vie. 1814 l'arracha de sa retraite, et le revit, toujours aussi ardent et aussi chaleureux, plaider auprès de l'empereur Alexandre la cause de la nationalité polonaise. Alexandre, qui sur le trône savait conserver des sentiments humains et qui voulait tirer la Pologne de sa tombe, le reçut avec une bienveillance toute particulière ; mais quand Kosciuszko lui eut indiqué, comme les véritables limites du pays, la Dzwina et le Borysthène, les courtisans, qui avaient vu froncer le sourcil du maître, traitèrent le patriote polonais de vieillard tombé en enfance.

Plus que jamais désespéré, le grand citoyen quitta la France et se rendit en Suisse, à Soleure, chez le frère de celui qui lui avait offert en France pendant longtemps une si généreuse hospitalité ; c'est là qu'une maladie subite vint terminer ses peines et ses souffrances. Cet événement arriva le 15 octobre 1817.

Les dépouilles mortelles de Kosciuszko, transportées à Krakovie, y reposent à côté des tombes royales.

Kosciuszko était d'une taille au-dessus de la moyenne, d'une constitution sèche, et pâle de visage. Possédant une profonde intelligence et des connaissances étendues, rien n'égalait la modestie et la douceur de son caractère ; mais si, dans le commerce ordinaire de la vie, on rencontrait en lui un homme d'une simplicité aimable, quand venait l'heure du péril, on reconnaissait à son coup d'œil rapide et sûr, à la sagesse de ses combinaisons et à son courage impassible, le chef fait pour commander aux masses. Ces qualités, il les puisait dans l'amour de la liberté, qui était chez lui une véritable passion. Enfin, pour tout dire, Franklin lui donna quelques-unes de ses précieuses leçons, Washington devint son modèle, et la Fayette fut son ami. Le nom de Kosciuszko est immortel, car il appartient à l'humanité entière.

MASSACRES DE PRAGA.

1794. La nouvelle de la captivité du généralissime plongea Warsovie dans la stupeur, et bientôt on apprit que les divers corps ennemis, après avoir opéré leur jonction, s'avançaient au nombre de quarante mille hommes sur la capitale. Souvaroff la cerna du côté du Boug, le général prussien Fawrat du côté de la Narew, et Szweryn du côté de la Bzoura ; ce qui obligea de disséminer les forces polonaises sur plusieurs points.

Ces forces, commandées par Zajonczek, en remplacement provisoire de Thomas Wawrzecki, nommé généralissime, se montaient à trente-trois mille hommes, mais elles étaient composées en partie de faucheurs et de cavalerie, deux corps de peu d'utilité pour la guerre de siége.

Le 2 novembre au soir, Souvaroff fit un premier mouvement vers Praga, que l'on avait fortifié à la hâte, et où Zajonczek se trouvait avec huit mille hommes. Ce ne fut néanmoins que le 4, à l'aube du jour, que l'attaque régulière commença. La troupe polonaise, sentant de quelle importance était ce boulevard de la cité, opposa la plus vigoureuse résistance; mais plusieurs retranchements ayant été pris successivement par l'ennemi, Zajonczek, blessé lui-même, ordonna la retraite à Warsovie, et fit incendier en se retirant le pont sur la Wistule. A peine quelques bataillons polonais avaient pu traverser le fleuve, et le reste des troupes, réuni aux habitants, combattit avec désespoir. Là succombèrent les braves généraux Jasinski, Grabowski et Korsak.

« L'aurore suivante éclaira le spectacle d'un horrible martyre. Les malheureux habitants de Praga, courant tout éperdus dans les rues et implorant miséricorde, étaient massacrés sans pitié par les baïonnettes russes. Souvaroff, loin d'arrêter le carnage, criait aux siens : *Pohulaytie rabiata* (amusez-vous, mes enfants)! et se faisait tranquillement préparer un bain froid. Des montagnes de cadavres s'amoncelèrent; et quand la grosse artillerie fut dirigée vers le pont, afin de menacer de la Warsovie, les os des victimes égorgées craquèrent de toutes parts sur son passage.

« Les femmes, pour échapper à l'ennemi, se jetaient dans la Wistule, en élevant au-dessus de leurs têtes leurs pauvres enfants; mais bientôt la lance des Kosaks vint rougir de leur sang les eaux du fleuve et les engloutir au fond des vagues. Un grand nombre de vieillards et de faibles créatures s'était réfugié dans l'église des Bernardins, comme dans un asile sacré, et les prêtres se mirent sur le seuil du temple, la croix sainte à la main et en entonnant le chant de la miséricorde; mais à peine leur chef avait-il pu crier aux Russes qui s'apprêtaient à violer le sanctuaire : *Arrêtez, chrétiens, devant le signe du Sauveur!* que déjà le fer des barbares l'avait renversé mort... Les autels furent inondés de sang innocent... les femmes et les jeunes filles durent souffrir, avant de mourir, l'infamie... enfin le massacre ne cessa que lorsque tous les habitants de Praga eurent péri. — Vingt mille personnes tombèrent victimes du terrible Souvaroff (*)! »

Warsovie capitula, et l'ennemi y fit son entrée le 9 novembre. Les débris de l'armée polonaise, conduits par Wawrzecki dans le palatinat de Sandomir, furent désarmés le 18; et les citoyens qui s'étaient distingués par leur patriotisme ne tardèrent pas à aller peupler la Sibérie, ainsi que les prisons de la Prusse et de l'Autriche.

(*) M. Slowaczynski, Praga, esquisse historique.

TROISIÈME PARTAGE.

ABDICATION DE STANISLAS-AUGUSTE.

795. La Pologne avait bien succombé, mais, lorsqu'il s'est agi d'opérer le partage du butin, la désunion se mit parmi les spoliateurs. La lutte diplomatique dura une année entière, et ce fut seulement le 20 octobre 1795 que l'on parvint à une solution des difficultés survenues. Ce nouvel acte de violence inique avait été précédé, le 3 janvier, de la déclaration suivante des trois puissances : « Convaincus par « l'expérience de l'incapacité absolue « des Polonais à se donner une consti-« tution régulière et à vivre paisibles « et indépendants sous l'autorité des « lois, les souverains ont résolu dans « leur sagesse, par amour pour la paix « et pour le bien de leurs sujets, de « partager entièrement la républi-« que (*). »

D'après ce troisième et dernier morcellement de la Pologne, la Prusse obtint les pays situés sur la rive gauche de la Wistule et une partie des palatinats de Mazovie, de Podlachie et de Krakovie; l'Autriche eut les pays entre le Boug et la Wistule, et une portion des palatinats de Krakovie et de Sandomir; le restant échut à la Russie.

Le roi Stanislas-Auguste Poniatowski fut invité à se rendre à Grodno, et là le prince Repnin lui présenta un acte d'abdication, qu'il dut signer le 25 novembre 1795, jour anniversaire de son couronnement, et que le prince choisit exprès par un raffinement d'ironie. L'œuvre de destruction se trouvait donc consommée, et la Pologne rayée de la liste des États européens. Poniatowski, qui devait s'attribuer une bonne partie des maux du pays, alla jouir à Saint-Pétersbourg de la pension avec laquelle la tzarine paya ses honteux services. Il y mourut le 12 février 1798.

La catastrophe que nous venons de retracer rapidement a un caractère tout particulier et qui domine encore l'époque actuelle. Tant de nations ont péri, que la chute d'un grand État est dans les probabilités de son avenir. Mais pourquoi la chute de la Pologne, que suivirent les secousses terribles données à sa pierre funéraire en 1794, 1806, 1814 et 1830, a-t-elle toujours du retentissement? C'est que le troisième démembrement (1795) arriva au moment même où la nation, réveillée enfin par une première spoliation de son assoupissement funeste, sentit qu'il fallait guérir le mal dans ses racines, c'est-à-dire, dans l'élection, le *liberum veto*, la mauvaise gestion des finances et l'absence d'une armée permanente. Cette régénération, politique autant que morale, s'accomplit dans l'intervalle qui sépara le premier partage (1773) du second (1793), et reçut par là un nouveau degré de force. Certes, si le coup fatal avait été porté sous Auguste III, il en serait advenu de la Pologne ce qui, peu d'années après, advint de Venise. Une parole de Napoléon alla frapper cet antique édifice qui comptait huit siècles d'existence, et tout aussitôt le cadavre tomba en poussière, parce que tout y était corruption depuis longtemps. Mais le germe de la vie avait refleuri en Pologne; et si cette renaissance, toute spontanée, rendit d'un côté l'agonie du pays plus longue et plus cruelle, elle aida de l'autre au maintien du principe vital que la Providence conserva miraculeusement pour l'accomplissement de ses vues futures.

(*) Schöll, Histoire des traités.

MŒURS ET COUTUMES.

Rien de positif ne se révèle dans l'histoire avant le cinquième siècle sur les mœurs et les habitudes des Slaves. Les écrivains du moyen âge sont les premiers à en parler, et ils nous les dépeignent comme vivant dans l'état de nature, se couvrant des peaux des bêtes sauvages qu'ils avaient tuées, et se faisant remarquer déjà par leur bon sens et leurs goûts hospitaliers. Ils subsistaient du produit de la chasse et de la pêche ou des productions du sol, qu'ils mettaient en commun.

Procope, contemporain de l'empereur Justinien, trace, vers l'an 562, le tableau qui suit des mœurs primitives des Slaves : « Les Slaves et les Antoves (Enetæ, Venedæ, Venetæ) n'ont point de maître et vivent dans la démocratie. Ils mènent une vie nomade et adorent le dieu de la foudre, auquel ils sacrifient des bœufs et autres animaux ; ils honorent également les fleuves et les nymphes. En allant au combat, ils ne sont armés que d'une pique et d'un bouclier ; ils n'ont ni chemises, ni manteaux, mais ils portent des vêtements inférieurs. Ils parlent une langue barbare ; leur structure est grande et forte, leur teint brun, leurs cheveux châtains. Ils ne sont ni méchants ni perfides, et, dans beaucoup de choses, ils rappellent les mœurs des Huns dans toute leur simplicité. »

Le caractère des anciens Slaves était doux et gai, et ce que les trois joueurs de chalumeau dirent d'eux et de leurs compatriotes à l'empereur de Byzance se trouve confirmé par tous les témoignages historiques. « Inhabiles à ma« nier des armes, disaient-ils, nous ne « savons que jouer du luth. Le fer est « inconnu dans notre pays ; ignorants « de l'art de la guerre et passionnés « pour la musique, nous menons une « vie joyeuse et tranquille (*). »

Selon le chroniqueur national Dlugosz, qui vécut sous Wladislas Jagellon et Kasimir IV, les Lechites n'avaient aucune relation avec les nations étrangères ni par terre ni par mer. Leurs vêtements consistaient dans un habillement très-simple, confectionné par chacun d'eux ; leur nourriture se composait de viande, de poisson et de laitage. Pauvres et peu désireux d'acquérir des richesses, ils se trouvaient à l'abri de la jalousie de leurs voisins. Ils donnaient en tribut à leurs souverains des pelisses faites avec la peau des animaux sauvages, dont les forêts abondaient alors, du blé, du bétail et du poisson. Les ordres du chef étaient suivis comme une loi. Leurs habitations étaient couvertes de chaume. Paisibles et n'enviant point le bien d'autrui, ils n'avaient ni guerre ni traités avec leurs voisins. « C'était, ajoute Dlugosz, l'âge d'or de la nation. »

L'incorporation de la Chrobatie Blanche à la Pologne, opérée par Ziémowit, commença à donner aux habitudes du pays une couleur plus européenne et qui se ressentait déjà de l'influence du christianisme. La foi chrétienne, en renversant les idoles et le culte sanglant qu'on leur rendait, vint achever d'éclairer les esprits et d'adoucir l'âpreté des mœurs polonaises. Boleslas le Grand doit être regardé comme le véritable introducteur de ce culte et le propagateur des premières idées de justice et de civilisation au sein de la nation. Il fut puissamment secondé dans cette tâche par les bénédictins qu'il appela de l'étranger, et qui se mirent à la tête du mouvement régénérateur.

Pour prouver qu'ils étaient prêts à défendre la nouvelle religion qu'ils venaient d'embrasser, les Polonais tiraient à demi leur sabre pendant la messe, au moment où le prêtre lit l'évangile, et ne le remettaient dans le fourreau qu'après la lecture terminée. Cet usage, qui prit naissance sous le règne de Miéczylas Ier, se conserva jusqu'en 1795, et ne disparut qu'avec la chute complète de l'ancienne Pologne.

L'expédition de Kiiow, entreprise

(*) Karamzine, Histoire de Russie.

avec succès, en 1076, par Boleslas II le Hardi, eut un funeste retentissement en Pologne. Cette ville, de tout temps une des plus voluptueuses de l'Europe, fut pour les phalanges polonaises ce que Capoue avait jadis été pour les cohortes romaines. Le monarque s'abandonna le premier à tous les genres d'excès, et les troupes ne suivirent que trop fidèlement son exemple. Leur absence de la Pologne se prolongea pendant près de huit années; et la plupart des femmes, se croyant oubliées, contractèrent d'autres unions. Quand cette nouvelle parvint au camp, officiers et soldats, tous, transportés de rage, sollicitèrent du roi l'autorisation de retourner dans leurs foyers, afin d'y punir les coupables. Vainement Boleslas tenta de calmer la fureur de ses guerriers : ses ordres furent méprisés, ses châtiments bravés; chacun partit de son chef, et, en peu de temps, l'armée devint à rien. Bientôt le roi dut songer à quitter lui-même les terres russiennes, trop tard, hélas ! pour sa gloire.

Une mêlée sanglante suivit le retour des guerriers en Pologne, où chacun d'eux eut à entreprendre le siége de sa propre demeure, que défendaient à main armée ceux qui les avaient déjà dépossédés des affections de leurs compagnes. D'effroyables massacres eurent lieu, auxquels succédèrent des pardons partiels. Mais le souverain se montra moins généreux que les époux. Furieux d'avoir vu méconnaître sa volonté, Boleslas punit d'une mort infamante les principaux chefs, confisqua les biens des plus riches, et plongea les autres révoltés dans d'affreux cachots, où ils périrent tous de misère.

Les femmes, unique cause de la rébellion, ne furent pas épargnées non plus. D'après l'ordre de Boleslas, on leur arracha leurs enfants de la mamelle, puis on les condamna à allaiter des chiens. Elles ne pouvaient paraître nulle part sans avoir un de ces animaux pendu à leur sein, Boleslas voulant leur prouver par là qu'il les méprisait autant qu'eux.

Ces mesures, odieuses ou sanguinaires, replongèrent pour quelque temps la Pologne dans cet état arriéré dont elle sortait à peine.

Une noble fierté et un parfait désintéressement ont de tout temps caractérisé la nation polonaise. Quand les armées de l'Allemagne, sous le commandement de l'empereur Henri V, inondèrent toute la partie de la Pologne située entre l'Elbe et l'Oder, Boleslas III, malgré les avantages déjà remportés sur les agresseurs, transmit des propositions de paix à leur chef. L'empereur, croyant que la vue de ses immenses trésors serait capable d'imposer aux envoyés, les fit apporter devant eux, et s'écria : « Voilà les armes qui « me donneront les moyens et la force « nécessaires pour vous combattre ! » Mais Skarbek, chef de l'ambassade polonaise, retirant un anneau précieux de son doigt et le jetant sur ce monceau de richesses, se contenta de dire avec calme : « *Que l'or aille se réunir « à l'or !* » Henri, aussi confus que stupéfait, ne trouva que ces paroles pour répondre : « *Hab' dank*, je te « remercie. »

Dlugosz fait la peinture suivante des mœurs à son époque : « La noblesse polonaise, avide de gloire, méprise les dangers et la mort. Elle est prodigue, même au-dessus de ses revenus. Fidèle au souverain, elle aime à s'occuper de la culture des champs et des troupeaux. Humaine pour les étrangers, elle surpasse toutes les autres nations en hospitalité, prévenance et bienfaisance (*); mais elle est dure pour ses paysans.

(*) Ce penchant prononcé à la bienfaisance ne s'est pas du tout affaibli chez les Polonais d'aujourd'hui, et nous citerons un fait à l'appui. Il est d'autant plus précieux, qu'il concerne un de ces hommes dont on aime toujours à entendre parler, Kosciuszko. On sait que lors de son séjour en Suisse, il habita pendant quelque temps Soleure; et là, comme partout ailleurs, la noblesse de son caractère lui valut de rapides et nombreuses amitiés. Il voulut un jour faire présent à un ecclésiastique des environs de quelques bouteilles d'un excellent vin; mais comme il désirait éviter les remercîments

« Le peuple des campagnes est porté à l'usage immodéré des boissons et aux querelles ; mais il est zélé au travail le plus pénible, et patient à supporter la faim, le froid, ou toute autre incommodité. Crédule pour les récits fabuleux, il aime les contes. Il est hardi jusqu'à l'audace, et possède un esprit naturel. Ses habitations sont mal tenues, etc. »

Ce mélange de bonnes et de mauvaises qualités s'est assez fidèlement perpétué jusqu'à nos jours, comme on le verra par la suite.

La haine pour le mensonge était aussi un des traits du caractère national, et des châtiments sévères atteignaient les calomniateurs. Quelquefois ils n'étaient que plaisants, comme dans le cas que nous allons citer et que rapporte Dlugosz. Jaloux et passionné à l'excès, Wladislas-Jagellon, l'époux de la belle Hédvige, outragea parfois la reine de ses soupçons et de ses reproches. Un courtisan nommé Gniéwosz avait tellement fasciné le prince par ses calomnies, qu'un jour, lasse d'imputations odieuses, Hédvige demanda à se justifier devant un tribunal public. L'affaire fut, en effet, soumise aux juges de Wisliça. D'une part, était l'accusateur Gniéwosz ; de l'autre, Iasko de Tenczyn, champion de la reine. Ce dernier ouvrit l'audience en se portant fort pour l'honneur d'Hédvige ; et, après lui, douze chevaliers parurent dans la salle, armés de pied en cap, déclarant qu'ils soutiendraient également de leurs épées la vertu de la princesse. Quand ils eurent jeté leurs gants, les juges se tournèrent vers l'accusateur et lui dirent de répondre ; mais, interdit, confus, Gniéwosz garda le silence ; sommé de s'expliquer enfin, il demanda non pas justice, mais pardon. Le tribunal le condamna à révoquer publiquement ses calomnies ; et, pour avilir plus encore ce lâche imposteur, la sentence porta qu'à l'instant même il se coucherait sous un banc, et aboierait par trois fois comme un chien (*sub scamno judicialiter latrare ut canis*). L'arrêt fut exécuté, et dès lors rien ne troubla plus l'harmonie entre Hédvige et son époux.

La fondation de l'université de Krakovie, en 1347, exerça une influence extraordinaire sur la civilisation. Mais le luxe qui s'introduisit dans le pays, en 1466, avec l'accroissement de la prospérité commerciale, contre-balança cet heureux effet et porta une atteinte grave à la pureté de mœurs des Polonais. Sous Jean Albert et Alexandre, le faste de la table et des vêtements fut poussé à l'excès ; mais ce symptôme de corruption se trouvait compensé et au delà par la diffusion des lumières.

Les mœurs s'adoucissaient donc de jour en jour, et la Pologne, tolérante pour tous les cultes, se trouvait heureuse.

Les Polonais furent le seul peuple tolérant qu'il y eût au moyen âge ; ils ouvrirent leur pays à tous les cultes : le protestantisme y fit sans opposition les plus grandes conquêtes ; les jésuites même y furent admis : ils tentèrent pendant quelque temps d'y détruire à la fois la tolérance, le patriotisme, les sciences et l'union ; mais on respectait en eux le droit et la liberté de chaque citoyen et de sa souveraineté républicaine.

Hans von Schweinichen, écuyer du duc de Leignitz Henri, nous a conservé dans son ouvrage un trait qui vient à l'appui de la vieille probité polonaise. Le duc de Leignitz étant pré-

d'usage, il chargea de la commission le fils de son hôte et ami, M. Zeltner, auquel il confia pour cela le cheval qu'il montait d'habitude. Au retour de l'excursion, le messager se rendit chez Kosciuszko.

— « Une autre fois, lui dit-il, ne me donnez pas votre cheval, si vous ne voulez pas également me prêter votre bourse.

— « Pourquoi donc ? demanda Kosciuszko.

— « Chaque fois, reprit le jeune homme, que sur la route un pauvre tire son chapeau et demande l'aumône, l'animal s'arrête court. Impossible de le faire avancer, jusqu'à ce que le malheureux ait reçu quelque chose. Or, moi qui n'avais pas un sou vaillant, je n'ai trouvé d'autre moyen que celui de faire le geste d'un homme qui donne l'aumône ; alors seulement votre cheval consentait à reprendre le pas. »

tendant au trône de Pologne, s'y rendit en 1576, accompagné de son fidèle écuyer. Une fois parvenu à Krakovie, il fut invité par le palatin Zborowski à un festin, où, selon l'expression du narrateur, les libations polonaises éclipsèrent complétement la magnifique ivrognerie allemande. Tous les convives brisèrent sur leur occiput, en l'honneur du futur roi, leurs grandes coupes de cristal, remplies de vin de Tokai. Le duc ivre, comme on le pense bien, après un tel repas, essaya néanmoins de figurer dans un quadrille; mais sa bourse qui contenait mille florins et sa chaîne d'or, d'une valeur de dix-sept cents rixthalers, le gênant dans ses mouvements, il confia ces deux objets au premier valet qu'il rencontra. Ils passèrent bientôt de main en main parmi les assistants, et le duc, qu'on fut obligé d'emporter chez lui dans un état peu décent, eut garde de redemander ce qui lui appartenait. Le lendemain, à son réveil, il avait totalement oublié le nom et les traits du dépositaire; mais dans toute cette foule si bruyante, si nombreuse, nul n'avait songé à s'approprier les objets précieux, et, vers le milieu de la matinée, deux Polonais se présentèrent, afin de remettre entre les mains de l'écuyer la bourse et la chaîne d'or du prince (*).

A la mort de la reine Anne, épouse d'Étienne Batory, disparurent, selon l'historien Piasecki, les mœurs graves et somptueuses de la cour; et le germanisme, commençant à prendre racine sur le sol polonais, fit de grands progrès dans toutes les classes sous le règne de Sigismond III Wasa.

Les nobles étendirent aussi de plus en plus leur domination durant ce règne, et, pour juger de leur audace, il suffit de rappeler le trait suivant. Le palatin de Krakovie, Zebrzydowski, s'érigeant en défenseur de la cause publique à la place du célèbre Jean Zamoyski, décédé, apostropha violemment Sigismond III, dont la conduite politique, il faut le reconnaître, n'était pas toujours exempte de reproches. Le souverain, blessé, ordonna à Zebrzydowski de quitter l'hôtel qu'il occupait en sa qualité de palatin, et il fallut obéir à l'ordre émané du trône; toutefois l'orgueilleux dignitaire ne le fit qu'en s'écriant : « *Je sortirai de l'hôtel, mais le roi sortira du royaume!* » En effet, Zebrzydowski s'occupa immédiatement de conspirer, et ce ne fut qu'après les journées d'Ianowiec (octobre 1606) et de Guzow (juillet 1607) qu'il s'humilia devant le monarque.

Avec Jean Kasimir et Louise-Marie de Gonzague, les mœurs françaises essayèrent de s'acclimater en Pologne, où elles reparurent encore sous Jean Sobieski. Tout ce qui était étranger devint alors pour la noblesse, vive et mobile, un objet de mode et d'engouement. Vainement le castellan de Léopol, Maximilien Fredro, faisait entendre une voix éloquente en faveur des vieux usages polonais, s'écriant : « Que « la Pologne ne pouvait se maintenir « que par ses lois nationales; que les « lois nouvelles, étrangères, étant peu « appropriées au pays, au climat et « aux hommes, renversaient les bases « de l'édifice politique (*). » On négligeait des avis dictés par la prudence et le patriotisme.

« La noblesse polonaise, ajoutait Fredro, ne demeure pas dans les villes comme celle de l'étranger, mais elle est disséminée dans le pays entier. Chacun a choisi son domicile dans la position qui lui semblait la plus agréable. Cet isolement concourt au maintien de la pureté des mœurs. Éloignés de la perversité dont les villes populeuses offrent à chaque instant le spectacle, les nobles mènent une vie indépendante et paisible, à l'abri de l'envie et de la jalousie, une vie appelée à juste titre patriarcale. C'est là une des plus puissantes causes du maintien héréditaire chez cette nation des anciennes vertus polonaises. La jeu-

---

(*) Amours, plaisirs et vie des Germains au seizième siècle.

(*) M. Fredro, Fragmenta, seu belli et togæ notationes.

nesse croît en âge, témoin des vertus de ses parents ; elle écoute de bonne heure le récit des faits célèbres ou celui des malheurs du pays, et ces narrations allument dans son cœur le désir de la gloire, ou bien y laissent de la haine et du mépris pour les auteurs des calamités nationales. Les impressions fortes, prises dans cette vie tranquille, ne s'éteignent pas aussi facilement que celles qui effleurent l'âme au milieu du tourbillon des villes. Ce n'est que là qu'a pu et peut encore se perpétuer le véritable esprit national, l'esprit de nos ancêtres, que seul nous devons conserver. »

Bernard O'Connor, Anglais et médecin de Jean Sobieski, a tracé rapidement le tableau des mœurs et des usages de son temps : « Les Polonais sont doués de beaucoup d'esprit et d'une forte constitution. Ennemis de la mollesse, ils bravent toute espèce de fatigues. Ils s'exercent à la chasse, se rasent la tête et portent des moustaches; leur maintien est noble. La canne en main et le sabre au côté, ils portent avec cette arme un petit sac brodé en argent, où ils renferment un couteau et une pierre à feu. Ils sont sincères, honnêtes et très-hospitaliers envers les étrangers. La noblesse s'instruit dès la plus tendre enfance. Ils comptent parmi eux des savants du premier ordre en mathématiques, en histoire, en éloquence, en philosophie, en poésie, et particulièrement dans le barreau. Les Polonais sont tellement endurcis à toutes les intempéries de l'air, qu'ils supportèrent, malgré une neige constante, toute la campagne de 1663 contre les Moskovites. Ils font construire des châteaux aussi magnifiques que ceux d'Italie, et dont l'ameublement est en riches étoffes brodées d'or. On trouve des bains dans presque tous les villages. Les dames ne sortent ordinairement qu'accompagnées de femmes âgées, espèces de surveillantes qui ne sont là que pour la forme, car les Polonaises sont très-fidèles à leurs époux (*). »

(*) B. O'Connor, Description de la Pologne. Londres, 1696.

« La liberté et l'indépendance de chacun en particulier de ces milliers de petits rois (les nobles) les remplissaient d'audace et de fierté ; la surveillance jalouse de l'égalité de tous protégeait chaque individu de toute atteinte, et donnait à chacun ce sentiment de sécurité d'où naissent le courage, la franchise et l'absence de la ruse, de la méchanceté et de l'intrigue, seules armes dont se sert le faible contre le fort. L'impossibilité d'accroître ses possessions aux dépens d'autrui éteignait la cupidité, et faisait que ceux qui tendaient à s'élever, dirigeaient leurs efforts vers les moyens qui seuls peuvent élever des égaux les uns au-dessus des autres, vers la supériorité de l'esprit et des lumières; elle inspirait l'énergie nécessaire pour acquérir de l'honneur et de la gloire; pour rechercher la prééminence dans les diètes, par la puissance de la parole, à la guerre, par des actions héroïques. Personne ne prenait la peine d'augmenter ses richesses, puisque chacun était assez riche pour pouvoir s'abandonner en toute liberté à ses rêves d'honneur et de gloire.

« C'est ainsi que le Polonais devint libre et oisif, et par suite fantasque, chevaleresque et aventureux, plein de noblesse et de franchise, étranger à la crainte et facile à tromper ; mais avec ces qualités il devint emporté, colère, ambitieux, jaloux de ses voisins; mais il y avait tant d'élévation dans ces sentiments, il était si soigneux de sa dignité, en respectant celle des autres, qu'il en est résulté un fait unique dans l'histoire, savoir, qu'aucune véritable guerre civile, aucun massacre, aucun assassinat dans un but politique ou religieux, n'ont souillé l'histoire de la Pologne, jusqu'à l'époque où la conduite de la Russie porta le désespoir dans l'âme des patriotes, en leur faisant craindre de trouver dans leurs propres foyers la trahison dont ils étaient victimes par les intrigues de l'ennemi extérieur; et pourtant il n'y a eu, dans les quarante dernières années, que trois journées pendant lesquelles des Polonais aient combattu des Polonais, et chacun de ces trois jours compte à peine trente victimes, pendant que chez les peuples les plus civilisés, dans de telles circonstances, on les compte par milliers (*) ! »

M. Falkenstein a tracé le tableau suivant du caractère polonais : « Un courage inné, une âme douée de facultés élevées et énergiques, une vie continuellement agitée par les orages politiques provoqués par l'antique constitution, ont donné au Polonais ce caractère particulier qui le distingue de tout autre peuple, et qu'il a conservé pur et intact à travers les orages du temps. Souvent réduit à des moyens simples et bornés, luttant contre les mauvaises saisons et les privations, isolé presque du monde entier et entouré d'une nature monotone, ses idées tournent dans le cercle étroit de sa famille et de ses voisins; de là vient cette disposition aventureuse, ce profond attachement au sol natal, cet esprit formé pour l'indépendance, cette rapidité de résolution, cette excessive facilité à s'accommoder à toutes les positions et à en tirer parti. On a donc raison de le nommer *le Français du Nord*. Opiniâtre par esprit et vif par tempérament, le Polonais est enthousiaste dans tout ce qu'il entreprend, et poursuit avec un courage infatigable sa lutte pour les libertés de la patrie (**). »

« Les Polonais, dit M. Léon Thiessé, ont conservé les mœurs pures plus longtemps qu'aucune nation de l'Europe. Il ne fallut pas moins que deux siècles d'anarchie et le long séjour de troupes étrangères dans leurs provinces, pour altérer cette simplicité d'habitudes si favorable aux vertus qu'impose la liberté (***). »

Après avoir donné ainsi une esquisse générale de l'état des mœurs à diverses époques en Pologne, appuyée des avis de plusieurs écrivains judicieux, nous allons entrer dans de plus longs détails sur chaque spécialité des usages polonais. Nous décrirons également quelques-unes des grandes solennités nationales, qui jouaient un rôle si important dans l'existence du pays et qui influaient si puissamment sur les mœurs.

ÉLECTION DES ROIS (*).

Au premier rang de ces solennités brillait l'élection du souverain, acte imposant et qui n'avait rien d'analogue chez les autres nations européennes. En cette circonstance, toutes les passions, bonnes ou mauvaises, de la noblesse se réveillaient, et chacun des membres de ce grand corps politique puisait dans la lutte électorale un nouveau degré d'énergie et d'influence.

Jusques et y compris la nomination de Henri de Valois, le lieu d'élection était au delà de la Wistule, tout le long de la plaine de Praga. Les nobles s'y trouvaient répartis suivant leurs palatinats respectifs, et trois lieues de terrain suffisaient à peine pour les contenir. Par la suite, le choix du monarque se fit à Wola, sur l'autre rive du fleuve, aux portes de Warsovie.

Quand venait le jour de l'ouverture de la diète d'élection, le sénat et les nonces assistaient à une messe solennelle dans l'église de Saint-Jean à Warsovie, pour invoquer l'assistance du Saint-Esprit, et se rendaient ensuite au *Kolo* (tente d'élection), où, après l'élection du maréchal des nonces, on formait une confédération par laquelle les membres de la diète promettaient par serment de ne point se séparer sans élire un roi, de n'en reconnaître aucun s'il n'était élu d'un consentement unanime, et de ne lui obéir que lorsqu'il aurait juré l'observation des *pacta conventa* et des autres lois du royaume. Cette union formée, on agitait les *exorbitances*. Quoique l'autorité du roi fût

___
(*) Spazier, Histoire politique et militaire de la révolution polonaise de 1830.
(**) M. Falkenstein, Kosciuszko dans sa vie politique et intime.
(***) M. Léon Thiessé, Résumé de l'histoire de Pologne.

(*) Dans l'Introduction, p. 31, nous avons donné déjà quelques détails sur ce sujet; mais son importance nous engage à revenir dessus et à entrer dans de plus longs développements.

restreinte dans les bornes les plus étroites, et que la nation, jalouse de son indépendance, examinât avec scrupule la conduite de son prince, cependant il se trouvait toujours à la fin de chaque règne quelques sujets de plainte et de réforme. L'interrègne était un temps favorable où l'on corrigeait ces abus. On remettait les lois dans leur vigueur; on en faisait de nouvelles; on abrogeait les usages contraires aux immunités de la noblesse; et l'on prescrivait au roi futur des devoirs qu'il était obligé de remplir.

L'admission des ambassadeurs étrangers se pratiquait suivant l'ordre de leur arrivée. Introduits par un maître de cérémonies, ils haranguaient en latin. Le président répondait pour le sénat; le maréchal des nonces, pour la noblesse. Les confédérés juraient ordinairement de ne s'attacher à aucune faction, et il était défendu aux ambassadeurs de demeurer à Warsovie, afin qu'ils ne pussent rien tenter contre la liberté des délibérations; mais ces règles étaient mal observées, surtout aux dernières élections. Les ambassadeurs cabalaient publiquement; les ministres des candidats répandaient l'or, donnaient des repas somptueux, dont la magnificence dégénérait souvent en débauche. Des hommes avides et ambitieux faisaient tourner la liberté nationale à leur avantage personnel; ils vendaient impunément leurs suffrages, recevaient les dons des étrangers, et mettaient à prix le trône, après avoir enfreint la première loi de la confédération. Ces hommes mercenaires montraient d'ordinaire peu de bonne foi à l'égard de celui auquel ils s'étaient engagés : s'ils n'avaient plus rien à recevoir, ils oubliaient bientôt ce qu'ils avaient reçu, et passaient volontiers dans le parti d'un autre candidat plus opulent, sacrifiant ainsi leurs droits aux avantages que le nouveau candidat leur offrait.

« Chaque noble avait droit de suffrage, aussi bien que les villes de Dantzig, de Krakovie et de Wilna. Les voix étant recueillies, l'archevêque de Gnèzne prononçait un discours, et s'é-criait à la fin : « Je nomme roi de « Pologne et grand-duc de Lithuanie « N......, et prie le roi céleste qu'il « veuille aider, dans une si pesante « charge, ce roi qu'il nous a de tout « temps donné par sa providence, et « qu'il lui plaise que son élection soit « heureuse à la république, mais salu- « taire principalement pour la religion « catholique. » Ensuite il commandait aux maréchaux de publier la nomination; ce qui étant fait, il entonnait une hymne de grâces au bruit du canon, des trompettes et des tambours (*).

Ces règles générales posées, on lira avec intérêt la peinture d'une des élections les plus orageuses que la Pologne ait vues, celle qui eut lieu après la mort de Sobieski. La gravité des circonstances, le nombre des concurrents, les mille intrigues occultes ou déclarées qui se croisèrent en cette occasion, tout forme un tableau vraiment original et curieux.

« Parmi ceux qui attendaient leur avenir de cet immense tribunal de la souveraineté nationale, convoqué pour le 15 mai 1697, les plus impatients étaient tous ces princes étrangers qu'à chaque interrègne les lois bizarres de la république rangeaient par nuées sur les gradins de son trône désert.

« Tous ces prétendants, intimidés d'abord par les droits apparents du prince Jacques, fils du roi défunt, s'étaient réveillés à mesure que l'antipathie de la reine mère pour ce prince, l'audacieuse influence de l'ambassadeur de France, l'abbé de Polignac, et l'indécision des Polonais eux-mêmes, s'étaient déclarées, puis nettement traduites dans le trouble des confédérations. Le mieux représenté de tous les candidats était le neveu du Grand Condé, François-Louis de Bourbon, prince de Conti, âgé alors de trente-trois ans. Ses partisans vantaient sa bravoure, sa prudence et sa modestie; ils citaient à l'appui de leur opinion la guerre de Hongrie et le siége de Philipsbourg, où ce prince s'était distingué par de grands talents

(*) Le Laboureur, Traité du royaume de Pologne.

militaires, éclos d'ailleurs sous les ailes de son oncle. L'abbé de Polignac, que son esprit observateur portait à remarquer combien ce genre de mérite était alors commun en Europe, chercha d'autres titres à son candidat. Il les trouva dans la recommandation expresse de Louis XIV; dans les liens d'intérêt, de sympathie et d'avenir qui unissaient la France à la Pologne; dans la nécessité de former une alliance importante contre l'ambition de l'Autriche ; enfin dans les richesses personnelles du prince, auquel l'étendue et l'indépendance de sa fortune permettaient de satisfaire à toutes les exigences des *pacta conventa*, sans qu'il en coûtât rien à la république.

« Ces habiles considérations, appuyées des libéralités, de l'éloquence, de l'activité, de la réputation du prélat, auquel quatre années de séjour à Warsovie avaient révélé les faibles de la république, l'emportèrent sur les droits contestés par les uns, jalousés par les autres, d'un prince qui, quoique courageux et bon citoyen, ne se recommandait ni par l'éclat qui séduit, ni par l'ambition qui effraye, ni par la persévérance qui acquiert. Lorsque la reine mère, que deux ans de déception avait humanisée, voulut se réconcilier avec son fils et se rattacher à sa fortune, il n'en était plus temps : Conti absent avait déjà trois fois plus de partisans que le prince Jacques présent. Marie-Kasimire pleura son aveuglement, dépensa le reste de ses trésors; mais larmes ni or n'y purent rien. Les prétentions de son fils avaient déjà fait place à celles de seize autres prétendants.

« C'étaient le prince de Lorraine, issu d'une princesse polonaise; le prince de Bade, le héros de Salenkemen, l'un des plus grands capitaines du siècle; le prince de Neubourg, beau-père du prince Jacques; l'électeur de Bavière, gendre de Sobieski, célèbre par ses triomphes en Hongrie et dans les Pays-Bas; le grand général de la couronne ; le grand général de Lithuanie; le staroste Opalinski; le prince Alexandre Sobieski ; le prince Lubomirski ; le prince don Livio Odescalchi, neveu du pape; enfin le moins bruyant, mais le plus habile et le plus voisin des princes étrangers, Frédéric-Auguste, électeur de Saxe.

« La jalouse méfiance de la noblesse décourageant d'avance les prétentions des candidats nationaux, les princes étrangers pouvaient seuls nourrir de sérieuses espérances.

« Dans les premiers feux de leur ambition, aucun de ces princes ne manquait de se dévouer corps et biens aux volontés des Polonais. Trésors, alliances, armées, apostasies, serments, sacrifices de toute espèce, rien ne leur coûtait : c'était un déluge d'hommages, de flatteries, de promesses, à éblouir toutes les couronnes de la terre. Celui-ci entretenait les troupes, reconquérait les provinces perdues, couvrait la Baltique de flottes, chassait Turcs, Tatars et Moskovites en Asie, le tout à ses risques et périls, sans qu'il en coûtât aux Polonais autre chose qu'un peu de gratitude; celui-là reniait la religion de ses ancêtres, ses liaisons de famille, l'intérêt de ses États, pour adopter ceux de la république. Le prince de Conti allait plus loin encore : il ne voulait mettre le pied en Pologne qu'après y avoir dépensé sa fortune au profit de son futur royaume : ne recevoir la couronne qu'après avoir reconquis Kamiéniec sur les Turcs, et il s'engageait à perdre l'un et l'autre dans le cas où Dieu ne bénirait point ses armes.

« Il n'y avait point jusqu'à maëstro Odescalchi, l'un des seigneurs les plus riches et les plus ridicules de l'Italie, qui n'engageât à la sérénissime république ses forteresses, ses maîtresses et ses tableaux, en échange d'une simple candidature à la couronne des Batory et des Sobieski.

« Mais pendant que ces enchères publiques agitaient toute l'Europe, un gentilhomme de la Prusse polonaise portait le sceptre à un candidat dont le nom avait été à peine prononcé dans les diétines préparatoires.

« Jean Przebendowski, castellan de Culm, d'abord attaché au parti du prince Jacques, ensuite à celui de Conti, renonça tout à coup à tous les deux en faveur de l'électeur de Saxe, et partit dans le mois de février 1697 pour Dresde, avec les instructions de l'électeur de Brandebourg et la recommandation du colonel des gardes saxonnes Fleming, dont ce gentilhomme avait épousé la cousine germaine.

« Przebendowski, homme rusé et actif, représenta à Frédéric-Auguste qu'il lui serait facile d'évincer tous ses rivaux par une simple apparition à la tête de son armée.

« L'électeur était déjà préparé à cette ouverture par les insinuations de l'électeur de Brandebourg. Entreprenant, ambitieux, porté par esprit et par tempérament aux choses extraordinaires, ce prince accueillit avec empressement la proposition de Przebendowski. Il se mit aussitôt à la tête de son armée, une des plus brillantes et des mieux disciplinées de l'Europe, et marcha sur Torgau sous prétexte d'entrer, au nom de l'empereur d'Allemagne, dans les affaires alors compliquées de Mecklembourg.

« Tout en plongeant de ce poste dans les dissensions de la république, il amassa des sommes énormes en vendant ses droits sur les duchés de Saxe-Lawembourg et la Misnie, en se faisant payer trois années de subsides par l'empereur, et en se faisant avancer par les juifs plusieurs millions sur les revenus de ses États.

« Après avoir pris ces mesures, il envoya à Rome le baron de Rose, avec la mission de faire part au pape de sa récente conversion à la religion catholique, de sa soumission spirituelle au saint-siège, et de sa candidature à la couronne de Pologne.

« Le pape, d'autant plus charmé de cette conversion que la Saxe avait été le foyer primitif du luthéranisme, envoya à l'électeur les témoignages de sa plus vive satisfaction, et donna à son légat à Warsovie l'ordre d'appuyer de toute son influence les prétentions de ce prince à la royauté. Armé ainsi de la quadruple puissance de l'épée, de l'argent, de la foi et du voisinage, Frédéric-Auguste délégua à Warsovie Fleming et Przebendowski pour traiter avec l'ambassadeur de France, seul homme qui pût sérieusement traverser encore ses projets.

« Mais l'abbé de Polignac refusa toute transaction, et tint ferme en faveur de Conti. Le jour du 15 mai arriva sans que les esprits se fussent décidés entre les deux compétiteurs.

« La grande diète perdit un mois entier en vagues délibérations et en disputes sur le choix de son maréchal. Le bâton fut enfin décerné à Bielinski, grand chambellan de la couronne. Dix jours se passèrent encore en discussions étrangères à la question électorale. On batailla avec les envoyés de Rome, de France et d'Autriche.

« Enfin l'aurore du 25 juin éclaira les pointes de cent mille fers dressés autour de trois cents étendards, dans la plaine de Wola. Tout ce qui, dans la république, possédait un cheval de bataille, un sabre et un cœur de citoyen, était là, plus fier qu'un congrès de rois. Quelques milliers de gentilshommes campagnards, à pied et armés de faux, étaient venus s'aligner sur les revers de ce camp souverain, pour protester de l'égalité de pouvoir que l'antique constitution de la Pologne accordait à tous ses enfants nobles sans distinction de fortune.

« Les évêques à cheval, le crucifix à la main, parcoururent les escadrons en bénissant les étendards et en exhortant les palatinats à la concorde.

« Ceux de Plock, de Siéradz, de Rawa et de Prusse, influencés par le primat, le palatin de Culm, les Sapiéha et les Radziwill, répondirent à la harangue de l'évêque de Plock par un cri unanime de *Vive Conti!* Il s'en fallut de peu que leur enthousiasme ne gagnât aussitôt le camp tout entier, et que la couronne ne fût décernée par acclamation au candidat de France. Mais Przebendowski, charmé de cette précipitation, s'écria, au milieu des escadrons de Prusse, que les lois étaient violées, car les palatinats ne pouvaient opiner qu'après que les candidats avaient été proposés par le primat. Il vola vers les étendards de Mazovie, et leur persuada que la constitution était menacée par l'emportement irréfléchi des *contistes*. Il parvint ainsi à gagner du temps, et rien ne se résolut ce jour-là.

« Le 26, le primat, siégeant au milieu du sénat et des ambassadeurs, dans la tente élective appelée *Szopa* ou *Kolo*, nomma tous les candidats et fit l'éloge de tous, excepté celui de l'électeur de Saxe, qu'il cita le dernier comme luthérien, et par conséquent non éligible. Beaucoup en effet doutaient de sa conversion, ou au moins de la sincérité de cet acte. Après avoir rempli cette formalité, le cardinal mit un genou en terre, bénit les quatre régions du camp, et resta sous la tente avec le maréchal, pendant que les évêques, les palatins et les castellans montaient à cheval pour se rendre à la tête de leurs palatinats.

« Trois escadrons de Krakovie et un de Posnanie crièrent : *Vive le prince Jacques!* Trois autres de Krakovie, cinq de Posnanie, tous ceux de Wilna, et cinq autres palatinats, répondirent avec fureur : *Vive Conti!*

« Deux escadrons de Samogitie, ceux de Mazovie et quelques-uns de Prusse, se prononcèrent en faveur de *Saxe*; d'abord faiblement, puis avec des clameurs forcenées. Le camp, ébranlé dans son immense profondeur par ces trois acclamations différentes, se mêla, s'étreignit, se replia sur lui-même comme les tourbillons d'un incendie. Les pointes des sabres, levées d'abord vers le ciel, s'inclinèrent pour livrer passage aux cris des cavaliers. La poussière soulevée par le galop de ces sauvages escadrons, s'abattit sur la tente sacrée, comme un linceul de mort sur l'autel des lois. L'écume des cavales vint souiller la pourpre du primat, et un citoyen, nommé Papieski, tomba mort dans l'enceinte du *Kolo*, frappé par un contiste, pour avoir crié : *Vivat Jacobus!*

« Au milieu de cet épouvantable chaos apparut Przebendowski, escorté d'une nombreuse cavalcade, et portant à la main un bref signé par le nonce du pape, Davia, et par lequel le saint-père, reconnaissant la conversion de l'électeur, engageait les Polonais à appeler ce prince sur leur trône; mais l'impossibilité de vérifier la légalité de cet acte dans un pareil tumulte permit aux *contistes* de le faire passer pour une imposture, et Przebendowski faillit être massacré.

« Le primat et le maréchal étant enfin parvenus à calmer l'orage, il fut convenu que les partis se sépareraient par drapeau, et se rangeraient en deux masses à droite et à gauche du *Kolo*. Les *contistes*, représentés par deux cent vingt étendards, s'alignèrent aussitôt à droite, pendant que les *Saxons*, parmi lesquels se trouvaient même quelques *Neubourg*, *Bade* et *Lorraine*, se rangeaient en face, au nombre de trente à quarante escadrons seulement.

« Cette épreuve décisive atterra les ennemis de Conti. Przebendowski seul ne perdit point courage, et mit tout en œuvre pour gagner encore une nuit, pendant laquelle il espérait effrayer, corrompre ou jouer l'ambassadeur de France. Quatorze escadrons de Mazovie et de Sandomir, dans lesquels consistait toute la force de Saxe, consternés de leur impuissance, envoyèrent des députés au primat, en lui promettant de passer, à la faveur de la nuit, dans les rangs opposés. C'en était fait en apparence du parti allemand, et le prince Jacques, entièrement oublié dans la dernière répartition des suffrages, n'avait plus un seul étendard vers la fin de la journée. Conti triomphait avec un éclat presque sans exemple dans l'histoire des élections. L'ambassadeur, enivré de ce succès, expédia le jour même des courriers à sa cour et aux amis de France. Le nonce du pape, persuadé de sa défaite, se résigna et envoya féliciter les vainqueurs. Le primat monta à cheval et bénit leurs escadrons. Tout semblait décidé.

« Mais les magnats, que plusieurs expériences avaient initiés aux étranges versatilités de la multitude, désiraient que l'on profitât aussitôt des avantages que cette journée avait donnés à leur parti. Ils convinrent avec l'abbé de Polignac de supplier le cardinal de ne pas différer sa sanction, et de décerner le soir même la couronne à leur candidat, sans permettre au parti opposé de se reconnaître.

« Radziéiowski, qui, jusque-là, avait paru soutenir le parti de Conti avec un zèle déclaré, commença à hésiter. Il devint évident que son but unique, en favorisant un prétendant que la distance rendait moins dangereux, avait été de retarder une élection qui devait le priver de cette splendide autorité, dont l'anarchie des interrègnes revêtait les chefs de l'Église polonaise. Mais, comme c'était un homme plein de pénétration d'esprit et d'adresse, il sut couvrir son dépit du prétexte de l'observance des lois, et sut faire accroire à tous les partis qu'en ajournant une élection qu'il avait jusqu'alors aidée de tout son pouvoir, il voulait laisser aux opposants le loisir d'avouer leur impuissance et le mérite d'honorer la royauté future d'un suffrage universel. Il ordonna que les deux partis passeraient la nuit à cheval, chacun à son poste, et la passa lui-même endormi dans son carrosse.

« Przebendowski court, à la tombée des ténèbres, à Warsovie, chez l'évêque de Passau, ambassadeur d'Autriche, où s'étaient déjà réunis les envoyés de Rome, de Saxe, de Bavière, de Brandebourg, de Neubourg, de Lorraine et de Venise. Il les décide tous à abandonner leurs prétentions en faveur de l'électeur de Saxe. Il revient ensuite au camp, accompagné de nombreux émissaires et de l'évêque de Kuiavie, connu par son opposition au primat, sa vaste ambition et une énergie tracassière, qui lui avaient valu la crainte et l'estime de toutes les factions. Le prince Sapiéha, tourmenté par son orgueil et par sa haine contre toute autorité triomphante, accueillit avec empressement cette occasion de faire briller son influence. Il entraîna les escadrons de Lithuanie, de Wolhynie et de Wiélun, et vint se placer avec eux entre les deux troupes.

La plupart des palatinats, ébranlés par ce mouvement, s'élancèrent sur ses traces, puis dépassèrent sa colonne neutre pour aller se mêler au parti allemand. Les historiens *contistes* expliquent cette tumultueuse désertion, en l'attribuant aux moyens corrupteurs de Przebendowski, qui, disent-ils, fit voiturer à travers le camp des chariots d'argent, fournis par tous les envoyés allemands conjurés en faveur de *Saxe*. Ceux qui ont sérieusement étudié les mœurs singulières de cette époque, n'ont point besoin de recourir à ce honteux commentaire, pour comprendre une révolution suffisamment autorisée par les habitudes du temps et par une légèreté excusable chez une multitude à la fois impressionnable, irrésolue et ombrageuse, dont aucun argument plausible n'avait jusque-là fixé les sympathies.

« Rien ne saurait peindre l'étonnement, la surprise, l'effroi, la consternation de l'ambassadeur de France et des magnats attachés à son parti, lorsque le soleil du 27 vint jeter sa pourpre divine sur cette immense apostasie.

« Les deux camps, devenus d'une force à peu près égale, se contemplèrent longtemps avec une haine sinistre. Ils se menacèrent, s'injurièrent, apprêtèrent leurs armes pour un combat fratricide, et l'arène des lois fût devenue une arène de carnage, si les chefs les plus influents dans les deux partis n'eussent été les premiers effrayés de leur rôle, et n'eussent senti l'énorme responsabilité qu'en cette conjoncture fatale leur léguait la Providence. Les *contistes,* espérant en imposer par leur audace, s'attroupèrent autour du primat en le suppliant d'en finir. Radziéiowski, pressé par tous ses amis, se trouva enfin obligé de *hasarder,* ce jour, ce qu'il aurait pu *légaliser* la veille. Vers les six heures du soir, il proclama François-Louis de Bourbon roi de Pologne, puis il se rendit à l'église de Saint-Jean, s'en fit ouvrir les portes par la violence, et y entonna le *Te Deum* dans l'obscurité et sans aucune des cérémonies usitées dans les élections royales.

« Quelques heures plus tard le parti de Saxe, ayant en tête l'évêque de Kuiavie, se rendit à son tour à l'église cathédrale, où le prélat opposant proclama Auguste II roi de Pologne, et chanta l'hymne de louange, à laquelle répondirent les acclamations de la foule et soixante et dix coups de canon.

« La Pologne avait deux rois (*)! »
Tant que le principe électif exista, non-seulement comme un droit, mais comme un fait, comme un débat souvent renouvelé, les haines de famille à famille, de parti à parti, y trouvèrent un aliment perpétuel; et le champ de Wola, où se nommaient les rois, fut, comme on a pu en juger, plutôt une arène qu'un congrès national. Les dissidences, exprimées d'abord par des discours virulents, se terminèrent plus d'une fois avec l'argument du sabre. Si le patriotisme, qui est une vertu polonaise innée, ne souffrait pas de ces épreuves, la patrie en devait périr peu à peu : elle ne pouvait que s'énerver au milieu de ces querelles orageuses, de ces intermittences continuelles, de ces secousses politiques qui laissaient le pays sans force d'unité.

Le droit d'élection, dans ces temps d'absolutisme compacte, et le droit fatal du *liberum veto* conduisaient insensiblement la Pologne vers le démembrement. Mais quelle que fût son organisation intérieure, on l'aurait respectée si on l'eût vue puissante et unie; faible et divisée, on l'attaqua. Le conflit électoral était d'ailleurs une occasion et un prétexte des plus favorables pour s'immiscer dans ses affaires. Chaque prince du dehors, prétendant à la couronne polonaise quand une vacance survenait, avait son parti, parti national défendant un étranger, et sacrifiant souvent l'intérêt général à des sympathies particulières. Ce fut là un germe de mort pour la Pologne, il faut savoir l'avouer aujourd'hui.

Mais, si le manque d'une combinaison politique forte et durable faisait renaître fréquemment dans l'ancienne Pologne ces périodes d'anarchie que l'on ne cesse de lui reprocher avec amertume, quelle gloire n'est-ce donc pas pour les Polonais d'avoir su, dans la crise même la plus désespérée, se donner cette mémorable constitution du 3 mai, dans laquelle les véritables principes de la raison et de la science politique semblent réalisés, et devancer sous ce rapport les nations les plus civilisées de l'Europe occidentale?

La constitution du 3 mai 1791, qui assura la tolérance religieuse, l'affranchissement des villes, le règlement des charges qui pesaient sur les paysans, la nouvelle organisation de la diète, l'accroissement de l'autorité du sénat, la réforme des élections, l'abolition des confédérations et du *liberum veto*, la fondation *d'une royauté héréditaire*, est une réponse suffisante à tous reproches, qui auraient dû s'éteindre le jour même où cette charte fut connue de l'Europe. Il n'y a qu'une infernale calomnie qui, après cet acte de sagesse incontestable et de progrès, ait pu encore soutenir « que les Polonais étaient
« *incapables* de se donner une consti-
« tution ferme et régulière, et de vivre
« paisibles et indépendants sous l'auto-
« rité des lois. (*). »

SACRE ET COURONNEMENT.

Le prince élu arrivait à Warsovie, où, après avoir fait serment dans la cathédrale, à genoux, d'observer les conditions que les ambassadeurs avaient accordées en son nom, le primat lui remettait entre les mains le décret de son élection. Les généraux publiaient alors à la porte de l'église que le roi légitimement élu avait accepté son élection, et l'archevêque entonnait le *Te Deum*. Le sénat délibérait ensuite avec le primat sur le jour du couronnement, que l'on envoyait signifier aux particuliers de chaque province; et le roi leur écrivait, parce qu'il ne pouvait dépêcher encore ni députés, ni ambassa-

---

(*) Pologne pittoresque, M. Louis Miéroslawski.

(*) Déclaration des trois puissances copartageantes, du 3 janvier 1795.

deurs. Il y avait encore d'autres différences entre un roi élu et un roi couronné : les maréchaux ne tenaient pas devant le roi élu leurs bâtons de cérémonie levés, mais baissés ; il ne pouvait remplir aucune fonction royale avant d'avoir obtenu les insignes, qui étaient la couronne et le sceptre ; les chanceliers ne scellaient rien que le roi défunt ne fût inhumé, qu'ils n'eussent rompu leurs sceaux sur sa tombe, et qu'ils n'en eussent obtenu de nouveaux.

En arrivant à Krakovie pour son couronnement, le roi élu y faisait une entrée royale. Il descendait au château, et se rendait ensuite à l'église de Saint-Stanislas, où le chapitre le recevait avec les honneurs royaux. On chantait le *Te Deum*, et quelques jours après on faisait la cérémonie du sacre. Auparavant, il allait dans un char à un lieu de dévotion nommé Skalka, où saint Stanislas, évêque de Krakovie, fut martyrisé par les soldats du roi Boleslas en 1079 ; la couronne royale, dont la Pologne avait été longtemps privée pour ce meurtre, ne lui ayant été rendue qu'à cette condition. De là le roi allait à pied à l'église cathédrale, et le lendemain il devait y retourner encore pour communier devant le tombeau de ce saint martyr. Le jour suivant était celui du couronnement. L'archevêque de Gnèzne, dans l'église duquel la cérémonie se faisait autrefois, l'accomplissait, comme primat du royaume, dans la cathédrale de Krakovie. Il disait la messe solennellement, assisté des principaux évêques ; donnait la communion au roi, lui mettait sur la tête une couronne d'or, lui plaçait le sceptre en la main droite, et en la gauche une pomme d'or, avec une croix pareille à celle de l'empereur. Le roi montait ensuite sur un trône élevé, et le *Te Deum* était chanté.

Le jour suivant, le nouveau roi faisait une cavalcade par la ville, la couronne sur la tête, et suivi des évêques et des sénateurs qui venaient de lui prêter serment de fidélité. Arrivé sur la place Bracka, il montait sur un trône dressé sur un échafaud très-haut. Le sénat occupait des sièges plus bas ; et on présentait de nouveau au roi le sceptre, la pomme d'or et l'épée. Il se levait, tournait cette épée vers les quatre parties du monde ; après quoi il en donnait l'accolade à ceux des nobles qui se présentaient à genoux devant lui pour la recevoir, et qui ensuite pouvaient se qualifier *chevaliers dorés*, c'est-à-dire de l'*Éperon d'or*. Les magistrats de la ville prêtaient serment à leur tour ; et le roi retournait au château, où, pendant plusieurs jours, il tenait table ouverte.

La reine était aussi couronnée à Krakovie. Elle recevait des présents de la noblesse et des communautés ; mais on ne lui devait ni hommage ni serment de fidélité. Son douaire était assigné par les états sur le revenu de plusieurs castellanies. Le roi avait l'usage d'accorder les charges à sa prière, et ceux qui en étaient pourvus lui faisaient présent d'une ou deux années de revenu (*).

Cette dernière coutume, qui semblait avoir pour but, en apparence, de ne point augmenter les charges du pays, n'avait pour résultat réel que de ravaler la dignité de la souveraine en la faisant entrer dans de vils calculs avec ses sujets. Elle encourageait, en outre, l'avidité et la corruption, qui ne furent jamais poussées aussi loin que sous la reine Bona, femme de Sigismond Ier. On a vu précédemment, dans le courant de l'histoire, la réponse virulente et méritée qu'elle s'attira un jour à cet égard de la part de l'évêque Zebrzydowski.

Voici le tableau du couronnement de Henri de Valois, qui eut lieu à Krakovie en 1574, et que nous avons puisé dans les œuvres du célèbre président de Thou (**).

Le 19 février 1574, le sénat et toute la noblesse sortirent de Krakovie pour se rendre au-devant du roi qui avait passé la nuit à Balice, aux environs de la métropole. L'archevêque

----
(*) Le Laboureur, Traité du royaume de Pologne.
(**) J.-A. de Thou, Histoire universelle.

de Gnèzne, devant qui l'on portait la croix, ouvrait le cortége ; les évêques de Posnanie et de Plock étaient dans le carrosse du prélat; ils avaient avec eux deux cents piqueurs, vêtus à la hongroise, d'habits de velours broché d'or. L'archevêque de Léopol marchait ensuite avec les évêques de Krakovie et de Kamiéniec, et suivi de deux cents chevaux équipés à l'italienne. Puis venaient les évêques de Kuiavie, de Culm et le palatin de Lenczyca, avec une suite nombreuse. Le castellan de Krakovie avec deux cents cavaliers, à casaques brochées d'or et d'argent. Suivaient tous les palatins avec des équipages superbes : celui de Krakovie, accompagné du staroste de Sandomir son frère, menait trois cents cavaliers, vêtus les uns à la hongroise, les autres à la manière des Tatars. Le palatin de Sandomir, avec le grand écuyer, son frère, en avait deux cent cinquante, équipés de même. Le palatin de Kalisz avait une troupe toute brillante de bijoux et de perles, et vêtue à la manière des Huns. Mais celui qui parut le plus, fut Albert Laski, palatin de Siéradz, avec cent cavaliers magnifiquement vêtus à la manière des Hongrois et des Tatars. Il était suivi du palatin de Podolie, qui menait cent cinquante cavaliers ; ensuite marchaient quelques magistrats de Lithuanie, et, immédiatement après eux, Nicolas-Christophe Radziwill, vêtu à l'italienne, et, après lui, les officiers de la cour, puis le duc et palatin de Kiiow, avec ses deux fils et trois cents cavaliers ; ensuite le palatin de Braslaw, avec deux cents hommes de la province de Wolhynie, en habits de Tatars. Puis les palatins de Culm, de Marienbourg et de Poméranie, avec leur suite habillée à l'allemande. Ils étaient accompagnés de Dulski de Prusse, qui menait trente-six cuirassiers, et du palatin de Lublin, qui en avait deux cents habillés à la hongroise, mais en différentes manières. Ils étaient suivis du comte de Tenczyn et des castellans de Woynicé et de Belz, qui avaient deux cent cinquante cavaliers avec eux. Ceux qui marchaient ensuite étaient Herberton, avec une troupe de deux cents hommes, les castellans de Kamiéniec et de Zawichost avec cent cinquante, André Wapowski avec cent, les castellans de Biecr et de Radom avec quatre-vingts, puis Stanislas, comte de Tarnow, avec deux cents hommes. Venaient ensuite le chancelier du royaume; puis enfin André Opalinski, maréchal de la cour, avec soixante et quinze cavaliers vêtus à l'italienne. Cette marche était fermée par les commandants des villes et par les chefs des officiers du roi, chacun avec leur troupe. Le reste des seigneurs marchait sans ordre, et après eux, la bourgeoisie et le petit peuple armé à l'allemande, au nombre de six cent vingt cavaliers et de quatre cents hommes de pied.

Le roi vint au milieu d'eux, entouré de sa garde composée de Gascons et de Suisses et d'une foule de seigneurs français. L'évêque de Plock harangua le nouveau monarque, au nom duquel répondit le sieur Gui du Faur de Pibrac. Sur le soir, tout le cortége se mit lentement en marche vers la ville qui était toute illuminée. Le roi, monté sur un cheval très-richement enharnaché, entra par la porte de Saint-Florian, sous un dais porté par les consuls de la ville, au bruit des trompettes et du canon, qui tirait sans discontinuer. Les ducs de Nevers et de Mayenne suivaient immédiatement le roi, ensuite le marquis d'Elbœuf et les autres seigneurs français, chacun entre deux palatins qui les accompagnaient par honneur ; puis enfin les ambassadeurs étrangers. Le roi marcha ainsi jusqu'au château, par des arcs de triomphe élevés d'espace en espace, et au milieu d'une foule innombrable de peuple qui, non-seulement remplissait toutes les rues, mais qui couvrait tous les toits pour voir ce spectacle. A chaque arc, il rencontrait l'aigle blanc, fait si artificiellement qu'il venait voler et battre des ailes autour du roi. On alla droit à la cathédrale, dédiée à saint Stanislas, pour y entendre le *Te Deum*. Ainsi finit la journée de l'entrée.

Le lendemain soir, après plusieurs

cérémonies de cour, le roi alla à la grotte de Kasimir, qui est une église dédiée à saint Stanislas, le patron de la Pologne ; après avoir baisé les reliques, suivant une coutume très-ancienne, il fit sa prière. C'est une cérémonie que les rois de Pologne ne manquaient jamais de faire avant leur couronnement.

Enfin arriva le jour du sacre. Le sénat et les grands étant réunis, le palatin de Krakovie chercha à se venger d'avoir échoué à la diète d'élection. Il avait toujours été déclaré contre la France, et ce fut par son conseil qu'on amena Montluc, avant l'élection, à accepter les conditions en faveur des protestants polonais et français, que l'ambassadeur français signa le 4 mai 1573, d'accord avec Gilles de Noailles et Saint-Gelais. Sachant que l'exécution de celles qui regardaient les protestants polonais avait été différée jusqu'à l'arrivée du roi, le palatin saisit cette occasion pour s'en plaindre hautement devant son parti ; il observa qu'il fallait serrer avec des liens plus forts *ce malois*. (C'est ainsi, dit de Thou, qu'il appelait le roi). Il joignit des menaces aux plaintes.

La messe dite, lorsque le roi monta sur un échafaud élevé au milieu de l'église, et au moment où l'archevêque de Gnèzne allait commencer les prières du sacre, le palatin de Krakovie se leva tout d'un coup avec un visage féroce, et jetant les yeux sur ceux de sa faction : « C'est en vain, s'écria-
« t-il, que vous et moi nous sommes
« libres, si, par un silence infâme, nous
« nous condamnons nous-mêmes à un
« esclavage éternel. A quoi servent
« tant de vœux si justes formés par
« la noblesse, et les demandes si équi-
« tables qu'elle a faites, si le roi s'en
« moque et ne les exécute pas ? Le voilà
« venu, on lui a donné presque toutes
« les marques de la dignité royale et
« tout ce qui peut l'y affermir, et l'on
« ne parle point d'exécuter ce qu'on a
« promis de sa part. Je ne souffrirai
« pas un plus long délai. Il faut ac-
« cepter les conditions qu'il a accor-
« dées et en jurer l'observation, ou
« je déclare que je m'oppose à son
« sacre ! »

Cette sortie véhémente et inattendue donna lieu à un murmure général dans toute l'église. La hardiesse des factieux augmentait, et déjà on entendait des paroles menaçantes et qui sentaient la sédition, quand le sieur de Pibrac, sans perdre contenance, ayant dit un mot à l'oreille du roi, qui voyait bien que sa patience, au lieu d'apaiser l'émeute, ne ferait que l'aigrir, se tourna vers l'archevêque et lui commanda, de la part du roi, de faire la cérémonie pour laquelle on était assemblé, en disant que le prince réglerait le reste, de l'avis du sénat. L'archevêque obéit de suite, et continua les prières du sacre, qui fut achevé avec de grands applaudissements, à la vue de ceux mêmes qui s'y étaient opposés, et qui même parurent consternés d'avoir contribué à cette scène irréfléchie. Dès que le roi fut sacré, on lui mit la couronne sur la tête.

Le palatin de Krakovie mourut quelque temps après : on ne sait si ce fut naturellement ou du déplaisir qu'il éprouva de voir l'autorité du roi si bien affermie.

HOMMAGES DE VASSELAGE.

Parmi les vassaux et tributaires de la couronne polonaise figuraient les ducs de Prusse, les grands maîtres teutoniques, les ducs de Kourlande, et les hospodars de Valachie et de Moldavie. De tels feudataires attestaient hautement de la puissance nationale, et la solennité avec laquelle se prêtait le serment d'hommage ajoutait encore à l'éclat qui entourait le nom polonais. Nous en rapporterons deux exemples remarquables.

Le premier eut lieu, en 1569, à la diète de Lublin, où le roi Sigismond-Auguste reçut en grande pompe l'hommage du prince Albert-Frédéric de Prusse.

Après s'être approché lentement du trône, le prince embrassa les pieds de son suzerain, qui lui mit dans la main un drapeau blanc orné d'un aigle noir portant sur sa poitrine les initiales S. A., chiffre de Sigismond, et lui dit ces paroles : « Nous, Sigismond-Au-« guste, roi, inclinant aux prières de « vous et de vos sujets, donnons en fief « à ta personne Illustre (il se servit des « mots illustritati tuae), comme nous « avions fait à ton père Illustrissime, « les terres, villes, bourgades et for-« teresses de la Prusse : d'icelles nous « investissons ton Illustre personne, « par la remise de cette enseigne, et « nous t'instituons, par notre grâce et « bénignité, dont nous chérissons ton « Illustre personne, comme notre « très-cher neveu, espérant que ta « personne Illustre se souviendra de ce « bienfait et nous sera agréable et « fidèle. » A la suite de ce discours, le prince, tenant la queue du drapeau, jura ainsi sur les Évangiles : « Je, Albert-Frédéric, margrave de « Brandebourg, duc en Prusse et de « Stetin, Poméranie, Slavie, Cassu-« bie, prince de Rugie, burgrave de « Nuremberg, promets et jure que je « seray fidel et obéyssant au sérénis-« sime prince et seigneur, monsei-« gneur Sigismond-Auguste, roy de « Pologne très-invaincu, grand-duc « de Lithuanie, seigneur et héritier « de Russie et de toutes les terres de « Prusse, comme à mon naturel et « héréditaire seigneur, et aux héri-« tiers de sa sacrée Majesté, à ses « successeurs roys, au royaume de « Pologne. Je procureray le bien de « Sa Majesté, de ses héritiers, et de « tout le royaume ; je les garderay de « dommage et feray tout ce qui ap-« partient à un fidel vassal et féodal. « Ainsi Dieu m'ayde et ce sainct « Évangile(*). » Ce serment reçu, le roi saisit le glaive à deux tranchants que lui présenta le porte-glaive de la couronne, André Zborowski, en frappa trois coups sur les épaules du prince Frédéric, et, relevant celui-ci, lui passa au cou une chaîne d'or, action qui termina la cérémonie.

Toujours généreux et mû par des

(*) Le Laboureur, Traité du royaume de Pologne.

affections de famille, Sigismond-Auguste confirma en cette occasion les priviléges accordés précédemmment à la Prusse; il fit même plus, car il accorda à cette vassale de la couronne de nouveaux avantages. A la solennité que nous venons de retracer, les ambassadeurs de l'electeur de Brandebourg et du margrave d'Anspach portèrent la main au drapeau remis par le roi au prince, en signe des droits de *leurs* souverains à l'héritage du fief en cas opportun.

Le second exemple eut lieu en 1641, à Warsovie, le 7 octobre. Revêtu de l'habit du couronnement, et entouré de ses ministres et de toute la cour, Wladislas IV prit place sur un trône élevé devant la grande porte du château royal. Quatre commissaires de l'électeur de Brandebourg s'approchèrent du trône avec respect, et, mettant le genou en terre, supplièrent le roi d'admettre leur maître à prêter le serment de foi et hommage pour le duché de Prusse. A laquelle requête le chancelier fit droit, en transmettant aux commissaires la réponse affirmative de Wladislas. Alors le jeune électeur s'avança à cheval vers le château, et suivi d'un nombreux cortège de chevaliers prussiens et polonais. Deux grands maréchaux de la couronne se portèrent à sa rencontre. Descendu de cheval et amené devant le roi, qu'il salua à deux reprises différentes, l'électeur exposa lui-même, à genoux, sa prière en langue latine. Le chancelier y fit une courte réponse au nom de Wladislas, puis lut la teneur du serment, que l'électeur répéta après lui, la main posée sur les saints Évangiles. Le prince reçut ensuite du roi le diplôme du fief de la Prusse, offrant ses vifs remercîments à son suzerain du bienfait accordé. Wladislas ne tarda pas à le relever et à lui faire prendre place à ses côtés.

En cette occasion comme à la précédente, deux ambassadeurs des princes de la maison de Brandebourg furent admis à toucher au drapeau feudataire; plusieurs seigneurs se virent aussi armés chevaliers par le roi.

Un splendide festin termina cette journée mémorable, et, le lendemain, l'électeur traita à son tour avec magnificence le roi, la reine et toute la cour.

De nombreux présents étaient également offerts par le feudataire à son suzerain dans ces sortes de solennités. Parmi ceux dont les chevaliers teutoniques firent hommage à Kasimir le Grand, se trouvaient dix-huit faucons et vingt-quatre chiens de chasse appelés *walhy*.

PRÉSENTS DU SAINT-SIÉGE.

Les papes avaient autrefois l'habitude d'envoyer aux rois, aux princes et aux chefs d'armées qui se distinguaient par des victoires sur les hérétiques ou par leur piété, des présents. Ils se composaient ordinairement d'un glaive et d'un bonnet bénits, ou d'une épée et d'un chapeau, ou enfin d'une rose d'or. Les armes avaient la garde en or; le bonnet était de velours cramoisi, doublé d'hermine, entouré d'un cordon d'or, et orné au milieu d'un pigeon également d'or, représentant le Saint-Esprit.

Le premier exemple de ces libéralités remonte à l'année 1385; et c'était aux grandes fêtes, principalement à Noël, que le pape bénissait les objets destinés à être envoyés en présent.

La rose s'offrait aux princesses, quoique anciennement on l'eût aussi donnée aux rois : c'est ainsi qu'en 1448, le légat du pape apporta une rose d'or à Kasimir IV.

Sigismond-Auguste fut gratifié d'un glaive et d'un bonnet bénits; Henri de Valois, au contraire, n'eut qu'une rose. Étienne Batory obtint de Rome, en 1580, un glaive et un bonnet.

Rubinkowski nous a laissé quelques détails sur les cérémonies qui accompagnèrent la remise des dons envoyés par le pape Innocent XI à Jean Sobieski, après la délivrance de Vienne.

Le 20 juillet 1684, le roi arriva avec sa femme et son fils à Warsovie, où il trouva le nonce du pape et l'ambassadeur de Venise Angélo Morosini. Le cortège se mit bientôt en marche pour l'église. Le nonce, entouré d'une nombreuse cavalcade, se tenait dans un magnifique carrosse. On portait devant lui, sur des coussins de velours, un riche casque, un glaive et une rose d'or. Le roi et la reine, suivis de toute la cour en grand costume, venaient ensuite. Après la messe, le nonce, assisté de quatre évêques, remit à Sobieski ses lettres de créance, tint un discours à l'éloge du souverain, et, donnant la bénédiction au roi, lui souhaita tout le bonheur désirable. Sobieski se leva alors du trône et s'avança vers l'autel, où le nonce lui mit sur la tête un casque de velours écarlate, à barres d'or incrustées de riches pierreries; il lui ceignit ensuite le glaive à garde et fourreau d'or, la garde ornée de diamants et le fourreau long de deux aunes et demie (une aune un quart de France). Après quoi, le nonce offrit à la reine, de la part du saint-père, une rose d'or, garnie de pierres précieuses, estimée une valeur de quinze cents ducats. Cette partie de la cérémonie terminée, le roi se remit sur son trône, donna l'accolade avec le glaive à l'ambassadeur de Venise, qui se tenait à genoux devant lui, et le nomma chevalier.

On s'en fut ensuite visiter les tentes prises au grand vizir devant Vienne, lesquelles, par leur étendue, pouvaient bien représenter une ville entière.

Un banquet splendide termina cette journée solennelle.

OFFRANDES DE PAIN.

Un usage qui remontait aux temps les plus reculés de la Pologne, et qui se maintint jusqu'à la fin du règne de Stanislas-Auguste, était celui d'offrir au souverain le premier pain provenant de la moisson nouvelle. Cette coutume peignait bien la simplicité patriarcale et la reconnaissance du peuple. Quel hommage plus modeste et plus flatteur à la fois ! Comme il rendait fidèlement les sentiments et les vœux de ceux qui l'offraient !

Chaque année, vers la Saint-Jean, aussitôt que le blé du terrain le plus exposé aux rayons du soleil paraissait mûr et propre à être converti en farine, on le coupait et on en faisait un beau pain. Puis, le maire de Krakovie, à la tête des conseillers et de la commune entière, le portait à la cour, sur un plat d'argent.

Plus tard même, quand la résidence royale eut été transférée de Krakovie à Warsovie, le maire de l'antique métropole se rendit à la demeure nouvelle, afin de porter l'hommage du peuple au roi, qui le recevait toujours avec bienveillance, et lui exprimait toute son affection pour la vieille cité nationale.

ALLIANCES ROYALES.

C'est peut-être dans les alliances des souverains polonais que le cachet national s'affaiblit le plus rapidement. Les unions qu'ils contractaient avec des princesses étrangères contribuèrent sans doute beaucoup à faire adopter les usages reçus dans d'autres pays, afin de ne pas effrayer la fiancée par des cérémonies qui lui étaient tout à fait inconnues. Mais ce qui demeura comme des particularités caractéristiques de ces sortes de solennités, ce fut la magnificence des ambassades envoyées à la future du monarque, le luxe qui accompagnait son entrée dans le pays, la prodigalité des présents faits à cette occasion, une hospitalité généreuse envers les convives invités, un esprit chevaleresque dans les fêtes et plaisirs, l'invitation à ces fêtes de nombreux souverains étrangers, et enfin la franche expansion de sentiments qui se manifestait en cette circonstance entre le trône et la nation.

Selon Naruszewicz, la semaine qui précéda le mariage de Boleslas III, et celle qui le suivit, furent employées à faire des présents, en cadeaux et en donations. Et l'historien Martin Gallus s'exprime ainsi au sujet de ce monarque : « *Boleslaus munera dare non quievit, aliis scilicet renones et pelles palliis coopertas, aurifrisiis delibutas principibus palliæ, vasa aurea et argentea, aliis civitates et castella, aliis villas et prædia.* »

Lorsque la princesse de Mantoue, dit l'historien Gornicki, eut été accordée à Sigismond-Auguste, l'ambassadeur de ce monarque, le palatin de Wilna, se rendit à la cour du roi de Hongrie et de Bohême, pour l'exécution de la cérémonie des fiançailles. Après que le prêtre eut uni les mains de l'ambassadeur, qui représentait son maître, à celles de la princesse, on fit honneur au souper, puis au bal. L'heure voulue par le cérémonial sonnée, le père, c'est-à-dire le roi Ferdinand, enjoignit à l'ambassadeur de se coucher : l'usage existant dans sa maison souveraine devant être accompli. Le palatin s'étendit donc dans le lit, tout habillé comme il était; mais quand le roi ordonna à sa fille d'en faire autant, celle-ci rougit, hésita, et finit par refuser d'obéir à la volonté paternelle. Alors le père la prit par la tête, sans plus de façons, et dit à son fils : *Maximilien, aide-moi!* Le prince Maximilien prit sa sœur par les pieds, et, de cette manière, ils parvinrent à la coucher à côté du palatin, qui ne savait trop que penser durant cette singulière scène. Bientôt les deux fiancés se levèrent, heureux chacun d'en être quitte.

Quatre mille nobles à cheval, étincelants sur leurs habits d'or et de pierreries, se portèrent à la rencontre de la princesse Anne, fiancée de Sigismond III.

La princesse Louise-Marie de Nevers, fiancée à Wladislas IV, fit une entrée des plus solennelles dans Dantzig, après y être débarquée. Nous trouvons à ce sujet les détails suivants dans plusieurs ouvrages sur cette époque.

Il y avait quarante-huit phalanges, chacune de cent vingt hommes, aux couleurs diverses; deux cent trente carabiniers, en costume français écarlate; soixante varlets à cheval; quatre cents cavaliers de Dantzig, en costume allemand de drap noir, gilet noir de velours, chapeau de castor relevé d'un côté et surmonté de plumes noires et blanches, porteurs de chaînes d'or, auxquelles pendaient des clefs et des pistolets; trois cents dragons de Wejher sur des chevaux richement caparaçonnés, dont cent armés de lances, le reste de fusils; trois cents hommes de l'évêque de Warmie, cent cavaliers, cent dragons et cent hayduks hongrois; cent cinquante hayduks et dragons du vice-chancelier et évêque Kamiéniecki. La garde du prince Charles comptait deux cents Kosaks et trois cents hayduks, aux couleurs d'azur. Puis venaient deux cents hayduks et dragons en costume rouge du prince Albert Radziwill. Deux cents nobles suivaient en grand costume de velours et de satin, richement brodé d'or et d'argent, bordé de riches fourrures ; les agrafes en diamants qui ornaient leurs bonnets de zibeline et soutenaient les panaches coûtaient dix, vingt, et jusqu'à trente mille thalers ; leurs chevaux portaient de longues capes de velours, brodées d'or et d'argent et de pierres précieuses, et des panaches noirs évalués à mille thalers.

Le carrosse de la princesse était précédé de six trompettes du roi, et des hallebardiers de la garde l'entouraient. Les voitures de la cour le suivaient, puis le reste de la garde, trois cents hayduks, deux cents Hongrois, trois cents Kosaks, et les fantassins allemands.

Deux arcs de triomphe avaient été élevés. Sur l'un, entre autres statues, il y en avait deux qui représentaient les nations française et polonaise, *en signe d'alliance éternelle*. A l'entrée du palais destiné à servir de pied-à-terre à la princesse, elle trouva encore un arc de triomphe, soutenu par Apollon et Diane, et surmonté d'un aigle blanc.

La réception de la princesse à Warsovie se fit encore avec plus de pompe. A la tête du cortége paraissaient d'abord cinquante Kosaks à cheval, du prince Janus Radziwill, vêtus en satin vert, cuirassés et armés de haches ; cent Kosaks aux couleurs écarlates, vêtus de même ; cent vingt nobles en habits de satin, aux couleurs de ce prince. Puis cent Kosaks de Lanckoronski, aux couleurs ponceau et bleu céleste, armés de fusils ; cent Kosaks d'Albert Radziwill, chancelier de Lithuanie, au drapeau rouge, orné de son blason ; cent Ko-aks du maréchal Opalinski, en casques et cuirasses, portant de larges manteaux ; trois cents gardes royaux, en uniforme rouge, doublé de jaune. Le reste de la cavalerie entourait de loin les fantassins, qui se composaient de huit cents gardes royaux allemands, mousquetaires et hallebardiers, aux uniformes blancs, et de huit cent trente hayduks, aux couleurs de leurs maîtres. Venait ensuite une compagnie de hussards, aux cuirasses luisantes, les épaules couvertes de peaux de léopards et de tigres, armés de lances. Le chef de chaque phalange marchait en tête, ayant derrière les épaules deux grandes ailes d'autruche que le vent faisait mouvoir.

On comptait cinquante drapeaux du roi, et soixante-trois du *podkomorzy* (grand chambellan) de Lithuanie Radziwill.

A un quart de mille de Warsovie on éleva trois tentes, drapées avec les plus riches tapis de Perse. La princesse entra dans la tente la plus spacieuse, où l'évêque de Luck Gembicki la complimenta au nom des états ; l'évêque d'Orange répondit pour la princesse. Soixante coups de canon annoncèrent la remise en marche du cortége ; et la nouvelle souveraine monta dans un carrosse tout couvert à l'extérieur de drap d'azur, et en dedans d'une étoffe argentée : six chevaux blancs le traînaient.

Quand le cortége entra dans Warsovie, cinquante deux jeunes filles, choisies par la ville et vêtues en satin bleu aux lisérés d'or, vinrent au-devant de lui. Pendant ce temps, le roi se faisait conduire à l'église cathédrale de Saint-Jean. Il portait un costume français d'une étoffe d'argent, et un chapeau de castor, entouré d'un gros cordon en diamants et d'une riche agrafe soutenant des plumes.

En entrant dans l'église, la princesse se jeta aux pieds du roi ; puis elle entendit debout le discours du chancelier et la réplique de l'évêque d'Orange. Le roi, tourmenté par la goutte, fut porté à l'autel; et la reine le suivit, accompagnée de madame de Guébriant. Le légat du pape donna la bénédiction à cette alliance; après quoi fut chanté le *Te Deum*, et l'on déchargea les mousquets et les canons.

A la salle de réception, ce fut madame de Guébriant qui, en sa qualité d'ambassadrice extraordinaire, présenta la nouvelle reine, et fit le compliment d'usage de la part des souverains de France.

Le souper, qui eut lieu dans les appartements de la reine, fut servi par des dames.

Pendant les trois jours qui suivirent, la nouvelle souveraine fut occupée à recevoir les présents que chacun venait lui offrir à l'occasion de son mariage. Le roi lui donna une bague d'une immense valeur; l'ambassadeur de France, de la part de son monarque, six boucles d'oreilles en diamants; le prince Charles un diamant d'une valeur de dix mille thalers. Puis vinrent les offrandes des sénateurs et des nonces, en vaisselle, coupes, plateaux d'or et d'argent, incrustés de riches pierreries, tapis de Perse brodés d'or, chaînes d'or et médailles frappées à l'occasion de cette fête. La valeur des dons offerts à la reine en cette circonstance s'éleva à quatre cent mille thalers.

FUNÉRAILLES ROYALES.

Païenne jusqu'au règne de Miéczyslas Ier (965), la Pologne observa longtemps, dans les funérailles de ses princes, les coutumes des Germains. A l'exemple de ces belliqueux voisins, les Slaves jetaient sur le bûcher du chef défunt son glaive, son armure, et le serviteur le plus fidèle, comme expression de leur croyance à une seconde vie. Puis, le corps consumé, on en rassemblait les cendres dans une urne que l'on ensevelissait sous un mausolée gigantesque élevé par l'attachement des sujets. C'est ainsi que, de nos jours encore, on rencontre dans les environs de Krakovie deux tertres tumulaires, aux immenses proportions, contre lesquels se sont brisés les efforts du temps. S'il faut s'en rapporter à la tradition populaire, ils contiendraient les dépouilles mortelles de Wanda et de Krakus, deux des premiers chefs de la nation.

Quand, avec Miéczyslas Ier, le christianisme prit naissance en Pologne, un grand changement s'opéra dans les mœurs; et les cérémonies empruntées du paganisme firent place aux usages de la religion chrétienne. Les funérailles offrirent dès lors un tout autre aspect.

Les souverains, par leur conduite édifiante à leur lit de mort, contribuèrent beaucoup à ramener le peuple de ses anciens errements, et à graver dans son esprit la saine morale de l'Évangile. A l'heure suprême, ils recevaient avec humilité, en présence de tous, les saints sacrements, adressaient de sages conseils à leur successeur, et faisaient à leurs sujets les adieux les plus déchirants.

Les premières tombes royales furent placées à Posen; mais comme d'autres lieux ne tardèrent pas à en renfermer, Boleslas IV (1173) conçut l'idée de rassembler à Krakovie les mausolées épars; et, à compter de ce moment, presque tous les souverains polonais y eurent leur sépulture sous les voûtes imposantes de la basilique de Saint-Stanislas, dans l'enceinte du château royal. Le tombeau de Miéczyslas Ier demeura pourtant à Posen, dans la cathédrale, qui contient également ceux des successeurs de ce roi jusqu'à Wladislas-Hermann. Ce dernier et son fils Boleslas III se firent ensevelir à Plock, où l'on retrouva, en 1824, des débris de leurs tombes. Un nouveau mausolée leur fut élevé alors par les soins de la société des amis des sciences de Warsovie. Les cendres de Boleslas II, forcé de fuir sa patrie, reposent à l'étranger; et celles de Miéczyslas III, occupé durant toute sa vie à s'affermir sur le trône, se trouvaient à Kalisz, dans une église fondée par lui et qui n'existe plus.

Objets, en général, de l'affection de

leurs sujets, les rois de Pologne eurent pour la plupart des funérailles magnifiques où éclatait la douleur publique. A la mort de Boleslas le Grand (1025), le deuil de la nation dura une année entière.

L'historien Naruszewicz nous a laissé la description des obsèques de Kasimir le Grand.

Quatre chars funèbres, attelés chacun de quatre chevaux caparaçonnés de drap noir, ouvraient le cortège, et étaient suivis de quarante chevaliers, armés de pied en cap et vêtus de longs manteaux de pourpre. Onze de ces chevaliers portaient les drapeaux des onze principautés; un douzième, celui de la Pologne. Paraissait ensuite, sur un coursier magnifique, un cavalier au costume royal et qui représentait la personne du monarque défunt. Six cents hommes le suivaient avec des cierges allumés. On voyait venir après eux des brancards supportant des corbeilles remplies d'étoffes et d'objets précieux, destinés en présents aux églises. Le nouveau souverain en deuil, l'archevêque, les princes et les grands terminaient le convoi.

Il fit trois stations aux églises de Saint-François, de la Trinité et de Sainte-Marie. A chacune d'elles furent distribuées des pièces d'écarlate et des coussins tissus d'or, ainsi que des pièces de drap de Bruxelles, aux riches couleurs. Pendant la messe, outre d'abondantes aumônes, deux hommes, porteurs d'immenses vases en argent, s'avancèrent vers l'autel et y déposèrent le contenu de ces vases, lequel consistait en gros de Prague (monnaie de l'époque). On mit également sur le maître-autel, comme témoignage de la munificence du défunt, et pour l'entretien de l'église, deux pièces d'étoffe de soie rouge, brochées d'or, et deux pièces de drap fin. Vint ensuite le tour des grands officiers de la couronne. Le maître des cérémonies et le trésorier offrirent deux vases d'argent, avec une nappe et une serviette; le maître d'hôtel, quatre grands plats d'argent; l'échanson et le sous-échanson, des urnes et des gobelets de même métal;

le maréchal, le meilleur cheval de trait; et, enfin, le grand écuyer fit don du cheval favori du monarque décédé.

Lorsque, selon l'antique usage, on brisa les drapeaux, il s'éleva parmi les assistants de tels pleurs et gémissements, que l'on eût dit qu'avec Kasimir le Grand descendaient au tombeau la patrie et le nom polonais!

Jusqu'à Sigismond-Auguste, les funérailles royales subirent des variantes, suivant les particularités qui accompagnaient le décès de chaque souverain. Le premier de tous, Sigismond-Auguste régla le cérémonial à observer en pareille circonstance; et ses instructions furent fidèlement suivies par la suite, à quelques légers changements près, jusqu'au moment où l'influence d'avides et perfides voisins vint jeter le trouble parmi l'État.

Ce monarque mourut à Knyszyn, en Lithuanie; et voici, d'après Orzelski, quelles furent les formalités qui précédèrent la translation de ses restes à Krakovie.

Aussitôt qu'il eut rendu le dernier soupir, le corps fut lavé et embaumé avec les parfums les plus précieux. On lui passa la chemise mortuaire, puis on lui mit des bottes éperonnées, une dalmatique blanche, un collier, des gants de soie, et, par-dessus, des gantelets d'acier, un anneau au doigt, et au cou une croix d'or suspendue par une chaîne de même métal. La couronne fut placée sur sa tête, le sceptre dans sa main droite, et la sphère d'or, représentant le monde, dans sa main gauche; à ses côtés reposait son glaive. Dans ce costume, Sigismond fut exposé aux regards du public, ensuite placé dans un riche cercueil où les dames de la cour déposèrent deux médailles à son effigie. Jusqu'au moment du départ, les officiers de la cour gardèrent le corps nuit et jour, et des prêtres célébraient alternativement des messes. Le lit, tout recouvert de velours noir, était celui où Sigismond avait rendu le dernier soupir; des lampes et des flambeaux éclairaient ce lugubre tableau.

Vint le moment de se mettre en

marche pour Krakovie. Les députés des provinces, au nombre de trente, précédaient le char funèbre avec leurs bannières; après eux venaient les grands officiers. La sphère, le glaive, le sceptre et la couronne étaient portés par des sénateurs, à qui ce droit appartenait. Le char funèbre, attelé de huit chevaux, était suivi de trente-deux brancards aux armes du roi, contenant les présents destinés aux églises, et de trente chevaux richement caparaçonnés. La princesse Anne, sœur du monarque défunt, paraissait ensuite, ayant le légat du pape à sa droite et l'ambassadeur de Venise à sa gauche. Derrière elle se trouvaient le sénat et la noblesse; enfin, une longue file de gens du peuple, au nombre d'environ quatre mille, tous en habits de deuil et portant des cierges allumés, terminait le convoi.

On alla dans cet ordre au château, et on dit la messe dans l'église cathédrale, illuminée extraordinairement (*).

Le troisième jour des funérailles, les enseignes à cheval se rangèrent devant l'église, et trente chevaux, couverts de draps mortuaires, avec des boucliers de deuil, furent conduits dans le temple. Le sarcophage, élevé devant le maître-autel, était recouvert de velours noir et surmonté de la couronne et des autres insignes royaux. Après le sermon, le palatin de Kalisz prit le casque, le castellan de Lenczyca le glaive, et le chancelier le bouclier; puis ils s'avancèrent tous trois vers l'autel, et remirent ces objets aux ambassadeurs étrangers, savoir : le casque à l'ambassadeur d'Autriche, le bouclier à celui de France, et le glaive à celui de Hongrie. Les ambassadeurs les déposèrent, à leur tour, au pied du maître-autel. Alors, Mniszek, armé de pied en cap, et monté sur un cheval noir, caparaçonné de deuil, entra dans l'église au galop, et se laissa tomber avec fracas devant le sarcophage. Le palatin de Krakovie, en sa qualité de maréchal, brisa, après un court discours,

(*) De Thou, Histoire universelle.

son bâton, et le chancelier rompit les sceaux, marquant par là que leurs dignités cessaient avec l'existence du monarque. Le corps de Sigismond fut descendu ensuite dans le caveau royal, et les cérémonies étaient finies.

Les funérailles des reines n'étaient pas moins imposantes. Les mémoires de Gaëtani donnent la relation de celles d'Anna Jagellonne, épouse d'Étienne Batory (1596). On y voit que le corps de la souveraine fut accompagné par les officiers de la couronne, les évêques des religions grecque et latine, et par les dames de la cour, conduites chacune par un cavalier. Étienne Batory suivit le convoi jusqu'à Krakovie.

CHEVALERIE.

L'ancienne chevalerie, qui joua un rôle si important dans les cours européennes et chez les Maures d'Espagne, eut aussi son temps de vogue en Pologne.

L'historien Dytmar raconte que l'empereur d'Allemagne Henri, voulant, en 1013, se lier de relations amicales avec Boleslas Ier, invita son fils Miéczyslas à venir à Magdebourg, où il le reçut avec la plus grande distinction, et lui donna l'accolade de chevalier.

Boleslas III fut nommé chevalier par son père Hermann, selon les historiens polonais, et par le roi de Bohême Brétyslaf, s'il faut adopter la version des auteurs bohêmes.

Les exercices chevaleresques trouvèrent dans la jeunesse polonaise d'enthousiastes et habiles partisans. Nulle part les tournois ne furent plus courus et plus somptueux que dans ces contrées. Gornicki parle de ceux qui eurent lieu à Krakovie en 1553, à l'occasion du mariage de Sigismond-Auguste avec Catherine d'Autriche, veuve du duc de Mantoue.

« Dans ces tournois, dit-il, le porte-glaive Wolski combattit Kiezgal, noble lithuanien. La rencontre se fit à l'arme blanche, et les deux champions s'en tirèrent avec honneur. Kosmowski croisa le fer avec l'écuyer d'honneur du duc de Prusse. Dans un tournoi à cheval, les combattants se trouvèrent vingt-quatre contre vingt-quatre, avec des boucliers et des lances. Après ces luttes du château, d'autres eurent lieu en ville, sur le marché public, en armure clouée; luttes dans lesquelles chacun pouvait, en se conformant aux règles affichées sur la porte du château, se mesurer avec quiconque se présentait sur la place; de sorte qu'il se trouvait obligé d'affronter deux ou trois champions avant de toucher la barrière. Et comme ils combattaient visière basse, chacun d'eux avait une marque sur son casque. Le roi et la reine, entourés de toute la cour, étaient placés sur une estrade construite à cet effet, et où se trouvaient déposés de riches prix pour les vainqueurs. Parmi les combattants, celui qui se distingua le plus, ce fut l'écuyer du duc de Prusse, déjà cité plus haut, et qui portait sur son casque une chaussure de femme. Le second prix fut adjugé au gentilhomme Kosmowski, brave champion, vainqueur de l'écuyer, à l'arme blanche, dans les courses du château. D'autres chevaliers polonais, allemands et prussiens, eurent aussi des prix, consistant en couronnes et bagues, que distribuait le roi, principal juge de la lutte. »

De semblables tournois marquèrent l'entrée de Henri de Valois, le mariage de Jean Zamoyski avec Griselda, nièce d'Étienne Batory, et l'union de Sigismond III avec Constance d'Autriche.

Parmi les héros de ces joutes, nul ne jouit de plus de renom que Zawisza, dit *le Noir*, à cause de la couleur de ses armes. Un besoin impérieux de périls et de combats, une soif de gloire et de célébrité, l'avaient conduit adolescent à la cour de l'empereur Sigismond. Sous le règne de ce souverain, rien ne se fit d'important sans les conseils du Polonais; au point qu'un dicton: *Fiez-vous à lui comme à Zawisza*, prit naissance de là (*). Gracieux et spirituel, toujours le plus riche en chevaux et en armures, Zawisza était, par-dessus tout cela, un guerrier intré-

(*) Orzechowski, Vie de Jean Tarnowski.

pide. Il périt d'une manière glorieuse à la bataille de Golub; loin de fuir comme les autres, Zawisza, suivi de deux cavaliers seulement, se jeta au milieu des escadrons ottomans, et, quand il fut las de frapper, succomba sous les yatagans turcs.

CONRAD WALLENROD.

L'ordre Teutonique occupe une trop grande place dans les annales polonaises, pour que nous n'entrions pas dans quelques détails à son égard. À chaque pas de l'histoire nationale, on aperçoit des traces de l'influence funeste qu'exercèrent sur les événements les grands maîtres de cette institution redoutable.

Un de ceux dont l'existence abonda le plus en péripéties dramatiques, ce fut Conrad Wallenrod. Sa naissance même n'a jamais été bien définie. Quoiqu'il passât pour un des membres de la célèbre famille allemande Wallenrod, il n'en était pas issu en ligne directe; la Chronique de Kœnigsberg le dit fils d'un prêtre, et, par conséquent, enfant naturel. D'autres écrivains supposent qu'il était Lithuanien, et qu'il n'entra dans l'Ordre que pour venger plus sûrement son pays des persécutions essuyées.

La même contradiction existe au sujet du caractère de Conrad. D'un côté, on le représente comme un homme orgueilleux, cruel, adonné à l'ivrognerie, plein de dureté pour ses subordonnés, montrant peu de zèle pour la foi, et même de la haine envers les ecclésiastiques. De l'autre, des auteurs contemporains lui donnent en partage la grandeur d'âme, la valeur, la noblesse et la force de caractère. Nous sommes assez de l'avis de ces derniers; car il est évident que, sans de grandes et nobles qualités, Conrad n'aurait pas pu conserver aussi longtemps le pouvoir, au milieu de l'aversion générale, provoquée par les calamités qu'il avait préparées à l'Ordre, naguère encore des plus florissants.

Lorsque Conrad Wallenrod fut élu grand maître, après la mort de Conrad

Zollner (1390), il se présentait pour lui une belle occasion de débuter avec éclat, c'était de déclarer la guerre à la Lithuanie. Witold, dont on a vu dans l'histoire le caractère turbulent, promettait de conduire lui-même les chevaliers à Wilna, et de bien payer leur alliance. Conrad différa pourtant les hostilités, et alla jusqu'à offenser sensiblement Witold, en qui il mit ensuite une confiance si imprudente, qu'elle valut de grands desastres à l'ordre. Witold, réconcilié secrètement avec Jagellon, abandonna non-seulement Conrad, mais, profitant de ses précédentes relations avec lui, entra comme ami dans les châteaux appartenant aux chevaliers, et en massacra les garnisons.

Ces événements excitèrent de toutes parts de violents murmures; et Conrad sentit que, pour les apaiser, il fallait prendre une forte détermination. Il annonça donc une croisade en Lithuanie; mais, en cette circonstance comme précédemment, sa conduite offrit des contradictions frappantes. Il dissipa en longs préparatifs les trésors de l'Ordre, cinq millions de marcs, ou environ un million de florins de Hongrie, somme énorme pour l'époque; s'amusa en route à donner des fêtes et à attendre des secours qui ne parurent pas. A leur place, la mauvaise saison, l'automne, arriva; et Conrad, abandonnant le camp teutonique sans vivres, se retira précipitamment en Prusse, portant ainsi un dernier coup à la puissance de l'Ordre. Nul chroniqueur ou historien n'a pu expliquer d'une façon plausible les motifs de cette espèce de fuite; et l'on doit en revenir à la première supposition, c'est-à-dire, que Conrad Wallenrod était Lithuanien, et s'était étudié de longue main à venger, sur les ennemis acharnés de son pays natal, les malheurs dont il avait été témoin presqu'en naissant.

Conrad mourut subitement en 1394, en démence, sans recevoir les sacrements; et, s'il faut en croire les chroniqueurs d'alors, son trépas fut accompagné de circonstances extraordinaires.

Peu de temps avant sa mort, il y eut des orages et des débordements de fleuves; la Wistule et le Nogat rompirent leurs digues, et se creusèrent un nouveau lit à l'endroit où se trouve aujourd'hui Pilawa.

L'inséparable compagnon de Conrad, Halban, autrement dit le docteur Leander von Albanus, passait, quoique moine et affectant les dehors de la piété, pour païen et sorcier. On ignore où et comment il mourut. Les vieux chroniqueurs ne s'accordent pas à cet égard; les uns disent qu'il se noya, les autres que le diable l'emporta (*).

Un des poëtes polonais modernes les plus distingués, Adam Mickiéwicz, a retracé les principales circonstances de la vie de Conrad Wallenrod, dont il a ennobli la fin. Nous extrayons de cette œuvre, remarquable par la richesse des images et l'éclat du coloris, les passages suivants, qui ont trait à quelques-unes des cérémonies de l'ordre Teutonique, et rentrent, par conséquent, parfaitement dans notre cadre.

L'Élection.

Au château de Malborg les cloches tintent, le canon tonne, le tambour bat; un jour solennel dans l'ordre Teutonique! De toutes parts les komtours (**) arrivent dans la capitale, où, rassemblés en chapitre, ils vont invoquer le Saint-Esprit, et délibérer sur quel sein ils vont placer la grand'croix, dans quelles mains ils remettront le glaive. Un jour, puis un autre s'écoulent en délibérations; beaucoup de chevaliers sont sur les rangs, tous d'une haute naissance, tous ayant bien mérité de l'Ordre; cependant jusqu'ici les frères réunissent leurs suffrages sur un seul, supérieur à tous, Wallenrod.

. . . .

Au château de Malborg les cloches tintent; de la salle du conseil marchent à la chapelle le premier komtour, les grands dignitaires, les prêtres, les frères et une troupe de guerriers. Le chapitre écoute les vêpres et chante une hymne au Saint-Esprit.

(*) Kotzebue, Histoire de Prusse.
(**) Nom des dignitaires de l'Ordre.

. . . .
Ayant prié, ils sortirent. — L'archikomtour ordonna qu'après quelques instants de repos on rentrât au chœur, et que de nouveau on priât Dieu d'éclairer les frères, les prêtres et les électeurs.

C'est dit, s'écrièrent-ils, c'est dit. — Et ils partirent en poussant des cris. Longtemps, dans la vallée, l'écho du triomphe et de la joie répéta : — Vive Conrad ! vive l'Ordre ! vive notre grand maître ! — mort au paganisme !

Quand le grand maître eut baisé le livre des lois sacrées, qu'il eut fini la prière et reçu du komtour le glaive et la grand'-croix, insignes du pouvoir, il releva fièrement la tête; cependant un nuage de soucis pesait sur son front. Il lança sur l'assemblée un regard où se peignait en traits de flammes un mélange de joie et de colère.

Ce feu du grand maître, cet air de menace remplissent les cœurs de courage et d'espoir; ils prévoient des batailles et des conquêtes, et voient en idée des flots de sang païen! Qui résisterait à un tel guerrier? qui ne redouterait son glaive, son regard? Tremblez, Lithuaniens, voici le moment où la croix va briller aux murailles de Wilna.

Vaines espérances ! — Des jours, des semaines s'écoulent, une longue année se passe tout entière dans la paix.
. . . .

Le Banquet.

C'est la fête du patron, jour solennel ! — Les komtours et les frères arrivent à la capitale; des drapeaux blancs se balancent dans les airs : Conrad va faire à ses guerriers les honneurs d'un repas.

Cent manteaux blancs flottent autour de la table ; sur chaque manteau s'étend une croix noire, ce sont les frères, et derrière eux sont debout en cercle, les novices prêts à les servir.

Conrad est à la place d'honneur; à sa gauche est Witold avec les chefs de l'armée; jadis ennemi, maintenant hôte de l'Ordre, il s'est lié par traité contre la Lithuanie.

Le grand maître se lève et donne le signal du festin : « Réjouissons-nous en Dieu ! » et soudain les coupes brillent : « Réjouissons-nous en Dieu ! » répètent mille voix ; l'argent résonne, le vin coule à flots, et les propos joyeux commencent.
. . . .

« C'étaient d'autres mœurs de mon temps, s'écrie Wallenrod, quand sur un champ de bataille jonché de morts, au milieu des montagnes de Castille ou des forêts de Finlande, nous buvions autour des feux du camp.

« On chantait là : — et vous, n'avez-vous donc ni barde ni ménestrel ? Le vin réjouit le cœur de l'homme, mais le chant est le vin de la pensée. »

Aussitôt plusieurs chanteurs de se lever. D'abord un gros Italien, à la voix de rossignol, loue le courage et la piété de Conrad ; puis un troubadour des bords de la Garonne chante les amours des bergers, des dames enchantées et des chevaliers errants.

Wallenrod l'interrompt.

« Ici les roses se fanent. Il me faut un autre barde; un frère guerrier veut une autre chanson, qui soit sauvage et rude comme le son des cors et le bruit des armes, sombre comme les murs d'un cloître, furieuse comme un solitaire enivré.

« Telle est notre vie, tel doit être notre chant : qui le chantera, qui ?

— Moi ! » répond un vieillard vénérable, assis près de la porte entre les varlets et les pages. — Prussien ou Lithuanien ? — Son costume l'indique : sa barbe épaisse est blanchie par l'âge, sa tête est couverte d'un reste de cheveux gris, son front et ses yeux sont voilés, son visage porte l'empreinte d'une longue vie de souffrance; sa main droite tient un vieux luth, il étend la gauche vers la table pour demander audience. Tout le monde s'est tu.

« Je chante, s'écrie-t-il ; jadis j'ai chanté aux Prussiens et aux Lithuaniens ; maintenant les uns sont morts pour la patrie, les autres ne veulent pas survivre à sa perte, et préfèrent mourir auprès de son cadavre, comme ces serviteurs fidèles qui, heur ou malheur, périssent sur le bûcher de leur maître. D'autres se cachent honteusement dans les forêts, d'autres enfin, comme Witold, vivent au milieu de vous.

« O enfants! quelle honte pour la Lithuanie! Aucun de vous n'a pris ma défense, quand, vieux waïdelote, j'ai été traîné de l'autel dans les fers des Allemands. Solitaire, j'ai vieilli sur une terre étrangère; chanteur, hélas ! je n'ai plus à qui chanter : j'ai regardé la Lithuanie, et j'ai perdu les yeux à force de pleurer.

« Allemands, arrachez-moi mes souvenirs !

« Inspiré par un dernier désir, je veux encore prendre mon luth. Que le dernier waïdelote lithuanien vous chante donc une dernière chanson lithuanienne! »

Il dit et attend la réponse du grand maître. Tout le monde demeure dans un profond silence; Conrad épie d'un œil railleur et perçant le visage et les gestes de Witold.

Tous ont remarqué que, quand le waïdelote a parlé de traitres, Witold a changé de couleur. Il s'est ému de courroux et de honte.

. . . .
Les Allemands se disaient tout bas : « Pourquoi admettre ce vieux mendiant à nos banquets? qui écoute sa chanson? qui la comprend? » Et les pages sifflaient dans des noyaux, en criant : « Voilà l'air de la chanson lithuanienne. »

Conrad se lève : « Braves guerriers, aujourd'hui, d'après une ancienne coutume, l'Ordre reçoit les présents des villes et des princes. C'est comme tribut d'un pays conquis, que ce mendiant offre sa chanson. Ne rejetons pas le tribut du vieillard; agréons sa chanson, ce sera le denier de la veuve. »

. . . .
Mais à peine le vieillard avait-il fini son chant mystérieux, qu'une grande rumeur de mécontentement s'éleva dans la salle. Le grand maitre seul, au milieu de cette foule d'hommes ivres, demeure en silence, la tête penchée; dans une vive agitation, il se verse à chaque instant des rasades et les vide d'un trait. — Sa physionomie a changé; mille sentiments, comme de rapides éclairs, se croisent sur ses lèvres enflammées. Son front devient de plus en plus menaçant; ses yeux égarés circulent comme des hirondelles au moment de la tempête. — Enfin, il ôte son manteau et s'élance au milieu de l'assemblée : « Quelle est la fin de la chanson? Chante la fin sur-le-champ, ou donne le luth; pourquoi trembles-tu? Donne le luth, verse du vin, et je chanterai la fin, si tu as peur.

« Je vous connais. Toute chanson de waïdelote présage le malheur; elle verse dans le cœur de terribles poisons, et souvent apparait au sein des banquets, pour mêler du sang aux coupes de la joie. — C'en est fait. — Je te connais, vieil ennemi, tu l'emportes! la guerre.... Victoire au poète; donne du vin, tes projets seront accomplis... Viens donc, vieillard; car, par tous les dieux allemands et prussiens... »

Mais qu'était devenu le waïdelote? — personne ne le sait, — il s'est perdu dans la foule.

Le lendemain la guerre était déclarée.

La Guerre.

La guerre!
. . . .
La bulle part; par terre et par mer arrivent de tous côtés de nombreuses troupes de guerriers; de puissants princes, entourés de vassaux, décorent leur armure de la croix rouge, et chacun jure sur sa vie de convertir les païens ou de les exterminer.

Ils se sont dirigés vers la Lithuanie; qu'y ont-ils fait?
. . . .
Tout a péri, Conrad a tout perdu, lui qui s'était acquis tant de gloire par les armes, lui qui s'enorgueillissait de sa prudence. — Dans cette dernière campagne, timide, insouciant, il n'a point reconnu les traces de Witold; trompé, aveuglé par le désir de la vengeance, il a conduit l'armée dans les steppes de Lithuanie, et trainé devant Wilna un siège long et sans énergie.

Le grand maitre a quitté le premier le champ de bataille; au lieu de lauriers et de trophées, il a rapporté la nouvelle des victoires de la Lithuanie.

Un éclair de fureur et de joie donnait à ses regards un éclat infernal.

Le peuple frémit et murmure; mais Conrad n'en prend nul souci.

Le Tribunal secret (*).

Arrête, orgueilleux potentat! il est des juges pour toi; je connais à Malborg un cachot souterrain; là, quand la ville est ensevelie dans les ténèbres, s'assemble un *secret tribunal*. — Là, une seule lampe brûle. — Douze fauteuils entourent le trône.

(*) Au moyen âge, lorsque l'autorité des tribunaux ordinaires ne suffisait pas pour contenir les excès auxquels les grands se livraient impunément, prit naissance une société dont les membres, inconnus entre eux, s'engagèrent par un serment terrible et solennel à punir tous coupables, sans épargner leurs propres parents ou amis. Dès que ces juges avaient rendu un arrêt de mort, on le signifiait au condamné en criant par trois fois sous ses fenêtres et en sa présence : *Malheur!* Quiconque entendait ce cri lugubre n'avait plus qu'à se préparer à la mort, qui dès lors planait sur lui et devait, au premier moment, l'atteindre d'une manière imprévue. On ne saurait dire positivement l'époque de la formation de cette juridiction mystérieuse et sans appel.

— Sur le trône est le livre des lois secrètes. — Douze juges, chacun sous une armure noire, et le visage couvert d'un masque. — Le souterrain les cache à la foule, et leurs masques les cachent les uns aux autres. — Tous ont juré volontairement et unanimement de punir les délits de leurs puissants chefs, leurs délits scandaleux ou secrets pour le monde. Quand leur arrêt est prononcé, ils ne pardonnent pas même à leur propre frère. Chacun doit, par la force ou la ruse, exécuter la sentence sur le coupable. Ils ont le poignard à la main et le glaive au côté.

Un des hommes masqués s'est approché du trône, et debout, le glaive nu devant le livre de l'Ordre, a dit : « Juges inexorables, notre soupçon est confirmé par des preuves ; l'homme qui s'appelle Conrad Wallenrod ne l'est pas ! Ce qu'il est, on l'ignore ; il y a douze ans, il est venu, on ne sait d'où, au pays qui borde le Rhin. Quand le comte Wallenrod partit pour la Palestine, il le suivit comme écuyer. Bientôt le chevalier Wallenrod périt, on ne sait où ni comment ; l'écuyer, soupçonné de l'avoir assassiné, quitta secrètement la Palestine et vint en Espagne, où, dans la guerre contre les Maures, il donna mille preuves de bravoure, mérita les prix des tournois, et se rendit célèbre sous le nom de Wallenrod. Enfin, il devint membre de l'Ordre et fut élu grand maître pour notre perte. — Ses actes sont connus. Cet hiver, quand nous avions à combattre et le froid, et la faim, et la Lithuanie, Conrad visitait seul les forêts, les prairies... il y avait des entrevues avec Witold !...

« J'accuse notre grand maître d'hérésie, d'assassinat et de trahison. »

L'accusateur s'agenouilla devant le livre de l'Ordre, et, la main levée sur le crucifix, il jura la vérité des faits sur Dieu et sur la passion de notre Sauveur. — Il s'est tu.

Les juges examinent la cause ; personne ne parle ; un profond silence règne dans l'assemblée. A peine un coup d'œil et un signe de tête manifestent quelques pensées profondes et menaçantes ; chacun à son tour, s'approcha du trône, feuilleta le livre des lois avec son poignard, et lut à voix basse. Chaque juge sonda l'opinion de sa conscience, mit la main sur son cœur, et tous s'écrièrent : « *Malheur!* »

Trois fois les murs répétèrent : « *Malheur!* »

Dans ce mot, ce seul mot, tout l'arrêt est compris. — Les juges s'entendirent, élevèrent leurs douze glaives, tous dirigés contre le cœur de Conrad, puis se séparèrent en silence.

Et les voûtes répétèrent encore une fois : « *Malheur!* »

. . . .

« Qui est là ? » demande trois fois le garde. « *Malheur!* » répondent des voix farouches. Les gardes n'ont pu résister, la porte de la tourelle n'a point soutenu le choc violent des coups. Déjà le cortége parcourt les corridors d'en bas ; déjà, dans l'escalier de fer qui conduit à la demeure de Wallenrod, le bruit des pieds armés résonne ; déjà les verrous crient sous l'acier ; on entre, on appelle Conrad par son nom.

« Traître, ta tête va tomber sous le glaive ; fais pénitence, prépare-toi à la mort. » Il les attendait l'épée à la main ; mais soudain il pâlit, faiblit, chancelle sous les étreintes du poison, arrache son manteau, jette à terre les insignes de grand maître, et les foule aux pieds avec un sourire de mépris.

« Voilà les péchés de ma vie, je suis prêt à mourir : que voulez-vous de plus ? Compte de mes actions ?.. Regardez tant de milliers d'hommes perdus, vos villes en cendres, vos terres en feu ; entendez-vous les vents ? ils poussent des nuages de neige ; là meurent de froid les débris de vos armées ; entendez-vous les hurlements des chiens affamés ? ils dévorent et se disputent les restes de ce repas.

« C'est moi qui l'ai fait ! Oh ! que je suis grand et fier ! Tant de têtes de l'hydre coupées à la fois ! comme Samson, qui, d'un seul ébranlement de colonne, fit écrouler tout l'édifice, et périt sous ses ruines !... »

Il dit, jette un regard à travers les barreaux, et tombe inanimé (*) !

L'époque la plus brillante de l'ordre Teutonique, eut lieu vers l'année 1407, à l'avénement du grand maître Ulric de Jungingen, qui périt plus tard à la bataille de Grunwald (10 juillet 1410), où Wladislas Jagellon remporta une victoire signalée.

L'Ordre était alors composé d'un grand maître, un komtour général ou grand maréchal, quatre évêques, vingt-huit komtours supérieurs régissant les terres, quarante six komtours inférieurs, chefs des châteaux, quatre-vingt-un commandeurs de l'Ordre, trente-neuf chefs de la pêche, qua-

(*) Adam Mickiéwicz, Conrad Wallenrod.

tre-vingt-treize chefs des moulins, trente-sept receveurs, trois mille cent soixante-deux frères inscrits, et six mille deux cents soldats à solde régulière, formant la garnison du château de Malborg.

Les chevaliers possédaient cinquante-cinq villes bien fortifiées, quarante-huit châteaux, dix-huit mille trois cent soixante-huit villages, six cent quarante paroisses et deux mille domaines. Leurs revenus annuels ordinaires se montaient à huit cent mille ducats, qui, pour l'époque, formaient une somme énorme.

En temps de guerre, les forces des chevaliers s'élevaient rapidement à un chiffre considérable, par suite des levées qu'ils faisaient de tous côtés. C'est ainsi qu'à la bataille de Grunwald, citée ci-dessus, ils comptaient sous leurs bannières cent cinquante mille combattants.

Malgré les défaites sanglantes de Grunwald et de Koronowo, l'ordre Teutonique se maintint dans un état prospère jusqu'au traité de Thorn (1466), qui, d'après ce que l'on a vu dans l'histoire (page 87), renferma sa puissance et ses richesses dans des limites plus étroites.

ENTRÉES TRIOMPHALES.

Ainsi que l'antique métropole du monde, Rome, recevait en grande pompe et magnificence ses phalanges victorieuses, la république de Pologne réservait à ses généraux, après d'éclatantes journées, une réception brillante.

Telles furent les entrées triomphales du duc Constantin d'Ostrog à Wilna et à Krakovie, après la victoire remportée par ce héros sur les Moskovites près d'Orsza (1514), et de Jean Tarnowski à Krakovie, après la glorieuse journée d'Obertyn (1531).

Mais de toutes les entrées triomphales, la plus importante et la plus solennelle fut sans contredit celle que le connétable Zolkiewski fit à Warsovie, le 29 octobre 1611. Le vainqueur de Kluzyn, après avoir pris et brûlé Moskou, amenait à sa suite les tzars Szuysky prisonniers. Le temps que le cortége mit à défiler dura quatre heures. Les colonels et capitaines des troupes victorieuses ouvraient la marche, tous en grande tenue et couverts d'or; les nobles polonais et lithuaniens les suivaient, avec une députation du sénat, remplissant environ soixante carrosses. Venait ensuite la voiture ouverte et fort élevée du connétable, entourée d'une escorte de l'ordre équestre et traînée par six chevaux blancs turcs. Elle précédait le carrosse du roi, dans lequel étaient assis, au fond, le tzar captif Wassili Szuysky, et ses deux frères Dymitry et Ivan sur le devant; un capitaine des gardes royales se tenait comme gardien sur une place au milieu et moins élevée. Le tzar portait un costume blanc, brodé d'or, et un bonnet de fourrure précieuse.

La foule se pressait en tous lieux pour admirer ce spectacle majestueux et imposant. Le tzar saluait d'un air triste, mais affable, le peuple. Quand on fut arrivé dans la cour du château royal par la rue principale, dite Faubourg de Krakovie, Sigismond III ayant pris place sur le trône, au milieu du sénat, le connétable donna la main au tzar et entra avec lui, suivi de ses deux frères, dans la salle du sénat. A cette vue, un cri de joie et de bonheur retentit dans tout le château. Lorsque ce premier élan d'orgueil national fut passé, le connétable s'approcha du trône, présenta le tzar et ses frères au roi, auquel il adressa un discours dans lequel, en attribuant un succès si brillant à la Providence divine et faisant remarquer quelle gloire en rejaillirait sur le règne de Sigismond, il demandait à ce dernier d'être modéré dans le triomphe et d'avoir de la pitié et des égards pour les captifs. Zolkiewski omettait complétement de parler de lui. Ce discours terminé, le tzar, inclinant humblement la tête devant le roi, toucha la terre de sa main droite et la baisa; son frère Dymitry Szuysky, grand général moskowite, frappa une fois la terre de son front; et le cadet, Ivan Szuysky, la frappa également trois fois et pleura. Puis, le connétable répéta sa prière, et les captifs renouvelèrent leurs saluts.

Sigismond III, mû par la générosité, écarta en ce moment de son souvenir tous les anciens griefs et crimes à la charge du tzar, et résolut d'agir avec indulgence vis-à-vis d'un ennemi vaincu; en conséquence, il lui fit grâce de la vie.

Reconduits avec égard hors de l'enceinte du château royal, les trois princes furent enfermés un peu plus tard au château de Gostyn, où ils moururent quelques années après. Les corps du tzar et de Dymitry furent amenés alors à Warsovie et ensevelis dans une chapelle du cloître des Dominicains, bâti à côté de l'église de Sainte-Croix (*). Wladislas IV les renvoya à Moskou, au tzar Michel Fiédorovitch, à la suite d'un traité.

AMBASSADES.

Les rapports du gouvernement de l'ancienne Pologne avec les autres cours n'étaient pas suivis. Loin donc de ressembler à ces relations extérieures qui entrent dans l'organisation des cabinets modernes, les ambassades polonaises n'avaient lieu que dans des circonstances extraordinaires et se rapportaient à une démarche tout à fait spéciale.

Pendant longtemps, les rapports les plus fréquents furent avec Rome, et chaque fois qu'ils se renouvelaient, les Polonais déployaient ce penchant au faste et à la magnificence qui formait une des bases principales de leur caractère. L'entrée brillante que fit, en 1633, dans la métropole du monde chrétien l'ambassadeur de la république, Ossolinski, est surtout citée comme une des plus splendides et des plus célèbres que les fastes des cours aient jamais enregistrées.

Les ambassades de Zbarazki à Constantinople, en 1622, et de Zawadzki en Angleterre, en 1636, produisirent également beaucoup d'effet sous le rapport de la pompe et du luxe.

La France fut aussi, à plusieurs reprises, témoin de pareilles solennités. Celles qui marquèrent le plus furent d'abord l'ambassade qui vint offrir la couronne polonaise à Henri de Valois, et ensuite l'entrée des envoyés chargés par Wladislas IV d'épouser en son nom la princesse Louise-Marie de Gonzague et de l'emmener en Pologne.

Nous entrerons dans quelques détails à l'égard de ces deux dernières missions diplomatiques, comme étant celles qui peuvent intéresser davantage nos lecteurs.

Ce fut le 19 août 1573 que les ambassadeurs polonais chargés d'offrir un trône au frère de Charles IX atteignirent Paris. Ils étaient au nombre de douze, et on comptait dans leur suite plus de deux cent cinquante jeunes gentilshommes des premières familles. Les magistrats de la cité allèrent au-devant d'eux jusque hors des portes pour les complimenter; et parmi les princes et seigneurs que le roi envoya, de son côté, à leur rencontre, on remarquait François de Bourbon, fils aîné du duc de Montpensier, les ducs de Guise, de Mayenne et d'Aumale, et les marquis du Maine et d'Elbeuf. Paul de Foix, membre du conseil privé, porta la parole en leur nom et complimenta les ambassadeurs.

Leur entrée se fit par la porte Saint-Martin, et ils remplissaient avec leur suite cinquante carrosses, les uns à quatre chevaux, les autres à six. Grande était l'affluence sur leur passage; le pavé, les fenêtres, les toits même, regorgeaient de spectateurs, qui regardaient avec admiration ces hommes d'une taille avantageuse, à la contenance noble et fière. Leurs longues barbes reluisantes, leurs bonnets garnis de fourrures précieuses, leurs cimeterres ornés de pierreries, leurs bottes garnies de fer, leurs arcs, leurs

---

(*) Cette église, qui rappelait à la Russie son humiliation, fut démolie sous le régime russe (1815-1830), et à sa place s'éleva la belle maison de la société philomatique de Warsovie. Fermée après 1831, comme tous les autres instituts scientifiques *nationaux*, elle est occupée aujourd'hui par la direction de la loterie. Ce terrain, comme on le voit, a passé par d'étranges destinées.

carquois, la somptuosité des équipages, les riches harnais des chevaux, tout concourait à former un coup d'œil étrange et éblouissant.

Dès les premiers entretiens avec les ambassadeurs, on fut frappé de leur facilité à s'énoncer, pour la plupart, en latin, en français, en allemand et en italien; quelques-uns même parlaient avec tant de facilité la langue française, qu'on les eût plutôt pris pour des habitants des bords de la Seine ou de la Loire, que pour des hommes nés dans les contrées qu'arrosent la Wistule et le Dniéper. La noblesse de Charles IX eut à rougir de son ignorance, car il ne se trouva à la cour que deux de ses membres, le baron de Millau et le marquis de Castellanau-Mauvissière, qui fussent capables de leur répondre en latin, et encore y avaient-ils été mandés exprès pour soutenir l'honneur du corps. Les autres nobles, quand les nouveaux venus les interrogeaient, ne leur répondaient que par signes ou en balbutiant.

Deux jours après leur entrée, le vendredi, les ambassadeurs eurent audience de Charles IX. Après le baise-main, l'évêque de Posnanie prononça au nom de tous un discours, auquel le roi répondit qu'il se souviendrait toute sa vie du présent magnifique que les Polonais avaient fait, à sa recommandation, à un frère qu'il aimait tendrement, ajoutant qu'il ne perdrait aucune occasion de leur en témoigner sa reconnaissance, afin de faire connaître non-seulement à la Pologne, mais à tout l'univers et à tous les siècles, que *jamais prince n'a eu plus d'amitié pour aucune nation qu'il en aura toujours pour les Polonais.*

Au sortir de cette audience, les ambassadeurs rendirent également visite à la reine mère, Catherine de Médicis, et à la reine Élisabeth. Ils remirent au lendemain à aller chez leur nouveau souverain, voulant le voir un jour à part pour lui faire plus d'honneur, comme ils le devaient. Le samedi 22, dans l'après-dîner, ils montèrent donc tous à cheval, et vêtus de longues robes tissues d'or. Ce costume, joint à la gravité convenable à des ambassadeurs, rappelait la majesté des membres de l'ancien sénat romain. Le cortége de chaque envoyé marchait devant lui, et se composait de jeunes gentilshommes, tous en robes de soie, et précédés d'officiers porteurs de masses de fer de deux coudées de haut.

Les seigneurs de la cour de France les conduisirent en cet équipage vers Henri de Valois, qui les reçut dans la grande salle du Louvre. Après la lecture des lettres de créance, l'évêque de Posnanie, Konarski, harangua Henri, et finit en ces termes : « Que le roi ne
« devait qu'à son mérite la couronne
« qu'ils venaient lui offrir; et qu'ils ne
« doutaient pas qu'il n'ajoutât à ses
« premières vertus toutes celles que
« l'honneur et le devoir allaient bien-
« tôt lui rendre nécessaires. Quant au
« décret d'élection, ils ne pouvaient
« s'en dessaisir, que le roi son frère et
« lui n'eussent confirmé, par leurs ser-
« ments, tous les articles dont les am-
« bassadeurs de France étaient conve-
« nus avec le sénat et la république. »
Henri répondit en latin, avec force remercîments du choix fait en sa personne, et donna sa main à baiser aux ambassadeurs, qui prirent ensuite congé de lui.

De longs débats s'élevèrent bientôt sur les promesses faites et signées avant l'élection par les diplomates français; débats qui commencèrent à dégoûter Henri de sa couronne étrangère, en voyant avec quelle énergie les ambassadeurs défendaient les conventions arrêtées, à tel point que l'un d'eux, Zborowski, interpellé par Henri relativement à l'article qui assurait la liberté de conscience, s'écria : « Je
« dis, sire, que si votre ambassadeur
« ne s'était engagé à vous faire agréer
« cet article, vous n'auriez pas été élu
« roi de Pologne; je dis même plus : si
« vous ne l'acceptez pas comme tous
« les autres, vous ne le serez jamais! »
Déjà des murmures éclataient parmi les courtisans français; mais, d'un geste, Henri s'empressa de les apaiser,

et il sut cacher, sous un gracieux sourire, le dépit qui agitait son âme.

Les divers points débattus et arrêtés, un grand banquet fut donné par lui; et on fixa pour le lendemain, 10 septembre, le jour de la prestation du serment. Cette cérémonie se fit en grande pompe à Notre-Dame. La messe dite, les deux rois de France et de Pologne s'approchèrent du maître-autel, se mirent à genoux, et, la main sur l'Évangile, prêtèrent serment: Henri de Valois, comme souverain de Pologne, et Charles IX, comme garant des promesses faites en son nom par ses envoyés Montluc, de Noailles et Saint-Gelais.

Trois jours après eut lieu, dans la grande salle du Palais de Justice, la lecture publique du décret d'élection. Toute la cour et les grands corps de l'État y assistèrent; on évalue à dix mille le nombre des spectateurs présents. Les ambassadeurs n'arrivèrent qu'une demi-heure après Charles IX, et ils tirèrent avec beaucoup de gravité le décret d'élection du coffre en argent doré où il était renfermé; une gaîne de velours vert contenait elle-même le coffre, et un drap d'or frisé recouvrait le tout. Le castellan lut lentement chacun des articles, tandis que les castellans Tomicki et Gorka tenaient les deux bouts du décret, scellé de vingt-six sceaux. Konarski et Radziwill parlèrent ensuite; et, les réponses des chanceliers prononcées, on chanta un *Te Deum* en musique; puis les cloches furent mises en mouvement, et l'artillerie retentit de toutes parts.

Le lendemain, par les ordres de Charles IX, le nouveau souverain fit une entrée solennelle dans Paris. Armé de toutes pièces et précédé du duc de Guise, qui portait le sceptre, Henri de Valois, à cheval, marcha sous un dais depuis la porte Saint-Antoine, où on lui présenta les clefs de la ville, jusqu'au palais. Le roi de Navarre et le duc d'Alençon se tenaient à ses côtés; et on remarquait dans le cortége les autres princes du sang, les ambassadeurs de la république avec toute leur suite, le parlement en robes rouges, les premiers officiers de la couronne, et les ministres étrangers. Tout le long de sa route, ce brillant cortége fut accueilli par les acclamations d'un peuple immense, qui criait: *Vive le roi de Pologne!* De distance en distance, les magistrats de la ville avaient fait élever des arcs de triomphe, ornés de statues, de tableaux et d'inscriptions, les unes à la gloire du nom polonais, les autres relatives à l'union des deux frères et à l'amour de leurs sujets.

Le soir de cette journée remarquable, la reine de France donna un grand souper aux ambassadeurs polonais, dans son palais des Tuileries, sur le rempart auprès du Louvre. Quand les tables furent desservies et enlevées, il surgit tout à coup un rocher fort élevé, qui tourna de lui-même autour de la salle. Sur son sommet, on voyait seize filles de la maison de la reine, déguisées en nymphes, et représentant les seize provinces de France. Après qu'elles eurent fait admirer la fraîcheur et le charme de leur voix, elles récitèrent des vers composés par Ronsard et Dorat, en l'honneur de la France et du roi de Pologne; puis elles descendirent du rocher afin d'offrir des présents à ce prince. Des danses dessinées pour la circonstance, et exécutées par elles, leur fournirent encore, avant de se retirer, l'occasion de déployer leurs grâces et leur légèreté.

Le jour suivant, Jean Zborowski partit, pour rendre compte au sénat de ce qui avait été fait, et lui annoncer la prochaine arrivée dans le pays du souverain.

Dans un discours adressé à Zamoyski, et publié, le célèbre jurisconsulte français Baudouin parle de cette ambassade comme de la plus éclatante qui ait jamais été faite par aucune nation.

Elle fut pourtant encore surpassée en pompe et en magnificence par celle envoyée à Marie-Louise de Gonzague, et qui vint en France en 1645. Tous les écrivains du temps sont unanimes à cet égard; et quelques-uns même, tels que Théophraste Renaudot, ne trouvent pas d'expressions suffisantes pour pouvoir rendre compte de leurs sensations à l'aspect d'un spectacle aussi pompeux.

Wladislas IV, veuf en premières noces de Cécile d'Autriche, tomba éperdument amoureux de Marie-Louise de Gonzague, princesse de Mantoue, à la vue d'un simple portrait d'elle; et, presque aussitôt, il dépêcha des envoyés à Paris pour demander sa main. Cette ouverture ayant été accueillie, une seconde ambassade, beaucoup plus nombreuse que la première, se forma, à la tête de laquelle étaient l'évêque de Warmie, Wenceslas Leszczynski, et le palatin de Posnanie, Christophe Opalinski.

La cour, qui habitait depuis quelque temps Fontainebleau, s'empressa de revenir, dès qu'elle apprit que les ambassadeurs étaient arrivés aux portes de la capitale. En attendant le jour de leur entrée solennelle, qui fut fixé au dimanche 29 octobre 1645, ils se tinrent à Reuilly, dans une maison de plaisance appartenant à M. de Rambouillet.

Au jour dit, M. de Berlize, introducteur des ambassadeurs, s'en fut prendre à leur hôtel le duc d'Elbeuf et son fils, le comte d'Harcourt, choisis par le roi et la reine régente pour accompagner les envoyés polonais. Quantité de noblesse se joignit à eux; mais des différends touchant l'étiquette, et qu'il fallut régler, vinrent nuire à l'effet de la fête, car ils furent cause que le jour était sur son déclin quand les ambassadeurs firent leur apparition par la porte Saint-Antoine.

Quoi qu'il en soit, dès l'abord, ils excitèrent une flatteuse surprise; et les Parisiens, qui, suivant madame de Motteville, étaient accourus à leur rencontre avec le dessein de se moquer d'eux, durent bientôt changer de rôle et admirer au lieu de critiquer.

En tête du cortége marchait Girault, adjoint de l'introducteur, chargé de veiller au maintien du bon ordre et à l'exécution des mesures arrêtées par son supérieur. Derrière lui s'avançait Chlapowski, capitaine des hayduks ou gardes du palatin de Posnanie, vêtu d'un *dolman* ou justaucorps de satin jaune, et d'un long manteau écarlate, doublé de zibeline. Son bonnet était en drap d'or, fourré de même, et sur le sommet flottaient des plumes de grue, blanches et toutes droites, attachées au moyen d'une agrafe en pierreries. Il avait à la main une espèce de massue appelée *busdigan*, offrant par le haut six angles d'argent doré. A sa gauche pendait un cimeterre avec son fourreau d'argent, tout couvert de turquoises; et à sa droite une longue épée à semblable enveloppe. Le superbe coursier qu'il montait était sellé et houssé de broderie d'or à fleurs; les deux étriers fort larges et d'argent massif; la bride, le poitrail et la croupière en chaînons d'argent du plus beau travail.

Trente hommes à pied, composant sa compagnie, le suivaient, tous vêtus d'un *zupan* ou sorte de jupon de drap rouge, avec un manteau par-dessus, de même étoffe et couleur, relevé sur l'épaule et retenu de chaque côté par huit grosses boucles d'argent. Leur bonnet était orné d'une lame d'argent en forme de plume. Une carabine reposait sur leur épaule droite et une hache d'armes sur leur épaule gauche. Ils avaient tous la tête rasée à la polonaise, c'est-à-dire, à la réserve d'un bouquet de cheveux au sommet et de deux longues moustaches sur la lèvre. Quatre gardes habillés de même les précédaient, portant chacun une enseigne mi-partie rouge et jaune; six autres étaient en queue de la compagnie et jouaient du fifre.

Le capitaine des gardes de l'évêque de Warmie, Pieczowski, paraissait ensuite. Son costume ne différait de celui de Chlapowski que par la couleur, qui était rouge cramoisi.

La même remarque s'appliquait à sa compagnie, composée de vingt-cinq hommes, armés et vêtus comme les précédents, à l'exception que leur habillement était vert et qu'il y avait seize boucles en forme de fleurs de lis à chaque manteau au lieu de huit.

Cinq-joueurs de fifre les accompagnaient également.

Del Campo se montrait immédiatement avec les gentilshommes de son académie, qui, pour faire honneur aux ambassadeurs, s'étaient joints à leur cortége.

Choinski, écuyer du palatin et capitaine de ses carabiniers, les suivait. Son dolman était en satin écarlate et son manteau en velours vert, brodé d'or; une aigrette, surmontant son bonnet et garnie de six plumes de grue, enrichie de pierreries, ajoutait encore à l'éclat de son costume et au brillant de ses armes.

A quelque pas de lui venait sa compagnie, au nombre de vingt-six hommes à cheval parfaitement montés. Outre leurs épées et cimeterres, ils portaient une carabine.

On voyait ensuite l'académie du sieur de Vaux, dont les chevaux étaient ornés d'une infinité de *galands* (rubans).

Puis se présentait Trzeciécki, premier gentilhomme de la chambre du palatin, vêtu d'un dolman de satin violet et d'un *kontusz*, long manteau sans collet, en tabis ondé, de même couleur et doublé de zibeline. Il tenait à la main un grand marteau d'acier, au manche d'argent doré. Des pierres précieuses scintillaient sur son épée et sur son cimeterre; la selle de son cheval était en broderie d'or et d'argent, ainsi que la housse, qui tombait jusqu'à terre; tout le reste du harnachement était en chaînettes d'argent.

Vingt-quatre gentilshommes de la chambre du même ambassadeur le suivaient à cheval. Leur costume était de satin jaune et de velours cramoisi, avec des boutons en or. Ce qui les faisait particulièrement remarquer, c'étaient les grands arcs et les carquois en velours rouge, garnis de flèches dorées, dont ils étaient porteurs.

Une nouvelle académie, celle du sieur Arnolfini, venait à leur suite et précédait Gowarzewski, écuyer de l'évêque de Warmie, et premier gentilhomme de sa chambre. La mise de ce dernier se composait d'un zupan de satin blanc et d'un manteau de velours rouge cramoisi, doublé de toile d'argent. La massue d'or qu'il tenait à la main offrait des ciselures de très-bon goût, et on admirait également l'élégance et la richesse de sa monture.

Son entourage comprenait seize gentilshommes de la chambre de l'évêque, aux dolmans de satin gris de lin, et aux manteaux de velours vert. Des plumes blanches d'autruche, enrichies de joyaux, couronnaient leur coiffure. Leurs armes et leurs chevaux étincelaient aussi d'or et de pierres précieuses. A mesure que le cortége poursuivait sa marche, de nouvelles merveilles venaient frapper les yeux des spectateurs éblouis.

Six trompettes à cheval, savoir: trois appartenant au palatin, et trois à l'évêque, attiraient ensuite l'attention. Les premiers avaient des zupans de satin jaune, avec des kontusz et des bonnets en drap rouge; les seconds, des zupans de satin blanc, avec des kontusz et des bonnets en drap vert. Ils sonnaient tous les six de leurs instruments, ornés sur les banderoles des armes de leurs maîtres, en broderie d'or et d'argent.

Après eux, Bilinski, un des écuyers du palatin, faisait admirer son costume de toute beauté, mais d'un choix plus sévère que celui des précédents. Son zupan, en satin rouge pourpre, était bordé en martre brune, à reflets argentés; son manteau, fourré de même, était de velours gris-de-fer, et retenu sur ses épaules par des torsades en or, aux extrémités desquelles pendaient des glands non moins précieux. De l'or mat avait servi pour la confection de son bonnet.

Bilinski faisait conduire devant lui, à pas lents, un magnifique cheval turc, par deux valets à pied qui le tenaient par les rênes d'une main et par le caveçon de l'autre. La selle de ce cheval était toute resplendissante de lames d'or, parsemées elles-mêmes d'une grande quantité de turquoises, rubis et diamants; sa housse, en broderie d'or, sa bride, son poitrail et sa croupière, ces trois derniers objets compo-

13ᵉ *Livraison*. (POLOGNE.)

sés de chaînettes d'or, étaient ornés de lames du même métal, si habilement travaillé, que, malgré sa dureté, grâce à la multiplicité des entrecoupures, il n'était pas moins flexible en tout sens que le cuir des harnais ordinaires. Ce cheval, ferré d'argent, portait sur sa tête un gros bouquet de plumes de héron, et sur son front une énorme rose en rubis. A la selle pendait une épée, dont le fourreau, d'argent massif et doré, était semé en abondance d'émeraudes et de turquoises.

Trois joueurs de surmacs, ou musiciens de guerre, à cheval, précédaient plusieurs gentilshommes polonais, résidant à Paris et vêtus à la française, qui avaient cru convenable de se joindre en cette circonstance aux représentants de leur pays.

Les comtes de Noailles et de Barrault, envoyés par Marie de Gonzague au-devant des ambassadeurs, parurent alors avec les gentilshommes du cardinal Mazarin. Beaucoup d'autres nobles et l'académie du sieur de Poix les accompagnaient.

Puis le colonel Szodrowski, capitaine des gentilshommes d'honneur du palatin, se présenta, monté sur un superbe cheval turc, blanc, mais ayant la moitié de sa robe peinte couleur isabelle, sellé et houssé de broderie d'or et d'argent, avec de petits croissants d'argent doré. Szodrowski, tout vêtu de toile d'argent, portait sur le dos une aile blanche, si grande qu'elle passait par-dessus sa tête, que couvrait un bonnet en toile d'argent, doublé de zibeline, et garni d'une très-belle plume de héron, ornée de pierreries en forme d'étoile.

Deux hommes à pied, et vêtus à la turque, se tenaient à ses côtés. Ils portaient sur leur tête des casques dorés, et dans leurs mains de longues haches, au manche précieux.

Une partie des seigneurs français, cités plus haut comme ayant accompagné les princes délégués par la cour, se montra à ce moment. Au milieu d'eux se trouvaient les Polonais que leur qualité rapprochait le plus des ambassadeurs, tels que Opalinski, cousin du palatin, Alexandre Sielski, maître d'hôtel de l'évêque, et Stanislas Kostka, comte de Steimberg; tous trois couverts de splendides vêtements de toile d'or à fleurs, avec des boutons enrichis de diamants et autres joyaux; de grandes aigrettes noires en plumes de héron paraient leurs bonnets. Pour monture ils avaient des coursiers turcs, harnachés en lames d'or incrustées de diamants; au cou de chaque cheval pendaient trois chaînes d'or.

Beaucoup d'autres seigneurs de l'ambassade suivaient, vêtus non moins richement. On remarquait surtout parmi eux Jean Traginski, et le brillant équipage de son cheval, dont la beauté toutefois ne plut pas tant que l'intelligence : en passant devant le Palais-Royal, il agita son panache de plumes et de diamants, courba les genoux, inclina la tête jusqu'à terre, et eut l'air de saluer avec respect le roi et la reine régente, placés à un balcon pour voir passer le cortége.

Enfin, après une longue et éblouissante défilade de seigneurs polonais, parurent les deux ambassadeurs, précédés de M. de Berlize, et se tenant entre le duc d'Elbeuf et le comte d'Harcourt.

L'évêque de Warmie, la main appuyée sur son collègue, était à droite. Une robe de soie violette tombait jusqu'à ses pieds; un bonnet gris lui couvrait la tête, et on voyait sur ses épaules une large pèlerine en fourrure d'hermine, doublée de satin blanc. A son cou brillaient un collier de diamants, et, sur sa poitrine, une croix en or, d'un travail magnifique.

Le palatin de Posnanie portait une casaque de brocard d'or, tout étincelante de pierreries et de diamants, ainsi que son épée et son cimeterre; jusqu'aux étriers qui étaient ornés de saphirs du plus beau bleu. Son cheval, sellé et houssé de toile d'or, avait également des fers en or, l'un desquels se détacha à dessein durant le trajet.

Parmi la totalité des chevaux, on en comptait quarante de race turque, dont vingt-trois ferrés en argent. Plusieurs étaient peints aussi en rouge; et cette mode, quoique bizarre, ne fut point trouvée disgracieuse.

Des gardes à cheval et les carrosses, tant de la cour que des ambassadeurs, terminaient la marche. Les derniers attirèrent particulièrement les regards de la multitude par leur magnificence : l'argent massif avait pris partout la place du fer; et les attelages, malgré la longueur du voyage, ne semblaient nullement fatigués.

Ces voitures étaient remplies par les confesseurs, secrétaires, médecins, et les officiers attachés à la personne des ambassadeurs. Il y avait en outre un si grand nombre de chariots chargés de meubles, que la nuit surprit le cortége dans les rues. L'itinéraire suivi fut celui-ci : la rue Saint-Antoine, la Place-Royale, les rues des Francs-Bourgeois, de Paradis, de Braque, Sainte-Avoie, Neuve Saint-Merri, Saint-Martin, des Lombards, de la Ferronnerie et Saint-Honoré, où, après avoir passé devant le Palais-Royal, les ambassadeurs furent descendre à l'hôtel de Vendôme, vacant par l'exil de ceux qui en étaient les maîtres.

Le 31 du même mois, deux jours après leur entrée, les ambassadeurs polonais eurent audience du roi Louis XIV et de la reine régente, au Palais-Royal, dans la grande galerie. En sortant de là, ils furent saluer, à l'hôtel de Nevers, leur future souveraine. L'évêque de Warmie la harangua en latin, au nom des deux ambassadeurs, qui lui présentèrent ensuite ensemble, avec la lettre du roi de Pologne, une croix formée de six diamants, pareils en grosseur et en beauté, estimée plus de cent mille écus. L'évêque d'Orange répondit pour la princesse à la harangue, par un discours également en langue latine. L'audience finit par de nouveaux compliments, et les ambassadeurs se retirèrent.

Le mariage fut célébré le 5 novembre suivant. Ce jour-là, l'évêque arriva sans bruit au Palais-Royal, sur les neuf heures du matin, afin de veiller aux préparatifs de la cérémonie.

A midi, le palatin partit de l'hôtel de Vendôme, accompagné des gens de sa suite à cheval, tous vêtus d'habillements encore plus riches et plus éclatants que ceux du jour de l'entrée.

L'évêque célébra l'office nuptial dans la chapelle du Palais-Royal, et unit Marie-Louise de Gonzague au palatin, ce dernier tenant lieu et place du roi de Pologne, qui, par les mains de son représentant, donna un anneau estimé valoir plus de cinquante mille livres. Après la bénédiction, on mit sur la tête de la princesse une couronne fermée, faite à l'instar de celle de Pologne, et enrichie des perles et diamants royaux.

Le moment du départ ne devant pas tarder à arriver, la reine régente réfléchit à la position difficile où se trouverait, durant son voyage, la nouvelle souveraine entourée de gens qui, peu de jours auparavant, lui étaient encore entièrement inconnus, ainsi qu'à son apparition dans un pays dont les usages différaient tant de ceux de la France. C'est alors qu'Anne d'Autriche songea à madame de Guébriant. Cette dame, d'un grand mérite et veuve du maréchal de ce nom, vivait, depuis la mort de son mari, dans une profonde retraite. Malgré son peu de penchant pour les dignités, elle ne put résister au désir qu'on lui témoignait. En conséquence, elle fut envoyée en Pologne, en qualité d'ambassadrice extraordinaire et de surintendante de la conduite de Marie de Gonzague (*).

(*) Voici la lettre que, d'après l'inspiration de sa mère, Louis XIV écrivit à cette occasion à Wladislas IV. Rapprochée des paroles de Charles IX, elle nous a paru précieuse, comme une preuve que, de tout temps, il a existé des liens de sympathie et d'attachement entre la France et la Pologne.

« Très-haut, très-excellent et très-puis-
« sant prince, notre très-cher et très-aimé
« bon frère et cousin,
 « Ayant plu à Dieu de donner sa béné-
« diction à votre mariage nouvellement
« contracté avec notre bonne sœur et cou-
« sine la reine de Pologne et de Suède,
« nous avons pris soin très-particulier de
« lui faire rendre par les princes et grands

Le 27 novembre 1645, après de nombreux banquets et fêtes offerts par les ministres du roi et par les principaux seigneurs de la cour, les ambassadeurs

« de notre royaume, et par tous nos offi-
« ciers et sujets, tous les honneurs conve-
« nables à sa dignité. Et maintenant qu'elle
« est prête à se mettre en chemin pour aller
« en vos États, y prendre la part que vous
« lui avez donnée, c'est le dernier office
« d'amitié que nous pouvons lui rendre,
« que de la remettre entre les mains d'une
« dame de grande naissance et de haute
« vertu, pour l'accompagner dans son voyage
« et la consigner à qui elle appartient. Nous
« avons pour cet effet choisi notre très-
« chère et bien-aimée cousine la maréchale
« de Guébriant, veuve de notre très-cher et
« bien-aimé cousin le maréchal de Guébriant,
« qui a commandé nos armées en Allema-
« gne avec tant de réputation de valeur, et
« de conduite, que son nom est à jamais
« illustré ; et comme elle a d'ailleurs des
« qualités relevées qui l'ont rendue digne
« de notre affection et de notre confiance,
« nous l'avons chargée volontairement d'un
« si célèbre emploi, duquel elle s'aquittera
« sans doute à votre satisfaction. Vous rece-
« vrez par sa main celle-ci, que nous vous
« écrivons par l'avis de la reine régente,
« notre très-honorée dame et mère, pour
« vous dire qu'après avoir tant contribué à
« l'accomplissement de vos désirs, nous au-
« rons toujours une entière disposition à
« vous donner aux occasions d'autres mar-
« ques de notre bonne volonté. A quoi nous
« nous sentons d'autant plus excité, que
« cette nouvelle alliance se rencontre jointe
« à notre parenté, pour confirmer davan-
« tage les anciennes confédérations qui sont
« entre nos États et sujets. Mais parce que
« notre dite cousine est bien informée de
« nos bons sentiments, elle pourra s'étendre
« davantage sur ce sujet, s'il vous plaît de
« lui donner créance entière aux choses
« qu'elle aura à vous dire de notre part.

« A quoi nous remettant, nous prions
« Dieu, très-haut, très-excellent et très-
« puissant prince, notre très-cher et très-
« aimé bon frère et cousin, qu'il vous ait en
« sa sainte et digne garde.

« Écrit à Paris, le vingt-quatrième jour
« de novembre mil six cent quarante-cinq.

« Votre bon frère et cousin,

« LOUIS. »

partirent avec leur souveraine pour la Pologne.

Ainsi finit une mission diplomatique qui avait fait tant de bruit, et produit une si vive impression sur l'esprit des habitants de Paris. Ils s'en entretinrent par la suite encore longtemps, pour citer l'entrée des ambassadeurs polonais comme la première chose remarquable du siècle (*). Les classes élevées se laissèrent également aller à l'enthousiasme ; mais, tout en louant le faste et la splendeur déployés en cette circonstance, elles ajoutaient qu'il y avait encore, au milieu de tout cela, quelques vestiges de l'ancienne rudesse des Scythes : tel est, du moins, le témoignage d'une femme de la cour d'Anne d'Autriche (**). Un autre écrivain, que nous avons consulté longuement, n'admet pas de bornes aux éloges, et, dans son admiration, va jusqu'à comparer les Polonais venus en France en 1645 aux Romains d'autrefois (***).

COURS ET CHATEAUX.

La cour, dans les temps anciens, signifiait le lieu où arrivait le roi et où il célébrait les solennités, réunissait les citoyens, jugeait les causes, donnait des tournois ou des banquets. Ce ne furent donc que les souverains qui eurent d'abord des cours ; mais bientôt on se pressa à la cour des chanceliers, pour s'y instruire dans les affaires publiques, et à celle des hetmans (grands généraux), pour s'y exercer dans l'art militaire. Par conséquent, les châteaux des magnats ne tardèrent pas à devenir le séjour de nombreux courtisans, car l'orgueil des grands leur commandait de tenir un somptueux train de maison ; et, en outre, la vieille hospitalité polonaise leur faisait accorder facilement aux solliciteurs l'autori-

(*) J. Le Laboureur, Relation du voyage de la reine de Pologne.
(**) Madame de Motteville, Mémoires pour servir à l'histoire d'Anne d'Autriche.
(***) Théophraste Renaudot, Recueil de gazettes et nouvelles.

sation de placer leurs fils auprès d'eux. Il arriva de là que les demeures des seigneurs puissants comptèrent un nombre infini de commensaux.

Niésiecki dit que le majordome de la cour du magnat prince Ostrogski, seigneur lui-même, avait soixante-dix mille florins d'appointements annuels. Deux mille jeunes gens étaient attachés à cette cour et entretenus aux frais du prince.

Le vice-chancelier de Lithuanie, prince Léon Sapiéha, envoyé par Wladislas IV pour recevoir la nouvelle souveraine sur les confins du royaume, était suivi de quatre mille gentilshommes à cheval, faisant tous partie de son entourage ordinaire.

Selon Le Laboureur, secrétaire de madame de Guébriant durant son ambassade, la cour du maréchal Stanislas Lubomirski comptait six mille serviteurs et soldats; et, en temps de guerre, le nombre des gens armés s'élevait à neuf mille.

Le chancelier Tomicki divisait en trois catégories la jeunesse attachée à sa personne: les plus indigents étaient élevés à l'école, à son château de Krakovie; les riches résidaient à sa cour, sous la direction des professeurs les plus distingués de l'université; et il envoyait étudier à l'étranger, à ses frais, ceux qui tenaient aux grandes familles (*).

Le palatin Stanislas Jablonowski entretenait trois mille soldats et quatre mille courtisans, valets, estafiers, piqueurs, meutiers, fauconniers, chasseurs, pêcheurs, musiciens, acteurs, etc.

Sous Stanislas-Auguste, les cours des Czartoryski, Potocki, Radziwill, et de l'évêque de Krakovie Soltyk, brillaient encore par leur éclat et par leur magnificence.

« Les châteaux ou cours, dit Golembiowski, étaient jadis l'école suprême de la jeunesse. Après avoir terminé ses études, un jeune homme était placé par son père dans la cour de quelque magnat, pour y recevoir le dernier vernis et s'y exercer dans le service public ou militaire. Là, il apprenait à respecter la religion, en voyant comment les hommes les plus éminents du pays remplissaient ses saintes pratiques et avec quel zèle ils suivaient ses principes pieux. Il y devenait moral, car il n'avait pas d'autres exemples devant lui que ceux des antiques vertus polonaises, de la dignité, de la justice, de la stricte exécution des devoirs. Il y formait son caractère de bon citoyen, en écoutant les graves entretiens des conseillers du gouvernement, en se pénétrant des sentiments qui les animaient, c'est-à-dire du respect envers le trône et de l'amour de la patrie, à laquelle les Polonais sacrifiaient leurs vies et leurs fortunes. Là un jeune homme s'initiait aux chroniques nationales et étrangères, presque tous les châteaux ayant une bibliothèque nombreuse, ou bien copiait les précieux manuscrits des ouvrages non imprimés et dont les auteurs étaient connus par leur vaste érudition. La famille du maître de la maison lui représentait un exemple de simplicité patriarcale réunie à une dignité véritable. Les vieux Polonais étaient, comme les sénateurs de l'ancienne Rome, toujours imbus de cette idée, qu'ils devaient offrir le modèle des vertus civiques et de famille à la jeunesse sur laquelle reposait tout l'espoir futur du pays (*). »

Tels furent les courtisans des magnats polonais jusqu'à l'époque de la mort d'Étienne Batory. Mais l'introduction de la monarchie élective changea la face de la vie des cours et des châteaux. La prérogative qui élevait chaque noble à l'égal du roi fit perdre de vue le bien public pour s'occuper des intérêts privés, comme cela se remarque dans l'histoire depuis Sigismond III jusqu'à la fin du règne de Jean Sobieski. Les cours prirent dès lors un nouvel aspect, et gagnèrent en nombre, en apparence, en luxe, qui le

---

(*) Starowolski, Vitæ antistitum Krakoviensis.

(*) L. Golembiowski, *Domy i Dwory*. (Maisons et Châteaux.)

disputait à celui de l'Orient; mais les vertus antiques, l'amour du bien public disparurent peu à peu; des partis se formèrent; chacun oublia le roi, la patrie, et ne vit plus qu'un Zebrzydowski, un Radziwill ou tel autre seigneur dont il admirait la grandeur et devenait l'instrument, secondant les querelles des magnats, et alimentant souvent leurs écarts et leurs fautes. La bravoure seule y était encore, car celle-ci ne quittait jamais les Polonais.

« Pendant les diètes, les courtisans des magnats et leur suite forment deux armées polonaises et lithuaniennes. Toutes deux ont leurs maréchaux et généraux. Elles entrent en arène au son des trompettes, se battent, se poursuivent, s'assiégent dans les maisons et reviennent en triomphe (*). »

Formés par de tels exercices, les Polonais faisaient de bons soldats quand il fallait se mesurer avec l'ennemi; mais les vertus nationales étaient négligées de plus en plus, et cela ressortit surtout au temps des deux Auguste, où la morale et la décence trouvèrent peu d'accès. Le goût du luxe et de la sensualité, répandu par Auguste II particulièrement (1696-1733), devait devenir doublement funeste à un peuple déjà trop porté naturellement vers ces penchants. L'ouvrage intitulé la Saxe galante caractérise parfaitement le souverain, la cour et l'époque. Les mœurs furent foulées sans pudeur aux pieds, et le sort de chaque victime d'un caprice passager du monarque était une leçon perdue pour celles qui la suivaient: les plus déplorables conséquences ne produisaient ni réflexions ni regrets. En voyant cette perversité générale, on aurait dit que toute la nation était entraînée par un vertige de débauche, contre lequel la voix de la raison, de l'expérience et de la religion, ne pouvait plus rien.

Il existe en polonais un écrit où la spécialité des mœurs qui nous occupe est représentée sous des couleurs moins graves et moins sévères. Dans

(*) L'abbé Coyer, Vie de Sobieski.

ces feuillets, tracés par une femme, on retrouve toute la grâce et tout l'abandon de son sexe. Nous en extrairons quelques passages curieux et complétant notre travail.

« Je ne crois pas qu'il y ait beaucoup de maisons en Pologne qui surpassent la nôtre en magnificence. Notre cour se compose de courtisans, *dworzanin*, et des gens de la suite, *platny*, c'est-à-dire, des employés ayant fonction dans le château; les premiers sont plus considérés, parce qu'ils servent par honneur, et que les autres sont gagés; mais comme ils sont tous gentilshommes, ils portent tous le sabre au côté. Quelques-uns pourtant sont d'une très-basse extraction; mais mon père dit *qu'un noble sur son territoire* (et notez bien que ce territoire n'a souvent que quelques pieds de longueur) *est l'égal d'un palatin*. Alors on doit passer outre; cela augmente toujours la suite des seigneurs, et ce sont des voix pour les diétines: c'est bien chose à considérer.

« Les devoirs des courtisans consistent à venir dans les appartements du seigneur, à attendre son arrivée, à se présenter devant lui dans un costume convenable, ayant toujours l'air d'être prêts à le servir et à exécuter les ordres qu'il lui plairait de donner; mais si le seigneur n'a rien à leur commander, ils sont obligés d'entretenir la conversation avec esprit, s'ils peuvent, ou de jouer aux cartes; ils doivent aussi l'accompagner dans ses promenades ou visites, le défendre dans toutes les occasions difficiles, et lui donner toujours leurs voix aux diétines; enfin l'amuser au besoin, lui et tout ce qui l'entoure.

« Outre les courtisans, nous avons six demoiselles de familles nobles; elles demeurent dans le château et sont sous la surveillance de *Madame* (nom de la gouvernante française).

« Les courtisans non gagés sont presque tous de familles riches ou aisées; ils acquièrent à notre cour les belles manières, et cela leur sert d'acheminement vers les emplois civils ou militaires. On leur paie la nourriture de leurs chevaux, et deux florins par semaine pour leurs palefreniers. Ils ont encore un domestique qui fait leur service particulier; ce domestique est habillé à la hongroise ou à la kosake. Rien ne m'amuse comme de voir leur figure quand ils sont debout, derrière leurs maîtres; pendant le dîner, leurs yeux sont fixés sur les assiettes, et c'est chose naturelle, ils n'ont pour toute nourriture que les restes de leurs maîtres.

« Les courtisans gagés sont en plus grand nombre que ceux-ci et n'ont point les honneurs de notre table, excepté le chapelain, le médecin et le secrétaire. Le maître d'hôtel, *marszalek*, et le gardien de la cave, *piwniczy*, sont toujours sur pied pendant le dîner; ils se promènent et regardent si le service se fait en ordre; ils servent le vin au maître du château et aux visiteurs; mais les courtisans n'en ont que le dimanche et les jours de fête. Le commissaire, le trésorier, l'écuyer et l'*offreur* de bras, *renkodajny*, c'est-à-dire, celui qui a la charge d'offrir son bras au maître ou à la maîtresse de la maison toutes les fois qu'ils veulent sortir, ceux-là dînent à la table du maître d'hôtel. Les courtisans qui dînent à la nôtre ont certainement beaucoup d'honneur, mais guère de profit; ils puisent bien dans les mêmes plats que nous, mais ils ne mangent pas la même chose. Le cuisinier arrange pyramidalement le rôti; au sommet, il place la volaille et le gibier; dessous, il met le bœuf et le porc, triste pâture pour les courtisans, à qui on ne porte les plats que quand nous sommes servis; aussi on appelle le bout de la table où ils se placent le bout gris (*szary koniec*). Quand on sert les plots, ils sont si énormes, qu'on pense que chacun pourra avoir une bonne part; mais ils disparaissent si rapidement, qu'il y a de pauvres courtisans qui ont à peine de quoi émietter leur pain; il y en a quelques-uns qui mangent d'une manière incroyable et qui dévorent tout avant que les autres se soient servis.

« Les courtisans gagés ont une très-forte paye; on leur donne de trois cents à mille florins par an, mais aussi mon père exige qu'ils soient bien habillés, surtout quand il y a réception au château. Mon père les récompense grandement quand il est content de leur service. Si l'un d'entre eux se fait remarquer par son zèle et son exactitude, il lui donne une gratification le jour de sa fête, ou en argent, ou en effets tirés de sa garde-robe. Les courtisans gagés sont soumis à la juridiction du maître d'hôtel, qui a le droit de les réprimander et de les punir.

« Les chambreurs, *pokoiowiec*, dépendent aussi du maître d'hôtel; ils sont gentilshommes, et font leur service pendant trois ans; on les prend de l'âge de quinze à vingt ans. Leurs devoirs consistent à être toujours habillés dans un costume convenable; ils peuvent entrer dans les appartements; ils nous accompagnent à pied ou à cheval quand nous sortons en voiture; ils sont toujours prêts à porter nos lettres d'invitation ou nos cadeaux, quand nous avons à en faire à quelqu'un.

« Lorsqu'ils se sont rendus coupables de quelque faute, le maître d'hôtel leur donne des coups de martinet. On commence par faire étendre par terre un tapis, car le parquet découvert n'est bon que pour les domestiques qui ne sont pas nobles; ensuite on châtie le coupable. Le maître d'hôtel est très-sévère, et dit qu'on ne peut maintenir la jeunesse que par de tels moyens, sans cela qu'elle s'écarterait de la dépendance convenable. Mon père nous raconte souvent qu'il n'y a pas une chambre dans tout le château de Maleszow où il n'ait reçu des corrections : c'est sans doute pour cela qu'il est si bon!...

« Dernièrement, un gentilhomme du voisinage est venu présenter sa jeune femme à mes parents. Il avait fait partie autrefois de notre cour. « Mon « cœur, dit-il à sa femme devant nous, « si je suis un bon mari, si je suis un « bon père, rends-en grâce d'abord à « monsieur le staroste et ensuite au « maître d'hôtel : le premier ne m'é-

« pargnait pas les réprimandes, et le
« second ne m'épargnait pas les coups
« de martinet. » Cette naïveté me plut
beaucoup, et mes parents firent de
très-beaux cadeaux au gentilhomme.

« Nous avons une douzaine de chambreurs ; l'un d'eux, Michel Chronowski, aura fini son noviciat le jour des Rois, et on fera une cérémonie à cette occasion.

« Quant aux autres serviteurs du château, j'aurais peine à les énumérer ; j'ignore même le nombre des musiciens, des cuisiniers, des heiduks, des Kosaks, des garçons et filles de service. Je sais seulement qu'on sert tous les jours cinq tables, et que deux distributeurs, *szafarz*, sont occupés du matin au soir à donner tout ce qui est nécessaire pour la cuisine. Ma mère est souvent présente à la distribution des comestibles ; elle garde près d'elle les clefs des armoires où se trouvent les épiceries, les liqueurs et les confitures, *apteczka*.

. . . .

« La cérémonie qui a eu lieu pour l'émancipation de Michel Chronowski m'a beaucoup divertie. Quand toute la société fut réunie dans la grande salle, mon père prit place sur le siége le plus élevé ; cela fait, on ouvrit les deux battants de la porte, et le maître d'hôtel, accompagné de quelques courtisans, introduisit le jeune émancipé, habillé à neuf et fort richement. Il se mit à genoux devant mon père, qui le toucha légèrement à la joue en signe de ses bontés ; ensuite il lui attacha le sabre au côté, vida une coupe de vin, et lui fit présent d'un beau cheval, avec son palefrenier bien monté aussi et bien équipé. Les deux chevaux étaient dans la cour du château. Mon père demanda à Chronowski s'il aimait mieux courir le monde que rester près de lui. D'une voix timide, il répondit qu'il se trouvait très-bien dans le château, mais qu'il désirait voir du pays, et qu'il osait solliciter une recommandation auprès du prince Lubomirski, palatin de Lublin, beau-frère de mon père. Sa demande fut accordée, et mon père lui glissa dans la main un petit rouleau de vingt ducats en or, en l'invitant à passer le reste du carnaval avec nous. Chronowski parut très-charmé de la proposition, et, après avoir déposé ses hommages aux pieds de mon père et de ma mère, il baisa la main à toutes les dames. Dès ce moment, il fut admis dans notre société (*). »

FOUS.

Les fous ou baladins que les seigneurs entretenaient autrefois dans leurs châteaux, pour leur distraction, n'avaient égard, dans leurs discours, ni à Dieu ni aux hommes ; ils se moquaient de tout, et plus ils montraient d'insolence, plus ils acquéraient de valeur.

Nombre de rois en possédèrent également à leur cour.

Leur costume était galonné et se composait de morceaux d'étoffes de diverses couleurs ; ils portaient en outre une ceinture garnie de breloques et de clous pendants, un bonnet avec des oreilles semblables à celles du chevreuil et ornées de sonnettes, et une canne vernie bariolée, avec une pomme entourée de queues de renard.

Les fous étaient envoyés parfois en mission, par le motif sans doute que tout en riant et plaisantant ils parvenaient à savoir la vérité. Les archives royales polonaises renferment à cet égard un document curieux : c'est une lettre qu'Henne, le fou du grand maître teutonique Rusdorff, dépêché auprès du grand-duc de Lithuanie Witold, écrivit à son maître pour lui rendre compte de la tournée faite par Witold dans ses États. Il signe : *Henne, avant dîner chevalier, et après dîner fou de votre illustrissime cour.*

Jean Kochanowski, Gornicki et Bielski nous ont conservé quelques traits assez plaisants du fou de Sigismond Ier. Ce fou, nommé Stanczyk, avait déjà vécu à la cour de ses prédécesseurs, Jean Albert et Alexandre. En voyant poser des sangsues à Sigismond, il s'écria : *Voilà les plus vrais courti-*

(*) Journal de Françoise Krasinska, année 1759.

sans et amis du roi! Un jour que le monarque assistait à un combat de chiens contre un ours, et qu'il faisait la remarque que les chiens avaient probablement trop mangé, vu leur peu d'ardeur, Stanczyk riposta : *Magnanime Majesté, faites seulement lâcher vos employés : ils s'attaqueront à tout ; à jeun ou repus à satiété, ils savent toujours bien prendre.* Il fut une fois dévalisé dans la rue par des mauvais sujets, et quand le roi fit semblant de le plaindre, le fou prit sa revanche et dit : *On vous dépouille bien plus encore, Sire, et vous vous taisez !* Le nouveau roi Sigismond-Auguste ne lui ayant pas donné, suivant la coutume, un costume neuf au jour de l'an, Stanczyk répétait à voix basse aux courtisans, mais de manière que le monarque l'entendit : *Pour moi l'année n'est pas nouvelle, car l'habit est vieux.* Stanczyk eut son costume.

Voici ce que Françoise Krasinska rapporte dans son Journal, du fou qui était au château de son père : « Le pe-« tit Mathias s'acquitte à merveille de « cette dernière fonction (celle d'a-« muser) ; c'est en vérité un homme « singulier. On dit qu'autrefois toutes « les cours avaient un être de cette « espèce et qu'elles ne pouvaient s'en « passer. Mathias est soi-disant stupide « et dépourvu de raison ; cependant il « juge de tout avec une rectitude et « une sûreté parfaites ; ses bons mots « sont impayables. Aucun des courti-« sans n'a autant de priviléges que lui ; « lui seul a le droit de dire la vérité « sans la farder. Toute notre cour l'ap-« pelle *le fou*, mais nous, nous l'ap-« pelons notre petit Mathias : il ne « mérite pas le sobriquet qu'on lui a « donné. »

L'usage des seigneurs d'avoir des fous à leurs cours se perdit peu à peu dans les temps modernes.

NAINS.

Une autre habitude des souverains et des seigneurs polonais était celle d'avoir des nains parmi leur entourage.

Ces nains portaient ordinairement des habits à brandebourgs et un bonnet en fourrure de renard blanc. Ils suivaient leurs maîtres dans leurs voyages ou leurs plaisirs ; et c'est ainsi qu'on vit aux tournois de Vienne, en 1560, un nain porter le bâton d'un chevalier polonais.

Celui de tous qui devint le plus célèbre fut Krasowski, qui, à raison de sa gentillesse, avait été amené en France et donné à la reine mère. Cette dernière le prit en affection ; et toute la cour, à l'exemple de la souveraine, l'accabla de soins et de caresses. Il méritait d'ailleurs un tel accueil, ainsi qu'on fait foi plus d'un témoignage.

Ses traits étaient délicats, et ses bras, ses mains, toute sa figure dans une proportion exacte. On ne pouvait le voir sans intérêt, lors même qu'on ne cherchait à le voir que par amusement, comme un jeu des plus singuliers de la nature.

Accueilli par la reine Catherine de Médicis, il sut gagner ses bonnes grâces ; et, ce qui était peut-être plus difficile, il sut les conserver. Une sage vivacité compensait en lui ce que les années lui avaient refusé d'expérience. Souple et adroit, il n'eut d'abord en vue que sa fortune, et il la fit d'autant plus vite et plus sûrement qu'on lui soupçonnait à peine assez d'esprit pour sentir qu'il avait les moyens de la faire.

Sigismond-Auguste vivait encore quand Krasowski retourna dans son pays pour jouir des biens acquis, et ne se doutait pas que cet homme, à peine connu dans le royaume, venait y décider du choix du prince qui devait régner après lui, et forcer en quelque sorte la république à l'acquitter des grâces qu'il avait reçues à la cour de Charles IX.

Il n'était rien, selon Krasowski, qui pût être comparé à l'éclat et à la magnificence de cette cour. Il louait la religion, la droiture, la valeur de Charles IX, son amour pour les lettres ; il parlait du courage et de l'adresse de Catherine de Médicis, et s'étendait sur les vertus du frère du roi, Henri, duc d'Anjou, et racontait ses exploits à Jarnac et à Montcontour. Bientôt les Polonais prirent de la France l'idée que leur en avait donnée Krasowski, qui n'attendit pas la mort de Sigismond-Auguste pour faire savoir à Catherine de Médicis l'opinion où l'on était en Pologne en faveur du prince Henri (*).

Bientôt André Zborowski conçut le premier le projet de renvoyer Krasowski en France avec des lettres pour Henri, dans lesquelles il lui promettait son appui et l'invitait à dépêcher des ambassadeurs en Pologne à l'occasion de l'interrègne. Le nain redoubla d'adresse en cette circonstance; et bien reçu, comme on le pense, de la cour de France, il ne tarda pas à revoir son pays natal, muni de pleins pouvoirs et d'engagements formels. Il fut donc le principal agent des négociations qui amenèrent un prince français sur le trône de Pologne (**).

Sigismond III avait huit nains et naines attachés à sa cour; et on voit sur le bas-relief ornant le tombeau de la reine Cécile, épouse de Wladislas IV, cette princesse qui s'avance vers le roi, suivie d'une naine.

Dans une visite que Le Laboureur fit avant son départ au maréchal Kazanowski, cette particularité des mœurs polonaises le frappa beaucoup.

« Ce qui me surprit, dit-il, plus que toutes ces merveilles (l'ameublement somptueux du palais) en entrant dans une des chambres, ce fut de voir deux naines extraordinairement petites, qui étaient debout comme en sentinelle, pour garder deux petits chiens qui n'étaient pas moins nains en leur espèce, car ils étaient de la taille des souris, et tous deux reposaient dans un panier blanc un peu plus grand que la main, sur un oreiller de satin parfumé, d'où ils sortirent pour aboyer au bruit de notre entrée, puis retournèrent au moindre signe d'une de ces naines. Celle-là était mariée, et on me fit voir son mari, qui n'est de guère plus grand; mais il est moins accompli de taille pour être un peu plus gros (*). »

Ce goût suivit Stanislas Leszczynski sur la terre d'exil; et l'histoire du nain français Bébé, qui brilla à la cour de Lunéville, est assez connue.

Un autre nain que l'on vit également à cette cour, mais dont l'intelligence était de beaucoup supérieure à celle de Bébé, ce fut le gentilhomme polonais Boryslawski. A l'âge de vingt-deux ans, il n'avait que vingt-deux pouces de hauteur; mais, d'une santé parfaite, il résistait à la fatigue et levait avec facilité des poids qui paraissaient considérables pour sa structure. Il possédait, en outre, toutes les grâces de l'esprit, une mémoire excellente et un jugement très-sain. Parlant avec facilité plusieurs langues, ingénieux dans ses entreprises, vif dans ses reparties, Boryslawski pouvait être regardé, suivant l'expression du comte de Tressan, comme un homme fait, quoique petit, et Bébé comme un homme manqué. Aussi Boryslawski écrivit lui-même son histoire, et sa réputation s'étendit dans toute l'Europe. Dans sa vieillesse, il présenta le phénomène d'un accroissement de taille.

Au château de Maleszow, demeure de Françoise Krasinska, il y avait deux nains: l'un âgé de quarante ans et haut comme un enfant de quatre, habillé à la turque; l'autre âgé de dix-huit ans, d'une charmante figure, et portant le costume kosak. On permettait souvent à ce dernier de monter sur la table durant le dîner; et alors il se promenait entre les plats et les bouteilles comme dans un jardin.

Le comte Branicki, beau-frère du roi Stanislas-Auguste, possédait aussi à sa cour un nain remarquable par sa petitesse. A l'âge de trente ans, il n'avait qu'une demi-aune de hauteur, et la tête à proportion. Pour l'amusement des convives, on le posait sur la

---

(*) Solignac, Histoire générale de Pologne.

(**) Mémoires du cardinal Commendoni.

(*) J. Le Laboureur, Relation du voyage de la reine de Pologne.

table, dans une tourte en sucre ou dans une corbeille en argent, parmi des fleurs; il jouait du violon et distribuait ensuite les fleurs aux dames.

Le dernier nain polonais connu, attaché à la maison du prince Czartoryski, mourut dans l'exil, après la révolution polonaise de 1831, et à Paris, où il avait suivi son maître.

TRAÎNAGE.

Les parties de traîneaux devaient nécessairement jouer un grand rôle dans un pays où la neige couvre quelquefois durant des mois entiers la terre. Cette sorte de divertissement se pratiquait bien dans la capitale, mais elle était surtout en vogue dans les campagnes.

Quand venait la saison favorable, non-seulement un district, un palatinat, mais tout le pays était en mouvement. On se réunissait d'habitude chez un chef choisi à l'effet de diriger la partie de plaisir, appelée *kulig*, et la musique accompagnait toujours les excursions entreprises. Il était encore d'usage d'arriver à l'endroit indiqué le soir, à la lumière des torches; le hennissement et le bruit des pas des chevaux, le tintement des clochettes dont chaque harnais était garni, le craquement de la neige gelée, les sons de la musique, le retentissement des fouets, les cris de la troupe joyeuse, se faisaient entendre de loin, et à l'approche du cortège les paysans sortaient en foule de leurs chaumières pour le voir défiler.

Le kulig parvenu au lieu de sa destination, on descendait des traîneaux et on entrait au château, dont le maître recevait avec effusion la société qui le visitait. Les musiciens se formaient bientôt en orchestre, et les danses nationales commençaient; puis les verres s'entre-choquaient, à la suite de nombreux et chaleureux toasts, jusqu'au moment du souper. L'aurore surprenait parfois les convives encore à table, et alors les chants et les danses reprenaient avec une nouvelle ardeur. Grâce à cette succession non interrompue de plaisirs, deux ou trois jours s'écoulaient bien rapidement, et on s'en allait en emmenant avec soi les hôtes hospitaliers qui avaient si bien accueilli le kulig. De cette façon, s'augmentait sans cesse le cortège de jolies femmes, de cavaliers joyeux et de brillants traîneaux; et, achevant ainsi le tour du kulig, on ne revenait souvent au logis qu'au bout d'un mois et même plus.

Ce divertissement était très-répandu en Pologne, et chaque fête de saint ou anniversaire de naissance réunissait toute la contrée d'alentour chez le personnage du jour. Ici, on tombait par surprise; là, on prévenait les châtelains de l'arrivée du kulig, et partout où il se présentait, souvent en masques, le propriétaire du lieu recevait à bras ouverts ses commensaux et mettait toute sa maison à leur disposition. Chacun prenait part à ces fêtes, le prêtre et le guerrier, l'opulent sénateur et le modeste père de famille. Combien de dissensions, d'anciens griefs s'éteignaient ou disparaissaient alors! Ceux que l'inimitié tenait séparés l'un de l'autre se tendaient la main avec affection en ces rencontres fortuites, qui offraient une occasion de déployer la bonté et la générosité inhérentes au caractère national. Le kulig réunissait les familles, permettait aux jeunes gens de faire leur cour à celles qu'ils aimaient, amenait la conclusion d'alliances, et entretenait l'harmonie entre les voisins, si essentielle dans la vie de campagne.

Le secrétaire de la reine Marie Kasimire, épouse de Jean Sobieski, a laissé une description du brillant kulig qui partit de Warsovie le 20 janvier 1695.

Les personnes invitées se réunirent au palais Danilowicz, et, à trois heures de l'après-midi, les trompettes donnèrent le signal du départ. Venaient d'abord vingt-quatre Tatars à cheval, attachés au service du prince royal Jacques; puis dix traîneaux à quatre chevaux, attelés en long; sur chacun de ces traîneaux se tenaient les musiciens: juifs jouant des timbales,

Ukrainiens du théorbe, des trompettes, des fifres, des janissaires appartenant à divers magnats. Suivaient cent sept traîneaux, tous rivalisant de luxe et d'éclat, et couverts de tapis de Perse, de peaux de léopards, de zibelines, et autres fourrures précieuses. Les chevaux, également au nombre de quatre et attelés deux par deux, portaient des franges, des cocardes et des panaches. Des personnes de la cour garnissaient ces traîneaux, qu'escortaient de chaque côté des jeunes gens à cheval. Le cent huitième et dernier traîneau, en forme de Pégase, était monté par huit gentilshommes, qui jetaient aux spectateurs des vers faits en l'honneur de la circonstance par Ustrzyski et Chroscinski. Un détachement de hallebardiers fermait la marche.

Le kulig se dirigea d'abord vers le château de plaisance des princes Sapiéha, puis chez la princesse Radziwill, sœur du roi, chez le palatin Potocki, chez le prince Lubomirski, etc. Partout où il paraissait, le châtelain lui présentait les clefs de la cave et la châtelaine celles de l'office; partout la musique jouait: on dansait un moment, on prenait quelques rafraîchissements, et le cortége poursuivait sa course. La dernière station eut lieu à Willanow, où le roi et la reine reçurent de tout cœur les arrivants. Tout le monde y fut traité par eux d'une manière splendide, et cela dura jusque fort avant dans la nuit. La fête finie, le cortége fit sa rentrée dans la capitale, à la lueur de huit cents torches.

Les idées des temps modernes, et surtout les jours de trouble et de guerre survenus, ont presque aboli cet ancien usage. Le kulig d'aujourd'hui, qui apparaît de temps en temps dans quelques contrées du pays, n'offre qu'un bien faible souvenir de ces fêtes où brillait dans tout son éclat le caractère libéral et expansif des Polonais.

CHASSES.

Dans plusieurs contrées du nord de l'Europe, et notamment en Pologne, la chasse étant jadis d'une nécessité absolue pour défendre les propriétés et souvent même l'existence, offrait nombre de traits distinctifs qui la firent mettre au rang des amusements nobles et chevaleresques. Monarques et grands, tous s'y livraient avec passion: les premiers, pour faire trêve aux soucis du pouvoir, tel que Kasimir Jagellon, qui passa sept années de sa vie, de 1485 à 1492, dans les forêts de la Podlachie, absorbé par cet exercice et donnant à peine quelques instants aux intérêts de l'État; les seconds, afin d'y retrouver une image de la guerre, cette autre nécessité pour eux, guerre en miniature, il est vrai, mais accompagnée de dangers réels et d'émotions positives.

« Aujourd'hui encore, quand l'automne est venu et que les bœufs ont été mis à l'engrais, il faut nécessairement que les seigneurs slaves chassent pour s'occuper. Mais la plus puissante cause de leur passion pour la chasse, c'est leur goût effréné pour le luxe. Tel seigneur qui ne possède que cinq à six villages, peut être comparé pour le train de maison à un petit souverain d'Allemagne. Depuis qu'il ne leur est plus permis d'entretenir des soldats, ce qu'il leur faut, ce sont des équipages de chasse, des piqueurs, des chevaux de selle, des chiens. Comme un prince suivi de sa cour, le seigneur slave part avec un nombreux cortége de chasseurs, et va faire la guerre, à un lièvre peut-être, mais qu'importe l'ennemi? toute sa suite obéit à un signe, et le voilà heureux, car l'étalage qui l'entoure frappe tous les yeux, éblouit, entraîne, et satisfait par conséquent sa vanité.

« Qu'on traverse les pays slaves un jour de Saint-Michel, une veille de Noël, on n'entend que sons de cors, aboiements, détonations d'armes à feu; l'on ne voit que bêtes fauves en fuite, chiens et chevaux qui, dans leur course impétueuse, caressent de leur ventre l'herbe des champs. On dirait qu'un accès de folie a saisi bêtes et gens. Dans les villages, les femmes, les enfants, les vieillards courent en foule sur le passage des chasseurs, avec un bruit, un mouvement qui ne peuvent se peindre. Mais pourquoi? C'est que le jour de Saint-Michel est le jour d'ouverture de la chasse, l'appel général des chasseurs aux armes, et tout bon Slave est fidèle aux usages de ses pères. Pour la fête de Noël, on est persuadé que si ce jour-là on aperçoit du gibier à la chasse, la fortune sera favorable toute l'année, et que si on le tue, toutes les entreprises réussiront. Dans le cas contraire, on n'a qu'à s'enfermer chez soi, et se garder de rien entreprendre, car tout tournerait à mal. L'oracle est sûr; et les hommes étant toujours avides d'horoscopes, on court à la chasse la veille de Noël.

« Parmi les nobles de la grande famille slave, les seigneurs polonais sont ceux qui aiment le plus l'ostentation. Ils se ruinent par vanité, mais, il faut le dire aussi, pour satisfaire leur excellent cœur, qui ne connaît de vrai plaisir que celui qu'ils partagent avec des amis, des connaissances même, et des convives qu'ils voient seulement le jour de la chasse (*). »

On cite à cet égard, comme un exemple de rare et délicate flatterie, le trait du prince Jérôme Radziwill, porte-enseigne de Lithuanie. Ce seigneur voulant célébrer l'anniversaire du couronnement d'Auguste III, montra un jour au monarque une plaine nue et découverte, en lui demandant s'il voulait y chasser. Auguste répondit en souriant qu'il n'y voyait point de forêt. « N'importe, dit le prince, j'invite Votre Majesté à venir demain y chasser l'élan, le sanglier et le cerf. » Effectivement, le lendemain, quand le roi arriva en traîneau, avec une suite nombreuse où l'on remarquait les plus jolies femmes de Warsovie, il trouva dans la plaine un bois qui s'était élevé comme par enchantement. Un pavillon en fer avait été construit au milieu du bois, pavillon à jour de tous côtés, hérissé de pointes de fer en guise de défenses contre les bêtes sauvages, et meublé avec luxe et élégance. C'est là que le roi et le prince royal prirent place, et, sur un amphithéâtre élevé au dehors, la cour s'apprêta à jouir du tableau de la chasse; une foule de curieux garnissait les monticules voisins. Bientôt parurent, aux yeux étonnés des spectateurs, cerfs, élans, ours, loups, sangliers, en telle abondance, que l'on se serait cru dans une forêt vierge. Les chiens dressés à cet effet, et guidés par quatre-vingts gardes appartenant au prince Radziwill, tous vêtus d'un riche costume, ramenaient les animaux vers le pavillon du milieu, où les chasseurs postés n'avaient pas grand mal à les abattre. Auguste tua de sa main trois sangliers, et le prince royal une vingtaine de pièces; ce dernier voulut, en outre, lutter à la massue contre un ours, et le triomphe qu'il remporta fournit une preuve nouvelle de son adresse et de sa force extraordinaire. Cette chasse merveilleuse se prolongea depuis dix heures du matin jusqu'à quatre heures de l'après-midi, et fut couronnée d'un festin.

Voici maintenant l'explication du prodige. Le prince, voulant donner au roi et aux seigneurs de la cour une haute idée de sa puissance, avait pris ses précautions à l'avance. Depuis plusieurs jours, des milliers de paysans étaient occupés à déraciner des arbres et à les placer sur des chariots, tandis que d'autres préparaient les trous dans la plaine. En une seule nuit, le bois fut planté, et des bêtes fauves, prises dans des filets ou amenées du fond de la Lithuanie, le peuplèrent.

Ce tour de force coûta énormément d'argent à son auteur, mais la tradition a conservé le souvenir de la chasse à la Radziwill.

Les forêts de Pologne abondant, comme nous l'avons dit (page 8), en gibier de toute espèce, offrent, pour le divertissement qui nous occupe, des ressources pour ainsi dire inépuisables. Une des contrées les plus remarquables sous ce rapport est la Lithuanie, couverte d'immenses et magnifiques parties boisées, où la nature se déploie

(*) Revue du Nord, 1837.

grande, majestueuse, pleine de séve et de vie. C'est même là que l'on retrouve quelques races d'animaux disparues du restant de l'Europe : de ce nombre est le bison, *zubr* en polonais, sorte de bœuf sauvage. Cet animal, par la finesse de son odorat et sa vigueur prodigieuse, est très-difficile à surprendre ou dangereux à attaquer. Le roi Alexandre Jagellon avait ordonné une grande chasse au bison dans la forêt de Bialowiez, et, pour que la reine sa femme pût prendre part à la fête, on construisit une longue galerie dans une des clairières du bois. Le bison poursuivi ne fit qu'y toucher en fuyant, et la galerie fut entièrement renversée.

Il y a deux manières de l'attaquer, et dans toutes deux on remarque quelques-unes des pratiques en usage dans les combats de taureaux en Espagne. La première, qui remonte aux temps anciens, est assez originale. Des hommes à cheval, choisis parmi les plus adroits et armés de flèches ou de dards, cherchent d'abord à blesser l'animal avec leurs piques, tandis que les chiens le tracassent de leur côté. Le premier cavalier sur qui le bison s'élance lui tire sa flèche et s'enfuit; la bête le poursuit; un autre cavalier attaque à son tour celle-ci, qui, abandonnant le précédent agresseur, se jette sur le nouveau, que secourt un troisième arrivant; ainsi de suite, jusqu'à ce que l'animal, harcelé de toutes parts et ne sachant auquel s'en prendre entre tant d'ennemis, tombe épuisé de fatigue et criblé de coups. La seconde manière consiste à choisir des arbres de moyenne grosseur, derrière lesquels, après avoir lancé les chiens, se met le chasseur muni d'un pieu. Bientôt le bison accourt sur lui, mais il manœuvre si habilement tout autour de son bouclier, qu'il évite les atteintes de son antagoniste, qui, dans sa rage, s'acharne alors contre l'arbre, frappé par lui de violents coups de cornes comme s'il voulait le déraciner. Pendant tout ce temps, le pieu ne demeure pas inactif dans les mains du chasseur, et le bison, que les blessures rendent de plus en plus furieux, agite avec violence sa queue, dont la force est telle, que si elle touchait l'attaquant, elle le renverserait infailliblement. Quand ce dernier se sent trop fatigué, il lui suffit, pour éloigner l'animal de l'arbre, de lancer à quelque distance le bonnet rouge qu'il porte sur sa tête; le bison se rue sur ce tissu de couleur éclatante avec une impétuosité incroyable, et, après un court instant de repos, le chasseur reprend la lutte jusqu'à ce que son adversaire succombe sous un coup mortel.

Les rois de Pologne envoyaient jadis aux autres monarques d'Europe la viande fumée du bison, comme un mets fort précieux et fort recherché.

Vient ensuite la chasse à l'ours. Elle se fait ordinairement en grand par plusieurs propriétaires voisins réunis, dont chacun fournit un certain nombre de chiens et une certaine quantité de munitions. Les chiens courants ne sont bons que pour lancer l'animal; et il faut, pour en venir à bout, des chiens de l'espèce des grands dogues. Les seules armes dont on ait besoin sont un fusil à deux coups bien chargé et un coutelas; mais ce qui est plus indispensable que tout cela, et sans quoi on ne doit pas s'embarquer dans l'entreprise, c'est d'abord beaucoup d'adresse, et ensuite, le cas de danger se présentant, un sang-froid inébranlable. Le craquement des broussailles, signal tant désiré, annonce que l'ours a été débusqué de son gîte. Au commencement de la poursuite, il tente toujours de se sauver par la fuite; mais, lorsqu'il s'aperçoit qu'elle est impossible, et que déjà deux ou trois balles, plus maladroitement risquées que solidement logées, l'ont irrité, il prend la résolution de faire face au péril, et sa fureur s'accroît avec la rapidité des attaques. Les chiens sont les plus ardents et les premiers engagés dans la lutte; entre eux et l'animal c'est un combat à outrance, qui ne se termine jamais sans de nombreuses pertes de la part des assaillants. Poussé à bout, l'ours saisit quelquefois une énorme massue et la manie avec une grande dextérité : il déchire en deux l'adversaire le plus acharné, en étouffe un second dans ses embrassements, et fait voler en l'air un troisième, qu'il lance à la hauteur de plusieurs toises. Malheur au chasseur inhabile si l'ours, sorti victorieux d'une première rencontre, le trouve sur sa route ! Se dressant sur ses deux pattes de derrière, il cherche à l'étreindre ; mais pour peu que le chasseur ne se déconcerte pas, une balle bien dirigée ou un coup de coutelas bien appliqué étend à terre la bête, déjà harassée par la meute.

Outre la chasse avec les chiens, les Lithuaniens tendent encore à l'ours divers piéges, dans lesquels il tombe souvent, malgré la prudence et la circonspection de son caractère. D'habitude c'est sa gourmandise qui le perd, surtout si le miel sert d'appât. La plus petite espèce, celle à la robe brun foncé, a même reçu des paysans le surnom de garde-d'abeilles, *bartnik*, à cause de son goût tout particulier pour le miel, et de son adresse à le découvrir.

Voici une manière de prendre cet animal qui nous a paru assez ingénieuse. Il se forme fréquemment dans les troncs des pins, si élancés, de la Lithuanie des excavations naturelles qui tiennent lieu de ruches aux abeilles. On suspend horizontalement, sur la branche d'un de ces pins, une roue par une corde bien solide ; puis on la descend jusqu'auprès de la ruche, où on la fixe au moyen d'un ressort. Alléché par l'odeur de son mets de prédilection, l'ours grimpe sur l'arbre, et, voulant se délecter à l'aise, s'assied sur la roue ; aussitôt le ressort se détend, et le gourmand se voit suspendu dans l'air à une hauteur de quatre-vingts à cent pieds. Ne possédant pas assez de résolution pour sauter à terre, ce qui équivaudrait, du reste, pour lui à une mort certaine, ni assez d'agilité pour gagner, sur une mince corde, les branches supérieures du pin, il ne lui reste d'autre parti que d'attendre, dans cette position tant soit peu gênante, la venue du propriétaire des abeilles.

Mais, de toutes les manières de prendre les ours, la moins dangereuse est, sans contredit, celle qui consiste à les enivrer avec du miel arrosé d'eau-de-vie. Dans cet état, l'animal est incapable d'opposer aucune résistance ; et, sans courir le moindre risque, on devient entièrement maître de son sort.

Ce sont ordinairement les ours pris de cette façon que l'on parvient à apprivoiser, souvent assez facilement. La Pologne possède même deux *académies d'ours*, l'une à Smorgonie, en Lithuanie, et l'autre à Klewanié, en Wolhynie. Là, ces animaux reçoivent les leçons des meilleurs professeurs dans la partie, et achèvent en peu de temps de s'instruire, c'est-à-dire, leur apprentissage dans l'art de la danse. Leur éducation s'opère en ces deux endroits à l'aide de fours arrangés d'une certaine manière, sur lesquels on pose le nouvel élève, fraîchement arrivé de ses forêts ; on a eu la précaution de bien lui entortiller auparavant les pattes de derrière ; et la chaleur du four, qui augmente peu à peu, lui fait lever les pattes de devant, ce qui constitue une des principales figures de l'art chorégraphique à son usage. Quelquefois, et suivant l'intelligence de l'animal, on réussit à lui faire joindre les talents d'utilité à ceux d'agrément. C'est ainsi qu'on vit chez le prince Radziwill, si connu par ses bizarreries, et qui vint à Paris dans le siècle dernier, des ours remplir à table les fonctions de valets ; mais, chose assez étrange, cette nouvelle espèce de livrée n'aiguisait pas toujours l'appétit des convives, qui tremblèrent plus d'une fois en tendant leur verre au laquais placé derrière eux.

La chasse de l'élan est également en faveur, et offre d'assez grandes difficultés. Cet animal, de la famille des cerfs, a l'ouïe et la vue parfaites ; et il montre dans l'instinct de sa conservation une intelligence presque humaine. Grâce à sa vigueur, à sa haute taille, et à la rapidité fabuleuse de sa course (il peut faire, quand la nécessité l'exige, jusqu'à cinquante milles de Pologne par jour ou quatre-vingt-huit lieues de France), il franchit tous les obstacles, déroute les chiens, et leur dérobe les traces de sa piste.

Lorsque les chasseurs sont peu nombreux et dépourvus de meutes, ils font cerner par les paysans, plusieurs heures à l'avance, le point qu'ils présument servir de refuge à l'animal. Ces traqueurs, munis de petites trompettes qu'ils fabriquent eux-mêmes avec l'écorce du bouleau, et sur lesquelles ils doivent imiter à peu près ces sons : *yhuff, yhuff, frou, frou,* cherchent à attirer l'élan dans un très-petit cercle formé par les chasseurs cachés, qui, armés de fusils de fort calibre à un seul coup, tirent tous à la fois sur lui. Cette méthode est peu usitée, car elle réussit rarement, l'animal trouvant presque toujours une issue pour s'échapper.

Quand les chasseurs sont en grand nombre et qu'ils ont également avec eux suffisamment de chiens dressés à cette espèce de chasse, elle offre plus de chances de succès, et, par conséquent, d'intérêt. Les élans se tenant de préférence dans les parties les plus humides et les plus sombres du bois, c'est autour d'elles que sont distribués les paysans avec leurs petites trompettes de bouleau. Les chiens sont lancés à la poursuite de la bête, aussitôt que ses traces ont été reconnues ; et des chasseurs, munis de gros fusils, dont ils ne font usage qu'à trente ou quarante pas au plus, interceptent tous les chemins de traverse, tandis que d'autres, à cheval et armés de fortes carabines ou de pistolets, se postent à la lisière de la forêt, afin de poursuivre l'élan, dans le cas où, après avoir échappé aux premiers, il tenterait de gagner la plaine. Si, malgré toutes les précautions prises, l'animal réussit à atteindre son but, un de ces immenses ravins dont les plaines de Pologne sont parsemées lui sert d'abri, et il devient alors très-difficile, pour ne pas dire impossible, de l'en débusquer.

Il n'est pas rare, surtout si l'on poursuit plus d'un élan à la fois, de voir s'écouler plusieurs jours soit avant de parvenir à se rendre maître des bêtes traquées, soit avant d'avoir perdu entièrement leur trace. Il arrive de là que cette sorte de chasse ne peut être entreprise que par d'opulents seigneurs, car, outre les amateurs, elle exige souvent le concours de toute une armée de gardes et de paysans.

Autrefois elle avait lieu à toutes les époques de l'année ; mais comme on s'aperçut que l'espèce diminuait d'une manière sensible, cette chasse n'est maintenant plus permise que depuis le 15 octobre jusqu'au 15 décembre.

Les points de la Pologne où l'on rencontre les plus nombreux troupeaux d'élans sont les marais et les forêts situés aux environs de Pinsk.

Mais la chasse qui intéresse le plus la sûreté du pays, c'est la chasse aux loups, de tout temps en grande quantité. A partir du mois de novembre jusqu'à celui de février, on les voit marcher par bandes de trente, quarante, et parfois même davantage. Ils parcourent non-seulement les villages, où ils sèment la terreur en pénétrant dans les étables, mais lorsque la terre est couverte de neige, ils s'attaquent aux voyageurs. De malheureux soldats isolés ont souvent été dévorés par eux, ainsi que leurs chevaux, et l'on ne retrouvait, sur le lieu de l'événement, que les armes des victimes et quelques faibles lambeaux de leurs vêtements.

Aussi se livre-t-on avec ardeur à la destruction de ce cruel animal, l'effroi des contrées ; et dès le mois d'août, la récolte terminée, les gardes forestiers s'étudient à reconnaître d'une manière positive son gîte. Ils doivent attendre pour cela le départ du chef de la bande, qui ne se met en campagne que vers les dix heures du soir. Lorsqu'il est à une distance suffisante pour ne rien entendre, les gardes, placés sur un arbre ou dans un buisson bien épais, se mettent à hurler comme un vieux loup qui serait dans le lointain ; et aussitôt les louveteaux de répondre, d'abord l'un après l'autre, et ensuite tumultueusement : on apprécie ainsi leur nombre. Cette musique a quelque chose de terrible dans le silence de la nuit, et les cheveux se dressent involontairement sur la tête de l'homme le plus courageux. Il faut être chasseur passionné ou façonné à une obéissance aveugle pour remplir cette tâche.

Une fois le lieu de retraite bien connu, le seigneur envoie à ses voisins de campagne des invitations pour se réunir tel jour avec leurs meutes ; et, jusque-là, on nourrit les loups avec des charognes de bétail mort, afin de les retenir. Au jour dit, de bon matin, les conviés à la fête arrivent ; et un copieux et solide déjeuner se prépare en leur honneur. Dans de vastes chaudières, la choucroûte bout en compagnie de saucisses, lard, et autres viandes. Ce mets est de fondation : on l'appelle le hachis des vauriens, *bigos hultayski*. A huit heures précises, d'immenses tables sont dressées ; et le vin, l'hydromel, la bière, l'eau-de-vie, coulent en abondance.

En cette circonstance, le puissant seigneur oublie pour quelques instants que sa noblesse date du temps des Piast ou du premier Jagellon, et converse avec affabilité avec tel gentilhomme anobli seulement sous le règne des rois électifs. Toute l'assistance profite de ces bonnes dispositions, jusqu'aux paysans, qui vident un verre d'hydromel et reçoivent une assiette garnie de viande.

Après que l'estomac est soigneusement lesté et arrosé de nombreuses rasades, le départ a lieu. Parmi les chasseurs, les uns font le trajet sur de petits chariots appelés *bryczka*, les autres vont à pied. Rassemblés dès le matin, les jeunes garçons des environs courent et gambadent, de gros bâtons à la main, tandis que les piqueurs précèdent et suivent les meutes de chiens, accouplés d'habitude deux à deux. Les chasseurs causent entre eux avec chaleur, les enfants crient, les chiens hurlent, les piqueurs font claquer leurs fouets. C'est un véritable charivari.

A peu de distance de l'endroit indiqué, on fait halte pour introduire un peu d'ordre dans cette multitude confuse ; et le chef des gardes, véritable directeur de la chasse, distribue à chacun son poste et sa besogne. Devant les filets tendus par ses ordres aux passages principaux, il place deux hommes, armés de gros bâtons et que les arbres masquent ; puis il répartit les chasseurs de trente pas en trente pas, dans l'intervalle des filets, en ayant bien soin de ne pas les mettre sous le vent. Les jeunes gars qui doivent faire la battue se tiennent, aussi rapprochés que possible, à l'endroit d'où on doit lancer les chiens.

A peine ces derniers sont-ils découplés, que, rapides comme l'ouragan, ils disparaissent dans les taillis. Les piqueurs sonnent du cor : c'est le signal que la chasse est commencée. Chaque chasseur, l'œil fixe, l'oreille au vent, le doigt sur la détente du fusil, se tient immobile. Le silence le plus complet règne de toutes parts. Mais tout à coup un chien donne de la voix, puis un second, et bientôt la meute entière s'en mêle. Les échos de la forêt propagent cet effroyable vacarme, qu'augmentent encore les cris des piqueurs et le claquement des fouets. De leur côté, aux premiers aboiements, les jeunes gars ont entamé la battue, en criant de toutes leurs forces et en frappant les arbres de leurs bâtons. Surpris, effarés, les loups se dispersent et cherchent leur salut dans la fuite, quand une fusillade bien nourrie sème de tous points la mort parmi eux ; ceux que le plomb épargne sont pris dans les filets. Et les cors de sonner sans relâche le glorieux hallali : *Mort aux loups et victoire aux chasseurs !*

Le massacre terminé, chacun raconte ses prouesses, dont plus d'une, bien entendu, est sujette à caution. Puis vient le banquet, conclusion rigoureuse de toute chasse polonaise. La terre sert de table ; les gobelets circulent de main en main ; les pipes s'allument ; l'égalité règne entre tous : en ce moment, il n'y a plus ni maîtres ni paysans, il n'y a que des frères.

Les trains de chasse qu'entretiennent les seigneurs polonais sont souvent ruineux en comparaison de leurs

14e *Livraison.* (POLOGNE.)   14

fortunes. Le grand hetman Branicki traînait à sa suite et nourrissait, pendant quatre mois de l'automne, plus d'un millier d'hommes et deux fois autant de chiens et de chevaux. Le comte Stecki, mort en 1831, avait toujours chez lui au moins trois cents hommes, dont l'unique occupation consistait à l'accompagner dans ses parties de chasse, qui duraient plus de six semaines, et auxquelles pouvaient prendre part ses amis, ses voisins, et même tous ceux de ses compatriotes qui le voulaient bien.

Le prince Antoine Radziwill, gouverneur pour le roi de Prusse du grand-duché de Posen, a fait élever, de 1821 à 1826, dans ses propriétés de Przygodzice (ancien palatinat de Kalisz), un pavillon de chasse qui a droit à une mention particulière. Construit sur les dessins de l'architecte Schinkel, il n'est rien de plus beau et de plus élégant dans son genre. Le bâtiment est en bois, mais d'une solidité parfaite : il présente un octogone, auquel viennent aboutir quatre pavillons. La salle du milieu, qui reçoit le jour par de nombreuses croisées, embrasse une hauteur de trois étages; tout autour sont de triples galeries. La toiture est soutenue par une énorme colonne, décorée d'attributs de chasse, et dont l'intérieur contient une cheminée. Les pavillons adhérant au bâtiment principal servent de chambres à coucher. Ils renferment aussi une bibliothèque et un musée. Des meubles de bon goût, des porcelaines, des cristaux, des glaces, des tableaux précieux, ornent ce charmant séjour. Les plafonds et les parquets sont d'un travail remarquable. Au sommet de l'édifice se trouve une coupole octogone, d'où flotte dans les airs une flamme de plusieurs couleurs.

Ce pavillon, d'un si beau style d'architecture et si somptueux à l'intérieur, est situé, en outre, dans un lieu des plus pittoresques; des pins l'ombragent de toutes parts. Il a coûté trente mille écus de Prusse (cent dix-sept mille francs).

Malheureusement les grandes réunions que nous venons de décrire se terminent rarement sans accidents. Les Polonais ne prennent point, en général, de précautions suffisantes. A la chasse, comme à la guerre, ils se montrent tels qu'ils sont réellement, avec leur penchant pour l'indépendance et l'égalité, et avec l'abnégation de soi-même.

BANQUETS ET FESTINS.

L'hospitalité la plus généreuse composait la base des festins polonais. La forme du gouvernement, la vie citoyenne, l'égalité des nobles entre eux et la part qu'ils avaient, non-seulement dans le choix des principaux fonctionnaires de l'État, mais encore dans celui du monarque même, tout contribuait, d'après le besoin de captiver leurs suffrages, à maintenir un échange de bons procédés. Chez les pauvres aussi bien que chez les riches, la table était toujours mise : on y voyait constamment exposés un flacon rempli, un gobelet, du pain et du sel, pour fêter l'hôte arrivant. Quiconque entrait, le sabre au côté, et saluait le maître de l'habitation, pouvait prendre place à table; chaque personne invitée pouvait même amener, en toute liberté, plusieurs de ses amis avec elle.

Quand l'heure du banquet approchait, les trompettes donnaient le signal, qu'accompagnait le son des tambours ou le bruit d'une cloche. Alors se présentait, la canne à la main, le chef du service, suivi de nombreux valets; et il invitait les convives à passer dans la salle du festin.

Les anciens Polonais ne se mettaient pas à table avec les gens peu soigneux de leur honneur. Gornicki rapporte qu'on coupait la nappe devant les menteurs, tant on tenait aux règles de la probité.

Boleslas le Grand aimait beaucoup les banquets, et traitait souvent publiquement les colons qu'il attirait dans les villes. Lorsque l'empereur Othon III vint le visiter à Gnèzne (1000), il le traita avec la dernière magnificence, les tables étaient couvertes de vases d'or et d'argent, que chaque jour, à l'issue du repas, Boleslas faisait porter chez son hôte. Cette conduite ravit l'empereur d'admiration; et les chroniques disent qu'Othon, aussitôt de retour à Aix-la-Chapelle, envoya à Boleslas, comme un témoignage de sa reconnaissance, un fauteuil d'or massif, tiré du tombeau de Charlemagne, et sur lequel ce prince fut trouvé assis.

Le repas offert en 1363 par le conseiller de Krakovie Wiérzynek aux souverains réunis en cette ville, à l'occasion du mariage de l'empereur Charles IV avec la nièce de Kasimir le Grand, est cité comme l'un des plus remarquables de l'ancienne Pologne.

Quand l'assemblée des augustes convives eut été réunie à l'hôtel de ville, le souverain polonais voulut céder la première place à l'empereur romain; mais Wiérzynek pria que l'on s'en rapportât à lui à cet égard; ce qui lui ayant été accordé, il dit, en conduisant Kasimir à la place d'honneur, que cette place ne pouvait être occupée dans sa maison que par son maître et seigneur, auquel il devait tout. Vers la fin du banquet, on vit entrer un long cortége de valets avec des flambeaux; ils étaient suivis d'un majordome, portant sur un coussin de pourpre une riche boîte ciselée, ainsi que de quatre autres domestiques portant avec effort un grand plat en argent recouvert. Ce fût le moment où l'on introduisit du dehors les curieux, qui se précipitèrent en foule autour des balustrades élevées à une distance convenable du service. Le plat d'argent déposé sur la table, le couvercle fut enlevé à un signal de Wiérzynek, et les regards des spectateurs furent émerveillés à la vue des tas de pièces d'or amoncelées. Wiérzynek prononça alors un discours, où, après avoir célébré la richesse du pays et ses produits, il invita les augustes convives à se servir, à leur volonté, de ce mets de nouvelle façon, que l'on présenta à chacun d'eux selon son rang. Nul ne s'en fit faute; la chronique cite surtout l'empereur Charles et le roi de Chypre au nombre des plus friands. Le roi de Danemark ne s'oublia pas non plus, et s'adjugea pour sa part, avec la plus grande attention, cent ducats d'or. Le surplus disparut dans les larges manches des cardinaux, si bien que les valets n'eurent pas la peine de faire circuler le plat aux autres tables.

Touché de la générosité de son hôte, Kasimir lui demanda pourquoi, seul, il n'avait pas été compris dans le régal. — « O mon seigneur, répondit Wiérzynek en faisant un salut respectueux, Votre Majesté n'est pas simple convive ici, mais bien maîtresse absolue; tout ce qui s'y trouve, y compris ma personne, lui appartient. Mais je n'ai pas oublié un hommage plus digne d'elle. » Et, en achevant de dire ceci, Wiérzynek prit la boîte que le majordome tenait toujours, et la présenta, à genoux, à son souverain. Tous les convives s'attendaient à en voir retirer quelque objet d'une valeur extraordinaire; mais leur curiosité avide fut bien déçue, lorsque Kasimir en sortit un chapelet en grains de blé et une modeste croix de bois. L'allusion si touchante des grains de blé fut néanmoins comprise de tous les spectateurs; et la croix, faite avec des parcelles de la vraie croix, excita bientôt leur vénération. Kasimir porta avec respect cette relique à ses lèvres, et tendit la main en silence au conseiller. Wiérzynek avait sa récompense.

Witold, qui rêvait la couronne de Lithuanie, traita pendant sept semaines de suite le congrès de Luck (1429). On y consommait journellement sept cents bœufs, quatorze cents moutons, cent bisons, élans, sangliers, et sept cents tonnes d'hydromel, sans compter les autres boissons.

« Un dîner, dit Beauplan, capitaine d'artillerie au service de Sigismond III, un dîner donné par un sénateur, ou tout autre dignitaire polonais, coûte soixante à soixante et dix mille livres. Six magnats invités amèneront à leur suite soixante convives, quelquefois plus, qui tous prennent place avec eux à la même table, longue de cent pieds et couverte d'un riche service. Tout est dressé sur des plats d'argent. Dans un coin, près de l'entrée de la salle, est l'orchestre, qui joue durant le repas. Deux jeunes serviteurs présentent à chaque arrivant de l'eau dans une cuvette d'argent, pour se laver les mains, et deux autres des serviettes fines, pour se les essuyer : après quoi, l'hôte invite chacun de ses convives à prendre place selon son rang. Le vin le plus ordinaire que l'on boit coûterait, en France, quatre livres la bouteille (*). »

Le même écrivain rapporte que les banquets donnés pendant les diètes coûtaient souvent de cinquante à soixante mille florins.

Le Laboureur fait le récit suivant du premier repas que les Français, attachés à la suite de Marie de Gonzague, firent en Pologne, et dont les mets, fortement relevés, n'étaient pas du goût des étrangers.

« L'apprêt des viandes, dit-il, était fort beau et si bien arrangé, que les officiers ne se vantaient pas sans sujet d'avoir bien travaillé; car l'ordre et la matière plaisaient extrêmement aux yeux, et donnaient véritablement appétit. Mais ceux qui goûtèrent les premiers aux sauces n'y retournèrent pas; et, en peu de temps, on vit une tempérance merveilleuse, répandue généralement sur tous les Français. Il n'y eut que les Polonais qui s'en donnèrent à cœur joie, louant tout hautement le bon nombre d'épices, de safran et de sel que les cuisiniers avaient si libéralement prodigués. Ils eurent beau moyen de porter des santés aux nôtres, qui ne leur répondirent pas avec tant de franchise et de bonne chère. J'eus la curiosité d'y venir à diverses fois; et je puis dire que jamais tableau des noces de Cana ne me parut mieux représenté, car les plats et les mets étaient toujours en même état. Sur les pâtés, dont la plupart étaient dorés, il y avait les figures au naturel, avec plumes ou poil, de la bête dont ils étaient, et sur les plats mêmes; et cela fort proprement fait et planté, ou piqué dedans avec un fil d'archal. Ces objets entretenaient la vue, tandis que la musique, qui était à l'autre bout de la salle, divertissait l'esprit et l'oreille. Le dessert fut de plusieurs candis, de sucreries et de confitures, comme aussi de certaine gelée, dont on mangea également peu. C'est pourquoi ce qui se put sauver de là accourut à notre ordinaire, où nous mangions à la française toutes les viandes que les Polonais avaient fournies à nos pourvoyeurs (*). »

Le banquet que la ville de Dantzig offrit à la nouvelle souveraine, Marie de Gonzague, en février 1646, présenta, outre la magnificence déployée, quelques particularités dignes de remarque.

La table de la reine, encore plus splendidement servie que les autres, était ornée de trois pyramides en sucre peint et doré; toutes les trois se trouvaient décorées de figures historiques, avec divers mélanges d'aigles blancs et noirs, à cause des armes de Pologne et de Mantoue, ainsi que de nombreuses devises. La reine assise, l'écuyer tranchant, George Radziéiowski, lui présenta son assiette et sa serviette, enveloppées chacune dans une pièce de satin cramoisi. Il avait devant lui une grande pile d'assiettes en vermeil doré, pour changer à tous les plats, sur lesquels il passait, avant de les poser, un morceau de pain qu'il portait à sa bouche, et qu'il jetait ensuite dans une corbeille d'argent. L'héroïne de la fête n'en mangea pas de meilleur appétit, car tout était accommodé à la polonaise, c'est-à-dire, abondant en épices et presque consommé à force d'avoir bouilli. Dans tout le service, il n'y eut que deux perdrix, cuites à la française, qui se trouvèrent à sa guise.

Les mets étaient apportés par cinquante gentilshommes des premières familles du royaume, et fort riches, s'estimant très-heureux de la tâche qui leur était échue en cette occasion. Le grand échanson, François Ossolinski, fils unique du grand chancelier, servait la reine et touchait également des

---

(*) G. de Beauplan, Descriptio Ukrainæ.

(*) J. Le Laboureur, Relation du voyage de la reine de Pologne.

lèvres son verre avant de le lui offrir. Tout autour de la table se tenait une multitude de gentilshommes, tous fils de sénateurs et de palatins, qui portèrent la santé de la souveraine ; et, comme elle était présente, ils fléchirent le genou avant de boire, en signe de respect. La reine, après avoir porté la santé du roi son époux, but à celle des prélats et des sénateurs ses convives, qui l'avaient saluée de même en cérémonie, tous debout, à la mode de Pologne.

Le service de viandes enlevé, l'on ôta la nappe, sous laquelle il y en avait une autre de satin cramoisi, puis une de fleurs et réseaux à jour, d'or, d'argent et de soie, et, enfin, une troisième de toile blanche, que l'on couvrit de nouvelles pyramides, semblables aux premières, mais moins élevées. Le dessert se composait de cent coupes de vermeil, remplies de confitures et de sucre candi de toutes sortes, dont l'écuyer tranchant fit l'essai comme précédemment. Lesquelles, enlevées avec la nappe, laissèrent voir un autre tissu de satin cramoisi, qui servit à envelopper le tout. La table était recouverte d'un magnifique tapis de Turquie, mêlé d'or, d'argent et de soie.

La reine demeura encore quelque temps à table, jusqu'à ce que la foule, des plus nombreuses, se fût écoulée. Elle rentra alors dans ses appartements, charmée sans doute, mais harassée de fatigue. Il y avait quatre heures que la cérémonie durait.

D'après le témoignage de l'Anglais O'Connor, Jean Sobieski mangeait seul, et les seigneurs de la cour se tenaient respectueusement à ses côtés, lui présentant les objets dont il avait besoin. Ces mêmes magnats, qui, à table, ne lui parlaient que la tête découverte, l'admonestaient fort rudement à la diète.

Beaujeu dit, dans son Voyage en Pologne, qu'au banquet donné à ce monarque par Zamoyski à Szczebrzeszyn, les tables étaient ornées de pyramides de ducats en or, dont l'on pouvait prendre comme des autres plats composant le dessert.

Une solennité gastronomique dont les annales polonaises ont gardé le souvenir, est celle qui vint couronner, en 1732, les exercices du camp formé, sous Auguste II, entre Warsovie et le château de Willanow.

Après quinze jours de marches, contre-marches, d'attaques et de défenses simulées, le roi invita à un grand banquet les chefs des divers corps, et donna des ordres pour que les soldats fussent compris dans la fête. En conséquence, on leur fit un gâteau que l'on peut bien appeler *gâteau-monstre*, vu ses proportions énormes. Rien qu'en farine, soixante et quinze *korzec* de Pologne, ou approchant cinq tonnes de France, furent employés à sa confection ; qu'on ajoute à cela quatre mille huit cents œufs, un tonneau de lait, un tonneau de beurre et un tonneau de levain, et on aura un gâteau de trente pieds de long sur quinze de large et deux d'épaisseur. Un four dut être construit tout exprès pour sa cuisson.

Une fois cuit et parsemé d'une innombrable quantité de fleurs, on posa ce monument en pâte sur un char traîné par huit chevaux ; leurs harnais étaient garnis de *craquelins* (sorte de croquet). Des grenadiers précédaient le char triomphal, dont la marche à travers le camp s'opéra aux sons de la musique royale. L'auteur du gâteau, le maître pâtissier, marchait le premier de tous en tête du cortége, portant avec orgueil un couteau de sept pieds de longueur. Seize aides-pâtissiers complétaient l'ensemble de cette scène comique, et agitaient dans l'air des banderoles aux couleurs éclatantes et bariolées.

On voyait venir ensuite des voitures remplies de pièces de viande et de boissons de toutes espèces, ayant pour conducteur principal un homme couronné de pampre et représentant Bacchus : le dieu de la vendange tenait à la main une immense coupe dorée ; huit négrillons l'entouraient et lui formaient une garde d'honneur.

La procession terminée, le cortége burlesque s'arrêta devant le monarque, et, à un signal d'Auguste, le maître pâtissier et ses adjoints grimpèrent, à l'aide d'une échelle, au sommet du gâteau et commencèrent à le découper. La première part fut offerte, comme de juste, au roi; les suivantes aux personnes de la cour. La cuisson en était à point et le goût délicieux, parfait. Bacchus présenta ensuite à Auguste une coupe remplie de vin; après quoi, l'armée livra un assaut général au gâteau-monstre, qui disparut bientôt sous les vives attaques dont il était l'objet. Sa défaite fut célébrée par de nombreuses et interminables rasades.

Dans les temps reculés, la boisson la plus goûtée dans le Nord était l'hydromel. On l'appelait le breuvage des dieux; et la poésie fut, à cause de sa douceur, surnommée l'*hydromel d'Odin*, cette boisson ayant été importée de la Norwége et de l'Islande. Les vieux chants lithuaniens célèbrent fréquemment ses louanges.

L'eau-de-vie, inventée en Allemagne au quatorzième siècle, diminua un peu la consommation de la bière, le plus ancien breuvage des Polonais, et dont la chronique reporte même l'usage à l'époque fabuleuse des Piast. Déjà, en 1067, les brasseries de la Grande-Pologne et de la Silésie étaient citées pour la qualité de leurs produits. Mais, en dépit de la concurrence survenue, la bière demeura jusqu'à nos jours la boisson ordinaire des habitants.

Le vin ne fut d'abord admis qu'à l'église; plus tard, il prit place avec honneur aux festins. Mais, pendant longtemps importé exclusivement de la Hongrie, surnommée par Ossolinski la *cave de la Pologne*, ce ne fut guère qu'à partir de la fin du siècle dernier, que les vins de France et d'Espagne se virent introduits en quantité importante.

En Lithuanie, on consomme aussi beaucoup de cidre et de suc de bouleau.

Les anciens Polonais buvaient dans des cors; puis on reconduisait le convive jusque dans la rue, où l'on buvait encore à sa santé. Quelquefois même, on le suivait jusqu'à son logement · et là, on le sommait de vider le vase. Ils n'aimaient pas qu'on refusât de leur tenir tête, et le refus de boire fit plus d'une fois tirer les sabres hors du fourreau.

A l'occasion de l'arrivée de Henri de Valois dans le pays, l'opulent magnat Gorka tint ses caves ouvertes jour et nuit; et tous ceux qui voulurent s'y régaler purent le faire en pleine liberté.

« On reproche aux nobles polonais, dit Le Laboureur, d'être grands buveurs, mais c'est moins un vice d'ivrognerie qu'un excès de générosité : c'est que le vin est très-cher dans leur pays, qui n'en produit point. Ils en font venir d'Allemagne, de France, d'Espagne et de Grèce même; mais le meilleur et le plus ordinaire est celui de Hongrie, dont la voiture est beaucoup plus chère, quoique le pays soit plus proche, parce qu'elle ne peut se faire que par charrois, et avec beaucoup de difficulté et de danger, pour les montagnes et pour les partis de soldats ou de voleurs que l'on rencontre. Telle pièce leur coûtera cent et deux cents écus, et souvent cinquante, soixante et cent personnes en videront jusqu'à deux; et si les valets se mettent de la partie, comme quelquefois il plaît à celui qui traite, ils épuiseront un cellier. Ces régalades sont ordinaires : plus on boit, plus on les oblige; et c'est pourquoi ils contraignent à boire avec quelque sorte de violence ceux qu'ils traitent, afin de faire voir que leur affection est au delà de l'intérêt et de la dépense. »

Pris de boisson, le Polonais est expansif, généreux, prodigue même; il se dépouillerait de tout ce qu'il possède; et cette disposition est surtout exploitée par les juifs, qui en profitent pour pressurer les paysans.

L'habitude de boire démesurément ne gagna toutefois les hautes classes qu'au temps des deux Auguste; le souverain donna alors lui-même l'exemple; aussi l'on connaît le dicton qui prit naissance de là, et si souvent rappelé : *Quand Auguste avait bu, la Pologne était ivre.* A cette époque, celui qui ne buvait pas ou qui ne traitait pas, en livrant tout ce qui était chez lui, était appelé *italien*, *modérant*, etc. Les magnats entretenaient dans leurs châteaux des buveurs célèbres et expérimentés ; et, durant les festins, on portait successivement, à verres pleins, la santé des dames, du clergé, de la magistrature, de l'armée, des citoyens, des amis, *prosperitas publica*, *salus publica! Vivat!* Mais c'était surtout le dernier toast : *Kochaymy sie* (aimons-nous!) que personne n'aurait osé refuser.

L'écuyer tranchant de la couronne, Adam Nalencz Malachowski, possédait une coupe de la contenance de plus d'un litre, sur laquelle il y avait trois cœurs gravés, avec cette inscription : *Corda fidelium*. On se servait d'autres verres au début du repas ; la fameuse coupe n'arrivait qu'au dessert, et il fallait alors que chaque convive la vidât d'un seul trait ou recommençât une seconde fois. Ce seigneur fut cause de la mort de plusieurs personnes ; pourtant un frère quêteur de l'ordre des Bernardins but un jour six coupes pareilles, en feignant de ne pas pouvoir parvenir à les vider d'un trait. Après cet exploit, qui excita l'admiration de l'assistance, ce buveur modèle eut encore la force de monter en voiture sans secours.

Sous le règne du sobre Stanislas-Auguste Poniatowski, une meilleure éducation et le développement de sentiments plus élevés amenèrent la cessation des rasades immodérées. Une élégance de bon goût vint également présider au service de la table et tempérer le luxe ruineux qui s'était introduit, à cet égard, dès la fin du règne de Sigismond III. Les excès disparurent pour faire place à des plaisirs plus choisis et plus honorables.

L'usage qui s'introduisit, peu à peu, de prendre du café le matin, et surtout après dîner, contribua aussi beaucoup à produire un tel résultat. Le premier café fondé à Warsovie le fut par un employé de la cour d'Auguste II, en 1724 ; fréquenté d'abord par des Saxons seulement, il était situé derrière le jardin de Saxe. En 1763 s'ouvrit le second café de la capitale, dans la vieille cité, et tenu par sept sœurs. Mais ce genre d'établissement ne fut bien suivi généralement que vers l'année 1790.

Stanislas-Auguste Poniatowski, qui contribua si puissamment, par son insouciance et son inertie, à la chute du pays, fût du moins un protecteur zélé des lettres et des arts. Ses dîners littéraires du jeudi devinrent célèbres, et eurent lieu, chaque semaine, durant une grande partie de son règne. Il en avait puisé le goût lors de son séjour à Paris, où il fréquenta les maisons en renom, notamment le salon de madame Geoffrin. La différence de ces réunions avec celles de France consistait en ce que les unes se trouvaient sous la direction de la maîtresse du lieu, tandis que les autres relevaient uniquement du roi. Les sciences et les arts formaient l'objet principal de la conversation ; la politique n'était abordée que de loin. En général, l'esprit de Konarski, c'est-à-dire, celui des idées françaises adaptées aux choses nationales, présidait à ces assemblées, où Poniatowski semblait seulement se retrouver dans son élément ; aussi se montrait-il très-difficile dans le choix des convives. Les étrangers de distinction et les artistes célèbres visitant la Pologne obtenaient accès aux dîners du jeudi, ainsi que les jurisconsultes, savants, poètes, peintres nationaux, qui une fois admis l'étaient pour toutes. En présence des étrangers, on parlait français, et en leur absence polonais. La chère était exquise, mais sans trop de luxe ; les rasades ne se succédaient que peu à peu, *ad hilaritatem*.

Ces banquets, où le roi se mêlait à la classe éclairée de la nation, n'importe l'origine de sa naissance, déplurent à la noblesse ; mais Poniatowski ne tint pas compte, avec raison, de ses critiques, et persévéra dans la voie de plaisirs de bon goût et de gaieté franche qu'il avait inaugurée.

C'est à une de ces réunions du jeudi que le roi, après avoir porté le toast :

A la prospérité de la nation! ajouta : *Quel que soit le dire de la postérité sur Stanislas-Auguste, il lui restera toujours le mérite d'avoir chassé de la Pologne l'ivrognerie saxonne!*

JEUX DE CARTES.

Les cartes, qui apparurent en France à la fin du quatorzième siècle, pour la distraction du roi Charles VI, devenu fou en 1392, furent introduites en Pologne, par les Allemands, vers l'époque où l'on y connut également l'imprimerie; mais les Polonais, nationaux en toute chose, voulurent bientôt avoir leurs cartes à eux.

Thomas Ujazdowski trouva, transformées en carton, en décollant la couverture d'un livre imprimé en 1582, des cartes dont les personnages étaient revêtus de costumes polonais et guerriers. Selon tous les indices, elles avaient dû être fabriquées vers l'année 1500.

Le Volume de Lois fait aussi mention, en 1643, des cartes flamandes.

Il paraît qu'il n'y eut d'abord dans les jeux polonais que quatre cartes de chaque couleur, comme les *matadors* des cartes françaises. Plus tard, le nombre total s'accrut jusqu'à trente-six, et c'est encore celui d'aujourd'hui. La plus haute carte est l'as, la plus petite le six.

Déjà, du temps de Sigismond III, le clergé tonnait en chaire contre les joueurs; et pourtant, jusqu'au règne d'Auguste III, il eût été difficile de trouver des cartes dans les villes de province. Pendant longtemps, le jeu fut peu en faveur, et ce n'est, suivant l'abbé Kitowicz, qu'à compter de 1740 qu'il se répandit dans toutes les parties du pays. De ce moment, les jeux d'échecs et de dames furent mis de côté et remplacés par les jeux de cartes, que l'on fabriquait à Warsovie.

Parmi les jeux de société, nous citerons ceux nommés *kasztelan*, *druzbart* (en vogue chez le peuple), *kalabrak*; la comète, l'écarté, l'impériale, le whist. Parmi les jeux de hasard, on compte les suivants : *chapanka*, *tryszak* (*), *maryasz*, *pikiet*, *cwik* (espèce de bouillotte, mais bien plus ruineuse que la bouillotte française), *kwindecz*, *makao*, *stos*.

Mais de tous les jeux, le plus fatal était celui du *pharaon*, qui fit fureur en Pologne à la fin du siècle dernier. Joué avec des cartes françaises, il avait accès partout, dans les réunions de famille, dans les bals de la haute société, et même au château royal. Souvent l'enjeu d'une carte se montait à cent mille florins; aussi une seule nuit engloutissait des palais, des terres, des fortunes entières. Toutes ces dettes étaient payées avec exactitude; car, lorsque le sentiment de loyauté ne suffisait pas, ce qui était fort rare, les tribunaux permettaient de faire des saisies pour les obligations contractées au jeu.

Malgré l'engouement des Polonais, les maisons publiques de jeu ne furent jamais tolérées en Pologne. C'est un fait à constater à la louange de l'autorité.

MARIAGES DES NOBLES.

Nulle part peut-être les mariages n'étaient célébrés d'une manière plus imposante qu'en Pologne. En cette occasion les magnats, déjà si prodigues dans les autres, se surpassaient en luxe et en magnificence. Quelquefois même le monarque honorait ces solennités de sa présence; dans le cas contraire, il s'y faisait presque toujours représenter par un envoyé, qui apportait, de sa part, des présents aux mariés. C'est ainsi que certaines circonstances, réunissant le trône, les grands et la noblesse, formaient, pour ainsi dire, des liens de famille entre ces trois nuances de la société.

Les mariages de la petite noblesse se distinguaient également par beau-

---

(*) A l'occasion de ce jeu, nommé aussi jadis *fluss*, Jean Kochanowski rapporte le fait suivant : « Sigismond Ier jouant au fluss « avec deux sénateurs, compta trois rois, « bien qu'il n'en eût que deux dans son jeu; « mais c'est qu'il se comptait lui-même, et, « par ce moyen, il gagna la partie. »

coup d'éclat et une hospitalité sans bornes, traitant avec profusion tous ceux qui se présentaient. Jamais noces ne se passaient chez elle sans festins splendides, sans musique, et sans de nombreuses réjouissances, auxquelles prenait part tout le voisinage.

D'autres usages étaient encore observés. Jamais on ne donnait en mariage la fille cadette avant l'aînée. La fiancée, prête à partir pour l'église, s'asseyait sur un tapis, puis on lui posait sur la tête une couronne de romarin, tressée autour d'une branche bénite, et on plaçait entre les feuilles un ducat d'or ou un morceau de sucre. Celle qui désirait acquérir de l'empire sur son époux, tâchait de mettre, sans qu'on le remarquât, le pied la première sur le tapis en avant de l'autel, ou bien s'efforçait d'avoir la main au-dessus de la sienne, quand le prêtre les unissait. Pendant le repas, le jeune marié, voulant faire preuve d'adresse, découpait une volaille en l'air : c'était un moyen de plus de plaire à sa bien-aimée. Au dessert, les jeunes gens rivalisaient à qui le premier se glisserait, inaperçu, sous la table et enlèverait le soulier ou la jarretière de la mariée. On remplissait ensuite la chaussure ravie de vin, et cette coupe improvisée faisait le tour parmi les hommes. Plus tard, cet usage, qui blessait la délicatesse de quelques-uns, fut modifié : on plaça un verre dans le soulier, et dès lors nul n'éprouva plus de répugnance à porter la santé de l'héroïne de la fête.

Le mariage de Jean Zamoyski avec la marquise d'Arquien, en 1657, offrit quelques particularités dignes de mention.

Arrivé à Warsovie, Zamoyski offrit le premier jour à sa fiancée, en présence du roi et de la reine, une bague en diamants, et, le lendemain, une couronne composée des mêmes pierres précieuses. Le troisième jour eut lieu la cérémonie du bain de la fiancée, qui invita ses amies à venir lui tenir compagnie. Dans un salon disposé à cet effet, était une vaste baignoire en marbre, placée sur une estrade où l'on parvenait au moyen de six marches; des tuyaux en argent versaient dans la baignoire des eaux parfumées. La fiancée, ayant achevé de prendre son bain, trouva dans une pièce voisine une magnifique toilette, ornée de riches dorures et de perles, puis une robe de toute beauté, dont elle se para. Douze pages la conduisirent ensuite, à la lueur des torches allumées, aux appartements de son fiancé, où l'attendaient un somptueux déjeuner et un concert.

Le jour fixé pour le mariage, en se rendant de son palais à la cour, où se trouvait encore sa fiancée, Zamoyski déploya une pompe vraiment orientale. Cent hayduks ouvraient la marche du cortége; puis venaient cent valets à la livrée du grand général; quarante courtisans montés sur des coursiers magnifiquement harnachés; vingt-quatre écuyers conduisaient les plus beaux chevaux de ses écuries; six trompettes; dix-huit pages en satin à ses couleurs; deux cents de ses amis et courtisans, rangés deux à deux. Enfin paraissait à cheval Zamoyski, vêtu d'un *zupan* d'étoffe perse, bordé de zibeline; son bonnet et la garde de son épée étincelaient de perles et de riches pierreries; son cheval avait un harnais d'une valeur immense. Vingt magnats, non moins splendidement habillés, l'entouraient et lui servaient d'escorte.

L'archevêque Leszczynski donna la bénédiction aux nouveaux époux. Le roi les traita ensuite avec magnificence, et, accompagné de la reine, les reconduisit, dans ses propres carrosses, à leur demeure.

Lorsque la fille du célèbre grand maréchal George Lubomirski épousa à Lancuta, en 1661, Stanislas Potocki, douze canons tirèrent pendant plusieurs jours de suite des salves d'artillerie. Douze cents soldats se tenaient jour et nuit sur les parapets du château, ainsi que six cents Hongrois. Le service de la table était fait par six cents fantassins. Plus de quinze cents personnes de distinction, qui avaient apporté de riches présents à la mariée, furent traitées durant trois jours par le maréchal. Le château ne suffisant pas pour les loger, elles et leurs suites, on dut construire quarante salles en bois.

Le journal de Françoise Krasinska contient, au sujet des mariages de la noblesse, des détails intimes remplis de charme. Ils offrent un tableau complet de tout ce qui avait trait aux fiançailles et aux cérémonies nuptiales.

....

« Ma sœur Barbe va se marier à la fin du carnaval; elle épouse M. le staroste Michel Swidzinski, fils du palatin de Braclaw. Hier, il a demandé la main de Barbe à ma mère, et demain les fiançailles!

....

« Les fiançailles ont été célébrées hier. Le dîner a été servi à l'heure ordinaire. Quand Barbe est descendue au salon, ma mère lui a donné une pelote de soie à défaire; elle était rouge comme une flamme; ses yeux étaient fixés à terre; tous les regards se dirigeaient sur elle; M. le staroste ne la quittait pas; le petit Mathias (le fou) riait avec son air malin, et faisait mille plaisanteries qui divertissaient toute la société; on riait aux éclats; moi, je ne comprenais pas la finesse de ces plaisanteries, mais je riais plus que les autres.

« Quand, après le dîner, les gens de service se furent retirés, le palatin, aidé de son neveu l'abbé Vincent, amena M. le staroste devant mes parents, qui étaient assis sur un sopha. Le palatin adressa à mon père un discours, en lui demandant la main de Barbe pour son fils. Après quoi, il plaça sur un plateau, soutenu par l'abbé Vincent, une bague enrichie de diamants, qui lui venait de ses ancêtres. L'abbé prononça aussi son discours, mais il y mêla tant de latin qu'il m'a été impossible de le comprendre.

« Mon père répondit d'une manière favorable aux deux discours; et ma mère, en y joignant quelques paroles, plaça sur le plateau une bague garnie de superbes diamants, avec la miniature d'Auguste II, que son père avait reçue de ce monarque.

« Barbe, viens auprès de moi, » dit alors mon père; mais la pauvre enfant était si confuse, si tremblante, qu'elle pouvait à peine marcher; je ne comprends pas comment elle a pu faire ces trois ou quatre pas; enfin, elle s'est mise près de mon père, et l'abbé Vincent a donné la bénédiction nuptiale en latin. Un des anneaux a été remis à M. le staroste, et l'autre à ma sœur; c'est son fiancé qui l'a placé au petit doigt de sa main gauche, appelé cordial, *serdeczny*; ensuite le fiancé a baisé la main de Barbe, et celle-ci lui a, à son tour, offert sa bague; mais elle était si émue, qu'elle ne put la faire entrer au bout de son doigt. M. le staroste lui a baisé la main encore une fois, après quoi il s'est jeté aux pieds de mon père et de ma mère, en jurant de se consacrer au bonheur de leur fille chérie. Mon père a rempli une grande coupe de vieux vin de Hongrie; il a porté le toast des nouveaux époux, et tous les assistants ont bu à la ronde dans la même coupe.

....

« Mon père a fait écrire les lettres de communication du mariage, et les expédie par les chambreurs sur plusieurs points de la Pologne. Le plus grand de nos chambreurs et un écuyer richement équipé partent dans deux jours, pour aller porter des lettres au roi et aux princes, ses fils, au primat et aux principaux sénateurs.

« Hier, il y a eu un grand souper d'apparat; la musique n'a pas cessé de jouer; on a porté des toasts à l'heureux couple, et les dragons ont tiré force coups de carabine.

« Ce matin, toute notre cour est allée à la chasse, pour ne pas manquer au vieil usage qui dit que cela porte bonheur aux mariés; et, avant la chasse, la fiancée était obligée autrefois de montrer le bas de sa jambe aux chasseurs. Dieu merci! cette dernière coutume n'existe plus.

....

« Ma mère est tout occupée du trousseau; elle ouvre ses armoires, ses coffres; elle en tire de la toile, des draps, des fourrures, des rideaux, des tapis.

« Dans le garde-meuble il y a quatre

grands coffres d'argenterie, qui nous sont également destinés. Mon père s'est fait apporter celui de Barbe, puis l'a ouvert et examiné attentivement ; il sera envoyé à Warsowie pour faire nettoyer les pièces qui le composent.

« Le trousseau sera magnifique.

« J'ai parlé d'une pelote de soie que ma mère avait remise à Barbe le jour de ses fiançailles ; eh bien, c'était pour faire une bourse à M. le staroste. Barbe travaille à cette bourse du matin au soir : c'est comme une épreuve de son soin et de sa patience, car il lui a fallu d'abord débrouiller la soie sans qu'elle perde rien de sa fraîcheur et sans la casser. Tout cela s'est fait admirablement. Barbe peut se marier en toute sûreté, le petit-Mathias convient de sa vocation.

....

« Presque toutes les personnes qui ont été invitées pour le jour du mariage ont répondu qu'elles acceptaient ; mais le roi et les princes ses fils enverront leurs représentants, à mon grand regret.

....

« Les invités commencent à arriver ; on vient des endroits éloignés. Malgré la grandeur des appartements, tout le monde ne pourra pas être logé au château ; on fait des préparatifs à la ferme, chez le curé, et même dans les meilleures chaumières des paysans, pour recevoir quelques-uns de nos hôtes.

« Les cuisiniers et les pâtissiers sont en rumeur ; la blanchisserie est dans une activité perpétuelle ; le trousseau est à peu près terminé, et aujourd'hui on a expédié à Sulgostow (demeure du fiancé) les lits, deux caisses remplies de matelas, des oreillers, des tapis, un coffre d'argenterie, et mille autres choses. Les lits sont en fer et d'un très-beau travail ; les rideaux sont en damas bleu et retenus aux quatre coins par des bouquets de plumes d'autruche, panachés bleus et blancs. Mon père a inscrit dans un grand livre la note exacte du trousseau.

....

« C'est donc demain le mariage de Barbe ! Il y a foule au château. Le ministre Borch, le représentant du roi, est arrivé ; celui du duc de Kourlande aussi : c'est Kochanowski, fils du castellan. Les invitations étaient faites pour hier au soir, et tout le monde a été exact au rendez-vous.

« L'entrée des nouveaux venus était magnifique ; tout avait été préparé pour leur réception ; des exprès les avaient devancés, et nos dragons, rangés en bataille, présentaient les armes à chaque seigneur qui arrivait. On tirait des coups de canon, et la mousqueterie faisait un feu roulant. La musique se faisait entendre par intervalles ; enfin, je n'ai jamais rien vu de si beau, de si animé et de si imposant que cette réception. On pense bien qu'on avait réservé des honneurs tout particuliers à M. le représentant du roi ; mon père, la tête découverte, l'attendait sur le pont-levis, et, pour arriver au château, il traversa une haie composée de notre cour, de nos hôtes et de tous les gens de la suite ; il recevait de droite et de gauche de profondes salutations, et les *vivat* n'ont pas cessé de se faire entendre.

« Aujourd'hui, au milieu d'un grand concours de monde et en présence des témoins désignés, on a dressé l'acte de mariage. Les cadeaux faits à la mariée sont superbes et du meilleur goût. M. le staroste lui a offert trois rangs de perles d'Orient et des boucles d'oreilles en diamants, avec leurs girandoles ; le palatin, son père, une grande croix en diamants, une aigrette et un diadème ; son frère le colonel, toujours aimable et plein de galanterie, a donné à Barbe une montre et une charmante chaîne venant de Paris. M. l'abbé Vincent lui a fait un présent bien digne de lui, il lui a offert plusieurs reliques ; enfin on la comble.

....

« Notre petit Mathias dit : « Que « cent chevaux lancés après Barbe ne « sauraient plus l'atteindre. » Elle est madame la starostine !

« Hier, dès le matin, nous sommes allés à l'église de Lissow ; les deux époux se sont confessés et ont communié à la grand'messe; ils étaient à genoux devant le maître-autel, et, après la messe, le curé leur a donné sa bénédiction.

« En rentrant au château, on déjeuna, et le repas fut servi avec un luxe extrême.

« Après le déjeuner, Barbe monta dans son appartement, et ma mère, suivie de douze dames, présida à sa toilette. Elle mit une robe de satin blanc avec des raies moirées, garnie d'une blonde de Brabant brodée en argent. Sa robe avait une longue queue. Elle portait à son côté un bouquet de romarin, et sur sa tête un petit bouquet des mêmes fleurs, retenu par une agrafe en or, sur laquelle étaient écrites en vers la date du jour de son mariage et les félicitations qu'elle reçut à cette occasion. Barbe était fort belle avec cet ajustement, mais ma mère ne voulut pas qu'elle mît ses bijoux. Elle croit que cela porte malheur. « Celle « qui porte des bijoux le jour de ses « noces, dit-elle, pleurera des larmes « amères tout le reste de sa vie. »

« Dans le bouquet que ma mère avait placé au côté de Barbe, il y avait un ducat d'or frappé le jour de sa naissance, un morceau de pain et un peu de sel. On a chez nous cet usage, et on dit que, lorsqu'on l'observe, on ne manquera jamais de ces trois choses de première nécessité. On a encore une autre précaution symbolique : on ajoute un petit morceau de sucre, pour adoucir les peines du mariage.

« Nous avions précédé Barbe dans le salon ; nous étions douze jeunes filles, toutes habillées de blanc, avec des fleurs dans les cheveux. La plus âgée de nous venait d'atteindre sa dix-huitième année. Le colonel et l'abbé Vincent nous attendaient près de la porte d'entrée ; puis vint au-devant de nous M. le staroste, avec douze chevaliers ; on portait derrière eux un grand plateau couvert de fleurs. Chaque bouquet était composé de romarin, de myrte, de branches de citronnier et de fleurs d'oranger, et était attaché par des rubans. Nous avions chacune des épingles en or et en argent pour les fixer au côté.

« Ceux qui n'avaient aucun droit aux bouquets nous en ont demandé, et nous les donnions de bonne grâce. En un instant, la pyramide de fleurs a disparu. Tout le monde était enchanté, et le salon, tout rempli de fleurs, paraissait un jardin.

« Toute la société avait les yeux fixés sur la porte d'entrée. Bientôt les deux battants s'ouvrirent, et Barbe, tout en pleurs, entra soutenue par deux dames. M. le staroste la regardait d'un air touchant, et, s'approchant d'elle, il lui prit la main pour la conduire devant nos parents ; ils se mirent tous deux à genoux pour recevoir la bénédiction paternelle. Tout cela se passait au milieu d'un attendrissement général. Après avoir reçu la bénédiction, les mariés ont fait le tour du salon, et chacun leur a adressé des souhaits ; ensuite, on s'est rendu à la chapelle du château. L'abbé Vincent se tenait debout devant l'autel. Le ministre Borch, représentant du roi, et Kochanowski, représentant du duc de Kourlande, offrirent la main à Barbe, et M. le staroste offrit la sienne à mademoiselle Malachowska, fille du palatin, et à moi. Mes parents, le reste de la famille et nos hôtes marchaient deux à deux. Le silence était si profond, qu'on entendait le frôlement des robes de soie. Des cierges en grande quantité brûlaient autour de l'autel, et un riche tapis, brodé d'or et d'argent, en recouvrait les marches ; deux prie-Dieu en velours rouge, l'un brodé aux armes des Kradsinski, l'autre aux armes des Swidzinski, étaient destinés aux époux.

« Ils se mirent à genoux ; les demoiselles étaient à droite et les cavaliers à gauche de l'autel ; moi, je soutenais un plateau d'or sur lequel étaient les deux anneaux nuptiaux ; mon père et ma mère se tenaient debout derrière Barbe, et M. le palatin derrière son fils.

« Après l'échange des anneaux, les mariés se sont jetés aux pieds de mon père et de ma mère, pour leur demander de nouveau leur bénédiction; et, à un signal du maître des cérémonies, les musiciens et des chanteurs italiens, amenés exprès, se mirent à jouer et à chanter, tandis qu'au dehors nos dragons tiraient des coups de carabine et de canon.

« Quand ce bruit cessa et qu'il fut possible de s'entendre, mon père adressa aux mariés un discours fort attendrissant, qu'il termina en bénissant ses enfants; puis vinrent de toutes parts des félicitations, et l'on rentra dans le salon, où l'on ne tarda pas à venir annoncer que le dîner était servi.

« La table était très-grande et formait la lettre B; le service était magnifique : au milieu, il y avait une pyramide en sucre, haute de quatre pieds, et à laquelle un confiseur français avait travaillé pendant deux semaines; elle représentait le temple de l'Hymen, orné de figures allégoriques; mais, par-dessus tout, on remarquait les armes des Krasinski et des Swidzinski entourées d'inscriptions françaises. Outre cela, il y avait une quantité d'autres belles choses, des figures en porcelaine, des corbeilles d'or et d'argent; enfin notre table était tellement encombrée, que notre nain Pierre n'aurait pas pu y circuler. Il m'a été impossible de compter les plats, et l'échanson aurait grand' peine à dire le nombre de bouteilles qui ont été bues : c'est à l'infini; mais, pour en donner l'idée, je dirai qu'un tonneau de vin de Hongrie a été vidé pendant le repas: on l'appelait le *vin de mademoiselle Barbe*. Mon père l'acheta le jour de la naissance de Barbe pour qu'il fût servi à son mariage, suivant l'ancien usage des Polonais. Chacune de nous a son tonneau de vin, et notre échanson m'a dit que si le mien reste en cave encore deux ans, il sera parfait.

« Il y a eu des toasts innombrables : on a bu aux nouveaux mariés, à la république, au roi, au duc de Kourlande, au prince primat, au clergé, au maître et à la maîtresse de la maison, aux dames; et, après chaque toast, on brisait les bouteilles, on sonnait la trompette et on tirait des coups de canon.

« A la fin du dessert, un calme profond succéda à tout ce bruit; nous pensions que mon père allait donner le signal pour qu'on se levât de table, mais nous nous trompions fort : il appela le maître d'hôtel, lui dit quelques mots, et celui-ci revint portant une boîte en maroquin noir que je n'avais pas encore vue. Mon père l'ouvrit; il en tira une coupe en or, enrichie de pierreries : elle avait la forme d'un corbeau; il la montra à toute la société, et dit qu'elle lui venait par succession des anciens Romains de la famille des Corvins, et qu'il ne l'avait jamais touchée depuis le jour de ses noces; ensuite, il prit des mains de l'échanson une grande bouteille toute couverte de sable, attestant une respectable antiquité. Il nous dit avec un certain orgueil que ce vin était centenaire; il le vida tout dans la coupe sans en laisser une goutte; mais, comme elle n'était pas suffisamment pleine, il la remplit avec le même vin d'une autre bouteille; ensuite, il but le tout d'un trait *à la prospérité des nouveaux mariés*. Le toast fut reçu avec enthousiasme, et la musique recommença à jouer de plus belle et le canon à gronder de son mieux. La coupe fit le tour de la table, et sa vertu était telle, qu'elle parvint à faire boire encore une centaine de bouteilles de vieux vin; après le coup de grâce, chacun quitta la table comme il put.

« Il faisait déjà tout à fait nuit. Les dames montèrent dans leurs appartements pour changer de toilette; mais la mariée et nous autres demoiselles nous restâmes comme nous étions. Vers sept heures, quand les vapeurs du repas commencèrent un peu à se dissiper, on parla de danse, et le représentant du roi ouvrit le bal avec Barbe. On dansa d'abord des polonaises, des menuets et des quadrilles; mais, comme on s'animait de plus en plus, on en vint aux mazureks et aux krakoviaks. Selon l'usage, celui qui est en première ligne chante des couplets que les autres répètent. Au moment où il dansait avec Barbe, le représentant du duc de Kourlande en improvisa un dont voici à peu près le sens : « Aujourd'hui, je ne voudrais « être ni roi, ni palatin ; je n'ambi- « tionne que le bonheur du staroste : « il a su mériter la plus accomplie des « femmes. »

« On suspendit le bal et les toasts, qui se succédaient comme si de rien n'était, pour placer une chaise au milieu du salon. La mariée y prit place, et les douze demoiselles se mirent à défaire sa coiffure en chantant d'un ton lamentable : « Ah ! Barbe, c'en est « donc fait, nous te perdons. » Ma mère lui ôta sa guirlande, et madame la palatine Malachowska lui mit à la place un bonnet de dentelle.

« La cérémonie du bonnet achevée, on se remit à danser, et, par respect pour l'usage introduit par la nouvelle cour, on fit danser le *drabant* à la mariée avec le représentant du roi, puis la musique joua une grave polonaise : le palatin Swidzinski offrit la main à la mariée, et tour à tour elle dansa avec tous les hommes de la société, ce qui termina le bal.

« Les vieilles dames s'emparèrent de Barbe et la conduisirent dans la chambre qui était préparée pour elle et pour son mari. On m'a dit que ce fut encore l'occasion de nouveaux discours très-touchants, de recommandations, de félicitations, de pleurs...
....

« Barbe est allée habiter la demeure de son époux ; je l'ai accompagnée.

« Un peu avant d'arriver à Sulgostow, nous rencontrâmes le palatin et l'abbé Vincent, qui nous avaient devancés pour recevoir les jeunes époux.

« Les paysans, ayant l'homme d'affaires du staroste à leur tête, nous attendaient à la frontière du domaine de Sulgostow ; ils arrêtèrent notre carrosse et nous offrirent le pain et le sel. Le doyen d'âge des paysans prononça un discours, après lequel ils crièrent tous : *Vivent cent ans les nouveaux époux!*

« A notre entrée dans la cour du château, une compagnie de hussards tira des coups de fusil, et leur capitaine nous présenta les armes. Le palatin, avec toute sa cour, nous reçut à la première porte ; les acclamations partaient de tous les côtés.

« M. le staroste offrit ensuite à madame la starostine un énorme trousseau de clefs, et dès le lendemain elle avait pris les rênes de son gouvernement. »

Ceci se passait en 1759. La marche des événements abolit depuis maint usage et modifia les autres. En consultant les archives de sa famille, un habitant du palatinat de Krakovie put établir, en 1828, l'échelle décroissante que voici : les noces de son trisaïeul durèrent huit jours, et on y vida dix tonneaux de vin ; celles de son bisaïeul cinq jours, on vida sept tonneaux ; celles de son grand-père trois jours, on vida un tonneau ; celles de son père vingt-quatre heures, on but cent bouteilles ; les siennes une soirée, on but du vin de Champagne seulement, en petite quantité, au souper ; et enfin, à celles de son fils, faites sans bruit, on se contenta de douze tasses de thé.

OBSÈQUES DES NOBLES.

Les obsèques des magnats polonais ne le cédaient guère en pompe et en magnificence aux funérailles des rois. Comme à celles-ci, trois cavaliers portaient le glaive, la lance et une flèche appartenant au défunt ; ils entraient au galop dans l'église, vers la fin de la cérémonie, et brisaient ces armes contre le sarcophage élevé.

La présence des envoyés que les souverains députaient souvent, et qui étaient chargés de tenir leur place, ajoutait encore à l'éclat de ces solennités. Les annales du pays fourmillent d'exemples semblables ; nous nous contenterons de rapporter celui qui concerne les obsèques du grand général de la couronne Joseph Potocki, mort en 1751.

On les recula du mois de mai, époque du décès, au mois de septembre, et tout ce temps fut employé aux préparatifs de la cérémonie funèbre, qui se fit à Stanislawow et dura quatre jours entiers. On y comptait, réunis, dix évêques, soixante chanoines, douze cent soixante quinze prêtres du rit latin et quatre cent trente du rit grec. Pour l'aide qu'ils prêtèrent durant les obsèques, les chanoines reçurent chacun vingt ducats de Hollande (onze francs le ducat), et les autres ecclésiastiques douze ducats. Les largesses ne s'arrêtèrent pas là envers eux, et, pendant les trois jours suivants, on distribua un ducat à chaque membre attaché à l'église, lequel se vit, en outre, traité d'une manière splendide dans des habitations disposées à cet effet : l'hydromel, la bière, le vin, l'eau-de-vie coulèrent en abondance, et quant aux autres parties du service, rien ne fut négligé pour donner une haute idée de la libéralité du défunt. Il y avait également au château douze tables constamment couvertes de mets, et à chaque dîner on buvait vingt tonneaux de vin de Hongrie et onze de vin de Bourgogne, de Champagne et du Rhin.

Cent vingt canons, appartenant depuis des siècles et par droit de conquête à la famille du grand général, ne cessèrent pendant six jours de suite de lancer des salves d'artillerie.

SEMAINE SAINTE.

Chez un peuple aussi pieux que le peuple polonais, les cérémonies de l'Église devaient nécessairement avoir un grand retentissement; celles qui se rapportaient à l'époque la plus vénérée des fidèles, la semaine sainte, étaient surtout scrupuleusement suivies. Durant ce laps de temps, les Polonais mettaient de côté tout plaisir, toute affaire, et se livraient exclusivement aux pratiques religieuses; se préparant par la confession et la prière à la grande solennité de Pâques. Les souverains donnaient les premiers l'exemple de la piété; et l'archiduchesse Constance d'Autriche, épouse de Sigismond III, avait coutume de visiter, pendant les jours saints, les pauvres et les malades, auxquels elle portait des secours; elle passait même toute la nuit du vendredi saint à l'église, où elle restait jusqu'au moment de l'alléluia.

Chaque jour de cette grande semaine offrait quelques particularités nationales, que nous allons relater.

Le jeudi saint, en souvenir du Sauveur qui prêcha l'amour du prochain et en donna un exemple touchant envers ses disciples, un haut dignitaire ecclésiastique lavait les pieds à douze pauvres vieillards, qui prenaient ensuite place à la table royale. Le monarque, aidé des grands de sa cour, les servait lui-même; et chaque convive recevait, en cette occasion, un habillement complet, un couvert d'argent et une serviette, dans laquelle était noué un ducat en or. Il arriva, sous le règne de Stanislas-Auguste, que, sur les douze vieillards auxquels l'archevêque Naruszewicz lava les pieds, onze avaient dépassé la centaine; le douzième comptait cent vingt-trois ans d'existence : à eux tous, ils formaient un total de treize cents années.

Durant ce même jour, les cloches ordinaires des églises se voyaient remplacées par des cloches en bois et des grelots. A peine le grand grelot de la cathédrale se faisait-il entendre, que les jeunes gens couraient dans les rues, en agitant de petits grelots, et remplissaient de ce bruit la cité entière.

Le vendredi saint était consacré à visiter, en habits de deuil, à peu d'exceptions près, les tombeaux élevés dans les diverses églises, en l'honneur du martyre de Jésus-Christ. Il était aussi d'usage, dans nombre de villes et même de villages, de représenter ce martyre en action. On chargeait de chaînes celui qui devait remplir le personnage du Sauveur; on lui attachait une couronne d'épines sur la tête et une croix sur le dos; puis, escorté de soldats et assisté d'une autre personne qui jouait le rôle de Cyrène, il était conduit par la ville; et, lorsqu'il succombait sous le fardeau, on le battait de verges, en criant : *Marche, Jésus!*

Les jeunes gens de Warsovie habillaient également un mannequin en Judas, dans la poche duquel on mettait une bourse remplie de trente morceaux de verre, rappelant les trente pièces de monnaie données à l'apôtre qui trahit son maître. Ce mannequin, après avoir été traîné par les rues, où on lui faisait mille outrages, et précipité du haut des tours de l'église Notre-Dame, était noyé dans les flots de la Wistule.

Jadis les flagellants, vêtus de capes grises, faisaient ce jour-là des processions, et se fustigeaient publiquement dans les églises, au moment du *Miserere*, en mémoire des souffrances endurées par Jésus-Christ. Cet usage révoltant, quoique affaibli par la disparition de la secte, fut continué encore pendant longtemps par nombre de personnes, et ne céda entièrement que devant les progrès de la civilisation (*).

(*) La première apparition authentique des flagellants en Pologne date de l'année 1260, et cette secte fanatique, jusque-là secrète, compta bientôt un grand nombre d'adeptes. Leur costume était orné d'une croix, et une espèce de capuchon cachait presque entièrement les traits de leur visage. Ils se découvraient jusqu'à la ceinture, dans les moments de ferveur, et montraient leur corps tout meurtri par les coups. C'est dans cet état, qu'après s'être fustigés à l'église, ils se rendaient au cimetière, où ils s'agenouillaient, le front courbé dans la poussière. Bientôt paraissait leur chef, qui s'écriait, en touchant chacun d'eux : *Relève-toi, Dieu fait grâce à tes péchés!* Ils entonnaient alors un pieux cantique et se prosternaient de nouveau, toutes les fois qu'ils arrivaient à la passion du Sauveur.

Ces dehors d'austérité exercèrent une grande influence sur l'esprit du peuple; aussi les flagellants, se recrutant de jour en jour et d'une manière formidable parmi les deux sexes, inspirèrent des inquiétudes. Le clergé prit l'initiative de la répression, vers 1351, par l'entremise de l'archevêque de Gnèzne Jaroslaw; quelques années après, en 1372, un synode, convoqué à Kalisz, supprima complètement cette secte. On pense toutefois qu'il en restait encore quelque débris dans le pays, lorsque le duc d'Anjou, plus tard Henri III, y vint, et que c'est d'eux qu'il prit le goût des momeries religieuses importées par lui en France.

Golembiowski rapporte que le samedi saint, dernier jour de carême et d'abstinence, les gens attachés aux cours des seigneurs avaient pour coutume de pendre, au moyen d'une longue corde, un hareng à un arbre, comme punition des tourments que ses pareils avaient fait subir à leurs estomacs pendant six semaines.

Dans la soirée de ce même jour commençait pour les fidèles un retour de joie, sous le nom de *Résurrection*. On tirait autrefois, à cette occasion, le canon et les mortiers; on brûlait du goudron devant les églises; et la cour entière assistait à l'office, durant lequel le roi et les hauts dignitaires suivaient la procession, qui se faisait dans l'intérieur de la cathédrale. Les mêmes cérémonies avaient lieu, à la même heure, dans toutes les autres églises.

Avec Pâques arrivent les nombreuses réunions et les grandes réjouissances; peu de nations célèbrent cette solennité avec autant d'entraînement et d'apparat. Après avoir entendu la messe, chaque famille se réunit, avec ses amis, pour prendre part au banquet du *béni (swięconé)*, usage que Golembiowski dit être particulier à la Pologne. Chez les riches, les tables ploient ce jour-là sous le poids des mets, qui, sans exception, sont tous froids. Les plus pauvres ont sur la leur un gâteau, du porc, des œufs durs; et, en offrant à leurs convives le quart d'un œuf, ils leur souhaitent beaucoup de bonheur. Un agneau en beurre, souvent de grandeur naturelle, est le plat fondamental de toute table bien garnie, à part la représentation culinaire de nombre de choses analogues à la circonstance. Ainsi au béni donné par le conseiller Nicolas Chroberski, et dont le courtisan Pszonka a laissé une description, on voyait un gâteau énorme, de quatre aunes de circonférence, sur lequel se trouvaient placés, à distance les uns des autres, les douze apôtres en pâtisserie; on admirait surtout Judas avec sa plaisante figure de safran et ses cheveux roux. Au milieu du gâteau était Jésus-Christ, et au-dessus de lui un ange, suspendu par un fil imperceptible, planait dans les airs et portait cette devise : *Resurrexit, sieut dixit, Alleluia!* Plus loin, à un autre endroit de la table, Ponce-Pilate ravissait une saucisse de la poche de Mahomet; et chacun riait de cette double épigramme lancée contre les juifs et les Turcs, qui, d'après les préceptes de leurs religions, ne doivent point manger de viande de porc. Une œuvre plus remarquable, était une pièce de pâtisserie renfermant dans son sein un lac d'hydromel blanc, où nageaient des poissons en or et des nymphes, sur lesquelles Cupidon décochait des flèches. La nappe recouvrant la table était cousue en forme de croix. Vers la fin du repas, de jeunes garçons entrèrent, qui, en échange de leurs oraisons, *oracya*, se virent comblés de viandes, d'œufs et de gâteaux.

Le béni donné à Dereczyn par le palatin Sapiéha, sous le règne de Wladislas IV, et auquel assistèrent beaucoup de dignitaires de la couronne, mérite également d'être cité. L'*Agnus Dei*, avec son drapeau, y tenait la place de rigueur; les seules personnes qui en goûtèrent furent les dames, les membres du clergé et les hauts fonctionnaires. On y voyait quatre énormes sangliers rôtis, représentant les quatre saisons, et renfermant dans leur sein, en grande quantité, des saucisses et des jambons; puis douze cerfs, aussi rôtis en entier et farcis de gibier de toute sorte, tel que lièvres, alouettes, perdreaux, faisans, etc. Ces cerfs figuraient les douze mois de l'année. Autour d'eux étaient de superbes gâteaux, en nombre égal à celui des semaines, et trois cent soixante-cinq babas, représentant les jours. Toutes ces pâtisseries étaient ornées de devises et inscriptions amusantes. Quant à la *bibenda*, il y avait quatre bocaux (les saisons) remplis de vieux vin qui datait du temps de Batory; douze cruches en argent (les mois) pleines de vin du temps de Sigismond; cinquante-deux barils en argent (les semaines) de vin de Chypre, d'Espagne et d'Italie; trois cent soixante-cinq grandes carafes (les jours) de vin de Hongrie; enfin, pour les personnes attachées à la cour du palatin et les gens de service, huit mille sept cent soixante litres d'hydromel (les heures) fait à Bereza, lieu renommé pour cette boisson.

Les Polonais qui se trouvaient en Espagne, lors du règne de Napoléon, continuèrent d'y célébrer, selon leur coutume, le banquet du béni, auquel ils invitaient les prêtres du pays. Dans cette circonstance, le caractère national ne se démentait pas, et tous les Espagnols admiraient la piété et la généreuse cordialité des Polonais.

PAYSANS.

La classe des paysans est la seule qui offre encore, en Pologne, le véritable cachet des anciennes mœurs; et tandis qu'une nombreuse partie de la noblesse n'a conservé dans ses vêtements, ses mœurs et ses usages, que très-peu de vestiges de l'antique forme, on la retrouve encore sans altération chez les habitants des campagnes.

La nation polonaise ne connaissait dans l'origine aucune distinction de rang, de classe ou de caste. Les termes de *noble*, de *bourgeois*, de *paysan*, lui ont été apportés par les étrangers, qui, accueillis avec grande faveur, firent tort, par les avantages qu'on leur accorda, à la portion la plus intéressante du pays, celle qui le nourrissait.

Plus d'une fois les paysans cherchèrent à secouer le joug; mais bientôt, abusant de leur bonne foi et de leur loyauté, leurs oppresseurs savaient les dominer de nouveau et couvrir leurs iniquités du voile de la justice. L'abus fut porté à un tel point, qu'il fallut y porter remède; et l'assemblée de Wislica se chargea de ce soin (1347). Les lois que cette diète rendit assurèrent la propriété aux paysans comme aux nobles, et les assujettirent aux mêmes tribunaux et aux mêmes arrêts.

C'est à Kasimir le Grand que furent dues toutes ces améliorations. Dlugosz rapporte que ce prince, le cœur navré des plaintes touchantes des paysans, leur répondit un jour : « *Vous venez vous plaindre des cruautés et des exactions des seigneurs, mais n'avez-vous pas des pierres et des bâtons dans vos champs pour en frapper les injustes et les oppresseurs ?* »

Malheureusement, une fois Kasimir mort, les adoucissements apportés au sort des paysans disparurent peu à peu par suite de l'influence des grands. Toutefois, au commencement du règne de Jean-Albert, ils jouissaient encore de certaines libertés, quand la diète de Piotrkow (1496) vint les leur ravir, en leur interdisant de devenir propriétaires de terres. Une autre loi fut rendue, qui, sous prétexte d'arrêter la diminution du nombre de bras nécessaire à l'agriculture, ordonna qu'un paysan ne pourrait mettre qu'un de ses fils à l'école ou en apprentissage; on leur défendit, en outre, de porter des habits trop riches et d'afficher du luxe.

Ces dernières atteintes portées au statut de Wislica réduisirent de nouveau les paysans à l'état de servage et d'esclavage; et ce système d'oppression légale, poursuivi sans entraves sous les rois électifs, produisit bientôt ses fruits. En détruisant le principal attrait du travail, la propriété, il réagit d'une manière bien funeste sur l'aspect général du pays, et nuisit à ses moyens de défense, lorsque sonna l'heure du danger.

Avec le progrès des lumières et l'imminence du péril, on sentit combien cet état de choses était inhumain et préjudiciable, mais il était trop tard.

Dans la seconde moitié du dix-huitième siècle, l'esclavage proprement dit fut aboli en Pologne; et aujourd'hui il n'existe plus dans l'ex-royaume créé par le traité de Vienne, ni dans la Galicie et le duché de Posen, dépendances actuelles de l'Autriche et de la Prusse. Le sort des paysans de ces provinces, sans être considérablement amélioré, a néanmoins subi quelques modifications favorables. Ils sont libres et peuvent devenir propriétaires dans le duché de Posen, mais se trouvent soumis à toutes les conséquences de la corvée; en Galicie, sans être esclaves, ils subissent toujours la loi du seigneur.

Le seul gouvernement russe a conservé le servage dans les provinces qui lui sont échues en partage, c'est-à-dire dans la Lithuanie, la Wolhynie, la Podolie et l'Ukraine polonaise. Le paysan qui habite ces contrées y est traité comme une marchandise, on peut même dire à l'égal de la bête. On le désigne sous le nom d'*âme*; non pas âme, cette précieuse parcelle de nous-mêmes, don du ciel qui vivifie notre corps et ennoblit nos destinées, mais âme signifiant, en langage officiel de Russie, *serf, vilain*. Et la femme d'un paysan n'est même pas là *une âme*, mais bien *une demi-âme*; et si, comme cela arrive fréquemment, un seigneur engage ses *âmes* à la banque de l'empire, elle lui prête sur chaque serf la valeur de deux cents roubles (francs), tandis que la femme ne représente à ses yeux que la moitié de cette somme, c'est-à-dire cent roubles.

Malgré la barbarie trop fréquente de ses maîtres, et après quelques tentatives infructueuses d'affranchissement, le paysan polonais se résigna à son sort; tout mal vêtu, mal nourri, mal logé qu'il était, il ne jeta pas un regard d'envie sur la fortune de son seigneur, et travailla même à l'entretien de son luxe. Un danger le menaçait-il, le paysan s'empressait de voler à son secours, pour peu qu'il se montrât juste et humain envers lui. Cet attachement et cette fidélité, une fois voués au seigneur bienfaisant, étaient à toute épreuve.

Si l'injustice des hommes influa d'une façon si funeste sur la condition du paysan polonais, la nature se plut, en échange, à le douer du caractère le plus gai et le plus insouciant. Elevé au sein des travaux agricoles, il n'a jamais eu et n'aura jamais de penchant pour les opérations commerciales. Fervent catholique et des plus scrupuleux en fait de conscience, il a conservé ce préjugé du moyen âge : que l'argent gagné par le trafic n'est pas un gain honorable, et que Dieu ne le bénit pas. De là vient que, depuis les temps les plus reculés, tout le commerce de la Pologne se trouve concentré dans les mains des juifs et des Allemands. Le bien-être du pays en a sans doute souffert beaucoup; mais, d'un autre côté, le caractère national a conservé dans toute leur pureté sa franchise et sa loyauté : deux qualités précieuses que l'appât du bénéfice altère trop souvent en d'autres contrées. Il engendre aussi l'égoïsme; et ce sentiment est tellement inconnu en Pologne, que la langue indigène, quoique très-riche, ne possède pas un mot pour le rendre.

Bien que son sort soit des plus médiocres, puisque, à très-peu d'exceptions près, il n'est pas encore possesseur aujourd'hui du terrain qu'il cultive, le paysan polonais partage de bon cœur son dernier morceau de pain bis et sa dernière jatte de lait avec l'étranger qui frappe à la porte de sa demeure. Dans nombre d'endroits, notamment en Ukraine, les chaumières, délaissées tout le jour pour les travaux des champs, restent ouvertes au voyageur fatigué, qui, y entrant, trouve toujours préparés à son intention, sur la table, que recouvre une nappe bien grossière, mais bien propre et bien blanche, du pain, du miel, du fromage, des fruits, de l'eau-de-vie. On a souvent comparé, et avec raison, l'hospitalité du paysan polonais à celle que l'on rencontre sous la tente de l'Arabe du désert; chez tous deux, elle est innée et sans bornes.

Quoique très-disposé à croire aux apparitions et aux choses surnaturelles, comme on le verra plus loin dans un article spécial, le paysan polonais n'ajoute pas foi à des choses moins idéales, entre autres, à la médecine. Quand il se sent indisposé, il jette quelques charbons éteints et un peu de poudre de chasse dans un verre rempli d'eau, au-dessus duquel il dispose deux pailles en forme de croix pour *rompre le charme*, et boit la potion. Un autre remède plus usité, et qui sert pour toutes les maladies, est celui-ci : on met dans un vase de l'eau-de-vie, du miel et de la graisse; le tout bout pendant environ une heure, après quoi on le fait avaler au malade, qui la plupart du temps aurait plutôt besoin de boissons rafraîchissantes. Mais un fait à constater, c'est que, soit par suite du pouvoir de l'imagination ou bien de la bonne constitution naturelle, le remède opère très-souvent dans un sens favorable et remet le patient sur pied.

Le dimanche et les jours de fête, le paysan polonais oublie complétement la misère et les privations qui l'assiégent pendant toute la semaine. Sa toilette achevée, sa première pensée est pour Dieu; et si, comme cela n'est pas rare, le village ne possède pas d'église, toute la famille monte dans une charrette et s'en va entendre la messe au prochain village; là, chacun agenouillé adresse de ferventes prières au ciel, non en latin, mais dans un langage compris de tous, en polonais.

Après le recueillement vient la dissipation, et, une fois ses devoirs de chrétien remplis, le paysan polonais commence à songer à lui-même. Un poète national qui connaissait bien son pays, Krasicki, a dit : *Quand Dieu bâtit une église, le diable jette vis-à-vis les fondements d'un cabaret.* En effet, dans les villages, le bâtiment le plus proche du temple est toujours une auberge tenue par des juifs. C'est là, dans cette autre *église*, où, suivant l'expression polonaise, *on cloche avec des verres*, que le paysan entasse rasade sur rasade, au bruit de la musique et des chants. Les uns boivent, les autres dansent, et le divertissement se prolonge fréquemment jusqu'au soleil levant. Il faut alors quitter, hélas! les beaux habits de fête et se remettre, pieds nus, au travail.

Le nom français est le plus populaire de tous en Pologne, et, pour les paysans, tous les étrangers sont ou Français ou Allemands. Ils détestent cordialement ces derniers, et cela se conçoit, car ils n'ont connu d'Allemands que les Prussiens et les Autrichiens, qui concoururent, à deux reprises différentes, au partage du pays, et se firent plus tard les auxiliaires de son ennemi le plus acharné, la Russie. Aussi, par une vengeance bien innocente, lorsque les paysans veulent injurier quelqu'un, ils lui jettent à la tête ce reproche : *Tu es un Allemand!* D'autres fois, en racontant un événement, il leur arrive de dire : *Il y avait deux hommes et un Allemand.* Il existe même à ce propos un conte assez plaisant et très-répandu, que voici : Le fils d'un paysan revenant de la ville, son père lui demanda ce qu'il y avait de nouveau. *Rien*, répondit tranquillement le fils. — *Vraiment! rien?* — *Si ce n'est qu'on a pendu quelqu'un.* — *Et pourquoi?* — *Parce qu'on s'est aperçu qu'il était Allemand.* L'incrédulité des paysans à l'égard de la médecine n'a pas d'autre base ; suivant eux, cet art a été inventé par les Allemands, et ne peut point, par conséquent, être utile à des *chrétiens*. Enfin, un dernier trait au tableau, le diable du paysan polonais s'habille à l'allemande et s'exprime en langage germanique.

Comme on le voit, c'est là une haine bien prononcée. Plus tard, bientôt, espérons-le, les paysans polonais apprendront à établir une distinction équitable entre les spoliateurs de leur pays et les populations de l'ouest et du midi de l'Allemagne, si chaleureuses dans leurs vœux pour la cause de la Pologne, durant la dernière lutte, et si hospitalières, après la défaite, envers ses enfants malheureux.

Les quelques teintes moins favorables qui obscurcissent les bonnes qualités du paysan polonais ne proviennent pas de son fait, mais bien de celui des seigneurs, si longtemps ses maîtres absolus.

« Le noble polonais lui-même ayant un éloignement prononcé pour tout métier, pour tout art mécanique, n'exigeait de ses serfs que le travail strictement nécessaire ; aussi les paysans esclaves, à l'instar de ceux de la Moskovie, imitant l'exemple de leurs seigneurs, devinrent indolents, ennemis de tout métier, de toute industrie, et ne cultivèrent un sol fertile, qui récompensait amplement la fatigue la plus légère, qu'autant qu'il fallait pour ne point mourir de faim. Sachant que, lorsqu'ils n'avaient plus rien, leurs seigneurs étaient obligés de les nourrir, ce qui arrivait pendant plusieurs mois de l'année, ils se laissaient aller doucement à tous les rêves de la vie oisive. Si toutes les conséquences de la paresse et de l'oisiveté, la malpropreté la plus révoltante et la plus crasse ignorance, les exposaient à la risée de leurs voisins occidentaux, ils n'en conservaient pas moins tous les avantages dont sont privés les esclaves exténués par le travail. Semblables aux lazzaronis, ils nourrissaient dans le loisir dont ils jouissaient toute l'énergie de leur âme, et conservaient le sentiment de tout ce qui est grand et noble, sans affaiblir, comme ces modèles de la mollesse napolitaine, leurs forces physiques par une oisiveté complète (*). »

Ainsi donc, d'après tout ce que nous venons de rapporter, l'ensemble du caractère du paysan polonais le rend digne d'intérêt et d'estime. Plein de franchise, d'humanité, chérissant son semblable, la vengeance est un sentiment qui lui est presque inconnu. A ces qualités, il joint la prudence, et se montre toujours prêt à tout sacrifier pour la religion, la patrie et la liberté ; bien qu'il appartienne à la classe la plus maltraitée, il n'a jamais terni son nom en trahissant le pays. Il tient beaucoup à la pureté des mœurs ; et, accoutumé dès son enfance aux privations et à la fatigue, il ignore les raffinements de la sensualité. Il respecte scrupuleusement les édifices publics et les églises, où des sommes considérables et des objets précieux se trouvent réunis, et la plus grande sûreté règne dans les campagnes : c'est à peine si, malgré les querelles qu'engendre nécessairement l'abus de la boisson, il se commet dix meurtres par an. Les défauts qu'on lui reproche, tels que la malpropreté, l'ivresse et la superstition, sont une conséquence inévitable de sa malheureuse position et de l'ignorance qui en résulte. Que l'autorité et les propriétaires s'entendent pour soulager sa misère, que, par un système

(*) Spazier, Histoire politique et militaire de la révolution polonaise de 1830.

d'instruction bien entendu, on réveille en lui le sentiment de la dignité humaine, qui n'est qu'engourdi, et l'on verra disparaître les tristes penchants du paysan polonais. Il est impossible qu'avec son esprit si droit et son intelligence naturelle, il ne se mette pas bientôt au niveau des populations agricoles de la France et de l'Allemagne.

Ce que nous avons dit jusqu'ici s'applique au paysan polonais en général; mais ces traits, communs à toute la classe, varient plus ou moins, selon les provinces; car en Pologne, comme dans presque tous les pays peu centralisés, chaque division du territoire a ses mœurs et ses coutumes à elle. Il est donc bon de décrire les particularités qui caractérisent quelques-unes des provinces les plus dignes d'attention, soit par le rôle qu'elles jouèrent dans l'histoire, soit par leur cachet d'originalité.

Nous commencerons par le peuple qui habite les environs de l'ancienne métropole, Krakovie. A proprement parler, c'est là seulement que l'agriculteur est homme et citoyen dans toute l'acception du mot. Il est maître de sa terre et de ses fruits, dispose de son temps et de ses bras comme bon lui semble, et n'est responsable de ses actions que devant Dieu et la justice du pays. Il porte durant la paix le nom de *Krakovien*, et s'appelle en temps de guerre *Krakus*. D'une grandeur moyenne, il joint à la beauté de la physionomie toutes les apparences de la vigueur. Ses cheveux châtains descendent en longues boucles ondoyantes sur ses épaules, et ses yeux bleus le distinguent, ainsi que la blancheur de son teint, des habitants des autres parties de la Pologne. Son parler est un peu traînant, mais il rachète ce léger défaut par l'énergie de ses expressions. Porté à la joie, il est passionné pour le chant et la danse : à la charrue comme au combat, il faut qu'un refrain l'accompagne. Nombre de Krakoviens savent lire et écrire, et chez tous on remarque des qualités morales prononcées et le penchant à la sociabilité. Plus sobre que beaucoup de leurs compatriotes en fait de boisson, ils se montrent également fort réservés dans leurs autres besoins.

Le Krakovien déploie au milieu des revers une fermeté de caractère et une persévérance à toute épreuve : le malheur ne saurait l'abattre, parce qu'il est prompt à se créer des ressources, en songeant aux trois choses qu'il chérit par-dessus tout, sa famille, son foyer et son troupeau.

Malgré les mécomptes tant de fois essuyés, la patrie a toujours trouvé en lui un défenseur intrépide. Il affectionne le métier de la guerre, surtout quand il sert dans la cavalerie. Sa lance et sa faux sont célèbres, et l'ennemi en a bien souvent éprouvé les terribles effets.

Chez lui, pas de culte dissident. Tous les Krakoviens professent, sans exception, la religion catholique et romaine. Chaque village a son patron.

On rencontre chez les Krakoviens plus d'aisance que chez les autres paysans polonais; quelques-uns sont même devenus depuis peu d'années propriétaires de biens-fonds. Leurs habitations sont propres et entretenues avec soin; un verger les entoure ordinairement; et quand une jeune fille se trouve au logis, un petit jardin, composé de roses, de narcisses, de pieds-d'alouette de primevères, devient un ornement de toute nécessité devant sa fenêtre. Leur nourriture est également meilleure; leur pain de seigle, principalement celui que l'on prépare au village de Prondnik (qui lui donne son nom), est d'un goût excellent et peut se conserver, sans moisir, pendant plusieurs semaines. Il est connu jusqu'à Warsovie et Dantzig, où les paysans le portent en miches énormes, de deux pieds de diamètre et un pied d'épaisseur.

En outre des produits qu'il obtient de l'agriculture, le Krakovien élève beaucoup de volaille et de petit bétail. Les chevaux ont aussi à ses yeux une grande valeur; le plus pauvre en possède au moins quatre, qui, après l'avoir aidé durant la semaine dans ses travaux ou ses voyages, lui servent le dimanche d'attelage pour se rendre à l'église et chez ses amis un peu éloignés.

Des environs de l'ancienne capitale, nous passerons à ceux de la nouvelle. Ses habitants, les *Mazures*, réunissent, comme les Krakoviens, à la gaieté du caractère le goût du travail et la bravoure. Un vieux proverbe national dit : *Un paysan de Mazovie, un cheval turc, un sabre hongrois et un bonnet carré, sont les quatre meilleures choses du monde.* Il est vrai qu'un autre dicton, *aveugle comme un Mazure*, vient le combattre; mais les Mazures pardonnent au second en faveur du premier.

Ils s'expriment dans une espèce de dialecte, qui n'est pas la véritable langue polonaise, et avalent beaucoup de lettres, souvent des syllabes entières; de là vient encore la locution : *Il parle à la mazovienne.*

Leur bonheur autrefois était de porter des armes à feu, quand ils se rendaient à l'église ou aux foires; mais cette coutume a disparu, par suite de défenses sévères, depuis que le pays s'est vu envahi par l'étranger. La perte de cette habitude nationale coûta beaucoup aux Mazures, et ils soupirent encore en se la rappelant.

Ils affectionnent le séjour des forêts, qu'ils appellent leurs *bienfaitrices*, et ce nom, donné par la reconnaissance, est justement mérité. En temps de guerre, quand l'ennemi dévaste les habitations et traîne leurs défenseurs en esclavage, les femmes et les vieillards cherchent un asile presque impénétrable dans le sein des forêts, en emportant avec eux leurs enfants et les objets les plus précieux. Plus tard, en temps de paix, lorsque la faim ou le froid les oppresse, c'est encore la forêt voisine qui vient à leur secours; ils en enlèvent à petit bruit quelques pièces de bois à brûler et de construction; ces pièces leur servent ensuite, les unes à se garantir de la froidure, les autres, qu'ils vendent aux juifs, à se procurer du pain et du sel. Quoique très-pieux, leur conscience ne leur reproche aucunement ce larcin : la misère est là pour les absoudre.

On rencontre dans les environs de Lublin un usage touchant, sous le nom de *moissons de nuit.* Si, par un été pluvieux, le seigneur a un besoin absolu de ses paysans, afin de mettre à profit le peu de belles journées qu'offre la saison, ils se voient obligés de faire la récolte de leurs propres champs la nuit, à la pâle clarté de la lune. Dans ce cas, les paysans se réunissent en foule, et, lorsqu'ils ont terminé la moisson de l'un d'eux, ils s'en vont entreprendre le champ d'un autre. Au moyen de cette assistance fraternelle, ils utilisent le temps favorable et récoltent le grain, souvent en quantité bien minime, qui doit les mettre à l'abri de la faim durant le reste de l'année. Fatigués d'un tel labeur, ils se livrent, quand vient le lever du soleil, pendant quelques instants au sommeil, en plein air, puis reprennent avec résignation le travail du seigneur.

Le paysan de la Podlachie est encore plus surchargé de besogne; aussi ses habitations, son costume, sa nourriture, tout démontre l'indigence du pays, à laquelle contribuent encore la stérilité du sol et l'absence totale de commerce.

Une chaumière fort basse, *chalupa*, composée de deux pièces, telle est presque partout l'habitation du Podlachien.

Rien de plus misérable que l'ameublement : une table longue et étroite, placée près de la fenêtre, deux bancs à côté du foyer, un lit, ou, pour mieux dire, quelques planches unies ensemble et supportées par quatre piliers de bois, voilà tout ce que contient la première pièce; la seconde renferme une huche pour le pain, une caisse où l'on serre les hardes de toute la famille; puis, posés sur des rayons, quelques pots et assiettes de terre, quelques écuelles en bois.

On trouve rarement dans cette pauvre demeure une cheminée qui conduise la fumée au dehors; d'habitude, elle se répand librement dans la chambre, dont elle noircit les parois, et s'échappe lentement par les fentes des fenêtres et des portes, ou bien par une ouverture pratiquée à cet effet au plafond. Les fenêtres, très-petites, sont fermées par des fragments de vitres, et même, très-souvent, une planche que l'on pousse de l'intérieur remplace ces derniers; ce qui fait qu'une obscurité presque continuelle ajoute encore à la tristesse du tableau.

A peu de distance de sa chaumière, le paysan podlachien construit une petite grange et des étables, qui lui servent à abriter sa fortune, si médiocre. Elle se compose de quelques mesures de froment et de pommes de terre, auxquelles il faut ajouter une paire de bœufs, une vache, deux ou trois brebis, autant de porcs, et un peu de volaille. Mais ce n'est pas pour lui qu'il élève ces animaux; l'usage de la viande de boucherie lui est presque inconnu, et c'est à peine s'il consomme chaque année une couple de volailles. Tout est absorbé par les impôts publics, la redevance au seigneur, et des dons, offerts de meilleur gré, au curé de l'endroit.

Le caractère du paysan podlachien se ressent des privations qui l'assiégent. Si, comme les autres membres de la nation, il est franc et courageux, on remarque chez lui une disposition sombre, morne, et un rien suffit pour l'irriter. Le mari s'arroge un pouvoir absolu sur sa femme, qu'il punit avec rigueur à la moindre négligence dans son intérieur, et ce châtiment est supporté, d'habitude, avec assez de patience. Le divorce est une chose inconnue légalement parmi eux; mais, quand la discorde est par trop violente, l'un des deux époux, mari ou femme, abandonne le toit conjugal, quitte le village, et bientôt on perd sa trace de vue.

Les paysans de la Lithuanie observent, dans la construction de leurs chaumières, certaines formalités. Elles doivent être bâties en bois rond, et il faut que le nombre des morceaux soit toujours impair. Les arbres abattus par les ouragans sont repoussés avec soin de la bâtisse, les paysans croyant que leur chute est l'œuvre du mauvais esprit et que, par conséquent, ils porteraient malheur à l'habitation. L'architecte, qui est ordinairement un maître charpentier, met dans les fondations de la chaumière, du côté qui regarde le levant, un gros (deux centimes), un morceau de pain, du miel et du sel.

Une population bien digne d'attention est celle qui habite la partie orientale des monts Karpathes, connue sous le nom de *Tatres*.

Semblable au sol, la constitution physique de ces montagnards (*Gorals*) offre l'empreinte de la force et de la beauté. Leurs traits sont nobles, et leur taille, qui atteint communément la hauteur de six pieds, est svelte et dégagée; le daim n'est pas plus agile qu'eux, lorsqu'ils s'élancent au sommet des pics les plus élevés ou descendent les pentes les plus dangereuses par leur rapidité.

On admire également chez les femmes tous les charmes et toute la grâce de leur sexe. Désireuses de plaire, la franchise, la naïveté, la prévenance forment chez elles de précieuses qualités, ainsi que chez les hommes, en général bons et dévoués, mais qui n'oublient pas facilement une injure. Exaltés par la conscience de leur force et le mépris de la vie, ils font souvent sentir à ceux qui les ont outragés tout le poids de leur vengeance.

Les villages dont les montagnes sont parsemées sont importants et animés par une population nombreuse; les demeures spacieuses; dans plusieurs endroits on rencontre de fort jolies maisons en pierre. Dans toutes les habitations règnent l'ordre et la propreté, et le voyageur y trouve toujours une chambre à lui consacrée. Elles contiennent, en outre, un atelier pour les besoins journaliers, et une écurie renfermant plusieurs chevaux de trait, avec lesquels les montagnards entreprennent de longs voyages en Prusse, en Hongrie et jusqu'en Turquie.

Les Gorals possèdent un esprit industrieux, laborieux et apte aux occupations de tout genre. Ce n'est qu'à force de travail et de persévérance qu'ils réussissent à vaincre la stérilité du sol, qui, hérissé de montagnes se refusant à la culture, ne livre qu'avec regret quelques poignées d'avoine ou quelques sacs de pommes de terre. N'importe, avec leur soupe farineuse et leur pain d'avoine, aussi dur que le terrain qui le produit, ils vivent heureux. La principale cause de leur contentement, c'est un attachement profond au sol paternel et à tout ce qui en provient. « La terre peut être plus fertile ailleurs, « disent-ils, mais nulle part le pain n'est « aussi bon et l'air aussi pur que dans « nos montagnes. »

Ils sont extrêmement habiles dans la fabrication des ouvrages en menuiserie; et il existe d'eux à Krakovie des dépôts considérables de meubles.

Lorsqu'arrive la belle saison, des milliers de Gorals se répandent dans les diverses parties de la Pologne : les uns, la faux à la main, afin d'aider à la récolte des foins et des céréales; d'autres pour se livrer à la charpenterie, réparer avec du fil d'archal les vases endommagés, ou bien faire le commerce de toile, fabriquée par eux durant l'hiver, de fruits secs et de poissons fumés. Tous, à l'approche du mauvais temps, s'empressent de regagner leurs foyers, bien munis d'argent et de sacs de grain pour nourrir leurs familles.

Les autres Gorals mènent, pendant le cours de l'été, une vie pastorale qui rappelle celle des anciens patriarches. L'hiver est assez long sur les Tatres et les pâturages y sont rares; mais, à partir de la fin de mai jusqu'au commencement de septembre, les montagnes voisines ressemblent à un paradis. Aussi voit-on les habitants des hauteurs dépouillés de verdure abandonner, dans les derniers jours de mai, leurs demeures et se diriger avec leurs bêtes vers les contrées où la végétation brille dans tout son éclat. Entourés de troupeaux de vaches, de brebis et de chevaux, suivis de chariots chargés de meubles et d'ustensiles de ménage, ils se répandent dans les vallées, les prairies et les forêts. De tous côtés on entend retentir le bruit des clochettes, les sons joyeux de la cornemuse, du violon et de la trompette, ainsi que le chant et les cris confus des bergers.

Cette émigration, que chaque printemps ramène, est pour eux une époque toujours fêtée avec transport. L'existence des deux sexes prend une nouvelle face et reçoit un grand charme de cette vie commune, en plein air, pendant les plus beaux mois de l'année. Tout change alors en eux, à commencer par leur costume.

Les bergers portent le nom de *juhas*, les propriétaires de troupeaux celui de *batza*, et leurs demeures s'appellent *batzowka*. Elles renferment une ou deux pièces avec une porte d'entrée, mais sont sans fenêtres, faute de bois de construction assez solide. Au milieu de la première pièce est une grosse pierre, qui sert de foyer; près de la muraille se trouvent des lits de mousse. Tous les meubles et les vases qui contiennent le lait et le fromage, sont suspendus à la muraille ou disposés sur des planches.

La nourriture des bergers se compose, en cette saison, de lait, de fromage et d'une sorte de petit-lait (*rzentyça*), auquel la bonne nature des pâturages donne beaucoup de parfum.

Joyeux autrefois d'accourir sous les drapeaux aux couleurs nationales, les jeunes Gorals se réfugient maintenant dans les bois, quand approche le moment de la conscription autrichienne. Là, nul ne saurait les atteindre ; et, pleins de reconnaissance envers la forêt qui les dérobe à toutes les recherches, ils l'appellent *oncle*, dans leur langage familier. « Dès que la *barbe* (les feuil- « les), disent-ils, a poussé à l'*oncle*, « on n'a plus à craindre les recruteurs « allemands. »

Dans aucune autre contrée du pays, la religion catholique ne compte de fidèles plus fervents. La Vierge, patronne de la Pologne, est surtout implorée par les Gorals en faveur de la prospérité et de l'indépendance du royaume.

Malheureusement, à côté de toutes ces bonnes qualités, il existe chez eux une coutume qui annoncerait une profonde dépravation, si elle n'était pas l'indice d'un dévouement poussé jusqu'à l'excès. Cette coutume, nommée *fryjerka*, permet à un jeune Goral de faire, avant de se marier, un essai du bonheur conjugal avec la femme d'un de ses amis. Malgré tous les efforts du clergé, elle est encore en usage; mais elle commence toutefois à n'être plus aussi générale.

Enfin, pour clore le tableau général des mœurs des paysans polonais, et avant d'entrer dans quelques-unes de leurs spécialités, nous donnerons quelques dictons relatifs à certaines localités. Ainsi l'on dit en Pologne : *Docile comme un paysan de Lublin, — ferme comme un Kurpien, — et, comptez sur lui comme sur un Sandomirien.*

FÊTE DES MOISSONS.

Cette fête est connue dans toute la Pologne, mais les Sandomiriens l'observent surtout avec fidélité et éclat. Elle a lieu après que la récolte du seigneur est terminée, et se célèbre d'habitude le jour de l'Assomption.

La veille de ce grand jour, les jeunes gens du village s'en vont choisir, par suite d'un ancien préjugé et comme étant meilleurs, des épis de blé dans les champs des paysans leurs voisins; puis les apportent aux jeunes filles, qui en forment une couronne, dans laquelle elles entrelacent des fleurs, des baies d'arbustes sauvages, des noix dorées et des rubans de nuances diverses. Ce travail s'opère ordinairement chez celle d'entre elles qui, réunissant la sagesse à la beauté, doit avoir les honneurs de la fête.

Les préparatifs terminés, on se couche en rêvant aux plaisirs promis par la journée du lendemain; et à peine l'aurore luit-elle, que déjà chacun est sur pied. On commence la fête par couronner la jeune fille, et celle-ci, suivie de tout le village, se rend, au son de la musique, à l'église; là, elle s'avance vers les marches de l'autel et dépose sur une table sa couronne, que le prêtre bénit pendant la messe; après quoi la jeune fille la remet sur sa tête et se dirige, toujours au bruit des instruments et des chants, vers la demeure du maire de l'endroit. Ce magistrat attache un coq au haut de la couronne. Si le coq chante, tout le monde se réjouit, car c'est signe d'un bon accueil de la part du seigneur et d'une excellente récolte pour l'année suivante; mais s'il ne chante pas, chacun redoute une froide réception, et s'il ne se met pas à becqueter les épis, la tristesse redouble : à coup sûr la moisson sera mauvaise.

Mais quels que soient les résultats à craindre ou à espérer, le cortége, poursuivant sa marche, arrive aux portes de la résidence seigneuriale, devant laquelle il entame le chant qui suit :

« Ouvrez-vous, portes du château, puisque nous avons achevé la moisson dans les champs du propriétaire, et que nous lui avons dressé autant de belles gerbes qu'il y a d'étoiles au ciel.

« Nous avons préparé mille gerbes pour le propriétaire, mille pour sa femme, dix mille pour ses fils et ses filles, cent mille pour ses hôtes, et un million pour l'argent des Anglais établis à Dantzig.

« Sortez, seigneur, des blanches murailles de votre château, et acceptez la couronne de la jeune fille, car c'est la couronne des couronnes : elle est d'or pur et non de blé.

« Nous avons bien mérité que vous nous receviez dans votre palais, car nos têtes sont brûlées par le soleil, nos mains sont coupées par la faucille, nos genoux se sont brisés en se ployant vers la terre, nos pieds sont blessés par le chaume, et notre dos s'est roidi à force de se courber sur vos champs.

« Ordonnez, seigneur, que le sang coule en ruisseaux sur le vert gazon de votre cour, et que des feux soient allumés aux quatre vents de la terre, car un grand remède est nécessaire pour délasser les moissonneurs de leurs fatigues.

« Et n'oubliez pas, seigneur, qu'un bœuf rôti est bon pour calmer les douleurs de l'épine dorsale, une brebis pour les genoux, un veau pour les pieds, une oie, un coq, un canard pour les mains, de la bière et de l'eau-de-vie pour la tête brûlée par le soleil.

« O seigneur! ne vous cachez pas plus longtemps, car nous entendons souffler de Krakovie un vent violent, qui, écartant les rideaux des fenêtres de votre château, nous permet de voir votre figure, semblable au soleil qui brille au ciel ; celle de votre femme, comme une lune dans tout son éclat ; et celle de vos jeunes fils et de vos demoiselles, comme des étoiles étincelantes. »

Aussitôt que le seigneur entend la voix des chanteurs, il se présente, accompagné de sa famille et de ses serviteurs ; et le chant terminé, l'orateur de la troupe lui adresse un discours, prose ou vers, suivant ses moyens intellectuels. La musique se fait entendre immédiatement après la harangue, et les maîtres du château distribuent des récompenses aux travailleurs qui se sont le plus distingués durant le cours de la moisson. L'héroïne du jour reçoit le présent le plus considérable, ainsi qu'une somme en argent ; et la femme du seigneur détachant sa couronne de sa tête, la dépose sur un meuble placé dans le vestibule.

Les domestiques garnissent ensuite de grandes tables, préparées à cet effet, d'énormes rôtis de toute sorte et de mets de campagne en quantité prodigieuse. Des tonnes de bière et d'eau-de-vie sont également disposées. Le repas commence, et les amphitryons ont le plus grand soin de leurs convives, veillant à ce qu'il ne manque rien au service. Après le festin vient le bal. Il a lieu sur la pelouse, et le seigneur l'ouvre avec la jeune paysanne couronnée ; la dame du château danse avec l'orateur villageois, et ses enfants imitent son exemple avec d'autres membres de l'assemblée. Les rafraîchissements circulent sans interruption, tandis que, dans d'autres parties de la vaste cour seigneuriale, le restant des convives se livre à des jeux de toute espèce. Là, de jeunes garçons, plongés jusqu'au cou dans des sacs, cherchent à atteindre les premiers, en marchant à la façon des grenouilles, certain but où se trouve exposée une pièce d'argent ; ici, ils tâchent de saisir, dans de profondes écuelles remplies d'eau et de farine, et avec le seul secours des lèvres, d'attrayants florins ; plus loin, ceux-ci font de prodigieux efforts pour parvenir à l'extrémité d'un mât de cocagne, graissé avec soin et au sommet duquel flottent des vêtements tout neufs ; d'autres, les yeux bandés, un fléau à la main, s'avancent bravement contre un vase d'argile, caché à distance dans le gazon, et gagnent, s'ils le brisent du premier coup, le coq rôti qu'il renferme ; enfin des cavaliers, rapides comme l'éclair, s'évertuent à percer du fer de leur lance une oie rôtie suspendue entre deux arbres. Les jeunes filles prennent part également aux divertissements ; et celles qui, portant sur la tête des baquets remplis d'eau, n'en laissent échapper aucune goutte, reçoivent, pour prix de leur adresse, divers cadeaux, tels que rubans, fleurs artificielles ou colliers.

Les plaisirs se prolongent fort avant dans la nuit, et ne cessent même, parfois, qu'au jour levant.

Chérie des paysans, qui, au milieu de leurs pénibles travaux, lui sont redevables de quelques heures d'oubli et de bonheur, la fête des moissons subit, selon les localités, de légères modifications ou augmentations. C'est ainsi qu'en Podlachie, lorsque le cortége s'approche du château, plusieurs gars se cachent derrière la porte et s'efforcent d'arroser, avec l'eau de leurs cruches, la jeune paysanne couronnée. Si, par la vitesse de sa fuite, celle-ci échappe au baptême qui la menace, chacun la couvre d'applaudissements et forme des vœux pour sa félicité.

ROI ET REINE DE LA PENTECÔTE.

La Kuiavie, contrée qui s'étend sur les bords de la Wistule, abonde en pâturages excellents ; aussi la vie pastorale y est en grande vigueur ; et ce fut, sans doute, pour rehausser encore son mérite, que prit naissance la coutume dont nous allons faire mention.

Chaque village de cette partie de la Pologne possède, à très-peu d'exceptions près, son roi et sa reine. Ces monarques temporaires, élus le jour de la Pentecôte, exercent leur autorité durant toute une année, jusqu'au retour de cette fête. Ils apaisent les différends, assistent aux fêtes de famille, ont leur place indiquée à toutes les réunions, et reçoivent en tout lieu des marques d'attachement et d'estime. Mais, malgré les touchantes démonstrations dont on les entoure, comme le nombre des aspirants à la puissance suprême est grand, il tarde à chacun que leur pouvoir tire à sa fin.

Le jour qui précède cette expiration, les bergers et les bergères arrêtent de concert le choix du terrain sur lequel ils conduiront le lendemain leurs troupeaux. Le premier berger et la première bergère qui arrivent au rendez-vous, avant tous les autres, sont salués de droit roi et reine de la Pentecôte. Si plusieurs prétendants et prétendantes arrivent en même temps, l'agilité à la course tranche la difficulté, et la couronne appartient à celui et à celle qui atteignent les premiers le but indiqué.

On peut facilement se faire une idée de l'empressement des Kuiaviens en cette circonstance; ils veillent toute la nuit, afin de déjouer les projets de leurs concurrents. Leur ardeur est d'autant plus excitée, que nul ne peut se soustraire à cette coutume; et que le dernier arrivant se voit non-seulement en butte, sous l'épithète humiliante de *bonnet de nuit*, aux mauvais tours et plaisanteries de ses camarades, mais encore contraint, durant les trois jours de la Pentecôte, de conduire aux pâturages et de garder le bétail de toute la commune, tandis que les autres habitants se divertissent.

C'est au bruit d'applaudissements réitérés et aux sons d'une musique bruyante, entremêlée de vigoureux coups de fouet, que le roi et la reine sont proclamés. Chacun s'empresse de leur offrir des présents : au premier, on donne des fleurs et des plumes pour orner son bonnet, des mouchoirs, des boutons de chemise; à la seconde, un collier, des anneaux, des rubans. Leurs couronnes en fleurs à tous deux se tressent, et les jeunes filles font en même temps des bouquets pour les assistants. Cette distribution achevée, le nouveau souverain nomme des commissaires pour présider aux apprêts du banquet qui doit avoir lieu. Il choisit, entre autres, un grand cuisinier, un grand sommelier, un maître de chapelle, une première chanteuse, et un grand maréchal. Il désigne également ceux qui auront pour mission de pourvoir aux divers autres besoins de la réunion.

Les provisions apportées consistent d'habitude en volaille, lard, saucissons, fromage, lait, beurre, œufs, farine, pain, etc.

En attendant l'heure du repas, les bergers chantent, jouent de leurs instruments et dansent.

A midi précis, à un signal du grand maréchal, les commissaires étendent des nappes sur la prairie, et servent les mets. Le son des trompettes annonce ensuite aux assistants que le festin les attend. On prend place : celle d'honneur appartient, comme de droit, au couple royal; les plus rapprochées à leurs dignitaires. Chaque convive puise, avec sa cuiller, dans une écuelle placée devant lui; et les seules boissons permises en cette circonstance sont l'eau et le lait.

Le repas terminé, les chants et les danses recommencent et entretiennent la joie parmi l'assemblée. Quand vient le soir, les jeunes filles reprennent les couronnes et les bouquets flétris, et les remplacent par de nouveaux. De leur côté, les bergers font choix d'un superbe bœuf dans leurs troupeaux, l'enveloppent d'une toile de lin, et entourent ses cornes de guirlandes de fleurs. Lorsque tout est prêt, commence une marche triomphale, à la tête de laquelle paraît le grand maréchal, portant sur l'épaule une écharpe blanche, à la ceinture un pistolet, et un fouet dans les mains. Douze bergers viennent après lui, tous porteurs de fouets semblables; ils sont suivis de la première chanteuse et de douze bergères, avec des corbeilles de fleurs. Le roi et la reine s'avancent ensuite: l'un conduit par deux bergers, l'autre par deux bergères. En semant des fleurs sur le passage du couple royal, les bergères chantent des airs en rapport avec la fête. La musique, composée de violons, petites basses, grands et petits flageolets, trompettes, précède le bœuf, que l'on guide à l'aide de nombreux rubans; derrière l'animal se tiennent douze jeunes bergers, dont les coups de fouet retentissent dans l'air, puis le restant du cortége.

À l'entrée du village, le grand maréchal décharge son pistolet; le bruit des coups de fouet redouble alors et ne cesse qu'au second coup. Tous les habitants de l'endroit s'empressent d'aller à la rencontre du cortége, les cloches sonnent à toute volée, et l'on entend de toutes parts les cris de : *Vive le roi! Vive la reine!*

En passant devant la demeure du maire (*soltys*) on fait halte; et ce fonctionnaire, ainsi que tous les autres habitants, doit offrir des présents aux nouveaux monarques. Chacun cherche à deviner à qui peut appartenir le bœuf; mais celui-ci est si bien déguisé, que nul n'y parvient. On se remet bientôt en marche; et, cette fois, c'est pour reconduire l'animal chez son maître. Ce dernier, qui est d'habitude fort riche, et qui est obligé de racheter sa propriété, invite tout le monde à l'accompagner à l'auberge, où il déploie la plus grande générosité.

Les divertissements se prolongent pendant les deux jours suivants, avec le même enjouement et la même cordialité.

Cette coutume, dont on ne saurait préciser la date, est à coup sûr un souvenir des temps qui précédèrent le christianisme. Seulement les noms de *roi* et de *reine* proviennent des siècles postérieurs, car les anciens Slaves les ignoraient complétement.

NOCES.

Tout ce qui se rapporte à la grande affaire de la vie, au mariage, a conservé chez le peuple polonais un cachet plein de simplicité originale. Chaque province possède bien, à cet égard, ses coutumes et ses cérémonies propres, mais, en résumé, elles ont toutes un même fond de ressemblance; aussi, en décrivant ce qui a lieu en pareille circonstance dans le palatinat de Krakovie, nous croyons donner une idée satisfaisante de l'ensemble du tableau, quitte, pour le compléter, à faire mention des usages spéciaux à quelques parties du pays.

Lorsqu'un jeune Krakovien a résolu de se marier, il se confie à l'un de ses parents ou bien à l'un de ses amis d'un âge respectable. Ce dernier, qui reçoit de là le nom momentané de *staroste*, c'est-à-dire le vieux, choisit ordinairement le jour du jeudi pour conduire l'amoureux chez sa bien-aimée et faire la présentation aux parents. Il a bien soin de ne pas oublier d'emporter avec lui une bouteille d'eau-de-vie. Aussitôt que la jeune fille aperçoit cette bouteille, elle s'enfuit dans une autre chambre ou chez les voisins. Après avoir salué avec humilité les personnes du logis, en prononçant les mots : *Que Jésus-Christ soit béni!* et obtenu d'elles la réponse : *Dans tous les siècles, amen!* le staroste demande un verre. Si le père ordonne de le donner et que la mère s'empresse de l'offrir, les solliciteurs ont bon espoir; mais si la mère, occupée en apparence à chercher l'objet désiré, ne peut pas parvenir à le trouver, ils comprennent que leur démarche est vaine, et il ne leur reste plus qu'à se retirer.

Dans le cas d'une réception favorable, le négociateur remplit le verre et boit son contenu à la santé des parents, qui répondent, à leur tour, à son appel. Le staroste demande ensuite, comme par hasard, des nouvelles de la jeune fille; et celle-ci, amenée bientôt par sa mère, entend l'éloge de ses attraits et de ses qualités, à la fin duquel le verre lui est présenté; elle refuse d'abord, implore grâce, puis, cédant enfin aux instances, se décide à avaler quelques gouttes d'eau-de-vie. Le négociateur s'explique alors ouvertement, en sollicitant la main de la jeune fille pour son protégé; et, après un peu d'hésitation, quelques réponses évasives, les parents donnent leur consentement à l'union proposée. La jeune fille imite leur exemple.

Le mariage est donc arrêté; et, comme présent de noces, le futur offre à sa prétendue un mouchoir de cou, où se trouvent enveloppées plusieurs pièces de monnaie, et avec lequel le staroste leur lie à tous deux les mains. Un discours est ensuite prononcé par lui et termine la cérémonie des fiançailles. On ignore dans ce pays les formalités qui se pratiquent ailleurs sous le nom de contrat; mais les deux familles ont soin d'assurer d'avance, autant qu'il est en leur pouvoir, le sort des nouveaux époux.

Un fanal ou un petit drapeau rouge et blanc indique la maison où doit bientôt se célébrer une noce. Le futur s'occupe de faire faire les publications voulues, et s'adresse, à cet effet, au curé, seul chargé, en Pologne, de tout ce qui a trait à l'acte nuptial. Il annonce pendant trois dimanches de suite, aux offices, qu'un tel va épouser une telle; et si personne ne forme d'opposition à l'union projetée, il fixe le jour du mariage.

A ses approches, les garçons et les filles d'honneur, accompagnés de musiciens, s'en vont de chaumière en chaumière faire les invitations au nom des fiancés. A chaque invitation, la musique joue, tout le monde danse, visiteurs et visités, puis les premiers se rendent ailleurs.

Le grand jour arrivé, les filles d'honneur s'occupent de la toilette de la mariée, qui, assise sur une huche, voit orner ses cheveux de rubans et de fleurs. Durant ces apprêts, les hommes qui y assistent chantent, le verre à la main, des airs relatifs à la circonstance : tantôt c'est le marié qui échange sa liberté contre le joug doré du mariage, tantôt la fiancée qui ne veut plus de la couronne de jeune fille, ou bien les parents qui s'attendrissent sur la destinée de leur enfant chéri. La bière, l'eau-de-vie, le houblon sont également célébrés par des chansons, dont les expressions à double sens font rougir la jeune épousée et divertissent les assistants. Quelques-uns des morceaux chantés à ce moment, ou accompagnant plus tard d'autres parties des divertissements, sont d'une profonde obscurité; on chercherait en vain à deviner leur analogie, et leur sens demeure inintelligible.

A l'appui de cette assertion, et pour sa singularité, voici la traduction littérale du chant du houblon (*chmiel*), si connu en Pologne.

« Houblon, n'as-tu pas eu de mère, que tu as poussé aussi gentil? — Houblon, n'as-tu pas eu de père, que tu as poussé comme un pin? — Houblon, n'as-tu pas eu de sœur, que tu as poussé aussi aigu?—Houblon, n'as-tu pas eu de frère, que tu as poussé en trois ans? — O houblon, houblon pas cuit, assez! O bouche de vieille femme non échaudée! »

Il serait assez difficile, comme on le voit, de dire quels rapports peuvent exister entre le houblon, ainsi questionné, et le mariage.

La toilette terminée et avant de partir pour l'église, la jeune fille se jette aux pieds de ses parents et les couvre de baisers et de pleurs. C'est en pleurant eux-mêmes que le père et la mère donnent leur bénédiction à leur enfant, et tout le monde partage leur émotion.

Mais bientôt, à un signal du staroste, chacun sèche ses larmes et se dispose à gagner l'église. La fiancée prend place sur un char attelé de quatre chevaux, au milieu de ses filles d'honneur et des musiciens. Tout autour du char se tiennent à cheval le marié, le staroste et les garçons d'honneur, tous tenant d'une main un fouet fort court en cuir et de l'autre un petit drapeau, usage qui remonte au temps des Slaves où chacun se rendait en armes à la cérémonie du mariage. Les coursiers sont parés avec soin; et, le long du chemin, les cavaliers sont parfois obligés de traverser des tas de paille et de broussailles, que les enfants allument exprès sur le passage du cortége.

Après que la bénédiction nuptiale a été donnée par le prêtre, les parents s'empressent de rentrer dans leur demeure, afin d'être les premiers à saluer le jeune couple, à son retour, et de lui offrir, sur le seuil de la chaumière, le pain et le sel. Le père répand également des grains d'orge sur la tête des nouveaux époux et de ceux qui les accompagnent: on les recueille précieusement, pour les semer: s'ils viennent bien, les mariés jouiront d'une heureuse existence.

Le staroste prononce un discours, dans lequel il retrace les droits de chaque époux et leurs devoirs réciproques, et il termine par cette acclamation, répétée plusieurs fois par tous les assistants : *Vive le jeune couple!* Puis vient le repas, où chaque convive garde son bonnet sur la tête, et après le repas arrive la danse. Elle est ouverte d'habitude par les personnes les plus âgées de l'assemblée, lesquelles dansent la grave *polonaise;* bientôt les jeunes gens, impatients, font succéder à cette dernière la petillante *krakovienne* et la gracieuse *mazurek*.

C'est au milieu de ces divertissements que commence la cérémonie du chaperon, *oczepiny*. Une vieille femme, après avoir coupé la tresse en cheveux de la mariée, lui pose sur la tête un bonnet en forme de chaperon, et les jeunes filles font entendre le chant suivant, non moins bizarre que celui du houblon.

« Qu'est-ce qui se tord autour de l'arbre? — C'est le serpent.— Ma mère, mon mari me bat! Viens, viens! plains-moi, et fais-moi cadeau de quelque chose de bon.

« La mère est arrivée et a examiné l'ordre. — « Bats, mon gendre, bats, instruis, c'est pour ton propre bien.

« Qu'est-ce qui se tord autour de l'arbre. — C'est le serpent. — Mon père, mon mari me bat! Viens, etc.

« Le père est arrivé, etc.

« Qu'est-ce qui se tord autour de l'arbre? — C'est le serpent.— Mon frère, mon mari me bat! Viens, etc.

« Le frère est arrivé, il a examiné l'ordre. Le beau-frère voudrait bien fuir, mais il ne sait de quel côté, si c'est par la porte ou par la fenêtre; partout on se tient avec des sabres. — « Ah! mon beau-frère, ne bats pas ma sœur, car, autrement, je te battrai avec un bâton aigu! »

A deux heures du matin, les jeunes mariés se retirent; mais ils ont à subir auparavant un nouveau discours du staroste, discours dont les plaisanteries équivoques redoublent la gaieté des invités. Quand il est terminé, on danse avec gravité une polonaise avec la mariée, et, la conduisant ensuite dans la chambre qui lui est destinée, on la remet entre les mains de son époux. De nouvelles santés se succèdent là en l'honneur de la prospérité du jeune ménage; puis le staroste, entraînant vivement tout le monde hors de la chambre, en ferme la porte, la défend contre toute tentative maligne, et amuse l'assistance par une profusion de mots burlesques et de saillies au gros sel.

Les danses reprennent bientôt avec la même fougue et se prolongent toute la nuit. Lorsque la fatigue accable les invités, ceux-ci se jettent par terre, dans l'un des coins de la pièce, et, après un court sommeil, recommencent comme si de rien n'était. C'est ainsi que les noces krakoviennes durent huit à dix jours. Avant de se séparer des convives, le jeune couple les traite une dernière fois dans sa demeure, et leur demande leur amitié pour l'avenir.

Les jeunes Mazoviens vont traiter directement, avec le père de la jeune fille, de l'objet qui les intéresse.

Au jour du mariage, le futur, accompagné de ses amis, arrive chez sa fiancée, devant laquelle il exécute de son mieux sur le violon une *mazurek;* puis le bel esprit de la compagnie adresse aux deux époux un discours en vers, qu'il termine en ornant leurs têtes de couronnes de fleurs.

Ce double cérémonial achevé, la jeune fille va s'asseoir sur une huche; et ses compagnes arrangent pour la dernière fois, en chantant, les tresses de ses cheveux, qu'elles parent ensuite d'une nouvelle couronne de fleurs.

Lorsque s'opère le retour de l'église et que le cortège est environ à moitié chemin, le premier garçon d'honneur pique des deux son cheval, vole à son logis, y prend une miche de pain, et s'empresse de rejoindre la noce. Là, le pain à la main, il s'approche tour à tour de chaque char, et invite tout le monde à se rendre chez les parents de la mariée.

Chez les paysans qui habitent les

bords de la Piliça, dans le palatinat de Sandomir, on connaît qu'une chaumière renferme une fille à marier par la vue de points marqués en blanc sur la porte. C'est un stimulant pour les amoureux.

La fiancée se rend pour faire sa toilette de mariée à la demeure seigneuriale. Là, elle est conduite à un appartement disposé à son intention, et la demoiselle du château, ou bien une dame de la famille du seigneur, lui sert de femme de chambre. Ses beaux cheveux blonds sont séparés par derrière en deux longues tresses et frisés avec soin par-devant; une couronne de fleurs artificielles est posée sur son front, et un galon d'or, brochant sur le tout, se joue à travers les cheveux et les fleurs. Puis on lui met un jupon blanc et un corsage amarante, couleurs nationales, toujours préférées dans les grandes circonstances. Un collier en corail achève de compléter la parure de la mariée.

D'habitude, le seigneur accorde la permission de danser dans ses salons, au retour de l'église, et ouvre le bal avec la mariée.

Le repas de noces a lieu ensuite à la demeure de la nouvelle mariée, où chaque convive apporte un plat de sa façon, en guise de pique-nique, lorsque le seigneur ne pousse pas la générosité jusqu'à en faire les frais, car le jeune couple est rarement assez fortuné pour festoyer une si nombreuse compagnie.

Le lendemain, les points blancs que l'on remarquait sur la porte de la chaumière ont disparu.

Les invitations se font de la manière la plus solennelle chez les habitants de la Grande-Pologne, par l'entremise du garçon d'honneur, *druzba*. Le jeudi précédant le mariage, qui se célèbre toujours le dimanche, il met ses habits de fête, se couronne de fleurs, monte à cheval, et, accompagné d'un autre jeune homme, se rend à chaque maison désignée. Il s'arrête devant la porte, et prononce les paroles suivantes:

« Bénie soit la maison dont nous franchissons le seuil! Aujourd'hui jeudi, au soir, le père, la mère et les jeunes fiancés vous envoient leurs compliments les plus affectueux, et nous chargent de vous informer de l'acte solennel qu'ils se préparent à célébrer. »

Le maître de la maison répond:

« Quel est cet acte saint que l'on a célébré aujourd'hui avec la volonté de Dieu et l'intercession de la Vierge? »

Le garçon reprend:

« Ce n'est pas précisément dans notre intérêt que nous nous présentons devant vous, mais ce sont les jeunes fiancés qui nous envoient au nom de Dieu. Car Dieu, sachant que l'homme avait besoin d'une femme, prit une de ses côtes et créa la femme. Notre jeune garçon a longtemps cherché sa côte, et il l'a enfin trouvée dans sa fiancée. Ils vous prient maintenant, du fond de leurs cœurs, de les conduire dans la maison de Dieu et dans celle de leurs parents, où nous jouirons des bienfaits de la Providence. Nous vous invitons en même temps à venir partager avec nous, si vous voulez bien nous faire ce plaisir, un tonneau d'eau-de-vie, des tonneaux de bière, du pain et des gâteaux. Vous trouverez aussi des canards, des poules, des oies, et le bœuf ne manquera pas. Déjà le couteau en menace un second, qu'on tient en réserve. Vous entendrez aussi des violons, des basses et des flageolets. De jeunes filles, de joyeux garçons, des hommes et des femmes âgés se trouveront dans la foule. Vous recevrez l'accueil le plus dévoué: tous les cœurs vous sont ouverts, et l'amitié vous tend les bras. Ne déshonorez pas le jeune couple en vous refusant à son invitation; car c'est Dieu lui-même qui, grâce à l'intercession de la vierge Marie, lui a donné sa bénédiction. »

Il existe encore un autre usage particulier à la Grande-Pologne. Vers le soir, lorsque le bal est en pleine activité, les femmes mariées conduisent, à l'insu de la compagnie, la nouvelle épouse dans une pièce voisine, où se pratique envers elle la cérémonie du chaperon, puis la ramènent, toute en larmes, vers le lieu de l'assemblée. Alors le marié s'approche de sa femme et l'invite à danser avec lui; mais celle-ci s'y refuse, sous prétexte qu'elle est boiteuse. Cette défaite du marié l'expose aux sarcasmes de son garçon d'honneur, lequel, prétendant d'un air moqueur qu'il n'entend rien à solliciter, invite la mariée et voit sa demande accueillie par elle. Ils prennent aussitôt leur élan et se mettent à danser. En vain l'époux renouvelle sa requête, elle est encore repoussée; la jeune femme boite plus fort que jamais, et les railleries du garçon d'honneur ne tarissent pas. La plaisanterie se répète plusieurs fois, jusqu'à ce que le marié, n'y tenant plus, dise sérieusement : « Femme, apprends à connaître ton époux ! » A ces paroles, la mariée lui tend vivement la main, et ils exécutent tous deux ce qu'on nomme *la petite danse*. Pendant le temps que dure cette danse, l'assemblée chante d'un ton sérieux des stances analogues.

On remarque également chez les paysans de Lublin plusieurs particularités curieuses.

D'abord, ce n'est pas là comme ailleurs un homme qui entame et dirige les négociations, mais bien une matrone estimée de chacun et d'un âge des plus respectables.

Deux amis du marié sont chargés de fonctions importantes : l'un, nommé *maréchal de la noce*, et porteur d'un drapeau, a pour mission de veiller à ce que chaque partie de la solennité nuptiale s'accomplisse suivant les us et coutumes ; l'autre, possesseur d'une branche de sapin ornée de couronnes, de bougies et de petites sonnettes, doit jouer, pendant toute la durée de la fête, le rôle de bouffon, et entretenir en conséquence, par ses propos et ses contorsions, la bonne humeur des invités.

A l'instant où la noce, rassemblée chez la future, se dispose à partir pour l'église, le maréchal confie à la première demoiselle d'honneur l'anneau nuptial, remise qui s'opère au murmure des accents suivants :

« Au milieu du village se trouve une forge, dont les ouvriers, munis de soufflets, allument le feu au point du jour. »

Et toute la compagnie reprend à grands cris : *Lado! Lado* (*) *!*

« Ils frappent avec le marteau sur l'enclume et forgent des anneaux d'or pour Jean et Marie. Dieu veuille conduire les jeunes fiancés au bonheur ! »

Et l'on répond comme précédemment : *Lado! Lado!*

En Lithuanie, trois ou cinq femmes, jamais un nombre pair, confectionnent pour le repas de noces un gâteau spécial, *koroway* ; et, tandis qu'elles le portent au lieu de réunion, tous les voyageurs rencontrés sur la route doivent leur céder le pas.

Lorsque la fête tire à sa fin, les jeunes filles de la noce mènent la mariée dans une chambre à part et l'habillent de neuf des pieds à la tête ; puis son frère ou un ami de la famille prend un oreiller, le dispose au milieu de l'assemblée et invite la mariée à s'asseoir dessus. Ses compagnes défont alors ses nattes de cheveux et en brûlent l'extrémité à la lueur d'une bougie allumée, action qui signifie bien des choses, entre autres, que la nouvelle épouse doit renoncer aux habitudes des jeunes vierges. Cette espèce d'adieu à l'innocence est suivi de souhaits de bonheur, et les mêmes jeunes filles mettent dans la coiffure de la mariée un peu de beurre ou de miel, un petit morceau de pain et un gros (2 centimes), emblèmes que le fichu de nuit ne tarde pas à recouvrir.

Les amis de l'époux viennent l'aider, le lendemain du mariage, à conduire sa femme chez lui. En franchissant le seuil de la porte, ils brûlent une botte de paille : c'est l'adieu de la mariée au foyer paternel.

A l'entrée de sa nouvelle demeure, elle trouve sa belle-mère qui lui présente la couverture de la huche garnie d'une peau de mouton retournée, ainsi que le pain et le sel. En signe de prise de possession, la mariée fait trois fois le tour de la table ; ensuite on danse, on chante, on mange, jusqu'à ce que le jeune couple se retire.

(*) *Lado* ou *Lada* était chez les anciens Slaves la déesse des fiançailles. Il se trouve dans le district de Lublin, une rivière qui porte ce nom, et à laquelle le peuple adresse encore des chants de nos jours.

Le jour suivant, le mari s'empare de la chemise de sa femme, met du seigle dans une manche, un demi-florin dans l'autre, attache le tout avec une ganse rouge, et renvoie la chemise à la famille de la mariée.

Dans les temps reculés, chez les habitants des terres prussiennes, la fille désirée en mariage était vendue par ses parents, moyennant quelques pièces de bétail. Elle-même recevait un jupon, à titre d'arrhes.

Une partie de ces coutumes se retrouvait en Samogitie et en Kourlande. Il y était aussi d'usage que deux amis du fiancé enlevassent sa future du logis paternel. Une fois parvenue à sa nouvelle demeure, on lui en faisait faire trois fois le tour; ensuite on lui lavait les pieds, et, avec cette eau, on arrosait les meubles, le lit nuptial et les assistants. Enfin lui ayant bandé les yeux et mis du miel sur la bouche, afin de lui enseigner la douceur et la bonté envers son mari, on promenait de nouveau la mariée. A chaque porte qu'elle frappait du pied droit et qui s'ouvrait à cet appel, on jetait sur elle des grains de blé, d'orge, des pois, des fèves et des graines de pavot. Celui qui s'acquittait de cette tâche prononçait en même temps ces paroles : « *Si* « *tu es fidèle à ton mari et bonne mé-* « *nagère, tu ne connaîtras jamais le* « *besoin.* » A la fin des danses qui suivaient le repas, les jeunes filles de la noce cherchaient à couper la tresse en cheveux de la mariée, et, y ayant réussi, se fâchaient que celle-ci eût cessé d'appartenir à leur classe; elles la pinçaient, la battaient, et, à force de mauvais traitements, la contraignaient de se réfugier dans la chambre de son époux, asile sacré et impénétrable.

DANSES ET CHANTS POPULAIRES.

Les danses nationales et les chants populaires sont l'image la plus fidèle de l'esprit d'un peuple; les chants surtout, que l'on a surnommés avec justesse la voix intime du sol. Ceux du peuple polonais ne font pas exception à la règle, car ils peignent avec exactitude ses penchants et ses mœurs.

« Partout où se trouve une femme slave, on est sûr d'entendre chanter : montagnes et vallées, fermes et pâturages, jardins et vignobles, tout retentit des accents de sa voix; elle chante ses peines, elle chante ses plaisirs, et la naissance de son enfant, et la souffrance de son cœur. Souvent la fille du peuple, après une pénible journée, allège par des chansons le poids de ses fatigues; elle revient lentement à sa demeure sous les lueurs du crépuscule, et elle chante pendant la route. Ce ne sont pas des traditions confuses ou des légendes mythologiques qu'elle répète, mais de véritables poëmes, qui ne ressemblent en rien aux poëmes des autres nations de l'Europe. La délicatesse, la tendresse, la pureté, le pathétique sont les caractères spéciaux de cette muse (*). »

Nous décrirons d'abord les danses du pays, danses de tout temps vraiment nationales, car elles étaient autrefois en usage depuis le palais somptueux du souverain jusqu'au plus humble cabaret de village. Aujourd'hui, dans les bals citadins, les chansons les accompagnent rarement; mais, parmi la classe des paysans, cette condition est toujours de rigueur.

La danse caractéristique du pays est la *polonaise*, dans laquelle se trouvent réunis, tout à la fois, le faste oriental, la gravité, la fierté, l'esprit chevaleresque, la liberté et l'indépendance d'une république d'Occident. L'ancien costume ajoutait beaucoup à la beauté de cette danse, que l'on dansait, il y a peu d'années encore, tout armé, mais sans que les mouvements perdissent rien de leur grâce. Elle est toujours ouverte par le couple le plus élevé de l'assemblée, et ne consiste, à vrai dire, qu'en une espèce de promenade. Là tout le monde danse : les jeunes gens, les enfants, les vieillards, les hauts dignitaires, les magistrats prennent part au divertissement, et

(*) Schafaryk, Chants populaires des Slaves.

c'est à la grave polonaise qu'ils doivent de pouvoir le faire. Après plusieurs tours de promenade, chaque cavalier offre, à son gré, sa main à une autre dame, et le danseur primitif doit la lui céder, jusqu'à ce qu'il puisse la reprendre de nouveau. Cette figure de la polonaise rappelait originairement les droits égaux des nobles dans l'État.

Dansée presque exclusivement aujourd'hui par la noblesse et la bourgeoisie, la polonaise commence et termine la fête. Dans plusieurs cours européennes, l'usage d'ouvrir le bal par elle s'est également conservé jusqu'à nos jours.

Vient ensuite la *mazurek*, danse favorite des Polonais. Elle est en vogue partout, dans les salons comme dans les chaumières. Possédant toute la grâce que chérit la bonne compagnie, elle peut rivaliser avec les danses européennes les plus élégantes; plus d'une fois même la mode a essayé de la naturaliser dans les premières sociétés de Paris, de Londres et de Florence, mais le nombre de ceux qui savent bien la danser et saisir son cachet national est trop restreint pour qu'elle s'y acclimate parfaitement.

La mazurek offre cependant quelque ressemblance avec les quadrilles français, mais elle offre bien plus d'originalité et d'entraînement.

Un écrivain distingué, Kasimir Brodzinski, a tracé dans le Mémorial de Warsovie de 1826 ce piquant parallèle : « En voyant danser la mazurek et la contredanse, on serait tenté de dire qu'une Française cherche à plaire par sa danse, et qu'une Polonaise plaît en s'abandonnant à sa gaieté de jeune fille; sa grâce est toute naturelle, l'art n'y a rien ajouté. La taille de la danseuse française nous rappelle les créations idéales de la sculpture grecque, mais la Polonaise rappelle (du moins aux yeux de ses compatriotes) une bergère créée par l'imagination ardente des poëtes : autant la première nous charme, autant la seconde nous attache. En outre, si la contredanse est de nos jours le triomphe des femmes, la mazurek a réservé quelques compensations aux hommes; un jeune cavalier possédant de la souplesse et de l'élégance dans les formes peut devenir l'âme et le héros de cette danse. »

Pour compléter ces remarques, nous ajouterons que si l'esprit de l'ancienne noblesse se reflète si bien dans la polonaise, la mazurek, pleine de vie et d'expression, est l'emblème de l'esprit du peuple. Dans cette danse, le Polonais déploie toute sa force et les sentiments qui l'animent.

La *krakoviak*, originaire de Krakovie, ainsi que son nom l'indique, se danse, non en tournoyant, comme dans la valse, mais en rond, par plusieurs couples qui se suivent en chantant. Parfois, les paroles improvisées sont satiriques et forment deux couplets, dont le premier est un tableau expliqué par le second. Par exemple :

« Là bas, le long des hautes murailles de
« Krakovie, coule la Wistule,
« Et les Polonais se portent tous en foule
« de ce côté. »

On fait un tour de danse, puis un second chanteur, continuant la pensée, reprend :

« Tous y vont avec leurs faux et ne re-
« viennent pas,
« Et les forêts, les plaines et les femmes
« sont en deuil. »

D'autres fois, au village, le couple chantant s'arrête devant l'orchestre, et là le jeune danseur improvise des couplets qui ont trait à la fête ou faisant l'éloge de celle qu'il aime. La danse continue ensuite. Tous partent successivement, les uns après les autres : leurs bottes ferrées battent la mesure, les anneaux de cuivre et d'argent ornant leurs ceintures s'entrechoquent, et l'air retentit de cris de joie.

La krakoviak a peu accès maintenant dans les salons de la haute société; cependant, à l'époque de Stanislas-Auguste, elle était très en vogue. Chez les montagnards, les Gorals, la danse favorite est une sauteuse, espèce de krakoviak qui s'exécute une petite hache à la main. Placé au milieu du cercle, le danseur fait avec les pieds et tout le corps une multitude de mouvements, assez difficiles à décrire, et lance, à une grande hauteur, la hache qu'il tient; plus il montre d'adresse à la recevoir, plus l'assemblée lui prodigue d'applaudissements.

Les danses nationales, si nobles ou si folles, prirent une teinte plus sombre lors des partages. Il s'en forma même une tout à fait en rapport avec la situation malheureuse du pays, et connue sous le nom de *kolomejka*, qu'elle tirait de la ville de Kolomeja, située au pied des monts Karpathes. Depuis les rives du San, en suivant la chaîne karpathienne et les bords du Dniester, jusqu'à la mer Noire, elle est en usage. Cette danse n'offre rien, dans ses diverses figures, qui rappelle la majestueuse polonaise, la joyeuse mazurek, ou la bruyante krakoviak. En l'exécutant, les bouches sont muettes et les visages mélancoliques. C'est en silence que le cavalier conduit sa partenaire, à l'aide d'un ruban ou d'un rameau entrelacé. A un moment indiqué, les danseuses lâchent le lien et s'enfuient avec des gestes gracieux; les danseurs les suivent d'un air suppliant; et quand elles se voient dans la nécessité de s'enchaîner de nouveau, elles baissent les yeux et se couvrent la figure de leur tablier. Lorsque le divertissement est près de sa fin, le ruban ou le rameau tombe des deux côtés; la danseuse s'élance alors dans les bras de son cavalier, et ils tournent ensemble d'une façon plus animée, tandis que les suffrages des spectateurs se mêlent au bruit des instruments. Il était impossible de peindre avec plus de fidélité la douleur de la perte du pays, le désir de le reconquérir, et le bonheur éprouvé, une fois cette tâche patriotique accomplie.

Telles sont les principales danses polonaises. Chacune d'elles a donné son nom aux chants qui l'accompagnent.

Parmi les polonaises, on en distingue surtout trois : 1° la polonaise du *3 mai*, adaptée aux paroles relatives à la promulgation de la constitution de 1791 ; 2° la polonaise de *Kosciuszko* : elle fut adressée à ce grand citoyen lorsque le pays prit les armes, en 1794; 3° la polonaise d'*Oginski*, nommée le *Chant du cygne*, composée en 1793, lors du second partage : admirable par sa double expression de douleur et d'espérance, elle se répandit rapidement dans toute l'Europe.

D'une allure plus vive et plus animée, les mazureks possèdent les qualités qui manquent aux polonaises. Sous le rapport des effets moraux, elles remuent l'âme profondément; leur mélodie éveille l'amour de la patrie, et leur rhythme guerrier stimule au plus haut degré les sentiments ardents de la jeunesse. Rien qu'en entendant la mazurek de Dombrowski, commençant par ces mots: *Non, non, tu ne périras pas, ô Pologne chérie!* le pays entier se leva.

Malgré les nombreuses invasions étrangères, les vieux airs des krakoviaks sont demeurés purs et sans mélange. L'un d'eux, plus moderne, porte pour titre : *le Faucheur*, et servit, durant la dernière guerre, de marche aux cavaliers nationaux.

Longtemps empreints d'une teinte religieuse, les chants polonais n'adoptèrent que lentement une couleur plus franche et plus joviale. Les chants de Noël, appelés *Kolenda*, participent encore de nos jours de cette double influence. Le peuple les exécute sous les fenêtres des demeures seigneuriales, fort avant dans la nuit, la veille de la fête. Rien n'égale l'attrait et la beauté de ces sérénades. Bravant la neige et souvent une froidure de vingt degrés, de nombreuses bandes explorent les campagnes, sous un ciel étincelant d'étoiles, aux lueurs pourpres de l'aurore boréale, et chantent les kolenda avec un enthousiasme devant lequel disparaissent les glaces du Nord.

Les airs de Saint-Grégoire réunissent toutes les conditions des mélodies populaires. Ils étaient à l'usage des femmes de Krakovie, lorsqu'elles célébraient leur fête annuelle, *Czomber babski*, qui présentait un spectacle assez bizarre. Ce jour-là, les Krakoviennes se réunissaient devant l'Aigle blanc, sur la place du Marché, où elles arrivaient en foule de tous côtés, et divisées en compagnies. Un chef, nommé par elles, se mettait à leur tête. Bientôt, à un signal donné, les danses commençaient, et le chant les accompagnait toujours. Les *grégoriennes* faisaient souvent, dans leurs légers refrains, la satire de l'évêque et des hauts dignitaires du lieu.

Par suite de l'influence du climat et surtout des événements politiques, une partie de la Pologne possède des chants gais et l'autre des chants pleins de mélancolie. Les premiers ont cours dans les provinces fertiles et soumises à un régime moins oppressif, comme les contrées de Krakovie, de Posen, de Gnèzne, jusqu'à Warsovie, et de là, par le palatinat de Sandomir, jusqu'à Krakovie ; les seconds sont répandus depuis Lublin jusqu'à Léopol, dans la Wolhynie, la Podolie, l'Ukraine, et jusqu'au delà du Dniéper.

Dans la grande et la petite Pologne, ainsi qu'en Mazovie, jamais on n'entend sortir de la bouche des paysans ni ballades lugubres, ni romances langoureuses ; tout est gai et volage, simple et naïf. Pas une chanson circulant aujourd'hui ne remonte à plus d'une vingtaine d'années. On les change sans cesse, et un joyeux improvisateur de cabaret, le verre d'hydromel en main, opère souvent une révolution complète sous ce rapport. On répète les couplets exactement d'abord, puis on les corrige, on les défigure, on les corrompt, jusqu'à ce qu'un nouveau chant les remplace entièrement.

Les paysans courbés tout à fait sous le joug russe ne connaissent pas cette gaieté et cette insouciance : la mélancolie, la douleur, l'amour malheureux ou le sentiment guerrier respirent dans leurs chants ; la musique et les paroles en existent depuis des siècles (*).

C'est dans les *dumki* (rêveries) de l'Ukraine surtout que l'on remarque ces divers caractères. « Voici un peuple dont les mélodies tristes et plaintives s'élèvent comme une hymne de douleur vers le ciel. Toute cette musique n'est qu'un long gémissement, un chant d'amour, dont le langage mystérieux se révèle par des larmes de résignation. Quelle est donc la cause de cette tristesse profonde? quel pressentiment sinistre enveloppe comme d'un nuage les touchantes idylles de la population russienne de l'Ukraine? Pourquoi ces riches plaines, ces riantes vallées ne lui inspirent-elles que de sombres images ? C'est parce que le peuple d'Ukraine a toujours été opprimé. Il a vainement lutté contre l'esclavage, contre la misère, contre l'oppression de l'aristocratie polonaise ou du cabinet moskovite. Vaincu et persécuté, il pleura en larmes de sang la perte de sa liberté ; et ses rêveries mélodieuses et poétiques sont comme les derniers rayons de son bonheur passé, que la tyrannie n'a pu briser (**). »

Parmi les dumki, il en est une, le *Tchaïka*, encore plus remarquable que les autres par sa douceur et la tristesse dont elle est profondément empreinte. Elle doit remonter à l'époque où l'Ukraine, convoitée et déchirée par de puissants voisins, finit par tomber sous le joug de la Russie. Le peuple vaincu, et qui avait vu périr l'élite de sa jeunesse, s'y compare au *tchaïka*, espèce de vanneau dont le cri plaintif vient souvent assombrir les pensées du voyageur au sein des steppes immenses de la Russie méridionale. Le taureau de la prairie, c'est sans doute le Moskovite vainqueur. Voici ce chant, dans sa traduction littérale et avec l'obscurité de certains passages :

« O malheureux tchaïkas ! tchaïkas infor-
« tunés ! vous avez fait votre couvée près
« du chemin.

— « Kiihii! kiihii! prenant mon vol vers
« le ciel, je n'ai plus qu'à me précipiter dans
« l'abime des mers.

— « Et tous ceux qui passent vous tour-
« mentent. Garde à toi, tchaïka ! cesse de
« pousser des cris plaintifs.

— « Kiihii! kiihii! etc.

(*) Michel Podczaszynski, Fragments sur la littérature de l'ancienne Pologne.

(**) A. Sowinski, Coup d'œil historique sur la musique religieuse et populaire en Pologne.

— « Déjà le blé est devenu jaune, il est
« mûr; et les moissonneurs qui arrivent vont
« prendre tes petits.
— « Kiihii! kiihii! etc.
— « Mais la bécasse entraîne par son ai-
« grette le tchaïka, qui appelle ses petits...
« kiiguiitch !
— « Kiihii! kiihii! etc.
— « Alors le taureau de la prairie, cour-
« bant en arc une branche flexible : Cesse
« de crier, tchaïka, sinon je te pendrai dans
« cette prairie.
— « Kiihii! kiihii! etc.
« Eh quoi! je ne puis ni me plaindre ni
« verser des larmes, moi, la mère de ces pau-
« vres petits!
« Kiihii! kiihii ! prenant mon vol vers le
« ciel, je n'ai plus qu'à me précipiter dans
« l'abîme des mers. »

Les chants de la Lithuanie, les *daïnos*, sont également célèbres par leur douceur et leur ingénieuse simplicité; ces fleurs charmantes rappellent en tous points la riante vallée de Kowno qui fut leur berceau. Consacrées jadis au culte de la mythologie lithuanienne, si gracieuse, elles servent aujourd'hui d'interprètes aux émotions de l'âme, soit qu'elle scintille de joie ou laisse échapper un cri de douleur.

Le langage lithuanien se prête particulièrement aux expressions caressantes, et il est impossible de rendre avec fidélité, dans une langue étrangère, tout le charme de ces poésies intimes.

Les Lithuaniens aiment assez les poésies énigmatiques dans la forme d'interrogation. Voici l'une de ces chansons, appelées *misla* ou énigmes :

« Une fois ma mère m'a grondée et m'a
« dit : Va au bois, ma fille, et trouve-moi
« une fleur d'hiver et de la neige d'été.

« J'allai errer tristement sur les collines
« près du lac et au bois. — Mon pasteur,
« dites-moi, je vous prie, où je trouverai
« ces deux choses.

— « Si tu veux être bonne et fidèle, si
« tu me donnes ta bague pour gage, je te dirai
« l'énigme; écoute, écoute, ma fille.

— « Je serai bonne et fidèle, je donnerai
« cette bague pour gage; mais, dites-moi,
« où trouverai-je la fleur d'hiver et la neige
« d'été?

— « Va au bois de sapins, casse une pe-
« tite branche, porte-la à ta mère, et dis
« hardiment : Le sapin est la fleur d'hiver.
« Va aux bords de la mer d'ambre, prends
« l'écume des flots azurés avec ta jolie main :
« l'écume de mer est la neige d'été. »

Malgré la domination étrangère, des citoyens dévoués s'attachèrent à conserver dans la mémoire du peuple des chants nationaux remplis de mélancolie. Les femmes aussi, nouvelles vestales, se chargèrent d'entretenir le feu sacré du patriotisme; ni les soldats moskovites, ni les fonctionnaires allemands ne purent empêcher une mère de répéter, au berceau de son fils, les chants qui devaient lui communiquer, avec le lait de son sein, l'amour de la patrie et la haine de ceux qui l'opprimaient.

Une autre classe agit également d'une façon favorable, celle des chanteurs ambulants, qui, s'en allant par troupes de village en village propager leurs refrains, inspiraient un certain degré de respect au peuple par leur âge et par leur profession. C'était à qui leur ferait des cadeaux, et un proverbe disait d'eux : *Ce sont des gens qui ont connu des temps meilleurs et de vieilles chansons*. Fréquentant les foires, suivant les solennités religieuses et conviés à toutes les fêtes de famille, leur influence était grande.

C'est grâce à eux que se répandit dans tout le pays, à l'époque des partages, le chant patriotique du *Bouleau*, qui puisait dans les circonstances présentes une nouvelle expression de douleur et de malédiction. Nous terminerons par lui cet article.

« Bouleau, charmant bouleau, pourquoi
« donc es-tu si triste? Les noirs frimas ont-
« ils glacé ta sève, ou le souffle d'un mauvais
« vent t'a-t-il desséché? C'est peut-être le
« ruisseau qui a mis à nu tes jeunes racines?

— « Sœur Olga, ce ne sont point les noirs
« frimas qui ont glacé ma sève; je n'ai
« point été desséché par le souffle d'un mau-
« vais vent, et le ruisseau n'a point mis à
« nu mes racines.

« Mais d'un lointain, lointain pays, vin-
« rent les Tatars, qui brisèrent mes branches,
« allumèrent de grands feux, et foulèrent
« autour de moi la belle herbe verte.

« Et partout où ils allument du feu, l'herbe
« ne peut plus pousser. Et les champs en-
« semencés qu'ils traversent à cheval, sont
« arides comme au milieu de l'automne.
« Aucun animal ne veut plus boire dans le
« ruisseau que leurs chevaux ont souillé. Et
« la blessure de leur flèche ne guérit que
« dans le tombeau.

« Ah! c'est de là-bas, de là-bas, que
« vient la malédiction de Dieu!

« Les mauvais vents, et les sauterelles qui
« apportent la famine, et la peste qui en-
« lève les humains, viennent aussi de ce
« côté.

« Quel dommage que ce soit aussi de là
« que nous vient la lumière du soleil. »

SUPERSTITIONS.

Comme tous les peuples primitifs, la grande famille slave fut animée par le désir, si naturel à l'homme, de déchirer le voile qui cache les mystères de l'avenir. On comptait chez elle un nombre immense de devins et de prétendus sorciers. Les femmes surtout, auxquelles on attribuait le don de l'inspiration divine, jouèrent, sous ce rapport, un rôle marquant parmi les populations slaves. Elles participaient aux cérémonies publiques, soignaient les malades, rapprochaient les jeunes gens par les liens du cœur et pronostiquaient à chacun sa destinée future.

Les anciens Prusses les consultaient également, afin de découvrir où se trouvaient les objets dérobés. Avant de rendre ses oracles, la sibylle répandait de la bière et fondait de la cire, ou bien entaillait, d'une façon bizarre, un morceau de bois.

Cette même peuplade était imbue de superstitions non moins singulières. Par exemple, il fallait bien faire attention à sa marche en entrant dans un village; car le pied droit posé le premier signifiait du bonheur, tandis que le pied gauche menaçait, au contraire, de quelque fâcheux accident.

Si un lièvre traversait la route, chacun redoutait quelque catastrophe; si c'était un loup, on se réjouissait.

Le marié qui se réveillait le premier la nuit des noces devait s'attendre à mourir pareillement le premier.

Toute maladie était considérée comme un indice de la colère céleste, et la mort regardée comme un juste châtiment; aussi il arrivait souvent que le *wurszkaytis*, sacrificateur, voyant les souffrances du patient, l'étouffait avec un oreiller, après avoir demandé pardon aux dieux, les yeux baignés de larmes, de mettre fin à leur vengeance toute-puissante.

Ces croyances eurent cours longtemps encore, dans toute leur étendue, après l'introduction du christianisme. Melecius dit dans ses Lettres à Sabin, écrites en 1553 : « Les Slaves ont parmi
« eux des devins, nommés en langue
« russienne *burtes*, qui versent de la
« cire fondue sur des fils de laiton, et
« répondent ensuite, suivant les figures
« tracées, aux questions adressées. J'ai
« connu en Prusse, ajoute-t-il, une
« femme qui, inquiète d'une longue
« absence de son fils, alla consulter un
« devin, et apprit de lui qu'il avait péri
« en mer, attendu que la cire versée
« sur un plateau représentait un vais-
« seau naufragé et un homme étendu,
« tout à côté, sur le dos. »

Le savant Czacki parle également, dans son ouvrage sur les lois lithuaniennes et polonaises, de ces superstitions, en usage dans toutes les classes de la société. La reine Bona, épouse de Sigismond Ier et digne Italienne, ajoutait foi elle-même aux expériences tentées. « Elle sondait l'avenir, dit
« Czacki, d'après la masse formée par
« le suc tiré d'herbes odoriférantes,
« ainsi que d'après les dessins qui pro-
« venaient de la cire fondue. »

Un sorcier jouit surtout en Pologne d'un renom populaire et équivaut pour elle au Faust allemand, c'est Twardowski(*), personnage qui vécut sous le règne de Sigismond-Auguste.

On trouve fort peu de détails chez les biographes nationaux sur Twardowski; ils se contentent de rapporter qu'il reçut le jour dans une noble fa-

(*) Plusieurs écrivains soutiennent que le fameux Faust est le même personnage que Twardowski, qui, persécuté à cause de son savoir réputé surnaturel, se serait réfugié en Allemagne et y aurait pris le nom de Faust ou Fust.

mille, qu'il fit ses études à l'université de Krakovie, et qu'il s'adonna spécialement à la chimie et à la physique.

Très-zélé pour les progrès de la science, Twardowski réunissait l'application au précepte, et il choisit tour à tour, pour ses expériences, les montagnes de Krzemionki et le tertre de Krakus. Il arriva de là que la multitude, qui explique avec son imagination ce qu'elle ne comprend pas avec son intelligence, le regarda bientôt comme un être surnaturel.

Ainsi donc, d'après les traditions populaires, Twardowski signa avec son sang, sur une peau de bœuf, un pacte avec le diable, qui, muni de cette garantie, s'élança un jour sur sa proie, et l'entraînait déjà, lorsque Twardowski, terrifié, se mit à chanter les *saintes heures*, ce qui le tint suspendu entre le ciel et la terre, où il se trouve encore au moment présent.

Avant cette catastrophe, Twardowski était le bien-venu chez le roi Sigismond-Auguste, où il arrivait la nuit par une issue secrète; et dans ces mystérieux entretiens, on délibérait, suivant la croyance populaire, de choses graves et importantes (*).

Une jeune fille, sauvée par Twardowski de la fureur de la multitude et cachée par lui dans les souterrains de Krzemionki, s'adonna, sous sa direction, à l'étude de la magie, et fut bientôt aussi savante que son maître. Cette jeune fille, nommée Barbe Gizanka, produisit une vive impression sur le cœur du vieux roi, et l'histoire secrète du règne de Sigismond-Auguste l'a fait connaître sous le titre de favorite d'Auguste. Le monarque l'appelait dans ses moments de souffrances, se croyant soulagé par le suc de ses herbes et ses enchantements. Elle était encore auprès de lui, à son lit de mort, comme un mauvais génie.

Si les souverains eux-mêmes ajoutaient foi, par moments, à des influences surnaturelles, il n'était pas étonnant que le vulgaire s'y livrât entièrement. De tous côtés, ce n'étaient que récits fantastiques et traditions merveilleuses. Tantôt une jeune fille parcourait les champs et les villages avec un voile ensanglanté, tantôt un spectre livide touchait ses victimes d'une main ardente ou glacée; puis on croyait entendre dans l'air des cris déchirants, le bruit des cloches, ou bien la voix des anges, se mariant par des accents d'une harmonie délicieuse. Ajoutons qu'en Pologne, comme ailleurs, l'heure de minuit était toujours l'heure de rigueur pour toute apparition étrange.

Ces croyances se sont perpétuées à travers les siècles, en dépit des progrès de la civilisation; et, tout comme par le passé, les sorcières, les revenants et le diable jouent aujourd'hui chez le peuple polonais un grand rôle, le diable surtout. Un paysan polonais ne manque jamais, avant d'avaler une boisson quelconque, de faire le signe de la croix au-dessus de son verre, afin d'en chasser le diable.

C'est aux veillées que cette disposition au merveilleux s'exerce en pleine liberté. En Pologne, ainsi qu'en France, il est d'usage que les jeunes gens des deux sexes se réunissent chez un habitant du village, pour y passer les longues soirées d'automne et d'hiver. Les femmes filent le chanvre et le lin, tandis que les jeunes garçons entretiennent le feu d'une large cheminée, exécutent de petits ouvrages, et excitent, par leurs récits, l'attention de l'assemblée. C'est à qui l'emportera sur le dernier discoureur; aussi on n'entend là qu'histoires de vampires, auxquels on dut couper la tête pour les empêcher de sortir de leur tombe et de sucer le sang des jeunes filles, ou bien de reines et de princesses changées en oiseaux ou en arbres (*). Il y a générale

---

(*) On montre encore de nos jours aux curieux deux objets provenant de Twardowski, un manuscrit et un miroir enchanté. Le premier se trouve à Krakovie, dans la bibliothèque de l'université; le second à Pulawy. (Golembiowski, Le Peuple polonais).

(*) Il existe encore de nos jours, parmi le peuple de Warsovie, la croyance que dans les souterrains d'un château désert des princes Sulkowski, de la capitale dominant

ment beaucoup de talent dans ces narrations enfantées par l'imagination du Nord et brillantes d'un coloris qui rappelle souvent celui des contes orientaux. La veillée dure d'habitude jusqu'au premier chant du coq, moment où chaque veilleur reconduit sa bien-aimée au domicile paternel.

Les devins et tireuses de cartes, qui, de nos jours, remplacent les anciens synogotes et burtes, ont, dans le but d'exploiter plus facilement les dupes, désigné certaines époques de l'année comme propices à leurs expériences. Ainsi, le jour de la Vierge, ils allument plusieurs cierges; sur chacun d'eux est tracé le nom d'un des membres de la famille qui consulte, et celui dont la chandelle s'éteint la première, mourra le premier.

La veille de la Saint-Mathias, de semblables épreuves ont lieu au moyen de feuilles d'arbres. On les marque, puis on les porte au cimetière, où l'on retourne le lendemain savoir ce qu'elles sont devenues. La feuille trouée annonce la mort de la personne dont le nom s'y trouvait tracé; la feuille fanée pronostique seulement une maladie, et la feuille encore verte est l'indice d'une continuation de bonne santé.

A la fin des jours gras, on sert ordinairement à souper du lait. L'un des convives en jette une cuillerée derrière lui, et fait, d'après les dessins formés par le liquide en tombant, différentes prédictions sur l'avenir des personnes de la maison.

Mais la grande affaire du mariage préoccupe surtout, et par-dessus tout, les esprits des deux sexes, principalement de l'un d'eux, et celui-là on le divine aisément, c'est le sexe féminin.

Au contraire de ce qui a lieu en d'autres contrées, sainte Catherine est la patronne des jeunes garçons, et,

par une autre bizarrerie, les jeunes filles ont généralement adopté saint André pour leur protecteur tutélaire. La veille de la fête de ce saint, elles ne prennent rien de chaud; puis le soir, en se couchant, elles écrivent sur des cartes le nom de tous les jeunes gens de leur connaissance, noms qu'elles placent avec une pierre sous leur oreiller. Le matin suivant, à son réveil, la jeune fille retire les cartes de dessous l'oreiller, et celle qui vient sur la première porte le nom de son futur.

D'autres fois, on met sous trois vases un bonnet, une couronne et un rosaire; la jeune fille en choisit un, et, selon ce qui se trouve dessous, elle sera mariée, restera demoiselle ou deviendra religieuse.

L'annuaire Dunczewski rapporte l'exemple suivant, laissé par mademoiselle Cunégonde Jasielska dans son Journal : « La veille de la Saint-André,
« mon espoir a été exaucé. Dieu veuille
« que ce que j'ai rêvé se réalise, sa-
« voir que mon père chéri me donne
« pour époux M. Étienne. C'est un ga-
« lant parfait; sa moustache est si
« bien peignée et sa chevelure si
« bien relevée, qu'il semble que Cu-
« pidon même lui sert de valet de
« chambre ». Voilà un véritable type de la châtelaine polonaise des temps anciens.

On lit dans le même annuaire que si une demoiselle fait la connaissance d'un jeune homme le jour où il y a éclipse de soleil et se sent attirée vers lui, elle l'épousera immanquablement, et leur mariage sera heureux et de longue durée.

Dans le palatinat de Podlachie et dans les colonies russiennes, les jeunes filles disent, avant de se coucher, toujours la veille de la Saint-André, et afin de voir en songe l'époux promis, neuf *Pater* debout, neuf à genoux et neuf assises. Cette prière achevée, elles sèment dans un pot des graines de lin, et se mettent à chanter:

Swiaty Andrciu!
Ja na tebé lon siciu,
Daj mené znaty
Zkim budy zberaty.

la Wistule, habite une princesse enchantée et changée en canard. Le peuple assure que le curieux qui y descend avec une lumière et arrive près du puits situé au milieu des souterrains, voit sa lumière s'éteindre et se trouve entraîné au fond de l'eau par la princesse enchantée.

« Saint André, le jour de ta fête « je sème ce lin; fais-moi savoir avec « qui je le cueillerai. »

Les jeunes filles récitent la même prière en Samogitie; après quoi, en se couchant, elles déposent leur ceinture sous leur oreiller.

Un autre moyen usité par les paysannes de ces contrées consiste à planter sur des pierres des choux sans racines. S'ils prospèrent, la jeune fille se mariera au carnaval prochain; dans l'autre cas, elle demeurera fille.

Dans les palatinats de Mazovie, de Lublin, de Plock, de Sandomir et de Krakovie, chaque jeune fille fait cuire un gâteau porteur d'une marque qui le distingue des autres; puis, après qu'ils ont tous été rangés sur une chaise, on en livre l'accès à un chien affamé, et celle dont le gâteau est le premier saisi par l'animal se mariera la première. Des boulettes de pain et des os de pieds de veau remplacent quelquefois les gâteaux.

Dans les environs de Chelm, les jeunes garçons se rendent à l'église le premier jour de Noël; et celui d'entre eux qui parvient à mettre le premier les cloches en branle, a l'espoir de se marier au carnaval suivant.

En Lithuanie, le temps à partir de Noël jusqu'au jour des Rois est l'époque favorable pour les épreuves matrimoniales. Les jeunes villageoises font avec du chanvre deux petites poupées, l'une représentant un garçon et l'autre une fille; ensuite elles y mettent le feu ensemble: si les deux flammes inclinent l'une vers l'autre, la jeune fille sera unie à celui dont la poupée offre l'image; sinon, elle ne l'obtiendra jamais. D'autres remarquent de quel côté souffle le vent, car c'est de là qu'on viendra les demander en mariage.

Dans certains endroits, les paysannes courent à une haie, et, la longeant, s'écrient au premier pas: *To wdowec*, c'est un veuf! au second: *to molodec*, c'est un garçon! Ainsi de suite, jusqu'à ce que, parvenues au bout de la haie, elles sachent lequel des deux leur tombera en partage.

Dans toute la Russie Rouge, aux bords du Styr, du Lomnica, du Pruth et du Dniester, les paysannes ont pour coutume de se baigner le jour de la Saint-André. Le bain pris, elles s'approchent du toit d'une chaumière et en retirent chacune un brin de paille; celle qui, par hasard, attrape un épi encore garni de ses grains, est sûre d'obtenir, dans le courant de l'année, un riche époux; l'épi vide annonce un pauvre mari, et la paille sans épi est une menace de célibat pour tout le cours de la même année.

La veille de la Saint-Thomas est le jour propice dans les Karpathes. Ce jour-là, les jeunes filles ont soin de jeûner, en portant une pomme sous leur bras. Le soir, au moment où le son des cloches appelle les fidèles à la prière, elles coupent en deux la pomme, posée sur leur genou, et la mangent. Les pepins sont mis ensuite précieusement sous l'oreiller, et elles sont bien sûres que leur futur les visitera en songe. La Saint-Thomas venue, elles se lèvent de très-bonne heure et courent dans la rue, où elles demandent à la première personne rencontrée son nom, puis rentrent à la maison avec la conviction que leur mari s'appellera ainsi.

A Warsovie, les filles du peuple qui veulent savoir si elles se marieront au carnaval prochain, choisissent la veille de Noël pour leurs expériences, lesquelles consistent à prendre sur les bras, au hasard, un paquet de bois haché, et à le décharger ensuite partiellement, en comptant le nombre des morceaux: s'il est pair, le désir sera réalisé; mais, s'il est impair, il faut se résigner à une longue attente.

Les Warsoviennes font aussi, la veille du jour de l'an, des boules de chanvre, et y mettent le feu avant de les jeter dans la cheminée; la jeune fille dont la boule est emportée la première par l'air, dans le conduit, sera également la première mariée de toutes.

L'impatience était autrefois si vive à ce sujet et la crédulité si grande dans certaines contrées du pays, qu'on y allait jusqu'à croire à la possibilité de faire apparaître, dans ces épreuves, des fantômes et des êtres surnaturels. Il suffisait, pour cela, de préparer soi-même du feu et d'apprêter, de sa main, un repas composé de trois plats, tous trois en légumes; de ne mettre sur la table que deux couverts, et de se placer au milieu de la pièce, en s'écriant : « Toi, qui m'es destiné ou « destinée, je t'invite à souper ! » Alors la figure de la personne, telle éloignée que pût être celle-ci, apparaissait à table et s'évanouissait ensuite, après en avoir fait trois fois le tour.

Un moyen également employé consistait à se poser devant une glace, quand il était minuit, et à y regarder fixement. La personne dont les traits se reflétaient dans la glace devait être indubitablement unie en mariage avec celle qui consultait le destin.

CÉRÉMONIES FUNÈBRES.

La coutume des anciens Slaves était de brûler les morts et de conserver leurs cendres dans des urnes de terre. Cela se pratiquait surtout dans les contrées de la Silésie et de la Grande-Pologne. Les tribus des environs de Kiiow et de la Wolhynie ensevelissaient les leurs dans des lieux élevés et découverts, en ayant soin de les placer de manière que leur tête fût tournée vers l'Orient.

Après avoir habillé convenablement le mort, on le pourvoyait d'une arme, d'un couteau, d'une hachette, d'une pierre à feu et de plusieurs pièces de monnaie. Dans la tombe d'une femme, on déposait une aiguille, du fil et des ciseaux.

Les chroniqueurs nous ont laissé nombre de détails sur les cérémonies funèbres des anciens Prussiens. A peine un homme était-il décédé chez eux, qu'on plaçait son corps dans un bain, où on le lavait ; on apportait ensuite une tonne de bière, dont on vidait une moitié debout, puis l'autre assis autour du mort, en chantant cette lamentation :

« Hélas ! pourquoi es-tu mort ?
« N'avais-tu pas assez à boire et à manger?
« Hélas ! etc.
« N'avais-tu pas une belle femme ?
« N'avais-tu pas une fille jolie ?
« Et un gros garçon qui tirait déjà de l'arc?
« Pourquoi donc es-tu mort ?
« Hélas ! etc.
« N'avais-tu pas quatre cruches de bière,
« Et un flacon de vieux medow,
« Que tu n'as pas même bu avant de partir ?
« Hélas ! etc.
« N'avais-tu pas un bon petit cheval,
« Deux cochons et plus de dix oies?
« Ayant tout cela, pourquoi es-tu mort?

La lamentation continuait jusqu'à ce que, chacun y ajoutant de nouvelles strophes, elle contînt l'inventaire de toutes les richesses du défunt. Le chant terminé, on prenait congé de lui, en le priant (rapporte Stryikowski) de saluer les parents et les amis déjà passés dans l'autre monde, et en lui recommandant de vivre en bonne intelligence avec eux. On l'asseyait ensuite sur une chaise, on lui mettait son plus bel habillement, on lui attachait ses armes, on lui nouait au cou une serviette enveloppant des pièces d'argent, et on plaçait sur sa tête un pot de bière. Tandis que l'on disposait le corps sur un chariot, les jeunes gens montaient à cheval et s'élançaient vers un poteau éloigné, sur lequel se trouvait une pièce de monnaie, dont le premier arrivé devenait possesseur. Tout le long du chemin on criait : *Eyte, pareyte, pakielte!* allez, arrivez, ramassez ! Le but de cette lutte était de poursuivre et de disperser les mauvais esprits qui auraient pu barrer le passage au défunt. La route préparée, on traînait le chariot au lieu de la sépulture ; là on brûlait ou on enterrait le cadavre, suivant qu'il appartenait à une personne riche ou pauvre.

La même lamentation se récitait en Lithuanie et en Samogitie. On y jetait en outre, dans le feu du bûcher, des griffes d'ours et de panthères, dans la pensée que les morts avaient besoin de leur aide pour gravir une haute montagne, avant de paraître devant le juge suprême.

Avant l'ère chrétienne, il y avait dans cette dernière contrée, ainsi qu'en

Prusse, des prêtres spéciaux pour les cérémonies funèbres, appelés *lingussones* et *tilussones*. Le cor accompagnait les chants de deuil, et les prêtres prononçaient des discours en l'honneur du mort.

Les plaines de l'Ukraine abondent en tertres tumulaires, *mogila*, qui donnent au pays l'aspect d'un vaste cimetière. La tradition rapporte même qu'un Kosak demanda, avant d'expirer, qu'on lui en élevât un d'une hauteur extraordinaire et qu'on y plantât du *kalina*, espèce d'arbuste poétique, afin que les oiseaux qui viendraient en manger les fruits lui apportassent des nouvelles de sa bien-aimée.

Dans certaines contrées slaves, on célébrait sur les tombes des jeux où les guerriers mesuraient leurs forces; en d'autres, il y avait des courses funéraires, *tryzna*. Partout le banquet funèbre, *strawa*, était de rigueur.

Selon les idées des anciens temps, les âmes des morts non ensevelis erraient dans les forêts, en compagnie des oiseaux de nuit, tels que les chouettes et les hiboux.

Le christianisme vint réformer ces croyances et ces pratiques enfantées par la mythologie du Nord; mais il ne put pas tellement en purger le pays, que l'on n'en retrouvât aucune trace. Ainsi actuellement encore, en Lithuanie et en Samogitie, on a pour habitude de déposer sur les tombes, le jour des Morts et au bruit des chants, du blé, de la farine, du sel et de l'ambre. On trouvera plus loin, à l'article *Fête des morts*, des détails circonstanciés à cet égard.

Ce même jour, le peuple croit également toujours que les morts célèbrent eux-mêmes l'office.

Les Russiens qui habitent la Podlachie n'auraient garde non plus d'oublier de mettre dans la main du défunt un morceau de toile avec plusieurs pièces de monnaie, et de déposer dans le cercueil de l'absinthe et un flacon d'eau-de-vie. En portant le corps au cimetière, ils frappent à chaque demeure en signe d'adieu. Quatre fois dans l'année ils célèbrent le banquet des morts : la veille de la Pentecôte, au carnaval, la veille du premier jour de carême, à la Toussaint et le Samedi saint.

A ces vestiges d'antiques habitudes près, tout ce qui a trait aux cérémonies funèbres se célèbre aujourd'hui en Pologne comme chez les autres peuples chrétiens. La seule chose qui les distingue dans les villages, c'est le repas qui suit immédiatement la sépulture, lequel offre certaines particularités dignes de remarque, car les parents et les amis du défunt réunis y délibèrent sur le sort de ceux laissés par lui sur terre, et cherchent, par des sacrifices mutuels, à les préserver des atteintes de la misère, si elle les menace. Avant ce soin touchant et à défaut du curé, un des membres les plus âgés et les plus respectables du cortége prononce sur la tombe un discours, dont les expressions simples et partant du cœur émeuvent les assistants jusqu'aux larmes.

Dans les environs de Lublin, c'est une femme qui remplit cette tâche. Son discours se termine ordinairement par ces mots : « *Maintenant, rentrez à la maison, et prenez bien garde de ne pas regarder derrière vous !* » La superstition commune aux paysans les porte à croire que le défunt reviendrait, la nuit, tourmenter celui d'entre eux qui aurait le malheur de se retourner en chemin.

Les paysans polonais ignorent l'usage des vêtements de deuil.

Longtemps l'habitude exista en Pologne, comme ailleurs, d'enterrer les morts autour des églises, ainsi que dans leur intérieur; et c'est seulement depuis une époque assez rapprochée que les cimetières ont été établis en dehors des villes et des villages.

FÊTE DES MORTS.

La fête du *Chaturay* ou des *Dziady*, qui remplaça chez les Polonais nouvellement convertis les fêtes païennes du bouc, *Swiénto Kozla*, et qui se célébrait à l'époque du jour des Morts, commençait par un banquet, auquel étaient conviées les âmes du purgatoire. Ces âmes arrivaient après des évocations, et mangeaient des mets offerts; pendant tout ce temps, l'assemblée gardait le plus profond silence. Une fois les âmes rassasiées, on les congédiait en leur disant : « Par- « tez, bonnes âmes, et donnez la bé- « nédiction et la paix à cette maison. » Puis, le repas continuait pour les vivants, et finissait par dégénérer en orgie ; on s'enivrait au cri bizarre : *Gaydis pas gaydis ; wie nus pan andros*, le coq après le coq, l'un après l'autre.

Les autres cérémonies fantastiques des Dziady avaient lieu la nuit, en secret, et dans les endroits solitaires. On visitait ensuite les tombeaux, près desquels on déposait des provisions et des armes, en chantant : *Passez, homme malheureux, passez de cet état de misère à une meilleure vie, où les Niemcy* (Allemands) *ne pourront plus vous tourmenter ; c'est vous, au contraire, qui leur commanderez !*

Cette fête des Dziady, reste mitigé du paganisme, a bien été proscrite par l'église chrétienne ; mais, de nos jours encore, les paysans, fidèles aux traditions, vont la célébrer au fond des bois, dans les souterrains et dans les chapelles en ruine (*).

En Samogitie et dans les pays riverains, il y avait aussi anciennement des fêtes funèbres, appelées *Skierstuwes*, en l'honneur d'*Ezagulis*, dieu de la mort.

COSTUMES.

On a déjà vu, en différents endroits de cet ouvrage, la description des anciens costumes de la noblesse polonaise. Aujourd'hui ces vêtements, si somptueux, si brillants, ont fait place chez elle à des habillements plus simples, et en usage dans les autres cours

(*) Le célèbre poëte polonais contemporain, Adam Mickiéwicz, a composé un poëme remarquable sur ce sujet et qui porte pour titre : *Dziady*. Il a été traduit en français par M. Burgaud des Marets.

d'Europe. Les classes intermédiaires, notamment la bourgeoisie, qui n'est encore qu'à l'état d'enfance en Pologne, règlent également leur mise sur les modes de Paris et de Londres. C'est seulement dans la classe des paysans que les costumes nationaux ont conservé, à peu de modifications près, le cachet d'originalité qui les distingue depuis des siècles. Nous passerons en revue les plus saillants d'entre eux.

Au premier rang brille, par son élégance, l'habillement des paysans krakoviens qui habitent la rive gauche de la Wistule. La partie supérieure du corps est couverte d'une chemise, dont les manchettes et le col sont attachés par des rubans de couleur, et qui descend jusqu'à mi-jambe, par-dessus la culotte, laquelle est le plus souvent de toile blanche ou à raies rouges ; on en voit aussi de cuir jaune. Le vêtement supérieur est un surtout en drap, *sukmana*, large dans le haut, étroit dans le milieu, plus large en bas, et retenu par devant. La couleur de ce surtout varie selon les localités. Les paysans les plus rapprochés de Krakovie le portent bleu, avec des broderies en soie cramoisie ; le collet, qui descend très-avant sur le dos, est orné de petites plaques de cuivre. Le surtout des habitants de Szkalmierz est brun, avec des ornements blancs, et celui des paysans de Proszow blanc, avec des ornements noirs. Les bonnets, en fourrure noire, sont carrés, bordés d'un drap écarlate et parés d'une plume de paon. Les bottes, qui montent jusqu'aux genoux, sont en cuir de Russie, et garnies de talons en fer fort épais. A la ceinture, que relèvent des clous en cuivre excessivement luisants, pend, au bout d'une petite courroie, un couteau, *kozik*. Dans une des poches se trouve un briquet, et, à l'embouchure des bottes, une pipe s'aperçoit. Tel est le costume krakovien d'hiver. L'été, il se compose d'un habit de toile blanche, de culottes de toile écrue, et d'un large chapeau, peu élevé et orné de plumes et de rubans.

L'habillement des femmes est également fort coquet. Chez les jeunes filles, la jupe, très-longue et de nuances variées, est souvent bordée d'un ruban d'or ou d'argent. Le corsage est en mérinos, en satin ou de toute autre étoffe de soie. Les manches et les épaulettes des chemises sont ornées de broderies écarlates. Le surtout de drap bleu, garni en hiver d'une fourrure de mouton, ressemble à celui des hommes et va jusqu'au genou. En été, les jeunes paysannes portent un châle de lin ou de mousseline, *rantuch*, pour se garantir de la poussière, et un élégant tablier, qu'elles attachent sur l'épaule quand elles travaillent aux champs. Pour chaussure, elles font usage de souliers, et beaucoup plus fréquemment de bottes à hauts talons. Leurs cheveux pendent en longues tresses, et, les jours de fête, elles ajoutent à leur coiffure, autour de la tête et en forme de diadème, un tissu d'or ou de velours, dont le haut est garni de fleurs et de rubans. En outre, leur cou est orné d'un brillant collier de corail.

On ne remarque pas de différences notables dans le costume des paysans de la rive droite de la Wistule.

Le costume du paysan mazovien diffère également peu de celui que nous venons de décrire : il comprend de plus, le dimanche, une veste de drap vert, garnie par devant de velours noir ou blanc. La ceinture, qui forme plusieurs tours, est en passementerie, à bandes rouges et jaunes. Les jours de la semaine, le paysan mazovien va nu-pieds.

En Lithuanie, les surtouts des deux sexes sont en gros drap ; la couleur varie, et la coupe est longue ou courte, selon la saison. Chez les hommes, la ceinture est en peau de buffle et le bonnet en peau de mouton, avec une doublure en drap. En été, un chapeau de paille tressé par lui-même tient lieu de coiffure au paysan lithuanien, qui, en toute saison, porte au côté un sac en cuir, dans lequel il renferme son argent, un couteau et de l'amadou. L'écorce de saule ou de tilleul lui sert à confectionner sa chaussure, car les bottes sont une parure réservée aux plus riches, et encore n'en font-ils usage que les grands jours.

Les femmes mettent sur la tête un fichu de couleur ou de toile blanche, qui livre passage aux tresses de leurs cheveux. On voit briller à leur cou plusieurs colliers en verroterie, et sur leur poitrine de larges amulettes.

Le costume des Gorals, montagnards, est assez simple. Une chemise descendant seulement jusqu'à la ceinture, sans col, et fermée par une boucle de cuivre à laquelle pendent des chaînettes, voilà pour la partie supérieure. Les pantalons en drap blanc, fort étroits, sont garnis sur le côté d'un cordonnet et par devant de broderies hongroises. Une ceinture de cuir, ornée de petites plaques de cuivre, entoure la chemise et le pantalon. Un habit de couleur brune, très-ouvert, est ordinairement suspendu aux épaules. Le chapeau noir, à larges bords, recouvre de longs cheveux, souvent entrelacés et qui retombent. La chaussure, en forme de sandales, est maintenue au moyen de cordons.

La parure des femmes se distingue, en revanche, par une recherche, indice de l'aisance. Sur leur chemise de toile ou de percale, que retiennent des rubans de couleur éclatante et dont les manches à larges plis sont garnies à leur extrémité de dentelles, se trouve posé un corset bien juste en étoffe de soie verte, attaché par devant et orné de tresses. Un tablier de mousseline ajoute encore à l'élégance de leur jupe de soie ou de percale à fleurs, tandis qu'une autre pièce de mousseline ondoie, en guise de châle, depuis les épaules jusqu'aux pieds, qui sont emprisonnés dans des bottines de cuir jaune. Des rubans de diverses nuances unissent gracieusement leurs cheveux.

Mais simple ou recherché, riche ou modeste, ce qui donne en tous lieux du relief au costume du paysan polonais, c'est l'air franc et ouvert de celui-ci, la bonne humeur empreinte sur son visage, et l'ensemble, plein de résolution, de sa démarche.

JUIFS.

Il est une classe en Pologne qui, par la couleur tranchée de ses mœurs, cause plus que toute autre l'étonnement du voyageur et excite les réflexions du philosophe. Cette classe est celle des juifs, dont l'influence, tortueuse et perfide, agit de tout temps d'une manière funeste sur les événements publics ou privés du pays. Nous avons déjà donné sur elle quelques notions statistiques (Introduction, p. 25); et, afin de compléter le tableau, nous emprunterons quelques passages à l'œuvre d'une plume ardente et colorée, qui, après avoir observé avec profondeur, a su rendre avec fidélité.

Les juifs polonais, dit M. Miéroslawski (*), sont un de ces grands phénomènes historiques qui devraient n'être traités que par des annalistes aussi philosophes que savants. C'est toute une mine à exploiter. Depuis Kasimir le Grand, qui, pour payer les charmes de la céleste Esther, les corrompit par des cajoleries, des priviléges et des promesses insensées, jusqu'aux *haydamaks* de Radziwill qui se servaient de leurs barbes goudronnées en guise de torches, hommes et événements conspirèrent leur perte.

Rien de plus frappant que le contraste de leurs robes de soie noire, traînantes et usées, de leurs chapeaux défoncés, de leurs bas troués, de leurs souliers à la française, de leur barbe sale et puante, de leur chevelure en tire-bouchon et de la pâleur de leur teint, avec le *korzuch*, les bottines, le bonnet carré, les cheveux flottants et les joues vermeilles du paysan.

Leur idiome est un mélange de patois polonais et allemand; l'hébreu est la langue de leurs rabbins et de leurs doctes. Ils parlent tous avec un accent nasillard, guttural et criard.

La moitié de leur vie est employée à inventer de nouveaux expédients de fourberie, ou à mettre en pratique ceux que leur ont laissés en héritage

(*) M. L. Miéroslawski, Histoire de la révolution de Pologne de 1830.

les générations qui les ont précédés; l'autre, à suivre à la lettre toutes les superstitions, toutes les formalités absurdes ou insignifiantes que leur impose leur prétendue loi de Moïse. Le *goy*, l'étranger, est un ennemi avec lequel c'est un crime de transiger ou de négocier. Lui nuire par tous les moyens possibles est un titre aux faveurs du Dieu d'Israël.

Il est assez naturel qu'avec de pareilles maximes les juifs soient haïs des indigènes; aussi sont-ils en état d'hostilité permanente avec eux.

La Russie est-elle en guerre avec la Pologne rebelle, l'espionnage, l'agiotage, le gaspillage des blés et des munitions, les relations des traîtres avec l'étranger, la propagation de fâcheuses nouvelles, les faux rapports, le discrédit des assignats, l'encoffrement de l'argent sonnant, sont des opérations dont les juifs se réservent le honteux monopole.

Les plus opulents même d'entre eux ne déploient leur luxe barbare que dans les profondeurs de leurs réduits.

Là, accroupies sur des tapis de Perse troués, trois générations marmottent d'inintelligibles prières, à la lueur d'une espèce de lampe enfumée que soutient un lustre de rubis. De vieux meubles dégradés, surchargés de mille colonnettes, d'ornements bizarres, de médailles, de pierreries, d'ivoire, épars çà et là sur des parquets d'ébène moisis; d'énormes chandeliers d'or à sept branches, des tabernacles d'acajou de la plus étrange construction; des parfums d'Arabie consumés dans des fonds de bouteilles; les restes de douze dîners répandus sur les sophas, craquant de vétusté sous le poids d'une trentaine de marmots; des volumes de la Loi pêle-mêle avec la vaisselle, la garde-robe et la basse-cour; tout cela emprisonné dans un dédale d'alcôves étroites, étagées, privées d'air et de lumière: tel est l'intérieur d'un millionnaire israélite en Pologne.

Les femmes, ce nœud séducteur par lequel les peuples commencent, consomment et rompent leurs alliances;

les femmes qui, par leur irrésistible puissance, savent briser tous les scrupules des préjugés, de l'esprit de corps et du faux point d'honneur, ne sont chez les juifs de Pologne qu'un instrument de reproduction. Elles sont, en général, d'une laideur et d'une malpropreté repoussantes. Leur tête rasée, la barbare originalité de leur costume, les font paraître encore plus contrefaites qu'elles ne le sont réellement ; et, à part la profusion de plaques d'or, de perles fines, de médailles précieuses parsemées avec désordre sur leurs coiffures, leurs petits corsets et leurs jupes râpées, tout en elles respire la plus abjecte misère.

Les mœurs des juifs offrent des contrastes singuliers. Avec tous leurs vices héréditaires, ils sont d'une inconcevable sobriété. Les plus riches ne vivent que de pain et d'oignons crus ; quelquefois ils mangent du poisson et du gruau ; mais ils ne s'accordent cette licence que les jours de fête, qui, au reste, sont très-nombreux chez eux. Ils cuisent, sous la cendre, de fades galettes sans levain et sans sel, dont ils se régalent plusieurs fois l'année. Ils ne boivent jamais de vin, que très-rarement de l'eau-de-vie ; ils se gorgent quelquefois de mauvaise bière ou d'hydromel aigre. Un juif ivre en Pologne est un phénomène.

Ils ne mendient jamais, jouent rarement, sont d'une continence parfaite quand ils ne sont pas mariés. Jamais on ne vit un juif prodigue, ivrogne ou débauché.

La foule stupide et barbare préfère les bourgs dégradés des provinces, les repaires de Pociéiow, les abominables fumiers où elle grouille, naît, végète et pourrit comme de vils insectes, par dizaines, par centaines, par milliers.

Elle les préfère à toutes les jouissances de la vie sociale et de la civilisation, parce que là, au moins, elle est à l'abri du *goy*. Là, soixante êtres vivants, de tout sexe et de tout âge, peuvent s'encadrer dans un trapèze solide de dix pieds, se sentir, se presser s'étouffer, manger, prier, dormir dans le même lit ; exposer, aux rayons dardants du soleil, leurs membres de lazzaronis sur le toit étayé de leur vieille baraque. Là, quarante familles entassées, au jour du sabbat, dans une petite synagogue, peuvent, sans craindre les railleries sataniques du profane, bourdonner, crier, vociférer, faire la révérence, passer des journées, des nuits à sangloter sur le deuil de Sion. Là, cinq mille têtes peuvent fourmiller, se démener sur une place boueuse, sans qu'un carrosse, précédé d'une armée de laquais, vienne les écraser sous ses roues ; un escadron, revenant de la parade, les abattre sous les fers de ses chevaux, ou une colonne d'écoliers, échappés des classes, les décoiffer à coups de pierre.

A cet éloignement pour les coutumes du pays où ils vivent, les juifs joignent une invincible répugnance pour le métier des armes. Tout avares qu'ils sont, ils trouvent toujours de quoi se racheter. Ils sont peut-être le seul peuple du globe qui n'ait pas la prétention de la bravoure.

Plusieurs écrivains, que leur amour de l'humanité aveuglait sur le bien du pays, ont pensé que l'œuvre de civilisation des juifs polonais pouvait s'accomplir. Pour notre compte personnel et à regret, nous la regardons, au contraire, comme non réalisable d'ici à longtemps, et même comme impossible, vu la prolongation du mal. Nos propres observations nous portent à tenir ce langage. Les juifs sont, entre les mains du gouvernement russe, un agent trop utile de démoralisation pour qu'il veuille jamais se prêter à des réformes à leur égard. Déjà, grâce à leur funeste influence, il a réussi à enlever aux provinces ravies voilà un demi-siècle, une portion de leur cachet national. Cette même tâche, tentée aujourd'hui sur l'ex-royaume créé par le traité de Vienne, doit avoir et aura pour auxiliaires dévoués les juifs polonais, véritable plaie locale.

RÉPUBLIQUE DE BABIN.

Il se forma en Pologne, au seizième

siècle et sous le règne de Sigismond-Auguste, une institution remplie d'originalité et dont l'idée trouva plus tard des imitateurs en France.

Cette institution prit le nom de *République de Babin*, village situé entre Lublin et Belzyce, et appartenant à son fondateur, Stanislas Pszonka, juge au tribunal de Lublin. Sorte d'académie satirique, elle se donna pour mission de corriger les mœurs nationales et de redresser les abus introduits dans le gouvernement.

A l'instar de la grande république, la république de Babin comptait parmi ses dignitaires des palatins, des castellans, des archevêques, des évêques, des starostes, des grands-généraux, des chanceliers, des maréchaux, des trésoriers, enfin toutes les charges ou distinctions en usage dans le corps social.

Dans l'origine de la fondation, Pszonka et ses amis se partagèrent ces diverses dignités, afin de donner de la consistance à l'œuvre créée par eux. Bientôt la république s'accrut d'un nombre immense de membres, qui le devenaient sans s'en douter, et même malgré leur volonté, mais toujours comme châtiment d'une action ou d'un discours insensé.

Par exemple, si, dans les assemblées nationales, une personne s'occupait de choses au-dessus de sa portée ou qui ne la regardaient pas, vite un diplôme, revêtu des signatures et des sceaux du joyeux gouvernement, le nommait chancelier de la république de Babin. Quelqu'un faisait-il parade, en temps inopportun, d'un courage fort douteux, on lui expédiait le brevet de grand-général. Lançait-on contre la religion des paroles peu séantes, le coupable ne tardait pas à recevoir sa nomination au poste de prédicateur ou de saint inquisiteur.

En un mot, nul ne pouvait se soustraire à la juridiction de cette folle institution. Mais, quelque piquante que fût la critique adressée et profond le ridicule, on n'osait point s'en fâcher, dans la crainte d'un plus grand éclat encore. D'ailleurs, il faut le dire à l'éloge de la république, l'impartialité la plus scrupuleuse présida toujours à ses arrêts; et jamais on n'eut à lui reprocher d'avoir employé l'arme de la calomnie. Pszonka s'était montré trop difficile dans le choix de ses collègues pour que cela arrivât. Aussi les personnages les plus distingués du pays briguèrent-ils l'honneur d'en faire partie, et le monarque lui-même aimait à s'en entretenir.

Un jour que Sigismond-Auguste était entouré de plusieurs membres de la république de Babin, il leur demanda s'ils avaient un roi parmi eux : « *Non, Sire,* » lui répondit aussitôt Pszonka, « *et de votre vivant nous « ne songerons pas à en choisir un.* « *Régnez dans la république de Babin* « *comme vous régnez dans celle de* « *Pologne.* » Sigismond rit, et n'eut pas trop l'air de repousser la nouvelle royauté qui lui était offerte avec tant d'abandon. Qui eût osé se fâcher après cela ?

Tout en plaisantant, cette institution, dont la devise était : *Ridendo castigat mores,* exerça une grande influence sur l'esprit national et les mœurs du siècle.

Les guerres avec l'étranger et la décadence du pays, après avoir affaibli d'abord l'influence morale de la république de Babin, finirent par réduire au néant une institution qui, comme toutes les choses de ce monde, devait briller et s'éteindre.

Il est aisé de reconnaître dans la république de Babin l'origine du *Régiment de la Calotte*, fondé, vers la fin du règne de Louis XIV, par une société de joyeux officiers. L'arme du ridicule lui servait également à punir toute sottise éclatante ; et son premier généralissime, Aymon, fit un jour au roi une réponse analogue à celle de Pszonka. Louis XIV lui demandant s'il ne ferait jamais défiler son régiment devant lui : *Sire,* repartit le hardi plaisant, *il n'y aurait personne pour le voir passer.*

CIVILISATION.

SCIENCES ET LETTRES.

965-1333. La civilisation de la Pologne ne commence réellement qu'avec l'introduction du christianisme. Boleslas le Grand, déjà fondateur de la puissance nationale, fut aussi le premier qui tenta de réformer l'éducation de son peuple, et il appela à son aide, dans cette noble tâche, le clergé étranger. L'ordre des bénédictins, introduit, en 1008, à Siéciéchow et à Lysa-Gora, rendit bientôt des services signalés.

La science se bornait, à cette époque, à savoir lire et écrire le latin, à chanter avec connaissance de cause à l'église, et à la lecture de l'Évangile et de l'Écriture sainte. Le clergé était seul initié aux chroniques.

Kasimir 1er amena avec lui, à son retour de Liége, un grand nombre d'ecclésiastiques français lettrés; et, de leur côté, les évêques apportèrent un zèle admirable dans tout ce qui concernait l'organisation et la tenue des écoles.

« Les rapports intellectuels avec les peuples de la race latine, dit Podczaszynski, mettaient les Polonais à même de posséder tout ce qu'on connaissait alors de la vieille littérature romaine. Gallus certifie que les livres étaient déjà connus en Pologne au onzième siècle, et il y a des preuves irrécusables qu'au commencement du douzième nombre de manuscrits existaient dans le pays. Mathieu Cholewa, évêque de Krakovie en 1166, cite sans cesse les digestes romains, découverts seulement trente ans auparavant à Amalphi. »

M. Lelewel assure que les écoles et les bibliothèques polonaises étaient dans un état florissant au début du douzième siècle, et qu'elles suivaient l'état de progression de celles des peuples de la race latine.

Après le funeste partage du royaume opéré par Boleslas III entre ses fils, l'influence malfaisante de l'Allemagne paralysa cette direction salutaire. Des miracles et une fausse érudition, qui s'était emparée des imaginations germaniques, trouvèrent plein cours en Pologne. Dans cette crise où la civilisation rétrogradait, les évêques polonais s'efforcèrent de préserver la nationalité en péril, en veillant soigneusement à ce que les annales du pays fussent enseignées aux élèves des écoles. A la vérité, on les écrivait en latin; mais les évêques exigèrent des professeurs qu'ils les traduisissent en polonais à leurs auditeurs. C'est donc à ces prélats qu'appartient le mérite immense d'avoir sauvé l'idiome national.

Au commencement du quatorzième siècle, les Polonais fréquentaient les universités de Padoue, Bologne et Paris, dont faisaient partie comme professeurs et même comme recteurs plusieurs de leurs compatriotes, tels que Nicolas de Krakovie, Jean Grot de Slupcé, Przeclaw. On vit apparaître également, en qualité de chroniqueurs, Martin Gallus(*), Mathieu Cholewa, Vincent Kadlubek et Martin Polonus. Vitelio devint célèbre comme physicien et mathématicien.

1333-1506. Cette époque se fait remarquer par des progrès sensibles; et une partie du recueil de lois nationales, connu sous le nom de *Statut de Wiślica* et rédigé en polonais, offre déjà tous les caractères d'une langue formée. Jaroslas Skotnicki, archevêque de Gnèzne, s'occupa du soin de réorganiser les diverses écoles; car la Pologne, que la connaissance de la langue latine mettait à même de profiter de

---

(*) Originaire de France, Gallus est le premier qui se soit occupé de la Pologne. Il écrivit son histoire entre les années 1110 et 1135, et elle embrasse la période écoulée depuis 825 jusqu'à 1118. Gallus, qui possédait de vastes connaissances, rejeta tout ce qui lui parut apocryphe : aussi le mérite de son travail fut méconnu dans un temps où les récits fabuleux étaient substitués à la réalité de l'histoire; mais les siècles suivants, plus éclairés, ont rendu pleine justice à la sagacité de son jugement.

tous les trésors qu'elle renferme, avait moins besoin alors d'écrivains que d'une instruction nationale.

Ce but devint l'objet de la sollicitude constante du clergé, et la fondation de l'université de Krakovie par Kasimir le Grand aida à son accomplissement. Créée en 1347, selon Podczaszynski, et en 1364, selon Lelewel, cette université est la plus ancienne de toutes sur le continent du nord; car l'université de Vienne ne fut fondée qu'en 1365, celle de Prague en 1386, et celle de Leipzig en 1404. Le pape Urbain V l'éleva, en 1364, au rang des autres institutions analogues de l'Europe. Organisée sur le modèle de celle de Paris, l'université de Krakovie propagea en Pologne toutes les connaissances cultivées alors en France, savoir, la grammaire, la logique, la métaphysique, les sciences physiques et mathématiques, la jurisprudence, la politique, la morale, l'astrologie et la musique.

Pendant le règne de Louis de Hongrie, l'idiome de la Bohême fut, de tous les dialectes slaves, celui auquel on s'adonna le plus en Pologne et en Allemagne. Mais on vit surgir à cette époque un monument imposant de la langue nationale, c'est-à-dire, une traduction en polonais de la Bible destinée à la reine Hedwige. Cette souveraine protégea l'université de Krakovie, la dota et obtint, en 1397, du pape Boniface X, un nouveau privilége pour une faculté de théologie, qui devint bientôt si célèbre, qu'au concile de Bâle les docteurs polonais obtinrent la première place après ceux de Bologne (Act. syn : Basil. a. 1431).

Vers le milieu du quinzième siècle, Grégoire de Sanok se distingua comme philosophe et comme naturaliste. Mathieu de Krakovie parvint successivement au rectorat des universités de Prague et de Paris. Son ouvrage *Ars moriendi*, imprimé à Harlem en 1440, fait partie du petit nombre de livres sortis en premier lieu de l'imprimerie, dont la découverte était encore toute récente.

On compte également plusieurs Polonais parmi les premiers typographes : Adam de Pologne était imprimeur à Naples en 1478; Jean Haller à Krakovie en 1485; et Skrzetuski dirigea un peu plus tard une imprimerie à Vienne. Podczaszynski assure même que la première imprimerie polonaise fut fondée à Krakovie en 1474; mais le premier livre imprimé en langue nationale, le code de lois, connu sous le nom de *Statut de Laski*, ne parut qu'en 1506, par ordre du roi Alexandre.

Kasimir IV prépara tout pour réaliser une époque lettrée et savante, en confiant l'éducation de ses deux fils au célèbre Dlugosz (*). On eut seulement tort d'associer à ce dernier l'Italien Buonacorsi, surnommé Callimaque. En outre, à la suite des conquêtes, le luxe était venu, et, avec lui, les besoins scientifiques, qui sont le luxe de l'intelligence.

Sous Jean Albert et Alexandre, le zèle que la noblesse et le peuple mirent à s'instruire fut si grand, que l'on rencontrait rarement un noble qui ne parlât pas trois ou quatre langues. Érasme de Rotterdam, dans sa lettre à Severin Bonar, nomme la Pologne *la patrie des savants*.

La Pologne préludait ainsi au règne brillant des deux Sigismond, qui devait être pour elle ce que le siècle des Médicis fut pour l'Italie et le siècle de Louis XIV pour la France.

1506-1622. Cette période, appelée l'*âge d'or de la littérature polonaise*, mérite à juste titre ce nom, non-seulement à cause des chefs-d'œuvre en tout genre qu'elle produisit, mais encore d'après le témoignage unanime, consigné dans leurs écrits, de tous les savants du seizième siècle, sur l'état des lumières et des arts en Pologne à cette époque.

Le règne des deux Sigismond fut vraiment fécond en hommes illustres.

(*) Jean Dlugosz, né en 1415, ouvrit une ère nouvelle à la littérature historique de son pays. Son histoire complète, en treize livres, *Historiæ polonicæ libri* 13, ne parut imprimée qu'en 1711 et 1712. Dlugosz est auteur de plusieurs autres ouvrages historiques et biographiques.

POLOGNE.

Nicolas Kopernik, né à Thorn en 1473, fraya une nouvelle route à l'astronomie par la découverte du beau système de la rotation de la terre autour du soleil. Il se voua pendant quelque temps, à Bologne, aux travaux astronomiques. En 1500, il obtint une chaire de mathématiques à Rome; mais l'amour de la patrie le rappela en Pologne; et, muni du diplôme de docteur en médecine, délivré par la faculté de Padoue, il revit son pays et fut inscrit au nombre des académiciens de Krakovie, titre d'un haut prix alors. L'Allemagne disputa longtemps cet homme illustre à la Pologne; mais enfin, en 1829, M. de Humboldt adressa, en sa qualité de président d'une Société savante de Berlin, une lettre à la Société royale des Amis des sciences de Warsovie, dans laquelle il renonçait, au nom de tous les Allemands, à l'honneur d'être le compatriote de Kopernik (*).

L'instruction avait pénétré jusque dans les dernières classes du peuple; et, malgré les grands privilèges dont jouissait la noblesse, on ne dut alors son élévation qu'à ses propres talents. Clément Janicki, Dantiscus, Kromer, Hosius, étaient tous d'origine obscure.

Les annales nationales furent retracées par la plume savante des historiens:

Martin Kromer. Né en 1512 et fils d'un paysan, il parvint par ses talents aux premières dignités du royaume et mourut, en 1589, évêque de Warmie. Grâce à lui, l'inquisition, qui cherchait à se glisser en Pologne, s'en vit bannie par un article du code de l'Église polonaise. Les principaux ouvrages de Kromer sont: I. *De origine et rebus gestis Polonorum*, libri 30, 1555. II. *Polonia, sive de situ, populis, moribus, magistratibus et republica regni poloni*, libri duo. III. *Oratio in funebre Sigismundi I*. Il publia, en outre, une dizaine d'ouvrages sur l'éloquence, la théologie et la musique. Solignac porte ce jugement sur Kromer, surnommé avec justice le Tite-Live de sa nation: « Son style est pur et noble, concis et « varié, égal et soutenu; rien de sec et « de contraint dans sa diction; point « d'épisode qui ne vienne à son sujet; « mais trop sérieux, trop froid pour « l'ordinaire, il manque de vivacité « dans ses narrations; il cache ou il « amoindrit avec soin tout ce qui est « contraire à la gloire de la Pologne. »

Mathias Stryikowski, né en 1549, et dont le principal ouvrage est: *la Chronique polonaise, lithuanienne, de toutes les Russies*, etc.

Martin Bielski. Il est célèbre par sa *Chronique universelle*, 1550.

Joachim Bielski, fils du précédent historien, et connu surtout par la *Chronique polonaise*, 1597.

Stanislas Sarnicki. On a de lui *Annales sive de origine et rebus gestis Polonorum et Lithuanorum*, libri 8, 1587, et *Descriptio veteris et novæ Poloniæ*, 1585.

Stanislas Orzechowski, né en 1513. Le nombre de ses ouvrages s'élève à plus de cinquante, mais vingt-sept seulement sont bien connus. « Orze- « chowski, dit Ossolinski, après s'être « montré le rival de Démosthènes dans « ses Turciques, s'il ne surpasse son « maître dans le panégyrique de Sigis- « mond Ier, atteignit le même but en « suivant une autre route. *Sublimi fe- « riam sidera vertice*. »

Frycz-André Modrzewski, né en 1520 et secrétaire de Sigismond-Auguste. Il fut un des plus savants Polonais de son temps et composa treize ouvrages. Le plus important est *De republica emendanda*, libri quinque, 1551. Jean Justinien de Padoue dit qu'il y avait plus de mille ans qu'il n'avait paru un ouvrage de ce genre.

Luc Gornicki, né en 1520. C'est peut-être jusqu'à présent le premier des prosateurs polonais. On doit à sa plume: I. *Histoire de Pologne*, 1538-1572; II. *Le chemin d'une liberté parfaite*; III. *Dialogues entre un Polonais et un Italien sur les lois et les mœurs*

(*) Le monument de Kopernik, ciselé par Thorwaldsen, orne une des places de Warsovie et fut érigé aux frais d'une souscription nationale.

polonaises ; IV. *Le démon de Socrate ;*
V. *Essai sur l'orthographe polonaise ;*
VI. *Le Polonais homme de cour,* etc.
On peut appliquer à cet écrivain ce que
Quintilien dit de Cicéron : « Que celui
« qui se plaît à lire ses ouvrages a déjà
« fait beaucoup de progrès. »

Stanislas Hosius. D'une origine vulgaire, il s'éleva au rang de cardinal, et fut l'un des présidents du concile de Trente. Les ouvrages qu'il publia obtinrent une grande célébrité.

Parmi les auteurs qui écrivirent en prose latine et firent des vers latins, nous citerons principalement :

Clément Janicki, né en 1516, d'un pauvre paysan. Il avait à peine vingt ans, que le pape Clément VII couronnait déjà son front du laurier poétique. Divers écrivains étrangers ont comparé ses productions à celles de Tibulle et de Catulle. Les œuvres que l'on est parvenu à conserver de lui portent pour titre : *Cl. Janicii Poloni poetæ laureati poemata in unum libellum collecta.*

André Krzycki, né en 1483. Simple gentilhomme, il devint, par ses talents, prince-archevêque de Gnèzne et primat du royaume. Une de ses productions les plus remarquables est l'écrit publié afin de guider la diète et le clergé, et intitulé *Rationes Sigismondi regis Poloniæ in facto abolitionis et extinctionis in Prussia ordinis Teutonici, et collationis feudis partis Prussia Marchioni Brandeburgico.* Imprimé à Krakovie en 1525, il peut seul éclairer les esprits sur les causes de la grandeur actuelle de la Prusse et de la décadence de la Pologne, par rapport à cette puissance. Le savant abbé Juszynski dit également de Krzycki : « Qu'il surpasse dans ses « satires Juvénal, approche de Virgile « et d'Ovide dans la poésie épique et « élégiaque, et égale Catulle dans le « genre romanesque. » Pour corroborer ce jugement d'un compatriote qui pourrait être suspecté de prévention, voici celui d'Érasme, dont le nom est la plus grande garantie d'impartialité : « *Cicéron,* dit-il, *est le seul auteur latin* « *qui, comme Krzycki, ait excellé* « *dans la prose et dans la poésie.* »

Dantiscus. Il naquit à Dantzig en 1485 et eut un brasseur de cette ville pour père. Présenté à la cour de Sigismond Ier par le vice-chancelier Pierre Tomicki, Dantiscus fut nommé secrétaire de ce monarque et remplit, par la suite, plusieurs missions diplomatiques. L'empereur d'Allemagne Maximilien prisait tellement ses talents, qu'il l'honora du titre de *docteur-pontife,* posa sur sa tête une couronne poétique, et le fit noble.

Les écrivains qui, se servant de la langue nationale, se signalèrent aux premiers rangs d'une foule nombreuse, soit comme prosateurs, soit comme poëtes, furent :

Rey de Naglowicé, né en 1515. Il publia quatorze ouvrages en prose et en vers. Le *Miroir de tous les états* est un trésor historique d'un prix inestimable, car il reproduit non-seulement la vie privée des anciens Polonais, mais encore leur manière de parler.

Simon Szymonowicz (Simonides), né en 1558. Étienne Batory le couronna de la palme des poëtes, et le pape Clément VIII l'honora de son amitié. Tous les critiques nationaux sont d'accord sur le talent de Szymonowicz, qui écrivit également en latin et en polonais. Ses idylles polonaises, où il a marché sur les traces de Théocrite, de Bion et de Virgile, sont parfaites et n'ont pas encore été égalées. Il créa en Pologne ce genre de poésie.

Simon Zimorowicz. Outre une traduction des idylles de Moschus, on a de lui deux recueils : *Idylles russiennes* et *Roxolanes* ou *les Filles de la Russie.*

Nous avons réservé pour la fin des poëtes de cette époque celui qui à lui seul en fut l'ornement, c'est nommer le *prince des poëtes polonais,* Jean Kochanowski.

Jean Kochanowski vit le jour en 1532. Après avoir fait ses études en Pologne, il se rendit à Paris, où il demeura sept années ; puis à Rome et à Padoue. Sigismond-Auguste l'admit ensuite au nombre de ses secrétaires, et voulut faire de lui un prince de l'Église et un sénateur; mais Kochanowski, refusant toutes les dignités offertes, se retira dans son village natal de Czarnylas : là, au sein d'une famille chérie, il consacra tous ses instants au culte des lettres.

Le premier des écrivains dont s'honore la Pologne, il sut faire briller toute l'élégance et toute la richesse de la langue nationale. Nul autre auteur polonais n'a approché de lui jusqu'ici, et nombre de ses poésies méritent d'être comparées aux plus belles productions de l'antiquité. Ses principaux ouvrages sont : I. *Élégies sur la mort de ma fille Ursule;* II. *Épigrammes;* III. Son recueil de *Poésies* dans le genre de Pindare; IV. *Satires;* V. *Le Congé des ambassadeurs grecs,* tragédie; VI. *Un dard* ou *l'hommage de la Prusse;* VII. *La Dryade;* VIII. *Histoire de Suzanne;* IX. *Épithalame sur les noces de Radziwill;* X. *La Barbe,* poëme satirique. Mais c'est notamment dans la traduction des *Psaumes de David* que le génie de Kochanowski se déploie avec tout son éclat. Il traduisit aussi le troisième livre de *l'Iliade,* ainsi que *les Phénomènes,* poëme grec d'Arat, et *les Échecs,* poëme italien de Marc Vida. En outre de ses poésies polonaises, il publia plusieurs poëmes latins, dans lesquels il se montre le digne émule des Ovide et des Properce.

On visite encore de nos jours, à Czarnylas, sa modeste demeure, entretenue soigneusement; et son crâne fait partie du musée national des princes Czartoryski, à Pulawy. L'urne qui renferme ces restes précieux porte pour devise un vers de Kochanowski : « Le « fils de la belle Latone ne permettra « pas que mes cendres soient un jour « outragées par la postérité. »

Jean Kochanowski eut trois frères, André, Nicolas et Pierre, qui furent poëtes tous trois. Pierre se distingua surtout par une traduction de la *Jérusalem délivrée,* publiée à Krakovie en 1618, et restée comme modèle. Il traduisit également *Roland furieux.* André reproduisit en polonais l'*Énéide.*

Ajoutons encore aux noms qui précèdent, tous du plus grand mérite, ceux de Jean Flachsbinder, Jean Turzo, poëtes et prosateurs versés dans la langue latine; Stanislas Zaborowski, grammairien et légiste; Bernard Wapowski, historien et mathématicien; Groïcki, Herburt, Warszewicki Grzebski, Spiczynski Siennik, Sendziwoy, célèbres à divers titres scientifiques.

Dans ce siècle, la langue polonaise devint classique. La Lithuanie et la Russie l'adoptèrent, surtout lorsque Sigismond l'eut prescrite à toutes les juridictions qui s'étaient servies jusque là des langues latine et rousniaque.

La Bible fut traduite de nouveau et pour tous en dialecte polonais.

Plusieurs ouvrages traitèrent alors de la tactique militaire et de la défense des places fortes. Celui que Siémionowicz fit paraître sur l'artillerie jouit d'une telle réputation, qu'il a été traduit en français et en allemand. Arciszewski porta ses connaissances militaires sur la terre de Christophe Colomb, où il éleva les forteresses de Rio-Janeiro, Fernambouc et Bahia.

Les œuvres de Bernard de Lublin et Jean de Pilzno, relatives à la jurisprudence, offrent une coïncidence d'idées frappante avec le travail de Beccaria et de Filiangieri, qui, bien certainement, ont ignoré les ouvrages et peut-être même les noms des deux jurisconsultes polonais du seizième siècle.

On comptait en Pologne, à cette époque, quarante-sept villes possédant des imprimeries.

Le goût des arts suivant de près celui des sciences, les Polonais ne tardèrent pas à faire venir d'Italie nombre d'artistes distingués. Bientôt les palais du souverain, les châteaux des grands, les édifices religieux se virent restaurés, embellis par des élèves de Michel-Ange et de Raphaël, tels que Carralius, Bartholo et tant d'autres qui ont laissé dans les églises de Warsovie, de Krakovie, de Wilna et de Posen, des chefs-d'œuvre dignes de ceux de l'école italienne. Quoique le temps et les guerres aient détruit une partie de ces précieux souvenirs, les monuments élevés depuis à leur imitation témoignent du penchant que les Polonais ont toujours eu pour les arts.

Sigismond Ier fit faire en Flandre, dans le même temps que François Ier et Léon X, de superbes tapisseries conçues d'après les dessins de Raphaël.

1622-1760. Il est prouvé qu'à peu d'exceptions près, la décadence des sciences et des lettres en Pologne doit être imputée aux jésuites. Sans prévoir les suites funestes d'une pareille mesure, Etienne Batory leur confia l'académie de Wilna, fondée en 1578, et ils surent s'emparer peu à peu de la direction de toutes les écoles nationales. Sous de tels chefs, l'université de Wilna fut loin de répondre à ce qu'on attendait d'elle.

Celle de Krakovie lutta vainement contre la fausse route imposée par les jésuites, promoteurs des persécutions en matière de religion et qui voulaient aussi s'emparer d'elle. Dans ce combat acharné, l'université de Krakovie succomba complétement, fort heureuse de pouvoir conserver son indépendance.

Le règne demi-séculaire de Sigismond III, quoique formant dans l'histoire le point de départ de la décadence du pays, marcha longtemps sur les traces des deux règnes précédents, quant aux progrès libéraux. Dans son dictionnaire des célébrités qui brillèrent sous ce monarque, Siarczynski compte onze cent quarante-neuf hommes remarquables, sept cent onze écrivains bons ou mauvais, cent dix guerriers distingués, etc.

Les persécutions contre les dissidents diminuèrent toutefois le nombre des colléges et des imprimeries. Elles furent cause également de la sortie du royaume de beaucoup de citoyens éclairés et utiles, et elles favorisèrent les succès des armes étrangères.

Malgré le mouvement guerrier qui l'emportait sur les sciences et les lettres, on vit apparaître encore sous le règne de Wladislas IV des hommes d'un grand mérite. La voix éloquente du célèbre prédicateur Skarga obtenait en tous lieux le plus profond retentissement, et Sarbiéwski mérita le beau nom d'*Horace moderne* (*).

Quelques lueurs passagères de sagesse et de génie brillèrent bien sous les règnes suivants; mais le mouvement décroissant prenait de plus en plus d'empire, et des guerres malheureuses l'accéléraient. Le corps trop privilégié de la noblesse fomentait l'anarchie; les villes et les bourgs s'appauvrissaient; un mauvais latin formait seul l'éducation enseignée; on se livrait avec transport aux discussions théologiques; des thèses scolastiques et de ridicules panégyriques composaient toute la littérature de l'époque. En un mot, chaque chose dépérissait.

Les deux Auguste, ces princes de Saxe, endormirent pour leur part le pays au sein des actes de dévotion et des orgies. La langue nationale elle-même, altérée par un bizarre mélange de latin, se corrompit bientôt.

Enfin Stanislas Konarski, digne de la médaille que lui décerna plus tard le roi Poniatowski, avec la belle inscription : *Sapere auso*, commença à améliorer l'éducation publique et à combattre les vices de l'époque.

La congrégation des piaristes, dont

(*) Mathias Kasimir Sarbiéwski naquit en 1595 au village de Sarbiéwo. En 1613 il se fit jésuite à Wilna, où il termina ses cours académiques. Envoyé à Rome, il s'y occupa spécialement de littérature et y acquit beaucoup de réputation, ainsi qu'en France et dans les Pays-Bas, comme en font foi les ouvrages de Rallet, Rénat Rapin, Olaus Borichius, Morhot, Rolland, Puteau et autres. Le pape Urbain VIII appréciait tellement le talent de Sarbiéwski, qu'il l'engea à corriger son bréviaire ; au départ du poëte, il le couronna et lui passa au cou une chaîne d'or. De retour en Pologne, Sarbiéwski fut nommé par Wladislas IV prédicateur et théologien de la cour. Les Allemands l'ont plus d'une fois reconnu comme supérieur à Horace dans ses poésies. Les Français, tout en ne lui ôtant pas l'honneur d'avoir égalé par son génie les plus grands poëtes de l'antiquité, lui reprochent d'être parfois obscur dans ses idées. Hugo Grotius a dit de lui : *Non solum æquavit sed etiam superavit Horatium*. Ses œuvres, écrites en latin, ont eu vingt-quatre éditions.

faisait partie Konarski, seconda vivement cette impulsion. Complétement opposés de principes aux jésuites, les piaristes triomphèrent enfin de ceux-ci et fondèrent de nouvelles écoles.

L'aurore de jours meilleurs se levait déjà sur l'horizon.

1760-1795. Il est malheureux que l'essor que s'apprêtaient à prendre de nouveau en ce moment les branches libérales ait été entravé par la tournure fâcheuse des événements politiques, qui conduisaient insensiblement la Pologne vers sa perte. Les rapports avec la France, dans tout leur éclat alors, auraient aidé puissamment au mouvement de la civilisation polonaise. Les mariages de Wladislas IV avec la princesse Marie de Nevers et de Sobieski avec Marie Kasimire d'Arquien avaient préparé les voies, et le séjour de Stanislas Leszczynski en France les élargit encore. Les nombreuses visites que ce roi déchu et philosophe recevait à Lunéville de ses compatriotes, resserraient les liens de sympathie existant entre les deux nations.

Les deux évêques Zaluski, réfugiés à la cour de Stanislas, entreprirent de relever la littérature nationale, et parcoururent, dans ce but, la France, l'Italie, l'Allemagne et la Pologne. Faisant le sacrifice de leur fortune, ils achetèrent en tous lieux les livres et les manuscrits polonais dispersés. Grâce à leur dévouement, ils parvinrent à rassembler une bibliothèque de deux cent mille volumes.

Bientôt, par les soins de Konarski et aux frais de la congrégation des piaristes, il parut un immense recueil des lois nationales, en huit volumes in-folio. Konarski publia, en outre, plusieurs ouvrages sur la réforme du gouvernement et sur la nécessité de rétablir la langue polonaise dans toute sa pureté et sa grandeur, enfin telle qu'on la parlait au seizième siècle, avant que le latin et l'emphase allemande l'eussent corrompue. Il écrivit à l'appui une nouvelle grammaire pour détruire l'autorité jésuitique d'Alvarès. Un théâtre fut élevé par lui dans le collége des piaristes, et il traduisit plusieurs pièces françaises. Comme dernière marque de patriotisme, sa bibliothèque, offerte en don à la nation, devint publique à Warsovie.

Dans un pays où toutes les nobles idées trouvent un écho, l'exemple des deux Zaluski et de Konarski devait rencontrer des imitateurs. Une foule de citoyens vouèrent leurs instants et leurs fortunes à l'œuvre de la régénération littéraire. Des instituts furent fondés, des collections de livres formées, et l'on exhuma des vieilles chroniques tous les souvenirs glorieux du passé. L'abbé Kollontay réorganisa l'antique université de Krakovie, et la maison des princes Czartoryski contribua puissamment à la diffusion des lumières.

En 1773, la Pologne donna la *première*, à l'Europe, l'exemple de la création d'une magistrature suprême pour diriger l'instruction publique; et la bulle du pape Clément XIV ayant supprimé l'ordre des jésuites, les fonds disponibles, par suite de son expulsion de la Pologne, furent affectés à cette institution. Des écoles séculières remplacèrent celles des jésuites, et de cette époque date entièrement une nouvelle renaissance, que le souverain seconda de toute son influence et de tout son pouvoir.

Stanislas-Auguste Poniatowski, si faible et si blâmable dans sa conduite politique, déploya, du moins, le plus noble caractère dans tout ce qui concerne les lettres et les arts. Il n'épargna ni dons ni honneurs à ceux qui se distinguèrent; et l'on n'aurait pu trouver, à cet égard, un meilleur juge que lui, car, ayant fait de fortes études et écrivant avec facilité, il possédait à fond les langues savantes et parlait, même avec éloquence, nombre de langues modernes.

Son règne, qui vit l'agonie politique de la Pologne, fut des plus féconds en illustrations scientifiques et littéraires. Alors brillèrent Naruszewicz, le plus grand des prosateurs polonais (*); Pi-

(*) On lui doit l'*Histoire nationale*, qui va jusqu'à l'année 1386, date de l'union

ramowicz, Wisniewski, Ostrowski, Nagurczewski, dont les écrits étincellent de patriotisme, de verve et de génie créateur. Le philologue Kopczynski travailla à l'épurement de la langue nationale. Jodlowski et Skrzetuski se consacrèrent à l'étude de l'histoire. Wyrwicz, Staszic et Kollontay examinèrent les hautes questions politiques. Le prédicateur de la cour, Lachowski, et les évêques Karpowicz et Woronicz égalèrent, dans la chaire, Bourdaloue et Massillon. Les sciences eurent pour organes Poplawski, Hube, Kluk, Zaborowski, Poczobut. La poésie ne demeura pas en arrière et devint une puissance sous la plume de l'illustre prince archevêque de Gnèzne Krasicki, surnommé le *Voltaire de la Pologne*; dans les chants de ce barde national, le type polonais se reflète avec ses mille nuances; grand de pensées, Krasicki est toujours riche d'expression, suave de rhythme, spirituel, harmonieux (*). D'autres rivaux se signalèrent à ses côtés dans la lice poétique et devinrent presque ses pairs, tels que Naruszewicz, Trembecki, Kniaznin, Karpinski, Piramowicz, Skrzetuski, mais surtout Julien Ursin Niemcewicz, citoyen ardent autant qu'écrivain chaleureux, compagnon de gloire et d'infortune de Kosciuszko, et l'un des orateurs les plus brillants de la célèbre diète constituante.

La peinture compta des artistes aussi distingués, tels que Simon Czechowicz, François Smuglewicz, Bacciarelli; la sculpture, Jean Lebrun; et l'architecture, Albert Gucewicz.

La création de plusieurs journaux

entre la Pologne et la Lithuanie. Cet ouvrage est le meilleur qu'on puisse exiger dans un siècle où la critique historique est le fondement de tout.

(*) Krasicki publia dix volumes, tant prose que vers. Possédant la verve de Boileau et la légèreté de la Fontaine, il ouvrit de nouvelles routes à la langue nationale. En 1827, on a publié en français une traduction de ses Fables, mais l'original perd beaucoup dans cette imitation.

contribua également à répandre, parmi la nation, des lumières périodiques.

1795-1839. Les trois démembrements successifs de la Pologne ayant enveloppé le pays d'un vaste réseau d'arbitraire et d'oppression, ses progrès intellectuels éprouvèrent le même sort que sa nationalité. Tout fut remis en question. Par un oukaze que rien ne justifiait, Catherine II ravit à Warsovie la bibliothèque nationale des Zaluski et la fit transporter à Saint-Pétersbourg, où elle se pare encore aujourd'hui du nom de *Grande bibliothèque impériale*.

Le découragement était profond de tous côtés; mais, en présence de tant d'actes barbares ou iniques, il ne tarda pas à disparaître pour faire place à un redoublement d'ardeur et de patriotisme. Tout fut employé pour sauver le langage et les mœurs nationales en péril, et exciter, parmi les citoyens de toutes classes, la haine la plus vive contre les oppresseurs de la patrie.

Albert Boguslawski fit vibrer sur la scène la langue que les cours spoliatrices bannissaient des actes officiels.

Dmochowski, Czacki, Stanislas Soltyk, le prince Adam Czartoryski fils, le comte Ossolinski dotèrent Warsovie, Léopol, Wilna et Krzemiéniec de trésors littéraires qui, de là, fertilisèrent toutes les parties du pays.

On chercha à former de nouvelles bibliothèques à Krakovie, à Wilna, à Pulawy; mais cette tâche exigeait beaucoup de temps et de grandes dépenses.

En 1801, la Société des Amis des sciences fut fondée à Warsovie, et devint le lieu de réunion de tous les citoyens instruits et dévoués à l'œuvre commune. Avec son appui, Thadée Mostowski publia un recueil des œuvres des meilleurs écrivains polonais.

On s'attacha surtout à conserver dans la mémoire du peuple les chants nationaux, si puissants sur l'imagination.

Cependant, toutes ces tentatives courageuses auraient échoué sous une main de fer, si la marche des événements en France n'était venue seconder les efforts des Polonais.

Grâce aux aigles impériales et après une agonie de douze années, la Pologne commença à renaître à l'espérance, sous le titre de duché de Warsovie. Dotée d'institutions libérales et de lois modelées sur celles de la France, elle fut témoin des plus nobles sacrifices de la part de ses enfants; et l'instruction publique, dirigée par Stanislas Potocki, fit de rapides progrès.

Cet état d'amélioration continua sous la domination d'Alexandre, devenu, à la suite du congrès de Vienne (1815), roi de Pologne. Les sciences et les lettres, favorisées d'abord par lui, prirent un nouvel essor.

Parmi une foule de noms célèbres qui contribuèrent, à cette époque, au progrès intellectuel, on distingue particulièrement Sniadecki et Lelewel à Wilna; Felinski à Krzemiéniec; Niemcewicz et Kasimir Brodzinski à Warsovie.

L'instruction publique était confiée aux mains habiles du ministre Staszic, homme aussi éminent par son savoir que populaire par ses pensées philanthropiques. Infatigable dans ses travaux scientifiques, il leur consacrait ses nuits, ses jours étant voués à la plus active surveillance de l'éducation publique, cette branche sur laquelle repose le bonheur de chaque pays. C'est principalement par ses soins que fut dotée la Société royale des Amis des sciences, que furent établies ou réorganisées les écoles palatinales inférieures et élémentaires, que l'université de Warsovie, à peine fondée, arriva à un point si élevé de prospérité, et que furent enfin institués l'école polytechnique, le corps des mines, avec une école spéciale, le conservatoire de musique, l'institut agronomique et celui des sourds-muets. Il leur fit don, ainsi qu'aux établissements de bienfaisance, d'une fortune considérable, amassée à force de travail et d'économie, se restreignant même sur ses propres besoins (*).

(*) Tous les bienfaits que Staszic médita dans la solitude de Biélany, où il voulut que fût sa tombe (voyez page 17), portent le cachet de cette reconnaissance qu'il offrait à la Providence pour ce qu'elle lui avait largement accordé. Mais son chef-d'œuvre est le partage de ses biens de Hrubiészow entre ses paysans. Il ne se contenta pas de leur donner des terres en propriété, mais il obtint un privilége de l'empereur Alexandre et organisa sa commune, forte de 4,000 habitants, en forme de république; il y institua des emplois dotés en terrains, fit des lois, fonda une école et établit un fonds pour que la commune eût à ses frais son curé, son chirurgien, son avocat, etc. En outre il dota la commune d'une caisse d'emprunt, avec un capital convenable, afin de secourir les habitants frappés de désastres et faciliter successivement la construction de maisons en pierre à la place de celles en bois. Quand la commune arrivera au degré d'aisance prévu, la caisse cessera ses prêts. Le capital continuant alors à s'accroître par le produit des intérêts, la commune devra acquérir le domaine le plus proche, l'incorporer à son territoire, répartir parmi les frères nouveaux les terrains acquis, leur ouvrir la caisse d'emprunt et leur accorder les mêmes bienfaits qu'elle en reçut. Quand cette première fille parviendra au même point que sa mère, de nouveaux domaines seront acquis peu à peu, pour réaliser et étendre indéfiniment la même œuvre de bienfaisance.

Quel plus bel et plus digne emploi de l'intelligence et de la richesse! L'homme ne semble-t-il pas se rapprocher de la Divinité, lorsqu'il apparaît comme une providence qui veille avec sollicitude sur l'avenir de l'humanité et prépare le bonheur des générations futures?

Malheureusement un système réactionnaire vint encore affliger une fois les bons citoyens et entraver la marche des lumières. Après la retraite de Staszic, qui ne voulut pas s'associer aux mesures désastreuses que l'on projetait, tout ce que la Pologne renfermait d'esprits éclairés et généreux se vit en butte à de graves persécutions.

C'est peu de temps avant ce mouvement de réaction qu'apparut sur l'horizon littéraire Adam Mickiéwicz, l'écrivain le plus original de tous les auteurs polonais vivants. Avec lui l'école romantique prit place dans la littérature polonaise, et l'influence allemande fut opposée à la prépondérance qu'exerçaient encore les œuvres de quelques encyclopédistes français du siècle passé.

Le nom de Mickiéwicz jouit, en Pologne, d'une popularité égale à celle que possèdent, en France, Lamartine et Victor Hugo. Le pays voit en lui le chef sublime d'une nouvelle école, contemporaine de ses derniers malheurs.

Les tentatives rétrogrades continuèrent à l'avénement de Nicolas; et un moment interrompues par la révolution de 1830, elles reprirent bientôt avec un surcroît d'activité après la triste issue de ce mouvement.

On ferma les universités de Warsovie et de Wilna. On enleva non-seulement les deux bibliothèques considérables attachées à ces institutions, afin d'en gratifier la Russie, mais on ravit encore à la Société des Amis des sciences sa bibliothèque, quoique propriété particulière, sous le prétexte que quelques membres de ce corps littéraire avaient pris part, comme hommes d'État, aux actes de la révolution.

Mais, tandis que l'oppression s'efforce d'étouffer en Pologne tout indice de civilisation nationale, les Polonais réfugiés sur la terre d'exil redoublant d'énergie, marchent d'un pas assuré vers ce progrès intellectuel que nul pouvoir humain ne saurait arrêter.

C'est à Paris que Mickiéwicz a publié, en 1833, son beau *Livre des pèlerins polonais*, écrit dans le style biblique. M. de Montalembert, qui l'a traduit et enrichi d'une chaleureuse préface, l'a fait connaître à la France. Voici le jugement qu'un autre écrivain français a porté sur cette œuvre remarquable :

« Deux poëmes nous sont venus cette année, le premier de Pologne, cette Palestine du Nord, le second d'Italie, cette Grèce d'occident; l'un sublime de simplicité, gros d'une sainte colère, palpitant d'une haine céleste, tel qu'un psaume de David; l'autre sublime de douceur, divin de résignation, plein de prière et d'amour, tel qu'une épître de saint Jean; deux chefs-d'œuvre, jumeaux comme l'Ancien et le Nouveau Testaments; appelés, celui-ci : *Livre des pèlerins polonais*, par Adam Mickiéwicz, celui-là : *Mes prisons*, par Silvio Pellico. »

C'est à Paris également que renouvelant l'exemple des Zaluski, le prince Adam Czartoryski vient de fonder une bibliothèque polonaise (1839), tant dans le but d'aider à l'instruction de ses compatriotes proscrits comme lui, que pour en doter plus tard la Pologne et lui rendre une partie des richesses littéraires dont la Russie l'a complétement dépouillée.

Ainsi donc, malgré toutes les persécutions et les privations qui assiégent ses enfants, jamais la Pologne n'a compté plus d'écrivains capables, plus d'hommes distingués en tout genre. L'exil qui pèse sur les uns et l'oppression qui étouffe la voix des autres cesseront un jour, et nous espérons fermement que la Pologne verra luire alors pour elle un second *âge d'or* des sciences et des lettres, ainsi qu'une glorieuse renaissance politique.

MUSIQUE.

La mélodie slave la plus ancienne qui soit parvenue jusqu'à notre époque est l'hymne *Boga-Rodziça*, Mère de Dieu, composée par l'archevêque de Gnèzne Adalbert, et qui servit pendant longtemps de chant de combat aux Polonais. Les historiens ne sont pas d'accord sur son origine; il paraît cependant à peu près certain qu'elle fut composée vers le milieu du dixième siècle, car on la retrouve dans les traditions populaires de cette époque et dans les cérémonies religieuses de Gnèzne et de Dombrowa.

L'influence de l'ancienne musique religieuse a été décisive sur le caractère de la nation en Pologne; elle fit surgir ces mélodies populaires qui sont l'expression simple et naïve des mœurs locales. En se prosternant devant l'Éternel, le peuple chantait la gloire de ses ancêtres, son bonheur, ses souffrances; il se créa ainsi, pour rendre avec vérité les sentiments qui remplissaient son cœur, une musique candide et tendre, guerrière et mélancolique, souvent ardente, passionnée, toujours pleine de charme. La musique polonaise est une éloquente histoire de la nation : images gracieuses, graves enseignements, tout se trouve dans ces mélodies, enfantées par un peuple dont la destinée n'est pas encore accomplie.

Les époques remarquables de l'histoire de Pologne, dit M. Albert Sowinski dans ses savantes recherches, ont été consacrées par des chants religieux nationaux, gais ou mélancoliques, tels que *le Retour du roi Kasimir I*, chant d'allégresse (1041), et *la Mort de la reine Luidgarde*, mélodie triste et touchante (1283). Avec les progrès de l'art vinrent les poëtes sacrés et lyriques, qui vouèrent leur muse aux grands événements nationaux.

Le seizième siècle fut pour la Pologne l'âge d'or des sciences, des lettres et des arts. C'est alors que vécut Jean Kochanowski, dont le génie se plia particulièrement à la poésie lyrique. Les *Élégies* (Treny) *sur la mort de ma fille* sont écrites avec un sentiment de douleur pénétrante; chaque mot est une larme qui part du cœur et qui va au cœur. Ses nombreux chants religieux, cantates, psaumes, ont été adoptés par l'église et sont devenus populaires (*).

Vers la fin de ce même siècle, le goût de la musique instrumentale fit des progrès; et les grands seigneurs, qui étaient appréciateurs des arts, entretenaient à leurs frais des orchestres nombreux. La reine Bona, Italienne et femme de Sigismond Ier, attira à la cour des artistes et des chanteurs italiens, qui mirent en vogue l'école de leur patrie. Sous les règnes suivants, et surtout sous celui de Sigismond III, l'affluence des artistes étrangers fut telle, que la musique perdit sa couleur nationale. Elle était devenue, dès 1533,

(*) Nicolas Gomolka, célèbre musicien polonais, mit les psaumes de Jean Kochanowski en musique et les publia en 1580. Un autre musicien non moins célèbre, Christophe Klaban, maître de chapelle du roi Batory, mit en musique l'*Épinicion*, que Kochanowski écrivit pour célébrer la victoire des Polonais sur les Moskovites, alors gouvernés par Ivan le Terrible.

l'auxiliaire de l'art dramatique dans les pièces à spectacle jouées à Krakovie chez les dominicains et les jésuites.

La polonaise occupera toujours par son ancienneté, son rhythme et son caractère primitif, le premier rang parmi les airs nationaux. Viennent ensuite les mazureks, les krakoviaks, les dumki, les airs kosaks, vifs et dansants, avec accompagnement de théorbe. Tous les compositeurs célèbres ont intercalé des polonaises dans leurs opéras, en leur conservant plus ou moins leur forme primitive. Gluck, Paisiello, Cimarosa, Weber, Chérubini, Rossini ont eu recours à cette coupe musicale et l'ont, d'accord avec Hummel et Moschelès, popularisée dans toute l'Europe.

Comme le fait observer avec justesse M. Sowinski, un compositeur dramatique trouverait un puissant aliment pour son imagination dans les différents caractères des mélodies polonaises ; mais qu'il se garde bien de borner ses explorations à la Pologne de 1815. Il faut qu'il passe le Styr; qu'il parcoure les terres fertiles de la Wolhynie et de la Podolie ; qu'il aille vers l'Ukraine, où l'antique Dniéper roule ses eaux mugissantes; qu'il écoute les chants tristes d'un peuple résigné, les *dumki*, fleurs charmantes des prés de l'Ukraine; qu'il étudie le murmure du Boh et de la Ros, le frémissement des chênes de Murowięc près Kiiow, le chant sinistre du vanneau, les sons plaintifs du pâtre, jouant du *duda* au milieu d'une morne solitude. Et quand il aura savouré le parfum de cette contrée poétique, il faudra qu'il se replie sur le Zbrucz, en Galicie, où le peuple aime à chanter les exploits de ses ancêtres; qu'il aille entendre à l'église de Zborow le vieux chant de la Vierge : *Panno w zborowskim laskawa Obrazie*, reste précieux de l'ancienne musique religieuse ; puis, en passant par les rochers grisâtres des Karpathes, il chantera avec les montagnards et descendra ensuite dans les plaines de Posen, où l'amour des arts a survécu aux malheurs de la patrie.

Il priera à Dombrowa, près du tombeau de saint Adalbert; visitera de là Thorn, patrie de Kopernik; Marienbourg, capitale déchue des chevaliers teutoniques; et s'arrêtera à Kowno, où l'antique Lithuanie lui apparaîtra avec ses Waïdelotes, ses fêtes des Swiento-Kozla, ses cérémonies des Dziady et tous les mystères de la mythologie du Nord. Il étudiera les *daïnos*, explorera les contrées arrosées par la Dzwina et la Bérézina, dépendances de la vaste république de Pologne; et, riche d'une pareille moisson, le compositeur pourra reculer les confins de ce monde merveilleux où les sons révèlent à l'âme les idées infinies.

THÉÂTRE.

La Pologne, qui possède une littérature si savante et si belle, a peu produit dans le genre dramatique; mais cette singularité serait à tort attribuée à un manque de dispositions naturelles ou à l'absence d'imagination; elle provient principalement de l'amour de la vie champêtre qui retenait jadis les nobles dans leurs châteaux et de la gravité des travaux qui occupaient les anciens habitants des villes. Les perturbations politiques, auxquelles le pays fut presque continuellement en proie, contribuèrent aussi beaucoup à entraver les progrès de la littérature dramatique.

C'est au commencement du quinzième siècle que nous rencontrons la première mention du théâtre en Pologne ou plutôt de scènes dialoguées. En 1500 les dominicains de Krakovie représentèrent les *Comédies du carnaval*, au nombre desquelles figurait l'œuvre du bourgeois Antoine Wiéniwski intitulée: *les Noces miraculeuses ou l'hyménée enchanteur*, pièce qui ne comptait pas moins de vingt-sept personnages. On commença aussi à jouer à la cour des œuvres tirées de l'histoire grecque et écrites en langue latine, familière même aux dames de la haute société d'alors. Dans ses recherches sur la littérature nationale, Juszynski parle d'un drame dont le titre seul, *Ulyssis prudentia in adversis*, annonce la gravité du sujet et le mérite du choix. Vers l'année 1515 parut un dialogue en langue polonaise et intitulé *la Décapitation de saint Jean*. En 1522, une tragédie, sous le titre du *Jugement de Pâris*, fut publiée à Krakovie. Toujours actifs sous ce rapport, les dominicains représentèrent, en 1530, un *dialogue* qui dura quatre jours et dont les préparatifs prirent presque une année entière.

On ne s'étonnera pas de cet état arriéré de la scène polonaise, si l'on considère que l'art dramatique était encore partout ailleurs dans l'enfance, et que les mystères et sotties continuaient de faire, en 1540, les délices du peuple de Paris et de la cour galante de François Ier.

Le document le plus précieux de l'ancienne littérature dramatique polonaise est, sans contredit, le drame de Jean Kochanowski, *Le congé des ambassadeurs grecs*, composé en 1554 et représenté, en 1578, au palais d'Uïazdow, près Warsovie, à l'occasion du mariage du connétable Jean Zamoyski avec la nièce du roi Étienne Batory. L'énergie de la diction et la pureté du style font un monument précieux de cette œuvre, où l'on trouve, en outre, une connaissance approfondie de l'histoire grecque et une forme scénique qui, bien que s'écartant des règles de l'école, est remarquable pour le temps. Il devait s'écouler encore près d'un siècle avant que Corneille entreprit en France de faire parler les Romains.

Les guerres et les dissensions religieuses qui survinrent après la mort d'Étienne Batory (1586) firent retomber le goût dans la dépravation; l'amour de l'art disparut, et les nobles fruits du génie de Kochanowski se virent remplacés par d'absurdes créations, telles que : *le Grincement de Judas dans l'enfer, la Diète de l'enfer, le Theatrum diabolorum* (en latin), et nombre de productions semblables, qui dominaient au début du dix-septième siècle sur la scène polonaise.

Wladislas IV, vainqueur de la Moskovie, sut, en ranimant l'esprit national, donner un nouvel essor aux sciences et aux lettres sous son règne (1632-1648). Toutefois, et malgré de fréquentes représentations dramatiques à la cour, cette branche de littérature ne fit pas de grands progrès. On trouve dans les chroniques la relation du divertissement offert par la ville de Dantzig à la nouvelle reine Marie-Louise de Gonzague. Trois mille personnes y prirent part, et il coûta cent mille rixthalers. Il consistait en un opéra italien, *Psyché et Cupidon*, et en un ballet, l'*Aigle blanc*, dans lequel cet oiseau exécuta, avec quatre aigles noirs, des danses au son de la musique. Un amour était assis sur chaque aigle.

A l'arrivée de la reine à Warsovie (1646), on donna de nombreuses re-présentations de comédies italiennes; chaque acte était suivi d'un ballet ou d'un concert. Iarzemski a laissé une description de ces spectacles. En voici un extrait, donnant une idée favorable des talents des ingénieurs italiens attachés au service du roi :

« Le théatrum est en perspective « bâti en colonnes; là, les coulisses « s'élèvent et descendent, d'autres se « tournent à l'aide de vis de différents « côtés; tantôt elles représentent les « ténèbres et les nuages, tantôt une « agréable lumière, et au-dessus un « ciel azuré, avec le soleil, la lune et « les étoiles. Là, vous voyez un ter- « rible enfer et une mer agitée, sur « laquelle voguent des bateaux et des « sirènes, dont les voix enchantent; « ici, des personnages descendent du « ciel, d'autres sortent de la terre. « D'un coup s'ouvre un arbre, et une « personne chargée de bijoux, les che- « veux en tresses, en sort et chante « comme un ange. Après cela viennent « d'autres scènes : ce sont des interlo- « cuteurs; et on trépigne des pieds et « on saute à la manière italienne. »

Comme on le voit, on connaissait déjà à cette époque, en Pologne, les représentations *à grand spectacle*, auxquelles concouraient les décorations, le chant et la danse.

Du temps de Jean Kasimir, les courtisans s'amusèrent à représenter en langue polonaise *le Cid* et *Andromaque*. Ce fut le palatin de Mazovie, André Morsztyn, qui les traduisit, en 1661, en vers polonais. La représentation de pareilles œuvres annonçait une grande amélioration dans le goût et l'intelligence des auditeurs.

L'époque de Michel Korybut et de Jean Sobieski (1668-1696) fut la plus triste de toutes pour les branches libérales, par les invasions qu'il fallut repousser et les guerres continuelles que le pays eut à soutenir.

Sous les règnes d'Auguste II et Auguste III (1699-1763), on représenta à la cour plusieurs opéras italiens et français. Les représentations en langue polonaise n'avaient lieu que pour le peuple de Warsovie, et seulement de temps en temps, à l'occasion des fêtes ou des foires. Il n'y avait pas de troupe régulière d'acteurs; chacun jouait comme il pouvait et comme bon lui semblait, et paraissait sur la scène sans y être préparé. Tandis que l'on amusait ainsi les habitants des faubourgs avec la Lutte de David avec Goliath ou le Meurtre d'Holopherne par Judith, les jésuites régalaient la noblesse de *dialogues*, qui égayaient toujours les spectateurs, parce qu'ils ne marchaient jamais bien; mais plus l'embarras des exécutants était grand, plus l'auditoire éprouvait de plaisir. L'une de ces productions est restée comme modèle du genre, c'est *la Croix du martyre de Jésus-Christ*, dialogue écrit en 1701.

Vers 1746, le goût des auteurs polonais commença à s'épurer, et l'on vit paraître successivement les tragédies de *Jonathan*, par Stanislas Jaworski; *Titus le Japonien*, par Bielski; *Micandra*, par Ignace Soltyk; *Sédécias*, en vers latins et polonais, par Michel Kielpsz. On joua aussi au couvent des piaristes, à Warsovie, des pièces traduites du français. Le membre de cet ordre religieux Konarski, qui accompagna Stanislas Leszczynski dans son exil en France, contribua, à son retour en

Pologne, aux progrès du bon goût, et fit sentir le premier aux esprits le besoin d'un théâtre national. Sa tragédie d'*Épaminondas* appartient aux belles productions de la littérature. Le jésuite François Bohomolec imita l'exemple de Konarski, et perfectionna les divertissements dramatiques de la société de son couvent.

Jusqu'à la moitié du dix-huitième siècle, tout ce qui se rapportait aux distractions scéniques se vit soumis, à peu d'exceptions près, à la direction ou à l'influence du clergé; mais, à partir de l'ouverture du Théâtre national de Warsovie (19 février 1765), une nouvelle ère se leva pour la scène polonaise. Avant d'en tracer le tableau, nous ferons mention de plusieurs théâtres fondés dans les domaines seigneuriaux, et qui formèrent des auteurs et des acteurs pour le véritable public.

L'un de ces théâtres existait à Niéswiez, en Lithuanie. Créé par la princesse Ursule Radziwill, il lui servit à faire jouer ses propres ouvrages. Cette dame écrivit seize pièces remplies de bizarreries et d'absurdités.

Il y avait également des théâtres particuliers à Siédlce, chez madame Oginska; à Gavczyn, chez la femme du général d'artillerie Brühl; à Dukla, chez Georges Wandalin Mniszek; à Bialystok, chez Branicki, etc.; mais tous ces lieux d'essais dramatiques furent surpassés en éclat et en mérite réel par le théâtre des princes Czartoryski, à Pulawy. Toujours ouverte aux talents, cette noble maison prodigua ses richesses afin de seconder les progrès des sciences et des arts. C'est sous son égide que s'élevèrent presque tous les écrivains remarquables qui honorent la littérature polonaise du siècle dernier.

En 1780, Tyzenhauz, grand trésorier de Lithuanie, établit à Grodno, sous la direction du professeur Ledoux, qu'il appela de Paris, une école de danse. Le roi Stanislas-Auguste fit venir les jeunes élèves à Warsovie, et les y entretint à ses frais jusqu'en 1794. Ce corps de ballet s'accrut considérablement par le présent que fit au souverain le prince Radziwill de cent vingt danseurs et danseuses, serfs de ce magnat, aussi bizarre que fastueux.

Ami des sciences et des plaisirs, Stanislas-Auguste consacra la majeure partie de ses revenus aux savants et aux artistes; et si les œuvres dramatiques qui parurent sous son règne ne portent pas le caractère du génie, elles n'en sont pas moins des productions d'un grand mérite. Il manqua au pays une paix de quelque durée; car l'esprit des écrivains, affranchi à cette époque du joug des jésuites et éclairé par les œuvres des Corneille, des Shakspeare, des Calderon, aurait pu, en fouillant dans les annales nationales, y trouver une source féconde d'actions dramatiques dignes d'être reproduites, et s'élever à la perfection. En considérant cependant le développement de cette deuxième époque dramatique et les efforts qu'elle fit pour s'approprier des productions étrangères, on se convaincra que, malgré les guerres presque continuelles de 1792 à 1815, la littérature polonaise se maintint à un niveau satisfaisant.

L'ouverture du théâtre public de Warsovie fournit à plusieurs auteurs l'occasion de se faire connaître. C'étaient des magnats, des évêques, des prêtres: Rzewuski, Czartoryski, Zablocki, Krasicki, Wybicki, Bohomolec. On y donna, en 1778, le premier opéra avec une musique nationale, sous le titre assez bizarre de la *Misère béatifiée*. Il était dû à Kaminski, qui fit nombre d'autres opéras, restant comme souvenir de la musique dramatique en Pologne. Nous citerons encore, comme compositeurs nationaux de talent qui brillèrent alors, Lessel et Jean Stefani. Malheureusement, la préférence accordée par la cour à l'école italienne et aux artistes de cette nation nuisit pendant longtemps aux progrès de la musique polonaise.

Le staroste Rix fut chargé de la conduite du théâtre, et il avait sous sa direction les chanteurs italiens et les danseurs entretenus pour l'amusement du monarque. Cimarosa et Paisiello devinrent chefs de l'orchestre royal, dont faisait partie, comme *second violon*, le célèbre Viotti, surnommé le père des violonistes. Parmi les traductions qui furent représentées, figurent au premier rang la *Mort de César* et *Mérope* de Voltaire; dans cette dernière pièce, l'actrice Truskolawska remplissait le principal rôle avec tant de perfection, que des étrangers firent exprès le voyage de Warsovie pour la voir jouer. On remarqua encore les traductions de *Béverley*, drame parfaitement rendu par l'acteur Owsinski, du *Barbier de Séville* et du *Mariage de Figaro*. Le Nestor des écrivains polonais contemporains, Niemcewicz, enrichit aussi le théâtre d'une tragédie, *Wladislas III à Varna*.

Au milieu de ces progrès de la scène polonaise, il surgit un homme qui, par ses rares talents et son patriotisme élevé, immortalisa son nom dans la littérature nationale : c'est Albert Boguslawski, que Stanislas-Auguste retira de l'institut des élèves militaires, en l'engageant à se consacrer à l'art dramatique. Le théâtre polonais lui doit plus de cinquante pièces originales ou traduites, et il tenta le premier d'adapter des paroles polonaises à la musique italienne. Nous citerons de lui le *Miracle supposé* ou *les Krakoviens et les Montagnards*, pièce patriotique d'un effet infaillible en tout temps, *Henri VI à la chasse*, les *Spasmes à la mode*, *Iscahar, roi de Xuara*, ainsi que les traductions du *Saül* d'Alfieri, de l'*École de la médisance* de Shéridan et du *Tarare* de Beaumarchais.

Avec la chute de l'indépendance nationale, tomba aussi le théâtre. C'est alors que Boguslawski se mit à parcourir les provinces, avec une troupe formée des débris de celle de Warsovie. Il alla à Wilna, à Krakovie, à Léopol, à Posen. Partout il rencontra l'accueil le plus favorable; car ses représentations offraient le tableau d'un passé tout récent, et l'idiome national, disparu des actes du gouvernement, résonnait dans toute sa pureté sur la scène. Louis Osinski reproduisit aussi à cette époque en vers polonais *Alzire*

de Voltaire et *le Cid* et *les Horaces* de Corneille.

Dans l'intervalle qui s'écoula de 1795 à 1807, on composa beaucoup d'œuvres indigènes et l'on traduisit force pièces étrangères. De 1809 jusqu'à 1820 cette ardeur se soutint. Wezyk, Felinski, Kropinski, Chodkiewicz, madame Lubienska, perfectionnèrent la tragédie nationale par leurs productions souvent remarquables. Ils furent dignement secondés dans cette tâche par la célèbre madame Ledochowska. Diction, poses, gestes, bon goût et vérité du costume, tout pouvait servir de modèle chez cette actrice (*).

De leur côté, Niemcewicz, Zolkowski, Dmuszewski, Brodzinski, Kaminski, J. Krasinski, Kruszynski, contribuèrent aux progrès de la comédie et de l'opéra, soit par leurs œuvres originales, soit par leurs traductions.

En 1810, Frédéric-Auguste fonda à Warsovie une école de chant et de déclamation et alloua au théâtre, en lui accordant le titre de *National*, une subvention annuelle de trente-six mille florins. En 1814, Louis Osinski, précédé d'une grande réputation littéraire, prit la direction de la scène polonaise; le gouvernement éleva la subvention théâtrale à cinquante mille florins et affecta les trente-six mille florins payés précédemment à la fondation d'un conservatoire de musique et de déclamation, établi en 1820 sous la direction de M. Elsner et pourvu de professeurs que l'on fit venir de l'étranger. À cette même époque Osinski introduisit de nouveau le ballet sur la scène, d'où il avait disparu lors de la chute de la Pologne.

L'opéra national prit, à partir de ce moment, un essor remarquable. Joseph Elsner, à qui on doit entre autres deux grandes œuvres, *le Roi Lokiétek* et *Jagellon à Tenczyn*, lui donna le premier élan, et Charles Kurpinski acheva de l'asseoir sur de solides bases. Compositeur aussi distingué que fécond, il

(*) Madame Ledochowska s'est retirée de la scène en 1832.

dirige encore actuellement l'opéra à Warsovie. Parmi ses belles compositions on distingue surtout : *le Palais de Lucifer, Hedvige, reine de Pologne, Zbigniew, Calmora, le Charlatan, les Nouveaux Krakoviens et Montagnards,* etc.

Les œuvres des compositeurs étrangers, Mozart, Cimarosa, Dalayrac, Nicolo, Weber, Boyeldieu, Cherubini, Spontini, Rossini, Auber, et autres, furent aussi alors pleinement acclimatées en Pologne.

Il nous reste à parler de l'intervalle qui s'écoula de 1820 à 1830. Pendant cette période de dix années, le progrès dramatique continua de faire des pas sensibles. Les anciens auteurs, tels que Boguslawski, Niemcewicz, Osinski, Zolkowski, Dmuszewski, enfantèrent de nouvelles productions, tandis que de jeunes émules s'efforçaient de marcher sur leurs traces. Parmi ces derniers, Xavier Godebski, Dmochowski, les frères Frédro et plusieurs autres méritent une mention particulière. Alexandre Frédro se fit surtout remarquer en première ligne, tant par la conception que par le développement des caractères appartenant au type national. Frédro connaît aussi bien que Molière son siècle, son public et le cœur humain. Le langage et les traits, le sujet et l'action, tout dans ses œuvres est énergique, clair et incisif, sans emphase, sans affectation, sans soumission servile aux règles de l'école. On compte jusqu'à présent dix-huit pièces sorties de sa plume, dont les principales sont : *Monsieur Geldhab* (le Riche parvenu), *la Manie de l'étranger* et *la Vengeance.*

Warsovie possédait, en 1830, trois théâtres, savoir : le *Théâtre-National,* qui nous a occupé jusqu'ici et sur lequel on représentait indistinctement tragédies, comédies, drames, opéras, vaudevilles, etc.; le théâtre des *Variétés,* consacré spécialement aux comédies-vaudevilles et vaudevilles grivois, et dans le répertoire duquel figuraient nombre d'imitations ou de traductions étrangères ; enfin le *Théâtre-Français,* dans le genre de celui qui existe à Berlin et où l'on jouait la comédie et le vaudeville. Le gouvernement accordait à ce dernier spectacle, qui durait sept mois seulement de l'année, une subvention de soixante-dix mille florins.

Aujourd'hui les deux premiers de ces endroits de plaisir sont seulement ouverts encore au public. Le Théâtre-National a été transféré dans la nouvelle et magnifique salle bâtie, sur la place de l'Hôtel-de-Ville, d'après les plans de Corazzi. C'est après la rentrée des Russes à Warsovie, en 1832, qu'elle fut inaugurée; mais, par suite du système imposé alors, la tragédie et le drame héroïque furent bannis de la scène, comme pouvant réveiller des souvenirs nationaux jugés dangereux.

Le meilleur théâtre après ceux de Warsovie est celui de Léopol (Galicie), confié aux mains de M. Kaminski, tout à la fois directeur, auteur et acteur. En imprimant à son répertoire une teinte philosophique, M. Kaminski a voulu habituer son public à l'école allemande ; mais son langage paraît souvent bizarre, comique même à l'oreille des Polonais, accoutumés à l'élégance française.

A l'exception de Léopol, de Krakovie et de Wilna, les villes des provinces ne possèdent point de troupes sédentaires. Des acteurs ambulants parcourent le pays à l'époque des foires, des réunions locales ou des diétines, et donnent alors des représentations à Posen, Kalisz, Plock, Zytomierz, Kiiow, etc.

Aux diverses causes signalées par nous, comme ayant entravé l'essor dramatique en Pologne, ajoutons que les auteurs qui travaillent pour la scène n'y jouissent d'aucune espèce de droit pécuniaire. Mais, en dépit des obstacles apportés, le théâtre polonais n'a pas cessé de marcher vers un but ascendant ; et aujourd'hui même que l'esprit national est étouffé dans tous ses ressorts, les beaux-arts, soumis à de sévères limites, consolent encore le pays de ses malheurs.

LA POLOGNE RENAISSANTE.[*]

XIXᵉ SIÈCLE.

INTRODUCTION.

Lorsqu'on reporte les regards sur les annales de l'ancienne Pologne, la pensée se trouve frappée d'une circonstance toute particulière à ce pays. D'ordinaire, plus une nation s'élève et plus elle touche à l'heure de la décadence; mais la Pologne, à partir de son véritable fondateur, Boleslas le Grand, brilla et s'effaça tour à tour, non pour périr complétement, mais bien pour renaître un jour d'une manière éclatante.

En effet, après chaque commotion intérieure, chaque coup que l'ennemi lui portait en déchirant son sein, ses membres épars se réunissaient et formaient de nouveau un ensemble plein de vigueur et d'énergie. Circonscrite même dans d'étroites limites, la Pologne gagnait en civilisation et en force morale ce qu'elle perdait en étendue.

Après la révolution qui éclata à la mort de Miéczyslas l'Indolent, et qui plongea le pays dans l'anarchie la plus profonde (1034-1040), vint Kasimir Iᵉʳ, le Restaurateur. Plus tard, le partage impolitique du royaume, opéré par Boleslas III entre ses fils, frappa la Pologne d'un vice de constitution (1139); sa ruine se préparait déjà, quand le vaillant Wladislas Lokiétek saisit, au milieu des orages, le sceptre d'une main ferme, et légua à son fils Kasimir le Grand un État fort et prospère, qui atteignit au faîte de la gloire et du bonheur sous les deux Sigismond. Impuissant à contenir les passions, l'infortuné Jean Kasimir allait devenir le témoin de la chute de sa patrie (1655-1660), lorsque la Providence sauva le pays par le bras d'Étienne Czarniecki, et confia ses destinées au libérateur de Vienne, Jean Sobieski. Longtemps après, du propre sein de son agonie, sous le règne de Stanislas-Auguste Poniatowski, la Pologne fit pressentir sa renaissance en enfantant, au milieu des convulsions politiques les plus terribles, l'œuvre immortelle de la constitution du 3 mai 1791. L'opinion des esprits éclairés fut fixée dès lors sur la nécessité de son existence; et en vain les désastres de 1795 et 1831 enveloppèrent momentanément la victime d'un linceul funéraire, la Pologne vivra de nouveau, car elle est indispensable au repos du monde civilisé; seule, elle

---

[*] Plusieurs fois, dans le courant de cet ouvrage, nous avons renvoyé nos lecteurs à un cadre historique spécial qui, originairement, devait être traité par une autre personne que nous. Des raisons particulières, aisées à comprendre, nous avaient déterminé à ne point nous charger de la période moderne de l'histoire, drame auquel nous avons pris nous-même une part active; mais notre travail sur l'ancienne Pologne terminé, les Éditeurs firent un nouvel appel à notre courage moral, et nous crûmes devoir céder à une demande aussi flatteuse qu'honorable. Afin d'y répondre, nous nous efforcerons de conserver jusqu'au bout la modération, premier devoir de tout historien, et de surmonter l'indignation qui viendra s'emparer plus d'une fois de nous. Nous répéterons pourtant avec l'auteur latin : *Incedo per ignes suppositos cineri doloso.*

En outre de nos propres souvenirs, les principales sources auxquelles nous avons puisé nos documents pour faire de cet ouvrage le tableau le plus complet de la Pologne publié jusqu'ici, sont : 1º *Mémoires d'Oginski*; 2º *La Pologne renaissante*, par J. Lelewel; 3º *Vie de Thomas Ostrowski*, président du sénat, par son fils le palatin Antoine Ostrowski; 4º *Victoires et conquêtes des Français*; 5º *Biographie des contemporains*, publiée par Boisjoslin, 1829; 6º *Histoire de la révolution polonaise de 1830-1831*, par Maurice Mochnacki; 7º *Histoire de la même révolution*, par le général Soltyk, etc., etc.

peut maintenir l'équilibre européen et contre-balancer le poids que le Nord voudrait faire pencher en sa faveur, au préjudice de l'Occident. Tout annonce même que le jour de la résurrection de la Pologne n'est pas si éloigné que ses ennemis affectent de le proclamer.

HISTOIRE.

LÉGIONS POLONAISES A L'ÉTRANGER.
1797-1801.

L'insurrection de 1794 ayant été suivie d'une catastrophe qui ouvrit aux armées coalisées les portes de la capitale, et qui, au mépris de tous les droits des nations, amena la spoliation complète de la Pologne, les patriotes dont l'ennemi put s'emparer allèrent peupler les prisons des trois puissances. Kosciuszko, Wawrzecki, Ignace Potocki, Niemcewicz, Zakrzewski, et quantité d'autres citoyens courageux furent transportés en Russie : on évalue à plus de quatorze mille le nombre des Polonais qui se virent confinés dans les forteresses moskovites ou exilés dans les déserts de la Sibérie. Pour son compte, la Prusse emprisonna à Breslau, Magdebourg et Glogau les généraux Madalinski, Grabowski, Giélgud, ainsi que les insurgés de la Grande-Pologne. Enfin l'Autriche referma les portes des cachots d'Olmutz sur Zaionczek, Kollontay, Stanislas Potocki, etc.

Warsovie, qui échut en partage au gouvernement prussien, fut occupée par ses troupes, et gardée avec la dernière sévérité.

Plus heureux que beaucoup de leurs compatriotes, d'autres citoyens parvinrent à gagner la France et l'Italie; mais les espérances qu'ils y concurent, d'après les promesses qu'on leur fit d'abord, furent bientôt déçues par le traité de paix conclu à Bâle, le 5 avril 1795, entre la France et la Prusse, et dans lequel il n'était fait aucune mention de la Pologne. On donna pour excuse à l'agent polonais Barss, qui sollicitait l'admission, dans ce traité, d'une clause relative à la reconstitution de l'indépendance de sa patrie : « que la France avait besoin de repos « après tant d'anarchie et d'efforts, et « que le silence même gardé à cet égard « dans le traité annonçait que l'on « n'approuvait pas le partage de la « Pologne. » C'est ainsi qu'une diplomatie molle et pusillanime abandonnait une cause que la France devait appuyer le plus fortement possible, et cela dans son intérêt réel (*).

Mais si les diplomates français se montrèrent peu soucieux de mettre un terme à l'abus inouï dont toute l'Europe venait d'être témoin, les militaires, toujours prêts à fraterniser avec les Polonais, relevèrent le courage de ceux-ci. Bientôt deux points centraux d'action furent établis par eux : l'un à Venise, l'autre à Paris. C'est en ce dernier endroit surtout que les réfugiés, qui se réunissaient à l'hôtel Diesbach, parvinrent à intéres-

(*) Voici ce que Kosciuszko répondit un peu plus tard aux Polonais réfugiés à Paris et qui le pressaient de revenir d'Amérique, afin de plaider auprès du Directoire la cause de la restauration de la Pologne : « Je ne « sais pourquoi, malgré la sympathie qui « règne entre les Français et les Polonais, « *les Français nous abandonnent toujours* « *dans les crises les plus décisives.* Louis « d'Anjou et Henri III nous furent funes- « tes, le premier en relâchant les ressorts « du gouvernement, le second par sa fuite « précipitée. Les élections des princes de « Conti et de Longueville ne furent pas sou- « tenues sous le voluptueux Louis XV. Le « duc d'Aiguillon ne sut pas même que le « premier démembrement avait été concerté « entre les trois cours, et le laissa s'accom- « plir. En 1794, lorsque, par notre insur- « rection, nous forçâmes le roi de Prusse « de se détacher de la coalition contre la « France, la république ne voulut rien faire « pour nous, malgré nos pressantes solli- « citations. Comment donc nous fier aujour- « d'hui à de vagues espérances ? »

ser au succès de leur cause toutes les âmes nobles et généreuses.

Le général Dombrowski, sourd aux cajoleries de la Russie et de la Prusse, refusa de prendre du service dans leurs armées, et se rendit également en France. Ses talents militaires et son caractère entreprenant étaient assez connus; c'est lui qui conçut, après le désastre de Maciéiowicé, le projet de traverser toute l'Allemagne avec les vingt mille hommes de troupes restants, le roi et la diète en tête, afin de joindre les Français qui combattaient sur le Rhin. Ce projet, aussi grand qu'audacieux, échoua devant les tergiversations et le manque de patriotisme de Stanislas Poniatowski.

Dombrowski consulta, durant son voyage, les généraux Jourdan, Bernadotte et Championnet, sur la formation de légions polonaises, et en reçut des encouragements. Il arriva le 30 octobre 1796 à Paris, où la confédération de Krakovie avait déjà fait proposer au Directoire de former, avec les débris de l'ancienne armée nationale, un corps pour combattre la Russie. Le gouvernement français accepta cette offre; mais comme une loi lui défendait de prendre à son service des troupes étrangères, il engagea Bonaparte, qui venait d'organiser la république cisalpine, à tirer parti des propositions faites, et Dombrowski se rendit sur-le-champ auprès de lui.

Le vainqueur de Montenotte recommanda au congrès de Milan le général polonais, et Dombrowski conclut bientôt, le 9 janvier 1797, un traité avec le gouvernement de Lombardie. En voici les principales clauses : « 1° Les corps polonais qui se formeront auront le titre de *Légions polonaises auxiliaires de la Lombardie;* 2° ils auront l'organisation, l'uniforme et les insignes polonais; 3° ils porteront des épaulettes avec l'inscription : *Gli uomini liberi sono fratelli* (les hommes libres sont frères); et tous les officiers et soldats porteront la cocarde française, comme étant celle d'une nation protectrice des hommes libres; 4° leur solde et leur nourriture seront celles de l'armée française; 5° la nomination aux grades d'officier et d'employé dans ces légions appartiendra au gouvernement lombard, et la confirmation en aura lieu par un général délégué *ad hoc* par le général en chef de l'armée d'Italie; 6° la nation lombarde considérera les Polonais comme des frères et non comme des soldats étrangers. L'administration générale leur accorde le droit de citoyen, avec liberté de retourner dans leur patrie une fois la guerre terminée. » Ces diverses clauses furent ratifiées par Bonaparte.

Telle fut l'origine des célèbres légions polonaises.

Se mettant sans retard à l'œuvre, Dombrowski adressa la proclamation suivante à ses anciens compagnons d'armes :

« Compatriotes !

« Dévoué à la patrie jusqu'à son dernier « jour, j'ai combattu sous l'immortel Ko-« ciuszko pour sa liberté. La Pologne dut « succomber, et il ne nous resta rien que le « souvenir consolateur d'avoir versé notre « sang pour le sol de nos pères et d'avoir « vu nos étendards couverts de gloire à Du-« bienka, Raclawicé, Warsovie et Wilna.

« Polonais! l'espérance nous réunit de « nouveau, la France triomphe : elle combat « pour l'indépendance des nations. Elle nous « offre un asile. Attendons donc sous son « égide de meilleures destinées pour notre « pays! Plaçons-nous sous ses drapeaux : ce « sont ceux de l'honneur et de la victoire !

« Des légions polonaises se forment en « Italie, dans ce pays classique qui fut jadis « le sanctuaire de la liberté. Déjà les rangs « se garnissent. Venez! rejetez loin de vous « les armes qu'une force supérieure vous a « contraints de prendre, et suivez la voix « intérieure de l'honneur.

« Venez combattre sous Bonaparte, le « vainqueur de l'Italie, pour nous et pour « la liberté de tous les peuples. Les trophées « français sont notre unique espoir. C'est « par eux, par nos alliés, que nous reverrons nos foyers sur la Wistule, que nous « avons abandonnés avec tant de douleur !

« Au quartier général de Milan, le 1er « pluviôse de l'an v de la république française « (20 janvier 1797.)

« JEAN DOMBROWSKI. »

Amilkar Kosinski et Élie Trémo furent chargés du soin de rassembler des combattants, le premier en Piémont et le second en France. Vingt jours après, douze cents Polonais étaient déjà sous les armes et formèrent deux bataillons. La première affaire à laquelle ils prirent part fut celle de Rimini.

Les légions s'accrurent rapidement, et, peu de mois après l'appel d'un chef qui possédait leur confiance, elles comptaient cinq mille hommes présents. C'est alors que Dombrowski conçut le projet de faire insurger, par ses émissaires, et avec l'appui d'anciens militaires qui avaient fui en Valachie et en Moldavie devant les persécutions des ennemis de leur pays, la Hongrie, la Dalmatie et la Galicie. La Porte Ottomane, travaillée par Oginski, Wladislas Jablonowski et Rymkiéwicz, devait prêter son appui. Tout semblait donc hâter l'heure de la résurrection de la Pologne, et le plan formé par Dombrowski allait être approuvé de Bonaparte et du Directoire, quand les préliminaires de paix signés à Léoben, le 18 avril 1797, vinrent renverser de nouveau cet espoir.

Pour comble de douleur, les Polonais, qui venaient de verser leur sang pour la cause de la liberté, sollicitèrent en vain l'admission d'un représentant de leur nation au congrès devant suivre la paix de Campo-Formio (27 octobre 1797). Bonaparte écarta leur demande à ce sujet, en répondant froidement : « Qu'il n'appartenait qu'au temps et « aux destinées de rétablir la Po« logne. »

Malgré une déception aussi cruelle, comme toutes les espérances de la Pologne reposaient sur sa représentation militaire à l'étranger, les légions s'augmentèrent sans relâche, et, à la fin de 1797, leur effectif s'élevait à sept mille cent quarante-six hommes, divisés en deux corps, commandés par les généraux Kniaziéwicz et Joseph Wielhorski.

La paix de Campo-Formio ne fut pas de longue durée, et les mouvements qui eurent lieu en Italie, où on fonda les républiques éphémères de Rome et de Naples, fournirent aux légions une nouvelle occasion de se distinguer. Mais les premiers succès furent suivis malheureusement de revers. L'Angleterre parvint à allumer la guerre de Naples et à attirer l'Autriche dans ses projets. En conséquence, le général autrichien Mack prit le commandement de soixante mille Napolitains et se disposa à combattre l'armée cisalpine, forte seulement de seize mille hommes, sous les ordres des généraux Macdonald et Championnet. De son côté, la Russie envoyait Souvaroff au secours de l'Autriche, et l'amiral Nelson débarquait sept mille Napolitains à Livourne, afin de faire insurger la Toscane. Tous les États romains étaient également en plein mouvement contre les Français.

C'est alors qu'eurent lieu, sous le commandement de Macdonald, les rencontres de Civita, Castellana et Nepi, où six mille hommes de troupes cisalpines luttèrent contre quarante mille ennemis, et où le général Kniaziéwicz, qui, peu de temps auparavant, avait enlevé d'assaut les villes de Fabricca et de Fallari, fit trois mille prisonniers et prit seize canons.

Après avoir désarmé Rome, Championnet marcha sur Capoue à la fin de décembre 1798. De nouvelles rencontres sanglantes eurent lieu à Traette, où périt le brave Élie Trémo, l'un des fondateurs des légions, à Sezza, à Castano, à Terracine, et partout les Polonais se couvrirent de gloire. Aussi Championnet, voulant rendre un hommage public à leur intrépidité et à leur dévouement, envoya le général Kniaziéwicz à Paris les étendards pris sur l'ennemi, honneur vivement recherché. Le chef polonais les présenta au Directoire en audience solennelle, le 8 mars 1799, et cette journée remarquable fut terminée par la plantation d'un arbre de la liberté, auquel Barras attacha lui-même les couleurs tricolores.

Bientôt les choses changèrent encore une fois de face, et le despotisme du Nord tenta de nouveaux efforts contre la liberté. La France, en possession de la Hollande et de l'Italie, n'avait pour garder cette vaste étendue de terrain que cent soixante mille hommes de troupes, tandis que la coalition mit sur pied jusqu'à trois cent mille soldats, sans compter les contingents de la Russie et de l'Angleterre. Bonaparte triomphait alors en Égypte; Zaionczek, Sulkowski et nombre d'autres étaient avec lui : en tous lieux, le sang polonais coulait pour la gloire des bannières françaises.

Dans cette situation compliquée, le Directoire prit les mesures que nécessitaient les circonstances. L'ordre fut donné de marcher en avant, et le 5 germinal an VII (25 mars 1799), l'armée franco-polonaise occupa la ligne de l'Adige et attaqua, le lendemain, l'ennemi sur tous les points. Les Polonais firent des prodiges de valeur, mais ils éprouvèrent des pertes sensibles. Le Directoire, par une dépêche adressée à Dombrowski, en date du 28 avril, rendit pleine justice à la bravoure des légions. Elles cueillirent de nouveaux lauriers à la bataille de Magnano, où périrent le général Rymkiéwicz et trois cents de ses compatriotes.

Toutefois le découragement se manifestait parmi l'armée d'Italie, dont le chef actuel, Schérer, différait par trop du vainqueur de Montenotte. Sur ces entrefaites, Souvaroff arriva à Vérone le 14 avril 1799, et prit le commandement des forces austro-russes, quatre fois plus nombreuses que les forces françaises. Moreau remplaça alors Schérer, Dombrowski fut rappelé à Florence, et l'armée napolitaine de Macdonald battit en retraite.

Les combats que Dombrowski eut à soutenir dans les Apennins diminuèrent encore les légions de plus de mille hommes. Le chef de légion Forestier et le major Chłopicki se distinguèrent principalement lors de ces rencontres.

Mais malgré tous ses efforts, toute sa bravoure, l'armée franco-polonaise ne put soutenir le choc de forces si supérieures. Les affaires de Grassano, de Trebbia, de Tidone, de Rivalta, lui enlevèrent plus de sept mille hommes et trente officiers de marque précieux par leurs talents. La seule journée de Novi coûta quinze cents hommes aux Polonais, qui combattirent avec fureur les troupes russes, et devint le tombeau de la première légion, pour la réorganisation de laquelle on fit bientôt des préparatifs.

La deuxième légion ne fut pas plus heureuse. Le siége de Mantoue, entrepris par l'armée austro-russe, forte de quarante mille hommes et six cents pièces d'artillerie, occasionna des pertes considérables aux Polonais, toujours les premiers au feu. Mantoue, réduite à l'état le plus déplorable et ne comptant plus que le quart de sa garnison primitive, capitula le 28 juillet 1799. Les soldats furent faits prisonniers de guerre. Wielhorski, commandant de la trente et unième brigade française, et Amilkar Kosinski, chef de la légion polonaise, réduite de quatre mille hommes à huit cents, furent conduits en captivité avec leurs compatriotes à Léoben, par les vindicatifs Autrichiens.

Ainsi finit la deuxième légion.

Mais au moment même où la fortune semblait abandonner les drapeaux français, Bonaparte revint d'Égypte, et les affaires prirent bientôt une tournure plus favorable. Le 18 brumaire (9 novembre 1799) vit la chute du Directoire et son remplacement par le consulat. Bonaparte devint premier consul; et la loi qui défendait d'accepter les services de troupes étrangères ayant été rapportée, Dombrowski eut ordre de former sept bataillons à la solde de la France, avec assurance d'une retraite aux Invalides pour les soldats mis hors de service.

Marseille fut indiquée comme point central de réunion et d'équipement du nouveau corps. Dombrowski présida lui-même à son organisation; et, en outre, une seconde légion, dite du Danube, fut formée des débris que ramena le général Kniaziéwicz. Toutes deux ne tardèrent pas à se mettre en campagne.

Bonaparte, ayant franchi le Saint-Bernard, occupa successivement Aosta, Châtillon, Bard, Varallo; il entra à Padoue, Milan; prit Crémone, Plaisance; gagna la bataille de Montébello, et acquit à la France, par la célèbre journée de Marengo, toute l'Italie jusqu'au Mincio.

Les résultats de cette campagne étaient brillants, mais ils avaient coûté cher. Les marches et rencontres continuelles avaient réduit de nouveau les légions à un effectif de huit cents hommes. Sans se décourager, Dombrowski présente au premier consul le plan de la formation d'un corps polonais, fort de trente mille hommes, qui opérerait une diversion du côté de la Galicie. Masséna appuie ce plan; et, grâce aux recrues faites par Garbinski et Wielhorski, échappés des mains autrichiennes, et à l'argent cisalpin, les légions réparent rapidement leurs pertes. Le 20 novembre 1800, Dombrowski en passe la revue et compte déjà dans leurs rangs cinq mille hommes, destinés à former la deuxième division de réserve, en attendant l'instant de se porter sur la Galicie.

Brune ayant succédé à Masséna, Dombrowski trouva à Castel-Novo et à Calvacello de nouvelles occasions de déployer sa bravoure et ses talents militaires. Chlopicki se signala également au siége de Peschiera.

La paix de Lunéville, signée le 9 février 1801, remit les Français en possession de Mantoue; et Dombrowski, laissant une partie de ses légions dans cette place, se rendit avec le restant à Milan, où la légion du Danube parvenait après de glorieux combats.

Formée par Kniaziéwicz, cette légion comptait, en 1800, trois mille six cents hommes, et se vit adjointe au corps du Bas-Rhin, sous les ordres du général de Sainte-Suzanne. Les journées de Francfort, d'Offenburg, et surtout de Hohenlinden, la couvrirent de gloire. Le commandant en chef, Moreau, lui témoigna publiquement sa satisfaction, en constatant dans son rapport « que l'armée devait, « entre autres généraux français, le « succès de cette glorieuse journée à « l'*inébranlable constance du géné-* « *ral Kniaziéwicz*, dont les soldats « avaient, pour la première fois, com- « battu sous ses yeux. »

La trêve de Styrie (25 décembre 1800) mit fin à cette brillante campagne.

Les diverses légions, ainsi réunies, se montaient à quinze mille hommes. De nouveaux événements ne tardèrent pas à les disperser et à leur réserver un sort qu'elles ne méritaient pas. Une partie fut embarquée et envoyée à Saint-Domingue, où elle périt presque en totalité, sans savoir même au juste pour quelle cause on la forçait de combattre.

Une autre partie fut incorporée dans la garde du nouveau roi de Naples après la paix d'Amiens, conclue le 27 mars 1802.

Un article secret de ce traité ayant stipulé l'abolition des légions polonaises, Dombrowski entra au service d'Italie, et plus tard à celui de Naples (*).

(*) Tel resserré que soit notre cadre, le fondateur des légions polonaises a droit à une mention particulière. Jean-Henri Dombrowski naquit d'une famille ancienne, et qui se distingua de tout temps dans la carrière des armes. Il fit son début militaire dans l'armée de l'électeur de Saxe, où il servit de 1788 à 1791. Rentré ensuite en Pologne, il prit une part notable à la guerre nationale de 1794. Kosciuszko lui ayant confié le commandement de l'aile droite du camp retranché de Warsovie, il y déploya tant de valeur et de dévouement, que le généralissime lui décerna une bague avec cette inscription : *La patrie à son défenseur*. La prise d'assaut de Bromberg, où s'était retranché le cruel Székuly, lui valut également un sabre d'honneur. On connaît déjà le projet gigantesque qu'il conçut, après le désastre de Maciéiowicé, de traverser les armes à la main l'Allemagne, avec les débris de l'armée polonaise, et de faire renaître la Pologne sous l'égide d'une république naissante. Ce projet fut rejeté par le conseil de guerre, et Dombrowski continua de se signaler dans la lutte jusqu'à sa fin déplorable, qui le décida à se rendre à l'étranger. Le roi de Prusse le reçut avec grande distinction à son passage à Berlin, et Dombrowski, mû par la

Le traité de Lunéville avait encore observé un silence absolu sur la Pologne !

pensée de tirer son pays des serres moskovites, engagea ce souverain à placer un de ses fils sur le trône de Pologne et à rétablir le gouvernement constitutionnel. De nouveau repoussé, il refusa le grade de lieutenant général que Frédéric-Guillaume lui offrait dans l'armée prussienne, et se rendit sur le Rhin. On a vu précédemment par quels efforts il parvint à la création des légions polonaises et les actions au succès desquelles il contribua. Au combat de la Trebbia (20 juin 1799), Dombrowski fut atteint d'une balle à la poitrine et ne dut son salut qu'à un volume de l'*Histoire de la guerre de trente ans* de Schiller qu'il portait sur lui. Lors de la paix d'Amiens, il passa au service de la république italienne en qualité de général de division, le même grade qu'il occupait dans l'armée française. En 1806, après quinze années d'absence, l'espoir de voir rétablir sa patrie le fit reparaître dans les palatinats de la Grande-Pologne, si bien électrisés par lui en 1794. Adjoint avec ses deux divisions, d'abord au maréchal Mortier, puis aux troupes chargées du siége de Dantzig, il s'y montra digne de ses antécédents et aida puissamment à la reddition de cette place. Durant la campagne de Russie, Dombrowski commanda une des divisions du cinquième corps (Polonais), et fut grièvement blessé en protégeant le passage de la Bérézina. 1813 le compta au nombre des combattants de la campagne d'Allemagne, où les affaires de Teltoff et d'Interbourg, mais surtout la défense intrépide du faubourg de Halle, à la bataille de Leipzig, le firent remarquer de tous. Séduit par les promesses d'Alexandre, il fit partie en 1814 du comité de généraux à qui le tzar confia la mission de réorganiser l'armée polonaise. En 1815, à l'époque de l'établissement du royaume de Pologne, Dombrowski fut nommé général de cavalerie (général de corps) et sénateur palatin à la diète; mais, couvert de blessures et accablé d'infirmités, l'heure du repos avait sonné pour lui. Il quitta donc le service, déplorant amèrement, durant les dernières années de sa vie à l'aspect des malheurs de sa patrie, de s'être laissé leurrer par des espérances trompeuses. Comme consolation, il jeta un regard sur le passé et écrivit l'*Histoire des légions polonaises en*

« C'est ainsi, dit le savant Lelewel, que chaque guerre qui ouvrait de nouvelles espérances aux Polonais se terminait par une paix où la déception était leur partage. Ces légions, qui avaient versé tant de sang au service de la France et pour sa cause, lui étaient maintenant à charge. Aussi le mécontentement les gagna-t-il généralement. Le brave Kniaziéwicz donna sa démission, et les rangs de ces vaillantes phalanges se dégarnissaient, quand le premier consul, malgré les protestations les plus vives, les envoya lutter contre les nègres de Saint-Domingue. Là, périrent presque tous les Polonais sous les coups des sauvages ou les atteintes d'un climat malfaisant. Un très-petit nombre revint seulement en Europe. »

Ainsi donc, après avoir jeté un vif éclat, les légions polonaises, méconnues de ceux pour qui elles avaient tout sacrifié, finirent misérablement, loin de leur patrie, et sans que leurs cris de détresse pussent parvenir jusqu'à elle ! Seules, de 1797 à 1801, ces légions représentèrent, aux yeux de l'Europe, la Pologne militante.

POSITION DE LA POLOGNE MORCELÉE.

1795 - 1806.

Tandis que ces intrépides phalanges remplissaient à l'étranger une mission sacrée, le pays gémissait sous le joug étranger. Les maîtres qui l'opprimaient se mettaient en mesure, en lui imposant leurs lois et leur système d'administration, d'y étouffer toute nationalité. Néanmoins la conduite des trois puissances spoliatrices offrit quelques nuances dignes de remarque.

La Prusse, qui tenait entre ses mains Warsovie, fit publier en langue

Italie, qu'il dédia à la Société des Amis des sciences de Warsovie. Dombrowski termina ses jours le 16 juillet 1818, et emporta dans la tombe l'estime et les regrets non-seulement de ses compatriotes, mais encore de tous les Français qui avaient combattu autrefois avec lui sous des bannières communes.

allemande tous les actes du gouvernement institué par elle; en outre, cette langue fut introduite comme fondamentale dans les diverses écoles et instituts. Tous les fonctionnaires étaient également Allemands.

Un autre moyen d'influence vint encore en aide aux projets de cette puissance. Comme depuis la dernière insurrection les propriétés étaient généralement dans un grand état de délabrement, l'autorité prussienne proposa, avec des paroles cauteleuses, d'aider les propriétaires à sortir de leur position embarrassée, et cela au moyen de prêts usuraires, que la noblesse, toujours portée au faste et à la dépense, accepta sans trop réfléchir. On ne tarda pas à l'exproprier, quand arriva le moment d'un remboursement qu'elle était hors d'état d'opérer, et la Prusse devint maîtresse à bon compte des plus beaux domaines polonais. Grâce à une offre insidieuse, nombre des premières familles furent ruinées complètement.

Aussi rusée, mais plus adroite dans l'exécution de ses plans, la Russie suivit une autre voie. Déjà, à la mort de Catherine (1796), elle avait modifié son système de conduite envers la Pologne. Paul Ier rendit avec éclat la liberté à Kosciuszko et à ses compagnons de captivité. Loin d'imiter sa mère, qui régnait sur les provinces ravies que par le despotisme et la terreur, Paul, en dépit des bizarreries de son caractère, fit preuve, à leur égard, de dispositions bienveillantes. Le projet qu'il conçut de rétablir le royaume de Pologne, projet qui germa plus fortement chez lui après la paix de Lunéville, devint peut-être une des causes de sa mort. Quoi qu'il en soit, ce souverain conserva aux provinces lui appartenant la jouissance du Statut civil et criminel de Lithuanie, réserva aux nationaux une certaine part dans l'administration, les admit même aux plus hautes dignités; enfin la langue nationale ne cessa pas d'être employée dans la majeure partie des affaires du pays.

Ce système de modération fut poursuivi sous Alexandre, et ce fut surtout à son avénement au trône que les institutions relatives à l'instruction publique prirent un grand développement. Le zèle infatigable du prince Adam Czartoryski, alors l'ami d'Alexandre et ministre des affaires étrangères en Russie, et les soins éclairés du célèbre Czacki, plus tard fondateur de l'institut de Krzemieniec, rendirent d'immenses services. L'université de Wilna, créée en 1578 et relevée sur de plus larges bases en 1803, est un monument de cette époque.

Mais si, d'un côté, ces concessions apparentes et d'une sage politique semblaient rendre plus tolérable le joug étranger, de l'autre, des ordonnances et des oukases dictés par le caprice détruisaient souvent le bien produit par le respect des lois nationales.

Quant à l'Autriche, qui avait été presque forcée de participer au partage du pays, sa domination fut la plus pesante de toutes aux Polonais. Exploitant de toutes façons la Galicie, il n'est point d'exactions qu'elle ne lui fit subir. Cette province devint son grenier durant les guerres continuelles contre la France; les régiments décimés sur le Rhin, le Danube et en Italie, y complétaient leurs rangs; et, pour satisfaire aux besoins du trésor, le papier-monnaie enlevait aux nouveaux sujets de l'Autriche leurs dernières épargnes. La ruine de cette contrée, une des plus riches de l'ancienne Pologne, fut bientôt complète.

Poursuivant avec ardeur cette marche abusive, l'Autriche renversa l'université de Krakovie, qui comptait quatre siècles d'existence, et fonda à Léopol, pour la remplacer, une école supérieure, dirigée tout à fait selon ses vues. Les vieux monuments nationaux, si chers à tout cœur polonais, ne furent pas respectés davantage par elle. L'antique résidence des Piasts et des Jagellons, le château royal de Krakovie, se vit dégradée, métamorphosée en caserne.

La liberté des citoyens reçut également de graves atteintes; et tandis que la Prusse et la Russie se montraient plus clémentes dans leur conduite, l'une depuis le traité de Bâle, l'autre depuis l'avénement de Paul Ier, l'Autriche seule semblait prendre à tâche de remplir constamment de victimes les cachots du Spielberg, d'Olmutz et de Monkacz.

Malgré les prêts ruineux mentionnés précédemment, ce fut la partie polonaise échue en partage à la Prusse qui jouit d'une plus grande somme de bien-être matériel. L'industrie y renaissait peu à peu dans les villes; et quoique la liberté accordée aux habitants des campagnes par la constitution du 3 mai 1791 leur eût été ravie, leur tutelle confiée, d'après le régime prussien, aux tribunaux, faisait jouir les paysans d'une espèce de liberté civile.

C'est également dans cette portion du pays, qu'en dépit des efforts tentés pour y acclimater une langue étrangère, l'esprit patriotique fermentait le plus. Warsovie était un foyer d'où partaient les éclairs de ce feu divin; et le théâtre, dirigé par Albert Boguslawski, devint dans ses mains habiles un instrument qui contraria puissamment les tentatives de l'autorité prussienne pour dénationaliser les Polonais.

Nombre de savants contribuèrent aussi beaucoup, par leurs travaux, au maintien de l'œuvre commune; et c'est en 1801 que fut fondée, à Warsovie, la célèbre *Société des Amis des sciences*. Conserver la langue polonaise et la transmettre dans toute sa pureté à la postérité, telle fut la mission de cette institution vraiment nationale.

Nous venons de tracer rapidement la situation des États polonais scindés. Les événements qui se passaient à l'Occident allaient bientôt lui imprimer une tout autre face.

DUCHÉ DE WARSOVIE.

1806 - 1812.

L'espoir qui vint ranimer en ce moment les âmes polonaises, se présenta à la fois de deux côtés différents. Napoléon, salué empereur des Français, devait nécessairement, afin de consolider sa jeune puissance, rouvrir la lutte entamée précédemment contre les anciennes monarchies, et faire un appel aux débris des légions, n'attendant qu'un signal pour se réunir de nouveau. D'une autre part, la marche, de plus en plus bienveillante, du tzar semblait offrir aux citoyens polonais quelque chance de parvenir à ressusciter leur patrie avec l'appui de ce monarque, qui avait même obtenu de l'Autriche la mise en liberté de Kollontay. En conduisant ses armées à la rencontre de Napoléon, Alexandre visita Pulawy; résidence des princes Czartoryski; là, plusieurs citoyens distingués lui parlèrent du rétablissement de la Pologne, et Alexandre, sans rien promettre, parut approuver tacitement ce projet.

Napoléon ne tarda pas à entamer la campagne et, pour début, passa le Rhin le 1er octobre 1805. Peu de jours lui suffirent pour entrer à Munich, forcer le général Mack à rendre Ulm, et s'emparer de Vienne. Le 2 décembre suivant, il gagnait sur les Russes et les Autrichiens la célèbre bataille d'Austerlitz. Les vaincus s'empressèrent de conclure le 26 du même mois la paix de Presbourg, d'après laquelle l'Autriche reconnut Napoléon comme roi d'Italie, et lui céda Venise et la Dalmatie, ainsi qu'une partie de l'Albanie.

Ce traité de paix avait donc pleinement affermi la domination du nouveau souverain. Les frontières de la France s'étendaient au delà du Rhin et des Alpes : Joseph Bonaparte s'asseyait sur le trône de Naples, et Louis Bonaparte occupait celui de Hollande. En un mot, l'Europe presque entière recevait des ordres de l'empereur des Français, protecteur de la confédération germanique. Mais des intrigues de château, à la tête desquelles se mit la belle reine de Prusse, et les guinées anglaises, réussirent à faire déclarer le monarque prussien contre le héros d'Austerlitz.

A cette époque, Fouché vit, par ordre de Napoléon, Kosciuszko, qui s'était retiré en France, près de Fontainebleau, et chercha, en le flattant du bel espoir de la résurrection de la Pologne, à le gagner aux plans secrets de l'empereur. Mais le guerrier polonais, qui avait appris, par les traités de Campo-Formio et de Lunéville, combien peu il fallait se fier aux promesses des potentats, repoussa avec modération et énergie toute proposition, à moins que l'empereur ne déclarât formellement, par un manifeste, qu'il allait rétablir le royaume de Pologne et son indépendance. Napoléon refusa, sans prévoir que la non-réédification de ce boulevard du Nord amènerait un jour sa propre chute (*).

La victoire d'Iéna (14 octobre 1806) décida du sort de la Prusse. Napoléon fit une entrée triomphale dans la capitale des anciens princes de Brandebourg, et, tournant de Berlin ses vues vers la Russie, s'occupa sérieusement de la Pologne. La nouvelle des triomphes des Français y excitait de toutes parts le plus vif enthousiasme, et il se manifestait même sous les yeux de la régence prussienne, qui semblait frappée de paralysie.

En conséquence, et pour faciliter l'exécution de ses plans, Napoléon ordonna à deux Polonais des plus distingués et jouissant d'une grande popularité dans leur patrie, Dombrowski et Wybicki, d'y répandre la proclamation suivante:

Polonais!

« Napoléon le Grand, l'Invincible, entre « dans la Pologne avec une armée de trois « cent mille hommes. Sans vouloir appro- « fondir les mystères de ses vues, tâchons « de mériter sa magnanimité.

« —Je verrai, nous a-t-il dit, je verrai si « vous méritez d'être une nation. Je m'en « vais à Posen; c'est là que mes premières « idées se formeront sur votre compte.»

« Polonais! il dépend donc de vous « d'exister et d'avoir une patrie; votre ven- « geur, votre créateur est là.

« Accourez de tous côtés au-devant de « lui, comme accourent les enfants éplorés « à l'apparition de leur père. Apportez-lui « vos cœurs, vos bras. Agissez, et prouvez- « lui que vous êtes prêts à verser votre sang « pour recouvrer votre patrie. Il sait que « vous êtes désarmés; il vous fournira des « armes.

« Et vous, Polonais, forcés par nos op- « presseurs de combattre pour eux et contre « votre propre intérêt, venez! ralliez-vous « sous les drapeaux de votre patrie.

« Bientôt Kosciuszko, appelé par Napo- « léon le Grand, vous parlera par ses or- « dres. En attendant, recevez ce gage de sa « haute protection. Souvenez-vous que la « proclamation par laquelle on vous appela « pour former des légions en Italie, ne vous « a pas trahis. Ce sont ces légions qui, mé- « ritant les suffrages de l'invincible héros « de l'Europe, lui ont donné le premier in- « dice de l'esprit et du caractère polonais.

« Fait au quartier général de Berlin, ce « 3 novembre 1806.

« Dombrowski, Wybicki. »

Le 7 novembre, l'armée française entra à Posen, et il serait impossible de décrire les transports de joie qui éclatèrent chez ses habitants à la vue des aigles impériales. Après dix années d'attente et d'esclavage, un jour de liberté brillait enfin pour les Polonais, et leur permettait de chasser du sol de la patrie l'ennemi qui l'avait trop longtemps souillé de sa présence.

Sans aucun retard, le vieux palatin Radziminski convoqua l'arrière-ban, et cinq jours après, Dombrowski se trouvait déjà à la tête de quatre régiments parfaitement organisés.

(*) « Je ne me mêlerai jamais de vos en- « treprises en Pologne, dit Kosciuszko à « Fouché, à moins qu'on n'assure à ma pa- « trie un gouvernement national, une cons- « titution libérale et ses anciennes limites. « — Et si l'on vous y conduit de vive force? « s'écria le duc d'Otrante. — Alors je dirai « à la Pologne entière que je ne suis pas « libre et que je ne prends part à rien. — Eh « bien, nous nous passerons de vous, » répondit Fouché avec colère, et il s'éloigna. La menace fut exécutée. Tandis que Kosciuszko était surveillé strictement par la police impériale, Napoléon fit adresser, en son nom, à la nation polonaise une proclamation dans laquelle il exhortait ses compatriotes à se joindre aux drapeaux français.

Napoléon fit lui-même, le 27, son entrée triomphale à Posen, entouré de la garde nationale et aux acclamations d'un peuple immense.

A l'aspect des événements qui se succédaient avec rapidité, les Prussiens, maîtres de Warsovie, craignant d'éprouver le sort des Russes en 1794, confièrent au prince Joseph Poniatowski la capitale, et l'évacuèrent dans la nuit du 28 novembre. Dès le jour suivant, Murat l'occupa, et le général Gouvion Saint-Cyr en fut nommé gouverneur. Toutes les forces militaires polonaises eurent ordre de se réunir le 25 décembre près de Lowicz, afin d'entrer le 1er janvier 1807 en campagne.

Le 18 décembre, Warsovie reçut Napoléon dans ses murs; mais les premières paroles adressées par lui à la chambre suprême administrative, lorsqu'elle se présenta au château, ne furent pas d'un bon augure pour l'avenir. L'empereur se plaignit du pays et du climat, et demanda des approvisionnements extraordinaires pour les troupes. Un membre lui ayant fait quelques observations sur la difficulté de fournir de suite une aussi grande quantité de denrées, surtout en vins, dans une contrée qui n'en produit pas, Napoléon s'écria : *Messieurs, point d'excuses, sinon je vous abandonne; je vous laisse au bâton russe; je mets le feu et je m'en vais.*

A partir de ce moment, les charges imposées à la Pologne furent immenses; on la traita en pays conquis, et comme si tout devait y être prélevé par contribution. Les moindres fournitures, même celles faites pour le service de la cour impériale, étaient payées en bons. Mais tel dur que fût ce système, l'amour de la patrie et l'espérance de la voir renaître, grâce à l'appui de l'empereur, firent tout supporter.

Une commission administrative, composée de six membres et présidée par l'ancien maréchal de la diète, Malachowski, fut d'abord installée, et un commissaire, Alexandre Batowski, accrédité auprès de la personne de l'empereur. On organisa aussi six départements, savoir, ceux de Warsovie, de Posen, de Kalisz, de Plock, de Bromberg et de Bialystok (*). Mais, comme complément de ces mesures préparatoires, nul acte ne proclamait encore l'existence et l'indépendance de la Pologne.

Les Polonais commencèrent alors à s'apercevoir que, toujours trop confiants et guidés par un vain espoir, ils s'étaient jetés à tort dans les bras qu'on avait feint de leur tendre. « C'est, dit judicieusement le comte Antoine Ostrowski, une faute nationale et qui se reproduit à chaque occasion; une aveugle confiance, une foi à de belles paroles, sans condition, sans garantie de réciprocité, nous gâte toujours les meilleures affaires. C'était ainsi avec Napoléon; on le regardait comme un dieu; et ce dieu n'était réellement qu'un homme de guerre, qui, au lieu d'instituer une représentation nationale polonaise, préférait avoir à ses ordres une commission administrative ou plutôt réquisitoriale. »

Les Russes, qui s'étaient d'abord retirés devant des forces victorieuses et semblaient vouloir attirer les Français dans l'intérieur de leur pays, changèrent tout à coup de système et commencèrent une guerre agressive, en se jetant du côté du Boug et de la Narew. La lutte reprit dès lors avec une nouvelle fureur.

Davoust passa le Boug le 11 décembre 1806. Bessières, Augereau, Ney et le prince de Ponte-Corvo, attaquèrent vivement les Prusso-Moskovites sur tous les points, remportant en tous lieux des avantages signalés, bien qu'accompagnés de pertes sensibles, car le soldat russe cédait plus difficilement le terrain que le soldat prussien. Le maréchal Lannes tomba à Pultusk sur le corps de Beningsen, et remporta en cet endroit, après une lutte opiniâtre, une brillante victoire. Cette action fut une des plus meurtrières de

(*) Le cercle de Bialystok ayant été cédé, après la paix de Tilsitt à la Russie, ce département prit le nom de Lomza.

la campagne. Au même instant, Buxhoewden fut attaqué et défait par Murat, Davoust et Augereau, près de Golymin; mais l'intempérie de la saison et les chemins gâtés par les pluies empêchèrent sa destruction complète. Malgré ses efforts, Soult ne put pas arriver assez à temps pour couper le chemin aux Russes, qui battirent de toutes parts en retraite. Le roi de Prusse se retira également, avec les débris de ses troupes et son trésor, de Kœnigsberg à Memel.

Le pays déblayé, Napoléon fit prendre à ses soldats fatigués les quartiers d'hiver, et revint lui-même à Warsovie, où il passa quelques semaines dans les fêtes que les habitants, toujours remplis d'enthousiasme, s'empressèrent de lui offrir.

Pendant ce temps, le prince Joseph Poniatowski, ministre de la guerre, envoyait sans relâche sur la ligne d'opération de nouveaux régiments, composés de l'élite de la jeunesse. Les places de Praga, Wyszogrod, Plock, Dobrzyn, Bobrowniki, situées sur les rives de la Wistule, furent aussi fortifiées.

Après le court repos d'un mois, Napoléon ordonna à toutes ses troupes de marcher en avant le 1er février 1807. De son côté, l'armée moskovite, forte de cent soixante mille hommes, reprit de nouveau l'offensive. Diverses rencontres eurent lieu, jusqu'à ce que survint la grande affaire d'Eylau (7 et 8 février). Les Russes avaient projeté de surprendre les derrières de l'armée française, et de transporter le théâtre de la guerre loin des frontières russes. La bataille d'Eylau, une des plus sanglantes dont les annales militaires modernes fassent mention, offrit longtemps des chances égales; mais, à la fin, la victoire se déclara en faveur des Français.

Ce succès fut suivi d'une nouvelle trêve, et les troupes rentrèrent dans leurs quartiers d'hiver, qu'elles venaient de quitter à peine. Ce repos ne devait pas être de longue durée.

Commandant deux divisions polonaises, réunies aux troupes saxonnes et badoises, Dombrowski s'était porté sur Dantzig, dont le siége fut confié au maréchal Lefèvre, pendant que Zaionczek attaquait le fort Graudenz. Après une vigoureuse défense, soutenue par le feld-maréchal Kalkreuth, Dantzig fut enfin forcée de capituler le 14 mai. Le général Rapp en fut nommé gouverneur, et le maréchal Lefèvre obtint, à la suite du triomphe, le titre de duc de Dantzig. Par cet événement, la coalition perdait un des points les plus importants de défense et de communication avec l'Angleterre.

Dès le 24 février, les Moskovites avaient repris les hostilités, mais ils n'éprouvèrent que des revers dans toutes leurs opérations. Heureusement pour eux, la rigueur de la saison empêcha les vainqueurs de poursuivre leurs avantages.

Utilisant alors ce temps de repos forcé ou de rencontres sans conséquence, la Russie adressa, par l'entremise de l'Autriche, de nouvelles propositions de paix à Napoléon; mais l'Angleterre, cette ennemie acharnée et dont l'existence dépendait de l'abaissement de la France, fit échouer le congrès qui devait avoir lieu à Copenhague, promettant de tomber, avec quarante mille des siens et vingt mille Suédois, par-derrière sur Napoléon, tandis que les Prussiens et les Russes l'attaqueraient par-devant. Les mesures pleines de sagesse prises par l'empereur déjouèrent tous ces projets, enfantés par la haine et le désespoir.

Ce fut donc bien en vain que les Russes attaquèrent de nouveau, le 4 juin 1807, les Français sur toute la ligne. Battus à chaque rencontre, notamment à la sanglante journée d'Heilsberg, ils eurent encore la douleur de voir le triomphe de Friedland. Partout les Polonais avaient fait preuve d'un courage admirable.

Napoléon occupa Tilsitt le 19 juin; et bientôt il fut conclu une trêve, durant laquelle eut lieu, entre les deux empereurs, la célèbre entrevue du Niémen. On signa la paix le 7 juillet, et il fut enfin question de la Pologne dans ce traité; mais Napoléon ne sut pas apprécier dignement le dévouement des Polonais. Vainqueur à Iéna, à Eylau, à Friedland, il n'avait qu'à parler pour enfanter une Pologne forte et indépendante : il ne fit qu'un mince État, sans aucune importance ni représentation réelle.

Voici l'article 5 du traité de Tilsitt, et qui avait trait à ce sujet :

« Les provinces qui, le 1er janvier 1772, formaient une partie de l'ancien royaume de Pologne, et qui plus tard, à diverses époques, passèrent sous la domination prussienne, appartiendront dans l'avenir (excepté celles d'entre elles qui sont mentionnées dans l'article précédent et dans l'article 9) comme propriété au roi de Saxe, sous le titre de Duché de Warsovie, et seront régies par une constitution garantissant la liberté et les priviléges nationaux de ce duché, d'accord avec la tranquillité des États limitrophes. »

Dantzig, avec un cercle de deux lieues, fut déclarée ville libre.

Les Polonais virent complétement alors qu'ils avaient compté en vain sur les discours de l'empereur, puisque la Prusse conservait une partie des provinces ravies à l'époque des partages, et que la Russie, quoique vaincue, prenait possession du cercle de Bialystok.

Cette dernière répartition, opérée par Napoléon, peut être considérée comme un quatrième partage de la Pologne.

La nouvelle constitution donnée ou plutôt imposée au duché de Warsovie fut signée par l'empereur, le 22 juillet, à Dresde.

A part ses imperfections, ce pacte, qui fixait le chiffre de l'armée à trente mille hommes, en outre de la garde nationale, occupera toujours une place honorable dans la législation et les annales polonaises, car, *abolissant tout servage*, il prononça le premier l'égalité réelle entre tous les habitants du sol polonais.

La commission administrative qui avait dirigé jusqu'ici, sous l'influence de Napoléon, la Pologne, fut dissoute (5 octobre 1807); et le conseil d'État, présidé par Stanislas Malachowski, la remplaça. Charles de Serra fut accrédité par l'empereur, en qualité de résident français, auprès du nouveau gouvernement.

Le roi de Saxe, Frédéric-Auguste, le même que la constitution du 3 mai 1791 appelait au trône, et maintenant duc de Warsovie, rendit plusieurs décrets complémentaires. Il nomma des palatins et des castellans, et rétablit l'ordre militaire : *Virtuti militari*, fondé en 1792 et aboli par la confédération de Targowiça.

Bientôt l'armée fut complétement organisée. Douze régiments d'*infanterie* et six de cavalerie étaient à la solde du trésor polonais; la légion de la Wistule demeurait à celle de la France. En outre, une école du génie fut établie à Warsovie.

En 1808, lorsque Napoléon imposa un roi à l'Espagne, dans la personne de son frère Joseph, les forces polonaises furent appelées par lui à venir soutenir ses prétentions. Trois régiments d'infanterie, la légion de la Wistule, composée de quatre régiments, deux régiments de lanciers et un de la garde impériale polonaise à cheval durent prendre part à une guerre de famille où la Pologne n'avait aucun intérêt.

Durant cette lutte sanglante, où les moines fanatiques portaient la croix du Seigneur au milieu du carnage, les Polonais se signalèrent comme partout. Comme partout encore, leur sang coula à flots. Les deux prises de Saragosse donnèrent à Chlopicki cette célébrité qui devait le conduire un jour à la suprême dictature (1830). Commandé par Koziétulski, le régiment de lanciers de la garde impériale se distingua aussi particulièrement au passage de Somo-Sierra, les Thermopyles espagnoles. Ce ravin, situé entre deux montagnes hérissées de canons et d'innombrables guérillas, ne pouvait être franchi que par une colonne à quatre hommes de front; la mort paraissait inévitable pour tous, et du premier escadron de lanciers, qui formait la tête de la colonne d'attaque, neuf hommes seulement purent échapper à la boucherie. Grâce au dévouement de ce corps, le passage fut forcé et Madrid ouvrit de nouveau ses portes au roi Joseph. Une fois ce prince réinstallé sur le trône, Napoléon revint à Paris avec les lanciers; les autres régiments polonais restèrent en Espagne.

Tandis que ceci se passait au loin, la Pologne poursuivait son organisation intérieure selon le mode français; mais une des principales promesses de la constitution, la représentation nationale, n'était pas encore remplie. Frédéric-Auguste, qui désirait franchement le bonheur du duché de Warsovie, se rendit aux vœux des Polonais, et arriva avec sa famille à Warsovie à la fin de 1808, époque fixée pour la convocation des diétines.

La première diète fut ouverte, le 10 mars 1809, par un discours que le roi de Saxe prononça en langue polonaise. Thomas Ostrowski fut nommé président; et comme l'horizon politique commençait à s'assombrir du côté de l'Autriche, on s'empressa d'utiliser les quinze jours accordés à la durée de la diète.

Les mesures les plus importantes furent le vote d'un impôt de 48,000,000 de florins de Pologne, et l'adoption du Code Napoléon, par cent cinq voix contre deux.

Une opposition assez vive se manifesta à l'égard de l'influence du conseil d'État sur les décisions de la diète, et Frédéric-Auguste allait même clore les séances et retourner en Saxe, quand la sagesse de Thomas Ostrowski prévint une rupture et amena le roi à faire quelques concessions demandées. Ostrowski se vit soutenu en cette occasion par le résident français, suivant l'opinion duquel la *Chambre était dans son bon droit et devait tenir ferme.*

La diète se séparait à peine, que l'Autriche, prenant décidément une attitude hostile envers la France, fit entrer en Pologne l'archiduc Ferdinand d'Este à la tête de quarante-cinq mille hommes.

Le sentiment de vengeance qui l'animait, quoique moins déclaré, était commun à toute l'Allemagne, qui, depuis l'Oder jusqu'au Rhin et depuis le Danube jusqu'à l'embouchure de l'Elbe, sentait son humiliation par Napoléon, et n'attendait que l'instant de prendre sa revanche. Des sociétés patriotiques, *Tugendbund* (alliance de vertu), s'étaient formées de tous côtés; leur désir primitif de rétablir l'ancien empire romain et de rendre la suprématie à l'Autriche, puisait dans les circonstances du moment un nouveau degré de force et d'énergie. Le protectorat français pesait à tous les cœurs allemands.

L'Autriche, lorsqu'elle prit, en 1809, l'initiative d'une lutte nationale, se trouvait à la tête de quatre cent cinquante mille hommes et sept cents pièces d'artillerie, en comptant les *landwehr* et le contingent que l'Angleterre s'engagea à fournir.

Répondant promptement à cette démonstration, Napoléon ne se fit pas attendre. Dès le 17 avril, il était au quartier général de Donauwerth, avec quatre-vingt mille hommes contre cent cinquante mille. Cette campagne, connue de tous, et qui se termina par la prise de Vienne, ajouta un nouveau lustre aux étendards français.

De leur côté, les Polonais, abandonnés à leurs propres forces, soutenaient une lutte non moins vive contre l'archiduc Ferdinand. Ce prince débuta par faire les plus belles promesses relativement à l'avenir de la Pologne; mais le conseil d'État, sans considérer la position délabrée du pays, rejeta tout accommodement et adressa un appel au patriotisme de la nation, appel qui fut pleinement entendu.

La garde nationale occupa tous les postes de Warsovie, et le prince Joseph Poniatowski prit position à quatre lieues en avant, à Raszyn, afin d'observer les mouvements des Autrichiens. Ces derniers l'y attaquèrent le 19 avril, et, après toute une journée de combat, la crainte d'être coupé décida Poniatowski à rentrer dans la capitale. Mais, comme celle-ci ne pouvait soutenir un choc violent, on résolut de l'évacuer et de passer sur la rive droite de la Wistule.

A la suite d'une convention garantissant la sécurité des habitants, les Autrichiens occupèrent Warsovie le 23 avril. Le conseil d'État se rendit, avec les archives, à Tykocin; et l'armée polonaise campa au faubourg de Praga, après avoir détruit le pont sur la Wistule.

Dans le conseil de guerre qui fut tenu ensuite à Serock, l'avis du général Dombrowski prévalut. Il fut décidé de marcher sur la Galicie, et de faire insurger cette province, tout en combattant le corps de l'archiduc Ferdinand.

D'importants succès furent bientôt obtenus par les Polonais à Grochow, Radzymin et Gora. Dix jours après, Poniatowski, maître de la rive droite de la Wistule, occupa Lublin. Les 18 et 20 mai, le général Sokolnicki emporta d'assaut Sandomir, et le général Pelletier la forteresse de Zamosç. Marchant dignement sur leurs traces, Rozniecki entra, le 28 mai, à Léopol, qui supportait, depuis 1773, le joug pesant de l'Autriche. La réception que lui firent les habitants de cette capitale de la Galicie fut des plus touchantes; on alla à quatre lieues au-devant des phalanges nationales.

Stanislas Zamoyski fut nommé président du gouvernement provisoire établi à Zamosç; et la Galicie leva de nombreux régiments, pourvus avec les armes laissées par les Autrichiens dans les magasins publics. En outre, partout, dans les villes, s'organisèrent les gardes nationales. Zaionczek observait, pour sa part, les mouvements de l'ennemi du côté de Warsovie, tandis que Dombrowski mettait en mouvement la Grande-Pologne.

L'archiduc Ferdinand dut alors songer à son salut; et, après avoir tiré, au mépris de la convention, une contribution de quatre cent mille florins, il quitta secrètement Warsovie. La nuit du 1er au 2 juin protégea la retraite de ses troupes.

Le jour suivant, Zaionczek rentra dans la capitale, et le bonheur des habitants éclata en mille transports de joie. Le triomphe obtenu était d'autant plus cher aux Polonais, que, sans nul secours étranger, ils étaient parvenus à mettre en fuite un adversaire justement exécré.

Le 8 juin, le conseil d'État revint également dans Warsovie. Zaionczek s'élança à la poursuite de l'ennemi.

Bien qu'en vertu de l'alliance conclue entre les empereurs Napoléon et Alexandre, la Russie eût dû faire une démonstration lors de l'entrée des troupes autrichiennes en Pologne, démonstration que les Polonais réclamèrent même, elle n'aurait point bougé si les progrès de Napoléon, après la bataille de Ratisbonne, ne l'eussent enfin décidée à envoyer dans la Galicie un corps de quarante-huit mille hommes, sous le commandement du prince Galitzin. Mais, loin d'être utiles, ces auxiliaires n'agirent qu'un moment, plutôt comme entrave que comme secours, lorsque Poniatowski s'empara de Krakovie.

L'archiduc eut encore une velléité de courage et reprit Sandomir, que le brave Sokolnicki dut rendre par capitulation le 18 juin, après avoir épuisé son dernier boulet. La garnison se retira avec tous les honneurs de la guerre. Bientôt l'approche des corps Poniatowski, Zaionczek et Dombrowski obligea l'archiduc d'abandonner une seconde fois ce poste; et les succès des Polonais devenaient de jour en jour plus importants, quand la nouvelle d'un armistice arriva le 16 juillet et suspendit les hostilités.

En vain Ignace Potocki, Matuszewic et Nicolas Bronikowski se rendirent à Vienne, afin de plaider auprès de Napoléon la cause polonaise, à l'occasion de la paix que l'on était sur le point de conclure; l'empereur oublia de nouveau tous les services rendus.

La paix de Vienne (14 octobre 1809), d'après laquelle, entre autres clauses, la partie neuve de la Galicie et la moitié des salines de Wiéliczka étaient jointes au duché de Warsovie, donnait l'autre moitié de ces riches salines à l'Autriche, ainsi que la vieille Galicie. La Russie, spectatrice impassible ou malveillante d'une lutte soutenue dans le seul intérêt de Napoléon, fut dotée par celui-ci du cercle de Tarnopol, contenant quatre cent mille habitants. Cette prodigalité, peu de saison, du monarque français doit être considérée comme le *cinquième* partage de la Pologne.

Toute plainte eût été inutile; il fallait mieux s'occuper de cicatriser les plaies du passé. L'année 1810 fut donc entièrement consacrée à la réorganisation de l'armée et à faire disparaître les ruines.

Le 17 mai, Frédéric-Auguste visita Warsovie; et sa présence, qui était toujours signalée par de nombreux bienfaits, contribua puissamment à donner une tournure favorable aux affaires. Un décret royal exempta, pendant six années, de tous impôts et charges les artisans ou cultivateurs étrangers qui viendraient s'établir dans le pays, les tenant quittes en outre, eux et leurs enfants, de la conscription.

Mais ce qui se ressentit surtout des mesures éclairées du gouvernement, ce fut l'instruction publique. Elle fit de grands progrès sous les auspices de Stanislas Potocki et de Staszic. On restaura l'université de Krakovie, et l'école principale de Warsovie se vit donner une succursale dans l'école de droit organisée à l'instar de celle de Paris. Le nombre des institutions de tout rang augmentait chaque jour, et ce mouvement intellectuel eut bientôt de l'écho en Lithuanie. Le prince Adam Czartoryski et le savant Thadée Czacki, infatigables dans leurs efforts, mirent à profit les dispositions bienveillantes de l'empereur Alexandre; et, grâce à eux, le célèbre gymnase de Krzemieniec, en Wolhynie, fut fondé.

Le roi de Saxe quitta Warsovie à la fin de décembre, après la clôture de la diète, présidée par Stanislas Soltyk.

Vers cette époque, certains mouvements politiques semblèrent présager de nouveau un changement dans les rapports des souverains entre eux. Les Polonais voyaient arriver avec joie le moment d'une rupture avec la Russie, croyant toucher enfin au terme de leurs vœux. Leur foi à cet égard était telle, que le prince Adam Czartoryski, ministre des affaires étrangères à Saint-Pétersbourg, se sépara de son ami impérial Alexandre et se mit à voyager; tandis que son père, feld-maréchal d'Autriche et ancien général des terres podoliennes, cherchait à se rapprocher de la cour de Saxe, dont il s'était tenu éloigné jusque-là : il obtint même les bonnes grâces de Napoléon, avec l'appui duquel il devait reparaître sur l'horizon politique de son pays.

Le moment tant désiré arriva. Le système continental établi contre l'Angleterre, par l'empereur, amena la guerre contre la Russie; et cet événement devint le signal d'un appel à l'indépendance chez les provinces polonaises courbées sous le joug moskovite. Les phalanges nationales, qui avaient combattu si vaillamment en Espagne, revirent alors leur patrie; et les armées de tous les peuples qui obéissaient à Napoléon se dirigèrent vers les frontières russes.

Le traité du 14 mars 1812, signé entre la France et l'Autriche, pronostiquait un heureux avenir aux Polonais. D'après un de ses articles secrets, Napoléon garantissait à l'Autriche la possession de l'Illyrie en échange de la Galicie, que cet État devait restituer à la Pologne. Par ce retour d'une aussi belle province à la mère patrie, le duché de Warsovie avait la perspective de devenir un puissant royaume de dix-sept millions d'habitants.

INDÉPENDANCE DE LA POLOGNE PROCLAMÉE.

1812.

Tandis que, d'un côté, l'avenir de la Pologne s'éclaircissait par suite des événements relatés, beaucoup de bons citoyens espéraient encore réaliser le vœu le plus ardent de leur âme avec l'assistance de la Russie; car, pendant toute la durée du duché de Warsovie, les trois cours copartageantes, changeant leur manière d'agir, cherchèrent à captiver, autant que possible, l'affection des habitants des provinces dont elles s'étaient emparées. Alexandre y avait le mieux réussi; et, lorsque le traité du 14 mars 1812 rompit l'alliance franco-russe, le tzar, pour conjurer le danger, remit sur le tapis les projets de résurrection de la Pologne, et en fit propager le bruit dans les provinces incorporées à l'empire. Le prince Xavier Lubecki et d'autres Polonais de distinction lui servirent d'auxiliaires en ceci, mais il s'y prenait trop tard.

Déjà, le 2 juin, Napoléon était à Posen; le 24, son armée passait le Niémen à Kowno; et, le 28, il faisait lui-même son entrée à Wilna.

L'abbé de Pradt fut nommé ambassadeur extraordinaire de France à Warsovie, et le baron Bignon chargé d'affaires, résidant à Wilna.

Le 28 juin marqua une époque mémorable dans les annales polonaises. Tandis que Wilna, l'antique capitale des grands-ducs de Lithuanie, recevait avec le plus vif enthousiasme Napoléon, qui apparaissait toujours aux yeux des Polonais comme un dieu libérateur, un acte solennel s'accomplissait le même jour à Warsovie. Le vieux prince Adam Czartoryski, général des terres podoliennes, ouvrit, le 26, la grande diète; et, autorisé par Frédéric-Auguste, le conseil des ministres proposa aux législateurs d'appeler la nation à se confédérer pour l'indépendance de la patrie. Le 28, on proclama donc, à la séance de la diète, l'existence et l'affranchissement de la Pologne, réunissant ainsi de nouveau, dans un seul et même État, les deux peuples polonais et lithuanien.

La joie que cet acte excita tint du délire; on pleurait de bonheur, et, dans toutes les rues, retentissaient les cris et les chants populaires. Chaque habitant s'empressa d'arborer la cocarde bleue et amarante, et les édifices publics furent pavoisés sur-le-champ des anciennes bannières polono-lithuaniennes.

La diète se changea en confédération générale du royaume de Pologne; et les adhésions aux mesures arrêtées ne se firent pas attendre. La Lithuanie, la Samogitie, la Wolhynie, l'Ukraine, la Podolie, répondirent avec transport à l'appel de la mère patrie (*). La proclamation de la confédération appelait tous les citoyens aux armes, et le peuple entier voulut prendre part à une lutte sacrée. Mais cet élan admirable fut bientôt paralysé, lorsqu'on entendit les ambassadeurs impériaux déclarer que Napoléon, possédant une armée sur laquelle il pouvait compter, n'avait pas besoin d'une guerre nationale.

Les frontières de la Moskovie avaient été entamées; et partout, à l'approche des Français et de leurs auxiliaires, les Russes se retiraient, comme s'ils eussent voulu attirer jusqu'au cœur de l'empire un ennemi aussi formidable. Malgré les entraves des diplomates, les levées polonaises opérées, en réponse à l'appel du conseil de confédération, se montèrent à quatre-vingt mille hommes, qui furent répartis entre diverses divisions de l'armée française. La plus grande partie forma le cinquième corps, commandé par le prince Joseph Poniatowski. Les bulletins de la grande armée, si connus, nous dispensent de redire de quelle nouvelle gloire se couvrirent, à chaque rencontre, les soldats polonais, dont les rangs se virent cruellement décimés. Dombrowski assiégea Bobruysk avec sa division; d'autres régiments furent employés, sous Macdonald, au siége de Riga; et le général Kosinski fut adjoint avec les siens, à l'aile droite, au corps du feld-maréchal Schwarzenberg, envoyé par l'empereur d'Autriche comme contingent à son gendre Napoléon, qui, abandonné de sa bonne

(*) Nombre d'étrangers même prirent part à ces démonstrations. Le premier ministre de Suède, Engestroem, s'y associa comme propriétaire d'un bien-fonds; et le landgrave de Hesse, le prince Georges-Charles, salua la Pologne, dans son adhésion, du nom de patrie chérie.

19ᵉ *Livraison.* (POLOGNE.)

étoile durant cette campagne, confia au feld-maréchal un des postes les plus importants, quoiqu'il eût dû se méfier de la duplicité autrichienne. La grande armée en pleine marche sur Moskou et abandonnant toute la Lithuanie, Schwarzenberg devait se porter sur Kiiow et vers la Petite-Russie; par ce moyen, il eût découvert la Wolhynie, la Podolie et l'Ukraine, et laissé à l'armement du peuple polonais un entier développement. Mais loin d'agir ainsi, le feld-maréchal se posta sur les bords du Styr, près de Luck, et ne bougea point de là.

Sur ces entrefaites survint un hiver terrible, et avec lui pâlit la fortune de l'empereur. Tout succombait victime du froid. Pour comble de désastres, lorsque Napoléon commençait à se retirer, le corps russe de Tsitchakoff, occupé jusque-là à observer les Turcs du côté de la Moldavie, s'avança sur Schwarzenberg, qui, au lieu de tenir ferme, battit en retraite et lui laissa prendre à dos la grande armée, lors du passage de la Bérézina.

Ces événements, auxquels des dispositions antérieures de Napoléon en faveur de la Pologne auraient pu parer, amenèrent les plus déplorables résultats. La Lithuanie se vit envahie par les Russes, et le pays entier mis à découvert. De la levée de quatre-vingt mille soldats, si belle naguère, il ne restait plus qu'environ huit mille hommes. Une partie de ces débris fut chargée de la défense de Dantzig, Thorn, Modlin, Zamosc; une autre partie suivit, sous les ordres de Dombrowski, l'armée française en Allemagne; le reste enfin se maintint quelque temps près de Czenstochowa. Ce dernier corps, commandé par Poniatowski, et qui s'accrut jusqu'à treize mille hommes, quitta Krakovie le 2 mai 1813 et s'en fut rejoindre les Français en Saxe; après avoir traversé, avec l'autorisation de l'Autriche, la Silésie et la Bohême. Dès lors et jusqu'à la prise de Paris, il partagea de nouveau tous les périls de l'armée française.

La Pologne se trouvait complétement envahie par les Moskovites; et, pour que rien ne manquât aux malheurs qui l'accablaient, la Prusse, d'abord l'alliée de Napoléon, se rallia à la Russie. L'Autriche, qui, par son système de temporisation, avait fait déjà tant de mal, se renferma pour le moment dans une neutralité suspecte, puis finit par déclarer la guerre à la France et à ses alliés.

Napoléon prit une éclatante revanche de ceux qui l'avaient délaissé, en gagnant, en Saxe, la célèbre bataille de Lutzen; mais il ne pouvait faire face longtemps à des forces aussi supérieures. La fatale journée de Leipzig porta un coup mortel à sa puissance. Le respectable roi de Saxe, fidèle jusqu'au dernier moment à la foi jurée, fut fait prisonnier; et le prince Joseph Poniatowski, auquel la campagne de 1813 avait valu le bâton de maréchal de l'empire, périt dans les flots de l'Elster.

Depuis cette catastrophe, les ressources de l'empereur diminuèrent de jour en jour, tandis que celles de ses ennemis firent l'effet contraire. Il remporta bien encore divers avantages sur les armées coalisées, entre le Rhin et Paris, mais il n'en résulta aucun changement marquant. Napoléon reçut enfin le coup de grâce des mains de la trahison.

Avant de déposer le sceptre, l'empereur délia les Polonais qui l'entouraient de leur serment de fidélité, et les recommanda à Alexandre. Plusieurs d'entre eux le suivirent à l'île d'Elbe, et lui donnèrent, plus tard, une dernière preuve de dévouement en mourant sous ses yeux à Waterloo.

Ce fut au mois de février 1813 que les Russes firent leur entrée à Warsovie; elle avait été précédée d'un acte généreux de l'empereur Alexandre. Le décret que ce monarque signa à Wilna, le 24 décembre 1812, amnistia tous les Polonais des provinces possédées par la Russie qui avaient suivi les drapeaux de la France. Amant passionné, à cette époque de son règne, de la civilisation, et comprenant également les besoins de liberté du pays soumis, Alexandre en confia l'administration provisoire au prince Lubecki et autres nationaux ralliés, toutefois sous la surveillance des Russes Lankoï et Novosilzoff. Il permit à l'armée polonaise de revenir dans sa patrie; et le général Vincent Krasinski en ramena les débris glorieux, qui furent mis sous le commandement du grand-duc Constantin.

On vit aussi reparaître l'ancien ministre et ami du tzar, le prince Adam Czartoryski fils. Déjà d'accord avec Mostowski et Matuszewic, il avait cherché dans sa correspondance avec Alexandre, lors des désastres de la campagne de Russie, à arrêter le ressentiment des armées triomphantes. Il y était parvenu, et les bons sentiments inspirés à Alexandre envers la Pologne se firent jour dans plusieurs écrits, surtout dans la lettre adressée en 1814, après l'entrée des alliés à Paris, à Kosciuszko. La voici :

« J'éprouve une grande satisfaction, « général, à répondre à votre lettre. « Vos vœux les plus chers seront ac-« complis. Avec l'aide du Tout-Puis-« sant, j'espère réaliser la régénération « de la brave et respectable nation à « laquelle vous appartenez. J'en ai pris « l'engagement solennel, et de tout « temps son bien-être a occupé mes « pensées. Les circonstances politiques « seules ont mis des entraves à l'exé-« cution de mes desseins. Ces obstacles « n'existent plus. Deux années d'une « lutte terrible, mais glorieuse, les « ont aplanis.

« Un peu de temps encore, avec « une marche sage, et les Polonais re-« couvreront leur patrie, leur nom; « et j'aurai la jouissance de les con-« vaincre qu'oubliant le passé, celui « qu'ils croyaient leur ennemi sera ce-« lui qui réalisera leurs vœux.

« Combien il me sera satisfaisant, « général, de vous voir mon aide dans « ces travaux salutaires! Votre nom, « votre caractère, vos talents, seront « mes meilleurs appuis.

« Paris, le 3 mai 1814.

« ALEXANDRE. »

Le congrès de Vienne s'assembla, et les discussions duraient encore sur la part de butin que chacun des vainqueurs se croyait en droit de réclamer, quand la nouvelle du débarquement de Napoléon vint frapper comme d'un coup de foudre cette réunion de monarques et de potentats. On se hâta de conclure, et le traité du 3 mai 1815 régla les affaires de la Pologne. Le nom de Pologne, repris au début de la campagne de Russie, fut maintenu; et l'on arrêta la valeur de chaque portion qui devait être détachée de la masse au profit des cours délibérantes. Ce fut le *sixième* partage.

Le nouveau royaume de Pologne, auquel l'empereur Alexandre s'engagea de donner une constitution, une représentation et une armée nationale, fut proclamé à Warsovie le 20 juin 1815.

JOSEPH PONIATOWSKI.

Avant d'entamer une nouvelle section historique, qu'il nous soit permis de nous arrêter sur un homme dont le souvenir est encore si vif, si populaire en France et en Pologne, sur le prince Joseph Poniatowski. Quelques détails le concernant compléteront l'ensemble du tableau.

Joseph Poniatowski naquit le 7 mai 1766 à Vienne et entra, dès l'âge de seize ans, au service de l'Autriche, près de laquelle son père, général du génie, jouissait de la plus haute considération. Le jeune prince avança rapidement et se signala en 1787 sous les ordres du général Laudon, lors de la guerre contre la Turquie. Il fut blessé dangereusement à la prise de Sabatch, sous les propres yeux de Joseph II, dont il était alors aide de camp. Ce monarque avait un tel attachement pour lui, qu'il lui laissait pleine liberté dans ses opinions et lui permettait même de critiquer les plans militaires qu'il traçait.

Mais, malgré tout les avantages dont il jouissait, Poniatowski s'empressa de quitter le service de l'Autriche et d'accourir vers sa patrie, aussitôt qu'il crut sa présence utile. La diète constituante de 1788 s'occupait sans relâche du soin de régénérer la

Pologne, et venait de décréter une nouvelle organisation des forces nationales. Poniatowski déploya la plus grande activité en cette circonstance et mérita d'obtenir le commandement en chef de l'armée.

On a vu précédemment, dans le courant de l'histoire, quelle part remarquable il prit à la campagne de 1792. Malheureusement il eut le tort, après avoir donné de nombreuses preuves d'intelligence militaire et de dévouement civique, de se laisser plutôt décourager par les ordres contradictoires de la cour que par les succès de l'ennemi. L'influence de son oncle, Stanislas-Auguste, lui fut funeste et réussit même quelquefois à le rendre suspect aux divers partis, par l'espèce d'indécision qu'elle jetait dans son esprit. Néanmoins cette influence céda toujours devant la voix de l'honneur; et lorsque le roi eut adhéré lâchement à la confédération des traîtres de Targowica, Poniatowski résigna son commandement et partit pour l'exil. Kosciuszko, Zaionczek, Mokronowski, Wielhorski, et une foule d'officiers distingués imitèrent son exemple.

Mais lorsque eut lieu le réveil de 1794, tous ces braves s'empressèrent de rentrer en Pologne, et Poniatowski ne fut pas le dernier à répondre à l'appel de la patrie souffrante. Le 27 mai 1794, il était déjà au camp de Kosciuszko; et là, quoique le commandement en chef lui appartînt de droit, il combattit comme simple volontaire et n'hésita pas un seul instant à obéir à son ancien subordonné.

Les deux défenses de Warsovie lui fournirent une nouvelle occasion de déployer ses talents et d'illustrer son nom. Mais la valeur et le patriotisme devaient succomber sous le nombre. Le troisième partage eut lieu, et Poniatowski revit la terre étrangère. Vivant à Vienne dans une profonde retraite, il repoussa toutes les offres brillantes de Catherine II et de Paul I⁰ʳ pour le décider à entrer au service de la Russie. Ce dernier souverain, blessé du refus de Poniatowski, l'en punit par la confiscation de tous ses biens.

La Prusse lui ayant rendu, en 1798, celles de ses propriétés qui étaient situées dans la partie échue à cette puissance, Poniatowski alla habiter son domaine de Jablonna, et ne quitta ce paisible asile qu'en 1806, à l'approche des Français. Il accompagna le grand-duc de Berg, Murat, lors de son entrée dans Warsovie. Pourtant le prince, voyant combien les légions polonaises étaient mal récompensées de leur dévouement, hésitait encore à se prononcer ouvertement, quand l'arrivée de Napoléon mit fin à ses combats. A partir de ce moment, Poniatowski déploya plus d'activité que jamais. Nommé directeur de la guerre, il s'opposa à ce que les troupes polonaises prissent la cocarde tricolore et obtint qu'elles formeraient un corps d'armée particulier, qui continuerait de porter les couleurs nationales.

A travers les dégoûts que lui attirait son nom, qui rappelait au pays le dernier souverain et le souvenir d'un règne désastreux, Poniatowski poursuivit sa noble tâche et sut faire taire tout soupçon outrageant, en rendant chaque jour des services signalés.

Après la paix de Tilsitt, il dirigea le ministère de la guerre. Plus tard, en 1809, quand l'Autriche déclara la guerre, Poniatowski soutint dignement ses antécédents. Après leur entrée à Warsovie et au mépris de la convention arrêtée, les Autrichiens voulurent s'emparer du faubourg de Praga, faiblement fortifié et où s'était retiré Poniatowski, mais celui-ci leur déclara que s'ils donnaient suite à leur projet, il n'hésiterait pas un seul instant à incendier lui-même Warsovie, en commençant par sa propre résidence, le palais de Blacha, qui touchait au château royal. Cette menace intimida les Autrichiens, car, peu sûrs des dispositions des habitants, ils craignirent que son exécution ne devînt le signal d'un soulèvement populaire.

A la suite de cette campagne de 1809, si glorieuse pour les drapeaux polonais et où, malgré la supériorité de ses forces, l'ennemi fut chassé du sol national,

Napoléon adressa au prince une lettre autographe des plus flatteuses, à laquelle il joignit le grand cordon de la Légion d'honneur, un magnifique sabre d'honneur et un shako de lancier brodé par la reine de Naples Caroline. Quelque temps après, le roi de Saxe lui donna, comme grand-duc de Warsovie, une terre de la valeur de quinze cent mille florins.

Ce même souverain le choisit, en 1811, pour son représentant à Paris à la cérémonie solennelle du baptême du roi de Rome. La dignité du port noble et majestueux de Poniatowski, la grâce de ses manières, sa libéralité, tout séduisit les Parisiens et lui valut leur affection.

La campagne de Russie le retrouva, toujours dévoué, dans les rangs de l'armée française; et le corps commandé par lui acquit une réputation si honorable, que les habitants des pays qu'il eut à traverser ne quittèrent point leurs demeures à son approche. Smolensk et Moskou furent témoins d'actions remarquables, où se couvrirent de gloire le chef polonais et ses compagnons d'armes.

Mais ce fut surtout lors de la campagne de 1813 que Poniatowski se surpassa. Constamment en première ligne, il paya en tous lieux de sa personne, à Gabel, à Friedland, à Richeberg. A la journée du 16 octobre, il fit devant Leipzig des efforts surhumains; aussi le soir Napoléon mit à l'ordre du jour de l'armée : « Que voulant donner au « prince Poniatowski une dernière mar« que de sa haute estime, et, en même « temps, l'attacher plus étroitement « aux destinées de la France, il l'éle« vait à la dignité de *maréchal de l'em«pire.* » Chargé le 19, après des combats continuels, de couvrir la retraite des débris de l'armée française, Poniatowski rassembla ses compatriotes et les trouva tous bien déterminés à contenir l'ennemi, qui s'avançait en colonnes menaçantes. Déjà ces masses avaient envahi les faubourgs de Leipzig. Poniatowski ne comptait autour de lui que sept cents fantassins et soixante lanciers; mais sans considérer le nombre, il agita son sabre en l'air et s'écria : *Compagnons, mourons comme il convient aux enfants de la patrie, mais vendons chèrement notre vie!* Puis, se jetant sur une colonne prussienne, il mit le premier rang en désordre; mais déjà blessé, il reçut à cette charge un coup de feu à l'épaule gauche; ses soldats le supplièrent alors de se conserver à la Pologne pour des temps meilleurs : *Non*, répondit-il, *Dieu m'a confié l'honneur des Polonais, c'est à lui seul que je veux le remettre.* Il continua donc de combattre, jusqu'à ce qu'une troisième blessure le contraignit de songer à la retraite. Il passa d'abord la Pleisse à la nage, tous les ponts étant coupés, et parvenu sur les bords de l'Elster, se vit serré de près par l'ennemi. Déjà on le sommait de se rendre, quand Poniatowski, bravant la hauteur et l'escarpement des rives, s'élança dans les flots rapides du fleuve. Une mort glorieuse l'y attendait. Affaibli par une lutte de plusieurs jours, par la perte de son sang, pouvant à peine soulever son sabre, le prince fut entraîné au fond de l'abîme, malgré tous les efforts de son fidèle aide de camp Bléchamp, qui périt avec lui.

On ne retrouva son corps que le 24 octobre, et on lui rendit alors tous les honneurs dus au rang et au mérite du défunt. Plus tard, lorsqu'il fut embaumé et transporté en Pologne, le deuil national se manifesta d'une manière éclatante : depuis la frontière jusqu'à Warsovie, les populations entières se pressèrent sur la marche du convoi funèbre, en versant des larmes de désespoir. L'empereur Alexandre s'associa à ces marques de regret et permit, en 1816, d'inhumer les dépouilles mortelles de Poniatowski dans la cathédrale de Krakovie, où elles reposent entre Sobieski et Kosciuszko. En outre, l'empereur encouragea la souscription ouverte par les Polonais pour l'érection d'une statue équestre, confiée au ciseau du célèbre Thorwaldsen, et qui devait orner une des places de Warsovie. Ce chef-d'œuvre fut brisé en morceaux par ordre du tzar Nicolas et converti en canons, après les événements de 1831.

Un modeste monument consacre à Leipzig, dans le jardin de Reichenbach, le lieu d'où l'infortuné prince se précipita dans les eaux du fleuve. Il fut élevé par l'armée polonaise, à son retour de la funeste campagne de 1813.

La mémoire de Joseph Poniatowski, surnommé par les Français le *Bayard polonais*, sera honorée tant qu'il existera des hommes dignes de comprendre la fidélité jointe au courage et au patriotisme.

ROYAUME DE POLOGNE.
1815-1830.

Le laps de temps qui s'écoula de 1815 à 1830 forme une époque historique des plus remarquables. Pour la première fois, depuis la chute du pays, une portion de la nation polonaise se retrouva en présence de ses ennemis, avec des moyens d'action plus étendus que par le passé; car, déclarée *indépendante*, elle possédait la liberté d'agir conformément aux droits qu'on lui reconnaissait.

Non-seulement le duché de Warsovie, confié par le congrès à la Russie, recouvra le nom de Pologne, mais il obtint une constitution jurée et la promesse d'une restauration nationale.

Malheureusement le dessein formé par Alexandre de donner au peuple vaincu une constitution libre, tandis qu'il n'offrait pas le même bienfait à ses sujets vainqueurs, était une tâche impossible à réaliser. Cette concession donnant aux Polonais le droit d'établir une opposition verbale et par écrit, devenait, par conséquent, un sujet permanent de discorde entre les souverains de la Russie et le peuple polonais, et devait amener, tôt ou tard, une explosion funeste.

Nous rapporterons les principales clauses relatives au nouveau royaume, et qui furent signées, par le congrès de Vienne, le 9 juin 1815.

L'article 1er de la convention disait textuellement : « Le duché de Warsovie, à l'exception des provinces et districts dont il a été disposé autrement dans les articles suivants, est réuni à l'empire de Russie.

« Sa Majesté Impériale se réserve de donner à cet État, *jouissant d'une administration distincte*, l'extension intérieure qu'elle jugera convenable. Elle prendra avec ses autres titres celui de *roi de Pologne*.

« Les Polonais, sujets respectifs de la Russie, de l'Autriche et de la Prusse, obtiendront une *représentation* et des *institutions nationales*, d'après le mode d'existence politique que chacun des gouvernements auxquels ils appartiennent jugera utile et convenable de leur accorder. »

L'article 2 fixait les limites de la partie du duché de Warsovie que le roi de Prusse posséderait en toute souveraineté et propriété, pour lui et ses successeurs, sous le titre de *grand-duché de Posen*.

Les articles 3, 4 et 5 donnaient en toute propriété et souveraineté les salines de Wiéliczka, ainsi que le territoire y appartenant, à l'empereur d'Autriche, déjà possesseur, d'après les partages précédents, de la Galicie, à laquelle on ajouta les districts de Tarnopol et Czortkow, afin de rétablir les frontières de cette province telles qu'elles existaient avant 1809.

L'article 6 déclarait à perpétuité cité libre, indépendante et strictement neutre sous la protection de la Russie, l'Autriche et la Prusse, la ville de Krakovie, avec son territoire. « *Aucune force armée*, disait formellement le traité, *ne pourra jamais y être introduite, sous quelque prétexte que ce soit.* »

L'article 11 accordait amnistie pleine et entière en faveur de tous les individus, n'importe le rang, le sexe ou la condition, qui avaient figuré dans les événements antérieurs.

Le nouveau royaume de Pologne, créé par cet acte solennel, comptait 2,270 milles de superficie (15 au degré géographique), et fut divisé en huit palatinats, savoir : ceux de Krakovie, Kalisz, Mazovie, Lublin, Augustow, Sandomir, Podlachie et Plock, qui se subdivisaient eux-mêmes en 39 arrondissements et 77 districts.

La population se montait à 3,608,436 âmes en 1815, et à 4,137,634 en 1830 (*).

A son retour de Vienne en novembre 1815, l'empereur Alexandre s'arrêta à Warsovie; et les Polonais, pleins de confiance en lui, et qui voyaient déjà luire une brillante époque pour leur patrie d'après l'acte du congrès, dû à sa sollicitude, le reçurent avec tous les transports d'une joie sincère et reconnaissante.

Le choix du grand-duc Constantin, pour général en chef de l'armée polonaise, et de Novosilzoff, pour commissaire plénipotentiaire impérial auprès de l'autorité, froissait bien certaines susceptibilités nationales; mais le tzar s'empressa d'atténuer toute fâcheuse impression, en nommant aux hautes fonctions de lieutenant du royaume le général Zaionczek, vétéran polonais, qui s'était illustré lors de la lutte de 1794 et dans toutes les campagnes suivantes.

La nouvelle constitution donnée à la Pologne par Alexandre fut mise en vigueur le 24 décembre 1815.

Le pouvoir législatif se composait de deux branches bien distinctes : le sénat, dont les membres furent nommés à vie, et la chambre des nonces ou des députés, composée de membres élus par les arrondissements et les communes.

Pour faire partie du corps électoral, il suffisait d'être propriétaire; et, pour être éligible, de jouir des droits civiques, avoir l'âge de trente ans révolus, et payer cent florins d'impositions.

La responsabilité ministérielle et l'indépendance de la magistrature furent garanties, ainsi que la liberté de la presse, la liberté individuelle et le respect des propriétés.

Mais, d'un autre côté, le vote du budget eut lieu pour quatre ans; il ne fut pas question de l'institution du jury, et le droit de pétition se vit ex-

(*) Comme depuis 1830 la Pologne, malgré les changements survenus dans son organisation politique et morale, s'est maintenue dans ses limites et proportions de 1815, nous croyons devoir reproduire le tableau suivant, tracé d'après les renseignements les plus récents et qui donne l'ensemble de la population polonaise :

ÉPOQUES des bases.	PAYS.	ÉTENDUE.	POPULATION.
1836	Royaume de Pologne............................	2,272 milles.	4,188,222
1837	Ville libre de Krakovie	20	131,462
1836	Provinces polonaises jointes à l'empire de Russie et accaparées lors des partages........................	8,401	9,623,827
1834	Galicie, avec le cercle de Spiz (Zips)............	1,614	4,380,508
1836	Duché de Posen	536	1,152,298
1836	Prusse occidentale.............................	472	828,413
	ANCIENNES POSSESSIONS POLONAISES.	13,315	20,304,730
1836	Prusse orientale................................	706	1,290,239
1836	Provinces ravies par la Russie à diverses époques......	7,185	7,504,515
		21,206	29,099,484

cessivement restreint. Les chambres n'eurent pas non plus le droit d'initiative directe ou indirecte, et le droit d'amendement ne fut admis que dans une seule chambre, celle qui votait la première le projet de loi présenté. Enfin les diètes étaient biennales, et la durée des sessions limitée à quatre semaines.

Tels étaient les qualités et les défauts du nouveau pacte social, qui, si on l'envisage comme *octroyé*, offrait un progrès réel.

Organisée sur le pied de paix, l'armée polonaise comptait un effectif de trente-cinq mille hommes. Elle formait trois divisions d'infanterie, deux divisions de cavalerie, deux brigades d'artillerie à pied et une brigade d'artillerie à cheval, lesquelles desservaient quatre-vingt-seize bouches à feu. Il y avait aussi des sapeurs, mineurs, soldats du train, vétérans et gendarmes.

La première diète qui suivit la promulgation de la constitution se réunit à Warsovie en 1818. L'empereur Alexandre l'ouvrit lui-même, par un discours où il fit entendre aux Polonais que son intention était d'étendre les bienfaits de la constitution aux diverses contrées rangées sous son sceptre, et que les provinces jadis ravies à la Pologne seraient rattachées à la mère patrie.

Mais les événements qui survinrent dans les autres parties de l'Europe influèrent encore d'une manière désastreuse sur le sort de la Pologne. Le congrès de Carlsbad imprima, en 1819, une tout autre direction à la politique intérieure du continent.

Déjà le cabinet moskovite avait fait des réflexions et reconnu que la Pologne, mise en quelque sorte à sa discrétion en 1813 par suite des chances de la guerre, avait beaucoup gagné aux décisions du congrès de Vienne, plus même que l'intérêt de la Russie ne le comportait. Une fois ce point constaté, une attaque sourde commença, avant que les Polonais eussent bien examiné leur nouvelle position et compris les avantages qu'ils pour- raient en tirer dans l'avenir. Néanmoins la tendance rétrograde, dissimulée avec soin durant les premières années qui suivirent 1815, ne se déclara ouvertement qu'en 1819, époque à laquelle parut l'ordonnance qui supprimait la liberté de la presse, garantie par la constitution, et instituait la censure.

Cette mesure, qui remettait tout en question, fut bientôt suivie d'autres actes arbitraires, tels que l'établissement de tribunaux exceptionnels, le prélèvement d'impôts par simple ordonnance, la création d'un système d'espionnage et de nombreuses arrestations illégales.

La diète de 1820 eut lieu sur ces entrefaites, et dessina encore plus nettement la position des choses. Le tzar, pour toute explication d'une marche aussi contraire à la constitution, réclama une confiance illimitée et impossible. Il se forma au sein de la diète une forte opposition, ayant pour chefs les deux frères Niemojowski, nonces du palatinat de Kalisz, et Godlewski, nonce de Mariampol. Elle comptait cent voix contre trois dans la chambre des députés, et le sénat suivit la même impulsion.

Plusieurs projets de loi, présentés par le gouvernement, furent rejetés après d'orageuses discussions.

Loin de se rendre aux avis donnés par les représentants du pays, qui ne demandaient que l'exécution franche du pacte social, Alexandre préféra écouter la voix altière de son frère Constantin et les insinuations malveillantes du commissaire impérial Novosilzoff.

Le budget ne put plus faire face aux charges du royaume. Chaque jour le grand-duc devenait plus exigeant et plus capricieux, augmentant sans motifs les dépenses militaires, qui déjà absorbaient les trois quarts du budget.

De son côté, la police secrète, recrutant sans relâche de nouveaux agents, était une lèpre qui dévorait les revenus de l'État.

C'est au moment où la nation, par l'organe de ses mandataires, venait de réclamer avec le plus d'énergie une marche meilleure et des économies, que le tzar fit déclarer, le 21 mai 1821, que l'existence de la Pologne était menacée, et qu'elle allait subir l'établissement d'un ordre de choses plus conforme à ses forces, « à moins qu'elle « ne prouvât par ses propres ressources « qu'elle pouvait se maintenir dans le « mode dont elle avait été gratifiée. » Et, tout en la bornant à ses seules ressources, on lui défendait formellement de toucher aux fonds assignés à l'armée.

On vit reparaître à cette époque, sur la scène politique polonaise, le prince Xavier Lubecki, nommé ministre des finances du royaume. Aussi fin qu'ambitieux, il n'écouta pour le moment que cette dernière passion, et fit un appel au patriotisme des Polonais, en les invitant à faire par anticipation le versement des impôts. Un mois après, le déficit financier était comblé, et les palatinats dont les députés avaient le plus figuré dans l'opposition furent ceux qui firent les plus grands sacrifices.

Peut-être, loin de les servir, Lubecki trompa-t-il en cette circonstance les calculs des ennemis de la Pologne, qui déjà voyaient avec joie une crise capable de renverser l'édifice de 1815? Quoi qu'il en soit du motif qui l'inspira, il sauva le vaisseau de l'État prêt à sombrer et tira l'empereur Alexandre d'un pas difficile, car autrement ce souverain, après avoir lancé une imprudente menace, aurait été forcé de la faire suivre de mesures violentes.

La résistance manifestée à la diète se répandit également dans toutes les parties de la Pologne et devint l'origine de menées secrètes, qui eurent par la suite un immense retentissement. C'est en 1820 que le major Lukasinski conçut le projet de réunir en une seule et grande association les diverses loges de francs-maçons, qui, sous les noms de Kosciuszko, Kollontay, Reytan et Poniatowski, tendaient toutes au même but patriotique, celui de préparer le pays à une insurrection armée. Ce martyr de la liberté sut adapter adroitement les symboles du culte maçonnique à la nationalité polonaise et limiter son action aux frontières du royaume.

La franc-maçonnerie a pour symbole principal la réédification du temple de Salomon, ou la réforme de la nature morale corrompue. Il fut appliqué heureusement, ainsi que les autres dogmes, par Lukasinski à la Pologne, qui, de même que l'humanité dans la pensée du Christ, avait besoin de reconstruction. La mort du probe et innocent Hirame représenta les partages; ses trois assassins figurèrent les cours spoliatrices, et le devoir des enfants d'Hirame était de les chercher partout et de combattre les ennemis qui s'étaient emparés de son trône; enfin, la foi en la résurrection d'Hirame, au milieu des plus grandes impossibilités, offrit le symbole de la résurrection de la Pologne.

Cette loge renfermait quatre grades; dans le premier, il n'était question que du secours à porter aux militaires indigents, victimes des dernières guerres; dans les deux suivants, la philanthropie ordonnait l'instruction des compatriotes profanes et la propagande de la nationalité; dans le quatrième seulement, on parlait de l'indépendance du pays, de ce fruit espéré par tous les associés patriotes.

Elle était composée en grande partie de militaires. Une association semblable fut fondée dans le duché de Posen, par Sczaniecki, aide de camp de Dombrowski; bientôt, sous le nom de *kossyniéry* (faucheurs), elle se changea en conspiration, dirigée par le général Mielzynski.

Par suite d'ordres supérieurs, les loges de franc-maçonnerie durent fermer en Pologne; mais Lukasinski, infatigable dans l'œuvre entreprise par lui, ne tarda pas à organiser l'association des *carbonari*.

La fusion de la société secrète de Posen avec celle de Warsovie s'opéra en mai 1821, au bois de Biélany, par l'entremise du général Uminski, délégué à cet effet. Dans le seul espace d'un mois, des sociétés provinciales se formèrent dans toutes les parties de la Pologne.

La société patriotique, en étendant ses ramifications dans les anciennes provinces de la Pologne incorporées à la Russie, se rencontra inopinément avec d'autres sociétés secrètes isolées qui s'y étaient formées d'elles-mêmes. Le rapport officiel fait mention de la société des *Templiers*, fondée par le capitaine Maiewski, et qui ne fut rencontrée par la société patriotique qu'en Wolhynie, quoiqu'elle eût pris naissance à Warsovie. Il y en avait encore plusieurs autres.

Mais la police ne demeura pas inactive. Le grand-duc Constantin fut informé, en 1822, de l'existence de sociétés secrètes. On arrêta Lukasinski, Dobrzycki, Machnicki, Srzeder, et plusieurs autres membres, qui, sans avoir rien avoué, furent renfermés dans les casemates de la forteresse de Zamosc. Les mesures violentes devinrent plus que jamais à l'ordre du jour. Novosiloff remplaça le prince Adam Czartoryski dans la curatelle de l'université de Wilna, dont les élèves, dirigés par l'étudiant Thomas Zan, avaient formé également plusieurs associations patriotiques. Vingt d'entre eux furent déportés dans l'intérieur de la Russie, et cinq cents autres incorporés dans les colonies militaires ou dans les régiments moskovites, comme simples soldats. Quatre professeurs furent destitués, parmi lesquels se trouvait Lelewel, tout-puissant sur l'esprit de la jeunesse lithuanienne.

Warsovie fut affligée en même temps d'une prison d'État, le couvent des carmes. La police, de plus en plus active, multiplia les dénonciations pour gagner son vil salaire. Des citoyens disparaissaient subitement du sein de leurs familles, sans que le père pût savoir ce qu'était devenu son fils et la femme rejoindre son époux. On n'exigeait plus de preuves : la moindre accusation suffisait, qu'elle fût dictée par une pensée de vengeance ou un sentiment de cupidité. Sans lumière et couchés sur la paille, les prisonniers se trouvaient en butte à d'odieuses tortures. On s'efforçait de leur arracher des aveux par violence en les battant, en les privant de nourriture, ou bien en les tenant renfermés pendant des années entières. Tout rappelait les affreux temps de l'inquisition.

Les espions se comptèrent bientôt par milliers, et un général polonais se dégrada au point de diriger cette branche de service. Enfin, le mal alla si loin, que, dans leur méfiance mutuelle, l'empereur se fit rendre compte de toutes les actions de son frère Constantin, et celui-ci paya des agents afin de connaître chaque pas du tzar (*).

(*) « Un cabinet noir, qui brisait et réparait les cachets, dit M. Miéroslawski, livrait au grand-duc Constantin tous les secrets de famille et toutes les correspondances des associations. Les relations avec l'étranger étaient au pouvoir de la douane, et toutes les administrations étaient infestées d'espions patentés ou aspirants.

« Warsovie et Wilna étaient les centres de l'activité de la police secrète. Un code implacable, des séances mystérieuses, des systèmes d'interrogatoires raffinés, les tortures et un voile impénétrable, donnaient à toutes ces horreurs un prestige d'omnipotence qui fermait la bouche aux plus intrépides.

« A Warsovie, Lubowidzki, préfet de la haute police du royaume, agissait sous la direction immédiate du général Rozniccki et commandait une légion d'agents, à la tête de laquelle étaient le juif Birnbaum, entremetteur, agioteur et empoisonneur du tribunal suprême, les voleurs Makrot, Szley, et tant d'autres misérables.

« Des masses d'espions, déguisés de mille manières, pullulaient dans les lieux publics; ils parvenaient à s'introduire jusqu'au sein des familles, et l'imprudent qui, dans l'épanchement d'une âme déchirée, croyait confier ses peines et ses espérances au sanctuaire de l'amitié, ignorait qu'il parlait à son accusateur, à son juge et à son bourreau.

« Un cri d'enthousiasme, un refrain échappé dans l'ivresse de la gaieté, un propos imprudent, la coupe d'un habit, souvent un nom historique ou un volume de Jean-Jacques, tels étaient les titres que produisaient les accusateurs d'une conspiration qu'avait imaginée, dans son galetas, un délateur marchand d'absurdes calomnies.

Mais quelque adroite qu'était la combinaison de l'empereur Alexandre, en réunissant dans la même sphère d'activité le grand-duc Constantin, Nowosilzoff et Lubecki, et en les opposant l'un à l'autre, il lui fut impossible d'empêcher qu'ils ne se brouillassent. Chacun de ces fonctionnaires voulait diriger les affaires selon ses vues, afin d'avoir à lui seul tout le mérite du succès auprès de l'autocrate.

L'année 1824 amena de nouveaux actes arbitraires. Alexandre déclara, dans l'oukase relatif à la Lithuanie, que la nationalité polonaise était un *non sens*. Le conseil civique de Kalisz fut dissous illégalement, et Vincent Niemojowski, chef de l'opposition à la diète, arrêté contre toutes les lois. On ne le relâcha qu'après lui avoir fait signer l'engagement de ne jamais paraître devant l'empereur.

« Par une nuit noire et pluvieuse les gendarmes frappaient à la porte du suspect, l'arrachaient de sa demeure; et le lendemain, éperdues et noyées dans les larmes, venaient en vain des familles entières faire retentir de leurs sanglots les antichambres du préfet de police. — L'infortuné disparaissait; les triples portes de fer gémissaient sur leurs gonds rouillés, et on oubliait bientôt qu'il avait vécu.

« On cherchait surtout à arracher au malheureux quelque aveu précipité, quelque marque de trouble et d'hésitation. S'il répondait avec assurance et dignité, on le condamnait comme arrogant et rebelle; s'il balbutiait en tremblant, on le condamnait comme suspect; s'il se taisait, on le condamnait comme convaincu.

« Dans les cavités des vieux couvents, à trente pieds du niveau de la terre, où, dévoré par les reptiles et la faim, le martyr bondissait de douleur sur sa couche glacée, le sombre geôlier apportait pour toute nourriture un hareng pourri; et quand, consumé par le brasier d'un délire mortel, la langue du damné articulait convulsivement quelque nom chéri, c'était une irrévocable sentence. La porte s'ouvrait; le sbire, immobile jusque-là dans sa cachette, entrait et disait froidement : « Vous vous seriez épargné ce « désagrément, si vous aviez dénoncé plus tôt « vos complices. » Le chirurgien saignait l'agonisant, un verre d'eau le rappelait à la vie, les portes se refermaient pour *toujours*, et l'inquisiteur allait tranquillement, avec de prétendus aveux du détenu, arrondir ses calculs et remplir les colonnes de ses tablettes de proscription, qu'il se hâtait de soumettre au grand-duc Constantin.

« A la suite de cette calamité, une noire méfiance s'empara de tous les esprits; une sinistre terreur planait sur toutes les têtes. Le fils et le père se traitaient en étrangers; tout se tut, et les soupçons domestiques, les vagues chagrins d'un avenir menaçant, vinrent bientôt rompre tous les liens de la société, semer l'alarme dans les réunions privées, isoler les cœurs et empoisonner les plus douces émotions de la nature. » (Histoire de la révolution polonaise de 1830.)

Plus de quatre années s'étaient écoulées depuis la deuxième diète, quand Alexandre annonça la troisième, pour le 13 mai 1825; mais, avant sa réunion, un décret annula la publicité des séances, portant ainsi une nouvelle et grave atteinte à la constitution. En outre, Vincent Niemojowski se rendant, comme nonce, au poste où l'avait appelé la confiance de ses concitoyens, se vit arrêté aux portes de Warsovie et reconduit de vive force dans son palatinat.

Dans le même temps que l'opposition puisait dans les persécutions un redoublement d'énergie, les sociétés secrètes, dispersées un moment par la détention de Lukasinski, se réorganisèrent avec vigueur. Un nouveau chef dirigea leurs opérations, le lieutenant-colonel des gardes Krzyzanowski, qui jouissait parmi les militaires de la même influence que Lelewel parmi la jeunesse studieuse. Pour mieux assurer le succès, le sénateur comte Stanislas Soltyk se chargea de la direction des sociétés pour tout ce qui concernait les personnes appartenant à l'ordre civil.

Bientôt chaque régiment compta son association; et Krzyzanowski, informé en 1823 qu'il existait également une affiliation secrète parmi les corps russes stationnés en Wolhynie et en Ukraine, conçut les plans les plus hardis. Pestel, Bestuzeff et Muravieff allèrent au-devant de ses désirs, en cherchant, de leur côté, à se mettre en rapport avec les sociétés polonaises. Dans une entrevue qu'ils eurent à Mlynow avec Krzyzanowski, ils émirent le projet de fonder une république fédérative slavonne, à l'imitation des États-Unis. On arrêta en outre que l'impulsion partirait de la Russie, et que les Polonais attendraient ce signal pour agir.

La diète de 1825 eut lieu; elle dota la Pologne d'une loi remarquable, instituant l'*association territoriale de crédit*, qui devint un bienfait immense pour les possesseurs de biens grevés. Le clergé, jaloux d'augmenter ses prérogatives, demanda le rappel des articles du Code Napoléon relatifs au mariage et au divorce. De nouvelles dispositions les remplacèrent et offrirent, par la suite, de graves inconvénients pour toutes les parties.

L'année 1825 fut encore marquée par la mort d'Alexandre, arrivée le 1er décembre. Huit mois après, le lieutenant du royaume, le prince Zaionczek, suivait l'empereur dans la tombe.

Le premier événement remit sur le tapis la grave question de la succession au trône des tzars. Le césarevitch Constantin avait renoncé, il est vrai, à tous ses droits à cet égard par son acte de mariage avec Jeanne Grudzinska; mais le grand-duc Nicolas, pour ceindre avec plus de sûreté le bandeau impérial, voulut avoir une confirmation de la précédente renonciation. Constantin s'empressa de la lui faire parvenir, car la mort affreuse de son père Paul et le décès si subit de son frère Alexandre le portaient peu à désirer la possession d'une couronne entourée de tant de dangers.

Libre de ses compétiteurs, Nicolas se revêtit de la pourpre souveraine et prêta serment sur la constitution, le 25 décembre 1825, comme roi de Pologne. Il déclara vouloir suivre les traces de son prédécesseur; mais, plus franc que lui, il déclara aussi que les Polonais ne devaient rien espérer au delà de ce qu'ils possédaient, et que les provinces ravies lors des trois partages resteraient incorporées à l'empire russe. Voici quelques-unes des paroles qu'il prononça en cette circonstance : « *Polonais*, dit-il, *les institutions que « vous a garanties l'empereur Alexan-«'dre seront maintenues. Je jure de- « vant Dieu et promets de maintenir « la charte constitutionnelle, et de « n'épargner aucun effort pour la « faire observer.* »

Le lendemain de ce serment solennel, un événement important eut lieu. La grande conspiration russe éclata à la fois, le 26 décembre, à Saint-Pétersbourg et en Ukraine; mais, étouffée sur ces deux points, elle donna seulement naissance à de nombreuses enquêtes et persécutions. Les cachots regorgèrent de prisonniers, et des milliers de victimes allèrent peupler les déserts de la Sibérie, où ils se virent condamnés aux travaux forcés des mines. Puis, pour achever l'œuvre, Pestel, Ryleieff, Muravieff, Bestuzeff et Kachowski subirent un supplice ignominieux.

Les recherches qui suivirent l'explosion de la conspiration russe s'étendirent jusqu'en Pologne. Plus de deux cents personnes y furent arrêtées, ainsi qu'en Lithuanie. Un comité d'enquête extraordinaire, composé de cinq Russes et de cinq Polonais, continua, pendant toute une année, ses opérations. S'il ne mit la main sur aucune trace de complot, il découvrit la société patriotique secrète qui existait à l'insu de la police. A force d'habilité, Krzyzanowski parvint néanmoins à mettre l'armée à couvert de tout soupçon; et le grand-duc Constantin, comme commandant en chef, s'opposa à toute enquête ultérieure dans les régiments. Dans tous les cas, le gouvernement russe aurait mûrement réfléchi avant d'exaspérer, par de plus longues investigations, une masse de trente-cinq mille hommes bien déterminés.

Grâce à la condescendance de l'empereur Nicolas envers son frère Constantin et aux efforts du ministre Lubecki, ou plutôt à la tournure des affaires de la Russie en Turquie, l'œuvre du comité d'enquête fut annulée, et huit inculpés principaux se virent seulement renvoyés devant le tribunal de la diète, composé du sénat et présidé par le palatin Pierre Biélinski.

De nouvelles recherches furent ordonnées; et enfin, après trois années de détention, un décret du sénat acquitta à l'unanimité moins une voix, celle du général Vincent Krasinski, les accusés Stanislas Soltyk, Severin Krzyzanowski, François Majewski, Stanislas Zablocki, André Plichta, Albert Grzymala, Roman Zaluski et Dembek.

La publication de ce décret ne fut permise cependant que six mois après par l'empereur Nicolas, qui hésita longtemps avant de le ratifier. Il attira aux sénateurs, à l'exception du seul membre qui s'y était opposé, le blâme le plus acerbe de sa part, et qui leur fut transmis par l'organe du président du conseil des ministres, Valentin Sobolewski, remplaçant le lieutenant du roi, dont la charge était demeurée vacante.

Ceux des accusés appartenant à l'ordre civil recouvrèrent alors leur liberté; mais ceux qui faisaient partie de l'armée furent envoyés, quoique absous également, aux casemates de Zamosc, en vertu d'un commandement spécial.

Le tzar eût montré encore plus de sévérité si, à cette époque, les relations précaires avec la Turquie, et surtout l'attitude menaçante prise par l'Autriche, ne l'eussent forcé à conserver des ménagements.

Le vertueux sénateur Pierre Biélinski, un des plus zélés défenseurs de cette cause célèbre, succomba dans le même temps sous le poids de son actif dévouement, et mourut accablé de gloire et d'années. Alors parut dans toute son intensité l'intérêt qu'on lui portait, ainsi qu'à ses protégés. Son convoi funèbre faillit occasionner un soulèvement populaire; les forces du parti opprimé se relevèrent menaçantes et terribles. On ne parlait plus que de résistance armée, et tout fit présager une prochaine levée de boucliers.

Il est bon de constater quelle était, en ce moment, la position des diverses nuances qui représentaient l'opposition en Pologne.

Le prince Adam Czartoryski, retiré des affaires et disgracié, voyant empirer de jour en jour l'état du pays, s'était mis à voyager au dehors. Ses anciennes relations avec l'empereur Alexandre l'avaient décidé à cet exil volontaire et momentané. « Il était impossible, dit judicieusement M. Spazier, qu'un cœur aussi noble et aussi délicat fût compris de la majorité du peuple, qui regardait comme un crime toute liaison d'amitié avec la Russie, et dont la défiance était devenue une seconde nature. » Aussi le prince Adam était devenu lui-même en quelque sorte étranger à la nation, qui semblait avoir oublié les services éminents rendus en nombre d'occasions. Mais cet oubli devait être passager; et quand le prince revint subitement de son voyage pour prendre part à l'acquittement des patriotes accusés, l'opinion publique changea en sa faveur. Son vote au sénat en cette circonstance et la réserve qu'il montra envers le grand-duc Constantin, qui voulait le gagner à ses vues, dissipèrent toutes les préventions, et les citoyens les plus éclairés virent en lui le chef autour duquel il fallait se rallier à l'heure du danger.

Malheureusement le système d'espionnage qui entourait, comme d'un réseau, non-seulement chaque mouvement de corporation, mais encore chaque action individuelle, ne permit guère la réunion en un seul faisceau de toutes les forces de l'opposition nationale.

Formée au sein de la diète, l'opposition parlementaire était à la tête du mouvement. Aux frères Niemojowski, qui, prosélytes des doctrines politiques de Benjamin Constant, dirigeaient ce parti, s'étaient joints les deux nonces Théophile et Théodore Morawski; Wladislas Ostrowski; Barzykowski, nonce d'Ostrolenka; Ledochowski de Krakovie; Valentin Zwierkowski, François Wolowski et Dominique Krysinski de Mazovie, et plusieurs autres.

Se berçant d'illusions, ces députés croyaient pouvoir annuler à la longue la puissance de la Russie, par la seule influence de la charte octroyée. Dans leur zèle à imiter la marche suivie à la même époque en France, et lorsqu'ils comptaient appeler le pays à la défense de ses droits menacés, ils oubliaient que la Pologne manque d'une classe moyenne, réunissant aux lumières des classes supérieures le dévouement des classes populaires. Ils ne songeaient pas non plus que la portion de royaume sur laquelle ils agissaient, ne formait qu'une bien faible partie des anciennes possessions polonaises. L'immense majorité de la population en Galicie, en Lithuanie, dans la Wolhynie, la Podolie et l'Ukraine, ne se serait soulevée qu'autant qu'on lui eût fait entrevoir en perspective le rétablissement intégral de la patrie commune.

Quant au parti patriotique dans l'armée, fondé, comme on l'a vu, par Lukasinski, il se trouvait de nouveau sans chef depuis l'éloignement de Krzyzanowski Dans cette position critique, ses regards se portèrent sur le général Chlopicki, qui, las de subir la volonté capricieuse de Constantin, s'était retiré du service. Ses anciens exploits sous Napoléon, sa rupture avec le gouvernement russe, son caractère fier et sévère, tout semblait le désigner comme l'homme digne de commander à l'armée à l'instant décisif. Mais on comptait sur lui sans son adhésion aux projets formés, car il se tenait à l'écart, évitant soigneusement de prendre part à aucune trame.

Nul n'égalait cependant sa renommée parmi les généraux retirés volontairement du service, dans un moment d'indignation; et parmi les chefs en activité, deux seulement jouissaient de la réputation de patriotes, Krukowiécki et Szembek. Mais le premier, quoique très-capable, comptait de nombreux ennemis, par suite de son esprit altier et querelleur; et le second, d'un caractère droit et affable, possédait peu de talents spéciaux et indispensables.

Sans chef positif, le parti militaire ne resta pourtant pas inactif. Les jeunes officiers de l'armée, et surtout l'école des porte-enseignes d'infanterie, préparaient avec énergie le mouvement qui devait bientôt éclater. Parmi ceux qui agissaient le plus sur l'école, on comptait Pierre Wysocki, Szlegel, Zaliwski, Nyko, Urbanski et Nowosielski. Wysocki, principal moteur de cette association, fut aussi chargé de gagner les officiers de la garnison de Warsovie, mais il eut d'abord peu de succès auprès d'eux, bien que la sympathie fut générale.

Aux divers chefs que nous venons de signaler, il convient d'en adjoindre un qui prit une position isolée, et qui, néanmoins, influa d'une manière sensible à l'égard de la propagande morale; c'est Joachim Lelewel, homme d'une grande capacité et d'une vaste érudition, comme savant et philosophe. Il travailla, pour sa part, la classe des étudiants des universités et celle des écrivains; et tant qu'il se borna au rôle que sa longue carrière de professeur lui indiquait, celui de réformer en éclairant, il rendit de profonds services à la cause nationale.

Tels étaient les ressorts visibles ou secrets qui soutenaient de leurs forces le vaisseau de l'État environné d'écueils, mais qui, pressés par une main de fer et surveillés jour et nuit, ne pouvaient guère se centraliser. On s'épuisait donc en projets infructueux, quand la guerre de la Russie contre la Porte qui se poursuivait lentement, renouvela les espérances des Polonais.

Le 15 décembre 1828, Wysocki réunit chez lui plusieurs jeunes patriotes, et ils arrêtèrent entre eux les bases définitives d'une association pour l'indépendance nationale. Puis Wysocki s'aboucha de nouveau avec les officiers de la garnison de Warsovie, particulièrement avec ceux des grenadiers de la garde royale, et fut plus heureux que dans ses tentatives précédentes. Dès janvier 1829, il avait associé à ses plans des complices aussi courageux que dévoués, et dont quelques-uns disposaient des magasins à poudre.

Fort de l'appui de ces hommes d'action, Wysocki chercha à obtenir la coopération des hommes d'influence morale. Il fut bientôt mis en rapport avec plusieurs députés jouissant d'une grande popularité, tels que Valentin Zwierkowski, François Trzcinski et Gustave Malachowski. Dès lors l'association fut pleinement organisée et tint de fréquentes séances, attendant avec impatience une occasion propice pour éclater.

Elle ne tarda pas à s'offrir. L'empereur Nicolas vint, en 1829, à Warsovie, afin de s'y faire couronner comme roi de Pologne. Les conjurés convinrent qu'une députation de la chambre des nonces lui présenterait une requête, pour demander la révocation de l'article additionnel annulant la publicité des débats de la diète; en cas de refus, on devait refuser au tzar le serment de fidélité et donner au soulèvement une forme légale.

Mais une démarche préalable, tentée auprès du grand-duc Constantin, ayant fait connaître que la députation ne serait pas même reçue par Nicolas, l'exaspération des Polonais, privés des moyens légaux, fut portée à son comble. Au lieu du premier plan arrêté, on fit l'ouverture d'un nouveau projet beaucoup plus hardi. Il consistait à se défaire d'abord de l'empereur et de toute sa famille, pour aboutir ensuite à une révolution radicale. On l'accueillit avec enthousiasme, et l'instant de son exécution fut fixé; mais, à mesure qu'il approcha, les moteurs du projet reculèrent devant leur propre ouvrage. Enfin la veille du jour décisif, le 19 mai, on sonda une dernière fois Malachowski, que l'on regardait comme l'interprète des sentiments de la diète; mais cette entrevue offrit tant de désappointements, que les jeunes conjurés renoncèrent à tenter le coup audacieux du lendemain, qui rencontra, en outre, plusieurs difficultés imprévues et enfantées par le hasard.

Le couronnement eut donc lieu sans opposition, avec son cortége de fêtes et de parades. Le grand-duc Constantin tint les rênes de la police, et ne se douta pas du danger imminent qui avait plané sur la tête de son auguste frère. L'indécision des conjurés fit que l'empereur Nicolas put regagner en toute assurance Saint-Pétersbourg.

Cette occasion perdue, la conspiration devait prendre une autre allure. Il ne s'agissait plus d'un coup de main, mais bien d'une insurrection générale, et il fallait systématiser son action dans les masses militaires, afin de l'appuyer sur une force réelle.

La diète se vit convoquée l'année suivante, le 28 mai 1830, après une interruption illégale de cinq années. La constitution était ainsi foulée aux pieds sans pudeur.

La loi relative au mariage et au divorce, votée précédemment par l'influence du gouvernement et qui avait eu des suites fâcheuses, fut remise en question. Le parti de Rome, soutenu par l'empereur, se montra aussi exigeant que d'habitude, et le sénat eut le tort de céder à ses prétentions; mais la chambre des nonces, qui voulait revenir au Code Napoléon à l'égard de cette matière, et éclairée par un discours de la plus haute portée du savant légiste François Wolowski, rejeta le projet présenté par l'autorité.

C'est à la fin de cette même diète que le nonce Gustave Malachowski présenta à l'approbation de la chambre un acte d'accusation contre le ministre de la justice Woznicki, pour avoir signé le décret contre le tribunal des sénateurs; contre le ministre des finances Lubecki, pour avoir vendu des biens nationaux sans l'autorisation de la diète, et pour avoir contre-signé l'ordonnance relative à l'introduction de l'acte additionnel; contre le ministre de l'instruction publique, Stanislas Grabowski, pour avoir contre-signé l'ordonnance relative à l'établissement de la censure; et enfin, contre le ministre qui avait signé l'ordre d'arrestation du nonce Vincent Niémojowski. Le nombre des votes pour et contre l'acte d'accusation étant égal, les partisans du gouvernement, qui craignaient de succomber dans le cas d'une nouvelle épreuve, retardèrent sous divers prétextes l'ouverture de la séance jusqu'à minuit. C'était le dernier jour de la diète, et à minuit sonnant, elle fut close.

Cette fois encore, l'empereur échappa à un grand danger. Les plus déterminés des conjurés résolurent de s'emparer de sa personne, lors d'un bal; mais les mêmes causes qui avaient fait échouer les projets précédents, c'est-à-dire, les tergiversations de plusieurs affiliés et un hasard fortuit, annulèrent de nouveau celui-ci.

A peine la diète était-elle séparée et Nicolas reparti en Russie, que la révolution de juillet éclata en France. Charles X fut renversé du trône. La Belgique suivit cet exemple à l'égard de Guillaume de Nassau, et l'Allemagne entière se vit en proie à un bouleversement complet. Le tzar, tremblant pour sa propre sûreté, résolut de comprimer cette grande commotion populaire. Déjà ses troupes s'apprêtaient à marcher sur le Rhin, et l'armée polonaise était destinée à leur servir d'avant-garde, quand les conjurés polonais, se rappelant à regret les occasions perdues, sentirent la nécessité de ne plus tarder davantage (*).

Au mois d'octobre 1830, Pierre Wysocki réunit tour à tour les officiers des divers corps composant la garnison de Warsovie, et leur dévoila le plan de l'association. Des délégués furent élus par chaque corps, au nombre total de soixante et dix, afin de se concerter sur la marche à suivre.

En outre, de nombreux émissaires parcoururent sans relâche les diverses parties du pays, disposant les esprits au grand mouvement qui devait le régénérer.

Mais tandis que tout marchait ainsi d'un pas rapide vers l'accomplissement d'un but commun, il se formait une scission des plus fâcheuses au sein même du foyer révolutionnaire. A peine

(*) Les papiers trouvés, lors de la révolution, dans les chancelleries de plusieurs généraux vendus à la Russie, ne laissent aucun doute sur les intentions hostiles de la Russie à l'égard de la France.

reçu dans l'association, Zaliwski s'efforça de détruire le crédit dont jouissait Wysocki, et de s'emparer d'une autorité à laquelle le portait sa seule vanité. Wysocki, estimé de tous pour son dévouement et ses antécédents patriotiques, triompha bientôt des prétentions d'un rival si au-dessous de lui; mais les mesquines intrigues suscitées par Zaliwski, arrivant au dernier moment, manquèrent faire découvrir la conjuration et nuisirent à l'entière action des forces disponibles.

Le général Chlopicki fut destiné, d'une commune voix, à prendre en mains les rênes de l'insurrection nationale; mais les conjurés eurent, comme nous l'avons déjà fait observer, le grand tort de compter sur sa coopération active, sans s'être assurés préalablement de son assentiment.

Les autres généraux informés du complot y avaient bien donné leur adhésion, mais aucun d'eux ne voulait se charger d'un rôle aussi délicat que périlleux. La parole d'un chef était donc de toute nécessité avant de passer à l'exécution.

A force de ruses et de recherches, la police était parvenue à saisir quelques indices des trames dont la réalisation se poursuivait; aussi, pendant les quatre mois qui s'écoulèrent entre la révolution de juillet et celle de Warsovie, on n'entendit parler que d'arrestations et d'exécutions secrètes. Il fallut tout le courage et toute la résignation montrés par les conjurés pour déjouer les soupçons; mais, par mesure de précaution et malgré l'air de sécurité qu'il affectait, le grand-duc Constantin s'entoura, à sa résidence du Belvédère, de plusieurs régiments russes continuellement sous les armes.

On arrêta enfin le plan définitif du soulèvement de l'armée, du peuple et des représentants. Le 29 novembre fut fixé pour l'explosion. Au premier signal les compagnies polonaises de la garnison de Warsovie devaient se rendre aux divers points indiqués. Il n'y avait plus à reculer.

RÉVOLUTION NATIONALE.
1830 — 1831.

La journée du 29 novembre, à jamais mémorable dans les annales polonaises, garda l'apparence de ce calme mystérieux, si souvent précurseur d'une violente tempête. Les conjurés, résolus à tout braver, attendaient avec impatience le moment d'agir. A six heures du soir, deux colonnes de feu, l'une au sud, et provenant de l'embrasement d'une vieille brasserie située au quai de Solec, près du Belvédère, l'autre à l'ouest, et s'élevant d'une masure en bois bâtie non loin de l'arsenal, devaient donner l'impulsion du mouvement et devenir le signal de l'attaque des Russes sur tous les points de la ville occupés par eux (*).

Malheureusement l'incendie convenu manqua en partie. Aperçu seulement d'une partie des conjurés, toujours attendu par l'autre, il résulta de son avortement un défaut d'ensemble qui multiplia les obstacles et faillit faire échouer l'entreprise.

Quoi qu'il en soit, vers les sept heures du soir, Wysocki se présenta avec résolution à la caserne des porte-enseignes, en s'écriant : *Polonais, l'heure de la vengeance a sonné. C'est aujourd'hui qu'il faut vaincre ou mourir. Aux armes!* Cet appel fut accueilli avec enthousiasme; des cartouches furent distribuées par Szlegel, et l'école se rangea en ordre de bataille.

Sans perdre un instant, Wysocki se mit à la tête de cette colonne, qui comptait cent soixante élèves, tous aptes à commander une division, et marcha contre les casernes de la cavalerie russe, situées à peu de distance de là, aux portes de Warsovie. Ces casernes, traversées par des canaux et par plusieurs petits ponts, étaient inabordables, si les cavaliers, attaqués à l'improviste et la nuit, n'eussent cru avoir affaire à plusieurs milliers d'assaillants. Les ténèbres doublaient le nombre et répandaient la terreur. Une lutte sanglante s'engagea en cet endroit.

Des événements plus graves encore se passaient pendant ce temps au château du Belvédère. Dix-huit conjurés, la plupart étudiants de l'université de Warsovie, avaient résolu de s'emparer de la personne du grand-duc Constantin. Afin de parvenir à son but, cette petite troupe se partagea en deux; une moitié pénétra par les jardins, afin de couper la retraite au cesarevitsch, et l'autre s'avança rapidement vers l'entrée principale, au cri de : *Mort au tyran!* Le seuil du palais, tant redouté des Polonais, fut bientôt franchi, tandis qu'au loin retentissait la fusillade engagée entre l'école des porte-enseignes et la cavalerie russe.

Constantin sommeillait à l'heure où l'insurrection éclatait sur plusieurs

(*) Voici quelles étaient, à Warsovie, les forces respectives :

POLONAIS.		RUSSES.	
Infanterie	7,300 hommes.	Infanterie	3,600 hommes.
Cavalerie	600	Cavalerie	1,800
Artillerie (14 pièces)	220	Artillerie (2 pièces)	25
Total	8,120	Total	5,425

Mais, par suite de l'ignorance où étaient plusieurs corps de troupes des événements préparés, notamment la cavalerie, qui se rangea en entier sous les ordres du grand-duc, les forces polonaises disciplinées se trouvèrent réduites, au moment de l'action, à 5000 hommes. En outre, les Russes comptèrent le lendemain 28 pièces d'artillerie de plus, dont 24 expédiées du parc de Gora et 4 prises aux insurgés.

points à la fois. Un de ses valets de chambre le réveilla brusquement, et, l'arrachant de sa couche, le poussa vers un escalier dérobé conduisant au pavillon habité par la princesse de Lowicz, sa femme. Il était temps, car, au même instant, les conjurés se précipitaient dans l'intérieur du principal corps de logis. Tous les coins de la résidence furent visités, au bruit des acclamations de rage et de vengeance; le seul pavillon de la grande-duchesse fut respecté, et, grâce à la retenue des conjurés, le cesarevitsch échappa à un danger imminent. Muet, tremblant d'effroi au milieu des femmes de la princesse, agenouillées et priant avec ferveur, il expiait cruellement les angoisses qu'il avait fait éprouver précédemment au peuple confié à sa garde.

Voyant l'inutilité de leurs recherches, les conjurés se retirèrent; mais, avant d'abandonner les appartements, ils y mirent à mort le préfet de police Lubowidzki, qui arrivait avec des rapports tout récents sur les progrès de la conspiration. Ils percèrent également de leurs baïonnettes, dans la cour du palais, le général russe Gendre, favori du grand-duc, quoique ce dernier eût lui-même pour habitude de l'appeler *le plus misérable des misérables*; puis ils opérèrent leur retraite par le petit bois de Lazienki, fort à propos, car sur leurs pas un régiment russe entrait à la résidence.

Ils allèrent rejoindre Wysocki, dont la position devenait très-critique. La cavalerie moskovite s'apercevant du petit nombre de combattants qui l'avait délogée de ses casernes, reprenait courage et s'apprêtait à le cerner, quand l'arrivée des conjurés du Belvédère changea la face des choses. Les deux troupes réunies chargèrent, la baïonnette en avant, et parvinrent à se frayer un passage vers Warsovie. Elles gagnèrent rapidement la place de l'église d'Alexandre, où elles s'attendaient à rencontrer six compagnies d'élite. Mais le général Stanislas Potocki, instruit du plan de la conspiration, s'était transporté sur ce point, et au fur et à mesure qu'une compagnie arrivait, il l'envoyait au cesarevitsch. Telle fut la cause de l'abandon où se trouvèrent si longtemps les porte-enseignes lors de l'attaque des casernes. Furieux de la conduite de Potocki, sur lequel ils avaient cru pouvoir compter, ils lui firent payer de ses jours sa trahison.

Dans les autres parties de la capitale, les opérations, quoique plus lentes n'étaient cependant pas inactives. Le quatrième régiment de ligne, une batterie d'artillerie forte de douze canons, une portion notable des grenadiers de la garde, un bataillon de sapeurs, et des compagnies de grenadiers de chaque régiment polonais en garnison à Warsovie, étaient sortis de leurs casernes. Tandis que quelques-uns de ces corps se dirigeaient vers l'arsenal, les autres surveillaient les mouvements de l'infanterie russe. On renforça aussi les postes de la banque, et on prit les mesures pour maintenir, autant que possible, la sécurité publique au milieu de cette grande commotion.

Chemin faisant, Zaionczkowski et Dobrowolski, qui conduisaient les masses à l'arsenal, pénétrèrent dans la salle du théâtre des *Variétés*, en poussant le cri: *Aux armes! les Russes égorgent les nôtres!* Les spectateurs sortirent aussitôt et grossirent la foule des insurgés. Après une résistance assez longue, l'arsenal fut pris, et les armes qu'il renfermait furent distribuées au peuple.

Dès les premiers coups de fusil, nombre d'officiers supérieurs polonais, connus par leur obéissance aveugle aux volontés du grand-duc, s'empressèrent de monter à cheval et s'efforcèrent d'apaiser le mouvement par leurs prières ou leurs menaces. Ce manque de patriotisme ne demeura pas impuni. Le général Hauke et le colonel Méciszewski rencontrèrent tous deux la mort à l'entrée du palais des lieutenants du royaume; le général Trembicki, qui, refusant de servir la cause nationale, traitait les citoyens soulevés d'assassins, lava de son sang cette injure; le général Siémiontkowski, porteur des ordres de Constantin, est saisi, et rendit le dernier soupir près de la place de Saxe; le général Blumer, l'un des membres des odieuses cours prévôtales, fut percé de dix-huit balles au moment où il rejoignait les troupes moskovites : son cadavre fut attaché ensuite à une potence; le chef de la police secrète, le colonel Sass, n'échappa pas non plus à la vengeance populaire. De cruelles méprises eurent malheureusement lieu; et, dans le tumulte, le brave général Nowicki périt à la place du général russe commandant de Warsovie, Lewicki, que les conjurés crurent immoler en lui.

Maîtres de l'arsenal et des principaux points de la capitale, les Polonais pouvaient regarder leur triomphe comme assuré. La lutte continua bien encore le jour suivant, mais partout les Russes furent repoussés. Toutefois, le défaut d'ensemble remarqué au début de l'action avait annulé en grande partie les fruits d'un plan conçu avec tant d'habileté. Chaque détachement de l'armée ayant agi, pour ainsi dire, d'après sa propre inspiration, le cesarevitsch, un moment inquiet pour sa sûreté, put se sauver, et les troupes russes non désarmées, comme on l'avait projeté, se rallièrent aux portes de Warsovie, dans une attitude menaçante.

Le ministre des finances Lubecki convoqua dans la nuit de l'insurrection le conseil administratif du royaume; et, afin de donner à ce corps une apparence de libéralisme, on y fit entrer des hommes connus pour leur dévouement à la chose publique, tels que les princes Adam Czartoryski et Michel Radziwill, le général Paç, Kochanowski et Niemcewicz. Malgré cette adjonction de citoyens recommandables, sa première proclamation fut fort mal reçue, attendu qu'elle ne respirait pas suffisamment l'esprit de la révolution.

On nomma président de la ville de Warsovie le respectable Wengrzecki et le commandement provisoire de l'armée fut confié au général Paç, en l'absence du général Chlopicki, qui s'était enfui du théâtre des *Variétés* au cri poussé par les patriotes et qui, depuis ce moment, se tenait soigneusement caché. Son nom était cependant prononcé par chacun comme celui du chef de la conspiration; mais ce fut seulement dans la soirée du 30 qu'il se montra de nouveau, alors que tout danger était passé. Déjà, malheureusement, les menées secrètes du grand-duc avaient pu opérer et préparer de fâcheuses divisions.

La position de Chlopicki fut des plus extraordinaires dans cette circonstance; car, tandis que les insurgés le cherchaient pour le mettre à leur tête, Lubecki désirait également sa présence, comme étant le seul homme capable d'arrêter la révolution. Précédemment, lorsque les conspirateurs lui proposèrent la direction suprême, il leur répondit à diverses reprises : « Je n'accepterai jamais aucune autorité de la part des rebelles! » Il accepta cependant le commandement de l'armée par ordre du conseil administratif, qui agissait toujours, il est vrai, au nom de Nicolas.

C'était un véritable chaos d'idées politiques. Lubecki, qui tenait le fil de toutes les intrigues, disait « *qu'il fallait arranger les affaires de manière à ce que Nicolas, roi constitutionnel de Pologne, fît la guerre à Nicolas, autocrate de la Russie.* »

Le 1er décembre, le conseil administratif organisa un comité exécutif, lequel comptait parmi ses membres le castellan Dembowski, les nonces Lelewel, Ladislas Ostrowski et Gustave Malachowski.

Le même jour vit la formation en légion d'honneur des étudiants de l'université, au nombre de mille, et la naissance du club patriotique, qui, placé sous les auspices de Lelewel, prit à tâche de diriger l'opinion publique (*).

(*) A partir de ce moment, M. Lelewel suivit une ligne de conduite peu compatible avec sa position, et elle devint, à son insu, la source de bien des maux. A la fois membre du gouvernement et chef d'un club sorti du peuple pour contrôler les actes de ce

Le 2, Constantin, qui occupait, avec des forces considérables, les portes de Warsovie, demanda qu'une députation du conseil administratif vînt lui exposer les vœux de la nation. En conséquence, le prince Adam Czartoryski, Lubecki, Wladislas Ostrowski et Lelewel furent chargés de lui faire connaître que la Pologne entendait voir exécuter sa constitution telle qu'elle l'avait reçue, et qu'elle attendait l'accomplissement des promesses d'Alexandre, concernant la restitution des provinces nationales incorporées à la Russie à la fin du siècle dernier. Ces membres devaient s'informer, en outre, si le corps d'armée lithuanien avait ordre de pénétrer en Pologne.

Les réponses évasives du grand-duc ayant détruit tout espoir d'accommodement, le gouvernement redoubla d'activité dans les armements, et le général Chlopicki adressa une proclamation énergique à l'armée.

L'horizon politique s'éclaircit pourtant un peu le 3 décembre, par suite du retour des troupes nationales parties avec Constantin, qui, voyant l'attitude vigoureuse de l'insurrection, écrivit la lettre suivante au conseil administratif :

« Je permets aux soldats polonais « qui me sont demeurés fidèles jusqu'au « dernier moment de rejoindre leurs « compatriotes.

« Je m'éloigne de Warsovie avec les « troupes impériales, et j'espère de la « loyauté polonaise qu'elles ne seront « pas inquiétées dans leur marche pour « regagner l'empire.

« Je recommande également à la « protection de la nation polonaise

« tous les établissements, propriétés « et individus russes, et les mets sous « la sauvegarde de la foi la plus sacrée.

« Le 3 décembre 1830.
« Constantin. »

Le conseil administratif ordonna qu'il serait fait droit à toutes les demandes du cesarevitsch.

Afin de satisfaire au désir de l'opinion publique, ce même conseil se modifia bientôt. Les membres du gouvernement provisoire institué à sa place furent le prince Adam Czartoryski, Kochanowski, Pac, Dembowski, Niemcewicz, Lelewel et Wladislas Ostrowski. Leur premier soin fut de convoquer la diète pour le 18 décembre.

On rétablit l'ordre à l'intérieur ; on apporta des améliorations dans le régime de l'administration ; enfin le pays prit de plus en plus un maintien ferme et imposant.

Le 5, le général Chlopicki se proclama dictateur jusqu'à la réunion des chambres et lança le manifeste suivant :

« Notre position critique réclamant « la plus grande énergie, et tout ce « qui entraverait la marche des affaires « pouvant devenir fatal à la cause pu« blique, non par ambition ni par « amour du pouvoir (j'en suis bien éloi« gné), mais eu égard aux circons« tances, et prenant pour exemple les « Romains, qui, lors d'un danger pla« nant sur la patrie, confiaient à un « seul la puissance suprême, je vous « déclare aujourd'hui, Polonais, que « je m'empare pour peu de jours, « c'est-à-dire, jusqu'à la réunion des « chambres, de la charge de DICTA« TEUR.

« Je remettrai mon pouvoir aux « mains des mandataires de la nation.

« Croyez, compatriotes, que j'userai « de ce pouvoir pour votre bien seule« ment. Vive la patrie !

« Warsovie, 5 décembre 1830.
« Le dictateur Chlopicki. »

Dès lors, la révolution était arrêtée dans son essor, et la contre-révolution apparut à sa place.

Nous ne rapporterons pas tous les actes du nouveau chef. Il nous suffira

même gouvernement, il se chargeait ainsi de deux rôles trop opposés l'un à l'autre pour les remplir d'une manière satisfaisante. Pour être diplomate, Lelewel avait trop de droiture et de simplicité dans le cœur ; et pour être tribun, il ne possédait pas assez d'énergie morale, tandis que sa santé chancelante ne lui permettait guère de se poser en athlète devant payer de sa personne. La vocation de Lelewel, la seule utile au pays, était celle de l'enseignement public.

de dire que, élevé dans les camps et esclave du serment prêté jadis à l'autocrate, Chlopicki, porté par sa volonté à un poste plus diplomatique que militaire, ne comprit point ou ne voulut pas comprendre l'élan admirable de la nation. Avant de partir pour Saint-Pétersbourg avec le nonce Jezierski, sous prétexte de négociations à entamer près de Nicolas, mais dans le but réel de gagner du temps, Lubecki plaça auprès du dictateur de nombreux agents qui en firent leur jouet. Sans cesse mécontent, furieux, inabordable, Chlopicki perdit un temps précieux en mesures insignifiantes ou funestes. Il inonda le pays de brevets d'officier; puis, imitateur maladroit, il s'entoura d'une garde consulaire, formée d'étudiants de l'université et à laquelle il prodigua les fonds du trésor, tantôt pour l'équipement et l'uniforme, tantôt pour l'envoi d'émissaires; service assez peu convenablement dirigé par le professeur Szyrma. En un mot, on pouvait croire que la dictature avait troublé la raison du général, si une pareille conduite n'avait eu pour résultat de neutraliser la révolution et ses effets, système politique adopté de nos jours dans toutes les affaires européennes.

La diète se réunit à l'époque fixée, sous la présidence du maréchal Wladislas Ostrowski; et les représentants de la nation donnèrent un plein assentiment à l'insurrection de la Pologne entière.

Cette sanction contraria vivement Chlopicki, qui déposa immédiatement son autorité; mais les gens intéressés à ce qu'il demeurât au pouvoir, afin de l'exploiter sous son nom, commencèrent à gémir, criant partout qu'on privait l'armée de son chef au moment même où l'ennemi s'apprêtait à envahir la Pologne. Ils agitèrent tellement les esprits que la diète, cédant aux clameurs excitées, rendit par une loi la dictature à celui qui l'avait abdiquée. Le seul nonce Théophile Morawski émit en cette circonstance un vote négatif.

Avant de s'ajourner, les chambres nommèrent deux commissions : l'une, pour la rédaction d'un manifeste, l'autre, pour l'approbation de ce manifeste et sa publication au nom de la diète; de plus, elle était chargée de surveiller le dictateur et de le révoquer en cas de besoin.

La tâche de la première commission était fort difficile; car si les chambres avaient approuvé l'insurrection des deux nations polonaise et lithuanienne, Chlopicki respectait toujours l'autorité de l'empereur Nicolas et ne reconnaissait d'autre Pologne que celle du congrès de Vienne. Elle sut s'acquitter pourtant de sa mission.

Cet acte important, qui exposait les griefs des Polonais, se terminait ainsi :

« La dernière consolation qui, sous le
« règne d'Alexandre, faisait supporter
« aux Polonais leurs infortunes, l'espé-
« rance de se voir réunis à leurs frères,
« leur fut enlevée par l'empereur Nico-
« las. Dès ce moment, tous les liens
« furent rompus; le feu sacré qu'il était
« défendu depuis longtemps d'allumer
« sur les autels de la patrie, couvait
« secrètement dans les cœurs des gens
« de bien. Une seule pensée leur était
« commune : qu'il ne leur convenait
« pas de supporter plus longtemps un
« tel asservissement. Mais c'est l'auto-
« rité elle-même qui avança le mo-
« ment de l'explosion. A la suite de
« bruits qui se confirmaient de plus
« en plus au sujet d'une guerre contre
« la liberté des peuples, des ordres
« furent donnés pour mettre sur le pied
« de guerre l'armée polonaise, desti-
« née à une marche prochaine, et, à sa
« place, les armées russes devaient
« inonder le pays; les sommes consi-
« dérables provenant de l'emprunt et
« de l'aliénation des domaines natio-
« naux, mises en dépôt à la banque,
« devaient couvrir les frais de cette
« guerre meurtrière pour la liberté. Les
« arrestations recommencèrent. Tous
« les moments étaient précieux : il y al-
« lait de notre armée, de notre tré-
« sor, de nos ressources, de notre
« honneur national, qui se refusait
« à porter aux autres peuples des fers

« dont il a lui-même horreur, et à
« combattre contre la liberté et ses
« anciens compagnons d'armes. Cha-
« cun partageait ce sentiment; mais
« le cœur de la nation, le foyer de
« l'enthousiasme, cette intrépide jeu-
« nesse de l'école militaire et de l'uni-
« versité, ainsi qu'une grande partie de
« la brave garnison de Warsovie et
« beaucoup de citoyens, résolurent de
« donner le signal du soulèvement.
« Une étincelle électrique embrasa
« dans un moment l'armée, la capi-
« tale, tout le pays. La nuit du 29
« novembre fut éclairée par les feux
« de la liberté ; en un seul jour
« la capitale délivrée ; en quelques
« jours toutes les divisions de l'ar-
« mée unies par la même pensée, les
« forteresses occupées, la nation ar-
« mée, le frère de l'empereur se repo-
« sant avec les troupes russes sur la
« générosité des Polonais et ne de-
« vant son salut qu'à cette seule me-
« sure : voilà les actes héroïques de
« cette révolution, noble et pure comme
« l'enthousiasme de la jeunesse qui l'a
« enfantée.

« La nation polonaise s'est relevée
« de son abaissement et de sa dégra-
« dation, avec la ferme résolution de
« ne plus se courber sous le joug
« de fer qu'elle vient de briser et de
« ne déposer les armes de ses ancêtres
« qu'après avoir reconquis son indé-
« pendance et sa puissance, seules ga-
« ranties de ses libertés; qu'après s'être
« assuré la jouissance de ces mêmes
« libertés, qu'elle réclame par un dou-
« ble droit, comme un besoin pressant
« du siècle ; enfin qu'après s'être réu-
« nie à ses frères soumis au joug du
« cabinet de Saint-Pétersbourg, les
« avoir délivrés et les avoir fait par-
« ticiper à ses libertés et à son indé-
« pendance.

« Nous n'avons été influencés par au-
« cune haine nationale contre les Rus-
« ses, qui, comme nous, sont d'ori-
« gine slave ; au contraire, dans les
« premiers moments, nous nous plai-
« sions à nous consoler de la perte de
« notre indépendance, en pensant que,
« bien que notre réunion sous un

« même sceptre fût nuisible à nos in-
« térêts, elle pourrait néanmoins faire
« particper une population de quarante
« millions d'âmes à la jouissance des
« libertés constitutionnelles, qui, dans
« tout le monde civilisé, étaient éga-
« lement devenues un besoin pour les
« gouvernants comme pour les gou-
« vernés.

« Convaincus que notre liberté et
« notre indépendance, loin d'avoir ja-
« mais été hostiles vis-à-vis des Etats
« limitrophes, ont au contraire servi,
« dans tous les temps, d'équilibre et
« de bouclier à l'Europe, et peuvent
« lui être aujourd'hui plus utiles que
« jamais, nous comparaissons en pré-
« sence des souverains et des nations,
« avec la certitude que la voix de la
« politique et de l'humanité se fera
« entendre en notre faveur.

« Si même, dans cette lutte, dont
« nous ne nous dissimulons pas les
« dangers, nous devions combattre
« seuls pour l'intérêt de tous, pleins
« de confiance en la sainteté de notre
« cause et de notre propre valeur, et
« en l'assistance de l'Éternel, nous
« combattrions jusqu'au dernier soupir
« pour la liberté! Et si la Providence
« a destiné cette terre à un asservis-
« sement perpétuel, si, dans cette der-
« nière lutte, la liberté de la Pologne
« doit succomber sous les ruines de
« ses villes et les cadavres de ses dé-
« fenseurs, notre ennemi ne régnera
« que sur des déserts, et tout bon
« Polonais emportera en mourant cette
« consolation, que, si le ciel ne lui a pas
« permis de sauver sa propre patrie,
« il a du moins, par ce combat à mort,
« mis à couvert pour un moment les
« libertés de l'Europe menacée. »

Ce manifeste fut signé et publié le 5 janvier 1831, en dépit de la résistance du dictateur.

Mais cette désunion entravait la marche des affaires ; aussi, malgré le généreux dévouement de la noblesse, l'ardeur de l'armée et l'enthousiasme du peuple, les cadres se remplissaient lentement et le trésor s'appauvrissait sans fruit. Le mécontentement gagnait toutes les classes.

En dissidence d'une part avec les commissions, de l'autre avec le ministère, Chlopicki, au lieu d'armer en masse la nation et d'envahir rapidement la Lithuanie pour la soulever, s'épuisait en mesquines persécutions contre les clubs et les journalistes.

Le voyage de Lubecki à Saint-Pétersbourg n'amena aucun résultat satisfaisant, ainsi qu'il était facile de le prévoir. Il donna seulement tout le temps voulu au tzar pour rassembler ses troupes et les diriger vers la Pologne, qu'il menaçait d'une guerre d'extermination.

Le dictateur, que ses accès de démence furieuse rendaient de jour en jour plus insupportable, dut déposer alors une seconde fois le pouvoir. Voulant toutefois que ses talents militaires profitassent à la cause nationale, le prince Adam Czartoryski le conjura de ne pas abandonner le commandement de l'armée ; mais Chlopicki, irrité de n'avoir pu faire prévaloir ses idées, repoussa toutes les offres et toutes les prières.

Dans cet état de crise, la diète s'assembla de nouveau, afin de remédier aux suites d'une fatale temporisation.

Les candidats qui réunissaient le plus de suffrages pour le bâton de commandant en chef étaient Radziwill, Krukowiécki, Pac, Skrzynecki, Woyczynski et Weysenhoff. Le premier, le prince Michel Radziwill, fut proclamé généralissime le 21 janvier ; et Chlopicki, s'étant un peu radouci, promit de l'aider de ses conseils.

Sur ces entrefaites, Iezierski, le compagnon de voyage de Lubecki, revint de Saint-Pétersbourg et parut devant la diète, à laquelle le nonce Roman Soltyk avait déjà soumis une motion tendant à proclamer la déchéance de la famille Romanoff et l'annulation de ses prétentions au trône de Pologne. A peine Iezierski eut-il rendu compte de son étrange mission et de l'accueil peu favorable de Nicolas, que l'exaspération fut portée au comble dans le sein de l'assemblée. Le maréchal Wladislas Ostrowski, son frère Antoine, les nonces François Wo-lowski et Ledochowski se succédèrent à la tribune, en rappelant les serments des tzars tant de fois violés et les plaies encore saignantes de la patrie. Bientôt retentit un cri unanime : « *Nicolas n'est plus! A bas les tyrans!* » cri qui, se prolongeant sous les voûtes du palais, se répandit en quelques instants par toute la ville (*).

(*) A l'appui de cette décision spontanée et rendue sous l'influence d'une profonde indignation, nous rassemblerons ici, en un seul faisceau, les diverses infractions au pacte social commises par le gouvernement de Saint-Pétersbourg.

L'article 10 de la constitution disait que, dans le cas où les troupes russes pénétreraient en Pologne, l'approvisionnement et les dépenses attachées à leur marche seraient à la charge de leur gouvernement: Elles stationnèrent cependant durant quinze années à Warsovie et dans ses environs aux frais du pays, à part seulement la solde ; si bien que l'impôt des logements militaires enleva, pendant tout ce temps, aux habitants le quart de leurs revenus.

L'article 16 garantissait la liberté de la presse. Ce moyen de civilisation gênait l'autorité ; et plutôt que de réprimer par les voies légales quelques écarts inévitables, elle préféra renverser l'institution tout entière, introduire la censure, empêcher les relations scientifiques avec les pays étrangers, et confier une mission de lumières et d'équité à des magistrats aussi avides qu'ignorants. Pendant les douze dernières années, la liberté de la presse ne fut pour les Polonais qu'un vain mot.

Les articles 18, 19, 20, 21 et 22 maintenaient les dispositions de l'ancienne loi cardinale (*neminem captivari permittemus nisi jure victum*), établissant que nul ne pouvait être arrêté sans les formes et hors des cas prévus par la loi. Les motifs de l'arrestation devaient être dénoncés sur-le-champ par écrit au prisonnier, qui devait lui-même paraître dans les trois jours suivants devant le tribunal ; en cas de disculpation, la liberté lui était rendue immédiatement ; enfin celui qui fournissait caution demeurait libre pendant un certain temps. Pas une de ces garanties, sources de la sécurité et du bonheur individuel, ne fut observée. Nous renverrons, à cet égard, le lecteur à la peinture si vraie et si énergique tracée aux pages 298 et 299.

A la nuit tombante, Warsovie fut illuminée; des cortéges joyeux parcoururent les rues au bruit des fanfares, et les hymnes de liberté, chantés par

L'article 23 statuait que nul ne pouvait être puni que sur l'autorité de la loi existante, et d'après un décret du tribunal respectif. En dépit de cette disposition formelle, nombre de citoyens paisibles furent jugés par les autorités militaires, soit qu'on redoutât la publicité d'un arrêt rendu par un tribunal civil, soit qu'on se servit du prétexte que les accusés avaient été au service, soit enfin que les conseils de guerre rendissent leurs décisions d'après des instructions secrètes qui leur étaient transmises. Dans certains procès, l'injustice de l'accusation était si évidente que les magistrats, ne trouvant pas de coupables, n'osaient pas infliger aux inculpés la moindre peine; alors on annulait l'arrêt pour organiser un second tribunal; et si celui-ci jugeait comme le premier, on en créait un troisième, en ajoutant que s'il fallait en créer mille l'un après l'autre, le gouvernement le ferait, jusqu'à ce que la sentence fût conforme à ses désirs. D'habitude le général Blumer, toujours prêt à jouer le rôle de bourreau, était chargé du soin de terminer l'affaire.

L'article 21 autorisait chaque Polonais à se rendre en pleine liberté à l'étranger et à y jouir de sa fortune. Ici encore le caprice du chef et de ses nombreux satellites sut apporter de révoltantes entraves. On en vint à ne plus délivrer de passe-ports pour les pays constitutionnels; et chaque voyageur arrivant à Warsovie, sans même excepter les femmes, subissait, avant toute chose, un interrogatoire sévère, et devait soumettre ses effets et ses papiers à l'examen d'insolents espions. Les voyages en France et en Angleterre éveillaient surtout les soupçons et amenaient de promptes arrestations; de là naquit le proverbe : *Pour être fait prisonnier, il ne faut qu'aller à Warsovie.*

L'article 26 garantissait les droits de la propriété, désignant comme violateurs de la sécurité publique ceux qui seraient tentés de les enfreindre. Combien cependant de citoyens estimables par leur rang et leurs vertus, de pères de famille, de propriétaires, de manufacturiers, se virent attelés à de viles charrettes pour avoir dévoilé les résultats désastreux d'un procès civil! Pour surcroit de châtiment, on leur envoyait des escadrons de cavalerie, avec ordre de les loger et de les nourrir.

Les articles 39, 91 et 93 laissaient au roi la disposition des revenus de l'État, conformément au budget, qui devait être voté par la diète tous les quatre ans. Et pourtant, pendant les quinze années du royaume de Pologne, il n'y eut pas un seul budget constitutionnel. Il n'était pas même permis à la nation de connaître ses ressources et ses dépenses. Le souverain disposait arbitrairement des recettes, selon les rapports du ministre des finances, dont les vues étaient louables sans doute; mais agissant sans la participation des chambres, il ne pouvait pas empêcher qu'une notable portion des revenus publics ne devînt la proie des flatteurs et des traîtres.

Les articles 47 et 82 établissaient la responsabilité des ministres et des employés supérieurs, au cas où ils souscriraient à des ordonnances contraires à la constitution et aux lois. Ils ne furent jamais exécutés; et, méprisant une responsabilité chimérique, les agents du pouvoir ne se firent pas scrupule d'apposer leur signature au bas des actes les plus tyranniques et les plus déshonorants. Instruments du despotisme, ils se mettaient sous son abri pour éviter un châtiment justement mérité.

L'article 87 ordonnait que tous les deux ans la diète serait convoquée. De 1820 à 1825, la Pologne attendit toutefois vainement la réunion de ses représentants. Las des barrières constitutionnelles et poussé par le grand-duc Constantin, l'empereur Alexandre tendait de plus en plus au despotisme. Le pacte social l'autorisait bien à proroger ou à dissoudre la diète en cas de dissentiment, mais il trouvait beaucoup plus commode de ne pas la convoquer du tout.

L'article 89 concernait la liberté des membres de la diète. Aucun d'eux ne pouvait être arrêté ou jugé criminellement avant qu'elle fût close, à moins du propre consentement des chambres. Cet article fut violé comme tant d'autres; et, en 1825, Constantin arrêta en personne, aux portes de Warsovie, le nonce Vincent Niemoiowski; puis, le livrant aux gendarmes, le fit transporter loin de ses domaines et surveiller comme un malfaiteur. L'avénement d'un nouveau monarque n'améliora même pas le sort de ce digne mandataire, que l'estime et la reconnaissance de ses concitoyens semun peuple enthousiasmé, ne cessèrent de retentir qu'à l'apparition de l'aurore.

Le 30 janvier, les chambres nommèrent un gouvernement national, lequel se composa de cinq membres non responsables et jouissant de presque toutes les prérogatives attribuées à la royauté. Ces membres étaient le prince Adam Czartoryski et Barzykowski, représentant les opinions monarchiques; Vincent Niémoiowski et Théophile Morawski, représentant les idées constitutionnelles; et Lelewel, représentant la démocratie.

Le prince Czartoryski, élu président

blaient rendre plus coupable qu'un autre aux yeux de l'autorité.

L'article 95 assurait la publicité des débats des chambres. Mais Alexandre, après avoir accepté la constitution pour lui et ses successeurs, y ajouta, au bout de dix années, un article additionnel qui abolissait cette publicité. Il détruisit ainsi la meilleure sauvegarde de l'ordre constitutionnel; et, pour motiver un tel acte d'arbitraire, il se servit du prétexte que le gouvernement voulait éviter par là d'exercer aucune influence sur les élections. Le mensonge était par trop grossier, car, peu de temps après, on destituait des commissaires d'arrondissement (sous-préfets), pour avoir autorisé l'élection de citoyens libéraux. On fit plus; on fouilla dans les vieux registres, afin d'arriver à compromettre les hommes les plus distingués du pays. Quelquefois même on leur envoyait de vils agents, qui, provoquant des insultes, s'empressaient ensuite de les traduire devant la police. Si les moyens différaient, le but était le même : il s'agissait d'éloigner des élections des candidats redoutables et vénérés.

Les articles 110 et 111 déclaraient seulement aptes à être nommés sénateurs par le roi, et sur la présentation du sénat, les Polonais payant deux mille florins d'impôt direct (environ douze cents francs). C'était une garantie d'indépendance, et c'est la seule page de la constitution qui demeura pure de toute atteinte jusqu'en 1829; mais on ne la respecta guère alors. Le nom de sénateur fut reconnu vain, et la dignité sénatoriale dégénéra en dignité analogue à celle de chambellan honoraire. Non-seulement on n'attendit plus la présentation du sénat pour nommer les titulaires, mais on conféra la qualité de sénateur à des employés qui n'avaient d'autre fortune que leurs appointements mensuels. Sans la révolution de 1830, cette assemblée eût un jour été entièrement composée de serviteurs salariés.

Les articles 135 et 137 prescrivaient l'établissement d'un conseil dans chaque palatinat, pour l'élection des employés, la formation de la liste des candidats, et la protection des propriétés. Ce conseil composait une sorte de magistrature constitutionnelle et tutélaire, indispensable dans la hiérarchie administrative. Elle ne fut pas épargnée, et le palatinat de Kalisz se vit privé de son conseil. On lui enleva également, par la suite, sa représentation à la diète, parce que ses nonces y formaient l'opposition; et la conduite patriotique de quelques citoyens devint ainsi la cause qu'une province perdit ses plus chères libertés.

Les articles 138, 141 et 142 garantissaient l'indépendance des tribunaux et l'inamovibilité des juges, la destitution de ces derniers ne pouvant avoir lieu qu'après l'arrêt spécial d'un tribunal. Combien de magistrats, cependant, furent persécutés pour avoir rendu des décisions contraires aux désirs du gouvernement; et combien d'autres furent destitués sans autre motif que la volonté d'un chef altier!

L'article 140 et les suivants spécifiaient que les juges seraient en partie électifs, et qu'il y aurait des tribunaux civils et des cours d'assises; mais, malgré les plus vives sollicitations, ces juridictions distinctes ne furent jamais établies.

L'article 153 disait que les forces militaires de l'État seraient composées d'une force armée active et de milices (gardes nationales), prêtes à la seconder en cas de besoin. Le gouvernement, joignant le sarcasme à l'illégalité, se contenta de donner le nom de *milice* à la police de l'hôtel de ville, et qui était chargée du service municipal de Warsovie.

Tels sont, en abrégé, les principaux abus dont la nation polonaise eut à souffrir durant quinze années consécutives. Chaque jour enfantait de nouveaux malheurs, et le nombre des victimes égalait presque celui des individus. Un système de douceur et de justice eût rallié tous les esprits au pouvoir; on n'eut recours qu'à la force et à la violence.

du gouvernement national, fit une déclaration de foi, qu'il terminait par ces mots :

« Dans ces jours de deuil où le nom polonais était rayé de la liste des nations, il n'y avait plus rien à espérer pour nous, que du monarque auquel était échu en partage notre pays presque tout entier. Alexandre, jeune, noble, animé envers la Pologne de généreuses et bienveillantes intentions, avait su captiver mon admiration par les vertus de son âme et les qualités de son caractère.

« Je croyais alors que la Pologne, par son intime union avec un peuple de la même origine, pouvait rentrer, plus lentement, il est vrai, dans son indépendance, à l'aide de ses constants et infatigables efforts. Trop d'événements ont changé ma conviction. La violation flagrante et continuelle de la constitution et des lois, ainsi que les nombreuses persécutions dont s'armait un pouvoir soupçonneux, ne permettent plus à personne de réaliser les idées dont j'ai cru l'application possible. Désormais tous les liens sont brisés; la nation a hautement proclamé son désir de rester libre et indépendante. Quoi que la nécessité puisse commander, le devoir de tout le monde est de s'y soumettre. La volonté nationale, franche et unanime, ne doit rencontrer aucun obstacle. Abandonner maintenant la cause du peuple, ne pas s'associer entièrement à sa fortune, à ses dangers, à ses sacrifices, ce serait trahir le cri de ma conscience. Aussi je supporterai l'honorable fardeau qui vient de m'être imposé, persuadé que je suis, que nul ne doit se soustraire à l'accomplissement de devoirs qui sont communs à tous...

« Ce qu'il nous faut, c'est de l'harmonie dans les efforts... Nous devons chercher aujourd'hui notre salut dans les armes et dans les combats; l'Europe, qui va contempler la lutte, ne se prononcera qu'après la victoire. Que nos relations amicales avec les États voisins leur apprennent nos dispositions conciliantes et pacifiques; que les amis de notre cause nous trouvent toujours prêts à suivre leurs conseils; enfin, que l'Europe entière sache que la révolution polonaise n'a pas voulu le renversement des principes sociaux, bases éternelles de la politique et de la morale.

« Le temps ne serait pas bien choisi pour penser à des améliorations sociales; le bruit des armes nous appelle à l'action, et troublerait le repos qu'exigent les profondes méditations... Nul doute, la première victoire, s'il plaît au Tout-Puissant de nous l'accorder, stimulera encore notre énergie; mais nous devons nous tenir prêts pour les revers comme pour les triomphes. Aussi mon devoir m'oblige à déclarer, dès à présent, que le sort du pays et l'intérêt de la nation ne peuvent être, à mes yeux, enchaînés à aucuns liens particuliers; l'armée et le gouvernement doivent combattre jusqu'à la fin, et disputer opiniâtrément chaque pied de terrain resté libre du territoire national. »

Peu de jours après, la nouvelle de l'irruption des Russes, sous les ordres de Diebitsch, fut connue. Le gage des combats était jeté, et personne ne songeait à reculer.

D'après le plan de défense adopté par Chlopicki, les troupes polonaises se concentrèrent vers le faubourg de Praga; et l'ennemi, en voulant tomber sur leur aile droite, fut battu à Stoczek, le 14 février, par le général Dwernicki, qui lui prit onze canons. A la même date, le colonel Skrzynecki soutint courageusement, pendant toute une journée, le choc d'un corps russe six fois plus nombreux que le sien.

Diebitsch occupa bientôt le bois de Grochow avec quatre-vingt mille hommes et deux cents pièces d'artillerie. La ligne de bataille des forces polonaises ne comptait qu'environ trente mille soldats et cinquante canons; mais, malgré l'inégalité du nombre, les journées des 19 et 20 février couvrirent de gloire les drapeaux polonais.

Le corps des grenadiers russes, fort de vingt mille hommes, ayant rejoint l'ennemi, Diebitsch ne tarda pas à recommencer la lutte. Les divisions Zymirski et Skrzynecki, postées dans un taillis d'arbres, lui opposèrent longtemps la plus vigoureuse résistance; mais, redoublant d'efforts, Diebitsch parvint enfin à percer le centre des troupes polonaises. Déjà il se croyait vainqueur et avait lancé, par cette trouée, sa cavalerie d'élite, quand les Polonais se rallièrent avec intrépidité et lui firent essuyer des pertes sensibles. Le superbe régiment des cuirassiers du prince Albert, surnommés les *invincibles*, périt presqu'en entier sous les coups des lanciers blancs. De tout ce corps de géants, un seul homme survécut, le colonel, qui entra prisonnier à Warsovie.

Cette catastrophe arrêta la marche de Diebitsch et assura la retraite de l'armée polonaise dans les retranchements de Praga et à Warsovie.

Chłopicki, qui assistait le généralissime, fut blessé dès le commencement de l'action. Il se rendit peu de temps après à Krakovie.

Le prince Michel Radziwill déposa son pouvoir le 26 février ; et la diète nomma au commandement suprême celui qui s'était distingué dans les combats récents, le général Skrzynecki. Le quartier-maître général Prondzynski lui fut adjoint comme conseil.

Les armements se poursuivirent de toutes parts avec un nouveau degré d'énergie, mais l'ennemi semblait avoir déjà besoin de repos. Diebitsch abandonna les plaines de Grochow, et, après s'être entouré de retranchements aux environs de Wawer, il prit ses positions d'hiver dans le palatinat de Lublin.

Ce calme momentané n'était que le prélude de graves événements, et le printemps ramena le renouvellement des hostilités.

Les divisions polonaises ayant défilé, pendant toute la nuit du 30 au 31 mars, par le pont de Praga, se portèrent de grand matin, la gauche en tête, sur Wawer, où s'était retranché l'avant-garde du 6° corps, aux ordres du général Geismar. La division Rybinski enveloppa l'ennemi à la faveur d'un épais brouillard, le culbuta et le poursuivit, la baïonnette dans les reins, jusqu'à Milosna. A trois heures de l'après-midi, les divisions Malachowski et Skarzynski ayant pris la tête de la colonne, débouchèrent dans la clairière de Dembé-Wiélkié, où le général Rosen était parvenu à rallier vingt-cinq mille hommes, y compris les débris de la division Geismar. Toute l'armée polonaise occupa bientôt le village de Brzeziny, Malachowski en tête ; mais Skrzynecki ne sachant comment employer une pareille masse sur un terrain trempé et coupé, la laissa assister l'arme au bras à l'attaque héroïque des 8° et 4° de ligne. Ce ne fut que fort tard dans la soirée que la cavalerie de Skrzynski s'élança par la chaussée, chargea au milieu et en arrière de la ligne ennemie, renversa plusieurs carrés, se précipita à la poursuite des Russes, enleva des bataillons entiers avec armes et drapeaux, et, dans son rapide trajet de Dembé à Kaluszyn, ramassa six mille traînards et cinquante caissons d'artillerie.

Après la destruction du corps de Rosen, Prondzynski voulait que le généralissime se rabattît de tout le poids de sa masse victorieuse sur le gros de Diebitsch, qui, engagé dans les fondrières de la Podlachie avec deux cents pièces de canon et trois cents chariots, aurait été obligé de tout abandonner à l'approche des Polonais, heureux encore de pouvoir gagner sa ligne de retraite par la Wolhynie. La Pologne était sauvée, si Skrzynecki, qui ne comprenait pas toute la supériorité que lui donnait l'éclatante victoire de Dembé, n'eût pas refusé d'attaquer Diebitsch en flanc et ne lui eût permis de rejoindre sa première ligne d'opérations par Siekłcé. La veille de l'arrivée de l'armée russe sur ce point, le généralissime se laissa pourtant décider à une tentative ayant pour but d'envelopper le corps de Pahlen II, placé en observation sur le Kostrzyn, près d'Iganié. Mais là encore, Skrzynecki manqua à sa fortune et n'arriva sur le champ de bataille, avec le gros de l'armée, que lorsque tout était fini. Prondzynski avait déjà tourné la gauche ennemie avec huit mille hommes et obtenu un succès complet. Trois mille prisonniers russes, deux mille morts et plusieurs pièces de canon, tel fut le résultat de l'audace de Prondzynski.

Quoique l'arrivée de Diebitsch à Siédlcé avec cinquante mille hommes eût amorti les conséquences de cette nouvelle victoire, Prondzynski insista vivement pour que Skrzynecki attaquât le feld-maréchal, comme il avait successivement attaqué Geismar, Rosen et Pahlen II. Le généralissime refusa ; et les deux armées restèrent douze jours en face l'une de l'autre sans oser rien entreprendre, semblant attendre chacune on ne sait quelle assistance invisible.

Il était cependant grand temps d'agir vigoureusement, car les marches continuelles faites jusque-là, sans but décisif, épuisaient le soldat et le rendaient plus accessible au choléra, que, pour comble de fléaux, les Russes avaient introduit avec eux en Pologne.

Jadis, aux beaux jours de la puissance nationale, la Lithuanie tout entière se levait à l'appel de la mère patrie; mais cette fois la politique indécise de Chlopicki, qui ne voulait en rien attaquer la Russie et se bornait à jouer un rôle défensif, nuisit à la vigueur de ses mouvements. Pourtant, et quoique Skrzynecki eût adopté en grande partie le système de Chlopicki, la Lithuanie, abandonnée à ses propres forces, ne désespéra pas du triomphe et tenta, au contraire, d'organiser son insurrection, en dépit des troupes moskovites qui opprimaient cette province.

Afin de seconder cette impulsion, Dwernicki sortit de Zamosç, et, longeant la frontière de la Galicie, passa le 9 avril le Boug, à la tête de deux mille six cents hommes. Son début fut des plus heureux, et, les 18 et 20 du même mois, sa petite troupe remporta d'éclatants avantages sur l'ennemi, fort de neuf mille hommes. Dwernicki se dirigea ensuite résolument vers Kamiéniec-Podolski ; mais les Russes, que le corps du général Siérawski, défait aux malheureuses journées de Wronow et Kazimierz (17-21 avril), ne pouvait plus contenir, réunirent tous leurs efforts contre lui. Entouré par des forces bien supérieures aux siennes, Dwernicki n'eut d'autre ressource que de se réfugier en Galicie, où il pénétra le 27.

Là, les autorités autrichiennes, que ses instructions lui enjoignaient de respecter, le contraignirent à déposer les armes. Les soldats revinrent bien peu à peu en Pologne ; mais le pays fut privé des services de ce brave général, que l'Autriche retint chez elle.

Le mouvement de la Lithuanie s'était étendu à plusieurs contrées de la Wolhynie, de l'Ukraine et de la Podolie, qui, dirigées par Vincent Tyszkiéwicz et Kolysko, se soulevèrent. Le succès ne les seconda malheureusement pas. Le 14 mai, Kolysko fut battu près de Daszow et forcé aussi de chercher asile avec les siens en Galicie. Plus heureux, Charles Rozycki, accompagné de trois cents hommes, parvint à traverser les lignes ennemies et à gagner Zamosç (12 juin).

Tant de généreux efforts auraient dû décider le généralissime à adopter le système offensif ; mais Skrzynecki, entouré de jeunes nobles plus portés à la diplomatie qu'à la guerre, cherchait toujours à gagner du temps et à nouer des rapports avec les puissances étrangères. Toutefois, et pressé par l'habile général du génie Chrzanowski, il envoya ce dernier appuyer le mouvement wolhynien ; mais il était trop tard, et quand le général atteignit Zamosç, les insurgés venaient d'être dispersés.

Une occasion se présentait de réparer les fautes commises : il ne s'agissait que de suivre le plan de Prondzynski, et la garde russe, échelonnée sur les bords de la Narew, était anéantie. Mettant fin à une inactivité de six semaines, Skrzynecki occupa Lomza et Ostrolenka ; déjà la garde battait en retraite et pouvait prévoir, d'après le résultat des affaires des 18 et 19 mai, l'instant d'une déroute complète. L'élite de la jeunesse moskovite, refoulée sur le point de Sniadow, allait tomber au pouvoir des Polonais, lorsque, par suite du fatal système de ménagement qui paralysait l'élan national, Skrzynecki, malgré les plus vives représentations de Prondzynski, permit aux régiments russes d'échapper à un danger imminent.

Pour apaiser les clameurs qu'une telle conduite excitait à bon droit, le généralissime envoya Chlapowski en Lithuanie ; mais la mauvaise volonté et l'imprévoyance présidèrent encore à cette décision : le secours dépêché était trop faible, et le moment inopportun ; car à peine Skrzynecki était-il revenu à Ostrolenka, que le feld-maréchal Diebitsch, culbutant à Nur le corps du général Lubienski, le serra de près.

La rencontre fut sanglante, et Diebitsch ne parvint qu'au prix des plus grands sacrifices d'hommes à s'emparer d'Ostrolenka (26 mai), et à pouvoir braquer de là ses canons sur les Polonais, maîtres des bords de la Narew. Chaque pouce de terrain fut disputé avec acharnement ; et, dans aucune bataille moderne, peut-être, la valeur personnelle ne joua un rôle plus brillant. Les officiers, las de se servir de leurs armes, luttèrent corps à corps, et presque tous furent blessés. Le généralissime conduisit lui-même les combattants à la charge, bataillon par bataillon, comme s'il eût voulu faire oublier, par un courage extraordinaire, les fautes précédentes. Un moment, les Russes parvinrent à dépasser le pont ; mais bientôt, criblés par l'artillerie polonaise, ils se virent rejetés sur l'autre rive, à travers un monceau de cadavres.

En définitive, le champ de bataille demeura aux Polonais, qui avaient acheté cruellement cet avantage. Trois cents de leurs officiers, parmi lesquels se trouvaient les excellents généraux Kicki et Henri Kaminski, gisaient, percés de coups, sur le terrain ; sept mille soldats perdirent également la vie. Les Russes eurent environ quinze mille hommes mis hors de combat.

« Cette bataille, dit M. Brzozowski, qui n'aurait jamais dû avoir lieu, fut livrée en conséquence de fautes commises par les deux généraux adversaires. Engagée sur la rive gauche de la rivière, parce que le général Skrzynecki avait laissé un corps entier de l'autre côté sans aucun but, elle avait été transportée sur le côté droit par hasard et sans aucun dessein prononcé, et les Russes auraient dû payer chèrement cette audace, s'ils avaient eu affaire à un autre adversaire que Skrzynecki, qui, ayant perdu la tête, ne voyait que le danger, sans apprécier les heureuses chances qui se présentaient à lui. Si, après un carnage de quelques heures, Skrzynecki eût fondu sur les bataillons russes éclaircis avec vingt bataillons à la fois, la baïonnette en avant, laissant encore dix bataillons en réserve, il est certain que les Russes auraient été culbutés dans la Narew ou contraints à mettre bas les armes. Mais les Russes eux-mêmes conviennent, dans leurs rapports, qu'ils n'ont jamais eu affaire dans ce combat à plus de deux bataillons polonais à la fois. Et comment des dispositions aussi fautives pouvaient-elles manquer d'amener les plus fâcheux résultats ? »

Lorsque les ténèbres apportèrent un terme à cette scène de carnage, le conseil de guerre se réunit ; et Proudzynski, craignant que les Russes ne recommençassent la lutte le lendemain, proposa de leur imposer, en ralliant dans la nuit l'infanterie dispersée et en conservant la même position, ce qui permettrait au corps du général Giélgud, fort de douze mille hommes et coupé du gros de l'armée, de venir le rejoindre. Le généralissime n'écouta pas cet avis hardi ; et, après avoir envoyé Dembinski avec peu de monde sur les traces de Giélgud en Lithuanie, il ordonna la retraite sur Warsovie.

« Le feld-maréchal Diebitsch, dit judicieusement M. Miéroslawski, ensevelit dans les marais d'Ostrolenka son armée et sa réputation. Cette terrible bataille fut également funeste aux deux partis ; mais, dès l'instant où Diebitsch ne lança pas toute sa réserve sur la chaussée de Warsovie, à la poursuite des colonnes polonaises débandées, l'équilibre fut rétabli ; et comme les Polonais avaient l'avantage de se trouver au foyer de leurs ressources, ils pouvaient rallier en moins de quinze jours leurs débris et reprendre l'offensive.

Loin d'inquiéter les Polonais dans leur retraite, Diebitsch fit brûler les ponts et demeura tranquillement Ostrolenka. Skrzynecki atteignit bientôt le faubourg de Praga.

Dès que ses dépêches parvinrent à Warsovie, le prince Czartoryski convoqua le conseil, afin d'aviser aux mesures nécessitées par la gravité des circonstances. Chacun y manifesta son mécontentement de la conduite du généralissime, qui, peu abattu et entouré d'un brillant etat-major, ne doutait pas du maintien de son crédit.

Le gouvernement n'eut pas assez d'énergie pour prendre une décision digne de lui; et la diète, cédant aux menées de quelques intrigants, s'abaissa jusqu'à envoyer au généralissime une députation, choisie dans son sein et chargée de le féliciter sur ce qu'il n'avait pas désespéré de la cause nationale. Varron obtint le même honneur lors du désastre de Cannes, mais Varron fut du moins modeste après avoir été battu.

Skrzynecki, de plus en plus audacieux, demanda le renversement de la forme de gouvernement en vigueur et l'établissement d'un pouvoir unique. Cette requête ayant été repoussée par la diète, il exerça sa vengeance sur le gouverneur de Warsovie, Krukowiécki, qui, confirmant les renseignements fournis par Prondzynski, avait exposé le premier la nullité du généralissime et le besoin de le remplacer par un chef plus dévoué et plus actif. Krukowiecki fut donc sacrifié à un ressentiment personnel.

Au lieu de céder à de mesquines passions et de rechercher des ovations peu méritées, le généralissime eût mieux fait de soutenir les efforts tentés par les généraux Giélgud, Chlapowski et Dembinski. Livrés à leurs seules ressources, les corps commandés par ces officiers, et qui comptaient à peine douze mille hommes avec douze canons, sillonnaient la Lithuanie et la Samogitie, y alimentant de toutes parts le feu sacré de l'insurrection. On accourait en foule sous leurs drapeaux, et la moindre diversion partie du quartier général aurait pu faciliter un succès durable.

Malgré cet abandon, les insurgés lithuaniens résolurent d'attaquer les Russes jusque dans Wilna; mais les opérations, mal dirigées par Giélgud, échouèrent; et, après plusieurs rencontres meurtrières, l'ennemi reprit le dessus sur tous les points. Le combat du 2 juillet, à Szawlé, occasionna une nouvelle déroute, qui eut pour résultat de forcer Giélgud et Chlapowski à entrer en Prusse (12 juillet).

L'exaspération des soldats fut portée au comble lorsqu'ils virent où leurs chefs les avaient conduits, et qu'à la voix des autorités prussiennes, il leur fallut déposer les armes. Giélgud, atteint d'une balle par un officier, paya cruellement la resolution qu'il avait prise.

Ainsi se termina cette expédition, et avec elle périrent aussi les insurrections de Samogitie et de Lithuanie. Le seul Dembinski, détaché du corps de Giélgud, échappa à la retraite en Prusse et disparut au milieu des détachements ennemis. On ne sut pendant longtemps ce qu'il était devenu.

Skrzynecki, n'ayant pu réussir à renverser le gouvernement national pour concentrer dans ses mains tout le pouvoir politique, résolut de rétablir sa renommée militaire par un coup décisif. Dans ce but, il forma le projet de détruire le corps russe de Rüdiger, lequel occupait le palatinat de Lublin.

Le général Chrzanowski sortit donc de Zamosç; Jankowski s'avança vers le Wiéprz; et le généralissime se porta, avec le gros de l'armée, au-devant de l'ennemi. Tout réussissait jusque-là, lorsqu'une fausse alerte, donnée par Ambroise Skarzynski, décida Skrzynecki à changer de tactique. Il repassa la Wistule et revint couvrir Warsovie. Cependant Jankowski fondit sur Rüdiger, mais ne sut pas profiter des chances offertes; et Chrzanowski, laissé seul en face de forces infiniment supérieures, dut se retirer.

Un brillant fait d'armes fut ainsi

manqué. La destruction du corps de Rüdiger, qui était infaillible, eût relevé l'esprit des troupes et réconcilié Skrzynecki avec l'opinion publique.

De grands changements s'apprêtaient dans le camp russe. L'empereur Nicolas voyant que, malgré de nombreux et brillants rapports, la guerre traînait en longueur, chargea Orloff d'une mission auprès de son armée en Pologne.

La présence de cet envoyé au camp général de Pultusk produisit une impression extraordinaire; et, le 10 juin, le feld-maréchal Diebitsch mourut à la suite d'un banquet. On répandit le bruit qu'il était mort d'une attaque de choléra, mais personne n'en crut rien.

Le général Toll prit momentanément la place du chef décédé, et Orloff se rendit près du grand-duc Constantin. Depuis le jour où ce dernier avait abandonné Warsovie, son rôle politique était terminé. Il n'était plus qu'un embarras; aussi mourut-il fort à propos (29 juin), au moment où il s'apprêtait à partir pour Saint-Pétersbourg. La duchesse Jeanne de Lowicz, qu'une fatale destinée avait unie au sort de ce prince, le suivit de près dans la tombe.

Ces trois morts, successives et précipitées, furent entourées d'un voile épais.

Le 24 juin, le feld-maréchal Paszkiéwitsch prit le commandement en chef de l'armée russe en Pologne.

A peu près à la même époque, un écrit secret, tracé par la main d'une femme, parvint à Skrzynecki et lui dénonça certaines menées, encouragées par les ennemis du pays. Il fallait être bien peu instruit de la position des individus accusés ou avoir grand besoin d'un drame sanglant, afin de faire oublier à la Pologne une inaction coupable, pour métamorphoser cet avis en affaire d'État.

Bientôt le peuple de Warsovie, excité par le club démocratique, s'ameuta en criant : *Trahison! Vengeance!* Et c'est au milieu de ce commencement d'agitation que la nouvelle des revers de Jankowski fut répandue dans la capitale, par les troupes qui y rentraient humiliées. Les clameurs redoublèrent, et Skrzynecki dut promettre de faire passer en jugement les chefs malheureux; mais comme Jankowski prétendait n'avoir agi que d'après ses ordres, le général chercha à détourner l'attention publique de l'enquête militaire annoncée, en donnant encore plus d'importance à la dénonciation anonyme.

En conséquence, il fit arrêter les généraux Hurtig et Salacki, le colonel Slupecki, le chambellan russe Fanshawe et la dame Bazanoff, ainsi que le confiseur Lessel.

Le lendemain de ces arrestations (29 juin), le peuple se rassembla dans la rue du faubourg de Krakovie, non loin du château royal, où étaient les prévenus, en poussant les cris de : *Mort aux traîtres! A la potence! Point de grâce!* La voiture du prince Czartoryski fut entourée, et les assistants lui crièrent : *Prince, justice! que les traîtres soient punis!* Le président du gouvernement leur promit que le jugement aurait lieu dans les vingt-quatre heures; et le nonce Roman Soltyk, devenu très-populaire depuis sa motion concernant la déchéance de la famille Romanoff, engagea les attroupements à se dissiper. Une voix, sortie du sein de la foule, proposa alors d'aller rendre visite au sénateur Soltyk, vétéran éprouvé de la liberté; et la multitude se précipita vers la demeure du noble vieillard, afin d'honorer ses vertus civiques.

Faible et souffrant, Soltyk, appelé par des milliers de voix, se fit porter à une fenêtre, et de là, étendant ses mains tremblantes sur toutes ces têtes respectueusement inclinées, il murmura : *Béni sois-tu, peuple héroïque!* Il y avait quelque chose de beau et de sublime à voir succéder cet hommage reconnaissant à des cris de vengeance et de sang!

Sa mission terminée près de l'armée russe, Orloff partit pour Berlin, dans le but d'assurer au tzar l'appui du cabinet prussien, ce en quoi il ne réussit que trop bien. Il fut stipulé entre Orloff et les ministres de Frédéric-Guillaume : « 1° que les villes de Kœnigsberg et Dantzig demeureraient ouvertes tant aux approvisionnements qu'aux troupes que la Russie, privée d'autres communications par suite de l'insurrection lithuanienne, serait obligée d'expédier par la Baltique; en outre, la Prusse s'engageait à fournir les bâtiments et escortes nécessaires pour faire remonter à ces envois le Niémen et la Wistule; 2° que la Prusse construirait un pont sur la Wistule, à la limite la plus orientale de son territoire, afin de faciliter le passage du fleuve dans le cas où ceux que le feldmaréchal ferait jeter seraient insuffisants ou détruits. Les pontonniers, équipages et embarcations nécessaires à ces sortes de travaux devaient être également fournis; 3° que Thorn servirait provisoirement d'entrepôt et de magasin à l'armée alliée. Des munitions de bouche et de guerre devaient y être amassées sous un bref délai; 4° qu'en cas d'une défaite ou d'opérations plus étendues, le territoire prussien serait ouvert aux troupes du tzar. Il devait leur servir de base militaire jusqu'à ce que la campagne fût terminée. »

Et le ministre des affaires étrangères en France, le général Sébastiani, après avoir écrit d'abord une lettre particulière à Skrzynecki, où il l'engageait à ménager l'effusion du sang, l'assurant qu'avant deux mois l'indépendance du royaume constitutionnel serait assurée par les bons offices des cabinets intéressés à ce qu'elle eût lieu, se borna, au moment où l'on violait d'une manière si formelle la foi des traités européens, à hasarder une simple réclamation, qui fut remise au roi de Prusse par le général Flahaut.

Pour toute réponse à cette réclamation, la Prusse déclara hautement ses sympathies et son intervention en faveur de la Russie, son alliée. Les cabinets des Tuileries et de Saint-James, dissimulant l'outrage reçu, se contentèrent de donner cours à de nouvelles et stériles manifestations par écrit.

Se fiant vainement à l'avis du général Sébastiani, Skrzynecki négligeait de plus en plus les opérations militaires pour faire de la diplomatie. Il laissa ainsi au feld-maréchal Paszkiéwitsch la facilité d'envahir le pays et de s'étendre à l'aise. Chaque jour, le mécontentement public croissait; les clubs et les journaux critiquaient avec violence la marche des choses; enfin plusieurs membres du gouvernement et des chambres, éclairés par les observations raisonnées de Krukowiécki et Prondzynski, engagèrent le nonce de Kalisz, Bonaventure Niémoiowski, à faire une motion opportune à la diète.

Le 24 juillet, la diète décréta, à l'unanimité, que le généralissime devrait comparaître devant un conseil composé des membres du gouvernement national, d'un député par chaque palatinat et d'officiers de l'armée active, choisis conjointement par le gouvernement et le généralissime.

Ce conseil, espèce de haut tribunal auquel la mission suprême d'apprécier les ressources nationales et d'activer la guerre était dévolue, se réunit trois jours après (27); mais Skrzynecki, qui se trouvait traduit, pour ainsi dire, à la barre d'un tribunal, n'était point d'humeur à jouer le rôle d'accusé; aussi, lorsque le général Siérawski demanda la parole, il s'écria avec humeur que considérant tous les officiers comme étant ses inférieurs, il ne souffrirait pas qu'ils parlassent sans sa permission. Le vieillard à cheveux blancs se rassit au milieu d'un silence d'indignation, que le nonce Chelmicki interrompit par cette vive allocution adressée à Skrzynecki : « Mon« sieur le général, vous oubliez que « vous êtes ici devant vos juges; vous « oubliez que votre pouvoir est sus« pendu jusqu'à ce que vous vous soyez « justifié vis-à-vis de la nation des torts « que l'on vous impute; vous oubliez « enfin que tous les membres de ce tri« bunal suprême, sans en excepter les « généraux, sont vos supérieurs! »

Une courte discussion s'ensuivit; puis Prondzynski tira de son portefeuille l'écrit accusateur qu'il avait déjà soumis au gouvernement national après la bataille d'Ostrolenka. La lecture de cette pièce, émanée d'un homme connu par de grands talents stratégiques, aurait produit une profonde impression, lorsque le politique Gustave Malachowski fit observer que le conseil n'avait pas pour mission d'examiner le passé, mais bien le présent. Lelewel, sur lequel reposaient en ce moment les dernières espérances de l'opposition, se renferma malheureusement dans un silence absolu.

Dès lors, le conseil changea tout à fait de face. Heureux de pouvoir éloigner le souvenir des fautes précédentes, les partisans du généralissime s'étendirent longuement sur les avantages de la situation présente. On avait, disaient-ils, quarante mille hommes sur le point principal, et autant de combattants pour les opérations partielles. Ils remportèrent un triomphe complet, laissant au conseil, pour consolation, la liberté d'émettre un vote sur la nécessité de prendre l'offensive, et d'enjoindre au généralissime de livrer bataille sous peu.

Il n'en fut rien cependant. Skrzynecki eut bien l'air de faire exécuter à l'armée des marches et contre-marches, mais le tout aboutit encore à gagner du temps. La volonté de la diète et les vœux de la nation entière n'étaient à ses yeux d'aucune valeur; et plus que jamais des espérances diplomatiques, véritables leurres, prévalurent dans son esprit.

On vit reparaître à cette époque un brave militaire que l'on croyait perdu sans retour; c'était Dembinski, qui, séparé de Giélgud et de Chlapowski après la bataille de Szawlé, parvint, du fond de la Lithuanie, à traverser avec Rozycki toutes les lignes russes. Son entrée à Warsovie (3 août) eut lieu avec beaucoup d'éclat et fit trêve, pour quelques heures, à l'inquiétude générale. Le peuple le saluait avec enthousiasme et attendrissement, voyant en lui un envoyé de la Providence.

Le 5 août, le comité des terres russiennes siégeant à Warsovie adressa aux habitants de la Wolhynie, de la Podolie et de l'Ukraine, une proclamation où se trouvait le passage suivant :

« Quoique votre glorieuse révolution « n'ait pas entièrement réussi pour le mo« ment, elle a cependant atteint le but prin« cipal, celui de montrer à l'Europe que « quarante années de servitude ne sont pas « parvenues à effacer de vos cœurs le type « de la nationalité. Le souvenir de vos droits « est si puissant, que les promesses d'Alexan« dre, ces promesses qui lui servirent de « titres au congrès de Vienne, vous venez de « les réaliser. Les cabinets étrangers, trom« pés par des sophismes, ont cru facilement « que vous étiez *moskovitisés*; et il a fallu « que vous saisissiez vos armes pour les tirer « de l'erreur profonde où ils étaient tombés. « Mais c'est en se jetant tout entiers dans « l'esprit de la révolution du 29 novembre « que vous pourrez agir efficacement; et si « vos succès sont arrêtés dans leur marche, « il n'en faut rechercher qu'avec plus d'ar« deur tous les moyens possibles d'arriver à « l'accomplissement d'une régénération com« plète.

« MICHEL RADZIWILL, etc., etc. »

Développant ses travaux, le comité convoqua les citoyens des terres russiennes présents à Warsovie, afin d'élire des nonces qui représenteraient dans les chambres les provinces opprimées par les troupes russes. Ces élections eurent lieu du 8 au 12 août, et les nouveaux mandataires furent admis avec les plus grandes acclamations au sein de la diète.

C'était un renfort pour l'opposition parlementaire, qui, depuis les premiers jours du mois, se réunissait chez le nonce Olizar. Se basant sur le mécontentement qui se manifestait de plus en plus parmi la nation, relativement à la conduite du généralissime, elle rédigea contre lui un acte d'accusation, qui fut soumis à la diète à titre de motion. Le 9 août, les chambres nommèrent une commission, prise dans leur sein et chargée de se rendre immédiatement au camp, avec plein pouvoir d'ordonner les mesures qu'elle croirait nécessaires au salut du pays, fût-ce même de remplacer le commandant en chef.

Le prince Adam Czartoryski et Vincent Niémoiowski, tous deux membres du gouvernement national, faisaient partie de la commission, qui résolut de surprendre Skrzynecki dans son camp de Bolimow. Mais la faction diplomatique donna avis à ce dernier de la décision prise; et quand les commissaires se présentèrent devant lui, ils le trouvèrent préparé à leur arrivée. Il avait même déjà eu le temps de haranguer les officiers mécontents des lenteurs sans cesse renouvelées, leur promettant de nombreux triomphes et assurant que *nul moskovite n'échapperait à la tombe*.

Les commissaires ayant sommé, par la voix de Niémolowski, le généralissime de s'expliquer, il eut encore recours à des détours, et émit l'opinion que puisque l'on voulait prolonger à tout prix la lutte, quoique la dernière dépêche du prince de Metternich la qualifiât d'inutile et de désespérée, il fallait parcourir la Lithuanie, la Galicie et la Valachie.

Après ce discours l'opinion des commissaires se trouva fixée, et il ne restait plus qu'à procéder à la nomination d'un nouveau chef militaire. Cette mesure, commandée depuis longtemps par les circonstances et le cri public, était de toute urgence; le gouvernement ou plutôt la diète eut donc grand tort d'en faire un acte délibératif. Rien ne fut plus pernicieux, en effet, que les discussions du camp de Bolimow. Les fautes du généralissime étant bien constatées, on aurait dû le destituer sans balancer et pourvoir sur-le-champ à son remplacement; mais tenir des conciliabules, prêter l'oreille aux avis divers des généraux, alimenter les intrigues des officiers de tout grade, et tolérer même les observations des simples sous-officiers et soldats, c'était porter un coup terrible à la discipline militaire et rendre incurable une plaie déjà si profonde.

Dans leur trop grand désir d'impartialité, les commissaires, au lieu de décider souverainement, ouvrirent le scrutin, et Skrzynecki obtint encore vingt-deux suffrages sur soixante-huit votants. Le restant des voix fut réparti entre Dembinski, Uminski, Prondzynski et Malachowski. Loin de mettre fin aux embarras de la situation, cette épreuve ne fit donc que les accroître. Et tout cela se passait en face de l'ennemi !

Toutefois, le remplacement du généralissime fut décidé, et l'on investit pour peu de jours Dembinski du commandement en chef; c'est-à-dire, jusqu'à ce que les commissaires ayant fait leur rapport à la diète, celle-ci eût pu prendre une résolution décisive.

Skrzynecki présenta lui-même son successeur à l'armée, où il comptait encore tant de partisans; et Dembinski, par un aveuglement inconcevable, déclara, dans son allocution aux troupes, qu'il suivrait les traces de son prédécesseur. Le changement opéré n'en était donc pas un en réalité.

Le camp devint cependant un peu plus calme à la suite de ce coup de théâtre; mais la population de Warsovie, à laquelle le pacte entre Dembinski et Skrzynecki ne plaisait guère, était loin de se montrer satisfaite. Divers bruits, répandus dans les lieux publics, contribuaient à augmenter son mécontentement. On disait que Dembinski s'apprêtait à faire son entrée dans Warsovie, à la tête d'une division, afin de dissoudre la diète, cerner les clubs, et faire fusiller les partisans de Lelewel et de Krukowiécki.

Le 14 août, l'armée polonaise, serrée de près par l'ennemi, se replia sur les retranchements de Warsovie, et ce mouvement rétrograde porta au comble l'effervescence populaire. La vindicte contre les agents de la police secrète de l'ancienne autorité russe, vindicte comprimée durant de longues années, avait pris depuis le commencement de la guerre un caractère ouvert, qui se développait plus ou moins, selon la fermeté déployée par les divers pouvoirs émanés successivement de la révolution.

« Comment celle-ci, dit l'historien Mochnacki, aurait-elle pu se passer sans le châtiment des traîtres ? La littérature des rues s'inspirait sans cesse de cette idée ; Rozniecki, Makrot, Szley, ces noms abhorrés, formaient le sujet des poésies que l'on vendait dans les carrefours et que les chanteurs répétaient moyennant le plus léger salaire. Parmi les corporations ouvrières vivait encore le souvenir de Kapustas et de Kilinski ; aussi depuis le début de la lutte, les masses se préparaient-elles à une scène violente. Les systèmes ne faisaient que se succéder ; les gouvernements tombaient comme de simples coteries ; et le peuple, laissé en dehors de tous ces revirements, ne songeait qu'aux moyens de pouvoir pendre les espions. L'exécution tant sollicitée de quelques misérables eût été un véritable acte d'État, si l'autorité l'eût ordonnée ; il fallait absolument faire par décret ce que la nécessité devait amener, tôt ou tard, sans jugement. L'ennemi n'était plus qu'à trois milles de distance, et le peuple de Warsovie avait hâte de prouver de nouveau au tzar toute son antipathie ; il jeta donc au-devant des pas de l'armée moskovite les têtes de ses partisans, comme jadis la Convention avait jeté celle de Marie-Antoinette sous les pieds des colonnes de la coalition. En ce moment la Pologne était à Warsovie, et Warsovie se déclara ! »

L'autorité était trop faible pour résister à l'orage qui grondait avec violence. La clameur populaire demandait à la fois le jugement de Jankowski, toujours retardé par Skrzynecki, et qu'on livrât bataille, ce que le généralissime semblait également prendre à tâche de différer. Le club démocratique puisa dans cet état de choses un nouveau degré d'influence, car plus que jamais les reproches qu'il exprimait s'appuyaient sur l'opinion publique.

Le 15 août, le gouvernement national envoya le bâton de généralissime à Prondzynski ; mais celui-ci le refusa.

Vers le soir, une députation du club démocratique se présenta au palais du gouvernement, afin de rappeler au conseil l'imminence du danger et la nécessité d'y porter un prompt remède. Vincent Niemojowski répondit à l'abbé Pulawski, le plus ardent clubiste, que toutes les mesures réclamées par les circonstances seraient prises.

Cette assurance arrivait malheureusement trop tard. Les masses, perdant patience et guidées par des officiers sans emploi, qui pullulaient en ce moment à Warsovie, s'étaient déjà portées vers le château royal, où se trouvaient renfermés Jankowski et d'autres généraux accusés comme lui d'avoir fait échouer l'opération contre le corps de Rüdiger, ainsi que les prévenus de haute trahison, les généraux Hurtich, Salacki, etc. — *Vive la liberté! mort aux traîtres!* criait avec frénésie la multitude. — Bientôt Jankowski succomba percé de coups ; on le pendit ensuite à un réverbère. Les dernières paroles que ce militaire prononça en expirant furent pour protester de son innocence et pour maudire Skrzynecki. Son gendre, le général Bukowski, fut massacré comme il s'enfuyait par les jardins. Hurtig, Salacki, Fanshawe et la femme du général Bazanoff périrent aussi sous les coups de baïonnettes, soit dans leur prison, soit devant la façade du château.

Après ce premier et sanglant excès de la justice populaire, une partie de la foule courut vers une des barrières de Warsovie ; et là, s'emparant des espions Birnbaum, Makrot, Szley et autres, qui y étaient détenus, elle les accrocha à la place des lanternes de la ville. L'autre se précipita vers la demeure du confiseur Lessel, arrêté à la suite de la dénonciation anonyme, et rendu plus tard à la liberté, faute de charges suffisantes. Quatre sapeurs, entrés les premiers dans la maison, étaient occupés à traquer Lessel, lorsque tout à coup apparut devant eux le général Krukowiécki. D'une voix tonnante, il ordonna aux coupables de tirer au sort à qui payerait pour tous. On lui obéit, et celui qui choisit le nœud fatal fut fusillé sur-le-champ. Frappée de la contenance *résolue* du général, la multitude s'écoula en silence.

Pendant le cours de ces événements, le gouvernement national achevait d'exister. Le prince Czartoryski s'élançait à toute bride vers le camp, où il allait se mettre sous la protection de Dembinski; à la barrière de Wola, une balle siffla à ses oreilles et rasa le collet de son habit. Les autres membres disparurent également dans diverses directions. Le seul Vincent Niémoiowski, immobile sur son siége, attendit avec fermeté le dénoûment du drame effroyable qui avait lieu à quelques pas de lui. Le nombre des victimes s'éleva à trente.

L'aurore du 16 août trouva Krukowiécki à cheval, au milieu des flots mouvants du peuple et de la garde nationale. Le pouvoir était délaissé, gisant à terre; Krukowiécki le ramassa et se nomma tout d'abord, de son propre chef, gouverneur de Warsovie.

Déjà, lorsque Chlopicki déposa la dictature, Krukowiécki, l'un des plus anciens généraux de division et remarquable par son énergique activité, avait des chances de parvenir au poste de généralissime. Son compétiteur, Skrzynecki, l'emporta, et il dut se retirer alors de la ligne d'opérations. Nommé une première fois gouverneur de la capitale, il y rendit des services signalés; les soins qu'il donnait aux fortifications, le châtiment immédiat des espions saisis, ses fréquentes visites aux hôpitaux, sa rigueur envers les fournisseurs, les mesures salutaires qu'il prit à l'époque du choléra, tout contribua à le rendre populaire et à lui faciliter l'accès d'un pouvoir supérieur.

Seul, il semblait pouvoir sauver le pays de la crise à laquelle il était en proie, ou, du moins, lui procurer une fin glorieuse. « Tout n'était pas perdu après la campagne de Skrzynecki, dit M. Mochnacki; il restait encore de grandes choses à faire, de grandes œuvres à tenter, dignes du désespoir d'un peuple expirant : Paszkiéwitsch pouvait rencontrer sa tombe sous les murs de Warsovie. Parmi tous les hommes du moment, Krukowiécki était le seul capable de réaliser, malgré son âge avancé, de gigantesques projets. Jusque-là révolutionnaire exalté dans ses paroles et dans ses actions, sa turbulence, ses sarcasmes, son aplomb s'harmoniaient parfaitement avec l'état de désorganisation existant et la nécessité d'un dernier effort. Tandis que dès leur début les autres dépositaires du pouvoir s'empressaient d'assurer qu'ils ne dévieraient en rien de la marche suivie, lui, déclarait à tous qu'aussitôt son avénement à la puissance, il renverserait de fond en comble l'édifice élevé par Skrzynecki, punirait les coupables et ferait taire toutes les cabales et intrigues. Et lorsqu'on lui observait que les chambres ne lui permettraient guère de procéder ainsi, il répliquait qu'il les briserait de même, si elles s'opposaient aux réformes indispensables au salut de la patrie.

« Quand Skrzynecki revint à Warsovie après la bataille d'Ostrolenka, il fit destituer Krukowiécki de son poste de gouverneur et voulut même le faire mettre en accusation comme conspirateur, ce en quoi il échoua. La conduite de Krukowiécki, avant la nuit du 15 août, n'avait rien de condamnable ni de caché, et son allure était loin d'être celle d'un homme qui conspire. Annonçant hautement ses projets et la manière dont il gouvernerait, il profitait seulement des torts de ses adversaires et des malheurs causés par eux pour accroître sa propre importance. »

Le prince Czartoryski s'étant réfugié au camp, ainsi qu'on l'a vu précédemment, on y délibéra, le 16 août, sur les mesures à prendre pour réprimer les excès populaires, et on résolut de fusiller sans délai les individus signalés comme les moteurs du mouvement. En conséquence plusieurs rues furent occupées militairement et le remplaçant du généralissime, Dembinski, publia une proclamation où il reprochait au peuple d'avoir massacré des innocents. Loin de calmer l'effervescence, ce document ne fit que l'irriter davantage.

De son côté, le prince Czartoryski revint à Warsovie, et déposa, avec les autres membres du gouvernement national, le pouvoir entre les mains de la diète.

Le colonel Zaliwski, l'abbé Pulawski et plusieurs autres démocrates connus furent arrêtés. Un conseil de guerre devait les juger et faire exécuter immédiatement l'arrêt, tandis que Dembinski s'apprêtait à entrer dans la ville à la tête des troupes et à s'emparer de la dictature. Mais depuis ses rapports avec Skrzynecki et sa dernière proclamation, ce général avait perdu la brillante auréole qui le parait à son retour de Lithuanie. L'opinion publique ne voyait plus en lui qu'un simple soldat, exploité par une faction odieuse au peuple. Ses projets ne pouvaient donc réussir; et si, en ce moment, Dembinski eût osé se présenter devant les chambres, il ne serait pas sorti vivant de l'enceinte législative.

Dans l'espace de quelques heures, les choses changèrent complétement de face. La diète formula à la hâte une nouvelle loi sur le gouvernement : il ne devait plus y avoir désormais qu'un seul président, entouré de ministres responsables, et nommant à son gré le commandant en chef.

Krukowiécki, élu président du gouvernement par les chambres, choisit sans retard pour généralissime le vétéran de l'armée, Kasimir Malachowski.

Un des premiers soins du nouveau chef fut également de jeter un blâme solennel sur les excès commis; et c'est dans ce but que Krukowiécki adressa, le 18 août, la proclamation suivante à la nation :

« Dans la capitale du peuple polonais, où « toutes les autorités sont concentrées, où les « représentants de la nation délibèrent jour « et nuit sur les intérêts de la patrie, où le « gouvernement national exerce le pouvoir, « où existent enfin tant de corps judiciaires, « des crimes atroces ont été consommés; et, « pour porter le dernier coup à notre ave- « nir, le meurtre a été commis au nom du « peuple polonais, au nom de la patrie !

« Le peuple polonais repousse avec hor- « reur ces abus sanglants. Ce n'est point « sur des crimes avilissants, mais bien « sur des vertus nationales qu'il a fon- « dé sa puissance. Il veut avoir le ciel et « non l'enfer pour allié de sa cause. Nous « avons juré de vaincre ou de mourir : si « nous devons mourir, nous périrons avec « toute la dignité d'un peuple civilisé ; mais « nous ne souffrirons pas que la tombe na- « tionale porte l'empreinte du crime.

« L'autorité suprême de la nation, les « chambres réunies, a senti la nécessité de « changer la forme du gouvernement. Basé « sur la puissance des lois, le nouveau pou- « voir saura agir avec la vigueur qu'exige la « position où se trouve présentement la pa- « trie. La loi atteindra les coupables. C'est à « eux que nous devons attribuer le rappel dans « la capitale d'une partie de nos troupes, pour « la mettre à l'abri des perturbateurs et des « meurtriers, rappel qui nous a causé hier des « pertes que nous n'aurions pas essuyées, si « nous avions pu envoyer ces mêmes trou- « pes au secours de celles engagées avec l'en- « nemi. Que ces pertes, que le sang des « braves qui ont péri retombent sur leurs « têtes avec la malédiction du peuple polo- « nais !

« Quand la Pologne a-t-elle eu un gou- « vernement pareil à celui qui vient d'être « changé ? N'était-il pas émané de la volonté « nationale ? N'était-il point dirigé par la « sagesse, le patriotisme et la modération ? « La liberté a-t-elle jamais été plus floris- « sante ? N'y avait-il pas à la tête du gou- « vernement un homme de bien, pur, ver- « tueux, qui a tout sacrifié à la patrie ? A quoi « ont servi pourtant toutes ces vertus contre « les violateurs de la tranquillité publique ? « Ils ont abusé de la modération du gou- « vernement le plus libéral, pour entacher « notre histoire, en sévissant contre des « individus mis en jugement, coupables « peut-être, mais sans armes. Voilà pour- « quoi le sang des Polonais coule ! Était-ce « donc pour cela que nous avons fait tant « de sacrifices et donné des preuves d'un « dévouement sans exemple ?

« Notre avant-dernière insurrection a été « souillée de meurtres semblables ; mais « Kosciuszko effaça cette tache en punissant « sévèrement les coupables, et l'histoire de « sa vie et de la révolution est passée, avec « la gloire la plus brillante, à la postérité.

« Je ne tromperai pas la gloire nationale : « je saurai, à l'aide des lois, anéantir le crime « et les perturbateurs, qui sont les meil- « leurs alliés de nos ennemis.

« Comte Jean Krukowiécki. »

Le nouveau président débutait digne- ment ; mais, par une de ces influences fatales qui viennent paralyser l'âme la plus vigoureuse au moment même où elle doit prendre un essor décisif, Krukowiécki, qui s'était appuyé jusque-là sur le peuple, auquel il était redevable de son élévation, tenta de ménager toutes les opinions. Ce fut une faute grave, car il n'en contenta aucune. Le parti aristocratique, attaché depuis le commencement de la lutte au système de Chlopicki, et surtout à celui de Skrzynecki, qui n'apercevait de salut pour la Pologne que dans l'intervention étrangère, n'était nullement disposé à seconder les efforts d'un homme sorti d'une commotion populaire; tandis que l'opposition parlementaire, bien convaincue qu'une démarche hardie et désespérée pouvait seule sauver le pays, devait nécessairement, à la moindre hésitation, perdre confiance dans le chef en qui elle venait de placer toutes ses espérances.

Le choix fait du général Chrzanowski, partisan de Skrzynecki, comme commandant militaire de Warsovie, déplut visiblement au parti libéral; et l'exécution, à la suite d'un jugement, de quatre acteurs des scènes sanglantes du 15 août, ne satisfit pas davantage l'aristocratie. Elle aurait voulu leur adjoindre les chefs du club démocratique, désignés par elle comme les principaux instigateurs des massacres. Plus que jamais, en face d'un danger pressant, les haines s'envenimaient et affaiblissaient les ressources de la cause commune.

Le 19 août, un conseil de guerre se réunit pour délibérer sur les mesures de défense à prendre. Trois avis différents y furent exposés, et celui du général Uminski prévalut. Il consistait à détacher une moitié de l'armée, dans le but de détruire le corps russe commandé par Rosen, et à approvisionner Warsovie avant d'être attaqué au revers des lignes fortifiées, desquelles on pouvait, en cas d'échec, opérer sa retraite dans Warsovie même, où l'on se défendrait jusqu'à la dernière extrémité, avec l'aide du peuple et des barricades élevées.

En conséquence, le général français Ramorino fut chargé, à la tête de dix-huit mille hommes d'élite, de nettoyer la rive droite de la Wistule et d'assurer l'approvisionnement de Warsovie. Le général Lubienski fut dirigé, dans le même but, vers la forteresse de Modlin, et, de là, vers le palatinat de Plock, avec quatre mille hommes.

Le 29, Ramorino remporta des avantages à Miendzyrzeç et à Rogoznicą; Konarski dispersa également l'ennemi, auquel il fit dix-huit cents prisonniers; et Prondzynski, qui avait accompagné Ramorino, mit en déroute le corps de Golowin. Le 30, le premier de ces trois chefs se trouvait déjà près de Biala, les Russes prenant à tâche de l'éloigner autant que possible de Warsovie. Il avait pourtant reçu, le 28, une dépêche de Krukowiécki, où celui-ci le blâmait de s'aventurer aussi avant, et le prévenait que l'ennemi allait lui couper la retraite sur Praga.

Il ne restait en ce moment, à Warsovie, que vingt mille hommes de troupes régulières pour soutenir l'attaque du gros de l'armée russe, commandé par le feld-maréchal Paszkiéwitsch et qui se montait à cent dix-huit mille combattants, avec quatre cents pièces d'artillerie.

Le 4 septembre, Paszkiéwitsch fit offrir de la part de l'empereur aux Polonais, par l'organe du général Danénberg, l'oubli du passé et des assurances pour l'avenir. Mais le conseil des ministres, d'accord avec la diète, rejeta, le 5, ces propositions, en déclarant que l'on ne traiterait que sur les bases du manifeste.

Les armes pouvaient donc seules résoudre la difficulté; et, le 6 septembre, à cinq heures du matin, les corps russes se mirent en mouvement et ouvrirent un feu terrible sur toute la ligne, afin de diviser les forces polonaises; toutefois, l'attaque principale fut dirigée par le feld-maréchal contre le fort de Wola, établi aux portes de Warsovie. Il était défendu par le général Sowinski, lequel avait sous ses ordres Pierre Wysocki, le premier auteur de la révolution. Déjà depuis deux heures ce point retranché, défendu seulement par seize cent soixante hommes et dix canons, résistait avec désespoir aux ravages de soixante pièces d'artillerie moskovites, lorsque de nouvelles troupes vinrent prendre part à l'assaut. Cent quinze canons de gros calibre battirent alors en brèche Wola, qui, criblé, écrasé par le nombre, succomba à midi, après un horrible carnage. Le brave Sowinski périt d'une mort héroïque, et Wysocki, couvert de blessures, fut fait prisonnier.

A deux heures, les Russes, protégés par leur formidable artillerie, s'avancèrent vers les hauteurs de Czysté; mais repoussés, ils se retirèrent bientôt à Wola, que les Polonais s'efforcèrent vainement de reprendre.

Le combat cessa de part et d'autre à trois heures de l'après-midi, et l'attaque de la ville fut remise au lendemain par le feld-maréchal.

Durant tout le restant de la journée et la nuit, on chercha des deux côtés à nouer des négociations; et, à la suite de nombreux pourparlers, le président Krukowiécki se rendit, le matin du 7 septembre, au camp de Wola. Il était accompagné dans cette démarche de Prondzynski, revenu de Miendzyrzec avant l'attaque, et des aides de camp Breanski, Forster, Montebello et Sobolewski.

Le feld-maréchal, entouré de son état-major et de sa garde circassienne, reçut Krukowiécki en présence du grand-duc Michel. Mais comme le langage fier et hardi du président ne répondit pas aux espérances de Paszkiéwitsch, cette entrevue se termina sans autre effet que la demande faite par le premier de s'en référer à la diète, afin d'obtenir d'elle le plein pouvoir de négocier sur les bases exposées par le feld-maréchal, qui promit de suspendre pendant trois heures les hostilités.

Au retour de Krukowiécki de cette conférence, les ministres, influencés par le vice-président B. Niémoiowski, donnèrent leur démission.

La trêve convenue étant expirée, le canon recommença à gronder avec une nouvelle force; et les décharges d'artillerie, vomies par trois cent cinquante bouches à feu, faisaient trembler la terre à trois milles à la ronde. Elles se succédèrent sans interruption depuis une heure de l'après-midi jusqu'à la nuit.

Les négociations entre la diète et le président, d'une part, et le chef de l'armée russe, de l'autre, continuaient néanmoins toujours, mais sans produire aucun résultat. Ayant obtenu, par la voix d'une députation, l'autorisation des chambres de traiter, Krukowiécki envoya au feld-maréchal Paszkiéwitsch le général Prondzynski, porteur des dernières stipulations et de la lettre qui suit, adressée à l'empereur Nicolas :

« SIRE,

« Chargé dans ce moment même du « pouvoir de parler à Votre Majesté « Impériale et Royale au nom de la na- « tion polonaise, je m'adresse, par « l'entremise de Son Excellence mon- « seigneur le comte Paszkiéwitsch d'É- « rivan, à votre cœur paternel.

« En se soumettant sans aucune con- « dition à Votre Majesté, notre roi, la « nation polonaise sait qu'Elle seule « est à même d'effacer le passé et de « guérir les plaies profondes qui ont « déchiré ma patrie.

« Le comte KRUKOWIÉCKI, général d'infanterie, président du gouvernement. »

Mais, tandis que le parlementaire polonais portait cette lettre à Paszkiéwitsch, le maréchal de la chambre des nonces se présentait au palais du gouvernement, où il déclarait nul, au nom de la diète, tout ce qui avait été fait jusque-là. Il somma également le président de donner sa démission.

Pendant tout ce temps, l'artillerie moskovite ébranlait, de plus en plus, les murs de Warsovie. Les Russes avaient même déjà pénétré dans la ville par la barrière de Jérusalem ; et l'incendie du faubourg de Czysté jetait, à travers les ombres de la nuit, un sinistre éclat. Alors Krukowiécki, pour préserver la capitale et sauver les habitants d'un massacre imminent, seconda, en sa qualité de général d'infanterie, le passage des troupes polonaises à travers la Wistule, et les accompagna à Praga.

Mais les négociateurs russes ne voulant pas traiter avec le nouveau gouvernement, à la tête duquel s'étaient mis B. Niémoiowski, comme président, et le colonel Ziélinski, comme vice-président, on envoya chercher Krukowiécki. Il refusa de revenir, alléguant qu'il ne possédait plus le pouvoir ; et il fallut que le général Lewinski certifiât qu'on le lui rendait, afin d'assurer le salut de la ville, pour qu'il reparût à Warsovie. Il n'y signa cependant rien (*).

(*) Extrait du rapport du quartier-maître général Prondzynski, adressé, en date du 13 septembre 1831, au général Malachowski, commandant en chef.

« Lorsque le général Krukowiécki reparut au palais du gouvernement, il s'éleva
« une vive discussion entre lui et M. B. Nié-
« moiowski. Mais un débat bien plus vio-
« lent encore eut lieu entre le général et
« M. Wladislas Ostrowski : chacun d'eux
« rejetait la faute sur l'autre ; et, comme
« on voulait à toute force que le général
« Krukowiécki reprît le pouvoir, il s'y re-
« fusa positivement. A la fin, ces messieurs
« s'en allèrent sans rien décider, après une
« scène des plus fâcheuses, dont les envoyés
« russes et plusieurs de nos généraux furent
« témoins.

« En attendant, le jour commençait à pa-
« raître ; l'attaque pouvait reprendre à chaque
« minute ; un danger croissant menaçait la
« ville et celles de nos troupes qui y étaient
« demeurées. Ce fut donc pour le détourner
« que le général Malachowski, d'après l'avis
« des généraux présents Krasinski, Dem-
« binski, Andrychewicz et plusieurs autres
« (qui se portèrent garants du traité devant
« être conclu avec le général Krukowiécki),
« arrêta avec le général Berg une conven-
« tion militaire pour l'évacuation de War-
« sovie et de Praga.

. . . .

« Je suivis le général Berg au camp russe,
« lorsqu'il s'y rendit avec la convention ar-
« rêtée par le général Malachowski ; et je
« dis au grand-duc Michel, qui nous atten-
« dait avec le traité formel du général Kru-
« kowiécki que nous devions lui appor-
« ter : « Deux fois dans cette journée j'ai

Son intention était même de rejoindre l'armée, pour partager, comme simple général, le sort des troupes ; mais sur l'avis que le général Uminski l'attendait à Praga pour le faire fusiller, Krukowiécki demeura à Warsovie.

La tournure funeste des événements avait ajouté un nouveau degré d'énergie aux haines précédentes, et semé dans les esprits d'outrageants soupçons. Accusé de trahison, Krukowiécki répondit à des clameurs furieuses par le document suivant, que l'histoire doit enregistrer à un double titre ; car non-seulement il sert à la justification d'un brave officier, mais il offre encore le tableau animé des mémorables événements de la journée du 7 septembre.

« Le 17 août, le général Krukowiécki fut nommé président du gouvernement national du royaume, qui ne s'étendait pas alors au delà de quelques milles carrés. Il se chargea de ce fardeau avec toute la résignation d'un homme prêt à subir tous les dangers et tous les coups du sort, afin de sauver, s'il était possible, le vaisseau de l'État, qui était déjà à moitié brisé.

« Le 18, il se fit rendre compte de l'armée, des munitions de guerre, des provisions et des fonds, et demanda des renseignements sur l'esprit dont l'armée était animée. S'étant convaincu, par ces rapports, que les magasins ne renfermaient des vivres que pour onze jours et des fourrages pour sept, il

« donné à V. A. R. une parole d'honneur
« qui s'est trouvée faussée, en garantissant
« personnellement que le traité serait con-
« clu avec le général Krukowiécki, traité
« que nous n'apportons pas (le grand-duc
« resta saisi d'étonnement). Par des pro-
« messes solennelles, j'ai contribué à sauver
« la ville, et cependant aucune d'elles n'a
« été réalisée. Je ne veux accuser personne
« ni me justifier. Mais je dois une répara-
« tion à V. A. R. ; je me la dois à moi-
« même : c'est pourquoi je livre ma per-
« sonne à votre discrétion absolue. »

« Le grand-duc accepta cette déclaration,
« et m'enjoignit d'attendre ses ordres. Aus-
« sitôt que je serai libre, j'irai rejoindre
« l'armée et partager son sort, etc. »

convoqua, le 19 août, un conseil de guerre composé, sous sa présidence, du vice-président du gouvernement, B. Niémoiowski, du général Malachowski, remplaçant le généralissime, des généraux Dembinski, Uminski, Ramorino, Prondzynski, Chrzanowski, Siérawski, Rybinski, Kolaczkowski, Lubienski, Lewinski, Skarzynski et Bem (alors colonel), pour décider lequel des trois plans qui lui avaient été soumis pour les opérations militaires ultérieures présentait le plus d'avantages. Les votes de tous les membres de ce conseil, écrits de leur propre main, sont en la possession du président. Trois membres voulaient qu'on livrât une bataille aux Russes, savoir : les généraux Krukowiécki, Chrzanowski et Rybinski ; deux voulaient que l'on abandonnât Warsovie, savoir : Dembinski et Siérawski. Le reste opina pour la défense de Warsovie et l'envoi de deux corps détachés sur la rive droite de la Wistule.

« Par suite de cette délibération, le général Ramorino fut envoyé dans la Podlachie pour détruire le corps d'armée du général Golowin, qui, avec celui du général Rosen, ne comptait qu'un effectif de onze mille hommes et pouvait être facilement anéanti par nos troupes, supérieures en nombre.

« Le général Lubienski reçut l'ordre de se rendre dans le palatinat de Plock, pour en chasser l'ennemi, détruire les redoutes et les ponts à Niészawa, et intercepter toutes communications des troupes russes avec la Prusse.

« Indépendamment de la destruction du corps d'armée du général Golowin, le principal but de l'expédition du général Ramorino était de pourvoir de vivres la capitale et les troupes qui restèrent pour la défendre.

« Quoique la manœuvre du général Ramorino n'ait pas été aussi prompte qu'on aurait pu s'y attendre, quoiqu'il n'ait atteint que près de Miendzyrzec les corps de Golowin et de Rosen, et ait passé inutilement quelques jours dans la contrée de Brzesc, dont il ne put s'emparer, il délivra cependant le palatinat de Podlachie de la présence de l'ennemi et procura aux autorités civiles la possibilité de fournir des vivres à la capitale.

« L'ennemi ayant fait à Gora des préparatifs pour passer la Wistule, des courriers portèrent chaque jour au général Ramorino l'ordre de se rapprocher de la capitale, non pour la défendre, car il s'y trouvait des forces suffisantes, mais uniquement pour ne pas avoir ses communications coupées, dans le cas où l'ennemi passerait la Wistule en masse.

« La jonction du général russe Kreutz avec le corps d'armée principal que nous ne pouvions plus empêcher, malgré diverses démonstrations dans le palatinat de Plock, et le blocus de Warsovie qui devenait toujours plus étroit, faisaient pressentir d'un moment à l'autre une attaque sérieuse. Le président du gouvernement se fit alors soumettre un plan de défense, avec une analyse sur tous les détails, et ayant reconnu que tous les points étaient bien garnis et pouvaient être, en cas de besoin, appuyés par des réserves ; ayant d'ailleurs reçu l'assurance du général Malachowski et des autres généraux commandants, que le service se faisait avec le plus grand zèle, et appris notamment du général Bem que la première ligne de fortifications qu'il commandait en personne pouvait tenir vingt-quatre heures, surtout avec le grand nombre de pièces de réserve qui étaient à sa disposition, il se borna à recommander la plus grande vigilance en tous lieux, défendit aux troupes de s'éloigner le soir des redoutes, compta dès lors sur la sécurité de la capitale, et s'adonna avec confiance aux affaires.

« En attendant, les manœuvres des généraux Ramorino et Lubienski, qui avaient délivré de l'ennemi deux palatinats, assuraient l'approvisionnement de la capitale ; et comme ces manœuvres avaient convaincu le feld-maréchal que le gouvernement polonais agissait avec une nouvelle énergie, il fit le premier pas pour éviter l'effusion du sang. Le général Prondzynski, que le président du conseil avait chargé d'une mission importante, rapporta des conditions qui nous étaient avantageuses.

« Il les soumit en conseil, en présence du président du sénat et du maréchal de la chambre des nonces. Le président du gouvernement, le président du sénat, les ministres de l'intérieur et des finances votèrent pour l'adoption des conditions. Le vice-président, le général Malachowski, le maréchal de la chambre des nonces, les ministres des cultes, de la guerre, de la justice et des affaires étrangères votèrent pour le rejet, insistant avec violence pour que la Pologne fût reconquise dans ses anciennes limites. La majorité l'emporta, et alors s'engagea une nouvelle discussion sur le mode de rédaction de la réponse; discussion dans laquelle l'opinion du parti modéré fut encore obligée de céder.

« Le 4 septembre, lorsque la réponse eut été rédigée conformément au vote de la majorité, le président du gouvernement, augurant que le feld-maréchal terminerait la lutte par la force, donna dans l'après-midi non-seulement l'ordre de se tenir prêt au combat, mais il alla tout examiner en personne pour s'assurer que le service était bien fait.

« Le 5 septembre, le général Malachowski fit renouveler les préparatifs de défense, examina jusqu'à quel point il pouvait compter sur le succès; et, après avoir reçu de la tour de l'Observatoire l'avis que toute l'armée russe était en mouvement, il alla partout pour voir si tout était prêt pour l'attaque du lendemain.

« Le 6 septembre, le président du gouvernement établit son quartier général dans la redoute n° 73, parce que de là il pouvait voir toutes les attaques; et parce que, suivant les règles de la stratégie, il prévoyait que l'assaut le plus fort aurait lieu du côté du point le plus faible, c'est-à-dire, aux environs de Mokotow.

« Le 6 au soir, lorsque les retranchements 54 et 57 et les principaux ouvrages de l'église de Wola eurent été enlevés, on résolut, dans le conseil des ministres, d'écrire au feld-maréchal pour lui demander la communication des conditions sur la base desquelles il était autorisé, par son souverain, à négocier avec les Polonais. Le général Prondzynski fut chargé de porter cette lettre. Il apporta pour réponse le désir du feld-maréchal que le président du gouvernement se trouvât, le 7, à huit heures du matin, aux avant-postes pour conférer avec lui.

« Le général Krukowiécki ayant eu, à l'heure indiquée, un entretien avec le feld-maréchal Paszkiéwitsch à Wola, mais n'étant point autorisé à conclure un traité (pouvoir que s'était réservé la diète par l'article 4 du décret du 17 août, relatif au changement de gouvernement), il rapporta, à Warsovie, les conditions offertes par le feld-maréchal; et, dans une séance du conseil des ministres, les communiqua officiellement au président du sénat et au maréchal de la chambre des nonces, à l'effet de provoquer à ce sujet une délibération de la diète (*).

(*) *Extrait du rapport adressé à S. M. l'empereur par le feld-maréchal Paszkiéwitsch, le 9 septembre 1831.*

« Le 5 septembre, M. Krukowiécki m'adres-
« sa une lettre, dans laquelle, tout en pro-
« testant de son désir de voir cesser l'effusion
« du sang, il déclarait : « *que les Polonais*
« *avaient pris les armes pour l'indépendance*
« *nationale dans les limites qui les sépa-*
« *raient anciennement de la Russie.* »
« Une déclaration semblable m'enleva tout
« espoir de voir les sujets polonais de V. M.
« I. rentrer de bon gré dans le devoir. J'or-
« donnai, pour toute réplique, l'assaut pour
« le lendemain pour la pointe du jour. Il eut
« lieu. . . .

Le 7 septembre, dès trois heures du ma-
« tin, M. Prondzynski se présenta à nos
« avant-postes et me demanda une entre-
« vue. . . . Il annonça connaître l'inten-
« tion du général Krukowiécki de rentrer
« sous l'obéissance de V. M., et qu'il avait
« les pouvoirs nécessaires pour traiter sur
« cette base.

« Je consentis à ce que le comte Kruko-
« wiécki se rendît de suite auprès de moi.
« J'engageai S. A. I. monseigneur le grand-
« duc Michel à vouloir bien me faire l'hon-
« neur d'assister à cette conférence, qui sem-
« blait devoir amener la pacification du
« royaume; le chef d'état-major comte de

« La suspension des hostilités n'avait été accordée que jusqu'à une heure de l'après-midi.

« Les chambres réunies, ayant reçu cette communication, résolurent de se proroger et d'investir le général Krukowiécki de pleins pouvoirs, à l'effet de prendre les mesures qu'il jugerait convenables dans les circonstances critiques où on se trouvait.

« Comme la canonnade recommençait, et que le général Krukowiécki n'avait reçu par écrit aucune décision, et n'avait été informé que verbalement, par le général Prondzynski, de ce dont était chargé le maréchal de la diète, les négociations que lui confiaient les membres de la diète n'auraient pu être légales sans qu'un décret formel eût été rendu. Ne voulant point attirer sur sa tête la grave responsabilité des malheurs qui menaçaient la ville et le pays, il envoya à la diète sa démission par l'entremise du conseiller d'État Szymanowski. Celui-ci la remit au secrétaire de la chambre des nonces, parce que déjà les membres de la diète, sans arrêter aucune résolution, s'étaient séparés, et ne devaient se rassembler de nouveau qu'à quatre heures. Une perte de temps semblable, dans un moment si critique, jointe au désir d'arrêter une effusion de sang inutile, décidèrent le général Krukowiécki à envoyer le général Prondzynski au feld-maréchal, avec prière de suspendre le combat, attendu que les formalités nécessaires pour donner une réponse aussi importante ne pouvaient point être observées dans un si court délai ; mais qu'on devait s'attendre à ce qu'avant six heures du soir, la diète enverrait au président des pleins pouvoirs en forme pour conclure le traité.

« Le général Prondzynski ne vit point le feld-maréchal, qui déjà était blessé ; il revint avec le général Berg, qui apporta la réponse du grand-duc Michel, autorisé à négocier : que le combat ne pouvait être suspendu avant qu'un traité eût été signé ; mais qu'on pouvait toujours, au milieu du feu, parlementer ; qu'à cet effet, il envoyait le général Berg, qui, en arrivant à cinq heures au palais du gouvernement, ne fut pas peu surpris de trouver le président encore non investi des pleins pouvoirs en question.

« Le conseiller d'État Szymanowski revint peu d'instants après de la diète, porteur de la déclaration que les chambres n'acceptaient point la démission du président du gouvernement, mais qu'elles le priaient, au contraire, de continuer à se dévouer au bien général dans ces circonstances critiques.

« Le général Krukowiécki, qui se voyait ainsi forcé de rester président du gouvernement, envoya de nouveau le général Prondzynski auprès de la diète pour lui communiquer la réponse du grand-duc et l'informer de l'arrivée du général Berg, chargé de con-

« Toll y fut également présent, et j'y ap-
« pelai ensuite le général Berg.
« M. Krukowiécki me tint un langage si dif-
« férent de celui auquel je devais m'attendre,
« que je lui rappelai qu'une déclaration de
« son délégué avait déjà posé la question sur
« les seules bases que je pusse admettre, et
« qu'elles étaient ainsi le seul point de dé-
« part pour une négociation. Le comte Kru-
« kowiécki désavoua la déclaration du gé-
« néral Prondzynski, en sa présence même,
« et prétendit de plus qu'il n'avait point
« reçu de la diète les pouvoirs nécessaires
« pour traiter définitivement de la paix et
« moins encore aux conditions que j'y met-
« tais. La discussion qui s'engagea alors fut
« naturellement assez vive. Son Altesse Impé-
« riale prit plusieurs fois la parole et exposa
« avec force tous les malheurs qu'une cou-
« pable opiniâtreté appelait sur la Polo-
« gne. Deux fois je fus sur le point d'or-
« donner la reprise immédiate des hostilités.
« Mais cédant à de nouvelles instances et dé-
« sirant éviter l'effusion du sang, je chargeai
« le général Berg de lire les conditions prin-
« cipales d'un arrangement, et je consentis
« à attendre jusqu'à une heure, c'est-à-dire
« pendant trois heures, la réponse définitive
« du comte Krukowiécki.....

« A une heure ne voyant revenir per-
« sonne, je fis annoncer la reprise des hos-
« tilités. On me demanda encore une demi-
« heure. Lorsqu'elle fut écoulée sans avoir
« amené de résultat, je fis commencer l'at-
« taque, etc. »

clure le traité. Pendant ce temps-là, on recevait de la ligne de bataille des rapports portant que plusieurs de nos batteries avaient été enlevées et que l'ennemi s'approchait du rempart principal. Le général Prondzynski ne tarda pas à revenir accompagné par une députation de la diète, composée des députés Malachowski et Libiszewski, qui déclarèrent par écrit que les chambres, presqu'à l'unanimité, autorisaient le président du gouvernement à traiter avec l'ennemi. Les chambres réunies ayant ensuite envoyé, une heure plus tard, au général Krukowiécki un décret qui lui conférait le droit de conclure un traité ayant pour objet de faire cesser le combat, le général Krukowiécki refit les conditions qui lui avaient été envoyées par l'ennemi et les remit au général Berg, en ajoutant qu'il lui était impossible de s'en écarter d'une syllabe. En même temps, il ajouta une lettre pour l'empereur, dont il demanda l'envoi aussitôt après l'acceptation des articles.

« Le général Berg ayant refusé de se charger de ces articles, qui différaient si complétement de ceux qu'il avait apportés, le président le fit accompagner par le général Prondzynski, pour déclarer que, s'ils n'étaient point accordés, l'armée polonaise se défendrait dans Warsovie jusqu'au dernier homme.

« Quand ces deux généraux furent partis, on continua à recevoir les plus tristes rapports de la ligne de bataille; et, lorsque le président apprit que l'ennemi s'était déjà emparé du rempart principal, derrière la barrière de Jérusalem, et faisait filer ses colonnes sur ce point, le colonel Breanski revint de parlementer et annonça que l'attaque cesserait aussitôt après le retour du général Berg.

« Ceci ayant eu lieu, et le bruit s'étant répandu dans la ville que l'ennemi avait été repoussé et avait suspendu l'attaque, le maréchal de la chambre des nonces, Wladislas Ostrowski, vint trouver le président du gouvernement, qui attendait encore le général Prondzynski, et lui apprit que les députés qui s'étaient rassemblés au palais du gouvernement lui demandaient communication du traité qui allait être signé. Le président ne possédant point de copie de ces articles, que, faute de temps, on n'avait pu transcrire, et ne pouvant non plus paraître en personne dans la chambre, s'y refusa. Un quart d'heure après, le maréchal revint lui déclarer que les chambres ne voulaient pas consentir à traiter, et que le président entrerait dans leurs vues en donnant sa démission.

« Le président du gouvernement ne pouvant pas s'opposer à la volonté des représentants de la nation, remit aussitôt au maréchal sa démission, qu'il avait déjà envoyée dans le courant de la journée, et dès qu'il eut entre les mains un acte écrit qui le déliait des devoirs de la présidence, et qui n'était toutefois signé que par le maréchal (et qu'il apprit le lendemain ne pas être provenu d'une majorité légale), il monta à cheval avec tout son état-major et se rendit à Praga; il facilita le passage de la Wistule à l'armée et arriva lui-même, sur l'autre rive, à deux heures après minuit à la colonie de Golendzinow. A peine eut-il goûté un peu de repos, qu'arriva le chef d'état-major Lewinski, qui l'invita, au nom du nouveau gouvernement et au nom du généralissime Malachowski, à se considérer encore comme président du gouvernement national, et à retourner à Warsovie pour terminer les négociations avec les parlementaires russes, qui déclaraient n'avoir de pouvoirs pour négocier qu'avec lui.

« Le général Krukowiécki refusa d'abord de rentrer dans la ville pour négocier; cependant il finit par céder, quand le général Lewinski lui représenta les graves conséquences qu'aurait son refus, telles que la destruction de la ville et le massacre de plusieurs milliers d'habitants.

« En arrivant au palais du gouvernement, le général Krukowiécki y trouva les parlementaires et le général Prondzynski, ainsi que le généralissime, plusieurs généraux, le vice-président du gouvernement et le maréchal de la chambre des nonces; mais comme il avait donné sa démission, il dut se considérer comme une personne privée et sans aucun caractère politique; il crut donc ne pouvoir signer aucun acte, sans usurper une qualité qui ne lui appartenait plus. Il se borna à prier le général Berg d'obtenir du grand-duc Michel qu'il voulût bien prendre sous sa protection Warsovie et ses habitants. Le généralissime Malachowski et le nouveau vice-président du gouvernement, colonel Ziélinski, discutèrent ensuite avec le général Berg une convention militaire, qui contenait, entre autres conditions, celle de la reddition de Praga et du pont; mais quand le général Krukowiécki voulut se rendre à Praga pour rejoindre l'armée, un détachement de troupes, posté par le général Uminski, s'y opposa, et ce dernier déclara même qu'il ferait fusiller Krukowiécki sitôt qu'il se montrerait sur l'autre rive.

« Cette déclaration décida le général Krukowiécki à rentrer dans la ville, etc. »

L'occupation de Warsovie par les Russes mit fin, le 8 septembre, à un drame auquel l'Europe n'eut pas honte d'assister comme témoin passif.

Dans la lutte désespérée qui avait eu lieu aux portes de Warsovie, les Polonais essuyèrent une perte de cinq à six mille hommes. Les Russes eurent environ vingt mille des leurs tués ou blessés grièvement.

Afin de gagner du temps, on convint d'un armistice de quarante-huit heures.

« Si l'insurrection et la guerre, dit M. Lelewel, eussent été convenablement dirigées, la perte de la capitale, bien que grave, n'aurait pas amené la chute de la cause nationale. Sous le règne de Jean-Kasimir, Warsovie fut occupée par l'ennemi à diverses reprises, et Étienne Czarniecki battu; cependant ce même Czarniecki ne put être dompté, et la capitale fut reconquise. »

Après la prise de cette dernière, l'armée polonaise, répartie dans tout le pays, pouvait encore réunir soixante mille combattants; tandis que les Russes, contraints de diviser leurs forces et de garder Warsovie, n'avaient que cent mille hommes à lui opposer. Malheureusement, par suite d'une mauvaise direction imprimée aux esprits, les Polonais avaient plus foi en la possession de la capitale qu'en leurs chefs.

Néanmoins l'ordre fut envoyé aux divers corps éparpillés de rejoindre le quartier général de Modlin, où l'armée nationale s'était retirée. Un pont avait été construit à cet effet sur le Boug, près de Kamienczyk. Mais Ramorino, au lieu d'écouter la volonté du commandant en chef, assembla dans sa propre division un conseil de guerre, à la suite duquel il entra en Galicie, sur le territoire autrichien (16 septembre). Le seul Samuel Rozycki tint bon avec son petit corps; il fut bientôt rejoint par le prince Czartoryski et Gustave Malachowski, qui, venant de quitter Ramorino, lui donnèrent avis de la résolution de ce général; Skrzynecki arriva également, sous un déguisement, auprès de Rozycki. Ce digne chef, après avoir résisté jusqu'au dernier moment, et voyant toutes les routes coupées par l'ennemi, fut forcé de chercher à son tour un refuge en Galicie (27 septembre).

Dans sa retraite vers la forteresse de Modlin, le corps polonais principal, encore fort de plus de vingt mille hommes, avec quatre-vingt-dix pièces d'artillerie, avait été accompagné de soixante et dix membres de la diète, et d'un grand nombre d'habitants de Warsovie, qui redoutaient la vengeance de l'ennemi. A Modlin, le nouveau président, Bonaventure Niémoiowski, convoqua un conseil de guerre, où le général Rybinski fut élu commandant en chef. Le gouvernement national siégea de l'autre côté de la forteresse, dans la petite ville de Zakroczym.

Divers projets d'action furent émis. Quelques-uns voulaient surprendre Warsovie et la délivrer; d'autres porter le théâtre de la guerre en Lithuanie; d'autres, enfin, se jeter dans les contrées montagneuses de Krakovie, où Rozycki se défendait encore. Aucun de ces plans ne fut adopté cependant; et les pourparlers qui eurent lieu entre les deux camps opposés, du 9 au 29 septembre, n'ayant produit aucun résultat, l'armée polonaise se retira sur Plock. Là, le commandement en chef fut offert par la diète au général Uminski; mais l'infanterie repoussant le choix de ce nouveau chef, qui avait toujours servi dans la cavalerie, et les représentants de la nation ne possédant plus aucune influence sur des troupes démoralisées, Rybinski entra, avec les débris de l'armée, sur le territoire prussien, entre Brodnica et Swiedziebno (5 octobre).

Au moment de passer la frontière, Rybinski adressa, en sa qualité de commandant en chef, la protestation suivante à l'Europe :

« Le monde connaît déjà les motifs « qui ont porté la nation polonaise à « se soulever et à revendiquer, les ar- « mes à la main, les droits impres- « criptibles que le temps ni la force « n'ont pu lui ravir. Le manifeste émis « par les chambres réunies de Pologne « a dévoilé à l'Europe civilisée les « abus dont les Polonais avaient été « victimes, les griefs dont ils avaient « demandé le redressement, et l'ac- « cueil que leurs justes représentations « reçurent de l'empereur de Russie. « Sourd à la voix du peuple polonais, « c'est par la guerre qu'il répondit à « nos réclamations, et des combats « meurtriers s'engagèrent aussitôt en- « tre le puissant empire du Nord et « une poignée de braves animés du « désir de défendre la plus belle des « causes. Souvent conduits à la vic- « toire, les Polonais prouvèrent sur les « champs de bataille qu'ils savaient « soutenir leurs droits; et tous les ci- « toyens témoignèrent assez, par leur « conduite publique et privée, qu'il n'é- « tait pas de sacrifice qu'ils ne fussent « prêts à déposer avec joie sur l'autel de « la patrie. La justice de l'histoire, celle « des souverains et des peuples, à la- « quelle les Polonais, victimes d'une « cruelle destinée, ne cessent d'en ap- « peler, saura apprécier la noblesse de « leur entreprise, la grandeur de leurs « efforts, leur persévérance dans le « malheur, et la difficulté, l'impossi- « bilité de reconquérir leur indépen- « dance et l'intégrité de leurs fron- « tières sans une assistance étrangère « à laquelle ils croyaient avoir quel- « ques droits.

« La lutte dura pendant près d'un « an, avec des chances égales la plu- « part du temps. Mais la supério- « rité matérielle de l'ennemi, l'épui- « sement du trésor public, des mu- « nitions de guerre et des autres res- « sources du pays, la perte de tout « espoir d'une intervention étrangère « quelconque, le manque d'éléments « indispensables pour soutenir d'aussi « grands efforts, amenèrent des résul- « tats qui rendirent plus difficile que « jamais la continuation de la lutte. « Elle devint impossible après l'évacua- « tion de Warsovie, ce foyer de pa- « triotisme, contre lequel l'ennemi « avait employé l'élite de son armée et « réuni la presque totalité de ses forces. « Après la perte d'un point militaire « aussi important, et pour empêcher « qu'une seule goutte du sang des « braves fût versée sans utilité pour « la cause, le commandant en chef de « l'armée polonaise, sans préjuger en « rien les décisions de la représenta- « tion nationale et n'agissant qu'au « nom de l'armée, entra avec le maré- « chal Paszkiéwitsch en pourparler, « dont le but était de conclure un ar- « mistice pour arrêter l'effusion du « sang et fixer les bases d'une pacifica- « tion prochaine. L'armée déclarait « même qu'elle était prête à se sou- « mettre à son ancien souverain, pourvu « que l'empereur de toutes les Russies, « comme roi constitutionnel de Polo- « gne, basât son règne sur des insti- « tutions nationales, qu'il garantît « l'oubli du passé à tous les habitants « qui avaient pris une part quelcon- « que dans la révolution, et qu'il « ne fût rien proposé à l'armée po- « lonaise d'incompatible avec son hon- « neur et sa dignité. Cette négocia- « tion, qui dura plus de vingt jours, « fut d'abord conduite avec des ap-

« parences de modération qui sem-
« blaient promettre le succès; mais bien-
« tôt elle prit un caractère d'exigence,
« qui se changea à la fin en un ordre
« positif, de la part du maréchal Pasz-
« kiéwitsch, de se soumettre sans con-
« dition et d'attendre la clémence de
« l'empereur. Pendant ce temps, les
« armées russes avaient pris, contrai-
« rement à la bonne foi, des positions
« militaires qui menaçaient la nôtre
« d'une destruction complète. C'est
« dans cet état de choses que le com-
« mandant de l'armée polonaise crut
« devoir se rapprocher des frontières
« de la Prusse et y chercher un asile
« pour son armée, que le noble carac-
« tère du souverain lui garantissait.

« Mais avant de quitter la terre na-
« tale, cette terre chérie arrosée du
« sang le plus pur et de nos larmes,
« l'armée de Pologne déclare, devant
« Dieu et devant l'univers, que chaque
« Polonais reste aujourd'hui et restera
« toujours aussi pénétré de la sainteté
« et de la justice de notre cause qu'il
« le fut jamais; elle considère, en outre,
« comme un devoir sacré d'en appeler
« solennellement par cet acte à toutes
« les nations, à tous les cabinets du
« monde civilisé, et principalement à
« ceux qui, au congrès de Vienne, ont
« témoigné le plus d'intérêt à la cause
« polonaise, et de leur confier le sort
« futur et l'existence politique de cette
« nation toujours malheureuse et ja-
« mais vaincue, qui se trouve appelée
« à exercer une si grande influence
« sur la civilisation, l'équilibre et la
« paix de l'Europe. Les Grecs, les Bel-
« ges et d'autres peuples ont été l'objet
« de la sollicitude des grandes puis-
« sances; les Polonais seraient-ils donc
« les seuls auxquels elles refuseraient
« leur protection? Non, la dignité, la
« conscience des souverains nous ga-
« rantissent le contraire.

« C'est donc à vous, puissants de la
« terre, c'est aux sympathies de vos
« peuples que l'armée nationale de Po-
« logne s'adresse dans son affliction:
« elle vous conjure au nom du Tout-
« Puissant, au nom de l'humanité, au
« nom du droit commun à tous les

« hommes, de prendre sous votre garde
« nos libertés et de faire présider la
« justice et l'équité aux arrangements
« qui seront pris à notre égard, et qui,
« pour assurer la paix de l'Europe,
« doivent être conformes au bien gé-
« néral et à celui de la Pologne.

« Swiedziebno, sur la frontière prus-
« sienne, ce 4 octobre 1831.

« Le commandant en chef de l'armée
« polonaise,
« RYBINSKI. »

Rybinski arrêta, en outre, diverses dispositions, afin de faire parvenir intacte, à la banque de Pologne, une somme d'environ six millions, prise pour les besoins de l'armée au moment de l'évacuation de Warsovie. Les fonds appartenant au ministère de la guerre furent également rendus dans toute leur intégrité.

Ces soins assurés, Rybinski termina la série des actes officiels par la lettre qui suit, destinée au roi de Prusse:

« SIRE,

« La lutte de dix mois que notre malheu-
« reuse patrie soutient, avec le courage du
« désespoir, contre toutes les forces de la
« Russie, est parvenue au point où une
« plus longue résistance deviendrait une
« effusion de sang inutile.

« C'est pour éviter au pays de nouveaux
« malheurs, qui en seraient le résultat, que
« nous avions pris la résolution de nous sou-
« mettre à notre souverain constitutionnel,
« sans cependant dévier de la route que
« nous traçait l'honneur. Mais les condi-
« tions humiliantes que le maréchal comte
« Paszkiéwitsch veut nous imposer nous ra-
« viraient ce dernier bien; nous sommes
« donc décidés à n'y souscrire jamais.

« Les événements ultérieurs de la guerre
« nous ayant rapprochés des frontières des
« États de Votre Majesté, l'armée, qui cède
« à des forces supérieures, se trouve au-
« jourd'hui dans le cas d'avoir à invoquer
« votre hospitalité, au nom du droit des na-
« tions et de l'humanité. Pressée par la né-
« cessité, elle doit chercher asile dans les
« États soumis au sceptre de Votre Majesté,
« convaincue que l'équité connue et les ver-
« tus privées qui la caractérisent garantiront
« sa haute protection au malheur!

« Je suis avec le plus profond respect, etc.,
« MATHIEU RYBINSKI,
« commandant en chef de l'armée polonaise. »

Trente mille Polonais environ passèrent en Prusse avec le général Rybinski; un nombre à peu près égal avait déjà cherché asile précédemment en Galicie, sous les ordres des généraux Ramorino et Rozycki. Tous durent déposer leurs armes à l'entrée de la frontière.

A cette partie militante du pays se joignit une foule de citoyens distingués de toutes les classes de la nation, réduits à fuir devant la vengeance des vainqueurs. Un désir bien naturel ne tarda pas à s'emparer de l'immense majorité des exilés, celui de voir la France, cette vieille amie de la Pologne; mais ce projet contrariait les vœux de la Russie, et on mit tout en œuvre pour en empêcher la réalisation. Les officiers étant proscrits en masse par l'oukase du tzar (octobre 1831), ce fut aux sous-officiers et aux soldats que l'on s'attaqua, afin de les décider à rentrer dans le royaume. Leur répugnance à cet égard était grande, mais toutes les voies furent jugées bonnes, même la violence, pour les contraindre à accepter un pardon auquel ils ne croyaient pas. A peine de retour en Pologne, ils se virent transportés au fond de la Russie et incorporés de force dans les régiments moskovites.

Une très-faible partie des soldats échappa à ces rigueurs. Plus heureux qu'eux, les officiers purent gagner la France, et leur passage à travers l'Allemagne fit époque. On ne vit jamais de manifestation plus vive et plus générale. La plupart des réfugiés étaient privés de toutes ressources; mais, grâce au dévouement des habitants, ils traversèrent le vaste sol germanique sans ressentir le moindre besoin. Chaque ville devenait le centre d'une association bienfaisante, qui prodiguait avec effusion les secours et les consolations. La Saxe se distingua surtout par l'accueil qu'elle fit au malheur; et son vieux roi résista, aussi longtemps que le lui permit sa position politique, aux exigences des oppresseurs de la Pologne.

Une fois en France, où la réception ne fut pas moins touchante et moins fraternelle, les exilés purent respirer en liberté et rêver des jours meilleurs pour leur patrie.

———

Après une lutte de près d'une année, la révolution polonaise était abattue. La sympathie des nations lui était acquise dès le début; et peut-être les gouvernements européens auraient-ils fini par lui prêter assistance, si la Russie, qui redoutait avec raison une telle démonstration, n'eût pris à tâche d'intriguer et de calomnier le caractère d'un soulèvement aussi légitime. Ainsi, elle ne cessa de répéter, par la voix de tous les organes dont elle disposait, que, loin d'être un mouvement national, l'insurrection polonaise n'était qu'une émeute qui n'avait aucune importance politique pour l'Europe.

Rien ne répond mieux à cette allégation que les paroles d'un personnage haut placé, et que l'on n'accusera pas de professer des opinions anarchiques, S. A. R. le duc de Sussex. Elles font partie de sa réplique à l'adresse que lui présenta, au mois de juin 1839, le comité de l'émigration polonaise à Londres.

« Votre insurrection, Messieurs, dit S.
« A. R., n'a pas été une révolution, mais
« bien une lutte pour reconquérir vos pri-
« viléges et vos droits comme nation indé-
« pendante, régie par des lois spéciales et
« vous appartenant, lois qui vous ont été
« garanties par le congrès de Vienne, au-
« quel l'Angleterre participa.

« Par degrés et insensiblement, par tous
« les moyens, enfin, vous avez été dépouil-
« lés de vos droits, sans que cela attirât l'at-
« tention de l'Europe ou provoquât ses pro-
« testations, bien que ce résultat l'atteignait
« matériellement et lui faisait un tort grave.

« L'issue de votre insurrection n'a pas ré-
« pondu à votre courage, et je dois le dé-
« plorer avec tous les honnêtes gens; mais
« j'ai l'espérance ferme et sincère, et cha-
« que jour j'adresse à cet égard mes prières
« les plus ardentes à Dieu, le puissant maître
« de toutes les actions humaines, que le
« temps viendra où il vous sera permis de
« retourner dans votre patrie et de la voir
« occuper de nouveau le rang qu'elle tenait
« autrefois avec tant d'éclat parmi les na-
« tions européennes. »

LA POLOGNE, PROVINCE RUSSE.

1831-1840.

La fortune des armes l'emporta donc encore une fois sur les lois de la justice ; mais, depuis l'établissement du christianisme, on vit rarement le vainqueur abuser du triomphe comme le fit l'empereur Nicolas. Quelle que soit la manière dont on veuille envisager le droit de résistance à la tyrannie, on ne peut nier, d'après les paroles du duc de Sussex qui précèdent, que les Polonais se soient levés en masse pour réclamer leurs droits. Les hommes les plus honorables avaient figuré dans la révolution, et y avaient déployé un courage héroïque, joint à une abnégation sublime. Enfin, la nation polonaise, en courant aux armes, cédait aux souvenirs impérieux d'une existence libre de toutes chaînes étrangères durant dix siècles ; existence attestée par l'histoire, et que quarante années de malheurs et d'oppression n'avaient pu effacer de sa mémoire.

Ces considérations, qui eussent été toutes-puissantes aux yeux d'un vainqueur généreux, ne furent d'aucun poids auprès du tzar. Maître du pays, libre de tout empêchement du côté des autres puissances, pouvant montrer à son gré une magnanimité d'accord avec une saine politique, il préféra, pour le triste plaisir de la vengeance, considérer les chefs de la nation comme de vils malfaiteurs et traiter la Pologne entière comme un faubourg révolté. Cette résolution une fois prise, il ne lui restait plus que la voie des rigueurs, et il s'y précipita.

Le surlendemain de l'entrée des Russes à Warsovie, un acte d'amnistie fut proclamé (10 septembre), en vertu duquel on promettait l'oubli du passé à tous ceux qui se soumettraient au pouvoir de l'empereur. Trois jours après, un nonce de la diète, Xavier Sabatyn, qui avait fait sa soumission, était arrêté et déporté pour sa coopération aux événements antérieurs.

Ce premier abus de la victoire n'était que le prélude d'une longue série d'actes arbitraires et révoltants.

Le château des rois de Pologne fut dépouillé de tous ses objets d'art et de tous ses souvenirs historiques, tandis que les deux salles où s'assemblait la diète étaient converties en casernes.

Le maréchal Sacken eut plein pouvoir de créer, dans les provinces lithuaniennes, des commissions militaires pour juger les insurgés. Il fut autorisé également à rendre des décrets de bannissement, de confiscation, de condamnation aux travaux des mines, et même de mort. Et, loin que l'empereur s'empressât d'adoucir ceux de ces décrets qui étaient soumis à sa ratification, il les aggravait, comme il le fit à l'égard du prince Roman Sanguszko, qui, déchu de toutes ses grandeurs, se vit condamné, par un ordre impérial, à faire *à pied* la route de Sibérie.

Le nombre des citoyens notables enlevés ainsi à leurs foyers, après les avoir dégradés, fut immense. Souvent on joignait l'ironie à la cruauté ; témoin la décision rendue contre le vénérable abbé Siérocinski : « Considérant « que le coupable est d'un âge très-avan-« cé, il est condamné à la perte de ses « titres de noblesse, de sa fortune, et à un « bannissement perpétuel en Sibérie. »

La cocarde moskovite fut substituée à la cocarde polonaise, et l'ordre national du *Mérite militaire* transformé en ordre russe. La décoration qui avait paré la poitrine des Kosciuszko et des Poniatowski servit désormais d'encouragement aux oppresseurs du pays.

On publia, à la fin de novembre 1831, un nouvel acte d'amnistie, remarquable seulement par les exclusions qu'il renferme. En étaient exceptés : 1° *les auteurs de la révolution du* 29 *novembre*, qui ne furent que les interprètes du vœu général ; 2° *les membres du gouvernement*, expression vague qui comprenait, selon le sens qu'on voulait bien lui donner, sept individus ou deux cents; 3° *les députés ayant contribué à l'acte de déchéance,* terme manquant également à dessein de précision, car cet acte avait été voté et signé à l'unanimité par les membres des deux chambres présents à Warsovie; 4° enfin, *les assassins de la nuit du 15 août,* rapprochement odieux dont la tendance n'échappa à personne.

L'influence de l'amnistie fut telle que toutes les maisons d'arrêt de Warsovie se trouvèrent bientôt encombrées de prisonniers. Pour pouvoir abriter ceux qu'on expédiait des provinces, il fallut métamorphoser de nouveau en cachots les couvents des carmes et des dominicains, qui avaient déjà servi à cet usage sous l'administration du grand-duc Constantin.

Le mois de février 1832 devait montrer, à l'Europe indignée, un abus de puissance d'une audace extrême : d'un seul trait de plume, le tzar brisa tous les actes de son prédécesseur et viola son propre serment. Immédiatement après la prise de Warsovie, l'acte original de la charte de 1815, charte signée par Alexandre et jurée par Nicolas, avait été expédié à Saint-Pétersbourg. Le 26 février, parut un oukase qui, sous le nom de *Statuts organiques,* imposa à la Pologne, en place du pacte précédent, un règlement arbitraire détruisant toutes les stipulations du congrès de Vienne et renversant toutes les garanties nationales.

Cet acte déclarait « la Pologne partie intégrante de l'empire, ses habitants ne devant former à l'avenir, avec les Russes, qu'*une seule et même nation.* » D'après ses dispositions, la cérémonie du couronnement royal est abolie; l'armée polonaise cesse d'exister; les soldats levés en Pologne doivent servir dans les régiments moskovites; les Russes sont aptes à remplir des fonctions en Pologne; les juges sont déclarés amovibles; la peine de la confiscation est remise en vigueur; des impôts peuvent être prélevés au profit de la Russie; les lois d'intérêt général et de finance sont discutées et arrêtées par le conseil d'empire siégeant à Saint-Pétersbourg; enfin le ministère d'instruction publique est supprimé.

Les formes de l'administration étaient complétement bouleversées; et comme si l'empereur craignait encore d'avoir trop fait, en accordant quelques faibles garanties, il s'empressa d'ajouter que les dispositions des Statuts organiques pourraient être modifiées et changées à volonté.

Leur publication fut suivie de l'installation d'un soi-disant conseil d'administration, chargé de pourvoir à l'exécution du nouvel ordre de choses. Des Russes et deux transfuges polonais le composèrent, et la présidence en fut dévolue au prince de Warsovie, titre accordé au feld-maréchal Paszkiéwitsch, afin de démontrer aux plus incrédules que Warsovie cessait d'être la capitale d'un royaume distinct, et ne serait plus désormais que le chef-lieu d'une province de l'empire russe.

Marchant ainsi sans pudeur dans les voies de la tyrannie, on voulut cependant obtenir un simulacre d'adhésion; et il fallut, pour comble d'outrages, qu'une députation de Polonais allât remercier à Saint-Pétersbourg le tzar des bienfaits qu'il daignait répandre sur leur pays. (13 mai).

On exigea également d'autres manifestations de joie, telles que des fêtes et des illuminations. Ces dernières sont exécutées par ordre, sous peine d'une amende de cinquante florins par chaque croisée non éclairée.

Simultanément aux Statuts organiques, il parut, par ordre de l'empereur, un décret du feld-maréchal Paszkiéwitsch concernant l'enrôlement des militaires *amnistiés,* d'après lequel tous les sous-officiers et soldats ayant appartenu à l'armée polonaise devaient être incorporés dans les régiments russes.

De février à mai 1832, les spoliations les plus douloureuses s'opérèrent à Warsovie. L'université et toutes les autres institutions libérales furent fermées; et des commissaires, envoyés de Saint-Pétersbourg, eurent ordre d'enlever les bibliothèques publiques, les cabinets, les musées : en un mot, toutes les collections relatives aux arts et aux sciences. Ces instructions ne furent que trop fidèlement exécutées, et, en quelques mois, Warsovie se vit dépouillée des richesses littéraires et artistiques que la nation avait amassées avec tant de persévérance depuis des siècles.

Des mesures encore plus cruelles se préparaient. Nous voulons parler de l'enlèvement des enfants mâles, que l'on transporta, au nombre de plusieurs milliers, en Russie, afin de les y faire élever dans la langue et dans la religion moskovites. On dira sans doute que l'oukase n'entendait parler que des enfants vagabonds ou orphelins, mais on sentira facilement à quelle extension d'arbitraire prêtait une pareille décision. Il fut tel qu'il donna lieu aux scènes les plus déchirantes, notamment à l'infanticide commis par une mère sur son propre fils (*).

Un acte qui surpassa tous les autres, fut l'ordre impérial de transporter *cinq mille* familles de gentilshommes polonais, propriétaires en Podolie, sur la ligne du Caucase, pour les incorporer par la suite dans les régiments russes. Cette mesure a été tant de fois mise en doute par les organes à la solde de la Russie, que nous ne saurions l'entourer de trop de preuves.

« Ordre du ministre des finances au gouverneur de la Podolie, en date du 21 novembre 1831.

« S. M. l'empereur a daigné émettre l'ordre suprême de faire les règlements nécessaires pour transplanter, pour la première fois, cinq mille familles de gentilshommes polonais du gouvernement de Podolie sur les steppes du trésor, et, par préférence, sur la ligne ou dans le district du Caucase, pour qu'ensuite les transplantés puissent être enrôlés au service militaire.

« Pour effectuer ladite transplantation, il faut choisir : 1° les personnes qui, ayant pris part à la dernière révolution, sont revenues, au terme fixé, témoigner leur repentir ; celles aussi

(*) Documents relatifs à cette mesure : Ordre de l'état-major impérial du 19 février 1832 ; ordre du feld-maréchal Paskiewitsch, du 24 mars ; arrêté du conseil d'administration du 10 avril.

qui ont été comprises dans la troisième classe de coupables et qui, par conséquent, ont obtenu la grâce et le pardon de S. M. ; 2° les personnes dont la manière de vivre, d'après l'opinion des autorités locales, excite la méfiance du gouvernement.

« D'après cela, Votre Excellence se servira de tous les moyens nécessaires (sans publier ni faire connaître la teneur de cet ordre) pour enregistrer les familles qui doivent être transplantées, afin que vous puissiez commencer incessamment l'exécution de cet ordre selon les règles qui vous seront communiquées ultérieurement. »

Le ministre de l'intérieur écrivit de Saint-Pétersbourg, le 18 avril 1832, au même gouverneur pour lui rappeler les ordres précédents.

« Sa Majesté, dit-il, en confirmant les règlements arrêtés, a daigné ajouter de sa propre main : « Ces règle-
« ments doivent servir non-seulement
« pour le gouvernement de Podolie,
« mais encore pour tous les gouverne-
« ments occidentaux : Wilna, Grodno,
« Witebsk, Mohilew, Bialystok, Minsk,
« Wolhynie et Kiiow ; ce qui fait
« en tout *quarante-cinq mille famil-*
« *les.* »

« Les ci-devant gentilshommes non-propriétaires qui n'ont pas de revenus ni d'occupations fixes, qui changent de résidence ou demeurent sans occupation, seront transplantés à la ligne du Caucase parmi les Kosaks et seront inscrits parmi eux ; et comme désormais ils feront partie des troupes kosakes, leur colonie ne doit être en aucune relation avec les colonies des ci-devant gentilshommes polonais.

« BLUDOW. »

Enfin dans une dépêche ultérieure, en date du 26 août, de ce même ministre au gouverneur, se trouvent ces lignes :
« Si les gentilshommes polonais n'ont pas envie de se faire transplanter, vous êtes autorisé *à les y contraindre par la force.* »

En conséquence, le gouverneur de la Podolie transmit l'ordre aux autorités locales d'opérer une première levée de douze cents familles. Elle eut lieu, mais l'indignation qu'inspira cet essai, contraire à toutes les lois de l'humanité et de la civilisation, fut si vive, que, pour la première fois, le gouvernement dut reculer. Il n'osa pas l'étendre aux autres provinces polonaises, ainsi qu'il l'avait décidé.

Mais une voie où il marcha d'un pas ferme, ce fut celle des confiscations. Les feuilles officielles suffirent à peine à l'enregistrement des documents authentiques, attestant le nombre des victimes et la masse des biens ravis. Une estimation modérée fait monter les profits du trésor russe, provenant des confiscations opérées dans la seule province de Wolhynie, à vingt-quatre millions de francs. Si l'on ajoute à cette somme les spoliations exercées dans les gouvernements de Podolie, de Kiiow et de Wilna, on trouvera que le total dépasse le chiffre de quatre-vingts millions. Dans ce calcul, qui ne va que jusqu'en 1833, ne figurent pas les confiscations du royaume de Pologne créé en 1815 et le principal foyer de la révolution.

Des scènes sanglantes eurent lieu, en 1832, sur divers points : à Cronstadt, où douze soldats furent fustigés à mort pour avoir refusé de prêter serment de fidélité au tzar; à Ianow, où d'autres militaires furent immolés à coups de verges pour le même fait, au pied du monument élevé à la mémoire de Kosciuszko; à Berdyczew, où quatre Polonais, destinés à être déportés en Sibérie, expirèrent sous le knout, après une tentative d'évasion infructueuse.

Le commerce polonais jouissait de garanties précieuses, grâce à l'administration distincte établie par le congrès de Vienne. Bientôt l'empereur priva le pays de ses franchises commerciales, en élevant le tarif des droits de douane (23 décembre 1832). Un coup mortel fut porté par là aux manufactures nationales, qui durent cesser leurs travaux; et les artisans étrangers, dont les essais heureux fertilisaient le royaume, en y créant de nouvelles branches de richesses, se virent contraints à l'abandonner.

En revanche, les juifs, cette lèpre du pays, furent ouvertement protégés et récompensés, pour prix des services rendus à l'ennemi durant la dernière guerre. On leur restitua le privilége de débiter les liqueurs fortes, dont ils ne faisaient usage précédemment que pour appauvrir et démoraliser les paysans. Il leur fut accordé, en outre, un secours de deux cent mille florins.

Le 15 juillet 1833, une cour prévôtale, présidée par le général russe Sulima, prononça la peine capitale et le séquestre des biens contre deux cent quatre-vingt-six émigrés, parmi lesquels figuraient le prince Adam Czartoryski, les membres du gouvernement national, le maréchal de la diète, des sénateurs, des nonces, des officiers de l'armée, des écrivains, ainsi que les élèves de l'école des porte-enseignes et les étudiants de l'université qui avaient donné l'impulsion dans la nuit du 29 novembre 1830.

Mais de toutes les blessures faites au cœur des Polonais, la plus sensible fut la persécution exercée contre la religion catholique romaine, religion professée par la presque totalité des habitants, et base fondamentale de la nationalité. Le système adopté à cet égard, et qui avait pour but le triomphe du culte gréco-russe, a été suivi avec une persévérance rare. Près de deux cents établissements religieux furent abolis en Lithuanie, en Wolhynie et en Podolie, et leurs biens confisqués; un grand nombre d'ecclésiastiques, dont plusieurs prélats éminents, eurent à supporter les traitements les plus rigoureux; on pilla le trésor de Czenstochowa, lieu tellement révéré, que des populations entières y accouraient à certaines époques de l'année; enfin, entre autres oukases spéciaux, celui du 19 juillet 1832 assigna, à partir de cette époque, la moitié des églises catholiques au culte grec, et ordonna qu'à l'avenir, toutes les fois qu'une église grecque tomberait en ruine, on s'emparerait d'une église catholique.

Tant d'atteintes portées aux affections les plus chères de la nation semèrent de toutes parts une douleur profonde. Au milieu de l'abattement général, quelques esprits seulement ne désespérèrent pas de pouvoir affranchir le pays du joug de fer sous lequel il gémissait; mais ces tentatives, enfantées par un zèle irréfléchi, n'eurent pour résultat que de compromettre inutilement une foule de personnes et d'augmenter le nombre des victimes.

En avril et mai 1833, des corps de partisans, organisés dans les forêts, apparurent dans les palatinats de Kalisz, Krakovie, Lublin, Sandomir et Plock, ainsi que dans plusieurs districts de la Lithuanie. Mais les forces russes, si supérieures, les eurent bientôt écrasés. Plus tard, de nouveaux essais d'affranchissement n'obtinrent pas plus de succès (*).

Le dernier débris polonais, Krakovie même, ce mausolée consacrant l'antique splendeur du royaume, n'a pas été respectée. Fondée par le congrès de Vienne, cette république, quoique bien modeste, occupait les pensées de la Russie, qui, ne s'associant que les deux États voisins, résolut d'en changer l'organisation. Des commissaires s'assemblèrent; et, le 23 mars 1833, un acte signé par les seuls envoyés d'Autriche, de Prusse et de Russie, détruisit complétement les garanties d'indépendance renfermées dans sa constitution.

Depuis, rien n'annonce un adoucissement prochain aux maux de la Pologne; la colère préside toujours aux conseils du souverain, ainsi que l'attestent les décrets rendus chaque jour.

En 1835, l'empereur fit le voyage de Warsovie, où il se borna à visiter la citadelle que l'on venait d'élever aux frais du trésor polonais. Après un délai de quatre années, on espérait que le courroux de ce monarque serait affaibli, et la présence impériale semblait à tous un grand pas fait vers la conciliation. Dans le but d'accélérer ce résultat, il fut ordonné qu'une députation de la municipalité de Warsovie porterait à l'empereur les hommages de la nation, cette démarche respectueuse devant amener des paroles de paix et d'oubli.

Le feld-maréchal Paszkiéwitsch présenta donc la députation au tzar, au château de Lazienki; mais Nicolas, sans attendre son discours, lui adressa ces mots :

« Je sais, Messieurs, que vous avez « voulu me parler; je connais même le « contenu de votre discours, et c'est « pour vous épargner un mensonge « que je ne désire pas qu'il me soit « prononcé. Oui, Messieurs, c'est pour « vous épargner un mensonge; car je « sais que vos sentiments ne sont pas « tels que vous voulez me le faire accroire.

« Et comment pourrais-je y ajouter « foi, quand vous m'avez tenu ce « même langage la veille de la révolu« tion ? N'est-ce pas vous-mêmes qui « me parliez il y a cinq ans, il y a huit « ans, de fidélité, de dévouement, et « qui me faisiez les plus belles pro« testations ? Quelques jours après, « vous avez violé vos serments, vous « avez commis des actions horribles.

« L'empereur Alexandre, qui avait « fait pour vous plus qu'un empereur « de Russie n'aurait dû faire, qui vous « a comblés de bienfaits, qui vous a « favorisés plus que ses propres sujets, « et vous a rendus la nation la plus « florissante et la plus heureuse, l'em« pereur Alexandre a été payé de la « plus noire ingratitude.

« Vous n'avez jamais pu vous con« tenter de la position la plus avanta« geuse, et vous avez fini par briser « vous-mêmes votre bonheur. Je vous « dis ici la vérité pour éclaircir notre « position mutuelle, et pour que vous « sachiez bien à quoi vous en tenir, « car je vous vois et vous parle pour « la première fois depuis les troubles.

« Messieurs, il faut des actions et « non pas des paroles; il faut que le re« pentir vienne du cœur. Je vous parle « sans m'échauffer, vous voyez que je « suis calme; je n'ai pas de rancune, « et je vous ferai du bien malgré vous.

(*) Au nombre de ceux qui se sacrifièrent ainsi en vain et qui périrent dans les supplices, figurent Dziewicki, Antoine Olkowski, Joseph Kurziamski, Blaise Przeorski, Antoine Karczewski, Alexandre Plenkiewicz, Joseph Dawidowicz, Michel Jakubowski, Michel Wolowicz, Félix Bugayski, Sylvestre Raczynski, Palmar, Gielcold, Szpek, Arthur Zawisza et Konarski.

« Le maréchal, que voici, remplit mes
« intentions, me seconde dans mes
« vues, et pense aussi à votre bien-
« être. »

Ici, les membres de la députation saluèrent le maréchal.

« Eh bien ! Messieurs, reprit le tzar,
« que signifient ces saluts? Avant tout,
« il faut remplir ses devoirs, il faut se
« conduire en honnêtes gens. Vous
« avez, Messieurs, à choisir entre deux
« partis, ou persister dans vos illusions
« d'une Pologne indépendante, ou vivre
« tranquillement et en sujets fidèles
« sous mon gouvernement.

« Si vous vous entêtez à conserver
« vos rêves de nationalité distincte, de
« Pologne indépendante, et de toutes
« ces chimères, vous ne pouvez qu'atti-
« rer sur vous de grands malheurs. J'ai
« fait élever ici la citadelle, et je vous
« déclare qu'à la moindre émeute *je fe-*
« *rai foudroyer la ville, je détruirai*
« *Warsovie, et, certes, ce ne sera*
« *pas moi qui la rebâtirai.*

« Il m'est bien pénible de vous par-
« ler ainsi; il est bien pénible à un
« souverain de traiter ainsi ses sujets;
« mais je vous le dis pour votre propre
« bien. C'est à vous, Messieurs, de
« mériter l'oubli du passé; ce n'est que
« par votre conduite et votre dévoue-
« ment à mon gouvernement que vous
« pouvez y parvenir.

« Je sais qu'il y a des correspondan-
« ces avec l'étranger; qu'on envoie ici
« de mauvais écrits, et que l'on tâche
« de pervertir les esprits. Mais la meil-
« leure police du monde, avec une
« frontière comme la vôtre, ne peut
« empêcher les relations clandestines.
« C'est à vous-mêmes à faire la police,
« à écarter le mal.

« C'est en élevant bien vos enfants,
« en leur inculquant des principes de
« religion et de fidélité à leur souve-
« rain, que vous pouvez rester dans
« le bon chemin.

« Et au milieu de tous ces troubles
« qui agitent l'Europe, et de toutes
« ces doctrines qui ébranlent l'édifice
« social, il n'y a que la Russie qui
« reste forte et intacte.

« Croyez-moi, Messieurs, c'est un
« vrai bonheur d'appartenir à ce pays
« et de jouir de sa protection. Si vous
« vous conduisez bien, si vous rem-
« plissez tous vos devoirs, ma sollici-
« tude paternelle s'étendra sur vous
« tous, et malgré tout ce qui s'est
« passé, mon gouvernement pensera
« toujours à votre bien-être.

« Rappelez-vous bien ce que je vous
« ai dit. »

Ce discours est jugé depuis longtemps dans l'esprit de l'Europe, et nous citerons à cet égard les paroles d'un publiciste distingué.

« Le traité solennel de Vienne, dit M. Saint-Marc Girardin, la proclamation d'Alexandre, son propre manifeste en montant sur le trône, l'empereur Nicolas a tout oublié dans son discours aux Polonais. Étrange effet de la colère ou d'une politique ambitieuse ! Il déclare à la face de l'Europe qu'il n'y a plus de Pologne distincte; il invite les Polonais à adjurer cette chimère ! Les traités, à l'entendre, ne sont plus qu'un rêve. Cette patrie polonaise, cette patrie nécessaire à l'Europe, selon Alexandre, ce n'est plus, selon Nicolas, qu'une illusion à laquelle il faut que Warsovie renonce... L'empereur Nicolas lui apprendra comment on oublie, lui qui a si vite oublié les bienfaits de son frère et le testament qui l'a fait empereur.

« Alexandre savait résister aux haines brutales de la Russie contre la Pologne; Alexandre savait modérer et contenir le peuple qu'il conduisait. Il croyait que c'était l'art du gouvernement de diriger et non de suivre, de donner le mouvement et non de le recevoir. Russe, il savait s'élever au-dessus des rancunes de sa nation, et il favorisait la Pologne. Était-ce une grandeur d'âme imprudente? Non! C'était une politique habile et sage, la politique d'un homme qui concevait d'une manière à la fois juste et élevée la destinée mutuelle de la Pologne et de la Russie. Placée en avant de la Russie du côté de l'Europe, la Pologne devait mettre l'empire russe dans une communication nouvelle avec la civilisation européenne; c'était un accès ouvert aux sciences et aux lumières de l'Occident. C'était un degré intermédiaire de civilisation entre la Russie et l'Occident. Voilà ce que pouvait et ce que devait être la Pologne unie à la Russie ; mais pour cela, il fallait que la Pologne fût gouvernée doucement, et qu'elle vît dans la Russie une sœur et non une maîtresse oppressive et cruelle. Pour cela, il fallait gagner la Pologne et non l'irriter. Voilà ce que n'a pas compris l'empereur Nicolas. Russe, il n'a su que partager les rancunes de sa nation à l'égard de son ancienne rivale, et s'écartant de la bienveillance politique qu'Alexandre témoignait à la Pologne, il l'a persécutée et opprimée. De là, l'insurrection de 1830. Aujourd'hui il ne comprend pas davantage les nobles desseins et les hautes pensées de son frère ; la reconnaissance même, qui devrait les lui expliquer, ou tout au moins les lui faire respecter, la reconnaissance est muette, et il s'écrie avec colère qu'Alexandre a fait pour la Pologne plus qu'un Russe n'aurait dû faire. Oui, plus qu'un Russe, mais non plus qu'un empereur qui comprend sa mission, qui dépasse son peuple non-seulement de toute la hauteur de son pouvoir, mais de toute la hauteur aussi de son intelligence et de son caractère, qui modère, qui dirige, et qui fait son métier de roi. »

Comme corollaire de ce langage, dicté au publiciste français par l'équité et un sentiment profond des droits des nations, ajoutons les paroles d'un écrivain allemand qui nous a souvent guidé.

« Pendant que la diplomatie, dit M. de Raumer, entreprend, par une contradiction grossière, de prouver la justice et l'indispensable nécessité d'une dissolution de la Pologne, que les Russes soutiennent, avec raison, qu'une mauvaise cause est à jamais perdue, les Polonais s'écrient : *Tout est perdu, hors l'honneur!* Mais si les deux parties écoutaient l'avis du spectateur désintéressé, ils apprendraient que les peuples et les rois expient également leurs fautes, ainsi que celles de leurs ancêtres, et que le triomphe le plus glorieux peut être suivi de douleurs amères, de même que dans le désastre le plus cruel, il est encore de nobles consolations. Ce n'est que lorsque ce double sentiment se développera chez les deux nations rivales, que l'on pourra espérer une réconciliation réelle et la résurrection de la Pologne. Autrement, les Russes ne récolteront sur les ruines de la destruction que des fleurs funéraires pour tresser leurs couronnes triomphales, et l'air empesté que la haine souffle des tombeaux infectera pendant des siècles entiers cette malheureuse contrée. »

En attendant des temps meilleurs, les réfugiés polonais, qui représentent aujourd'hui leur patrie à l'étranger, ainsi que le faisaient, au commencement de ce siècle, les légions polonaises, célèbrent chaque année avec un pieux recueillement le jour anniversaire de la révolution du 29 novembre 1830. A Londres, S. A. R. le duc de Sussex, oncle de la reine d'Angleterre, a présidé le dernier meeting polonais. A Paris, ces fonctions furent d'abord remplies par le général la Fayette, que remplaça, après sa mort, M. le comte de Lasteyrie ; et, au moment même où nous achevons ce travail, les réfugiés sont encore sous l'impression des paroles éloquentes que M. Arago, président de la réunion générale de cette année, conjointement avec le palatin Antoine Ostrowski, et le prince Adam Czartoryski, président la Société littéraire polonaise de Paris, ont fait retentir dans tous les cœurs polonais.

Tous les ans, à l'ouverture de la session, les chambres françaises renouvellent leurs protestations contre la destruction de l'antique nationalité polonaise, et engagent le gouvernement à réclamer l'exécution des traités qui l'ont garantie.

Parmi les défenseurs les plus persévérants de cette cause sacrée, on compte MM. Villemain, de Tascher, d'Harcourt, de Montalembert, Bignon, de Tracy, Odilon-Barrot, qui, soit par leurs discours, soit par leurs écrits, expriment à chaque occasion leurs vœux généreux.

« La Pologne, a dit M. de Montalembert, occupe depuis longtemps le premier rang parmi les peuples victimes. Elle a toujours souffert, et toujours elle a persisté à souffrir. Toujours envahie, dévastée, trahie, elle n'en a pas moins toujours jeté le gant aux oppresseurs, et marché la poitrine à jour contre eux. La résignation à cette haute mais dure mission est empreinte dans son histoire, dans ses traditions, dans ses mœurs, dans toute son existence nationale. depuis le touchant sacrifice de la reine Hédvige jusqu'aux dévouements héroïques de Sobieski pour l'ingrate Autriche et des légions pour la France. Le sacrifice a été sa vie, son métier, et pour ainsi dire son industrie; c'est de ce pain-là qu'elle s'est nourrie, et rien n'annonce qu'elle en soit rassasiée. Ses anciens preux ne bâtissaient pas de châteaux indestructibles comme les nôtres; ils n'habitaient que des maisons de bois, afin de les abandonner et de les laisser brûler sans regret quand le service de la patrie les en éloignait. Ses ambassadeurs se ruinaient de fond en comble à l'étranger, ne voulant ni appauvrir le trésor public, ni laisser éclipser par personne l'éclat du nom polonais. Ses budgets étaient votés par enthousiasme, et ses impôts se nommaient *secours d'amour* (*subsidium charitativum*).

« Toutes ses antiques richesses, toute sa force primitive, elle les possède encore; ses enfants exilés comme ses enfants esclaves ont hérité d'un double trésor : l'esprit de sacrifice et l'esprit de foi. Avec un pareil héritage, que ne peut-on espérer? que ne peut-on reconquérir?

« N'est-ce pas la foi qui donne et redonne la vie? n'est-ce pas le sacrifice qui l'entretient? Par cette foi inébranlable en leur cause, ils déjoueront toutes les intrigues de leurs adversaires secrets, comme ils ont bravé tous les forfaits de leur tyran avoué. Par cette héroïque manie de tout sacrifier pour elle, ils lui assurent une durée éternelle, une inépuisable fécondité. Le double caractère que nous leur reconnaissons n'est point une illusion.

Doutez-vous de leur dévouement? Mais cherchez donc parmi ces réfugiés qui ont tout perdu pour la patrie, biens, foyers, dignités, santé, femmes, enfants, tout ce que l'homme a le droit et le besoin de défendre et d'aimer; cherchez-en un seul qui ne soit prêt à recommencer demain, et cela sans hésitation, sans peine, sans surprise même. Ces hommes-là ne s'étonnent que d'une chose, c'est que nous soyons, nous, étonnés de leur dévouement.

« Doutez-vous de leur foi? Mais voici quarante années qu'ils viennent parmi nous nous montrer leurs blessures et les tronçons de leur chaîne. Vous ont-ils jamais montré la moindre apparence de découragement? ont-ils jamais cessé de croire à l'affranchissement de leur pays, au châtiment de leurs oppresseurs, à la tardive mais sûre justice d'en haut? Lorsque, laissant loin derrière eux la patrie et unis à nos armées républicaines, ils les aidaient à conquérir l'Italie, leur poitrine gonflée laissait échapper ce chant célèbre : *Non, la Pologne n'a point péri puisque nous vivons encore.* Ceux qui le chantèrent les premiers sont morts, morts pour nous, au pied des Pyramides ou sur les plages de Saint-Domingue : mais le chant, et l'âme qui le dicta, et la foi qui l'inspira, ont survécu, et leurs enfants le répètent chaque jour; et un jour viendra, s'il plaît au ciel, où ils le répéteront encore une fois sur les bords de la Wistule affranchis.

« Le triomphe de la Pologne sera le triomphe de la liberté et de la justice : or, la justice et la liberté sont les filles aînées de Dieu. »

Le jour de la réparation, peu d'entre nous le verront peut-être, car bien des obstacles s'élèvent contre la résurrection de la Pologne pour de longues années encore; mais il n'est pas un de ceux qui souffrent en ce moment dans l'exil, qui n'ait la conviction intime que la Pologne revivra, brillante et radieuse, et cette fois pour toujours!

Paris, le 1er janvier 1840,

FIN.

TABLE DES MATIÈRES

CONTENÙES DANS LA POLOGNE.

L'ANCIENNE POLOGNE.

800 — 1796.

	Pages.
INTRODUCTION.	1
Description géographique.	5
Surface et productions naturelles.	6
Climat.	11
Villes.	12
Population.	22
Représentation nationale.	25
Confédérations.	26
Insurrection dite Rokosz.	27
Législation.	ibid.
Élection des rois.	31
Gouvernement.	33
Force armée.	35
Domination des Polonais sur la mer Baltique.	37
Commerce et industrie.	38
Religion.	39

HISTOIRE DE L'ANCIENNE POLOGNE.

Périodes de l'histoire.	43

PREMIÈRE PÉRIODE.

La Pologne conquérante.

860 - 1139.

Introduction à l'histoire.	44
Fondation de la monarchie polonaise.	
— Ziémowit. — Miéczyslas Ier.	45
Introduction du christianisme.	46
Congrès de Quedlinbourg.	ibid.
Boleslas le Grand.	47
Guerres et conquêtes.	ibid.
Organisation intérieure.	48
Couronnement du premier roi.	49
Miéczyslas II.	50
Révolution et anarchie.	ibid.
Kasimir Ier.	ibid.
Boleslas II le Hardi.	51
Conquête de la Russie.	ibid.

	Pages.
Grégoire VII, l'empereur Henri IV et Boleslas le Hardi.	52
Boleslas II excommunié par le pape.	53
La Moskovie et la Russie.	54
Interrègne. — Wladislas Herman.	55
Boleslas III.	ibid.
Champ des chiens.	56
Partage impolitique du pays en duchés.	ibid.

DEUXIÈME PÉRIODE.

La Pologne partagée en duchés.

1139 - 1333.

Wladislas II, Boleslas IV le Frisé, Miéczyslas le Vieux, Kasimir II le Juste.	57
Formation du sénat polonais.	58
Leszek le Blanc.	59
Introduction des chevaliers teutoniques.	60
Mort de Leszek le Blanc.	61
Boleslas V le Chaste.	ibid.
Influence du germanisme en Pologne. Lois de Magdebourg.	62
Invasions des Tatars mogols.	63
Intervention du pape Innocent II. — Daniel, unique roi russien.	64
Mindowe, unique roi catholique de Lithuanie.	65
Extermination des Iadzvingues.	66
Mort de Boleslas V.	ibid.
Leszek le Noir.	ibid.
Troubles et luttes entre divers candidats.	67
Meurtre de Przemyslas.	68
Wenceslas de Bohême.	69
L'exilé Wladislas au jubilé de Rome.	ibid.
Wladislas Lokiétek, roi de Pologne.	70
Alliance de la Pologne avec la Lithuanie.	71
Diète de Chenciny.	ibid.

	Pages.		Pages.
Victoire de Plowcé.	72	Troubles intérieurs.	104
Fin de Wladislas Lokiétek.	ibid.	Mort d'Étienne Batory.	105

TROISIÈME PÉRIODE.
La Pologne florissante.
1333-1587.

QUATRIÈME PÉRIODE.
La Pologne en décadence.
1587-1795.

	Pages.		Pages.
Kasimir le Grand.	74	Coup d'œil sur la position de l'Europe.	105
Origine du trône électif et des pacta conventa.	75	Sigismond III Wasa.	108
		Guerre avec la Suède.	ibid.
Guerre et traité avec la Lithuanie.	ibid.	Victoire de Kirchholm.	ibid.
Mariage de l'empereur Charles IV avec la princesse Élisabeth.	76	Trève avec la Suède.	109
		Guerre avec la Moskovie.	ibid.
Louis de Hongrie.	77	Victoire de Kluzyn.	110
La reine Hédvige.	ibid.	Prise de Moskou.	ibid.
Union de la Lithuanie à la Pologne. — Wladislas Jagellon.	78	Paix avec la Moskovie.	ibid.
		Guerre avec la Turquie.	111
Le christianisme en Lithuanie.	79	Luttes intestines.	ibid.
Mort d'Hédvige.	ibid.	Querelles religieuses.	112
Victoires sur les chevaliers teutoniques.	80	Mort de Sigismond III.	ibid.
		Parallèle entre Sigismond III et Philippe II.	113
Deuxième union.	81		
Congrès de Luck.	82	Wladislas IV Wasa.	ibid.
Mort de Wladislas Jagellon.	83	Traité de Polanow.	ibid.
Couronne de Hongrie jointe à celle de Pologne. — Wladislas III.	84	Traité avec la Suède.	114
		Abaissement des Kosaks.	ibid.
Intrigues de Rome. — Défaite de Warna.	ibid.	Jean-Kasimir.	115
		Insurrection des Kosaks.	ibid.
Kasimir IV.	85	Premier *liberum veto*.	116
La Prusse soumise et incorporée à la Pologne. — Traité de Thorn.	86	Guerre avec la Suède. — Traité d'Oliwa.	ibid.
Institution de la chambre des nonces.	87	Souveraineté de la Prusse ducale reconnue. — Traités de Wehlau et de Bromberg.	118
Fondation de la puissance moskovite.	ibid.		
Jean Albert. — Diète de Piotrkow.	88		
Alexandre.	89	Guerre avec la Moskovie. — Traités de Hadziacz et d'Andruszow.	ibid.
Victoire de Kleck.	ibid.		
Sigismond Ier.	90	Guerre civile.	119
Le prince Michel Glinski.	ibid.	Prédiction remarquable de Jean-Kasimir.	ibid.
Victoire d'Orsza.	91		
Congrès de Vienne.	92	Abdication de Jean-Kasimir.	120
Les Kosaks.	ibid.	Tristes résultats du règne des Wasa.	ibid.
Création du duché de la Prusse orientale.	93	Michel Wisniowiecki.	121
		Interrègne.	122
Guerre aux poules.	94	Jean III Sobieski.	ibid.
Mort de Sigismond Ier.	95	Traité de Zurawno.	ibid.
Sigismond-Auguste.	96	Intrigues de Marie-Kasimire.	ibid.
La Kourlande et la Livonie unies à la Pologne.	97	Alliance avec l'Autriche.	123
		Délivrance de Vienne.	ibid.
Réunion définitive de la Lithuanie à la Pologne.	99	Entrevue de Sobieski avec l'empereur Léopold.	127
Le dernier des Jagellons.	ibid.	Traité avec la Moskovie.	128
La première élection.	100	Suites de l'influence autrichienne.	ibid.
Henri de Valois.	102	Mort de Sobieski.	129
Étienne Batory.	103	Auguste II.	ibid.
Guerre avec la Moskovie.	ibid.	Traité de Carlowitz.	130
Introduction des jésuites.	104	Guerre avec la Suède.	ibid.

CONTENUES DANS LA POLOGNE. 347

	Pages.		Pages.
Élection de Stanislas Leszczynski.	130	Auguste III.	134
Ultimatum d'Alt-Ranstadt.	131	Accaparement de la Kourlande par la Russie.	ibid.
Bataille de Poltava.	ibid.		
Retour d'Auguste II.	132	Empiétements des puissances étrangères.	ibid.
Suites de l'influence pernicieuse de la Moskovie.	ibid.	Portrait d'Auguste III.	135
Mort d'Auguste II.	133	Opinions monarchiques introduites en Pologne.	ibid.
Stanislas Leszczynski.	ibid.		
Secours envoyés par la France.	ibid.		

PARTAGES DE LA POLOGNE.

1773-1793-1795.

Chefs des partis.	136	Manifeste de la diète.	148
Invasion des Russes.	137	Guerre contre la Russie.	ibid.
Diète élective.	ibid.	Lâcheté de Stanislas-Auguste.	149
Stanislas-Auguste Poniatowski.	139	Invasion des Prussiens.	150
Union des dissidents.	ibid.	Révolution française.	ibid.
Tergiversations de Catherine II.	ibid.	Nouvelles déclarations de la Prusse et de la Russie.	151
Déportations en Sibérie.	140		
Confédération de Bar.	ibid.	Violences exercées sur la diète et le roi.	ibid.
Enlèvement du roi.	141		
Politique étrangère.	142	Deuxième partage.	153
Graves abus de la Russie.	143	Insurrection nationale.	ibid.
Premier partage.	144	Thadée Kosciuszko.	157
Traité d'alliance avec la Prusse.	145	Massacres de Praga.	159
Constitution du 3 mai.	146	Troisième partage. — Abdication de Stanislas-Auguste.	160
Complot de Targowiça.	147		

MŒURS ET COUTUMES.

Introduction.	161	Banquets et festins.	210
Élection des rois.	166	Jeux de cartes.	216
Sacre et couronnement.	172	Mariages des nobles.	ibid.
Hommages de vasselage.	175	Obsèques des nobles.	222
Présents du saint-siège.	177	Semaine sainte.	223
Offrandes de pain.	ibid.	Paysans.	225
Alliances royales.	178	Fête des moissons.	233
Funérailles royales.	180	Roi et reine de la Pentecôte.	234
Chevalerie.	182	Noces.	236
Conrad Wallenrod.	183	Danses et chants populaires.	241
Entrées triomphales.	188	Superstitions.	246
Ambassades.	189	Cérémonies funèbres.	250
Cours et châteaux.	196	Fête des morts.	251
Fous.	200	Costumes.	252
Nains.	201	Juifs.	254
Traînage.	203	République de Babin.	255
Chasses.	204		

CIVILISATION.

Sciences et lettres.	257	Théâtre.	268
Musique.	266		

TABLE DES MATIÈRES CONTENUES DANS LA POLOGNE.

LA POLOGNE RENAISSANTE.
XIXe SIÈCLE.

	Pages.		Pages.
Introduction.	273	Indépendance de la Pologne proclamée.	288
Légions polonaises à l'étranger.	274	Joseph Poniatowski.	291
Position de la Pologne morcelée.	279	Royaume de Pologne.	294
Duché de Warsovie.	281		

RÉVOLUTION NATIONALE.
1830 — 1831. 305

LA POLOGNE, PROVINCE RUSSE.
1831 — 1840. 337

FIN DE LA TABLE DE LA POLOGNE.

━━━━━━━━━━━━━━━━━━━━━━━━━━━━━━━━━━━━━

AVIS
POUR LE PLACEMENT DES GRAVURES DE LA POLOGNE.

Numéros.		Pages.	Numéros.		Pages.
1	Carte générale de la Pologne	5		frappée à l'occasion de la prise de Smolensk	110
2	Chapelle creusée dans le sel à Wiéliczka.	7	30	Wladislas IV.	113
3	Salines de Wiéliczka.	8	31	Cécile, reine de Pologne.	ibid.
4	Château royal de Krakovie.	12	32	Bas-relief du tombeau de Jean Kasimir à Paris.	120
5	Cathédrale de Krakovie (intérieur)	13	33	Ibid.	ibid.
6	Krakovie.	14	34	Jean Sobieski.	122
7	Hôtel de ville à Krakovie.	ibid.	35	Plan de la bataille de Vienne en 1683.	125
8	Porte Saint-Florian à Krakovie.	ibid.	36	Statue de Jean Sobieski à Lazienki.	127
9	Colonne de Sigismond III à Warsovie.	16	37	Château de Willanow.	128
10	Château de Lazienki.	17	38	Galerie gothique à Willanow.	129
11	Malborg.	18	39	Sépulcre de Jean Sobieski.	ibid.
12	Place à Kalisz en 1794.	20	40	Hôtel de ville à Duntzig.	133
13	Église et couvent de Czenstochowa.	21	41	Le partage de la Pologne, d'après Moreau.	136
14	Temple de la Sbylle à Pulawy.	22	42	Stanislas-Auguste Poniatowski.	139
15	Statue de Kasimir le Grand.	23	43	Kosciuszko.	157
16	Monuments des rois Miéczyslas Ier et Boleslas le Grand à Posen.	46	44	Tertre de Kosciuszko. — Montagne de Bronislawa.	158
17	Monument du roi Wladislas Lokiétek.	72	45	Cathédrale de Krakovie (extérieur).	173
18	Tombeau de Kasimir le Grand à Krakovie.	77	46	Le faucheur polonais.	229
19	Tombeau de Wladislas le Blanc à Dijon.	ibid.	47	Fête de la moisson.	234
20	Monument de Wladislas Jagellon.	83	48	Paysans polonais.	252
21	Château de Zator.	86	49	Statue de Kopernik à Warsovie.	259
22	Château d'Ostrog.	91	50	Amphithéâtre sur l'île à Lazienki.	271
23	Sigismond Ier.	96	51	Grand théâtre national à Warsovie.	272
24	Henri de Valois.	102	52	Les lanciers polonais à Somo-Sierra.	285
25	Étienne Batory.	103	53	Joseph Poniatowski.	291
26	Jean Zamoyski.	104	54	Palais des lieutenants du roi à Warsovie.	295
27	Sigismond III Wasa.	108	55	Banque de Pologne à Warsovie.	308
28	Chodkiewicz, grand général.	109			
29	Revers de la médaille de Sigismond III				

SALINES DE WIÉLICZKA.

Chapelle creusée dans le Sel, à 500 pieds sous terre.

POLOGNE.

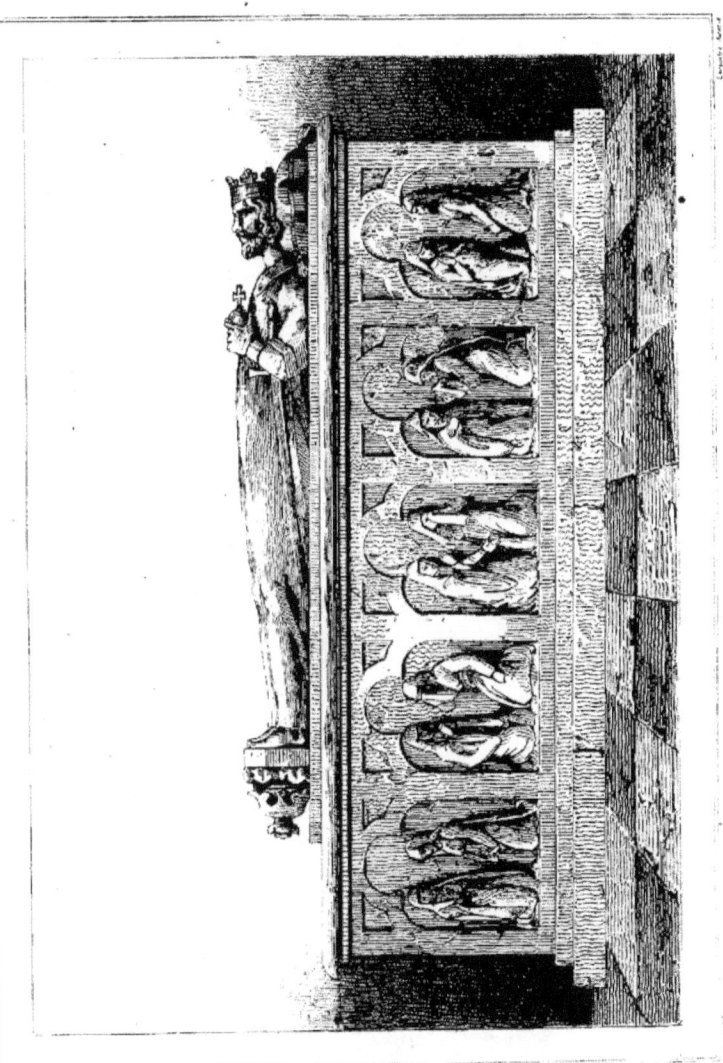

Monument du Roi Ladislas Lokietek.

POLOGNE.

Château Royal de Krakovie.

POLOGNE.

Porte St Florian à Krakovie.

Hôtel de Ville à Faakoru.

POLOGNE.

Cathédrale de Kiakovie.

POLOGNE.

Cathédrale de Krakovie.

POLOGNE.

Amphithéâtre sur l'Ile à Lazienki.

POLOGNE

Kasimir le Grand, d'après sa Statue.

Tombeau de Kasimir le Grand, dans l'Eglise de Krakovie.

Tombeau de Wladislas le blanc à S.te Béguine de Dijon

POLOGNE.

Monument de Nicholas Fogelberg.

POLOONE.

Sigismond 1er

Château d'Usier.

Henri de Valois.

POLOGNE.

Etienne Batory.

Sigismond III Wasa.

Colonne de Sigismond III à Varsovie.

POLOGNE.

Revers de la Médaille de Sigismond III
frappée à l'occasion de la prise de Smolensk

POLOGNE.

Jean Zamoyski.

Chodkiewica. Grand-Général.

Wladislas IV.

POLOGNE.

Cécile Reine de Pologne.

POLOGNE.

Église et Couvent de Czenstochowa

POLOGNE.

Bas-relief du Tombeau des Jean *Ves*niowie dans l'Eglise de S.*Germain* des Prés à Paris.

POLOGNE.

Bas-relief du Tombeau de Jean Kasimir dans l'Église de St Germain des Prés à Paris.

Jean III Sobieski

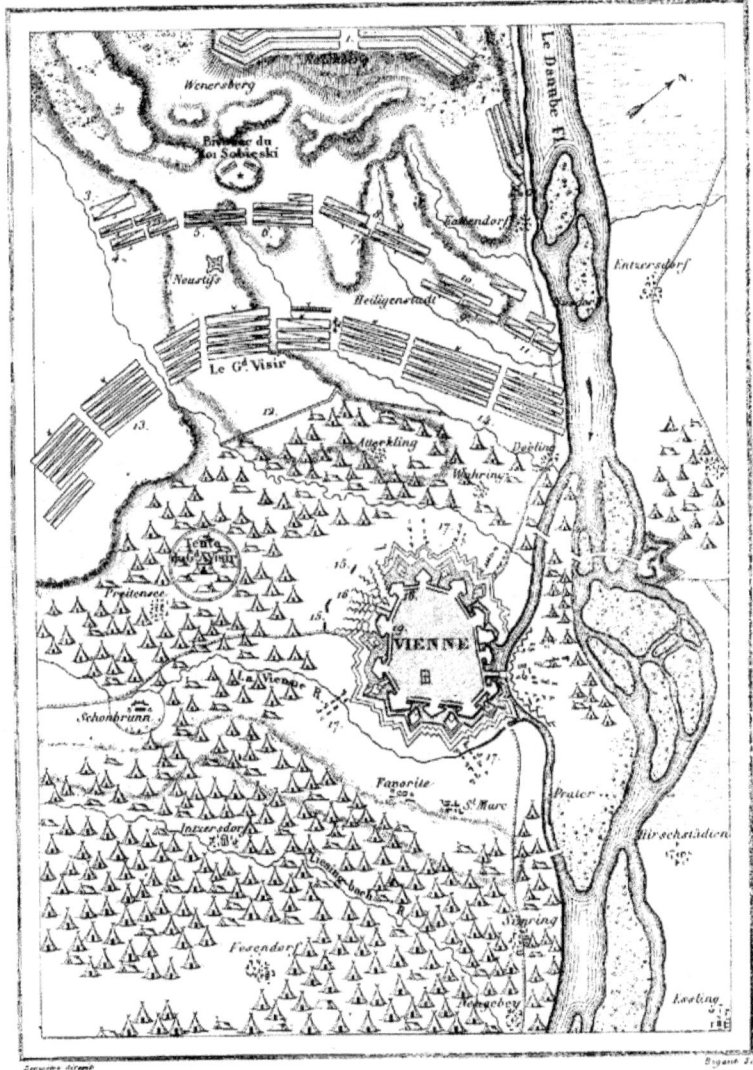

Plan de la Bataille de Vienne livrée le 12 Septembre 1683

POLOGNE

Statue de Jean Sobieski à Javacenbourg

POLOGNE.

Sépulchre de Jean Sobieski.

Château de Wilanow

POLOGNE.

Galerie gothique à Wilanow.

POLOGNE.

Stanislas-Auguste Poniatowski

POLOGNE.

Château de Lixendre.

POLOGNE.

Monument des Rois Miecxulas et Boleslas le grand

POLOGNE

Terre de Jablonska, Montagne de Bronislawa.

POLOGNE.

POLOGNE

Le Faucheur Polonais.

POLOGNE.

Temple de la Sibylle à Pulawy.

POLOGNE

Statue de Kopernik à Varsovie.

Prince Joseph Poniatowski
(Maréchal de l'Empire)

Palais des Lieutenants du Roi à Varsovie

POLOGNE.

Bosquet de Pologne à Watteires

Grand Théâtre de Varsovie.

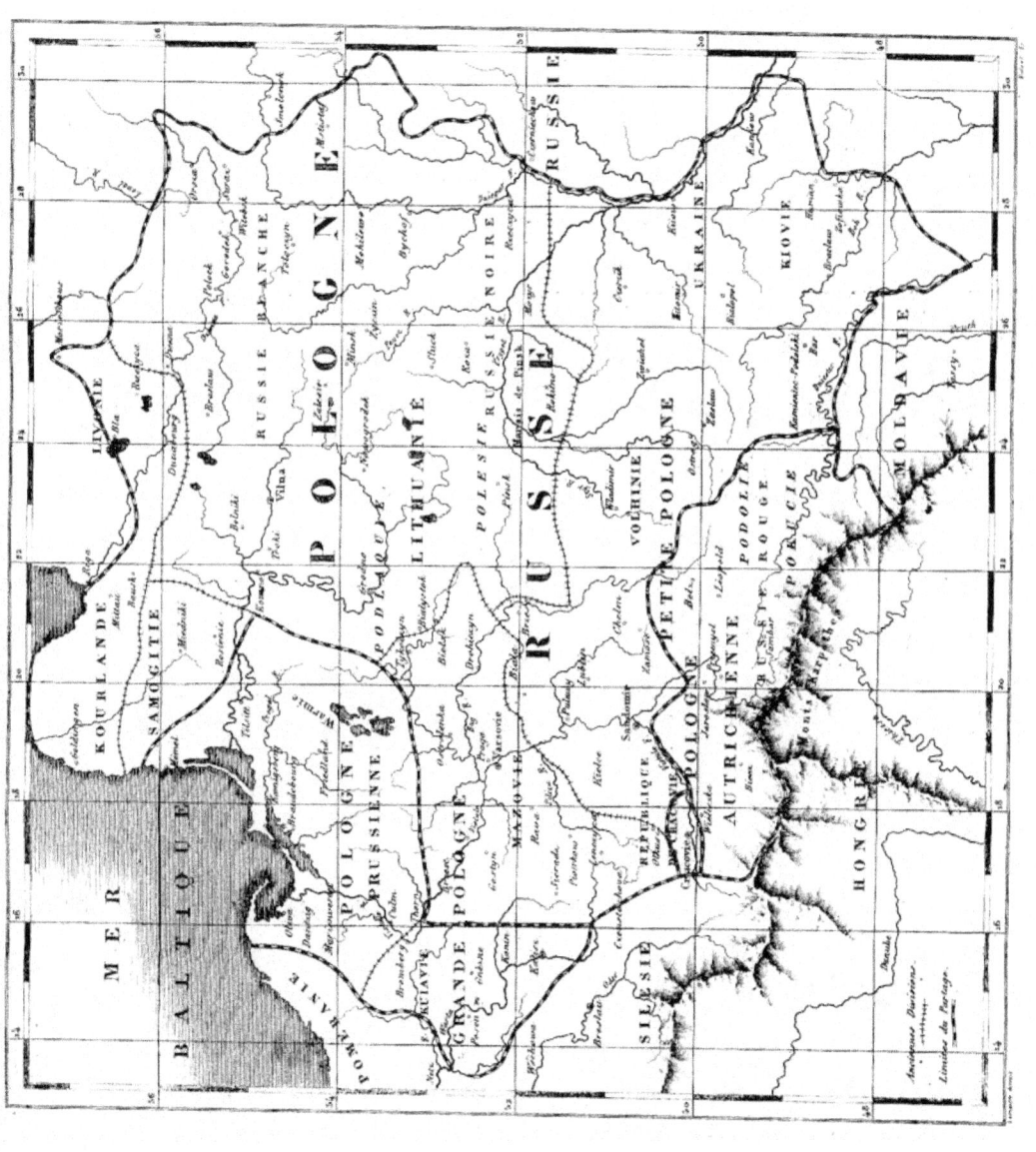

www.ingramcontent.com/pod-product-compliance
Lightning Source LLC
Chambersburg PA
CBHW070215240426
43671CB00007B/663